CAHIERS
ANDRÉ GIDE

CAHIERS
ANDRÉ GIDE
11

Correspondance
André Gide
Dorothy Bussy

III
JANVIER 1937-JANVIER 1951

ÉDITION ÉTABLIE
PAR JEAN LAMBERT
NOTES DE RICHARD TEDESCHI

Gallimard

De ce volume,
onzième des *Cahiers André Gide*,
outre l'édition courante,
il a été tiré 900 exemplaires
numérotés de 1 à 900
hors commerce et réservés aux membres de
l'Association des Amis d'André Gide,
dont 120 exemplaires nominatifs

Exemplaire N° 691

Ouvrage publié avec le concours
du Centre National des Lettres.

ISBN 2-07-020819-2

*Tous droits de traduction, de reproduction et d'adaptation
réservés pour tous les pays.*
© *Éditions Gallimard, 1982.*
Imprimé en France.

AVANT-PROPOS

Ce volume couvre les quinze dernières années de la Correspondance, soit près de la moitié. Est-ce à dire que le rythme de celle-ci s'est ralenti? Il est de fait que les lettres de Dorothy Bussy deviennent relativement moins fréquentes; mais il faut aussi tenir compte de la coupure occasionnée par la guerre : de nombreuses lettres de D. Bussy manquent, soit qu'elles aient été égarées au cours des errances de Gide après l'armistice, soit qu'elles aient été mises au rebut par le service des postes après que les communications entre la France et l'Afrique du Nord eurent été coupées.

Les autres vides éventuels concernent des passages dont l'omission nous a paru souhaitable à cause de leur intérêt médiocre ou de leur contenu indiscret. Ces coupures sont signalées par des points entre crochets. Nous avons renoncé aussi à donner en appendice des listes de questions et de réponses au sujet de la traduction d'Hamlet : elles auraient alourdi abusivement l'appareil critique de ce volume. Il n'en reste pas moins désirable qu'elles soient publiées un jour, en y joignant celles que possède la Bibliothèque Doucet.

En ce qui concerne les appendices, nous avons plaisir à remercier Mme Yvonne Davet, M. Daniel de Coppet et M. Claude Gallimard, qui nous ont permis de publier soit des lettres personnelles, soit celles de leurs grand-père et père. Nous remercions également la Bibliothèque de l'Université du Massachusetts (Amherst, U.S.A.) et en particulier M. Eric

Esau pour son assistance dans de difficiles problèmes d'annotation. On pourra juger un peu longues les controverses autour de la publication des Nursery Rhymes en France ou des Feuillets d'Automne en Angleterre et aux États-Unis; mais il nous a semblé qu'elles témoignaient de l'attention constante que chacun des deux correspondants portait aux productions de l'autre.

Jamais, en effet, leur collaboration n'a été plus intense, ni plus intime. C'est à Dorothy Bussy que Gide s'en remet largement pour l'édition de son choix des pages de Montaigne en Amérique, et durant la difficile traduction d'Hamlet il lui soumet sans cesse ses hésitations et ses doutes sous la forme des longues listes mentionnées plus haut. Les rôles sont inversés : c'est lui qui a le plus besoin d'elle. En un sens, elle pourrait trouver une satisfaction très légitime dans le fait que son éducation l'a préparée à remplir avec une compétence unique le rôle qu'il lui assigne.

Et il y a aussi cette Olivia qu'il a si totalement méconnue après la première lecture, dont la relecture le remplit de confusion, dont le succès le réjouit. Il est beau joueur et reconnaît s'être trompé. Elle triomphe avec assez de modestie. Le télégramme qu'il lui envoie doit dissiper une longue suite d'amertumes; mais si le ressentiment est effacé, il a été exprimé, comme aussi dans l'affaire de la traduction du Thésée.

Elle a des satisfactions peut-être encore plus douces au cours de ces quinze ans. Ce n'est pas seulement l'impunité de l'exil en Afrique qui permet à Gide de s'abandonner à une affection de plus en plus tendre, et de la dire. Il est difficile de préciser la date de ce changement de ton, mais il semble que ce soit peu après la disparition de sa femme, comme s'il n'avait plus le scrupule de retirer à celle-ci quoi que ce fût.

Par un mouvement inverse, et nullement exceptionnel, D. Bussy paraît se replier sur une résignation nouvelle chez cette femme qui a tant risqué sans jamais craindre d'être rebutée ou de se montrer ridicule (elle dira : « J'ai toujours été insoucieuse du danger, ou de briser mon cœur »). Non, certes, qu'elle soit devenue moins sensible : tout l'épisode des lignes sur « T.V. » publiées dans le Journal, et surtout l'émouvante lettre du 5 mai 1939 qui en découle, la montrent toujours aussi susceptible d'être blessée. Le vieillissement, qu'elle décrit un jour de façon pathétique, laisse son cœur intact. Il épargne aussi sa pensée. Qu'on lise les pages sur le Roi Lear, ou sur les écrivains latins, et celles où, à la Libération, elle pousse Gide à se faire entendre, et l'on verra que son ardeur n'est guère diminuée.

La flamme brûle-t-elle un peu moins haut? C'est plutôt qu'elle a appris, après bientôt trente ans de déceptions, à en réduire un peu l'éclat. Mais, pour finir, cette retenue même reçoit sa récompense — un certain « I love you... ». Et Gide, tout de même, connaissait assez bien l'anglais pour savoir ce qu'il disait là. Si elle lit à quatre-vingt-trois ans les mots qu'elle aurait voulu lire trente ans plus tôt, est-ce trop tard? Qui en décidera?

J. L. et R. T.

Correspondance *

* Les lettres de Dorothy Bussy ont été traduites par Jean Lambert.

1937

Gide à Gryon (Suisse); lit Passage to India. — *Sur la traduction du* Retour *d'*U.R.S.S. *et des* Nouvelles Nourritures. — *Gide travaille aux* Retouches. — *Les Bussy quittent La Souco.* — *S. Bussy travaille pour l'Expo 37.* — *D. Bussy traduit Guilloux; sur le style de Gide.* — *Sur l'édition américaine du* Retour. — *Sur la guerre d'Espagne.* — *Elle traduit les* Retouches. — *Sur Madeleine Gide. Gide lui lit les* Woodlanders. South Wind *refusé par la N.R.F.* — *Gide parle de* South Wind. — *Poèmes de Lytton Strachey.* — *Article sur les arts plastiques.* — *Roger Martin du Gard prix Nobel.* — *Projet de voyage en A.O.F.* — *Gide prépare* l'Anthologie de la poésie. — *Gide avant son départ.* — *Apparition d'Yvonne Davet.* — *Gide charge D. Bussy d'établir le texte anglais de ses pages choisies de Montaigne.*

744. — ANDRÉ GIDE À DOROTHY BUSSY

Hôtel Beau-Séjour
Gryon
1er janvier 37

Chère amie

Les jours les plus mornes de toute ma vie, je crois bien. Encore cinquante-deux heures (je les compte) de purgatoire avant de regagner Paris. Je n'ai rien fait, rien pu faire, ici; pas écrit un article, pas une lettre, l'esprit engourdi jusqu'à l'imbécillité, vieux, démonétisé, hors d'usage... C'est ce que l'on appelle : aller se reposer en Suisse. J'emmenais Catherine qui s'est montrée insupportable. Je l'excuse en songeant à son propre ennui. M'y étant pris trop tard pour retenir des chambres en un lieu où elle eût pu trouver des compagnons de sport, nous avons échoué au hideux « palace » de Caux, seul hôtel où l'on pût encore trouver à se loger; au bout d'une semaine (engagement pris de pas moins) je n'y ai plus tenu et, à force de téléphoner à droite et à gauche, on a pu découvrir une modeste pension où Catherine eut la joyeuse surprise de retrouver la maîtresse de sa pension et sa fille, camarade de son âge avec qui du moins elle peut aller au loin faire du ski. Ouf!

J'ai lu avec un vif intérêt le livre de Sir Walter Citrine *(I search for truth in Russia*[1]*)* qui aboutit hélas aux mêmes conclusions que moi, en restant un peu plus optimiste. Et j'achève *A passage to India*[2]. Et je pense à vous, très fort et très souvent — à vous qui pensez « il m'oublie ». Et si je ne vous ai pas écrit plus tôt c'est que je ne trouvais rien que de morne à vous dire — et c'est ce qui fait que je m'arrête, après vous avoir souhaité à tous : Bonne année.

Indéfectiblement votre

A. G.

« Le lieutenant » Jef est enfin de retour[3]; en permission de deux mois. En Hollande d'abord, il doit venir me retrouver à Paris le 8.

---

1. Publié par G. Routledge & Sons, Ltd., Londres, en juin 1936, six mois avant *Retour de l'U.R.S.S.*
2. Roman de E. M. Forster (1924).
3. De l'Espagne, où Jef Last s'était engagé dans l'armée gouvernementale. Voir ses *Lettres d'Espagne,* Gallimard, 1939, [c. 1938].

745. – DOROTHY BUSSY À ANDRÉ GIDE

La Souco
3 janvier 1937

Très cher Gide

J'ai été très heureuse de recevoir votre lettre. Même une lettre « morne » vaut mieux que pas de lettre du tout. Je suppose que vous passez par une période de réaction après un violent effort. J'imagine que, quand le saumon a remonté d'un bond sa cascade et se repose, épuisé, dans l'abri du premier bassin, il se sent assez déprimé. Mais il ne tardera pas à en sortir pour remonter le torrent et s'ébattre dans les tourbillons. Je crois que j'ai plus de pitié pour Catherine, durant ces vacances de Noël, que pour vous.

Mais le fait est que vous n'avez pas dit une seule des nombreuses choses que j'aurais voulu vous voir dire dans votre lettre — sauf que vous nous avez donné des nouvelles de Jef, au sujet de qui nous nous inquiétons beaucoup. Faites-lui nos amitiés quand vous le verrez à Paris et dites-lui que sa présence sur le front donne une acuité supplémentaire à nos sentiments à propos de Madrid et que nous pensons constamment à lui.

A vous dire vrai, cher Gide, je me suis sentie assez blessée que vous n'ayez pas répondu, fût-ce d'un mot, à ma dernière lettre (vers le 20 novembre) — bien que j'essaye de vous trouver des excuses, maternellement, si je peux dire, comme vous pour Catherine. J'estime que cela méritait une petite réponse. Je fais de mon mieux pour me persuader de l'insignifiance des petits événements de notre vie au milieu des catastrophes du monde, mais il serait absurde de prétendre que la décision prise par nous ne va pas apporter un changement considérable dans notre existence [1], et j'étais persuadée

---

1. Les Bussy quittaient leur villa pour un appartement à Nice. Voir tome II, lettre 743.

qu'elle vous toucherait ou du moins vous intéresserait un peu.
Mais vous n'y faites même pas allusion. Pourtant, il me sera
difficile de vous écrire sans en parler.
   Allons, voilà pour une chose.
   La seconde est que j'aimerais bien savoir si vous ou Gallimard faites quoi que ce soit pour la traduction du livre sur l'U.R.S.S. Vous m'avez envoyé l'introduction à traduire
« en attendant le reste », disiez-vous. Je l'ai traduite et vous ai envoyé le texte. Depuis, silence complet. Je fais des suppositions... Gallimard croit que la traduction anglaise pourrait gêner la vente de l'édition française en Angleterre? Il vous a persuadé que je suis une très mauvaise traductrice et vous n'osez pas me le dire? Simple fatigue de votre part (ici, je sympathise)? Ou négligence habituelle de sa part à lui? Je trouve dommage que nous n'ayons pas publié cette introduction au moins dans le *Listener* alors qu'elle était *inédite*. Cela aurait fait un grand plaisir à Ackerley [1], aurait été une très bonne publicité pour le livre en Angleterre et, soit dit en passant, aurait rapporté un peu d'argent. Mais j'aimerais vraiment savoir quelque chose de précis en ce qui concerne la possibilité de cette traduction. On m'offre un autre travail et je devrais y penser, bien que je préférerais évidemment travailler pour vous.
   Roger (ils sont tous deux à Rome en ce moment), qui est extraordinaire de gentillesse et d'attention, m'approvisionne en coupures de presse sur le livre, et nous avons vu de nos propres yeux qu'il a atteint les 150.000. Mais nous aimerions tant savoir comment les communistes français l'ont reçu, comment vos jeunes amis parmi les ouvriers français et belges ont réagi; si on en parle, ou plutôt ce qu'on en dit à l'étranger. Tout cela devra attendre notre rencontre.
   Stoisy a passé l'après-midi d'hier avec nous et a dit qu'elle vous avait vu récemment, que vous étiez « splendide », « glorieux », dans la meilleure forme possible. Elle était là quand votre « morne » lettre est arrivée. Je suis vite montée pour la

---

   1. J. R. Ackerley (voir tome II, lettre 592) écrivait depuis 1935 le Book Chronicle du *Listener*, publication de la B.B.C.

lire seule, mais ne lui en ai rien dit. Elle était aussi charmante que d'habitude.

Mes sœurs Pippa et Pernel nous ont fait une courte visite et partent demain. Elles commencent à paraître un peu battues par les vagues de la vie.

Janie dit : « Quel dommage qu'il lise Citrine au lieu de Trotsky[1]. » Mais vous avez peut-être lu les deux.

Simon a été heureux de recevoir une petite commande pour la « salle des oiseaux » à l'Exposition 1937. Mais il est impossible de tirer d'aucune autorité le moindre détail nécessaire quant à la dimension, au lieu, à la date, etc. Et cela se terminera probablement par une déception, comme à peu près tout.

Je ne vous ai pas remercié pour le Volume XI qui a fait surgir (entre les lignes) maint souvenir, qu'il vaut mieux ne pas ranimer. Mais j'ai failli vous écrire, et je crois que je le ferai un jour, une dissertation sur la scansion de la poésie allemande et anglaise, en réponse à quelque chose que vous dites dans vos *Pages de Journal*[2].

Fidèlement vôtre

Dorothy Bussy

746. – DOROTHY BUSSY À ANDRÉ GIDE

8 janvier 1937

Cher Gide

Après ces deux mois de silence qui nous ont séparés, c'est un réconfort de sentir que je peux de nouveau vous écrire.

1. Il s'agit de *La Révolution trahie*, 1936.
2. Le XIe tome des *Œuvres complètes* (achevé d'imprimer le 25 septembre 1936) contenait le *Journal* pour 1922-1923 avec ce passage qui aurait pu provoquer la réaction de D. Bussy : « Poésie anglaise, plus riche, plus abondante que la française; mais celle-ci, me semble-t-il, atteint parfois plus haut. Je ne puis aimer toutes les facilités que le poète anglais s'accorde, et cette absence de rigueur; les cordes de sa lyre, presque toujours, me paraissent insuffisamment tendues » (29 juin 1923).

Mon petit éclat de l'autre jour semble rendre la chose à peu près possible, et cela me fait du bien.

Mais, en dépit de toute votre gentillesse, je ne crois pas que vous vous rendiez compte des difficultés que je rencontre, quelle lutte perpétuelle c'est pour moi de me comporter comme je devrais le faire à votre égard. Tout ce que je désire vous dire me semble toujours être ce qu'il ne faudrait pas. Cette sensation me paralyse. Et même en cet instant où j'aimerais continuer comme d'habitude, dire tant de choses que j'ai dans le cœur et dans la tête, je suis obligée de m'arrêter. Obligée par qui? Par quoi? Dieu seul le sait, mais je dois — je veux — m'arrêter.

Ci-joint une petite coupure du *New Statesman*.

« Indéfectiblement vôtre. » C'était un joli mot, et en fait je le crois.

D. B.

747. — ANDRÉ GIDE À DOROTHY BUSSY

12 janv. [?] 37.

Chère amie

Rentré hier soir de Belgique (j'avais été embrasser Jef, à Bruxelles). Deux jours d'absence. Je commence par vous écrire, avant d'ouvrir mon courrier. Trente-quatre lettres — dont une de vous. Si je commence à les lire, je suis perdu... pour vous. Il y a toujours de *l'urgent*. Chaque jour c'est la même chose. Et je remets de jour en jour le plus important et le plus agréable. Quand vient le soir, je suis fourbu et il me semble que je n'ai rien fait. Et si vous voyiez ma table (mes tables) de travail. C'est un inextricable fouillis de papiers. Ce qui explique peut-être que...

J'ai parfaitement reçu votre lettre de... Novembre je

crois, qui me parlait de vos nouvelles décisions. Ah! parbleu, elles m'ont assez bouleversé! Mon chagrin au sujet de la Souco est, par certains côtés, trop égoïste pour que j'ose beaucoup en parler. N'importe : je vous en parlais tout de même; et c'est au contraire vous qui n'aurez pas reçu cette lettre. Je ne crois pas beaucoup aux « lettres perdues ». La poste est fort bien faite. Je retrouverai sans doute cette lettre dans l'épaisse alluvion, et qui s'épaissit de jour en jour, sur ma table. J'aurai eu tort de ne pas la mettre aussitôt sous enveloppe. Cela m'est déjà arrivé. J'aurais besoin d'un secrétaire zélé qui puisse faire face aux broutilles impersonnelles et me laisser l'esprit libre pour le reste; sur cinq lettres que j'écris (d'ordinaire des lettres *de refus*) il y en a quatre qu'il pourrait écrire à mon nom, à ma place. Vrai! je ne sais plus, par moments, où donner de la tête! Quant à ma pièce [1] (trois jours de travail tranquille suffiraient à en faire quelque chose de très bon) il n'en est plus question; non plus que de tout autre travail personnel. Et pourtant il serait indispensable, urgent, que j'affirme ma position et coupe court aux perfides accusations que mon silence autorise. On me supplie de me déclarer nettement (au sujet de l'Espagne) et de ne point laisser dire et croire que j'ai désavoué, renié, trahi...

Je lis votre lettre du 8; cette petite gorgée d'amitié pure me rafraîchit le cœur. Et je trouve excellent le petit article du *New Statesman* que vous me communiquez. Merci.

Jef n'a jamais été mieux, ni plus exquis. Je lui ai transmis vos souvenirs. Mais il veut retourner dans quelques jours en Espagne. *Il n'en reviendra pas,* vous verrez. — A Bruxelles j'ai vu Victor Serge [2]. Eh! parbleu oui, j'ai lu le livre de Trotzki. Lu également, pendant les « vacances » du nouvel an le *Passage to India*... qui ne me plaît pas beaucoup; encore que je le tienne pour un livre très remarquable.

---

1. Il s'agit de *Robert, ou l'intérêt général.* Voir Claude Martin, « Histoire d'une pièce mal-fichue » dans le n° 4 (1973) de la série annuelle, *André Gide,* Paris, Minard, pp. 133-158. Voir aussi tome II, lettre 688, note 1.
2. Victor Serge avait traduit *La Révolution trahie.*

On m'appelle au téléphone. Je vous embrasse bien vite, mais bien fort. *Votre*

A. G.

[Lettre D. B. 13 janvier 1937.

Elle rend le gouvernement anglais responsable de la tragédie européenne et l'accuse de souhaiter en secret la victoire de Franco. Elle invite Gide à venir une dernière fois à la Souco.]

748. — ANDRÉ GIDE À DOROTHY BUSSY

1bis, rue Vaneau, VIIe
Invalides 79.27
20 janv. 37

Chère amie

Le courrier du soir m'apporte votre lettre. Il est malheureusement trop tard pour atteindre Aron et lui poser vos questions [1]. Je l'ai vu hier et voici ce que je crois : KNOPF se décide enfin à prendre le livre pour les U.S.; engagements fermes ont été pris avec un éditeur anglais... mais je ne sais plus lequel [2]. Excellent je crois.

Aron a du reste dû vous écrire; et peut-être recevrez-vous sa lettre en même temps que celle-ci.

Demain je l'interrogerai à nouveau et vous récrirai au besoin.

O personne de peu de foi!... Chère amie, — et je crois que Knopf va se raviser, du coup, pour les *Nourritures*. Donc,

---

1. Cette lettre manque.
2. *Back from the U.S.S.R.* sera publié par Secker & Warburg, Ltd. (1937).

hardi! Bon travail. Bon courage. — Bon espoir et... for ever yours

André Gide.

749. — DOROTHY BUSSY À ANDRÉ GIDE

La Souco
4 février 1937

Cher Gide

Quelques lignes pour vous remercier de votre dernière lettre et de ses promesses encourageantes quant aux futures traductions. *Retour de l'U.R.S.S.* et *Nourritures terrestres* (versions anglaises) ont été envoyés à Bradley — lequel est si prudent qu'il n'a pas révélé que le cher vieux Knopf sera notre éditeur américain. Aron pousse la prudence encore plus loin, car il n'a pas même révélé qu'il y aura un éditeur anglais. J'ai attendu plusieurs jours après votre lettre disant qu'une lettre de Mr. A. était certainement en route, puis, confiante que, comme vous le disiez, « des engagements fermes ont été pris avec un éditeur anglais », j'ai écrit à Aron et suggéré qu'il me fasse connaître le nom de l'éditeur anglais pour que je puisse lui envoyer directement le texte (terminé voilà plusieurs jours), évitant tout autre retard. Mais je n'ai pas encore de réponse. Si le livre avait été prêt pendant cette semaine d'actualité russe sensationnelle, quelle vente vous auriez pu (nous aurions pu) avoir! J'aimerais vraiment comprendre la raison ésotérique de ce délai. Il doit bien y en avoir une.

Cher Gide, ne vous inquiétez pas pour tout cela. Cela ne mérite pas que vous y perdiez *votre* temps. Je vous en parle parce que je ne semble pas avoir autre chose dont vous parler. Voyez comme je suis bien dressée!

Il y a eu quelques petites difficultés dans l'*U.R.S.S.*, mais nous nous en sommes tirées tant bien que mal. Une bizarrerie que j'ai notée : à la page 67 de l'exemplaire que vous avez eu la gentillesse de m'envoyer (service de presse et donc, je suppose, édition originale), le dernier mot de la dernière ligne est « vassalisé »; dans l'exemplaire sur lequel j'ai travaillé (126ème édition sur la couverture), ce mot a disparu — la phrase se termine : terrorisé. J'ai pensé que c'était peut-être sur votre ordre, mais en remarquant la virgule après « terrorisé », j'ai conclu que c'était une omission de l'imprimeur. Stoisy m'a aidée à corriger une petite erreur dans la citation allemande.

Quant aux *Nouvelles Nourritures*, sur lesquelles j'ai commencé à travailler, il y a déjà plusieurs choses que j'aimerais vous demander, mais j'attendrai. Vous êtes-vous jamais rendu compte du *son* français qu'il faut traduire par *his* ou *her?* Mais combien ce choix est compromettant!

J'espère que vous allez bien, que vous échappez à la grippe et aux horreurs physiques — les horreurs mentales et spirituelles sont suffisamment difficiles à supporter.

Nous avons remis notre déménagement au début de mars. Simon a reçu sa commande pour l'Expo 1937 et est en plein travail. Pas de nouvelles de Roger — converti à jamais, je suppose, au Mussolinisme.

Oh, si vous saviez assez bien l'anglais pour saisir la différence entre
   Ever
  et
    Forever yours (c'est ça que vous avez écrit. Soyez bien sûr que je souris).

              D. B.

750. — ANDRÉ GIDE À DOROTHY BUSSY

Cuverville 8 février 37

Chère amie

Non, ce n'est pas encore aujourd'hui que je vous écrirai une *vraie* lettre. (En plein travail depuis quatre jours; j'y dois toute mon attention.) Et ne croyez pas que je pense : un petit billet d'affaires, c'est tout de même mieux que rien. Non! depuis trop longtemps il n'y a rien d'autre. J'en souffre — et de lire dans votre lettre : « I don't seem to have anything else to write about. So well disciplined have I become! » Ce qui, heureusement, n'est pas vrai du tout. En dehors de ces billets affaires, tout reste à dire, et vous le sentez comme moi.

Alors c'est en mars que... Ah! j'aurais bien voulu pouvoir venir dire un dernier adieu à la Souco! Le pourrai-je? Dans un nouveau décor, saurai-je encore bien vous *reconnaître?* Votre souvenir reste si intimement lié à cette pièce qui vous ressemblait si bien, où je retrouvais tant d'échos du passé. Persuadez-vous que mon affairement d'aujourd'hui n'agite et n'occupe qu'une petite part de moi-même et que tout le profond reste fidèle à ce que vous aimiez en moi.

Si je continue sur ce ton, c'en est fait de ma matinée... Au revoir.

Au reçu de votre lettre, j'en ai écrit trois à la N.R.F. pour signaler le mot tombé (« plus vassalisé »). (Merci de l'indication. C'est absurde!) — Puis à Hirsch et à Aron qui m'avait pourtant bien promis de vous écrire au sujet de l'éditeur anglais. Je crois que c'est le Hoggart Press [1].

Ce que j'écris à présent, c'est un livre de *Retouches* à mon

---

1. I.e., Hogarth Press, fondée en 1917 par Leonard et Virginia Woolf.

Retour de l'U.R.S.S. Pas précisément des réponses aux attaques; mais plutôt de nouvelles affirmations, mieux motivées.

Sans nouvelles de Roger depuis longtemps. Il faudrait des heures de conversation pour le mettre (et vous mettre) au courant des agitations, perplexités et divisions du parti communiste. C'est passionnant.
Bien votre

André Gide.

751. — ANDRÉ GIDE À DOROTHY ET SIMON BUSSY

15 Mars 37

Chère amie — chers amis

Ce mot vous trouvera-t-il encore à la Souco? Saluez encore une fois cette chère maison de ma part, celle d'un ami qui lui doit des souvenirs parmi les plus charmants de sa vie. Je songe à vous bien fort et vous embrasse tous trois

André Gide.

J'ai fait adresser (à la Souco encore) un petit livre, pour Janie — qui l'intéressera je pense. Je ne suis pas seul à trouver que, sur l'U.R.S.S. on n'a rien écrit de meilleur [1].

Jef est maintenant capitaine major. Je préférerais le savoir de retour!

---

1. Sans doute s'agit-il de *Ce qu'est devenue la Révolution russe*, par M. Yvon. (Cannes, 1937). Voir préface à « *L'U.R.S.S. telle qu'elle est* », dans *Littérature engagée*, p. 162, note 1.

752. – DOROTHY BUSSY À ANDRÉ GIDE

La Souco
15 mars 1937

Cher Gide

...[Une vingtaine de lignes au sujet de la publication de *Retour de l'U.R.S.S.* en Angleterre]..................
C'est notre dernière nuit à la Souco. La dernière lettre que j'écris ici sera pour vous. Nous partons demain matin et votre prochaine lettre devra être adressée 40 rue Verdi à Nice. Nous avons loué la maison à une dame anglaise qui a eu le coup de foudre pour elle, et tout s'est réglé en quatre jours. Elle la gardera ensuite pendant trois ans, non meublée.

J'ai passé un temps affreux à détruire des choses sans valeur et des souvenirs, à relire et déchirer de vieilles lettres (des lettres d'amour!), etc., etc. Simon a travaillé frénétiquement pour finir une peinture pour l'Exposition de Paris. Tout cela est fait à présent. Adieu au passé. Vous ne me reconnaîtrez pas quand vous me reverrez dans notre nouveau décor.

Madame Théo est venue nous voir hier. Vive et charmante comme toujours. Elle nous a donné des nouvelles de vous. Que vous alliez à Fontainebleau, que vous alliez à Cuverville, que votre vie était toujours aussi trépidante.

Je crois, oui, je crois que ce que j'aimais en vous est toujours là. Ce dont je doute, c'est de jamais le revoir. Et s'il en est ainsi, j'aime mieux être rue Verdi qu'à la Souco. Au revoir. J'espère que nos apparences extérieures se rencontreront encore.

Votre
D. B.

753. — DOROTHY BUSSY À ANDRÉ GIDE

40 rue Verdi, Nice
17 mars 1937

Cher Gide

Ma dernière lettre de la Souco a été pour vous, la première que j'écris ici — notre nouveau domicile — le sera de même. Et la première, ou presque, reçue ici, est de vous, une lettre très gentille qui nous a fait à tous un grand plaisir. Elle a été renvoyée de la Souco, à laquelle nous avons dit au revoir hier matin. Mais nous étions tous bien trop occupés à emballer et à régler mille détails pour avoir le temps d'éprouver des regrets sentimentaux, et nous voici encore plus occupés à déballer et arranger mille autres détails. Comme Proust et sa grand-mère, les regrets nous viendront sans aucun doute plus tard et à l'improviste, quand nous serons en train de nous chausser ou de faire quelque chose de ce genre.

Nous aimons bien le nouvel appartement et le trouvons tout à fait « sympathique ». Nous espérons nous y installer de façon très agréable. Je ne le décrirai pas, parce que vous viendrez le voir un jour. Il y a une chambre pour vous — vraiment pas mal du tout. Et puis, c'est si près de Cabris et de Roger que vous ne pourriez pas nous éviter complètement — même si vous le vouliez ! (Cela dit pour vous taquiner et vous faire dire : C'est bien d'elle !)

Cher Gide, tous nos livres sont sur le plancher du salon en une énorme pile, les Littré au-dessus du plus petit [1]. Mais vous savez bien ce qu'il en est. La « petite Dame » est juste venue jeter un coup d'œil, très gentiment chargée, notre deuxième visiteuse, la première étant Hélène R.M.G. venue nous aider. Tout le monde est *très* gentil, et Mme Hanotaux

---

1. Gide lui avait offert ce dictionnaire en 1927. Voir tome II, lettre 343.

a même pleuré quand nous sommes partis! J'ai été très touchée.
 J'espère que vous allez bien et que vous travaillez. Comme je voudrais que Jef en soit sorti! Quelle horreur, les émeutes à Paris[1]!
 Je dois m'arrêter. Je suis très fatiguée et j'ai la migraine et un menuisier m'enfonce des clous dans la tête.
\hspace*{2em}Fidèlement vôtre

\hspace*{10em}D. B.

Janie vous envoie son affection et ses remerciements anticipés. Son livre arrivera certainement demain.

754. — ANDRÉ GIDE À DOROTHY BUSSY

\hspace*{8em}1*bis* rue Vaneau, VIIe
\hspace*{8em}Invalides 79-27
\hspace*{8em}1er Mai 37

\hspace*{2em}Bien chère amie

Voici le début du livre[2]. Je crains que cela ne soit terriblement embêtant à traduire et me sens confus de vous donner un travail si rebutant... Je pense (j'espère) pouvoir vous envoyer la suite en épreuves assez vite.
 Grâce à Aspasie l'interminable voyage d'hier ne m'a point paru trop long. Et je vous sentais lire avec moi ce livre qu'il me plaît tant de tenir de vous[3].

---

 1. Une manifestation par les Croix de Feu, provoquant une contre-manifestation de la Gauche, se termina, le 16 mars 1937, par plusieurs morts.
 2. Il s'agit des *Retouches*.
 3. Sans doute s'agit-il de *Pericles and Aspasia* (1836) roman épistolaire de Walter Savage Landor, ayant pour personnages l'homme d'État et la courtisane cultivée dont il fit la compagne de sa vie.

Mais, depuis ce matin, j'ai replongé dans le tourbillon. Trouvé ici votre si bonne longue lettre. Meilleures nouvelles de Cuverville. Tout va bien, mais j'ai du travail par-dessus la tête. Tanto vostro.

André Gide.

755. – DOROTHY BUSSY À ANDRÉ GIDE

40 rue Verdi
8 mai [1937]

Cher Gide

Merci pour votre petit mot et le premier morceau de la dactylographie, que j'ai été très heureuse de recevoir. Je ne crois pas que ce sera ennuyeux à traduire — même cette première partie, si remplie de chiffres. Les difficultés que vous offrez au traducteur sont toujours si grandes qu'il ne risque jamais de s'ennuyer. Son travail est une lutte perpétuelle dans laquelle il est invariablement vaincu. (Peut-être que je devrais dire « elle ».)

Comme c'est différent quand il s'agit d'un autre écrivain. Par exemple, avec Guilloux, je m'en tire beaucoup plus facilement [1]. Je n'hésite pas du tout à être « libre » avec lui. Je n'ai pas l'impression que les scrupules soient le moins du monde nécessaires. Je peux avancer très facilement, garder le sens, trouver des expressions équivalentes, rendre l'impression, sans guère sacrifier de subtilités. Mais avec vous, si un mot est changé, si l'ordre est dérangé, fût-ce d'un rien, tout l'esprit de la chose semble s'évanouir. Et cependant le pauvre traducteur *doit* changer les mots et déranger

---

[1]. D. Bussy traduira deux textes de Louis Guilloux pour publication dans des revues anglaises. Il s'agit ici de « The " Paradise " », qui paraîtra dans les numéros d'été et d'automne 1937 de *Life and Letters*.

l'ordre. Mais, bien que vous m'ayez souvent dit (très poliment) que vous ne me trouviez pas assez « libre », je continue à croire que c'est en collant au plus près à votre texte que je suis le moins mauvaise. Ce n'est peut-être vrai qu'avec des écrivains de votre calibre — à moins que vous ne trouviez un traducteur si bon écrivain lui-même qu'on le lit comme un texte, non comme une traduction — et laisse le sens véritable et l'esprit de l'auteur aller au diable. Ce n'est pas le cas pour moi.

Je suppose que vous avez reçu l'édition Knopf du *Retour de l'U.R.S.S.* C'est étrange à dire, mais Janie elle-même n'a pas pu y trouver une seule faute d'impression! Je dois donc m'excuser à cet égard. Mais je suis fâchée qu'ils aient, sans aucun motif, changé mon titre *Back from the U.S.S.R.* qui garde exactement le sous-entendu de *Retour de l'U.R.S.S.*, pour *Return from the U.S.S.R.* qui ne veut absolument rien dire, sinon que vous avez fait un voyage en U.R.S.S. et en êtes revenu. Back from — *away* from, retour à une attitude préalable (cf. Oxford English Dictionary). Mais Knopf, bien entendu, ne sait ni le français ni l'anglais. Vous savez, je ne me consolerai jamais d'avoir été forcée d'employer l'horrible mot hybride *counterfeiters* au lieu de *coiners*. C'est un point douloureux dans ma carrière professionnelle.

L'éditeur anglais [1] a, bien entendu, gardé le titre *Back from the U.S.S.R.*

Quant aux mots techniques vraiment américains, je n'y ai pas d'objection dans une édition américaine. Un ou deux changements de ce genre ont été faits dans cette version et sont tout à fait justifiables, par exemple *subway* pour *tube*, *checkers* (que je ne connaissais pas) pour *draughts*. Suffit.

Que vont faire vos amis les anarchistes à Barcelone? Tout cela est trop horrible. Et je me dis parfois, je me dis souvent que le prix est trop élevé. Soumettons-nous à Hitler, Mussolini, Staline et le reste. Sauvons les corps de nos jeunes

---

1. Secker & Warburg, Ltd.

hommes et laissons périr leurs âmes – puisque cela semble être le terrible choix.

Votre
D. B.

756. – ANDRÉ GIDE À DOROTHY BUSSY

1bis, rue Vaneau, 7ᵉ
Invalides 79-27
16 Mai 37

Chère amie

En grande hâte, car suroccupé plus que jamais (pour quelques jours encore) ce petit paquet pour vous tenir en haleine. Vous enverrai la totalité, très prochainement, sur épreuves déjà corrigées et « mises en pages ».
Je reviens de Cuverville, où je retournerai dans quelques jours. Ma pauvre femme condamnée à l'immobilité presque totale par des plaies variqueuses (pas graves, heureusement, mais nécessitant beaucoup de soins). Les quelques jours que je viens de passer près d'elle ont été sans nuages, ineffablement... harmonieux. Il semble que même le passé n'en offre pas de meilleurs. Mais, presque constamment auprès d'elle, je n'ai pas pu beaucoup travailler et ma préface promise, à la *Lettre* de Thomas Mann, reste en souffrance [1].
Ah! si seulement le pauvre Roger pouvait goûter pareille sérénité conjugale! Je reçois de lui ce matin une lettre pitoyable, exquise comme toujours; mais l'état d'Hélène a dû beaucoup l'inquiéter, l'inquiète encore [2].

1. « Quelques écrits récents de Thomas Mann » paraîtra dans *Marianne* (22 septembre 1937) avant de figurer comme préface au livre de Mann, *Avertissement à l'Europe,* Gallimard, [octobre] 1937. Ce texte paraîtra également dans le numéro d'hiver (1937) de *Life and Letters* (traduction de D. Bussy).
2. Cette lettre, avec coupure faite par Roger Martin du Gard, se trouve dans la *Correspondance A. G.-R. M. G.*, II, p. 102.

[JUIN 1937]

Pas le temps de vous en dire plus aujourd'hui. Je pense rester à Paris et à Cuverville durant le mois de Juin. Avertissez-moi de vos déplacements. Votre

André Gide.

Reçu les deux éditions, anglaise et américaine — avec le prodigieux article de B. Shaw sur la couverture...
Catherine est aussi bien et aussi gentille que possible.

757. — ANDRÉ GIDE À DOROTHY BUSSY

Cuverville
Criquetot L'Esneval. Tél : 27
Seine-Inférieure
3 Juin 37

Chère amie

Je n'avais pas compris que Janie restait à Paris. C'est stupide. C'est par Stoisy que je comprends mon erreur — que Mme Théo me reproche.
Ma femme se rétablit lentement. Comme vous souffririez de m'entendre lui lire à haute voix les *Woodlanders* de Thomas Hardy!
Ci-joint un petit ajout fait à mon livre[1] — dont vous recevrez bientôt le texte définitif.
Si vous revenez à Paris pour l'exposition de Janie, j'espère bien vous y revoir[2].
Bien votre

A.G.

1. Gide joint à sa lettre une note relative à *Retouches*.
2. Les Bussy avaient été à Paris le 27 mai. Ils vont y revenir et déjeuneront avec Gide le 12 juin, le jour du vernissage de l'exposition de Janie.

758. — ANDRÉ GIDE À DOROTHY BUSSY

[Papier à en-tête de l'Hôtel Terminus à Carcassonne]

Carcassonne[1], le 16 Juin 37

Chère amie

Je vous avertis vite (mais déjà trop tard peut-être) de la gaffe que j'ai faite, compromettant notre petit plan d'action en faveur de Norman Douglas : ce dont nous étions convenus était parfait, mais mon démon m'a fait perdre la boule, hier, à la N.R.F. et j'ai pris les devants, demandant si *South Wind* avait été proposé, etc, etc. On a été me chercher une fiche (ancienne déjà) où j'ai pu lire : « Livre charmant, mais d'intrigue faible et d'intérêt languissant. Ne saurait intéresser qu'un trop petit public d'amateurs. A refuser. » Le jugement, bien que non signé, je crois pouvoir l'attribuer à Fernandez. J'ai demandé si le dit jugement était sans appel — et prié Chevasson et Seligmann[2] de reproposer à nouveau (je crois bien que c'est moi qui l'avais déjà proposé, il y a quatre ans environ). Ainsi sera fait aujourd'hui même au comité de lecture; mais avec un résultat négatif à peu près certain. Ce n'est que sitôt après avoir parlé que j'ai compris combien il eût été plus adroit de vous laisser écrire à Fernandez, ainsi que décidé. Si vous ne l'avez déjà fait, arrêtez ce geste devenu inutile pour Douglas — et préjudiciable à notre crédit : il ne montrera que trop que nous agissons « de mèche », et que je n'ai parlé que poussé par vous.

Vous ne pourrez pas me faire plus de reproches que je ne m'en suis fait moi-même — et traité d'idiot, etc.

Bien votre ami tout de même, n'est-ce pas?

André Gide.

1. Gide est allé à Carcassonne passer deux jours auprès d'Alibert.
2. Tous deux travaillaient aux éditions Gallimard.

759. — ANDRÉ GIDE À DOROTHY BUSSY

> Cuverville
> Criquetot L'Esneval — Tél : 27
> Seine-Inférieure
> 1ᵉʳ juillet 37

Chère amie

C'est à Paris que j'ai reçu votre lettre [1]; c'est de Cuverville que je vous écris; je n'ai pu trouver le temps de le faire avant mon départ... Ah! entre parenthèses : je ne me tiens pas pour battu, au sujet de N. Douglas, et mène une petite intrigue. Quant à ce que vous répond Sylvia Beach, je ne puis, hélas! que lui donner raison. Trop rares sont les lecteurs qui savent par eux-mêmes s'apercevoir du mérite d'une œuvre et d'un écrivain. Ils ont besoin qu'un critique leur dise : cela est beau pour admirer. Il n'est presque pas d'exemple d'un auteur qui triomphe de l'indifférence sans être *lancé*. Mais un article fort aimable de Jaloux vient de ranimer un peu notre vieille amitié languissante et peut-être pourrai-je le chauffer sur *South Wind*. Il me faudrait d'abord lire le livre... Revenons à votre lettre. 1° Je n'ai malheureusement plus le texte [2] sous la main (n'en avais déjà plus à Paris) et, au sujet de la citation du *Capital* ne pourrai vous répondre avant d'avoir reçu le volume — qu'on m'a promis pour lundi ou mardi prochain. Autant qu'il m'en souvient il ne s'agissait pas, à proprement parler, d'une citation exacte, mais d'une sorte de résumé d'opinion... Je vous récrirai donc à ce sujet. 2° Pour la citation de Louis Fischer, je vous envoie le livre où je l'ai prise et où il vous sera facile de la

---

1. Cette lettre manque, comme toutes celles que D. Bussy a pu lui écrire entre le 8 mai et le 2 octobre.
2. De *Retouches à mon Retour de l'U.R.S.S.*

retrouver. J'avoue que je ne m'étais pas rendu compte que ce livre était traduit de l'anglais (de *Soviet Journey*[1] — d'après information). 3° Eh oui, parbleu! vous avez raison, il y a de l'illogisme dans ce que je dis des poëmes d'Essenine et du refus d'*Imprimatur*[2]. Mais tant pis. On mettra l'inconséquence au compte du traducteur!! ou bien vous pourrez mettre « *ce qui expliquerait qu'on ne les trouve pas* (ces poëmes) dans les dernières éditions officielles ». Enfin vous arrangerez cela pour le mieux. Il est à présent trop tard pour arranger la phrase dans le texte français de mon livre.

Ici tout va bien et je suis très votre ami

André Gide.

760. — ANDRÉ GIDE À DOROTHY BUSSY

Cuverville
Juillet 37

Bien chère amie

Sitôt achevée la relecture de l'admirable *Turn of the Screw*[3], je me suis donc plongé dans *South Wind* — et ne comprends plus trop pourquoi vous protestiez devant cette épithète appliquée par Fernandez à ce livre. Me trompé-je? Ne disait-il pas « charmant »? Je n'en suis encore qu'à la centième page environ et suis tout à la fois ravi... et un peu déçu. A moins d'un traducteur prodigieusement habile, je crains que les dialogues ne perdent, dans une traduction,

---

1. *Voyage soviétique*, traduit par Andhrée Vaillant, avait été édité par la N.R.F. en 1936.
2. Serge Essenine (1895-1925), poète de la jeune révolution, qui épousa Isadora Duncan, puis une petite-fille de Tolstoï, et se suicida à 30 ans. Voir *Retouches*, pp. 89-91.
3. Nouvelle de Henry James (1898), traduite en français par Edmond Jaloux.

beaucoup de leur mordant et imagine mal le genre de lecteurs français qui pourra s'y plaire. C'est un mets pour délicats et aujourd'hui le public ne goûte plus que les brutalités. Ceci n'est qu'un demi-jugement provisoire. J'y reviendrai et poursuis ma lecture.

J'ai reçu mes *Retouches,* qui va être mis en vente demain. (Je vous le fais envoyer aussitôt.) Examinant la note où je cite Marx, je vois que la *citation* est si courte, quelques mots seulement, que, si vous ne retrouvez pas le passage, je crois qu'il n'y a qu'à faire sauter les guillemets.

Les poëmes de Lytton[1] me surprennent fort; rien de plus inattendu (pour moi du moins) et je ne puis assez vous dire combien je vous sais gré de me les faire connaître. Quelle extraordinaire sensibilité ils révèlent. Le premier et le troisième (la fin du troisième surtout — à partir de : Then, then, like the remote dissolving snow[2]...) me ravissent. Me permettez-vous de les garder?...

Maintenant écoutez bien : je dois regagner Paris le 10 juillet, où je devrai m'attarder 8 jours. Le bien meilleur état de santé de ma femme me permet de quitter sans trop d'inquiétude Cuverville — où du reste une de mes belles-sœurs, puis l'autre, vont venir me relayer. Je disposerai d'un temps assez long; jusqu'au milieu de Septembre — à moins d'alarme. Je m'apprête, pour une fois, à préférer le Nord au Midi; le grand plaisir que j'aurais de vous revoir et l'Angleterre y est pour beaucoup. Mais, étant donné le long temps dont je vais disposer, je voudrais aller également en Suède. Un ami intime de Jef Last me supplie d'aller le rejoindre à Stockholm dont il dit merveilles; et je crois que je vais me laisser tenter. Je me figure qu'entre la Suède et l'Angleterre les communications sont faciles (air ou mer). Mais la question se pose : préférez-vous que je commence par Londres, ou que je ne vous rejoigne qu'un peu plus tard, retour de Suède?

---

1. Souvent cités dans des livres sur Strachey, ces poèmes n'ont pas encore été édités en volume.
2. « Puis, puis, comme la lointaine neige qui se dissout. »

Je ne vous cache pas que je pose la même question à Wilde, l'ami de Jef... Et je pèserai.
Tanto vostro

A. G.

761. — ANDRÉ GIDE À DOROTHY BUSSY

1bis rue Vaneau, 7ᵉ
Invalides 79-27
15 Juillet

Chère amie

J'avais d'abord écrit « flirter »; c'est Pierre Herbart qui, lisant les épreuves, m'a dit : « Pourquoi pas un mot français? Nous avons l'équivalent. » — Eh bien, non : « fleureter » n'est pas l'équivalent. Il n'est pas dans Littré; je crois qu'il figure dans le Larousse. Du reste peu importe. C'est proprement : « conter fleurette ». Mais vous n'avez qu'à remettre le mot anglais « flirter »; à moins que vous n'en ayez un, un peu moins platonique — sans être pour cela désobligeant pour Dabit. Non, ne cherchez pas. Mettez « flirt [1] ».
Northwardly yours

A. G.

Je ne m'attarde à Paris que pour Roger, arrivé hier. *Si je viens*, ce sera dans peu de jours, par avion. Vous enverrai une dépêche au dernier moment.

---

1. La phrase en question : « Ce n'est pas que Dabit se désintéressât précisément du voyage; mais enfin il y entrait moins ou s'y donnait moins que nous ne faisions; il se retirait de plus en plus souvent en lui-même, s'occupait à lire, ou à écrire, ou à fleureter. » (*Retouches*, p. 82.)

Dans l'angle, de la main de R.M.G. : Pas reçu non plus programme Abbaye [1]. Inscrivez-vous tout de même! Amitiés.

R.M.G.

762. — ANDRÉ GIDE À SIMON BUSSY

1 bis rue Vaneau, 7ᵉ
Invalides 79-27
26 Juillet 37

Cher ami

J'ai pensé que ces nouvelles d'Auguste Bréal pourraient vous intéresser. (Elles sont un peu plus rassurantes, me semble-t-il [2].) Je lui écris et lui dis que nous avons beaucoup parlé de lui. (Inutile de me renvoyer les papiers.)
Quel souvenir attendri je garde, et au meilleur coin de mon cœur, de votre affectueux accueil!
Votre venue à Paris est tout arrangée. Vous n'aurez qu'à avertir un peu auparavant *Mademoiselle Eugénie Vieillard* — ou, de préférence encore : *Monsieur Billet,* concierge de l'immeuble (que j'ai averti en lui expliquant qui vous étiez pour moi) — qui avertirait aussitôt Eugénie. Vous trouverez chambre prête.
Je vous embrasse tous trois.

André Gide.

---

1. Il s'agit de Pontigny.
2. Gide joint une lettre de Philippe Wolf sur Bréal et le rapport du médecin sur celui-ci.

763. — ANDRÉ GIDE À SIMON BUSSY

25 Août 37

Cher ami

Me voici de retour d'Italie (quel ADMIRABLE pays!) depuis quelques jours déjà. Je pensais rallier Cuverville aussitôt; mais des embêtements ménagers font que ma femme me demande de différer un peu ma venue. Tout est prêt, ici, pour vous recevoir. Si peut-être vous pouviez hâter un peu votre venue, cela me donnerait le grand plaisir de vous accueillir — et pour cela je retarderais même un peu mon départ, au besoin. Mais point par delà la fin du mois.

Sinon je vous reverrai en repassant au Vaneau avant d'aller à Pontigny — car je vais me décider à accompagner pour la dernière décade les quelques amis qui sont aussi les vôtres — et Dorothy, qui doit également y venir n'est-ce pas?... Vous parlez d'un meeting [1] !

Tanto vostro

A. G.

764. — ANDRÉ GIDE À DOROTHY BUSSY

Chère amie

Hardekopf me communique une lettre de celui qui signe *Rudolf*[2], dont je donne, dans l'appendice de mes retouches, un fort beau texte.

---

1. La troisième décade (20-30 septembre) eut pour sujet : « Vocation sociale de l'art dans les époques de trouble mental et de désespoir. » Pour le récit de la décade et de la participation de Gide, voir *Cahiers de la Petite Dame*, tome III, pp. 32-37.
2. I.e., Raoul Laszlo. Voir, ci-dessous, lettre 824 et suite.

Ladite lettre est pour demander, avec une grande insistance, que l'on fasse tomber les trois lettres *C.S.R.* qui figurent en tête de son texte, sur les épreuves de mon livre et qui, paraît-il, risqueraient de compromettre un incognito qu'il tient à garder. Veuillez donc veiller à cela, s.v.p.

Yours
A. G.

765. — ANDRÉ GIDE À DOROTHY BUSSY

1*bis* rue Vaneau, 7^e
31 Août 37

Bien chère amie

Je sais bien que la mort est, ici, plutôt une délivrance; mais je vous imagine pourtant profondément affectée par ce deuil[1] dont Simon me fait part — et je veux que vous sentiez bien présente ma sympathie. Vous la sentirez plus présente encore à Pontigny, je l'espère. Qu'il m'est doux de pouvoir vous écrire : à bientôt.

Excellente soirée à l'exposition, hier, avec Simon, pas trop fatigué du voyage — et ce matin charmant breakfast tous deux avec Marc. Simon vous fera part de son côté de l'heureux résultat de sa première visite à Vincennes.

Votre ami

A. G.

---

1. Nous n'avons pas pu établir de quelle mort il s'agit.

766. – DOROTHY BUSSY À ANDRÉ GIDE

2 octobre 1937 [1]

Une heure au milieu de la nuit qui n'appartient ni au 2 ni au 3 octobre. Tous les trains sont arrêtés et attendent dans les gares. Je l'emploierai à vous écrire.
Je suis très maladroite, mon cher Gide, pour vous dire au revoir, que ce soit en privé ou en public. J'avais passé la matinée d'hier à décider comment le faire honorablement. Mais les choses se sont passées autrement que je n'espérais et je n'ai pas mieux réussi que d'habitude. Je me dis parfois que l'ensemble de mes rapports avec vous a été une série d'échecs *de ma part*. Et puis je me dis que je vous ai, d'une certaine façon, obligé à la gentillesse. Mais à Pontigny vous m'avez fait sentir une fois de plus — une fois de plus... allons, vous savez ce que vous m'avez fait sentir. Ou est-ce que je me trompe? Que je suis quelque chose de plus pour vous, quelque chose de délicieusement plus qu'une obligation.
Je *me rappelle* avoir désiré davantage, mais aujourd'hui je *sens* que c'est suffisant pour me permettre de mourir contente.

Votre
D. B.

1. De la main de Gide.

767. – DOROTHY BUSSY À ANDRÉ GIDE

40 rue Verdi, Nice
5 octobre 1937

Cher Gide

Voici l'article[1]. J'espère qu'il vous conviendra. J'ai fait un ou deux légers changements. Je ne sais comment traduire le titre. Peut-être aurez-vous quelque chose de mieux à proposer. Le mot *abandonment* me semble être autre chose, et puis il est très laid. *Plastic* en anglais ne s'applique pas à la peinture, seulement à la sculpture, au modelage en cire ou en argile, à la poterie — en fait, à des choses qui peuvent être moulées. Peut-être « Fine Arts » serait-il préférable.
Je n'ai pas trouvé l'allusion à Wagner. Vous trouverez cela plus facilement à Paris. Quant aux titres des tableaux, je crois les avoir trouvés tous — sauf la *Reconnaissance d'Esaü* qui semble, dans un de mes livres, porter le titre de *Jacob blessing Esau (Jacob segnet Esau).* Il semble être le seul Rembrandt où paraît Esaü. Voulez-vous changer cela dans le texte si cela vous paraît exact.
Je l'ai donné (l'article) à lire à Simon et Janie, et il leur a du moins offert le « sujet » de longues conversations. Simon dit : quel est le *sujet?* Vous auriez dû le définir. Il aimerait parler de toute cette question avec vous.
Simon est rentré hier soir après avoir passé trois jours chez les Bréal. Déprimé, épuisé. Auguste peut parler un peu en faisant un effort considérable, mais il est absolument lucide, se souvient de tout, même de ses mots. « J'ai le mot,

---

1. « Quelques réflexions sur l'abandon du sujet dans les arts plastiques » dont la traduction paraîtra dans *Verve : an Artistic and Literary Quarterly*, n° 1, décembre 1937. La revue était dirigée par E. Teriade et publiée 4, rue Férou, Paris 6ᵉ.

il est là, mais je ne peux pas le dire... » Il a eu une dépression tragique un jour, et Carmen[1] une autre le lendemain. Simon était assez secoué, mais s'est mis *aussitôt* à peindre ses papillons.

Janie et moi nous débattons dans les tâches domestiques, mais espérons en avoir fini bientôt.

J'espère que votre rhume est guéri et que vous vous remettez de Pontigny.

Affectueusement vôtre

Dorothy Bussy.

768. — ANDRÉ GIDE À DOROTHY BUSSY

7 oct. 37

Bien chère amie

Vous n'êtes pas au bout de vos peines. Il se découvre que notre bel article est beaucoup trop court. Je viens de me tordre la cervelle pour en extraire quelques pages complémentaires, où, tout de même, je précise un peu ma pensée — ou brouille les cartes un peu plus.

Je vous renvoie votre dactylographie, à cause de deux lignes à rajouter (citation de Diderot) ligne 2 de la page 3 (vous n'aurez qu'à rajouter à la main et en marge, ou sur un « becquet ») et pour certaines suppressions apportées à mon texte. Peut-être y a-t-il lieu, p. 5, de vérifier l'orthographe (anglaise) des mots grecs. Enfin vous voudrez bien tout revoir d'après mon texte établi.

Page 8, j'ai ajouté un titre du Poussin.

Autre chose, moins agréable : l'article étant beaucoup plus court que convenu, la rémunération va se trouver diminuée d'autant. Zut!

1. La femme de Bréal.

Mon « rhume » s'est beaucoup perfectionné et j'ai dû remettre à plus tard mon voyage à Cuverville. Mais mon départ pour l'A.O.F. va se trouver, je crois, pour diverses raisons ministérielles, également beaucoup retardé. Complètement abruti — mais bien votre

A. G.

Revu un Roger, plus exquis que jamais... et un Charlie qui nous a longuement parlé de sa maladie. Il lui manquait un nombre effroyable de globules rouges, ce qui l'amenait à un tel état de faiblesse que durant plus de quinze jours il resta sans manger, sans dormir, sans bouger, ne supportant plus de vêtements, ne supportant plus rien que... le livre de Job.

769. — ANDRÉ GIDE À DOROTHY BUSSY

1bis rue Vaneau, 7e
13 octobre 37

Chère amie

Ainsi que je crois vous l'avoir déjà dit, la revue américaine m'avait averti que, mon article se trouvant beaucoup plus court qu'il n'avait été prévu, la rétribution s'en trouverait d'autant réduite; et réduit aussi, proportionnellement, l'envoi de la Société Générale à mon excellente traductrice — pour lequel je donne des ordres par même courrier. Puisse cette traduction ne pas vous avoir donné trop de mal, et en particulier la rallonge que vous aurez reçue ces avant-derniers jours!

Le rhume que j'ai rapporté de Pontigny s'éternise et je n'ai pas encore pu rallier Cuverville, reprenant froid chaque fois que je me risque au dehors. Je languis et vis comme

hors du temps, absorbé par des insignifiances. Mon départ pour le Sénégal semble indéfiniment retardé...
Et dire qu'il y a un tas de gens qui attendent de moi du réconfort!... Je vous embrasse tout de même.

André Gide.

770. — DOROTHY BUSSY À ANDRÉ GIDE

[22] novembre 1937

Cher Gide

Le hasard a fait que nous soyons les seuls de ses amis à voir Roger depuis le grand événement [1]. Il est venu nous voir deux ou trois fois pour épancher ses émotions, ses scrupules, ses phobies, pour gémir sous la lourdeur du poids jeté sur ses épaules. Complexe d'infériorité au nième degré, mais comme tous les complexes d'infériorité, sans aucun doute, avec quelque justification dans la réalité. En tout cas il nous paraît assez pitoyable, ne dort pas, ne mange pas — sinon son propre cœur — il est écrasé sous son courrier, les félicitations et les demandes d'étrangers, les exigences et les menaces des photographes et des journalistes, les conseils contradictoires de ses amis. En outre, l'obligation de composer deux ou trois allocutions à prononcer en Suède. Vous savez tout cela. Mais vous ne savez peut-être pas dans quel *état* il est, à quel point il a l'air hagard. Il nous a lu une des allocutions qu'il se propose de faire à un banquet. Nous avons, à l'unanimité, indiqué les objections qu'on pourrait faire à deux ou trois passages. Mais il a été visiblement angoissé par nos objections. Il a récrit les passages et, selon nous, les a grandement améliorés. Mais que vont dire les gens à Paris? C'est maintenant sa terreur. J'espère que

---

1. L'attribution du Prix Nobel de Littérature.

vous allez tous être très gentils et ne pas le tourmenter pour qu'il se laisse photographier au nom du patriotisme français. C'est évidemment ridicule de craindre comme il le fait d'être pris en photo. Mais il faut pardonner aux gens leurs petites idiosyncrasies, et celles de Roger sont si sympathiques.

Je ne peux m'empêcher de trouver que son attitude est une bien meilleure propagande pour la France que celle que Duhamel voudrait lui voir prendre. Il me semble qu'on doit admirer la France pour avoir produit un caractère aussi admirable que le sien — celui de Roger, pas de Duhamel. Pourquoi devrait-il aller contre ce qu'a toujours été sa vie, simplement parce qu'il a reçu le Prix Nobel? Il a mille fois raison de n'en rien faire.

Pardonnez ce petit éclat, mais nous craignons vraiment presque de le voir faire une dépression nerveuse.
   Amitiés de tous.

Votre
D. B.

22 novembre. Heureux anniversaire!

771. — ANDRÉ GIDE À DOROTHY BUSSY

1bis rue Vaneau, 7ᵉ
10 décembre 37

Bien chère amie

Quel long silence! Et vous croyez, sans doute, que je ne m'en aperçois pas!!

Mon voyage en A.O.F. se confirme (avec un tas de soucis) et mon départ est imminent. Absence de 2 à 3 mois [1]. Je vais

---

1. Accompagné de Pierre Herbart, Gide quittera la France sur l'*Asie* le 11 janvier pour revenir en avion le 5 mars. Le voyage sera fait aux

demain à Cuverville, pour quelques jours. Du travail et de la tablature par-dessus la tête!

J'ai vu cet après-midi, chez Galignani (pas encore reçu) la très belle publication où notre article; mais furieux de ne pas voir à côté du mien le cher nom de ma traductrice[1]. Si, comme il se peut et comme on m'y invite, je donne encore quelques pages dans le deuxième numéro (dans 3 mois) je prendrai mes précautions pour qu'une pareille omission ne se renouvelle pas.

Dîné hier (chez Jules Romains) avec Huysmans, avec qui j'avais téléphoné au sujet de la fameuse commande — que je me suis permis de lui rappeler. Il s'est montré vraiment désireux de la maintenir (rien à voir avec la défunte exposition) et de s'arranger de manière qu'elle agrée pleinement à Simon. Veuillez le lui dire. Les Julien Cain (qui font mine de fort bien vous connaître) seraient fort bien placés pour appuyer — moi absent.

Je ne puis vous en écrire plus long ce soir, mais — toujours autant votre

A. G.

772. — DOROTHY BUSSY À ANDRÉ GIDE

40 rue Verdi
15 décembre 1937

Cher Gide

Merci pour votre gentille lettre. J'ai essayé d'y répondre pendant deux jours, mais je trouve vraiment, vraiment diffi-

---

frais du gouvernement auquel Gide devra remettre un rapport sur l'instruction. (Voir *Cahiers de la Petite Dame*, III, pp. 38-39.)

1. Il n'y a que deux noms de traducteurs qui figurent à la table des matières du premier numéro de *Verve* : Stuart Gilbert pour un passage de la *Psychologie de l'art* de Malraux, et Robert Sage qui est cité comme traducteur général de la revue.

[DÉCEMBRE 1937]   47

cile d'écrire à quelqu'un qui est si distraitement et si peu à l'autre bout du fil. Non, bien sûr, vous n'y pouvez rien, mais je n'y peux rien non plus. Je vous ai donc fait envoyer un roman anglais pour vous transmettre mes vœux de bon voyage [1]. Vous admettrez bien qu'il est difficile d'écrire à une personne qui insiste constamment et invariablement sur le fait qu'écrire et recevoir des lettres est pour lui une pénitence. Pourquoi la lui infliger? Aussi ma règle de vie a-t-elle été, ces dix dernières années, de n'écrire que poussée par une impérieuse nécessité — intérieure ou extérieure. Les affaires et la politesse et les nouvelles étaient des nécessités extérieures.

Mais, en fait, j'ai beaucoup souhaité vous écrire ces temps-ci parce que j'ai éprouvé une exaltation de pure admiration comme j'en ai rarement ressenti dans ma vie (certaines de mes admirations, je le sais, sont mêlées avec des choses plus viles); et dans quel sein déverserais-je de telles choses, sinon le vôtre?

« Surprised by joy, impatient as the wind,
I turned to share my transport — oh! with whom
But there, deep buried in the silent tomb [2]... »

(ou plutôt, tout au fond de « silencieux soucis » que je ne peux partager).

Tout cela n'est qu'une préface à la question : avez-vous suivi l'affaire Trotzky dans le procès-verbal en anglais de l'enquête menée à Mexico [3]? Mais bien sûr, vous l'avez lu.

1. I.e., *Daughters and Sons* par Ivy Compton-Burnett, V. Gollancz, 1937.
2. Les premiers vers de « Surprised by Joy » (1815) de William Wordsworth :

« Surprise par la joie, impatiente comme le vent,
Je me retournai pour partager mes transports — oh! avec qui,
Sinon toi, tout au fond du tombeau silencieux... »

3. Il s'agit du « Closing Speech at the Hearings of the Preliminary Commission of Inquiry into the Charges Made Against Leon Trotsky in the Moscow Trials, Held April 10 to 17, 1937, at Coyoacan, Mexico. »

C'est impertinent de vous demander cela, je ne continue que pour ma propre satisfaction. La question est la même que dans les *Crimes de Staline* [1], mais l'intérêt humain de l'énorme drame ressort, il me semble, avec une vigueur incomparable dans cette petite salle de tribunal, devant ce public réduit. L'étonnante personnalité de Trotzky éclate dans chaque mot de son mauvais anglais, hésitant, heurté, les éclairs de sa pensée, ses réparties mordantes, sa logique impeccable; et puis son attitude si simple, si merveilleusement sincère, si timide, si anxieusement courtoise, et puis, tout au fond, cette patience prométhéenne dans la souffrance et l'adversité, cette flamme prométhéenne de révolte, cette foi inextinguible. Je ne sais pas, je ne peux pas juger s'il a raison *politiquement;* si son plan de campagne est correct (bien qu'il me semble si prodigieusement intelligent que je suis tentée de le croire); mais comme caractère, comme personnage, je sens qu'il est un des plus grands que le monde ait jamais connus. Luttant tout seul, proscrit, exilé, pourchassé, sans aucune peur, se battant sur un si vaste théâtre pour des questions si prodigieuses — seul, et déjà presque victorieux, victorieux en tout cas contre son rival humain, réduit jusqu'à l'insignifiance.

............[Ligne de points de D. B.]............

Je suppose que vous allez trouver cela très irritant, et très mal à propos, quand vous êtes en train de faire vos bagages et de penser à autre chose.

Tant pis. C'est, en tout cas, un signe d'amitié.

Votre
D. B.

---

1. La deuxième partie de *La Révolution trahie* de Trotski.

773. — ANDRÉ GIDE À DOROTHY BUSSY

16 au soir.

Bien chère amie

Une grande Hindignation contre vous me fait bondir aussitôt sur ma plume. Votre dernière lettre en est cause : l'assimilation que vous faites des lettres que je reçois de vous, à celles si surabondantes des importuns! Halte là! Vos lettres (et celles de Roger) sont *toujours* pour moi un repos, une détente, un *oasis* : le temps s'arrête, ou : je l'arrête; et lorsque je ne peux pas tout aussitôt, comme il m'est arrivé pour cette dernière, car je viens de rentrer à Paris où, tout aussitôt, un flot d'occupations m'emporte, je la mets dans ma poche (où de temps en temps, dans le tourbillon, je la sens, je la palpe, je la caresse, en me disant : tout à l'heure...) et j'attends un instant du soir où je pourrai me trouver tranquillement seul avec vous. C'est alors que je me sens redevenir moi-même et reprendre contact avec *la réalité*.

J'ai connu, tous ces temps derniers, d'autres oasis : je prépare, pour la collection de la Pléiade, une anthologie de la poésie française et cet important travail me passionne, me ravit. J'ai trouvé, presque chaque jour, le moyen d'y consacrer une ou deux heures, me replongeant tantôt dans La Fontaine ou Chénier, tantôt dans Hugo et, ces derniers temps, dans Ronsard. J'écris pour cette anthologie (de 1000 à 1200 pages) une longue préface, expliquant, motivant mes choix, qui me passionne également[1]. Mon voyage en A.O.F. va tout interrompre; mais peu importe : à mon retour les poètes seront encore là.

Je viens de passer quatre jours à Cuverville, où j'ai admirablement bien travaillé. Jours de calme, de félicité

1. Ce travail ne sera terminé et publié qu'en 1949.

même — qui me permettront de partir sans trop d'angoisse... Du reste je ne pense pas que mon voyage doive durer plus de trois mois. Vous savez que je pars avec Pierre Herbart. Nous ne pourrons sans doute pas être prêts pour le bateau du 24 Déc.; mais nous embarquerons vraisemblablement le 4 Janvier. D'ici là vous avez encore le temps de m'écrire — et quand je partirai je sentirai me suivre votre pensée.

J'ai reçu le *Verbatim Report* de Trotzky, que je n'aurai le temps de lire que sur le bateau, fort ému par ce que vous m'en dites.

18 Déc.

Pas pu trouver un instant, tout hier, pour achever cette lettre. Elle promettait d'être beaucoup plus longue! Je continue de causer avec vous, tout en « vaquant »... Tanto vostro.

A. G.

774. — DOROTHY BUSSY À ANDRÉ GIDE

40 rue Verdi, Nice
20 décembre 1937

Cher Gide

Si vous saviez comme il y a longtemps que vous m'avez donné la moindre indication qu'une lettre de moi pouvait vous faire ou vous faisait un peu plaisir!

Je sais, votre théorie est que le silence seul convient dans les rapports sentimentaux — une théorie avec laquelle j'ai toujours été en désaccord profond. C'est peut-être très bien pour vous, qui pouvez vous soulager grâce à d'autres moyens d'expression, mais pour nous, mortels ordinaires qui ne pouvons pas dire « Gab mir ein Gott zu sagen was Ich leide [1] »,

---

1. « Un dieu m'a permis de dire ce que je souffre. »

le silence est un bouillon de culture pour toutes sortes de microbes contagieux, s'il n'est pas le tombeau des sentiments. En tout cas, voilà où j'en suis! Après des années de lutte, j'ai plus ou moins renoncé — pour une raison ou une autre — et réduit la plus grande part de mes lettres (sans parler de mon comportement) au minimum nécessaire pour maintenir des rapports amicaux. Cela étant, il me semblait tout naturel, inévitable que de telles lettres, d'où j'élimine péniblement toute expression de la — de *ma* — « réalité invisible », soient terriblement dénuées d'intérêt. Elles le sont, je le sais. Mais elles le sont, en quelque sorte, comme un sacrifice ou une concession à votre égard, et je suis contente que vous m'ayez redit que, telles qu'elles sont, vous aimez les recevoir. J'avais vraiment cessé de le croire. Pourtant, vous m'avez dit cela si joliment que vous pouvez prendre de longues vacances et ne plus en parler pour une autre dizaine d'années!

Et vos lettres à moi! Je sais bien que je dois chercher votre « réalité invisible » — une certaine part, en tout cas — dans vos pages publiées. Mais je m'intéresse aussi à votre réalité visible. Et quand vous écrivez, j'aime m'en souvenir. Je ne crois pas que cela vous demanderait beaucoup plus de temps ou de paroles.

Je sais que je ne suis pas absolument absente de vos pensées — même de votre cœur — mais je sais que je suis absente de votre vie. Aussi est-ce un plaisir d'apprendre que le 4 janvier est votre date probable d'embarquement — je pourrai donc penser à vous ce jour-là. J'aurais même aimé savoir dans quel port. Marseille, je suppose; et Élisabeth sera là pour voir partir son mari. Ici, vous êtes supposé sourire. Mais vous vous tromperiez beaucoup si vous croyiez que je l'envie!

Je suis particulièrement heureuse d'apprendre que vous travaillez à une anthologie et en écrivez la préface. J'aime les anthologies et je leur dois énormément. C'est le vieux *Golden Treasury* qui m'a d'abord permis de me familiariser avec la poésie — j'avais alors onze ou douze ans. Je crois que ce qu'il contient de meilleur est dû aux conseils de Tennyson [1]. Une pareille tâche est digne d'un poète. Bien peu condescendent à le faire. Avec quelle impatience j'attends de voir votre volume, d'avoir accès grâce à vous à de nouveaux trésors, de voir de vieux favoris consacrés par votre choix. Je ne crois pas que j'aime moins la poésie en vieillissant. Allons, bon voyage, cher Gide. C'est bien que vous emportiez avec vous des souvenirs de félicité et que vous en laissiez derrière vous, sans aucun doute.

Quant à moi, la félicité n'est pas mon lot. Et pour vous dire la vérité, je ne crois pas que je serais prête — même si j'en étais capable — à l'acheter au prix de la résignation et de l'abnégation. J'aime trop mon moi rebelle, et je ne jouirai jamais de votre royaume des cieux, ni *maintenant*, ni plus tard. Mais je sais reconnaître les bienfaits qui m'entourent, entre autres la capacité que j'ai encore de jouir des plaisirs simples, ordinaires, naturels qu'offre la vie. J'en fais l'expérience tous les jours — parfois même les plus sublimes — l'admiration — une vie, un vers, un visage qui émeut.

Ainsi, pensez à moi — et bon voyage.

D. B.

775. — ANDRÉ GIDE À DOROTHY BUSSY

Paris 21 Décembre 1937

Chère Amie

Je vous écrivais il y a trois jours une lettre assez intime, que j'espère que vous aurez bien reçue. Si je dicte celle-ci, c'est qu'elle n'a rien de confidentiel; au contraire : une vraie lettre d'affaires. Le double de celle que j'envoie aux

---

1. Tennyson influença le choix de son ami Francis Turner Palgrave pour la célèbre anthologie, *Golden Treasury of Songs and Lyrics*, 1861, 1896.

Publishers de New York [1] en réponse à la lettre d'eux que je vous envoie également, vous dira de quoi il s'agit. Sans doute aurais-je dû vous consulter d'abord, vous demander si vous acceptiez volontiers ce nouveau travail; mais le temps m'a manqué. Du reste il vous est facile encore de vous dégager; mais dans ce cas, veuillez m'en avertir et en avertir également Longmans Green & Co. afin que nous agissions en conséquence.

J'ai demandé à *Life and Letters today* de vous adresser directement le montant de nos « honoraires » pour notre collaboration. J'espère que vous l'aurez bien reçu (il me l'avait annoncé [2]).

Je dois m'embarquer le 5 Janvier à Marseille et ne sais plus où donner de la tête. Vous savez que je pars avec Pierre Herbart. Notre cabine est retenue, mais nous ne sommes pas prêts du tout (équipement, dentiste, médecin pour des piqûres contre la fièvre jaune et la typhoïde, etc., etc.,) et voici venir les jours fériés où les magasins seront fermés et où l'on ne trouvera plus personne. Ajoutons que la Commission d'Enquête même dont je fais partie, est vivement attaquée au Sénat, de sorte que je ne sais pas du tout dans quelles conditions je pourrai partir là-bas; mais je suis décidé à partir quand même. (Mon téléphone est détraqué et sonne sans arrêt.)

Vous avez peut-être lu, dans le dernier numéro de *Vendredi* les quatre colonnes de Guéhenno contre moi; elles soulèvent de nombreux échos. Tout cela est fort dérangeant, car j'ai cru devoir répondre, dans *Vendredi* même et dans *La Flèche* [3].

---

1. Il s'agit toujours de la publication en Amérique de *Montaigne : A Selection from his Writings*. Pour la lettre de Gide à Longmans, Green & Co., voir Appendice A.
2. La « Préface to Some Recent Writings by Thomas Mann » venait de paraître dans cette revue américaine.
3. La « Lettre ouverte à André Gide » avec la réponse de Gide et une contre-réponse de Guéhenno sont reproduites dans *Littérature engagée*, pp. 200-210. Il y est question du républicanisme en Espagne et de l'U.R.S.S.

Ceci encore, Madame Yvonne Davet [1], cette jeune (et charmante du reste) admiratrice d'Avignon, dont je vous ai parlé, que je suis forcé de tenir précautionneusement à distance, mais pour qui j'ai beaucoup de sympathie et de pitié, se décide à aller passer un mois chez son père, à Nice même — 60 rue Hérold. Elle va se trouver là-bas très seule et un peu éperdue; quelques marques d'attention, de vous ou de Janie, lui seraient sans doute de très grand réconfort.

Je vois que la traduction de Montaigne (version Florio [2]) existe dans le Everyman's Library. Sur un mot de vous, me disant si vous acceptez le travail proposé ci-dessus, je vous la fais aussitôt envoyer. (3 volumes N° 440 à 442 de la collection.)

J'attends également avant de vous envoyer mes volumes des *Essais* (7 vol.) avec indications marginales qui vous permettront de former l'Anthologie souhaitée. Sans doute y aura-t-il surabondance de texte. Je m'en remettrai à vous et à Janie pour faire un second choix dans mon choix, afin de ne pas excéder les limites prescrites.

Excusez cette lettre affairée. Heureusement vous aurez reçu l'autre avant-hier et ne douterez donc pas de... etc.

Votre ami « sur les dents »

André Gide.

---

1. Elle deviendra la secrétaire de Gide et publiera en 1948 chez Gallimard *Autour des Nourritures terrestres. Histoire d'un livre.*
2. La traduction de John Florio est de 1603.

776. – DOROTHY BUSSY À ANDRÉ GIDE

A lire quand vous serez seul
à bord de votre bateau.
Pas question d'affaires!

28 décembre 1937

Cher

Juste quelques mots d'adieu — pas pour nous souhaiter quoi que ce soit. Que souhaiter pour vous ou pour moi? Que les dieux en décident. Non, juste pour le plaisir de penser que ce bout de papier sur lequel je pose ma joue va rester tranquillement dans votre portefeuille — vous l'avez promis — et que vous sourirez de son absurdité, de son audace, de sa fidélité. Et je m'imagine pour un instant là où j'aimerais être, seule avec vous, et vous tel que j'aimerais vous avoir, tel que je vous ai connu parfois, et je serais une fois de plus capable d'oublier tout ce qui nous sépare — le monde et toutes les demandes et toutes les obligations qui vous absorbent, vos amours et vos désirs, votre importance et — mes propres soupçons, mes craintes, mes susceptibilités et toute ma peine et toute ma vanité. Je m'imagine assise seule avec vous en silence, ne désirant rien, n'éprouvant rien que ce divin vêtement de votre tendresse que — ah! j'ai le droit de dire — que je connais.

Adieu, mon mirage et mon miracle.

Votre
D.

777. – ANDRÉ GIDE À DOROTHY BUSSY

1*bis*, rue Vaneau, 7ᵉ
29 Déc. 37

Bien chère amie

Je me permets donc de vous adresser un abondant travail.
1/ La dactylographie de mon *Essai sur Montaigne*. (J'ai fait partir hier le double de ce texte pour l'éditeur américain. Attendez sa réponse (qu'il doit vous adresser directement) pour commencer le travail; car, enfin, il faut admettre qu'il puisse *refuser*). Les références, que vous voyez en marge des feuilles, se rapportent aux volumes de Montaigne que vous recevrez, d'autre part, dans quelques jours. J'aurai eu soin d'y indiquer au crayon de couleur : A : les passages cités dans la préface; B : les passages qui me paraissent convenir pour l'anthologie (couleurs différentes pour A et pour B). Il y aura lieu de se reporter au texte de Florio (Everyman's Library) en souhaitant que ça puisse coller tout de même (pour la préface). Je crains que ça ne vous donne un sacré turbin.
2/ La dactylographie de l'article pour la revue Anglo-Française. Et je crois qu'il y aurait lieu de commencer par là. La traduction serait à envoyer à J. Schiffrin, 33 rue de l'Université. Je l'aviserai d'autre part. — Puissiez-vous ne pas trouver cet article trop détestable; j'ai mis un « à suivre », car je pense le continuer [1]. Tel qu'il est, il occuperait déjà une page 3/4 de la revue (soit 2 avec le titre et les blancs). Si je trouve le temps (et la tranquillité d'esprit) de le pousser plus loin avant mon départ, je vous enverrai aussitôt la suite — et nous laisserions la revue libre de le publier en une ou deux fois.

1. Son « Voyage en littérature anglaise » (*Verve*, n° 2, mars-juin 1938) n'aura pas de suite.

J'ai encore un tas d'autres préoccupations (œuvres complètes, qui doivent prendre fin avec le tome XV[1]), préface pour le livre du camarade Yvon[2] (c'est fait), collaboration à la N.R.F., etc. qui bousculent les préparatifs du départ. Mais je crois bien que celui-ci, pour un tas de raisons, va se trouver remis au 11 janvier (Bordeaux). Je vis dans un hourvari continuel, en attendant, et brâme après les journées de traversée; déjà je m'imagine, hors du temps, installé dans la cabine ou sur le pont de l'*Asie*, plongé dans la lecture de *Daughters and Sons* (Merci!). (Mais surtout j'ai de grands nouveaux projets de travail.

Pour la jeune Davet (60 rue Hérold), faites bien attention de ne pas la laisser s'étaler trop dans le pathétique! Tâchez de la maintenir sur le terrain du communisme — où elle peut être fort intéressante, en raison des expériences cuisantes qu'elle y a faites.

J'ai le temps de recevoir encore une... bonne lettre de vous! Vous savez bien que, dans celle-ci où je ne vous parle que d'affaires, il me semble que je ne vous ai rien dit. Mais sentez-moi tout de même bien votre

A. G.

---

1. Le XIIIe tome des *Œuvres complètes* venait de paraître en novembre. Le XIVe paraîtra en mars 1938, le XVe en mars 1939.
2. Il s'agit de *L'U.R.S.S. telle qu'elle est,* Gallimard, 1938.

1938

Gide : Voyage en Littérature anglaise. — *Voyage à Dakar avec Herbart. — Sur Montaigne. — Montaigne en Amérique. — D. Bussy sur Trollope. — Exposition de Simon Bussy à Venise. — D. Bussy traduit les* Nouvelles Nourritures. *— D. Bussy sur la traduction de Montaigne par Florio. — Mort de Madeleine Gide. — Rapport pour la Commission d'enquête coloniale. — Préface à la* Littérature française. *— D. Bussy sur le* Rimbaud *d'E. Starkie. — Adoption de Catherine. — Projet de préface pour le Shakespeare de La Pléiade. — Enid Starkie, livre sur Gide. — Sur* Zuyderzee. *— Affaires de succession (Cuverville et Vaneau). — Marc a quitté le Vaneau. — Préparation du* Journal *pour La Pléiade. — Révision de la traduction d'*Antoine et Cléopâtre. *— Invitation à Cuverville et à Braffy. — Livre de Jean Hytier sur Gide. — Première du* Père Leleu *à la Comédie-Française. — Fin de l'affaire du* Montaigne *américain. —*

778. — DOROTHY BUSSY À ANDRÉ GIDE

40 rue Verdi
2 janvier 1938

Cher Gide

Votre grosse enveloppe est arrivée, avec les deux dactylographies et une lettre d'instructions que je suivrai de mon mieux.

C'est délicieux de vous entendre parler de littérature anglaise, bien que je ne sois pas certaine d'être toujours d'accord avec vous.

La liste des premiers auteurs que vous avez lus dans cette langue est très étrange. Je suis d'accord que *Robinson Crusoe* (nous n'omettons *jamais* le Crusoe en anglais — on penserait aussitôt à la famille suisse) est probablement un excellent choix pour les débuts d'un Français, et Fielding et Richardson suivent sans aucun doute de façon naturelle. Mais que fait *Paradise Lost*[1] dans cette galère ? Il aurait mieux valu ne pas le citer avant de faire des réflexions sur la « viande crue » anglaise et l'« art » français ; un aussi éminent, aussi prodigieux exemple du contraire de la « viande crue » semble vicier toute la généralisation. Je ne souhaite pas qu'on m'en fasse souvenir dans le contexte.

Cela me chagrine aussi un peu que six lignes de votre très bref chapitre soient consacrées à discuter les œuvres mineures de Fielding auxquelles je n'ai jamais vu s'intéresser personne que les professeurs. Combien j'aurais préféré entendre parler un peu plus de Clarissa. Par exemple, en quoi Lovelace est-il « supérieur » à Valmont et Clarissa à « la petite Volange » ? (Il n'y a qu'un Valmont pour avoir pu penser à les comparer !) La date de *Clarissa Harlowe* est 1748.

J'ai envoyé aujourd'hui à Mme Davet une invitation à venir prendre le thé.

Que peuvent bien être vos « grands nouveaux projets de travail » ? Cela paraît très excitant.

Rien d'autre à dire, sauf que je reçois à l'instant un charmant petit billet (jour de l'an) de Robert Levesque. Hope Mirrlees est venue déjeuner voilà quelques jours et a dit qu'il était la seule personne qu'elle ait vraiment aimée à Pontigny ! Je n'irai pas aussi loin, mais il m'a bien plu.

J'ai l'idée que *Daughters and Sons* ne vous intéressera pas. N'y perdez pas votre temps. Je vous l'ai envoyé seule-

---

1. Le long poème épique de John Milton (1667).

ment parce que je le lisais à Londres quand vous y étiez et que vous vous étiez montré curieux au sujet de ce livre. Rien de plus.

Votre
D. B.

Intéressée d'apprendre le changement de votre date de départ.

779. – ANDRÉ GIDE À DOROTHY BUSSY

Bordeaux
11 janvier 38

Bien chère amie,

Je m'efforce de ne pas être trop ému de partir. Puissiez-vous du moins sentir combien tendrement je pense à vous. J'étais, ces jours derniers, trop affairé pour vous écrire comme je l'aurais voulu. Grand besoin du repos de la traversée. J'emporte le Montaigne que je vous enverrai de Dakar avec toutes les indications qui vous permettront de former l'anthologie. Avant de quitter Paris j'ai pu revoir et compléter l'article *(1re partie)* dont je vous avais envoyé un texte d'abord imparfait. Vous voudrez bien en envoyer la traduction à Schiffrin (Nouvelle Revue Française) directement.
Amitiés à Simon, à Janie –
Votre bien fidèle

André Gide.

Adresse : c/o M^r le Gouverneur Général
de l'A.O.F.
Dakar –
A.O.F.

Vous reverrez bientôt Roger sans doute. Mille messages amicaux pour lui.

780. — ANDRÉ GIDE À DOROTHY BUSSY

Dakar 22 janv. 38

Bien chère amie

Me voici donc à Dakar depuis le 19. La poste aérienne hebdomadaire ne part que lundi 24; sinon je vous aurais écrit déjà, mais vous n'eussiez pas reçu plus tôt la lettre. La traversée n'a pas été très bonne (je veux dire que la mer était fort agitée); jusqu'à Madère du moins, où nous avons fait courte escale. Sans être précisément malade, j'étais invalidé et n'ai presque rien fait que dormir. J'avais, dans les derniers temps de Paris, dû fournir gros travail et me sentais assez fatigué. Trop abruti pour lire avec profit; j'ai fait de vains efforts pour m'intéresser au livre de Malraux[1] ou à *Daughters and sons*. (Remis à plus tard.) Mais repris Montaigne avec un ravissement indicible. C'est mon homme. A l'effet de cette anthologie américaine (que je ne suis pas encore tout à fait certain qu'ils acceptent — et je les ai priés (les éditeurs) de vous aviser, au plus tôt, directement de leur décision) j'ai reparcouru les VII volumes de l'édition qui déjà m'avait servi et que j'avais, il y a quelques années, couverts d'indications, lesquelles m'ont beaucoup aidé. Pour éviter les confusions, je me suis, cette fois-ci, servi de crayons de couleur et des marges intérieures; les bleues marquant ce qui me paraît le plus important, l'indispensable, les rouges restant facultatives (car il faut aussi tenir compte du nombre de mots demandés — dont je n'avais pas grande souvenance). La grande difficulté vient de ce que je ne connais point la traduction de Florio, dont vous aurez à vous servir, et je crains que, parfois, certains passages qui doivent, en français, leur saveur à une forme exquise, ne

1. *L'Espoir.*

paraissent, dans le texte anglais, tout désenchantés. Je dois donc vous laisser la liberté de choix la plus grande, la plus élastique. — déplorant qu'il ne nous soit pas loisible de faire ensemble un travail qui eût été si amusant. (Mais j'imagine que, peut-être, Janie aura plaisir à vous seconder.) Bref je laisse ici beaucoup à votre propre initiative.

Ceci m'a donné grand désir de donner, à mon retour, une anthologie de Montaigne en français. Le choix serait alors assez différent de celui qui m'a paru pouvoir (et devoir) convenir pour l'Amérique (ou, parfois, volontairement : de nature à les scandaliser un peu, comme il faut.) Mais, ici également, je vous laisse un peu juge en dernier ressort.

Je fais un paquet des sept petits volumes et vous les expédie par simple courrier, en raison du poids; ce qui veut dire que vous ne les recevrez que longtemps après cette lettre.

Les Coppet sont partis ce matin, pour une tournée de vingt jours. Nous ne les reverrons qu'à notre retour à Dakar, après un voyage de six semaines à travers le Soudan, la Côte d'Ivoire, le Dahomey, etc. Nous nous lançons après-demain, Pierre Herbart et moi, dans cette longue randonnée aventureuse, mais qui, je l'espère, ne présentera aucun risque et devra être d'un intérêt prodigieux. Je vais très bien et même sens mon cœur battre d'une assez impatiente allégresse. Fidèlement et profondément votre ami

André Gide.

Mon adresse, durant tout le voyage :
   c/o M^r le Gouverneur Général de l'A.O.F.
      Dakar —
d'où l'on me fera parvenir en cours de route.

781. — DOROTHY BUSSY À ANDRÉ GIDE

40 rue Verdi
28 janvier 1938

Cher Gide

Je me demandais s'il était possible de croire assez à l'existence d'une personne si lointaine pour lui écrire — et j'en étais presque arrivée à conclure que non — quand votre lettre est tombée du ciel. Hier matin, vieille de trois jours seulement, gardant presque encore la chaleur de votre main et renfermant le souffle même de votre « allégresse » (un de vos mots favoris, et je n'ai jamais été capable de trouver un équivalent en anglais). C'était aussi une lettre ravissante — je veux dire *esthétiquement* — sur un si joli papier, dans une si belle écriture, si limpide, si coulante, si harmonieuse, avec à peine une trace de son habituelle plongée découragée vers les profondeurs. J'essaye de faire que la mienne ne soit pas trop indigne d'y répondre, mais vous verrez, je ne serais pas capable de tenir le coup jusqu'au bout, et avant que je n'aie fini il y aura des taches et des repentirs — les défigurements de la passion!

Moi aussi, pendant les jours de votre traversée (dont un grand nombre très tempétueux, et je craignais que vous ne soyez très secoué) j'ai passé pas mal de temps en compagnie de Montaigne; j'ai commencé à traduire votre essai, mais j'ai lu plus que travaillé, car l'éditeur américain ne m'a pas encore fait signe. Je serai déçue s'il n'accepte pas vos suggestions, car j'aimerais faire ce travail et suivre vos instructions aussi fidèlement que possible. Mais je m'attends à un grand nombre de difficultés avec Florio. Si souvent vos commentaires semblent se fonder sur la phrase même de Montaigne, mais que faire si, dans sa désinvolture du 16e siècle, Florio met quelque chose d'entièrement différent ou omet la chose complètement? Mais ce n'est là qu'une anticipation. Oui, je suis d'accord, Montaigne est merveilleux, « votre homme », et votre anthologie vous éclairera l'un et l'autre. Combien je préfère votre admiration et compréhension aux deux pages injustes des *Nouvelles Nourritures* sur le « Connais-toi toi-même »[1] que j'ai couvertes, dans mon exemplaire, de points d'exclamation indignés, et qui confinent Montaigne dans la catégorie des « personnalités assez pauvres et limitées » et ruinent les fondations de toute la plus grande littérature — toute étude de la psychologie et de l'humanité.

Quelles nouvelles ici? Matisse a été aux portes de la mort, mais est rétabli (mais c'était peut-être avant votre départ). Les Martin du Gard ne se sont pas encore montrés. Simon est heureux parce que les Beaux-Arts l'ont invité à exposer à la Biennale de Venise et lui ont offert « une petite salle » pour lui tout seul, où il compte exposer 25 ou 30 de ses peintures à l'*huile* (si l'Italie, et nous avec, n'avons pas sauté avant).

Votre jeune amie Mme Davet est venue nous voir deux ou trois frois. Elle est très jolie et pathétique, mais trop manifestement intéressée par un seul sujet au monde[2] — et par le communisme seulement dans ses rapports avec ce sujet — et comme ce sujet est, pour moi, aisément épuisé (je ne veux pas dire le communisme) je trouve la conversation avec elle assez difficile. Il me semble que Janie partage mon avis.

Il y a des tas de choses dont j'aimerais vous parler : Shakespeare et Racine, Richardson et Laclos, ce que vous voulez dire quand vous dites que... non, rien de tout cela ne convient à l'Afrique Équatoriale. Où serez-vous, que ferez-vous, que penserez-vous et sentirez-vous quand — si — vous recevrez ceci? Les mêmes questions qui m'ont tourmentée pendant tant d'années (vous aussi, peut-être)... Je ne sais pas comment je voulais terminer cette phrase. Mais remar-

---

1. Voir *Nouvelles Nourritures*, livre 3e, II.
2. I.e., Gide.

quez que mon écriture va *en montant*. Qu'en diraient les graphologues?

Votre
D. B.

782. — DOROTHY BUSSY À ANDRÉ GIDE

40 rue Verdi
18 février 1938

Cher Gide

Il est peut-être temps de vous écrire. Mais que c'est difficile, quand vous paraissez tellement inaccessible (ce n'est pas que j'aie jamais été accoutumée à vous juger autrement!). Les petits volumes de Montaigne sont bien arrivés avec leurs marques bariolées et j'en prendrai soin. Mais, seulement avant-hier, une lettre est arrivée du représentant américain de Longmans', écrite en très mauvais français et assez irritante dans son ensemble. Ils hésitent manifestement devant l'*Essai*. C'est pourquoi ils ont envoyé un ambassadeur chargé de vous parler à Paris et semblent tout surpris de ne vous avoir pas trouvé. Mon correspondant ajoute qu'il vient à Paris lui-même fin février et me demande comment « entrer en contact avec vous » (je voudrais bien le savoir!). Cependant, la phrase importante de cette lettre est celle-ci : « Malheureusement, cet essai demande une intimité avec le sujet que l'Américain normal n'a pas. Montaigne est pour l'Amérique un inconnu. » (J'aurais pensé que c'était la meilleure raison pour publier un ouvrage sur lui.) Dans ma réponse à Mr. Mendel j'ai pris la liberté de protester légèrement : « M. Gide m'a envoyé de Dakar sa propre édition de Montaigne avec les passages qu'il avait marqués pour son choix. Ceux-ci, joints à son Essai, représentent bien entendu un guide profondément éclairant, unique en fait, pour la lecture de Montaigne. » (J'aurais voulu ajouter : Et pour la lecture de M. Gide lui-même, mais ai préféré n'en rien faire.) « Ne croyez-vous pas qu'avec un résumé des quelques événements de sa vie et un bref exposé de son importance dans la littérature universelle, Montaigne ne pourrait guère trouver meilleure introduction auprès du lecteur américain normal ? » Mais je crains que ce ne soit sans espoir en ce qui concerne l'Amérique. Il faut que le volume soit en français.

(Si vous donnez jamais des conseils à Schiffrin au sujet de la Pléiade, suppliez-le de nous donner un Sainte-Beuve. Impossible de le trouver — et ce ne serait pas beaucoup plus volumineux, je suppose, que Balzac.)

Le Volume XIII des Œuvres Complètes est arrivé hier. Je l'ai à peine regardé encore. Janie projetait de vous écrire une lettre anonyme au sujet d'une de vos citations, mais a fini par décider de laisser cela à M. Brunschvicg.

Quoi d'autre? Je ne cesse de penser au pauvre Kriess — le Viennois qui était si sympathique à Pontigny. Il ne tardera sans doute guère à tomber entre les griffes de Hitler et de Himmler, à pourrir dans un camp de concentration. Mais vous avez fui les journaux et l'Europe. Nous ne pouvons penser à rien d'autre. Tout a été particulièrement sensationnel ces derniers jours.

Et cependant, tout continue comme toujours. Je lis des romans victoriens démodés que je trouvais ennuyeux quand j'étais jeune, les *Chronicles of Barset* d'Anthony Trollope, et aujourd'hui ils me paraissent vraiment bons, et d'une lecture délicieuse. Vous les aimeriez peut-être pour lire à haute voix à Cuverville. Un tout petit monde démodé, mais si anglais, si humain. Pas aussi caricatural que Dickens, pas aussi ambitieux que George Eliot, mais plein de l'amour le plus réel et compatissant pour ses créatures. Je ne peux pas croire que vous n'en ayez lu aucun. Ils ont eu un succès extraordinaire vers 1880. Mais j'imagine qu'il y a en eux assez de vérité et de talent pour qu'ils survivent, et d'autant plus qu'ils sont le tableau d'une société disparue.

Comment rien de tout cela pourrait-il vous intéresser? Ce n'est qu'un signe d'amitié — à peine même venu du cœur, qui est en ce moment dans un état de torpeur — très opportunément, je suppose.

Votre
D. B.

Pas de Roger !

783. — ANDRÉ GIDE À DOROTHY BUSSY

1*bis*, rue Vaneau, VIIe
Invalides 79.27
10 mars 38

Bien chère amie

Eh bien oui! me voici de retour[1]. Votre lettre du 18 février me revient, hier, parmi trente autres que je ne lis pas.
Je reste encore tout endolori de ce voyage. Sans m'arrêter à Paris, j'avais d'abord aussitôt regagné Cuverville; mais pour ne m'y arrêter que trois jours. Un gros deuil vient d'assombrir notre famille : la seconde de mes belles-sœurs[2], qui était à même de rejoindre le plus facilement ma femme et de séjourner auprès d'elle — est tombée malade aussitôt après mon départ pour l'A.O.F. Elle est morte la veille de mon retour, après six semaines, ou sept, de souffrances atroces — cancer de la moelle épinière. Les mauvaises nouvelles que je recevais en cours de route n'ont pas peu fait pour précipiter mon retour.

J'ai, vous le savez peut-être, souffert d'une crise néphrétique, providentielle en ceci qu'elle est survenue juste en un endroit où je pouvais trouver tous soins médicaux souhaitables, et la veille du jour où nous devions nous lancer dans

---

1. Gide était rentré au Vaneau le 6 mars.
2. Valentine Gilbert, née Rondeaux.

une grande randonnée dans l'Enfer Soudanais. Il n'en a plus été question. Pierre Herbart (qui n'était pas très gaillard lui non plus) et moi, nous avons replié nos ailes et raccourci nos ambitieux projets, pour nous rabattre aussitôt sur la région montagneuse de la Guinée, très belle et où pouvoir de nouveau respirer. J'ai écrit de belles lettres de regrets au Gouverneur de la *Gold Coast* qui m'avait assuré de son bon accueil — et c'est la partie du voyage que j'ai le plus regretté de devoir laisser tomber.

Vous avez fort bien répondu à Mr Mendel, et je n'aurais certainement su mieux dire. J'attends de connaître ce qu'il croira devoir répondre à son tour. Et, s'il faut renoncer à l'Édition américaine (à mon grand regret) je me rabattrai sur une sélection française (pour la confection de laquelle je vous demanderai de bien vouloir me renvoyer mes volumes (mais ça n'est pas pressé — espérons encore que l'Amérique se décidera)) — Oui certes, je parlerai à Schiffrin de Sainte-Beuve — ça me paraît une excellente idée — encore que mes dernières incursions dans les Lundis m'aient effroyablement déçu! —

Revu *les* Roger, au Lutétia. Jamais ne m'a paru plus incertain l'avenir des uns et des autres — à commencer par le mien propre.

    Mais amitié indéfectible de votre

A. G.

[Lettre D.B. 17 mars 1938

Grosse déception : au lieu des peintures à l'huile que Simon a envoyées pour la Biennale de Venise, on lui demande des aquarelles et des pastels. Il prend la chose avec courage. Hitler entre dans Vienne.]

784. – DOROTHY BUSSY À ANDRÉ GIDE

40 rue Verdi
Dimanche 20 mars [1938]

Cher Gide

Je regrette toujours de vous avoir écrit trop impétueusement — et pourtant je n'y résiste jamais — ou rarement.
Je regrette de vous avoir inquiété avec ma dernière lettre. La philosophie de Simon aurait dû être un meilleur exemple pour moi. Mais peut-être, me dis-je, est-ce plus facile d'être philosophe à propos de sa propre destinée que de celle des autres. En tout cas, tout est arrangé à présent et il n'y a pas lieu de faire d'histoires. Simon a dit à M. Hautecœur [1] de faire le choix qui lui conviendrait, et ainsi soit-il.
J'aurai peut-être de vraies nouvelles de vous cet après-midi — c'est-à-dire de votre santé — par Hélène Martin du Gard qui vient de téléphoner pour dire qu'elle venait pour le thé. Elle, du moins, elle vous a vu.
Les nouvelles du monde deviennent plus terrifiantes d'une minute à l'autre et l'on ne peut vraiment penser à rien d'autre. C'est-à-dire que toutes vos pensées et vos sentiments ont ce terrible arrière-plan — qui ne tardera peut-être pas à devenir un premier plan. Je n'aime pas Neville Chamberlain — un homme aux principes rigides et aux courtes vues, sans imagination. C'est là ce qu'on pensait avant ces événements et il semble qu'on ait eu raison. Un conseiller de Birmingham honnête et efficace. Il semble qu'il faudrait quelque chose de plus.
Je travaille toujours dur aux *Nouvelles Nourritures* (quand je pense que Jef Last s'en est tiré en dix jours! Pauvre Jef, qu'est-il devenu? Votre petite amie Mme Davet n'a pas su nous

---

1. Qui était chargé de l'exposition française à la Biennale de Venise.

le dire). Un travail d'amour, c'est-à-dire sans aucun espoir que ce soit jamais publié [1]. Plus difficile, à mon sens, que les N.T. qui sont, je ne peux m'empêcher de le croire, la meilleure traduction que j'aie jamais faite — et vraiment pas mal du tout. Je la lègue à une postérité australienne!
Je vous enverrai le Montaigne dès que j'aurai reçu une carte de vous.
   Fidèlement vôtre

                                              D. B.

785. — ANDRÉ GIDE À DOROTHY BUSSY

                            22 mars 38
                            1*bis* rue Vaneau, VIIe
                            Invalides 79-27

Chère amie

Vous avez bien fait de me récrire presque aussitôt car j'étais resté très affecté par votre précédente lettre et cherchais ce qu'il serait possible de faire pour cette exposition de Simon qui ne risquât pas de le blesser. L'embêtant c'est que toute intervention de ma part ne peut paraître que... amicale, car je passe pour ne rien y connaître en peinture. Vous me dites à présent que tout est arrangé; puisse cet arrangement, qui laisse à M. Hautecœur libre choix, ne pas être un « pis aller »! Je reste, pour ma part, parfaitement convaincu qu'un jour viendra où l'*on* reconnaîtra la valeur de Simon et où l'on lui rendra justice; mais puisse ce jour ne point trop se faire attendre!
Je relève à peine d'une forte grippe assez fatigante, qui m'a séquestré dix jours durant, malgré un temps splendide. Suis sorti hier, enfin! avec le pénible sentiment de ne pas

1. Sa traduction sera publiée en 1949 (Knopf) avec celle des *Nourritures terrestres* sous le titre général de *The Fruits of the Earth*.

encore être prêt pour le printemps. Il me semble que je serais en état d'écrire des pages épatantes — et je suis retenu par ce rapport colonial qui me paralyse[1]. Dans trois jours j'espère être en état de regagner Cuverville. D'ici là mille menues choses à faire. L'angoisse nous habite tous et la révolte contre l'absurdité des événements. Ce que vous me dites de l'attitude des gouvernants anglais me soulage!... Jef est à l'abri (j'espère) en Hollande; son *Zuidersee* va paraître dans quelques jours, avec une courte préface de moi, que vous pourrez lire dans la prochaine *N.R.F.*[2] — l'Amérique se décide-t-elle à accepter *notre* Montaigne??

Roger s'attarde ici, puis pense regagner le Tertre.

Trop affairé pour vous en écrire plus long — Votre ami

A. G.

786. — ANDRÉ GIDE À DOROTHY BUSSY

Cuverville
Criquetot L'Esneval-Tél:27
Seine-Inférieure
31 mars 38

Chère amie

Je pensais à vous particulièrement fort, hier soir, tard dans la nuit, puis ce matin. Et voici une lettre de vous. Joie! — puis déception : c'est votre lettre du 8, qui m'est renvoyée de Dakar[3]. Nous nous sommes récrit depuis. Et je me tais, par crainte de me montrer sentimental.

Votre ami

A. G.

1. Le 1ᵉʳ mai Gide déposera sur le bureau de la Petite Dame les deux premiers chapitres de ce rapport dont nous ignorons le sort.
2. Cette préface sera recueillie dans *Rencontres* (1948), pp. 57-63.
3. Cette lettre manque.

787. — DOROTHY BUSSY À ANDRÉ GIDE

40 rue Verdi
10 avril 1938

Cher Gide

L'autre jour, en fouillant parmi une pile de livres laissés à la Souco, je suis tombée sur les trois premiers volumes du Montaigne de Florio (Dent). (J'ai peur que les deux autres n'aient disparu.) J'ai comparé son texte mot à mot avec l'original, par curiosité, sans aucune intention pratique — car je crois cette affaire morte et enterrée. Du moins, cela pourra vous amuser de connaître mes impressions. En premier lieu, je suis stupéfaite de la précision et de la fidélité scrupuleuse de cette traduction. Pas un mot n'est sauté, très rarement un mot est ajouté, comme une sorte de fioriture. Le sens est rendu de la façon la plus précise. Il arrive que sa version m'éclaire; d'autres fois, pas souvent, elle me paraît un contre-sens, et quelquefois, bien sûr — mais beaucoup moins que je ne m'y attendais — la subtilité, le bouquet, la langue de l'original sont absolument hors de sa portée. Mais parfois, d'autre part, cela me semble vraiment aussi bon que l'original. Pendant notre XVIe siècle, tout le monde (même les Italiens!) semble avoir reçu en naissant le don de l'écriture — hommes et femmes, à tous les échelons, professionnels et amateurs, ignorants et érudits, gens d'Église et laïcs, il leur suffit de prendre la plume pour que coule le plus savoureux, le plus direct, le plus passionné, le plus magnifique langage. La génération de Milton devenait déjà trop consciente d'elle-même ou, comme dans le cas de Bunyan, trop dépassée par les splendeurs de la Version Autorisée (1603). Mais au temps d'Élisabeth, la plus modeste lettre privée, la dédicace la plus protocolaire, les déclarations publiques de la reine elle-même — tout cela est superbe. Et Florio a subi la contagion.

Je ne peux imaginer une telle traduction de nos jours. Et une traduction n'a-t-elle pas chance d'être plus réussie si elle est contemporaine de l'original? Toutes choses égales, il me semble que l'« air » de l'époque est un élément essentiel dans toute grande œuvre. Et c'est ce qu'il faut sacrifier dans une traduction faite plus tard, puisqu'on ne peut le reproduire que comme un pastiche — et il n'y a rien de plus irritant.

Florio m'amuse quelquefois en prenant simplement le mot français qu'il épelle comme s'il était anglais — et, pour autant que je sache, il a pu l'être à son époque. Cela sonne toujours bien. Mais est-ce que j'oserais, *moi*, faire une chose pareille? Cela fausserait tout le style.

Excusez ce petit essai. A qui d'autre puis-je écrire — ce que je pense?

Et ainsi, nous poursuivons nos vocations de clercs parmi le naufrage du monde.

Au revoir, cher Gide.

Votre affectionnée

D. B.

788. – DOROTHY BUSSY À ANDRÉ GIDE

40 rue Verdi
13 avril 1938

Cher Gide

Ci-joint une lettre reçue hier soir de votre éventuel éditeur de Montaigne [1]. Un autre spécimen caractéristique de la mentalité transatlantique. Un homme comme lui n'a que faire de publier Montaigne ou vous. Et mon conseil amical est de lui dire d'aller au diable. Si cela peut vous rendre service, je lui

---

1. La lettre ne nous est pas parvenue.

transmettrai moi-même ce message de votre part. Très poliment, je le promets.

Nous avons tous trouvé charmant votre article sur Jef Last dans la *N.R.F.* Il a fait revivre nos souvenirs de Jef d'une façon très souriante et affectueuse. Je n'ai pas approuvé autant votre défense de l'antisémitisme de Céline [1]. Une plaisanterie? Peut-être. Mais quand des gens sont effectivement soumis à la torture, le moment n'est pas très délicatement choisi pour se moquer d'eux. J'aime surtout, dans la dernière *N.R.F.*, l'article de Valéry sur Degas avec ses divagations sur l'art et les artistes [2]. Je reconnaissais Simon à chaque mot. L'intensité de son application. La croissante maîtrise qui en est la récompense.

Comment allez-vous, cher Gide? J'aurai peut-être un mot de vous bientôt avec quelques nouvelles sur ce que vous faites.

    Votre dévouée

                      D. B.

P.S. Simon a été très choqué par un article extrêmement stupide sur la peinture anglaise dans la *N.R.F.* d'avril, par quelqu'un du nom de Maurice Sachs. C'est une honte de publier un pareil texte en gros caractères et à la place d'honneur. (Je dis, moi, que c'est le résultat de la colère contre M. Chamberlain et je sens plutôt de la sympathie. Mais c'est certainement un ton déplorable pour un critique d'art [3].)

---

1. « Les Juifs, Céline et Maritain », comme l'article sur Jef Last, avait paru dans la *N.R.F.* d'avril.
2. « A Propos de Degas », *N.R.F.*, avril, pp. 569-595. Ces pages, et celles qui ont paru dans la *N.R.F.* de mars 1938 (pp. 353-369), feront partie de *Degas. Danse. Dessin.*
3. Dans « La Peinture anglaise au musée du Louvre » (*N.R.F.*, avril, pp. 659-662), Sachs affirme que l'art anglais est « surestimé », que Blake « fait rire », que « la personnalité qui se dégage des peintres de l'école anglaise est pauvre et niaise », etc.

789. – ANDRÉ GIDE À DOROTHY BUSSY

> Lundi de Pâques
> Cuverville
> Criquetot L'Esneval-Tél : 27
> Seine-Inférieure

Chère amie

Vous connaissez sans doute déjà le triste événement qui vient bouleverser ma vie. J'avais cédé la place aux Drouin qui sont venus ici pour les vacances de Pâques. C'est à Chitré, chez Madame de Lestrange où j'étais allé passer quelques jours, la sentant très triste et très seule — qu'un coup de téléphone, hier matin, m'a brusquement rappelé à Cuverville. Vers trois heures de ce matin de Pâques, ma femme, prise d'angoisse cardiaque, avait appelé sa sœur et sa nièce; elle a cessé de vivre après une très courte agonie. Elle m'avait dit souhaiter que je n'assiste pas à ses derniers instants, et du reste n'a pu parler. Les quelques jours que je venais de passer auprès d'elle avaient été d'une sérénité profonde...

Si Madame Théo est encore à Nice, faites-lui part, je vous en prie. Je n'ai pas le cœur de lui écrire, ni à Roger ou Hélène.

Je retournerai sans doute auprès de Mme de Lestrange quelques jours, après la lugubre cérémonie qui aura lieu mercredi. Et ensuite... je ne sais; l'idée de revoir des gens à Paris me terrifie.

Dites à Simon, à Janie que je pense à eux tout amicalement — et vous, chère amie, je vous embrasse.

André Gide.

Demandez donc aux éditeurs américains s'ils ont peut-être entendu parler d'un certain Emerson, lequel a écrit un de ses meilleurs livres sur les *Representative Men*[1]. L'un des sept

---

1. Ce livre, une série de conférences prononcées à Boston et à Manchester en Angleterre, est de 1850.

de ceux-ci n'était-il pas Montaigne? Tout ce que vous me disiez de la traduction de Florio me ravit. Ne suffirait-il pas de faire précéder mon Essai, d'une courte notice qui renseignerait un peu le lecteur ignare?

790. — ANDRÉ GIDE À DOROTHY BUSSY

Cuverville
23 Avril 38

Bien chère amie

Oui, je revois la petite chambre de Nice; je sens qu'elle m'attend — et, auprès, votre chaude affection... Merci de me la redire [1].

Demain je quitterai Cuverville, où m'ont occupé, ces jours derniers, et m'occupent encore maintes affaires à régler, maints soucis. Ma femme aidait nombre de familles indigentes que je ne peux laisser sans soutien. Elle lègue la propriété (terriblement pesante) à Dominique Drouin; je dois l'aider à en supporter la charge. Tout ceci m'a distrait jusqu'à présent. Mais, ensuite... Ni projets, ni velléités, ni désirs. La mort me ferait signe, je m'abandonnerais sans résistance aucune.

Si je ne préfère pas à tout, pour un temps du moins, la solitude, votre présence, je sens que je la souhaite entre toutes. Je vous récrirai lorsque j'y verrai un peu plus clair devant moi.

Je vous embrasse tous trois.
    Votre fidèle ami

André Gide.

Si vous voyez Hélène Martin du Gard, veuillez lui dire combien j'ai été sensible à son affectueuse dépêche.

1. La lettre manque.

791. — ANDRÉ GIDE À DOROTHY BUSSY

25 Avril 38

Chère amie

Votre lettre à M. Mendel est une merveille d'ironie, de tact, de mesure, d'esprit — elle m'enchante et je fais partir aussitôt [1].
Rentré à Paris hier soir avec mon neveu Dominique. Ses parents et sa sœur rentrent aujourd'hui. Un tas d'affaires restent à régler qui nécessiteront mon retour à Cuverville. Je ne puis encore me permettre aucun projet et vais pas à pas, au jour le jour, en tâtonnant.
Votre amitié luit comme un phare bienveillant dans ma nuit.
Votre

A. G.

792. — ANDRÉ GIDE À DOROTHY BUSSY

1*bis*, rue Vaneau, VIIe
Invalides 79-27
29 Avril 38

Bien chère amie

Guère d'espoir que je puisse me rendre à Nice avant votre départ [2]. Divers soucis et règlements d'affaires compliqués

1. Il s'agit de la publication du *Montaigne* chez Longmans, Green. La lettre ne nous est pas parvenue.
2. Les Bussy devaient se rendre à Paris pour l'exposition de Simon à la Galerie Druet, avant de regagner l'Angleterre.

me retiennent encore à Paris. Et m'occupe encore ce *Rapport* que je devrais fournir à la *Commission d'Enquête Coloniale*, encore que celle-ci ait, je crois bien, cessé d'exister. J'ai déjà écrit deux chapitres (sur cinq) de ce *Rapport* et m'en tiendrai là s'il m'est bien prouvé que ledit rapport doit être enterré avec le cadavre de la Commission [1]. Il est vrai que je pourrais faire de ce rapport l'objet d'une publication analogue à mon *Retour de l'U.R.S.S.* Mais ce « Retour de l'A.O.F. » risquerait de m'entraîner à neuf sur le « Ring » politique et de soulever d'effroyables polémiques, car je devrais entrer en lutte contre de grandes puissances financières. Enfin et surtout : je n'y vois pas assez clair dans la question — ou plus exactement : j'y vois de moins en moins clair à mesure que je l'étudie davantage, de sorte que je voudrais ne pas être entraîné à prendre une position que, par la suite, je ne pourrais pas maintenir ou qui risquerait de fausser ma pensée.

Ce pensum écarté, j'ai devant moi (comme travail) une Préface à cette *Littérature Française* (en trois volumes) à laquelle nos plus notoires contemporains doivent concourir (et pour laquelle j'écrivis mon *Montaigne,* Giraudoux un *Racine,* etc. [2]). Puis la suite de mon *Voyage en littérature anglaise* [3]... à propos : je vous dois 750 F — pour la traduction du premier article!! Ne vous étonnez donc pas du mandat que vous allez recevoir.

Chère amie, je vis au jour le jour et dans un profond désarroi. Dites bien à Simon que s'il désire profiter de la petite chambre qu'il occupait l'an passé, rien n'est plus simple. Ce sera la meilleure façon de nous montrer qu'il n'y était pas mal. Il n'aurait qu'à prévenir la veille — et de préférence : prévenir Marc ou Madame Théo, car je pense que je ne serais plus à Paris. A tout hasard je vais faire préparer la chambre :

---

1. Voir ci-dessus, lettre 785, note 1.
2. Le *Tableau de la littérature française* ne comporte jusqu'ici que deux volumes; le deuxième (« De Corneille à Chénier »), pour lequel Gide écrivait l'avant-propos, parut en 1939. Le premier (« De Rutebeuf à Descartes »), où figure l'essai sur Montaigne, ne paraîtra qu'en 1962.
3. Voir ci-dessus, lettre 777, note 1.

il n'aurait même pas besoin d'avertir. Aucun dérangement pour moi; rien que de la joie.
   Et je vous embrasse tous trois

André Gide.

793. — DOROTHY BUSSY À ANDRÉ GIDE

40 rue Verdi
4 mai 1938

   Cher Gide

  Je ne veux pas vous ennuyer avec M. Mendel et son Montaigne mais simplement vous suggérer ce à quoi j'ai pensé après avoir relu votre Essai.
  Il est en deux parties, visiblement écrites à des époques différentes. La deuxième partie, *Suivant Montaigne*, contient un certain nombre de répétitions de la première (je suppose que c'était, en fait, vice versa) et un grand nombre de citations identiques. Ma suggestion est de ne proposer à Mendel que la deuxième partie, et pas en entier. De commencer, par exemple, page 88 (dans le volume imprimé) à « Qui supprimerait... » avec une petite note disant que cet *extrait* de votre Essai ne concerne qu'un seul aspect de Montaigne qui vous a touché particulièrement, que le lecteur doit trouver lui-même autant des *autres* aspects qu'il le pourra dans l'anthologie qui formera la plus grande partie du livre. Un mot d'avertissement, peut-être au sujet des passages célèbres, mais il me semble qu'il faut les donner aussi dans une anthologie. Et Mendel accepterait peut-être que certaines de vos remarques soient mises en notes?
   Fidèlement vôtre, cher Gide

Dorothy Bussy.

794. — DOROTHY BUSSY À ANDRÉ GIDE

51 Gordon Square
30 mai 1938

Cher Gide

Il semble qu'il y ait des siècles que je ne vous ai écrit ou que je n'ai eu de vos nouvelles. Je me demande ce que vous faites, où vous êtes, comment vous allez. Est-ce que votre séjour au Tertre vous a fait du bien ? Je suppose que vous n'y êtes plus [1].
Nous nous installons lentement dans notre existence londonienne. Il y a toujours pas mal de choses à faire au début sur le plan matériel et j'ai un travail en train pour *Life and Letters* (la traduction de Guilloux) que je dois terminer rapidement [2]. Ceci pour m'excuser de n'avoir pas encore lu convenablement le livre américain sur Rimbaud [3]. Mais Simon et Janie l'ont lu tous les deux et en parlent de façon très favorable. Ils trouvent cela très bien fait, simplement, avec courage et avec soin. Le sujet, bien sûr, est extraordinaire et il semble qu'elle ne l'ait pas gâché ou esquivé. La partie documentaire paraît extrêmement consciencieuse et les citations françaises, qui sont très nombreuses, sont parfaitement correctes et montrent une connaissance impeccable de la langue. Ils (S. et J.) sont d'avis qu'on l'encourage

1. Gide était rentré à Paris de Pontigny le 16 mai pour déjeuner avec les Bussy le 17 et repartir chez Martin du Gard à Bellême. Il sera de nouveau à Paris le 24.
2. « A Spanish Refugee Camp » (des extraits d'un journal) parut en deux fragments dans les numéros d'été et d'automne (vol. 18-19) de *Life and Letters Today*. « Refuge in Limbo », un morceau tiré du même journal, et traduit par D. Bussy parut dans *The Living Age* de juillet 1938.
3. *Rimbaud* par Enid Starkie. Miss Starkie (qui était irlandaise et non américaine) était professeur à Somerville College, Oxford.

à écrire un livre sur vous [1]. Quant à moi, je déteste toujours les livres qu'on écrit sur vous — et leurs auteurs! Mais je suppose que c'est une idiosyncrasie.

Pour le Montaigne, je n'ai pas encore commencé à y penser. Mais il y a deux questions qui semblent de première importance. Je crois comprendre que si votre introduction est traduite, toutes les citations que vous faites doivent être prises dans Florio. Mais est-ce que l'ensemble des textes choisis sera en français ou en anglais? Et quelle sera leur longueur? Combien de mots? Je ne peux pas me rappeler s'il était question de ces choses dans la lettre jaune que vous m'avez montrée. La meilleure réponse, ce serait que l'éditeur vous envoie, comme il l'a promis, un autre volume de sa collection comme spécimen. Et vous pourriez me le faire parvenir.

Je me demande si vous avez des nouvelles de Jef Last et si vous êtes moins anxieux à son sujet. Vous aviez dit que vous me feriez envoyer par Gallimard un exemplaire de son livre pour que j'essaye de le faire prendre par un éditeur dans ce pays [2].

Cher Gide, mon cœur fond quand je pense à vous. Mais serai-je jamais capable de vous écrire encore « absurdement »? Je me dis parfois que non. Mais peut-être que cela même est absurde.

Votre
D. B.

Pensez-vous quelquefois à la Norvège via Londres? Mais par un temps meilleur!

1. La petite étude, *André Gide* (60 pages) de Enid Starkie sera publiée en 1953 par Bowes & Bowes dans la série « Studies in Modern European Literature and Thought ».
2. Gide avait lu dans un journal allemand envoyé par la Petite Dame que Last était en prison en Hollande. Quant à une version anglaise de son *Zuyderzee*, nous n'avons pu en trouver aucune trace. Ses *Lettres d'Espagne* (Gallimard, 1939) ont pourtant été éditées sous le titre de *The Spanish Tragedy* dans une traduction de David Hallet. (Londres, G. Routledge & Sons, 1939.)

795. — ANDRÉ GIDE À DOROTHY BUSSY

1er juillet 38

Bien chère amie

Je viens de beaucoup travailler pour vous. Aimable façon de vous annoncer que je vais vous inviter à beaucoup travailler pour moi. Cela m'a retenu de vous écrire; mais combien de fois par jour n'ai-je point pensé à la tablature que je m'apprêtais à vous donner. Il s'agit du *MONTAIGNE* « ad usum americanum » — sur lequel je viens de peiner quinze jours (exactement depuis le 18, jour de mon retour de Hollande [1]). J'étais parti pour un mois au moins. Le temps était si mauvais; il faisait si froid; tout coûtait si cher... que je suis rentré precipitando rue Vaneau, lâchant tous les ambitieux projets de Danemark et de Norvège; désireux de travail, uniquement. Ne vous ai-je pas déjà dit tout cela? Non; c'est à votre sœur Pippa, qui m'avait écrit une lettre charmante en m'envoyant le livre de Virginia Woolf [2].

Ce Montaigne (dont vous recevrez la dactylo dans quelques jours) puisse-t-il ne pas décevoir M. Mendel — ni vous-même. Il va sans dire que si ce pensum vous ennuyait trop, vous me le diriez tout net, et l'on demanderait à Mendel de le confier à quelqu'un d'autre. Dans le cas où vous assumeriez ce travail (qui, j'espère, sera rémunérateur), vous ferez attention que *toutes* les citations que je fais sont celles mêmes de mon *Essai* sur Montaigne (présentées différemment) lesquelles ne me disiez-vous pas avoir déjà repérées dans Florio...? Ce sera toujours ça de fait! Quant à mon texte je me rends

1. Gide était parti le 10 juin pour retrouver Jef Last en Hollande. C'était « une semaine perdue, n'eût été le plaisir de revoir Jef Last et d'admirer quelques villages hollandais » (Gide à Martin du Gard, 18 juin 1938).
2. Il s'agit de *Three Guineas,* publié le mois précédent.

compte, tristement, qu'il sera terriblement difficile — et ennuyeux — à traduire.

Mendel me donnait jusqu'en septembre; ceci nous laisse le temps de nous retourner; j'attends donc, pour écrire à Mendel et lui envoyer la nouvelle dactylographie, d'avoir reçu votre réponse où vous me direz ce que vous pensez de tout cela et si vous êtes satisfaite du texte nouveau que je vous *soumets*.

Je n'ai plus (pour l'instant) aucun projet ou désir de voyage. Les affaires de succession, beaucoup plus compliquées que je ne pouvais supposer (et celles qu'entraînera l'adoption de Catherine [1]) vont me retenir, sinon à Paris même, du moins à proximité, pour pouvoir répondre à tout appel de notaire. Ajoutons que j'ai du travail par-dessus la tête — et c'est tant mieux.

Marc a quitté le studio contigu au mien; ce qui fait que je suis beaucoup plus tranquille; mais par moments je sens assez péniblement son absence — et d'autant plus que je doute s'il est très heureux. Il se surmène et se débat; depuis mon retour de Hollande, je n'ai pu l'entrevoir qu'un instant et devant témoins.

Je ne lis jamais les nouvelles de la politique anglaise sans penser à vous, imaginant vos indignations — que je partage. La politique est un sale bourbier. A quagmire.

Et maintenant, autre pensum, je vais tâcher de sortir de moi, pour Schiffrin, une préface à la traduction de Shakespeare qui doit paraître dans la Collection de la Pléiade [2].

Mille affectueux souvenirs à Simon, à Jenny, à vos sœurs.

Votre ami fidèle

André Gide.

---

1. L'adoption devint officielle le 26 juillet 1938.
2. L'*Avant-propos* au *Théâtre complet* de Shakespeare, 2 vol., édition de la Pléiade, N.R.F., 1938.

796. – DOROTHY BUSSY À ANDRÉ GIDE

51 Gordon Square
2 juillet [1938]

Cher Gide

J'ai été heureuse de recevoir votre lettre ce matin. Je commençais à croire que vous aviez complètement oublié mon existence et me demandais combien de temps je devrais attendre avant de vous en faire souvenir.

Je vous assure dès maintenant et avant même de le voir que, si affreux que je trouve votre *Montaigne*, je le traduirai. Je mène une existence très désœuvrée et j'ai grande envie de travailler un peu, outre que je ne supporte pas l'idée qu'un autre vous traduise. Et puis je crois très peu probable que n'importe qui susceptible de vous traduire puisse le faire aussi bien que moi. De sorte que ma conscience est en repos.

Désirez-vous toujours que je participe au choix des extraits? Si oui, il est essentiel que je sache s'ils doivent être en français ou en anglais, et quelle longueur ils doivent avoir. J'aimerais énormément voir un autre volume de la même collection; il me semble que M. Mendel avait promis de vous en envoyer un.

Vous ne dites rien de Miss Starkie et de sa proposition. On m'assure qu'elle est anglaise, et tout le montre dans son livre. Son *Rimbaud* est d'un profond intérêt — plus, sans aucun doute, à cause du sujet que de la façon dont elle le traite. Mais cette façon est des plus respectables, et si son style est très mauvais, c'est plutôt un avantage et un repos. Il n'y a pas là la moindre prétention. Je n'étais pas du tout familière avec son sujet, mais il semble qu'elle ait découvert une grande quantité de matériaux nouveaux — bien qu'il n'y ait pas eu besoin de cela pour faire de cette histoire la plus terrifiante que j'aie jamais lue (je ne crois pas que ce soit une exagération). *Mais* je ne suis pas du tout certaine que cette façon de procéder — la critique psychologique de l'œuvre et de la vie d'un homme fondée sur des documents réels — convienne du tout pour un auteur vivant. En premier lieu, quelle que soit la bonne volonté de l'auteur lui-même, il est impossible d'avoir accès aux documents réels et essentiels, et aucune autobiographie, si abondante qu'elle soit, ne peut suffire. Il faudrait que son livre sur vous soit différent de ses ouvrages sur Baudelaire et Rimbaud. Quelle difficulté de tracer la frontière entre la recherche psychologique et la curiosité déplacée. Mais Miss Starkie ne s'écarte jamais de son propos. Elle pourrait être pour vous une très bonne introduction en Angleterre et en Amérique et laisser une utile contribution à la biographie qu'on écrira de vous dans cinquante ans d'ici. J'aimerais la connaître. Peut-être, si vous acceptez son offre pourriez-vous me donner une lettre d'introduction?

Autre question : l'éditeur anglais des livres sur l'U.R.S.S. a l'intention de republier les deux livres en un seul volume. Mais celui-ci ne serait pas assez gros et il aimerait une autre œuvre courte ou un fragment qui irait avec les deux livres russes. Il me semble qu'un choix de *Pages de Journal* serait tout indiqué[1]. Seriez-vous d'accord? Avez-vous d'autres idées à ce sujet? Je n'ai pas les livres ici. Est-ce que Gallimard pourrait m'envoyer les deux volumes du *Journal* et peut-être le numéro de mai de la *N.R.F.*

J'ai transmis *Zuyder Zee* à Secker qui semblait très désireux de le prendre, mais je ne sais pas s'il le sera encore après avoir lu le livre. Entre nous, je trouve que c'est un échec complet, un excellent sujet totalement gâché par la façon dont il est traité, si confuse qu'il est presque impossible de comprendre les parties vraiment intéressantes. (Bien entendu, je n'ai pas dit ça chez Secker). Très heureuse d'apprendre par votre lettre à Pippa que le pauvre Jef est sorti de sa prison.

---

1. Cette édition des deux livres ensemble ne se réalisera pas.

Je regrette que le départ de Marc se soit produit en ce moment et vous ait laissé plus seul que d'habitude.

L'Angleterre est dans un état plus fébrile que je ne l'ai jamais connue. Le militarisme est déchaîné. Les sirènes de la défense passive hurlent de tous côtés à vos oreilles, la lâcheté et l'égoïsme aveugles sont installés au gouvernement. Pas de nouvelles personnelles. Nous allons tous exactement comme d'habitude, y compris moi, qui suis
votre fidèle

D. B.

797. – ANDRÉ GIDE À DOROTHY BUSSY

1bis rue Vaneau. VIIe
Invalides 79-27
3 juillet 38

Chère amie

Ce matin je me sens un peu reposé par une bonne nuit. Profitons-en. Voici précisément votre lettre ; je la relis, plume en main. Ravi que vous acceptiez de traduire le nouveau Montaigne. En l'envoyant à Mendel, je lui récrirai pour nous assurer que les extraits de l'anthologie qui doit suivre l'*introduction* doivent être, eux aussi, traduits. Je crois qu'il va sans dire. Traduction de Florio, évidemment. Vous m'aviez dit que vous aviez reporté sur votre exemplaire de Florio *toutes* les indications des 7 volumes que je vous avais prêtés — et que la traduction de Florio suivait de très près le texte français. J'espère donc que vous n'aurez pas trop de peine à retrouver les citations de ma préface. J'ai eu soin de les indiquer, non d'après les volumes français (ainsi que j'avais fait dans mon *Essai*), mais d'après livres et chapitres de Montaigne. Si quelque embarras, vous voudrez bien m'en aviser.

Quant au choix de l'anthologie, le mieux, je crois, est de vous laisser juge (choisissant parmi les passages soulignés par moi). Nous saurons par Mendel quelle doit être l'importance de cette contribution. Je suis d'avis de mettre, par exemple, in extenso, le récit de son accident, que je cite in extenso dans les notes de mon *Essai* — et ce qui peut le mieux amuser et plaire.

Miss Starkie. Sans plus de nouvelles d'elle. J'ai dû vous envoyer sa lettre, car je ne peux plus la retrouver; non plus que son adresse. Que dois-je faire? Tout heureux de ce que vous me dites de son *Rimbaud*. Je ne le retrouve pas non plus; et Mme Théo me dit qu'elle croit se souvenir que vous l'avez emporté. Si c'est mon exemplaire que vous avez, peut-être aurez-vous la gentillesse de me le renvoyer. Évidemment le mieux serait que vous entriez en rapport avec elle — qui, d'après ce que vous dites d'elle, ne doit pas être ennuyeuse. Une lettre de « présentation » est-elle bien nécessaire? Un peu cérémonieux, me semble-t-il... et inutile.

Oui, parfaitement, et votre idée me paraît excellente, d'adjoindre des pages de Journal bien choisies, en vue de grossir mes deux livres sur l'U.R.S.S. réunis en un. J'écris à Gallimard pour qu'il vous les envoie *(Pages de Journal* et *Nouvelles Pages de Journal).* A examiner s'il n'y a pas lieu d'y joindre également des *Pages Retrouvées* (Mai *N.R.F.*). Excellente idée.

Je reçois de Jef des lettres désespérées. L'air de Hollande lui devient irrespirable (moralement parlant). Il voudrait filer au Mexique. Je vais tâcher d'intriguer pour le faire *inviter* par le gouvernement de là-bas.

Tout empêtré dans les affaires de succession, terriblement plus compliquées que je ne pouvais supposer. Je tâche de donner à la préface pour le *Shakespeare* de La Pléiade le peu de temps tranquille dont je puis disposer. Ceci n'est qu'une lettre d'affaires. Eh! parbleu, vous le sentez bien... A travers quoi, sentez-moi tout de même votre ami

André Gide.

798. – ANDRÉ GIDE À DOROTHY BUSSY

Juillet 10

Bien chère amie

Votre lettre s'est croisée avec le texte de mon nouvel Essai, que vous aurez reçu, je l'espère et sur lequel il me tarde d'avoir votre avis. Je ne l'ai pas encore envoyé à Mendel, mais lui ai écrit pour lui dire que le travail était achevé et lui demander où je devais le lui adresser. Après sa réponse je lui récrirai au sujet de l'anthologie. Il importe de savoir quelles dimensions on peut lui donner. Au sujet du choix des pages de Montaigne, vous me dites des choses si justes que le mieux sera de m'en rapporter à votre choix. Relisant les lettres de Mendel, je remarque cette phrase : « Je voudrais éviter, si c'est possible, que cette seconde partie soit hachée en petits morceaux. Je la conçois comme un ensemble cohérent et bien équilibré; somme toute comme une reproduction en petit de l'œuvre elle-même. »

Je suis toujours empêtré, et pour quelque temps encore, dans les affaires notariées [1]. On doit après-demain venir (deux notaires, un commissaire priseur, un avoué, mon neveu et son conseiller) faire une expertise de la rue Vaneau. On aurait le droit d'exiger que j'ouvre tous mes tiroirs pour un examen minutieux des manuscrits de moi et des autres, de ma correspondance, etc., etc. : C'est un cauchemar. J'espère pouvoir éviter cela, étant donné ma parfaite entente (jusqu'à présent) avec mon neveu. Mais la loi et ses représentants s'y prennent de manière à nous opposer. Et puis il y a le Fisc!! Je vais sans doute être « invité » à verser presque aussitôt une somme énorme (que je ne sais trop comment me procurer) si je veux éviter qu'on ne mette Cuverville en vente.

1. A la suite de la mort de Madeleine Gide.

Et d'autre part je suis accablé de travail (préparation du Tome XV et dernier — et du volume de Journal (cinquante années) que doit donner Schiffrin dans la collection de la *Pléiade* [1]; qui me force à tout revoir, et d'urgence car on veut que le livre soit prêt pour l'automne prochain). Plus question de voyage; mais simplement d'un séjour au Tertre, à Chitré (Mme de Lestrange) et à Cuverville...

Heureusement je ne vais pas trop mal; mais vous comprendrez que je ne me sente guère d'humeur à causer.

Marc a définitivement quitté la rue Vaneau et s'est installé dans un appartement rue Lord Byron (près de l'Étoile) avec Nadine Vogel [2].

La commission d'Enquête Coloniale est dissoute. Hier nous avons été donner notre démission totale et globale, votée à l'unanimité, à la Présidence du Conseil.

Et ce qui m'occupe également c'est l'acte d'adoption de Catherine, qui nécessite, elle aussi, un tas de formalités notariées, etc.

Votre harcelé

A. G.

799. — DOROTHY BUSSY À ANDRÉ GIDE

51 Gordon Square
11 juillet [1938]

Mon cher Gide

Votre manuscrit m'est arrivé juste au moment où je quittais Londres pour aller passer le week-end à Cambridge, où je

---

1. Ce premier volume du *Journal (1889-1939)* dans la Bibliothèque de la Pléiade porte l'achevé d'imprimer du 20 mai 1939.
2. La fille de Lucien Vogel. Ils se marieront le 18 octobre de cette même année.

[juillet 1938]

l'ai lu (et, soit dit en passant, où j'ai célébré — en privé — le 20ᵉ anniversaire — presque jour pour jour — de notre première rencontre). Cela me semble admirablement fait — dessinant le portrait de votre homme de façon fidèle et frappante pour l'ignorant, et répandant sur lui votre lumière particulière pour celui que cela intéresse. Tout m'y paraît juste. C'était beaucoup mieux de traiter l'*Apologie* comme vous faites que de n'y faire aucune allusion. (Quand même, il y a un certain nombre de choses terriblement bien dans l'*Apologie*, même de votre point de vue. Est-ce que, par hasard, vous n'auriez pas trouvé cela trop ennuyeux pour le lire? Pardonnez l'impertinence! Mon propre crayon a trouvé quelques passages qui m'enchantent.) Si je dis en outre qu'il y a une ou deux petites choses que je voudrais voir ajouter à votre Essai, vous répondrez peut-être que ce sont mes propres idiosyncrasies.

En premier lieu (et tout cela est du point de vue du lecteur américain ignorant — aucune de mes suggestions n'aurait le moindre sens si vous vous adressiez à votre public français), Mˡˡᵉ de Gournay. Je sais que la pauvre vieille fille était devenue un objet de moquerie dans ses vieux jours. Je sais que les critiques essayent de démontrer que le célèbre petit passage sur la *fille d'alliance* (Liv. II, 17) dans l'édition de 1595 est douteux, sinon apocryphe — bien que leur raisonnement se base sur des preuves négatives. Mais on ne saurait mettre en question l'amitié entre la fille laide de 20 ans et le Montaigne de 54, qui me paraît en soi un étrange et intéressant incident psychologique, et en tout cas je trouve qu'elle mérite d'être mentionnée avec reconnaissance dans toute étude sur Montaigne en tant que son premier éditeur et la première à consacrer sa vie à une œuvre dont une bonne part a été préservée par sa piété. En second lieu, j'aurais aimé que vous fassiez une part un peu plus grande à la langue de Montaigne, c'est-à-dire au plaisir extraordinaire qu'il prenait aux mots. Il me semble les savourer avec la même gourmandise que la nourriture sur laquelle il se mordait les doigts. Et son enthousiasme pour la poésie — la poésie pure — a parfois quelque chose qui vous transporte.

Pour des étrangers, il me semble que cette particularité devrait être soulignée.

Tout cela, cher Gide, est terriblement mal dit et écrit sans soin, mais je ne peux pas le recopier et vous saurez comprendre et juger comme il faut ce que je veux dire.

Ce que vous dites des hommes d'affaires paraît terrible. Comment peuvent-ils avoir aucun droit sur votre correspondance privée? C'est par trop extraordinaire. N'est-ce pas une invitation pour les jeunes à se marier sous le régime de la séparation de biens — le seul arrangement juste et raisonnable?

Chaque fois que vous écrivez, vous avez l'air de faire un travail différent. Shakespeare? La Littérature anglaise? L'Anthologie de la Poésie?... Et à présent les Œuvres et le Journal.

La Commission Coloniale. C'était évidemment une déception prévue depuis longtemps.

Allons, que le Ciel — ou quoi que ce soit — soit avec vous.

Affectueusement vôtre

D. B.

800. — ANDRÉ GIDE À DOROTHY BUSSY

30 juillet 38

Chère amie

Votre proposition (quelques jours together en septembre) fait plus que « m'agréer » : elle m'enchante[1]. Je proposerais bien Cuverville, où ma femme aurait été heureuse de vous recevoir; mais j'ai un peu peur que les acteurs de la comédie familiale ne vous tapent un peu sur les nerfs... à moins que, au contraire, il ne vous intéresse de connaître enfin ma belle-

---

1. La lettre manque.

sœur Drouin, dont je vous ai souvent parlé (et qui, depuis mon deuil surtout, se montre parfaite) et mon beau-frère et les autres; et peut-être surtout la vieille maison que vous connaissez déjà si bien... nous déciderons de tout cela un peu plus tard.

De toute manière nous nous rencontrerons et ce proche avenir me sourit, au milieu de mes ennuis et de ma grande fatigue. Je vous raconterai les gros ennuis que j'ai dû supporter, me débattant entre notaires, avoués, conseillers, et même commissaires priseurs... car, de par le testament de ma femme et le régime sous lequel nous étions mariés, j'étais menacé d'un partage obligatoire de mon appartement de la rue Vaneau, de ma bibliothèque et de ma « propriété littéraire »...

J'attends impatiemment une réponse de *notre* éditeur qui fixe les questions qui demeurent pendantes : grosseur du volume, importance de l'anthologie, etc. J'attendais même cette réponse pour l'envoi de mon manuscrit. J'espère que nous n'allons pas apprendre, en fin de compte, que tout notre gros travail a été vain!!

Retenu à Paris quatre jours encore par des formalités. Puis je pense trouver à Chitré, chez Mme de Lestrange un peu de tranquillité studieuse.

J'ai dîné hier soir chez les Marcel de Coppet, de retour en France. Ils cherchent une nurse pour les deux enfants; quelqu'un de sûr (il va sans dire) qui accepterait de vivre à Dakar (dans des conditions de confort exceptionnel). J'ai dit que vous demanderais si vous connaîtriez par hasard quelqu'un que cette situation pourrait tenter...

     Votre ami

                          A. G.

J'espère que cette lettre vous atteindra avant votre départ de Londres — pour vous souhaiter un bon temps de « country ».

801. — ANDRÉ GIDE À DOROTHY BUSSY

>Ch^{au} de Chitré
>par Vouneuil s/Vienne
>Adresse télégraphique
>et téléphone n° 14
>Chitré-Châtellerault
>15 Août 38

Chère amie

Je crains que vous ne vous fassiez trop de soucis (parce que trop de scrupules) pour cette anthologie de Montaigne. Somme toute, ces excellents Américains ne savent pas trop ce qu'ils veulent. Le mieux est de nous laisser guider, non par eux (qui ne connaissent pas Montaigne) mais par notre propre jugeotte; et j'espère que, ensuite, nous n'aurons pas trop de mal à leur prouver l'excellence de notre choix. Je crois que ce qu'il sied de « throw to the winds[1] », ce n'est ni le respect pour Montaigne, ni le respect de nous-mêmes, mais bien leur opinion inconsidérée. La seule chose dont il vous faille tenir compte, c'est la place dont vous pouvez disposer — d'où le nombre et la dimension des extraits. Votre choix sera le mien; c'est dire que je l'approuve d'avance.

J'attends encore la réponse à l'envoi de mon *avant-propos* — que je communiquerai sitôt reçue.

Je m'apprête à quitter Chitré dans deux jours. Je regagnerai Paris, pour m'y attarder vraisemblablement une semaine. Ne sais où j'irai ensuite. Cuverville est encombré de gens que je ne connais pas (amis et parents des Drouin).

Je me sens *à court* de souffle, d'élan, de désirs, et ne vivant encore un peu que par l'amitié.

---

1. « Jeter à tous les vents. »

[AOÛT 1938]

Croyez-moi, sentez-moi, bien profondément

Votre .
André Gide.

La phrase de Montaigne que vous citez : « Tout abrégé sur un bon livre est un sot abrégé » ferait assez bien comme épigraphe... You don't think so [1]? —

802. — ANDRÉ GIDE À DOROTHY BUSSY

Cuverville
Criquetot l'Esneval — tél. : 27
Seine-Inférieure
30 Août 38

Chère amie

Vous aurez reçu assez tôt, je l'espère, la dépêche qu'il me coûtait beaucoup de vous envoyer. C'eût été si gentil de vous dire aussitôt : « Convenu; j'arrive! » Mais par malchance j'avais invité Schiffrin, qui vient d'arriver hier, avec son charmant petit mioche et la nurse. Je ne pouvais le laisser, malgré le désir que j'avais de vous rejoindre. De plus les « affaires » se compliquent au lieu de s'éclaircir et je dois, ces jours-ci, revoir des inventaires et des exposés de situation, par-devant notaire. Tout doit être réglé, et le fisc payé, avant la mi-octobre et il reste encore beaucoup de choses à examiner. Je souhaite que notre rencontre ne soit que remise; mais ne sais quand pouvoir la placer, ni combien de temps vous resterez encore à Londres.

Pour ce qui est du Montaigne, je m'étonne de ne point recevoir de réponse à l'envoi de mon avant-propos, ni à mes

---

1. « Ne pensez-vous pas? » En effet, cette phrase de « L'Art de conférer » (III, 8) figure comme épigraphe de l'édition américaine.

deux lettres. Si la maison d'édition n'était aussi solide et sérieuse, j'en viendrais à douter qu'ils donnent suite à leur projet. Dès que j'aurai la réponse, je vous la communiquerai. Il va sans dire que ces retards, dont nous ne sommes pas responsables, retarderont d'autant la livraison du texte anglais et nous laisseront le temps de le revoir ensemble, je l'espère, ainsi que le choix des pages de Montaigne-Florio. A Cuverville?? La maison est pleine et je ne me sens plus du tout maître de la situation, ni « chez moi ». Mais ma belle-sœur se montre exquisément complaisante, accommodante, souriante, etc.; d'où harmonie parfaite; et je crois pouvoir maintenir la proposition que je vous avais faite (et dont je ne lui ai pas encore parlé) de vous arrêter quelques jours ici, retour d'Angleterre. Quand serait-ce? J'aurais besoin de le savoir, car je vais être rappelé à Paris prochainement pour quelques jours; ai promis aussi ma visite aux Marcel de Coppet (aux environs de Dieppe) et un séjour chez Jean Schlumberger, dans la deuxième moitié de Septembre.

Sur vos indications, je pourrais peut-être vous accueillir à Dieppe et vous ramener ici? J'ai traversé une période pénible, très, où je me sentais profondément désemparé; d'où mon silence. Depuis quelques jours je me ressaisis un peu... Je voudrais vous revoir; pense à vous souvent, et me sens plus que jamais votre ami fidèle

André Gide.

803. – ANDRÉ GIDE À DOROTHY BUSSY

> 14 Sept. 38
> c/o Jean Schlumberger
> Braffy
> par La Boissière
> Calvados

Chère amie

Oui, tout semble ainsi fort bien s'arranger (je parle ici de votre visite à Cuverville[1]; par contre mes affaires de succession sont plus embrouillées que jamais — et, quant aux nuages sur l'Europe..!). L'extrême fin de ce mois est ce qui me convient le mieux. J'ai parlé à Jeanne Drouin, qui se fait fête de vous recevoir. Vous la verrez sous son meilleur jour, toute douceur (quoique toujours passionnée), bonne grâce et sourire, et semblant avoir hérité les qualités de sa sœur. Marcel Droin, de même, n'a jamais été de contact plus agréable. (Je me réjouis beaucoup que vous fassiez enfin la connaissance de ceux qui me tiennent au cœur de si près.) Nous avons beaucoup travaillé ensemble, quinze jours durant, à la révision minutieuse et refonte de ma traduction d'*Antoine et Cléopâtre*, où il y avait tant à reprendre, mais qui, maintenant, me paraît à peu près excellente[2]. Avons achevé ce travail la veille de mon départ pour Braffy, où, près de Jean Schlumberger, j'attends les instructions du notaire qui me rappellera à Cuverville bientôt. Vous n'imaginez pas la complication, par suite de l'imprécision des dispositions tes-

1. En Appendice B nous donnons le récit de cette visite, ainsi qu'un texte où Martin du Gard relate sa conversation avec Gide en 1949, après que celui-ci eut lu ces pages du journal de D. Bussy. Voir Avant-propos, vol. II, pp. 9-10.
2. C'est cette version qui sera incluse dans le *Théâtre complet* de Shakespeare.

tamentaires de ma femme et du régime sous lequel nous étions mariés. Mon neveu hérite de la moitié des « acquêts »; or la question se pose : mes droits d'auteur doivent-ils être considérés ou non comme faisant partie des « acquêts ». Les textes de la loi permettent les interprétations les plus diverses. D'où contestation. On n'en sort pas. En plus de cela, il y a la question Cuverville, qu'on ne peut conserver qu'en acquittant des frais énormes. Etc. Etc...

Donc, revenant à cet oasis que sera pour moi votre séjour à Cuverville, je vous attends le 28... Plus tôt même s'il se peut (c'est-à-dire si j'y suis de retour plus tôt) et, dans ce cas je vous en avertirai à temps. A bientôt donc. Votre ami

André Gide.

Je n'ai pas achevé la lecture de votre traduction — qui me paraît excellente. Je suis ravi. Vais peut-être (sitôt achevée ma lecture) me décider à l'envoyer à Mr Mendel sans attendre de vous avoir revue. Et quelle joie je me promets de travailler avec vous à l'établissement de l'anthologie!

Vous voudrez bien me dire par où vous pensez rentrer en France. Dieppe et Le Havre sont possibles (par rapport à Cuverville). Par Dieppe, c'est un peu plus compliqué; mais il doit y avoir des autocars. Je tâcherai de venir à votre rencontre pour vous accueillir à la descente du bateau.

Mes bien affectueux souvenirs à vos sœurs P. and P. et à Janie.

Braffy
14 Sept. 38

Pour le cas où ma lettre n'arriverait en Invernessshire qu'après que vous auriez déjà regagné Londres :

Tout s'arrange à merveille. Jeanne Drouin, prévenue, sera enchantée de vous recevoir à Cuverville à la fin du mois. J'y rentrerai moi-même peu avant vous, je pense. Vous pourriez arriver, par exemple, le 28 ou le 27. Vous me direz si vous venez par Dieppe ou Le Havre. Peut-être pourrai-je aller à

votre rencontre, pour vous accueillir à la descente du bateau. Si par Le Havre, rien de plus simple. Si par Dieppe, il doit y avoir des autocars sur Criquetot — ou, *en tout cas*, sur FÉCAMP, où je viendrais vous prendre en auto.
(Mon N° de téléph. est : 27 à Criquetot L'Esneval) Combien je me réjouis de vous revoir! Votre

A. G.

P.S. A l'instant Jean S. me fait (et nous fait) une proposition qui me paraît des plus tentantes. V. sa lettre ci-jointe [1].

1. (JEAN SCHLUMBERGER À DOROTHY BUSSY)

Braffy. *La Boissière*, Calv.
14 sept. 38

Chère Dorothée,

Je n'avais jamais entrevu comment je pourrais profiter d'une de vos traversées pour obtenir de vous un petit détour jusqu'ici. Toujours vous voyagiez ou trop tôt ou trop tard, ou lorsque ma maison était trop pleine. Mais voici une belle occasion. Pourquoi ne feriez-vous pas ce petit crochet avant d'aller à Cuverville? A partir du 25 je crains des arrivages qui ne nous laisseraient guère de place. Mais d'ici là nous sommes seuls, Gide et moi. Les communications sont faciles :

Londres Victoria départ	10.5
Dieppe arrivée	14.55
— dep	15.31
par train Manche-Océan	
Rouen arrivée	16.31
changer	
Rouen prendre autorail	17.
Lisieux	18.55

Là vous me trouveriez avec une auto.

Vous voyez que c'est très simple et beaucoup moins fatigant qu'un

804. – ANDRÉ GIDE À DOROTHY BUSSY

Braffy
19 Sept. 38

Accourez vite, chère amie. Vous êtes très impatiemment attendue. Le plus tôt sera le mieux. Le 23, cela va bien. Mais dès le 22 si possible. Un petit télégramme qui vous annonce et prépare notre accueil. Jean me dit vous avoir envoyé toutes indications suffisantes pour vous aider à vous débrouiller. De Dieppe à Lisieux on vient vous cueillir au saut du train. Parfait.

Le surlendemain de votre arrivée, nous partons, vous et moi, pour Cuverville, bien vite, car je dois être le 1er Octobre à Paris. Oui, je crois que c'est une très bonne idée, d'envoyer Montaigne de son côté — à votre nom, par crainte, s'il arrive avant moi, qu'on ne le réexpédie.

Que la mer vous soit clémente et les vents propices! Quelle joie de pouvoir vous dire à bientôt. Votre

A. G.

voyage de nuit par Le Havre. D'ici, Gide vous ramènerait à Cuverville.
 J'aurais vraiment grand plaisir à ce que vous connaissiez ce coin, et voilà trop longtemps que nous ne nous voyons que le temps d'avaler une tasse de thé.
 Très affectueusement vôtre

Jean Schlumberger

805. – DOROTHY BUSSY À ANDRÉ GIDE

40 rue Verdi
8 octobre 1938

Cher Gide

Je viens de lire le livre de Hytier[1] un peu plus attentivement que je n'avais pu faire pendant les jours agités de la semaine passée, et je sens que je dois me libérer de quelques autres réflexions à son sujet.
 Je continue de l'aimer beaucoup. J'aime qu'il considère l'œuvre d'un point de vue esthétique et non biographique, ce dernier n'étant légitime, n'est-ce pas, qu'après que tous les documents ayant été mis à notre disposition, notre intérêt pour un grand homme devient celui d'un cas particulier qu'éclairent ses œuvres, mais qui ne doit pas, lui, les éclairer. Hytier me semble très intelligent dans son admiration et ses réserves (je suis d'accord avec certaines, toutes me semblent honnêtes). J'aime son ton, plein de la plus profonde sympathie et admiration, mais « de ce côté-ci de l'idolâtrie ». Son livre est une œuvre de critique qui ne risquera pas de hérisser d'emblée le lecteur éventuel, soit par un mouvement de défense irritée, soit d'opposition également irritée, comme tendent à le faire une attaque violente ou une louange sans mesure. Mais je crois aussi qu'il a limité son sujet à l'excès; il y a plus à dire, plus à sentir, plus à penser que cela au sujet de votre œuvre... Peut-être ajoutera-t-il ce qui me semble faire défaut dans le chapitre sur « l'esthétique de la personnalité » auquel il dit penser. En attendant, son livre est comme la description d'un mécanisme où l'on ne dirait rien de la puissance motrice — où l'on n'y penserait apparemment pas. Ce qui

1. L'*André Gide* de Jean Hytier (Alger, Charlot, 1938) était un recueil de huit conférences prononcées à la Faculté des Lettres d'Alger en mai 1938.

le met en mouvement, ce qui le fait marcher. Ce qui le guide et le contrôle. Quelle ébullition, quel aimant, quelle friction? Etc. Peut-être qu'il est impossible de répondre à ces questions. Pas entièrement, il me semble. On dirait que, pour lui, cette force motrice est purement intellectuelle, ou une simple combinaison de l'intellectuel et du sensuel. Il me semble qu'un de vos « versants » a été entièrement oublié, ou insuffisamment étudié. Et il n'est pas besoin d'indiscrétion biographique pour le trouver dans votre œuvre — la part de vous qui, dans la sécheresse même et l'intellectualité des *Faux-Monnayeurs* et d'*Œdipe*, est leur essence palpitante, malgré vos efforts *apparents* pour le cacher. Je suppose que le jeune homme dont le style et le ton m'ont tant irritée que je ne l'ai pas bien lu a mieux su dégager cette part de vous-même. Mais malgré cela, moi qui suis consciente de l'autre versant, j'ai trouvé le livre de Hytier extrêmement intéressant et instructif, avec la juste attention qu'il apporte à l'aspect technique de l'art. Je ne me soucie guère de ce qu'il dit du « roman » comme si c'était une entité quelconque. Qu'est-ce que cet « art du roman »? Il en parle, et même vous parfois, comme si c'était quelque chose de fixe avec des règles comme les pauvres vieilles unités, auxquelles les auteurs doivent se conformer sous peine de produire quelque monstre inavouable qui ne mériterait pas le nom auguste de « roman ». Après tout, « roman » n'est qu'un mot qui recouvre commodément une énorme part des œuvres d'imagination. Comme si un écrivain n'était pas libre d'en faire exactement à sa tête, et plus il est libre, mieux cela vaut.

J'ai peur que tout cela ne soit que sottises incohérentes. Vous me pardonnerez. Je viens de passer deux jours au lit avec un rhume violent, ce qui sans aucun doute m'a liquéfié la cervelle.

C'est une mauvaise excuse, car je suis tout à fait remise. Simon et Janie vont bien aussi. Nous vous envoyons nos amitiés réunies.

Votre
D.

806. — ANDRÉ GIDE À DOROTHY BUSSY

12 Octobre 38

Chère amie

Bien reçu vos excellentes lettres. Je continue à vivre beaucoup avec vous [1].

Vous aurez vu que le livre de Ray va enfin paraître, dans une collection où il se trouvera très bien encadré, ce me semble [2].

Je ne résiste pas à vous communiquer cette lettre et ce billet de l'ineffable Pell [3]. Pas à garder.

Très surmené jusqu'à Dimanche. On achève de régler la « succession ».

Je vous embrasse en hâte, mais bien fort — Amitiés vives à Simon et à Jany — Bien votre

André Gide.

---

1. L'une de ces lettres manque — vraisemblablement la « lettre de château ». D. Bussy s'est arrêtée à Braffy et Cuverville avant d'accompagner Gide à Paris le 29 septembre. Elle y rejoint Janie, revenue d'Écosse. Les Bussy passent une semaine à Paris.
2. Selon toute évidence, ce livre sur le fanatisme religieux n'a jamais été édité en France. Déjà en 1930 il en était question. Voir tome II, lettre 478.
3. Elsie Pell (voir tome II, lettre 693) « lui avoue qu'elle ne comprend rien à sa préface à *Armance*, qu'elle trouve du reste que les romanciers français ne connaissent rien à la psychologie des femmes et que si Octave avait avoué son impuissance à Armance, celle-ci aurait sans doute été fort soulagée! » (*Cahiers de la Petite Dame*, III, p. 105.)

807. — DOROTHY BUSSY À ANDRÉ GIDE

40 rue Verdi
17 octobre 1938

Cher Gide

Merci de m'avoir communiqué la dépêche de Mendel. Je suis ravie qu'il accepte, mais ne peux me rappeler exactement le nombre de pages supplémentaires que nous avons demandées. Le savez-vous? De toute façon, je vais pouvoir continuer sans me sentir aussi terrible que Procruste dans ses plus mauvais jours.

Je suis moins reconnaissante pour la lettre de la pauvre Miss Pell, et je suis presque tentée de me venger, auquel cas vous seriez le plus mal partagé. Si je vous envoyais tout ce qu'elle m'écrit! Mais, en fait, je suis d'accord avec ce qu'elle dit d'*Armance* (tellement à propos de bottes) et crois vous avoir écrit à peu près la même chose moi-même, voilà bien des années [1] (quoique dans un langage moins virginal) quand vous m'avez envoyé les épreuves de votre préface. J'avais quelques excuses. Mais cela ferait un très bon sujet de roman : que serait-il arrivé si O. et A. s'étaient réellement mariés? Cela a-t-il jamais été fait?

Ceci est votre faute, pour m'avoir envoyé la lettre de Miss P.

A propos d'épreuves, en corrigeant votre Journal, regardez p. 486, Vol. XIII des O.C. « Je voudrais que fût apocryphe cette « pensée » de Pascal... » Votre vœu semble exaucé. Car n'est-ce pas la maxime XXVI de La Rochefoucauld [2]? Peut-être l'aurez-vous déjà remarqué. Janie (qui

1. Voir tome I, lettre 132.
2. « Le soleil ni la mort ne se peuvent regarder fixement. » Gide ajoute : « Elle est indigne d'une âme forte et même simplement d'un esprit bien fait » (Samedi, 10 janvier 1925). Dans le *Journal* publié en mai 1939

s'en est aperçue) dit que cette erreur d'attribution révèle de façon caractéristique votre aversion pour Pascal et votre admiration pour La R.

J'ai déjà presque terminé un grand pot de colle et commence aujourd'hui le Livre III.

J'espère que vos horribles affaires sont réglées et que vous vous sentez l'esprit plus léger aussi bien que la bourse.

Votre
D. B.

Dans le même volume des O.C., p. 462. Le mot anglais est « rime » et non pas « rim ».

808. — ANDRÉ GIDE À DOROTHY BUSSY

1bis, rue Vaneau, VIIe
Invalides 79-27
18 oct. 38

Bien chère amie

J'espérais le livre de Ray prêt à sortir... Nous sommes encore loin de compte. Je téléphone à Martin-Chauffier : — Qu'attend votre épouse pour renvoyer enfin les épreuves que la N.R.F. attend depuis quatre mois?...
Le lendemain, nouveau téléphonage; cette fois, c'est Martin-Chauffier qui m'appelle :
— Ma femme est prête à renvoyer les épreuves, mais elle voudrait savoir si elle ne doit pas traduire également la préface au récit de la grand'mère de Mrs. O.S. — texte aussi long à peu près que le livre lui-même et que ma femme dit aussi important, aussi intéressant sinon davantage encore...

dans la Pléiade, Gide note au bas de la page : « Du reste elle est de La Rochefoucauld. »

Ici, je sursaute :

— Comment!? Je pensais que le *tout*, souvenirs et préface, avait été traduit à la fois...

— Non; non; dans le traité avec la N.R.F. il n'a été question que du corps du volume et jamais on n'a parlé de la préface.

Je suis consterné; me rends compte que tous les devis pour l'établissement du livre, ont été calculés *non-compris* la préface... Bref, ceci va devoir faire l'objet d'une difficile conversation avec Gallimard ou Chevasson; il me paraît *indispensable* que la préface de Ray ne soit *pas* séparée du livre, qu'elle explique et introduit. Mais le livre, ainsi grossi, va-t-il pouvoir encore faire partie de la même collection?... Madame Martin-Chauffier affirme pouvoir s'acquitter en un mois de cette tâche complémentaire. J'apprends aussi que le petit article paru en tête du fragment donné par la N.R.F. était beaucoup plus long. Les nécessités de la composition du N° ont forcé Paulhan de l'abréger; il n'a malheureusement pas tenu compte de ceci : que c'est précisément dans la partie qu'il a cru devoir supprimer, qu'il était question de Ray et de son travail personnel.

Je ne vous dis tout ceci que pour me soulager un peu, car je prends cette affaire fort à cœur.

Bien fidèlement votre

André Gide.

[Lettre D.B. 20 octobre 1938

Entièrement consacrée au livre dont Ray Strachey a écrit l'Introduction omise par Gallimard. A la fin, une question au sujet des « éloises » dans Montaigne. Gide répond sur un simple billet :

« Éloises » je crois que c'est, simplement, un ancien mot pour *éclair*. Montaigne parle d'« éloises » (ou éloyses, je ne sais plus) « si vives » — id est : illumination subite, comme d'une lueur fulgurante.]

809. – ANDRÉ GIDE À DOROTHY BUSSY

23 Nov. 38

Bien chère amie

Au prochain envoi creux, j'aurai soin de faire une croix sur l'enveloppe afin de prévenir votre déception. J'ai le mauvais goût et la méchanceté d'en rire; c'est que j'imagine si bien l'expression de votre visage, et que je l'aime tout particulièrement quand il prend un air courroucé. Sachez-moi gré de ne pas vous avoir envoyé la longue lettre de Miss Pell à laquelle je n'ai pas eu le cœur de ne pas répondre : la malheureuse était aux abois en croyant m'avoir scandalisé!

Je voudrais quitter Paris; je me sens en admirable humeur d'écrire, mais aurais besoin d'un long temps de solitude pour mener à bien ce qui me tient à cœur. Je suis, pour jusqu'à la fin de ce mois, l'esclave de la secrétaire nouvelle que j'ai engagée; une secrétaire modèle, qui fait admirablement son travail et que je puis considérer comme un meuble. Et, de plus, je ne puis m'éloigner tant que les affaires de succession ne sont pas bouclées. En attendant je fais l'autruche, c'est-à-dire que je vis comme si le reste du monde me croyait mort, ou du moins absent. Naturellement je fais exception pour Roger, que les répétitions du *Père Leleu* au Français ont retenu (incognito) à Paris, mais qui doit regagner Le Tertre, puis Nice à la fin de cette semaine. Hier nous avons assisté, la petite dame, Catherine et moi, à la première[1]; et force était de serrer quantité de mains et de prodiguer des sourires; mais je me suis éclipsé vers le milieu du spectacle, n'y tenant plus.

L'établissement de mon volume de *Journal*, pour la *Pléiade*,

---

1. La pièce avait été jouée en 1914; la représentation à laquelle Gide assista marque son entrée au répertoire du Théâtre français.

me prend aussi beaucoup de temps; je voudrais bien ne partir qu'après avoir pu donner le « bon à tirer ». Partir pour où? Je ne sais encore. En Italie peut-être. Je trouverai bien un endroit où je ne connaisse personne. Comment supporterai-je la solitude?... ça c'est une autre question.

De tous côtés on presse l'autruche. On voudrait savoir ce que je pense de la situation, du présent et de l'avenir, ce que je crois qu'on devrait faire...? Le vrai c'est que mes pensées sont trop sombres pour que j'ose les montrer; elles me font peur. Mais les astrologues, qui prédisent pour décembre et pour mars prochain des calamités (mais *sans* la guerre) affirment que, sitôt ensuite nous entrerons dans une période de prospérité, d'élan, de renouveau et de rigolade sans précédents!

Amitiés bien vives à Simon et à Janie. Je vous embrasse.
Votre ami

André Gide.

Sans nouvelles de Mendel — mais il n'a pas eu le temps de recevoir et de répondre.

810. — ANDRÉ GIDE À DOROTHY BUSSY

1*bis* rue Vaneau, VIIe
Invalides 79-27
le 16 décembre 38

Chère amie,

Une grippe, bénigne je l'espère, me retient au lit depuis deux jours. Vous excuserez donc cette dactylographie.

Je commence à comprendre que Monsieur Mendel, notre aimable correspondant, n'était qu'un *amorceur* entre les mains de la firme Longmans & Green et que, dans toute cette affaire, je me suis laissé gentiment rouler. Je crois d'ailleurs n'avoir pas été le seul : Maurois, Mauriac se trouvent dans mon cas et Malraux l'eût été également s'il n'avait pas pris soin de protester tout de suite.

Une petite clause, imperceptible, du traité que j'ai signé avec confiance, m'engageait à céder à Longmans & Green tous droits de reproduction et de traduction de mon étude, et même du livre tout entier. Ce n'est pas sans stupeur que Gallimard et moi avons vu annoncée, dans la bibliographie de la France, cette même série de Longmans, éditée en français par Corrêa [1]. Déjà le livre de Maurois a paru (Voltaire); le mien est sous presse... Le petit tour de passe-passe a été bien simple. Fort de cette clause du traité, Longmans m'a vendu pieds et poings liés à Corrêa; je ne peux ni protester, ni toucher un sou de la vente en France *. Gallimard est encore plus furieux que moi; mais les gens de loi consultés estiment qu'il n'y a « rien à faire ». Vous raconterez cela à Roger quand vous le reverrez et lui expliquerez comment et pourquoi je ne réponds pas aussitôt à l'excellente lettre de lui que j'ai reçue hier. Il m'annonçait son imminent départ pour Vence, la santé de sa pauvre belle-sœur s'étant brusquement beaucoup aggravée.

Vous ai-je dit que Jef Last s'apprête à s'embarquer pour l'Amérique du Sud; pour le pays qu'il appelle la Chile (ce qui veut dire je pense le Chili). Je ne puis l'en dissuader et tâcherai d'aller l'embrasser avant son départ, à Anvers, au début de janvier, si toutefois la grippe me le permet.

Affectueux souvenir à vous tous.

Votre ami,

A. G.

* Je n'ai, du reste, encore RIEN reçu d'Amérique.

---

1. *Les Pages immortelles de Montaigne*, choisies et expliquées par André Gide, Éditions Corrêa, 1939, seront l'édition française des *Living Thoughts of Montaigne*. Dans la même série, Maurois donna *The Living Thoughts of Voltaire*, 1939; et Mauriac, *The Living Thoughts of Pascal*, 1941.

811. — DOROTHY BUSSY À ANDRÉ GIDE

40 rue Verdi, Nice
18 décembre [1938]

Très cher Gide

Je déteste penser que vous avez la grippe — cette horrible idée ne cesse de me tourmenter.

Mendel! J'avais toujours eu mes doutes à son sujet. Nous voyons clairement à présent pourquoi il insistait tellement pour avoir un essai inédit, sous prétexte que votre premier Montaigne ne convenait pas aux Américains, et maintenant il en vend un en France qui ne convient pas aux Français. Il n'aurait pas pu vous jouer ce tour si votre texte avait déjà appartenu à Gallimard.

Mais que devient le choix des extraits de Montaigne? Cela aussi devrait être différent si c'est destiné à un public français. Ne pouvez-vous pas obtenir du moins de Corrêa qu'il mette une note disant que le livre avait été commandé par un éditeur américain et destiné expressément à un public américain? C'est un comportement sale et mesquin de la part et de Corrêa et de Longmans Green, aussi bien du point de vue de leur réputation que du point de vue financier. En tout cas, vous pourriez faire passer une petite note ironique et méchante à leur sujet dans un des journaux littéraires [1].

J'ai seulement eu un mot de Roger depuis la mort de sa belle-sœur, mais je ne l'ai pas vu.

Vous feriez bien mieux d'inviter Jef Last à venir vous voir que d'aller vous fourrer dans les courants d'air glacés d'Anvers.

1. C'est ce qu'il fera. Dans une « Lettre à M. H. Dommartin », (*N.R.F.*, août 1939, p. 333), Gide déplorera la publication en France d'un livre destiné au lecteur américain.

Je serai inquiète tant que je ne saurai pas que la grippe est réellement « bénigne ».

Votre
D. B.

[Lettre D. B. 21 décembre 1938

Rien à dire de particulier. Jef Last va-t-il entraîner Gide au Chili ? Ce dernier ferait mieux de venir se reposer à Nice.]

812. — ANDRÉ GIDE À DOROTHY BUSSY

28 Déc. 38

Bien chère amie

J'aurais voulu qu'une lettre précédât, ou tout au moins accompagnât, le mandat que vous aurez reçu, j'espère, de la part de Montaigne et de Longman — (je vous ai dit, je crois, comme j'avais été roulé par eux; complètement roulé, et rien à faire).

Vous recevrez aussi (mais ça n'est pas encore expédié) un petit « tiré à part » de ma traduction révisée d'*Antoine et Cléopâtre*. Schiffrin, au dernier moment, a pensé qu'il pourrait me plaire d'en offrir à quelques très rares amis (on n'en a tiré que 6 !) — Peut-être même vous enverrai-je encore autre chose; mais un peu plus tard, lorsque je serai rentré rue Vaneau.

Depuis dix jours je vis à l'hôtel (Lutétia) afin de permettre un peu de repos à l'excellente Marie (la remplaçante d'Eugénie[1]) que je sentais à bout de forces.

---

1. La femme de ménage qui était morte. Gide était heureux de revoir Martin du Gard qui logeait lui-aussi au Lutétia depuis le 22 décembre. En fait, Gide n'est à l'hôtel que depuis cinq jours.

Moi-même je n'en menais pas large : une sorte de bronchite grippale m'a maintenu au lit huit jours. J'ai gagné le Lutétia tout empelissé, aussitôt que j'ai pu le faire sans imprudence. Et hier, j'ai risqué ma première sortie. Le peu de fièvre, qui ne m'a guère quitté, m'abrutissait jusqu'à l'idiotie. Même pas capable de m'ennuyer : je somnolais tout le long du jour. « Grato m'e il sonno [1]. »
Ce qui m'a décidé pour le Lutétia, c'est aussi la présence de l'oncle Roger — que le deuil appelait de nouveau à Paris. Vous aurez peut-être su que la sœur cadette d'Hélène, la religieuse, venait de mourir à Vence. On a ramené le corps à Paris; et le soir même de ce retour, le vieux beau-père plia bagage à son tour. A la faveur de ces deuils j'ai pu achever de me « remettre » avec Hélène. Je souffrais beaucoup de cette absurde mésentente et j'ai fait tout le possible et l'impossible pour en triompher. Résultat aussi parfait que je pouvais le souhaiter. Je pense que vous vous en rendrez compte lorsque vous la reverrez. Mais le couple est très fatigué (tout le monde, à Paris, est éreinté!) et va commencer par aller se reposer quinze jours aux environs de Menton, je crois, avant de réintégrer l'appartement du Grand Palais. J'aurais encore mille choses à vous dire, mais... un peu fatigué. Vœux pour vous trois — de tout mon cœur. Votre ami fidèle

A. G.

Grande résolution de Roger de vous « secouer », de retour à Nice. Il craint que vous ne vous endormiez un peu tous les trois! Non, n'est-ce pas?

---

1. « Le sommeil m'est agréable. »

1939

Antoine et Cléopâtre. — *Livre de Ray Strachey chez Gallimard.*
— *Traduction des* Lettres d'Espagne *de Jef Last.* — *D. Bussy sur Pierre Herbart.* — *D. Bussy sur les* Lettres de *T.E. Lawrence.* — *Gide à Louxor.* — *D. Bussy : souvenirs d'Égypte.* — *Le « drame » Matisse.* — *Gide confond T.E. Lawrence et D.H. Lawrence.* — *D. Bussy sur D.H. Lawrence.* — *R.M.G. part pour les Antilles.* — *Domela, Laszlo, Hardekopf.* — *D. Bussy blessée par un passage du* Journal. — *Démarches en faveur d'internés.* — *Visite chez Mauriac.* — *W. Rothenstein.* — *Gide suggère une visite à Cuverville.* — *Déclaration de guerre.* — *Les Bussy pensent gagner le Tertre; Gargilesse.* — *Gide à Cabris.*

813. — DOROTHY BUSSY À ANDRÉ GIDE

40 rue Verdi
2 janvier 1939

Très cher Gide,

un grand merci pour le mandat (3.500 frs.) que j'ai bien reçu, le matin même du jour où votre lettre est arrivée. Je suppose que vous avez été, comme d'habitude, plus généreux que juste, mais j'espère que si Mendel-Longman vous ont volé sur vos droits français, les droits américains ont été plus satisfaisants.

Je viens de recevoir le charmant petit exemplaire d'*Antoine et Cléopâtre*. Je me sens très honorée de recevoir une chose aussi rare, heureuse d'avoir été incluse dans votre hommage à mon pays et touchée de votre souvenir particulier. Je pourrais en ajouter des miens. C'est presque grâce à votre première traduction d'A. et C. que je vous ai vraiment connu. Nous y avons travaillé ensemble plusieurs soirées dans la petite salle à manger du 51 Gordon Square, l'année (comme il y a longtemps!) où vous êtes venu un été en Angleterre avec M. et E. [1]. Mais votre tête était si pleine d'autre choses que je suppose que vous avez oublié ces bizarres conversations, si troublantes pour moi. Peut-être vous rappelez-vous un peu mieux quand, l'avant-dernier été, vous avez écrit mon nom dans l'édition bleue à la gare de Victoria, où j'étais allée vous conduire après cette étrange visite au Russell Square Hotel. Mais non, je suis sûre que non. Cette fois-là aussi, vous aviez la tête remplie d'autres choses (quand ne l'est-elle pas, en fait?). Mais moi, je me souviens. C'était au buffet de la gare, où nous avons pris du café en attendant le train. Pendant que vous écriviez, je regardais votre profil dans une glace qui se trouvait derrière vous et je me disais que vous étiez très, très loin de moi. Et puis j'ai lu votre dédicace – elle était en anglais – et c'était la plus gentille que vous ayez jamais écrite pour moi dans un livre, presque, oh, peut-être absolument la plus gentille chose que vous m'ayez jamais écrite. Dieu! Comme j'envie les femmes qui ont reçu des lettres d'amour! Non, ce n'est pas ce que je voulais dire. Mais je l'ai dit. Tant pis.

Je suis ravie que vous vous soyez réconcilié avec Hélène. C'est beaucoup plus confortable pour tout le monde. Quant à Roger, le pauvre cher homme, j'ai peur qu'il ne nous ait tous trouvés terriblement ennuyeux pendant l'unique brève visite qu'il nous a faite quand ils étaient à Nice. Mais je m'attends à ce que ce soit délicieux d'être secoué par lui. Nous atten-

---

1. En août 1920, avec Marc et Élisabeth.

[JANVIER 1939]

dons cela avec impatience. Et j'aimerais beaucoup mieux que vous ne soyez pas au même hôtel. Je déteste l'idée que vous fassiez seulement allusion à moi dans vos conversations avec lui!

Je crois que je ferai mieux de m'arrêter. Il est tard, c'est un moment dangereux pour moi. J'espère que vous irez bientôt tout à fait bien.

        Votre affectionnée

D. B.

(Le lendemain matin)
P.S. J'aime beaucoup mieux *albatros* que *cormoran*[1]. Tout l'ensemble, en fait, lu ainsi, en oubliant l'anglais, me paraît superbe. Plusieurs passages ressortent de façon étrange — malgré votre parfaite fidélité. Il y a aussi une sorte d'unité et d'élan qui semble d'autant plus frappante qu'on est moins distrait par les merveilles de la langue de Shakespeare; celle-ci force à tout moment à s'attarder, à se poser des questions, à rompre le mouvement et le courant afin de savourer la poésie ou d'essayer de comprendre.

J'espère que vous n'allez voir là rien d'insultant!

Peut-être que, si on ne connaissait pas l'original, votre poésie aurait le même effet!

814. – DOROTHY BUSSY À ANDRÉ GIDE

16 janvier 39[2].

Mon très cher, l'idée m'est venue ces derniers temps de vous écrire une lettre très sérieuse et solennelle — une sorte de

---

1. Il s'agit de la traduction d'un vers d'*Antoine et Cléopâtre*, (« like a doting mallard », III, x, v. 20. Dans la version de Gide : IV, iii.).
2. Sur l'enveloppe, de la main de Gide : « Enclosed in another letter, 16 janvier 1939. »

testament final, le genre de choses qu'on croit qu'on aimerait dire sur son lit de mort, mais qu'on ne dit jamais. Je ne sais pas si j'en serai capable. Je ne sais pas si je serai capable de dire la vérité, mais je souhaite la dire.

Je considère les vingt années pendant lesquelles je vous ai connu, pendant lesquelles vous avez eu pour moi tant d'importance, et je ne puis les regretter. Je ne peux même pas imaginer comment j'aurais pu avoir des sentiments différents; vous étiez, sans aucun doute, la plus belle chose dont je m'étais jamais approchée dans ce monde. Je n'avais pas besoin d'excuses, je n'avais pas besoin de m'excuser moi-même pour sentir ce que je sentais. C'était inévitable. Comment je me suis comportée avec cette passion, c'est une autre affaire. Très souvent plutôt mal, je le crains. Je m'y suis abandonnée et me suis tourmentée, peut-être vous ai-je fait enrager (mais on ne peut pas vous faire enrager!). Mais ce n'est pas ça. Dans ma dernière lettre, une exclamation m'a échappé et c'est ce qui me fait désirer vous écrire aujourd'hui. Si je m'examine, je sais, je crois que ce n'était pas vrai, que je n'ai jamais vraiment désiré que vous m'aimiez vraiment. (Ce que moi j'appelle vraiment.) Je n'étais pas assez brave. Je n'étais pas assez forte pour le supporter, et je suis heureuse de n'avoir jamais couru le risque de briser le reste de ma vie à cause de vous. Souhaité des lettres d'amour de vous, oh, oui, je l'ai fait follement, et le fais encore par accès, mais pas profondément, non, si je puis dire, pas dans *cette* vie.

Est-ce tout? Est-ce tout ce que j'aurais à dire sur mon lit de mort? Allons, ce n'est pas si mal — que je ne regrette pas mon amour — ni votre refus de cet amour.

Votre
D.

815. — ANDRÉ GIDE À DOROTHY BUSSY

Paris, le 18 janvier 39

Chère Amie,

Madame Martin-Chauffier sort d'ici; elle est accourue au reçu de votre lettre dont elle s'est beaucoup affectée. Je voudrais vous persuader que, elle-même, n'est pour rien dans les accusations (qui ne sont hélas que trop justifiées!) que vous portez. Elle a même retrouvé ce petit bout d'épreuves de la notice qu'elle avait écrite pour la *N.R.F.* où vous pourrez voir qu'elle avait eu soin de mentionner le nom de votre belle-sœur. La notice en manuscrit était du reste sensiblement plus longue. Des « nécessités » de composition ont forcé d'abord à la réduire, puis même à supprimer quelques lignes qu'il s'agissait de « gagner ». Il est parfaitement déplorable que, parmi ces lignes figurent précisément celles qui mentionnaient le nom de l'auteur du livre. J'accorde que ceci était de la dernière maladresse et Madame Martin-Chauffier a été la première à s'en indigner; je vous en prie, ne faites pas retomber sur elle cette déplorable faute. Elle semble, d'après ce qu'elle me dit, avoir apporté à la traduction du texte de Ray la plus grande attention, allant à la Bibliothèque Nationale et ailleurs pour se rendre compte du nom des sectes qu'il n'y avait pas lieu de traduire (ex : Quakers), c'est-à-dire de celles dont le nom est admis en français et pour *Shakers* [1], elle reste fort embarrassée. A mon avis, le mieux serait de mettre une note. Elle se propose de vous envoyer un texte

---

1. Nom populaire pour les membres de la *United Society of Believers in Christ's Second Appearing*, secte née en 1747 d'un renouveau Quaker. Emprisonnée pour excès de zèle, Ann Lee émigra avec huit adhérents à New York et forma en 1776 une communauté de Shakers. Du verbe : to shake (secouer).

complet, que vous puissiez revoir et d'en envoyer un autre à Mrs Oliver Strachey. Elle acceptera tout aussi bien vos remarques que les siennes; mais j'espère que celles-ci coïncideront. Sans doute avez-vous écrit à Ray. Que vous seriez gentille de lui récrire, pour la calmer dans le cas où elle se serait trop irritée à l'égard de Madame Martin-Chauffier, qui, vraiment, n'en peut mais, et témoigne dans tout ceci d'un grand zèle.

Sans doute reporterez-vous votre indignation sur Paulhan; mais ici je chercherai beaucoup moins à le disculper. Tout ce qu'il peut dire pour se défendre, c'est qu'il n'aura pas compris que le manuscrit, qu'on proposait pour une publication partielle en revue, faisait partie d'un livre et que la publication du livre allait souffrir de son retard. Il aura fourré ce manuscrit dans son tiroir, avec beaucoup d'autres... en souffrance. Il y serait sans doute encore si je n'étais pas intervenu.

Et maintenant, j'ai des ennuis sans nombre au sujet des *Lettres d'Espagne* de notre cher Jef Last. La stalinienne à qui d'abord avait été confiée la traduction, et qui avait eu soin d'acquérir les droits, a mis toute l'opposition possible lorsqu'elle s'est rendu compte que Jef n'était plus orthodoxe. Il a fallu la dessaisir (à grand-peine) et confier le travail à un autre traducteur que Jef recommandait très chaudement : le meilleur traducteur en langue française, disait-il, qui nous a livré une traduction si exécrable qu'il a fallu la revoir phrase après phrase; j'y ai passé un nombre d'heures effroyable, et le résultat reste piteux. Ces difficultés successives et cette révision ont occasionné un tel retard à cette publication que le livre, à présent, risque de venir comme de la moutarde après dîner et de ne plus avoir aucun succès. Le pauvre Jef s'en désole, et moi aussi [1]. Sa situation en Hollande devient de plus en plus impossible; il ne songe plus qu'à partir, voudrait gagner l'Amérique du Sud, certain pays qu'il appelle la « Chile » (et que je soupçonne être le Chili)

---

1. Bien que le copyright soit de 1938, les *Lettres d'Espagne* ne seront publiées qu'en 1939, sans nom de traducteur.

[JANVIER 1939]

mais a toutes les peines du monde à obtenir les papiers nécessaires pour son expatriation.

Je dicte cette lettre par impatience, mais espère trouver bientôt un peu de temps pour vous écrire tranquillement avant mon départ... [1] car j'ai reçu hier soir une lettre de vous... Bien votre

P.S. Nous venons d'être terriblement inquiets pour la santé d'Élisabeth [2]. Heureusement Pierre Herbart et Roger nous écrivent qu'il y a lieu, maintenant, d'être rassuré. Roger vous racontera tout cela lorsque vous le reverrez.

816. — DOROTHY BUSSY À ANDRÉ GIDE

40 rue Verdi
21 janvier 1939

Cher Gide

..... [une vingtaine de lignes consacrées à la publication du livre de Ray Strachey] .....
C'est mardi dernier que j'ai appris par Roger l'opération d'Élisabeth. Comme elle était dans une clinique toute proche de notre rue Verdi, je suis allée prendre de ses nouvelles le lendemain matin. Herbart est descendu et m'a dit que je pouvais voir la malade. Elle avait l'air extrêmement bien et plus jolie que jamais — pas trace de l'invalide chez elle. Entrain, vitalité, courage apparemment inchangés. (Mais je me méfie toujours un peu du « cran » d'Élisabeth.) Herbart m'a beaucoup plu. Lui, en tout cas, a été manifestement secoué. Je

---

1. Pour l'Égypte; il partira de Paris le 24 janvier, reviendra le 17 avril. Les *Carnets d'Égypte*, texte « impubliable hélas » (*Conversations avec André Gide*, Claude Mauriac, p. 49), seront publiés en 1949 seulement, dans la revue *84* (n°s 8 et 9, juillet, pp. 208-212).
2. Élisabeth Herbart Van Rysselberghe avait subi à Nice une opération de l'œil rendue nécessaire par une sévère infection des sinus.

l'ai trouvé tout à fait charmant — et cela m'a surprise, car, bien que (ou peut-être parce que) je ne l'aie vu encore que deux fois, j'avais des préventions à son égard.

Je regrette pour Jef et sa traduction. Il n'a pas de chance avec les traductions — et vous, semble-t-il, pas davantage.

Je suis en train de lire un livre que je voudrais que vous lisiez ; que, selon moi, vous *devriez* lire. Mais il est très gros, très lourd et très coûteux. Malgré tout, si je croyais que vous ne le trouverez pas trop encombrant, je le ferais envoyer à votre adresse et vous me le renverriez après l'avoir lu. J'aimerais l'avoir, et le lis en ce moment dans un exemplaire de bibliothèque. Il s'agit des lettres de T. E. Lawrence [1]. Je me suis toujours méfiée de Lawrence — des préventions, là aussi — et n'ai jamais lu aucun de ses livres. C'était assurément un très bon écrivain, mais dans ses lettres, bien entendu dans sa vie aussi, l'écriture est ce qui importe le moins. C'est le drame *spirituel* de sa vie qui importe — c'est extraordinaire qu'un si grand homme d'action ait été capable d'avoir un drame spirituel ! Il est dans la tradition des grands aventuriers anglais, avec, en plus, un rien de folie sublime. Vraiment, vraiment une force stupéfiante. Et, chose étrange à dire, il me rappelle Rimbaud. Les mêmes énergies et dons surhumains — le même effondrement... Et puis sa passion pour les Arabes, les simples notes de ses carnets de route, etc., etc., etc. Je ne peux pas continuer. Ce que je souhaite, c'est vous donner envie de lire le volume. Il est sorti voilà quelques semaines seulement. Un modèle de publication, due à David Garnett.

Je vous en prie, ne vous occupez pas de ma lettre. J'avais senti que je devais l'écrire et je suis contente de l'avoir fait, ce qui n'est pas toujours le cas avec mes lettres. C'est tout ce qu'il convient d'en dire. Mais évidemment, si vous en avez le temps, j'aimerais connaître les détails du voyage

---

[1]. Thomas Edward Lawrence (1888-1935), célèbre pour ses exploits dans la révolte des Arabes contre les Turcs pendant la guerre de 1914. Le gros volume de ses lettres (896 pages) venait d'être édité par David Garnett pour la maison Cape de Londres (1938).

que vous projetez, car je n'en connais que des bribes par Roger.
Adieu, très cher, jusqu'à ce que nous nous voyions.
Votre fidèle

D. B.

[D. B. à A. G. 1ᵉʳ février 1939

Elle l'imagine en Égypte, dans l'hôtel qu'elle connaît. Martin du Gard s'occupe du contrat pour la publication des *Nursery Rhymes*. Elle lit les lettres de Diderot à Sophie Volland.]

817. – ANDRÉ GIDE À DOROTHY BUSSY

Luxor Hotel. Luxor
5 février [1939]

Chère amie

Il faudrait pourtant que je me décide à vous écrire; quand ce ne serait que pour penser un peu moins à vous, ensuite. J'ai quitté Marseille le 26; suis arrivé au Caire le 30 janvier; puis, à Luxor, le 3 février, à l'aube; c'était hier. Je pense m'attarder ici longtemps. J'ai beau me tâter : je ne sens en moi presque aucune curiosité; et, après avoir annoncé, à Paris, mon intention de pousser jusqu'à Khartoum, je doute à présent si je remonterai le Nil même jusqu'à Assouan. Mon premier contact avec le Caire m'a fichu le cafard. J'imaginais irrésistiblement des bombes italiennes tombant sur cette ville immense, surpeuplée. Il a fallu une visite à l'admirable musée pour me réconcilier un peu avec une humanité sordide, non changée depuis les pharaons. Dès ici, c'est tout autre chose. Mais à présent c'est un fait acquis : je ne puis plus voyager seul. Je tâche de m'associer du moins à ce que *vous* avez pu voir en Égypte, il y a combien d'années...! Si je ne pensais que vous avez admiré Karnak et Thèbes, je n'aurais presque aucun désir de les visiter. Ma chambre est agréable; elle donne sur les jardins de l'hôtel, et je m'y enferme; peut-être arriverai-je à travailler; je m'y efforce; nous verrons bien.

Si vous voyez Roger, qu'il m'excuse de ne pas lui écrire; qu'il se souvienne de sa paresse, à Rome, l'an passé. La mienne doit être de même nature. Il y entre aussi de la fatigue, et qui va diminuant; mais reste de grippe, une petite pointe de fièvre chaque soir, jusqu'à ces derniers jours.

Vous ai-je dit que la veille de mon départ de Paris, une excellente lettre de Jef (après d'autres désespérées) m'a beaucoup réconforté : on l'appelle en Norvège, à Narvick « à deux pas du pôle »; vie assurée (et de même celle de sa femme et des trois enfants) pour 6 mois. De plus il se montrait fort satisfait de son travail.

Je vous embrasse tous trois. Votre morne mais fidèle ami

André Gide.

818. — DOROTHY BUSSY À ANDRÉ GIDE

40 rue Verdi
10 février 1939

Cher, cher Gide,

C'était très agréable de recevoir votre lettre. Toutes les fois qu'il s'écoule un temps inhabituel sans que j'en aie une, je crois toujours que je n'en recevrai jamais plus.

Je peux très bien vous imaginer à Louxor. Il y a exactement dix ans que nous y étions; cela m'a plu. J'y ai été heureuse, bien que ce soit là que j'ai **appris** la mort de ma chère maman. Cela ne m'a pas rendue **vraiment** malheureuse et ce n'est pas avant d'avoir revu sa chambre à Gordon Square que j'ai pleuré. Des larmes d'affection, pas d'affliction. Nous étions au Savoy Hotel à Louxor et le trouvions confortable, sauf qu'il faisait souvent un froid terrible la nuit. Nous l'aimions particulièrement parce que le jardin descendait tout droit jusqu'au fleuve. Nous prenions presque toujours notre thé sur la terrasse et restions là jusqu'à ce que tout le monde soit rentré, à regarder le ciel et le fleuve et les bateaux. Les bateliers se mettaient à chanter et parfois, quand ils pensaient que personne ne regardait, ils dansaient. J'ai gardé en particulier la vision ravissante d'un garçon dansant dans son bateau pendant que ses deux compagnons jouaient et chantaient — presque dans l'obscurité.

J'ai aimé Karnak dans une sorte de transe, j'ai énormément aimé la nouveauté, le côté extraordinaire de tout cela. Si M. et Mme Chevrier[1] sont encore là, transmettez-leur notre amical souvenir. Ils ont été très aimables. Mais j'ai particulièrement aimé l'expédition à Thèbes — le lever très tôt et la traversée du fleuve dans la jolie lumière matinale, la course sur un de ces ânes féroces, avec l'ânier qui hurle auprès de vous, le pique-nique sur les marches à Deir el Bari, la visite de ce fantastique pays des morts et le retour, le soir, traversant de nouveau le fleuve dans l'illumination du soleil couchant. (Je souhaite que vous connaissiez ce plaisir.) Et puis j'ai lu toutes sortes de livres sur l'histoire de l'Égypte (tous oubliés) et j'ai même passé des heures délicieuses à essayer de saisir le sens des hiéroglyphes. C'est là aussi que j'ai lu pour la première fois *Wilhelm Meister* et la correspondance Schiller-Goethe. Oui, dans l'ensemble, tous les morceaux de mon esprit astral que vous pourrez recueillir à Louxor seront des souvenirs heureux. Et vous aviez été très gentil pour moi avant que nous ne quittions la France. (Il y avait un charmant petit âne dans le jardin du Savoy Hotel. Si lui ou son successeur s'y trouve encore, allez lui faire une visite et dites-lui nos amitiés. Il s'appelait Lumpi.)

1. L'archéologue et sa femme que Gide fréquenta lors de son séjour. Voir *Carnets d'Égypte*.

Oui, je voudrais que vous ayez un compagnon. Je voudrais que ce soit moi! Savez-vous qu'une ou deux fois vous avez agité devant moi, vaguement, je le reconnais, l'idée d'un « trip » avec vous? Cela s'est réduit à un voyage avec vous et Janie de Pontigny jusqu'à Dijon et une nuit et une matinée dans cette ville. Cela m'a fait plaisir, et surtout notre dîner aux Trois Faisans (mousse de jambon, délicieuse); mais c'était à peu près tout ce que je pouvais supporter. Aujourd'hui, ce serait différent. Les passions — les vôtres et les miennes — moins aiguës. (Qu'un futur biographe n'aille pas se méprendre sur cette phrase!)

Cher Gide, vous êtes la seule personne au monde à qui j'écrive de pareilles absurdités. Je me prends pour Miss Pell.

N'attrapez pas le « gippy tummy » (expression familière, le ventre, ou plutôt les boyaux égyptiens), et si cela vous arrive, ne vous effrayez pas. Le nom a été donné à cette maladie par les troupes anglaises et on dit que tous les étrangers en sont victimes à leur première visite en Égypte. Je l'ai eue au Caire, dix jours de fièvre et de dérangement violent.

(Élisabeth a dit que j'aurais dû vous prévenir. Comment aurais-je pu, quand vous ne m'avez jamais dit que vous alliez en Égypte?) J'ai détesté le Caire. Mais pas Ghizeh et les pyramides. Nous avons ri de vous aujourd'hui au déjeuner. « Il ne sera certainement pas allé voir les pyramides — condamnées à l'anathème, sans aucun doute, avec Hamlet, Venise, la Neuvième Symphonie et Chateaubriand. »

Au revoir. Bon travail. Ne me récrivez pas trop vite si m'écrire vous fait moins penser à moi.

Je transmettrai vos messages à Roger, mais nous ne le voyons guère et je crois qu'il est anxieux — pas exactement anxieux, préoccupé au sujet d'Hélène. Il parle d'aller avec elle aux Antilles. Je ne sais pas quand.

Affection de la part des deux autres. Ils vont bien et travaillent.

Votre
D.

819. – DOROTHY BUSSY À ANDRÉ GIDE

40 rue Verdi
5 mars 1939

Cher Gide,

c'était gentil de recevoir votre lettre [1], bien que je regrette d'apprendre que vous ne vous sentez pas encore très bien. Je crois que, tout compte fait, l'Égypte est un pays insalubre. Trop de poussière, trop de mouches, etc. J'ai eu un terrible accès de sinusite moi-même, attrapée à Assouan (mais pas aussi grave que celui de Mme Berthelot); c'est une affection très déplaisante.

Je suis heureuse que, de temps à autre, vous mêliez notre souvenir à vos réflexions sur l'art égyptien, bien qu'en fait Abydos soit un des endroits que nous n'avons pas vus. Simon sera très content de discuter vos impressions.

Les Roger ont dîné avec nous la veille de leur départ et il n'avait pas encore reçu votre lettre. S'il ne l'a pas eue le lendemain matin, il sera parti sans l'avoir [2]. Il avait l'air ravi de partir et était plein d'entrain. Quant à elle, elle a dit qu'elle se sentait abasourdie, et elle en avait l'air. Pauvre Hélène! Plutôt un « poids lourd ».

Cet hiver a été rempli (surtout pour Simon) par le drame conjugal des Matisse, qui semble s'être terminé par une rupture. Mme M., après être restée clouée au lit les vingt dernières années, s'est tout à coup levée voilà cinq mois et a montré depuis la plus effrayante énergie, physique et mentale, dans une lutte continuelle et sans pitié avec M., qui a passé tout le temps que lui laissaient ces attaques à venir ici en déverser le récit sur Simon, Janie et moi. Tout cela

---

1. Lettre non retrouvée.
2. Il l'a eue. Voir *Correspondance A. G.-R. M. G.*, 28 février 1939.

est terriblement ennuyeux et je n'ai pas la moindre sympathie pour l'un ou l'autre. M. est égoïste et égocentrique à un point incroyable et Mme M. s'est servie des armes les plus basses et les plus mesquines. Suffit! Mais, vraiment, nous avons à peine vu qui que ce soit d'autre cet hiver.

Ray et moi avons écrit des lettres polies à Mme Martin-Chauffier, offrant notre aide pour la traduction et exprimant le désir de voir les épreuves. Mais, depuis, pas le moindre signe. Et pas d'épreuves non plus envoyées par M. Mendel qui nous a tant pressés pour avoir le texte anglais de Montaigne, sans la moindre intention, à ce qu'il semble, de le faire imprimer. Mais tout cela vous paraîtra bien mince et bien lointain. Que faites-vous dans vos jardins, à part méditer sur l'art égyptien? Vous n'en dites pas un mot. Et bien que vous disiez que vous irez à Alexandrie vers le milieu du mois, il ne vous est évidemment jamais venu l'idée que j'aimerais savoir où le bateau vous emmènerait ensuite. Vous êtes incorrigible. Mais peut-être que vous avez bien raison, après tout. Peut-être qu'après tout cela ne m'intéresse pas tellement. Voilà que j'approche de la zone dangereuse, je m'arrête donc. Simon et Janie envoient leurs amitiés. Et je suis comme toujours
    votre affectionnée

                D. B.

820. — DOROTHY BUSSY À ANDRÉ GIDE

              40 rue Verdi
              7 mars 1939

Cher Gide,

cette lettre ne contient rien de nouveau et n'est qu'une suite à celle d'hier. Après avoir posté celle-ci, je me suis dit, j'ai espéré que vous la trouveriez décevante. Je vous entends demander : « Mais pourquoi donc? » Au lieu de quoi j'aimerais vous entendre demander : « Est-ce là tout ce qu'elle a à dire? C'est si ennuyeux, si froid, si convenable! » Car j'imagine souvent dans quel état mes lettres vous trouvent. Vont-elles vous trouver complètement perdu dans de hautes pensées ou dans des souvenirs auxquels je n'ai pas part, ou *morne* et déprimé et réfractaire à toute espèce de sentiments, ou — pire encore — attendri par un sentiment nouveau, ou tout juste simple et humain, plutôt triste et plutôt solitaire, et heureux de toute marque d'affection; et même — vais-je oser le dire? — particulièrement la mienne? Hier, j'inclinais vers la première, ou la deuxième, ou la troisième de ces suppositions, aujourd'hui cela semble être vers la dernière. Mais je ne saurai jamais. Mes lettres disparaissent dans un épais brouillard impénétrable. Cela vaut mieux, bien sûr. De cette façon, je peux les oublier, et c'est ce que je fais. Je les « refoule » avec un total succès et suis capable de vous retrouver sans rougir.

Et après Alexandrie, où? Aux îles grecques? C'est le bruit qui court. Vous n'y avez pas fait la moindre allusion. Cela m'est égal que vous passiez les vacances de Pâques avec Robert Levesque. Vous ne le croyez pas? Mais si, au contraire, j'en suis ravie. L'Égypte est trop chaude, la France trop froide à cette époque, et j'aime bien Robert Levesque (mais ne peux pas me rappeler comment épeler son nom. Ô, Freud!). Ce qui me déplaît, c'est que vous ne me l'ayez pas dit. Mais c'est un de mes vieux griefs. Une habitude incorrigible de votre part. Et je suis toute prête à croire que votre discrétion (cette manie du mystère) n'est pas particulièrement dirigée contre moi. Simplement, cela fait partie de votre camouflage.

Je me sens assez offensée de ce que vous n'ayez pas remarqué mon éloquence au sujet de T.E. Lawrence. Bien que ce soit, en général, très irritant lorsque les autres sont frappés d'un *coup de foudre*. Mais ç'a été le cas pour moi. Et très sérieux, je crois. Oh, il était bien loin d'être entièrement admirable ou sympathique, mais c'est une figure de dimensions héroïques, par son échec plus que par son succès, digne d'une tragédie comme *Coriolan*. Et je sens que tout ce que je dis ne fait que vous irriter davantage. Je sais qu'avant de lire ses lettres cela m'irritait aussi de penser à lui. Et si vous dites qu'une figure de grande envergure vous dérangerait en ce moment, je me laisserai facilement convaincre.

Je dois m'arrêter, cher Gide. C'est le bout de mon papier, mais pas de mon affection.

Votre
D. B.

821. — ANDRÉ GIDE À DOROTHY BUSSY

Louxor
11 mars

Chère amie

Je n'ai absolument rien à vous dire; simplement à protester contre votre accusation de mystère au sujet de mes prochains projets. (Car je viens de recevoir à la fois vos deux bonnes lettres.) Ne vous ai-je pas dit que je pensais spend the Eastern holidays in Greece with Robert Lévesque[1]? Of course! puisque vous m'en parlez sitôt ensuite.

Je vous écris de la petite terrasse du Savoy, où j'ai plaisir à vous imaginer, mais qui me paraît bien vide sans vous. J'y vais néanmoins chaque jour, assister au coucher du soleil. Aujourd'hui le ciel est voilé. Il fait une touffeur accablante. Je viens d'acheter un chasse-mouches. Jusqu'aujourd'hui j'ai tâché de me persuader que je m'y habituerais — aux mouches; mais elles sont tannantes — (ou : taonnantes, comme il paraît qu'il faudrait écrire). Ce soir, je dîne chez les charmants Chevrier. Le petit âne du Savoy, toujours le même,

---

1. « ...que je pensais passer les vacances de Pâques en Grèce avec R. L. »

me charge pour vous de ses messages; et les deux singes; quant au crocodile, pas moyen de cueillir son regard.

Tandis que je vous écris le ciel s'est éclairci comme par miracle; l'air aussi paraît moins lourd. Le Nil est de surface plus lisse que je ne l'ai vu encore; pas un souffle; les grandes barques glissent dans une sorte d'éternelle tranquillité. Tout le décor du bonheur... Je me sens impie de contempler tant de splendeur avant autant d'indifférence. Le soleil vient de se coucher; le ciel est encore plein de sa gloire; mais dans quelques instants je ne vais plus y voir pour vous embrasser.

Six heures. Les fellahs rentrent du travail.

Mais non, je n'ai pas de parti pris contre Lawrence et me promets grande joie à lire ses lettres. L'admiration maladroite de certains, il est vrai, m'a quelque peu exaspéré; mais pas précisément contre lui. Je suis bien convaincu que c'est une grande et importante figure; au surplus, j'aime son visage... mais songez que je n'ai lu de lui, jusqu'à présent, envoyé par Bennett, que *the Virgin and the Gypsey*... (*sic* [1]).

Je n'y vois plus. Au revoir.

Je ne parviens pas à m'apitoyer sur Matisse; j'admire beaucoup nombre de ses toiles (sa dernière exposition, à Paris, en montrait de remarquables) mais aucune sympathie pour l'homme.

Le travail avait assez bien marché les dix premiers jours. Puis la langueur égyptienne a eu raison de moi. Me suis plongé dans *Pickwick* [2], emprunté à la bibliothèque de l'hôtel, sans grand ravissement. Achevé d'abord l'énorme et fastidieux *Joseph en Égypte* de Thomas Mann (en traduction [3]). je trouve plus de récompenses à relire des poésies de Goethe — ou les poèmes que donne l'anthologie des *Pelican books* que je viens d'acheter ici.

---

1. Écrit en marge de la main de D. Bussy : « Il a confondu D. H. Lawrence avec *T. E.* C'est celui-ci dont je lui parlais. D. B. » *The Virgin and the Gipsy* lui avait été envoyé par Bennett en octobre 1930. Voir tome II, lettre 504.
2. *Pickwick Papers* (1836), roman de Charles Dickens.
3. Traduit par Louise Servicen.

822. — DOROTHY BUSSY À ANDRÉ GIDE

17 mars 1939

Cher Gide,

votre lettre datée de la terrasse du Savoy Hotel m'est parvenue hier matin. Que de fois j'ai pensé à vous au coucher du soleil, et me suis demandé si vous étiez assis à cet endroit. Mais je ne devrais pas vous écrire si vite, parce que vous aurez quitté Louxor et serez Dieu sait où, et cette lettre ne vous atteindra très probablement jamais... Mais je ne peux pas supporter de vous laisser sous l'impression que je vous ai parlé de D. H. Lawrence, quand c'était en fait de T. E. Lawrence, le colonel, *Lawrence d'Arabie*. Quant à D. H., c'est plus que de la prévention que j'ai à son égard — car j'ai lu un grand nombre de ses livres — c'est positivement de l'aversion. Ses romans, sa philosophie ou sa doctrine, sa personnalité, sa vie me sont réellement antipathiques. Tout ce que je garderais de lui, ce serait quelques poèmes dans une anthologie. Ses merveilleuses révélations à propos de la sexualité, qui ont intoxiqué une génération de jeunes Anglais niais, me semblent avoir eu pour juste résultat sa propre existence pitoyable, passée dans un imbroglio continuel et sordide avec une série de femmes odieuses qui se sont repues de ses restes comme une troupe de vautours après sa mort. Il n'a pas eu de vrai contact avec la vie — trop malade, sans aucun doute, mais aussi parce que lui-même manquait d'envergure. Sans un esprit généreux, un cœur généreux ou une intelligence généreuse. Presque sans aucune sorte d'intelligence. Un faible, physiquement et mentalement. Impossible d'imaginer un contraste plus complet avec l'autre Lawrence, ni un *contre-sens* plus terrible que de prendre ce que je disais de *T. E.* comme s'appliquant à D. H. Quant au premier, je n'ai rien lu de lui que ses lettres, j'ignorais totalement son histoire et avais surtout été irritée par le tapage qu'on faisait autour de lui dans les journaux. Mais ses lettres m'ont complètement retournée. Un drame extraordinaire — une extraordinaire personnalité. De *grande* envergure. Il est possible de l'imaginer comme à peu près n'importe quoi, obtenant en tout cas la plus haute forme de puissance et de succès humains. Mais il n'en a pas voulu : « Vade retro, Satana. » Était-ce épuisement nerveux? Était-ce renoncement ou était-ce folie (dont il avait certainement une touche)? Pour moi, il est un cas psychologique d'un extrême intérêt, plein de complexité et de charme — et d'horreur.

Cher Gide, moi, au contraire, j'attends l'obscurité pour vous embrasser, et en ce moment c'est la pleine lumière du jour!

Je vais essayer de vous imaginer moins mélancolique, en train de passer vos « vacances de Pâques » avec Robert Levesque. Non, vous ne m'avez *jamais* dit que vous en aviez l'intention. C'est Roger.

(A l'instant, une lettre de Pell à Kairouan, remplie de plaintes : tous les Arabes, serveurs et guides, qu'elle rencontre veulent la violer! Très étrange! J'espère que cela va vous faire sourire. Où — si jamais — lirez-vous ceci?)

Votre
D. B.

823. — ANDRÉ GIDE À DOROTHY BUSSY

1*bis* rue Vaneau. VIIe
Invalides 79-27
17 Avril 39

Chère amie

Me voilà de retour enfin — arrivé depuis une heure, après avoir roulé 60 heures, d'Athènes à Paris. Je m'occupe de faire revenir le courrier qui m'attendait à Marseille (ai dû préférer l'Orient Express). A Athènes j'ai reçu une longue lettre de Roger, datée du large, attendant l'arrivée aux Antilles pour m'être expédiée; ne me parlant que de l'ennui mortel de la traversée! C'est un peu ce qui m'a fait, pour revenir de Grèce, préférer le train au bateau.

Dans quelle angoisse nous avons vécu ces derniers jours! En Grèce, on se sentait et savait particulièrement menacé. L'amour pour la France et l'Angleterre, la haine de l'Italie, étaient partout manifestes.

Sur ma table, je trouve ici le petit *Montaigne* (l'avez-vous seulement reçu?). Rage et tristesse de voir que vous n'y êtes pas nommée! J'aurais eu si grande joie à lire votre nom près du mien! Mais ces gens sont des bandits et toute l'affaire est une escroquerie dégoûtante.

Je vais assez bien, encore que très fatigué par une reprise de catarrhe, laryngite, quintes de toux, etc. Catherine a repris ses cours ce matin; je vais la revoir ce soir. Madame Théo ne rentre de Grasse que demain.

Il me serait bien doux de vous revoir. S'il m'est possible d'écouter mon désir, je vous dirai à bientôt. Votre fidèle ami

André Gide.

824. — ANDRÉ GIDE À DOROTHY BUSSY

20 Avril 39

Chère amie, chers amis

Me voici donc de retour depuis lundi. J'ai trouvé Catherine rentrée de la veille, en parfait état. Madame Théo nous a rejoints deux jours plus tard[1]. Tout va aussi bien que pos-

---

1. Elles étaient venues de Cabris : Mme Théo avait passé quinze jours avec son amie Mme Mayrisch. Catherine, qui était chez sa mère, l'avait précédée pour la rentrée des classes.

sible (pour ce qui est de l'entourage immédiat) mais quelle angoisse on respire! (Je n'ai pas encore été prendre mon odieux maskagaz obligatoire!)

Roger est parti pour les Antilles juste à temps; tout à la fois j'envie sa retraite, mais sens le besoin d'être là, ne plus me sentir loin des amis, des nouvelles... du danger. Dix jours de courrier m'attendaient ici; une machine à broyer la cervelle. Je sais que Jef Last vous a écrit au sujet de son ami Domela [1]. Dès mon retour j'ai tâché de consulter, demander ce que l'on peut faire... (pas grand-chose, je crains), prêt à risquer le voyage à Perpignan au besoin — et d'autant plus volontiers qu'au camp de concentration voisin, à Argelès, s'étiolent également deux autres malheureux auxquels je m'intéresse particulièrement. J'ai écrit à Domela (je ne pouvais le faire de Grèce, les correspondances étant très surveillées, et ai dû me contenter d'une simple carte postale — à laquelle, pourtant, je m'étonne qu'il n'ait déjà pas répondu). J'attends de lui (et des deux autres) quelques explications.

Je me suis également occupé tout aussitôt de Raoul Laszlo (celui qui signe : *Rudolf* une très remarquable lettre que je cite dans mes *Retouches* au *Retour* de l'U.R.S.S.). C'est un tchèque (*c'était* un tchèque) auteur d'un livre très intéressant, paru en allemand à Zurich, sur la Russie, qui l'a exposé à toutes les fureurs des Communistes orthodoxes [2].

Forcé de dicter la suite... j'ai la tremblote et ai trop de mal à écrire...

Le malheureux a vécu depuis deux ans, traqué de partout, à Zurich, à Prague, où il risquait l'emprisonnement; à Paris enfin où il s'était réfugié — où je suis arrivé trop tard pour le rencontrer; je n'ai pu voir, à l'Hôtel Jacob, qu'une amie à lui, réfugiée également, qui déjà m'a mis un peu au courant

---

1. Harry Domela que Gide a connu en avril 1937 et qui est dans un camp de concentration à Perpignan. Voir le livre de Jef Last, *Mijn vriend André Gide,* chapitre 5 (Amsterdam, Van Ditmar, 1966).
2. Le livre en question est un roman, *Abschied von Sowjetrussland,* Zurich, Schweizer Spiegel, 1936. Laszlo emploie le pseudonyme « A. Rudolf » pour trois livres sur l'U.R.S.S. édités en 1936, dont celui-ci, le seul à être édité à Zurich.

de la situation de Laszlo. J'apprends qu'il est à Nice et reçois ce matin même cette nouvelle lettre de lui, que je vous communique ainsi que la précédente [1]. Je ne connais pas personnellement Laszlo, mais tout ce que je sais de lui me fait croire qu'il est on ne peut plus digne de sympathie et d'estime et je suis décidé à faire mon possible pour l'aider. Je sais que, à Nice, il ne connaît personne et crois que la moindre marque de sympathie serait pour lui d'un très grand secours. (Sa lettre laisse entendre que les secours d'argent ne sont, pour le moment du moins, pas nécessaires.) Je me suis gardé de lui donner votre adresse par grande crainte de vous importuner; mais je vous donne la sienne avec grand espoir que vous voudrez bien lui faire signe. Peut-être verrez-vous avec lui si une lettre de moi adressée au Ministère de l'Intérieur pourrait lui être de quelque appui?... Une lettre semblable sans doute à celle que je viens d'écrire hier pour le pauvre Hardekopf [2], lequel m'affirme que cette lettre pourra lui obtenir une prolongation de son permis de séjour. Je ne le ferais pourtant qu'en cas de nécessité, car je crains fort d'épuiser très vite le peu de crédit dont peut-être je dispose. Hélas! quelle quantité de gens traqués je vois autour de moi. Inutile de vous dire que cela me rend, à Paris, le travail personnel bien difficile.

Excusez-moi, chers amis, de déborder ainsi sur vous.
Votre ami bien fidèle.

André Gide.

[D. B. à A. G. 22 et 24 avril 1939

Elle s'est renseignée sur Doméla et a vu Laszlo, qui souhaite voir surseoir à son expulsion de France comme communiste pour avoir le temps de gagner l'Angleterre.]

1. Lettres non retrouvées.
2. Ferdinand Hardekopf, qui avait traduit en allemand *Les Faux-monnayeurs*, *Si le Grain ne meurt* et *Les Caves du Vatican*.

825. — DOROTHY BUSSY À ANDRÉ GIDE

3 mai 1939[1]

J'ai terriblement peur que vous n'ayez fait quelque chose d'irréparable, non pas à notre amitié, qui devra continuer du mieux possible, pas à *votre* amitié pour moi, à laquelle je continue de croire, mais — ce que je n'avais jamais cru qui puisse arriver — à mes sentiments pour vous. Je suis très malheureuse.

Je vous ai écrit d'autres lettres mais ne les ai pas envoyées. Je ne peux pas dire comme vous : « La crainte de peiner est une des formes de la lâcheté à quoi tout mon être répugne. »

T. V.

826. — ANDRÉ GIDE À DOROTHY BUSSY

1*bis*, rue Vaneau. VIIe
Invalides 79-27
4 Mai 39

Bien chère amie

Je rentre à l'instant de Perpignan où je m'étais rendu d'urgence lundi soir, espérant pouvoir obtenir quelques libérations de prisonniers... je trouve votre lettre qui me glace le cœur. Qu'ai-je fait? Qu'ai-je pu faire?

Je vous supplie de m'éclairer un peu. Votre mot incompréhensible me laisse dans une grande angoisse qui me fait

1. De la main de Gide.

sentir combien m'est devenue indispensable votre amitié. Incompréhensible... jusqu'à la signature. Que signifie ce « T.V. » ...suis-je idiot? Votre

A. G.

827. — ANDRÉ GIDE À DOROTHY BUSSY

1*bis*, rue Vaneau. VIIe
Invalides 79-27
4 mai — minuit

Chère amie

J'ai compris! j'ai compris[1]...
Mais regardez la date. Nous avons fait du chemin depuis. Vous savez bien qu'aujourd'hui je ne récrirais plus ces lignes — et si je les ai laissé imprimer c'est bien que j'ai pensé que vous le saviez.

Votre

A. G.

1. Venait de paraître (achevé d'imprimer le 23 mars 1939) le XVe tome des *Œuvres complètes* avec le *Journal* de 1928 dans lequel on lit : « T.V. voudrait de l'amour; je ne puis lui donner que de l'amitié. Si vive que soit celle-ci, l'attente où je la sens d'un état plus tendre fausse mes gestes et m'entraîne au bord de l'insincérité. Je m'en explique ce soir dans une lettre, qui peut-être la peinera et que j'ai peine à lui écrire; mais la crainte de peiner est une des formes de la lâcheté, à quoi tout mon être répugne » (30 mars 1928). Voir tome I, lettre 388.

828. – DOROTHY BUSSY À ANDRÉ GIDE

V. p. 131 du Vol. XV de vos Œuvres. 30 mars.

5 mai 1939

Cher Gide

Est-il possible d'être aussi « inconscient »? Est-il possible de frapper votre amie au cœur et ensuite d'*oublier* que vous l'avez fait?
Je me rappelle que vous m'avez montré ce passage voilà des années, et quelle peine cela m'a faite alors. Comme je l'ai trouvé injuste, *faux*. Je me rappelle avoir appuyé ma tête à mon bureau et sangloté (je ne peux me souvenir que d'une autre occasion où j'ai pleuré en votre présence), et vous étiez près de moi et me tapotiez gentiment l'épaule, sans du tout comprendre, je suppose, de quoi il s'agissait. Mais je vous ai dit alors, bien que ce fût la moindre de mes plaintes (c'est la seule que j'ai exprimée), que j'avais horreur de penser que vous montriez ce paragraphe à peu près à n'importe qui, qu'il me mettait à nu, et vous avez dit alors que non, bien sûr, que vous le gardiez absolument secret. Et voilà que vous l'avez publié! Aucun de ceux qui nous connaissent ne peut manquer de me reconnaître dans T.V. Ces absurdes initiales qui diffèrent à peine des miennes sont le plus pauvre déguisement. J'ai peur de laisser Simon voir le livre. S'il s'intéressait beaucoup à ce genre de choses, il saurait immédiatement. Même le long voyage mentionné dans le passage précédent offre une évidence accablante [1]. Quant à Janie, naturellement elle a compris. Je le *sais*. Pour chaque initiale de votre journal, nous discutons, nous nous

---

1. Cf. *Journal*, 29 mars 1928 : « Échoué devant un « cointreau », dans le débit en face de la gare d'Auteuil. Je pensais rentrer étudier mon piano et travailler, sitôt après dîner, mais T. V. arrive ce soir, à 22 h 15. Il pleut; il fait froid. J'imagine cette arrivée à Paris si lugubre que je ne me retiens pas d'aller l'accueillir au saut du train... »

interrogeons et nous nous amusons. Mais celles-là, elle n'y a pas fait allusion, ni moi non plus. *Je n'ai pas pu.* Je me sens humiliée. Je hais l'idée que Roger connaisse mon secret, et Jean, et les Van Rysselberghe. Je hais l'idée que c'est là l'éclairage sous lequel vous voyez notre amitié, que moi, par mon « attente », je vous oblige à « fausser » vos paroles et vos gestes jusqu'à la limite de l'insincérité. Voilà la façon dont je figurerai brièvement dans votre vie, et vous et moi nous savons que ce n'est pas vrai. Vos paroles et vos gestes, plus tendres que ceux de l'amitié (et il y en a eu plus d'un), je ne les ai jamais attendus — à moins que vous ne pensiez que désir et attente sont la même chose. Ils m'ont toujours surprise. Un mirage — voilà ce que je me dis. Je me suis sévèrement entraînée à ne pas les croire, mais je les ai toujours crus, je les crois encore sincères *sur le moment,* et j'ai toujours craint et *senti* que vous les regrettiez ensuite. Et c'était là le comble de l'amertume, car j'ai pensé que ce devait être l'explication de ce qui me semble un horrible abus de confiance. De cette façon, il a un alibi parfait, absolument à l'abri de ses gentillesses passées (peut-être) indiscrètes et de toute indiscrétion de ma part, passée ou à venir. Il a conservé sa réputation de fidélité aux yeux de la postérité — la seule sorte de fidélité dont il se souciait — à *mes* dépens. Je n'ai rien à répondre.

J'ai été désespérément malheureuse. Moi qui croyais que j'allais terminer ma vie réconciliée avec mon sort et en paix avec vous. La jalousie dont j'ai souffert n'est rien, rien du tout, auprès de la douleur de sentir que je ne pouvais me fier à vous. Toutes les blessures que vous aviez le *droit* de m'infliger étaient faciles à supporter, mais pas celle-là.

Amenez-moi à croire que c'est par négligence que ce passage s'est glissé là. Que vous aviez oublié qu'il s'agissait de moi. Qu'il vous a échappé quand vous corrigiez les épreuves. Et, que je parvienne à le croire ou non, je vous aime toujours, je brûle de vous revoir, je ne peux imaginer la vie sans vous.

Votre
D.

Peut-être que tout cela est une exagération, une hallucination, une bagatelle. Ce doit l'être, puisque cela n'a laissé aucune trace chez vous. Je donnerais presque n'importe quoi pour le croire. Oui, c'est ce qu'il me faut croire, que vous agissez quelquefois comme un enfant, inconscient des armes mortelles qu'il a entre les mains, ignorant de leur effet.

J'ai hésité longtemps — c'est du moins ce qu'il m'a semblé — à envoyer ces pages. J'aurais peut-être dû les adoucir. Mais je ne peux pas feindre avec vous. Je ne peux pas. Et même si vous dites que c'est vrai, que vous avez souvent été « insincère » avec moi, *pourquoi* le dire au monde entier, à vos amis et aux miens?

829. — ANDRÉ GIDE À DOROTHY BUSSY

7 Mai 39

Chère amie

Entre-temps vous aurez reçu ma seconde lettre écrite dans la nuit du même jour mais que je n'ai pu jeter à la poste que le jour suivant. Vous me direz qu'elle ne change pas grand-chose; elle vous montrera du moins combien ce billet de vous, qui d'abord m'a paru si mystérieux, a pu m'inquiéter, me tourmenter. A vrai dire, de tout le jour, je n'avais plus cessé d'y penser. Votre lettre d'aujourd'hui me fait sentir que je suis un monstre; mais vous avez raison de croire qu'il y a beaucoup d'inconscience là-dedans. A quel point j'ai pu être cruel, parfois, et sans le savoir... c'est ce que je ne m'explique que par la force d'illusion qui me laissait croire que l'intention suffirait et que ce qui n'avait pas d'importance à mes yeux ne pouvait en avoir beaucoup pour l'autre.

Encore aujourd'hui, tandis que je vous dis ceci, il me semble que le sentiment que j'éprouve aujourd'hui seul compte, et tout à la fois il me fait regarder le passé sans plus bien le comprendre et me pardonner mal de vous avoir blessée; je ne sais plus qu'une chose, c'est que je suis tout de même et plus que jamais votre ami

A. G.

[D. B. à A. G. 7 mai 1939

Elle a reçu une lettre de Doméla, qui a besoin qu'on l'aide, et vu Laszlo qui s'inquiète pour sa fiancée, cachée à Prague.
Le voyage des souverains anglais au Canada donne l'espoir que la guerre n'est pas un danger immédiat.
Les Bussy seront à Paris du 21 au 25 mai.]

830. — DOROTHY BUSSY À ANDRÉ GIDE

8 mai 1939

Oui, très cher, il n'est pas douteux que vous êtes une sorte de monstre. Mais, après tout, je suppose que c'est pour cela que je vous ai aimé. Ne sais-je pas que certaines choses doivent être achetées au prix de son propre sang?
Et que certaines choses en valent la peine?

831. — ANDRÉ GIDE À DOROTHY BUSSY

1*bis* rue Vaneau. VIIe
Invalides 79-27
9 mai 39

BUSINESS! BUSINESS! ... Je vous avertis en hâte pour que vous ne soyez pas trop surprise de recevoir d'une autre main que la mienne les quelques pages sur lesquelles je viens de

[MAI 1939]

peiner et qui forment ma contribution à un album dont les autres collaborateurs doivent être Colette, Jules Romains et Mauriac. Avant de figurer dans cet album, on m'a donné toute liberté de faire paraître ce petit texte dans une revue. J'en profite pour répondre aux pressantes sollicitations de *Verve*, la revue qui déjà prenait mon *Voyage en Littérature anglaise* et l'article que j'avais écrit à Pontigny et que vous aviez bien voulu traduire aussitôt[1]. J'ai tout à la fois grand désir de faire appel à vous de nouveau et grande crainte de vous importuner. J'ai donc donné votre nom à *Verve* et votre adresse; mais, je vous en prie, renvoyez-leur le tout si vous n'êtes pas en humeur de vous en occuper aussitôt (car ils sont extrêmement pressés ayant bien voulu retarder la parution du N° pour moi[2]). J'espère du reste que ce petit travail ne vous prendra pas trop de temps et que la rémunération que propose *Verve* (cinq cents francs) vous paraîtra suffisante.

Vous aurez reçu la lettre que je vous écrivais hier; tant que je n'aurai pas reçu un nouveau message de vous à ce sujet, mon cœur restera tout endolori.

Combien je vous sais gré de prendre à cœur l'affaire de Doméla. J'ai grand espoir d'arriver à une conclusion heureuse; mais j'attends pour faire agir le Ministre de l'Intérieur (qui se montre d'une amabilité extrême) de recevoir signe de vie de Doméla et je m'inquiète un peu de n'avoir encore pas reçu de réponse à la lettre que je lui envoyais à sa nouvelle adresse (Gurs; Basses-Pyrénées) vendredi soir (traduite en allemand par Breitbach et Jean Schlumberger). Oui, tout cela prend un temps considérable; et je ne parle pas seulement des deux jours passés à Perpignan, mais de l'accumulation de besognes que j'ai trouvée à mon retour; tout cela distrait bien fâcheusement du travail et je crois que je ne pourrai m'y donner vraiment qu'en quittant Paris de

1. I.e., « Quelques réflexions sur l'abandon du sujet dans les arts plastiques », parues dans le premier numéro de cette revue, décembre 1937, sous le titre, « A Few Reflexions on the Disappearance of the Subject in Sculpture and Painting ».
2. « Spring » (traduction de « Printemps » des *Feuilles d'automne*) paraîtra dans le numéro juillet-octobre 1939 de *Verve*.

nouveau; mais je voudrais bien être là au moment de votre passage à Paris et prendrai des dispositions en conséquence.
Vous ai-je déjà parlé de ce voyage à Perpignan? Je suis tombé précisément le jour du grand pèlerinage pour le Congrès Eucharistique : trains bondés, doublés et triplés; j'ai voyagé avec un tas de curés et de vieilles dévotes belges; trouvé à Perpignan un temps *effroyable :* vent glacé, ciel bas, et durant ces deux jours il n'a cessé de pleuvoir. Si encore j'étais arrivé à quelque résultat!... mais j'ai appris là-bas que les quelques réfugiés auxquels je m'intéressais et que je souhaitais secourir étaient partis depuis quelques jours, avec tous les autres prisonniers non allemands des camps de concentration, pour les environs de Bayonne. Je n'ai donc à peu près rien pu faire.

Merci pour votre lettre à Wilfred Roberts [1]; je la garde en réserve pour m'en servir au besoin.

En effet ce départ du Roi et de la Reine pour l'Amérique est plutôt rassurant; du reste depuis quelques jours on sent dans l'atmosphère morale générale un peu de détente; espérons qu'elle n'est pas injustifiée.

Ne manquez pas de me récrire pour confirmer votre arrivée à Paris, mais, dès à présent, j'inscris votre nom en date du Dimanche 21 et les jours suivants.
                Bien tendrement et constamment votre

                                                    A. G.

[D. B. à A. G. 15 juin 1939

Elle demande des nouvelles de l'amie de Hardekopf. La fiancée de Laszlo a été arrêtée à Prague et déportée en Allemagne. Janie se désole que ses efforts auprès des comités d'aide aux réfugiés aient été inutiles.]

---

1. Wilfred Roberts (né en 1900), représentant du parti libéral pour North Cumberland au Parlement de 1935-1950, occupait un poste « très important pour assurer l'aide aux réfugiés espagnols » (D. Bussy).

832. – ANDRÉ GIDE À DOROTHY BUSSY

18 juin 39

Bien chère amie

Il ne faut pas être méchante avec moi. Si vous saviez comme je sais bien lire entre les lignes de vos lettres ! Je sens que vous faites effort pour vous convaincre que je m'éloigne de vous — et m'éloignerai dorénavant de plus en plus; que je n'ai nul besoin de vous... enfin tout ce qui peut vous faire un peu souffrir — ou beaucoup. Mais moi je n'aime pas courir après vous; cela m'essouffle; j'aime vous savoir là, vous sentir là et vous retirant aussi peu que je me retire moi-même...

J'ai vraiment eu, ces jours derniers, de quoi m'abreuver de tristesse; de partout (de Tchécoslovaquie surtout, ou de Hongrie) des appels de détresse me parviennent, des cris de gens qui se noient et que je ne sais comment secourir. Et, ce matin, brochant sur ce fond déjà si noir, une lettre de Jef, si lugubre, si désespérée; de Jef que je croyais heureux en Norvège; d'un pauvre Jef traqué, expulsé de Norvège et ne sachant plus que devenir. Le parti communiste le poursuit d'une haine tenace et trouve le moyen de lui fermer les journaux et revues où il trouvait son gagne-pain.

Avec ça j'ai mal aux dents, pour la première fois de ma vie.

Dans quatre jours je vais me laisser enlever par Mauriac et par son fils (avec qui je m'entends fort bien). Je ne sais trop ce que va donner cette villégiature à trois [1]. Cela m'ef-

1. Cf. Gide à Claude Mauriac : « Je ne suis pas, vous le pensez bien, sans une certaine inquiétude... » (*Conversations avec André Gide*, p. 100). Le 27 juin Gide arrive à Malagar, propriété de la famille Mauriac, où il reste jusqu'au 11 juillet. Puis, accompagné de François et Claude Mauriac, il va au château de Chitré, chez Madame de Lestrange. Les deux Mauriac y restent jusqu'au 15 juillet. Une centaine de pages des *Conversations avec André Gide* sont consacrées au récit de cette « villégiature à trois ».

fraie un peu. Je crains que Claude Mauriac ne cherche en moi renfort contre son père — lequel vient d'écrire dans le Figaro un long article sur Flaubert[1], qu'il annexe comme une Tchéquie; thème « Il a trop de vertus pour n'être pas chrétien »! J'ai bien envie de répondre; mais trop de soucis pour me recueillir.

Visite de Matisse. Je ne sais si j'ai dit un mot imprudent; mais soudain, s'asseyant dans un fauteuil, il m'a pris pour Simon pendant une pleine heure (et j'étais suroccupé!).

Forcé d'interrompre; mais je reste tout près de vous — sentez-le.

Affectueux messages pour tous « les vôtres ».

A. G.

833. — DOROTHY BUSSY À ANDRÉ GIDE

51 Gordon Square
19 juin 1939

Très cher Gide,

Je suis désolée que vous ayez mal aux dents. Encore plus de ce que vous dites du pauvre Jef.

J'espère que vous serez un peu à l'abri des misères pendant votre séjour avec les Mauriac père et fils — du moins, ce sera un changement. J'aurais aimé que vous me disiez où vous allez.

La première partie de votre lettre m'a fait rire. Je n'aurais pas pensé que j'étais « méchante ». J'avais cru que mes deux dernières lettres étaient dans le ton *exact* de celles auxquelles elles répondaient. C'est donc méchant de ne pas répondre sur un ton *différent?* Vous avez peut-être raison,

---

1. « A propos d'un livre », sur *Flaubert devant la vie et devant Dieu*, par Henri Guillemin, avait paru dans *Le Figaro* du 10 juin, p. 5.

mais c'est quelquefois difficile. Quant au fait que vous n'aimez pas être « essoufflé », je sympathise. Mais j'ai couru si souvent après vous durant les vingt dernières années que je ne vois pas pourquoi ce ne serait pas un peu votre tour!

La petite exposition de Simon qui a lieu en ce moment est très admirée par des gens qui le méprisaient il n'y a pas si longtemps, mais ils n'achètent guère[1]. Will Rothenstein a déjeuné avec nous aujourd'hui[2]. Lui, il a toujours été un admirateur fidèle. Il a beaucoup parlé de vous et du plaisir qu'il avait eu de vous voir à Paris, aussi plein de vitalité que jamais. Il a dit que vous lui aviez parlé d'un voyage à Londres cet été. Cela a fait battre mon cœur. Là, êtes-vous satisfait? Vous en êtes encore capable. La seule idée – pas même l'espoir de vous voir.

Matisse! Je vous plains.

Hier, une longue lettre d'Hélène Martin du Gard. Ils ont l'air très contents, si on peut en juger par des lettres. Si la pauvre Sita Staub[3] meurt, dites-le-nous.

Et que devient la préface à la traduction de Shakespeare?

Il est trois heures du matin!

Bonne nuit. Je vous embrasse. Et quand je dis cela, je le pense.

D. B.

---

1. Exposition à la Leicester Gallery de 66 dessins au pastel : oiseaux, poissons, papillons, paysages.
2. Voir tome II, lettre 630, note 1.
3. Actrice allemande, l'amie de Ferdinand Hardekopf qu'elle a suivi en exil.

834. – DOROTHY BUSSY À ANDRÉ GIDE

51 Gordon Square
2 juillet [1939]

Cher Gide,

Nous voici donc dans une nouvelle « crise [1] ». Qui sait ce que seront les nouvelles demain?
Je suis contente de penser que je suis là où je désire être — dans vos pensées — comme vous dans les miennes.
Peut-être que cette crise va se résoudre comme ont fait les autres et que vous pourrez me dire comment cela s'est passé avec les Mauriac. Ou bien, êtes-vous encore avec eux?
Il semble que je vous écrive toujours aux premières heures du matin. Je me sens seule avec vous et j'aime être seule avec vous. Ah, comme c'est rare!
C'est bien vrai que la lettre que vous m'avez écrite — était-ce en 1927? — a empoisonné ma vie pendant des années. Je redoutais de me trouver seule avec vous. Je devais surveiller, contrôler chaque geste, chaque mot, chaque expression, de crainte de vous obliger à être insincère. « Je ne suis jamais si loin de vous, écriviez-vous, que lorsque vous me croyez le plus près [2]. » Assez terrible, non? Cela m'est égal aujourd'hui. Je sais exactement dans quelle mesure nous sommes près ou loin l'un de l'autre. J'agirai désormais comme il me plaira, vous laissant libre d'être insincère ou non comme il vous plaira. Qu'est-ce que cela fait? Je veux dire que vous connaissez le pire de moi. Je suis à peu près sûre que vous ne croyez plus que j'essaye de vous

1. Nouvelles tensions entre la Pologne et l'Allemagne. Coulondre, l'ambassadeur à Berlin, assure que la France ne s'opposera pas contre l'Allemagne au cas d'un conflit provoqué par la Pologne.
2. Elle semble faire allusion à la lettre du 30 mars 1928 (388), mais la phrase qu'elle cite indique une lettre perdue.

extorquer ce que vous ne voulez pas me donner, ou qu'il y a le moindre risque, à présent, que je me méprenne sur votre compte. Toutes ces affreuses subtilités sont passées, inutiles et ne signifient plus rien. Bien qu'à l'époque elles aient sans doute été nécessaires, ou, en tout cas, inévitables. Je donnerai et recevrai maintenant, avec confiance — c'est-à-dire confiance en *votre* cœur, sinon toujours en votre façon d'agir. Comment peut-on jamais savoir si vous avez oublié, si vous êtes somnolent ou ennuyé, si vous vous êtes retranché dans quelque morosité inexpugnable (ce qui fait toujours naître les plus terribles soupçons), ou simplement préoccupé de choses plus importantes que votre interlocuteur? Ou brusquement égaré dans le royaume de l'insensibilité? Je m'attends à être toujours *émue* quand je serai avec vous, incapable de parler, oubliant tout mon français, mais cela ne me fera plus rien. J'ai l'impression d'avoir acquis une sécurité qui frôle l'indifférence — indifférence non pas à vous, mais à n'importe quelle peine qui pourra me venir de vous. Je crois maintenant que ce ne sera pas intentionnel — comme en 1927. J'ai mon coin particulier, et je compte bien m'y sentir à mon aise. Et, bien sûr, ce sentiment n'est pas vraiment récent. Il y a déjà quelque temps qu'il s'est mué en confiance. Sujet aux rechutes? Peut-être. Mais chaque fois que je fais effort pour m'arracher à mon marécage, je sens le sol plus ferme sous mes pieds.

Allons, il faut que je vous dise bonne nuit. Mais j'aimerais vous voir reconnaître que ma tâche a été difficile, comme l'a peut-être été la vôtre, de façon combien différente!

Votre
D.

835. — ANDRÉ GIDE À SIMON BUSSY

> 29 juillet 39
> Hôtel Sarciron
> Le Mont-Dore

Cher ami

Le seul ennui (pour vous!) c'est que votre arrivée à Paris va coïncider, je le crains avec les vacances de Marie [1], en qui j'ai pleine et parfaite confiance. Je crois bien (pour autant qu'il m'en souvient) que ses vacances doivent se prolonger tout le mois d'Août... Le concierge vous renseignera à ce sujet; vous lui demanderez si sa femme ne peut assurer les quelques soins de ménage qu'il faudrait pour que vous ne vous sentiez pas trop inconfortablement installé. A défaut d'elle-même, peut-être saura-t-elle vous indiquer quelqu'un de confiance.

Disposez de tout à votre gré. Vous trouverez des serviettes de toilette, des draps, etc., dans l'armoire à glissière du couloir. Je déplore de ne point être là pour vous installer — dans la chambre que vous occupiez, ou dans la mienne — ou dans le studio de Marc — *à votre gré*. La clef de ce dernier (pour l'escalier du fond) doit être dans un tiroir du meuble blanc de la cuisine.

Tout réjoui par le succès de votre exposition. Quant à moi, « je n'en mène pas large » (encore que l'état physique soit assez satisfaisant) mais je rase le sol et ne parviens pas à décoller. La cure à laquelle je me soumets ici, pour ma gorge, achève de m'abrutir. Travail nul; de sorte que je n'ai pas craint de m'engager pour les dernières décades de Pontigny — ce qui occupera mon temps jusqu'en Septembre. J'ai le cerveau si engourdi que le moindre billet à écrire m'est à charge. Stop.

1. La bonne du Vaneau.

[AOÛT 1939] 149

Excusez mon silence auprès de Dorothy et de Jenny. Ce qui reste de plus vivant en moi, c'est encore une amitié bien fidèle.

André Gide.

836. — ANDRÉ GIDE À DOROTHY BUSSY

Hôtel Sarciron — Le Mont Dore
5 Août 39
mais dans quelques jours :
Pontigny —

Chère amie

Les lettres que je vous écrirais ne pourraient refléter que le gris de mon ciel intérieur; une petite possibilité d'éclaircie se dessine pourtant : la possibilité de passer près de vous, à Cuverville, la deuxième quinzaine de Septembre. Ne serait-ce pas le moment où vous vous apprêteriez à regagner Nice? donc simple escale sur le trajet du retour. Après d'incroyables difficultés j'ai cru comprendre, d'une longue lettre de Marcel Drouin, que ma belle-sœur a fini par trouver une suffisante aide ancillaire qui va redonner à Cuverville ses possibilités d'accueil. Il m'invitait à en profiter moi-même aussitôt; mais je ne le pourrai que vers la fin des vacances, retenu d'abord par la cure que je fais ici, puis par deux décades successives à Pontigny : celle qu'organise (si j'ai bien compris) le *Times* littéraire, qui réquisitionne quelques importants représentants de la critique anglaise et à laquelle Madame Desjardins m'a fait sentir qu'il était de mon devoir d'assister — et celle, qui la précède, où les débats vont rouler sur l'angoissante question des réfugiés, qui me tient particulièrement à cœur[1]. Ceci me reporte au cinq Sept.; puis

1. La troisième décade, qui n'eut pas lieu en raison de la guerre, avait pour thème les « Relations intellectuelles, morales et spirituelles entre

j'ai promis à Catherine d'aller passer près d'elle quelques
jours, dans le midi. Même si mon temps eût été moins pris,
j'eusse manqué d'élan, de vigueur et de joie pour aller vous
rejoindre en Angleterre, ainsi que j'en avais parlé d'abord;
et c'est bien aussi pourquoi j'ai laissé mon temps se prendre
sans trop de regrets. Je vais un peu mieux depuis quelques
jours; mais, tout ce début d'été, j'ai vécu comme une épave,
incapable de travail, insignifiant et morne et flasque et
piteux. L'aspect du monde est à vous enlever le goût de vivre;
je ne vois plus, partout, que détresses, qu'absurdité, que
folie. La lecture de l'*Épilogue* des *Thibault*, dont Roger
m'avait demandé de corriger les épreuves, ne m'a pas beaucoup réconforté. C'est exactement ce qu'il fallait que ce soit,
sans rien de plus. J'attendais mieux et n'ai pu lui cacher ma
déception [1]. Simplement il semble s'être acquitté d'un devoir-corvée.

Je vous récrirai lorsque j'en aurai le cœur net au sujet de
Cuverville; si vous ne pouviez y venir, je crois bien que je
renoncerais à y aller moi-même... en attendant je me cramponne à cet espoir comme à une bouée, pour ne point trop
sombrer dans le non-être. Tout de même très votre

A. G.

[D. B. à A. G. 12 août 1939

Elle redoute une visite à Cuverville et préférerait le voir
venir à Londres.]

---

l'Angleterre et la France ». Elle devait avoir lieu entre le 26 août et le
5 septembre. Le titre de la décade précédente : « Problème des étrangers
en France » (14 au 24 août).
1. Voir sa lettre du 28 juillet, pp. 181-182 du deuxième tome de la
Correspondance A. G.-R. M. G.

837. — DOROTHY BUSSY À ANDRÉ GIDE

Hôtel du Danube
Rue Jacob
25 août 1939

Très cher Gide,

j'ai essayé de vous téléphoner ce soir en me servant de votre propre téléphone rue Vaneau. J'espérais pouvoir vous atteindre à Pontigny. Mais rien à faire. C'est affreux d'être à Paris dans cette horrible situation et sans vous nulle part. L'Angleterre ne semblait pas être un endroit pour nous, tout le monde est terriblement anxieux et le moindre coin est déjà attribué à des gens ayant leur propre travail. Aussi Janie et moi sommes-nous parties hier précipitamment. Je ne peux pas dire qu'il y avait de la panique en Angleterre, mais depuis le coup de la Russie personne ne paraît douter que le pire va arriver [1]. L'atmosphère à Paris semble toute différente, Jean Schlumberger téléphone à Simon au sujet de la décade anglaise de Pontigny comme si tout continuait à l'accoutumée, mais les gens ont sûrement compris à présent qu'il n'y a pas la moindre chance d'une décade anglaise. Il n'y aura pas de Munich cette année. Et qu'est-ce que vous allez faire? Et Catherine? Il ne semble pas possible que vous la laissiez à Paris ou à Cabris. L'emmènerez-vous à Cuverville?

Pour nous, il avait été décidé depuis l'an dernier que si Nice devenait inhabitable nous irions au Tertre. Roger, Hélène et Christiane ont été très gentils à ce propos et cela paraît la chose la plus raisonnable. Si la crise se produisait, nous devions tout arranger avec Chauveau [2], qui y va aussi.

1. L'U.R.S.S. venait de signer deux accords avec l'Allemagne : le 18 août une entente commerciale, le 23 un pacte de non-agression.
2. L'écrivain Léopold Chauveau était un ami intime de Martin du Gard. Voir le portrait que la Petite Dame fait de lui dans *Galerie privée*.

Mais la crise *s'est* produite et impossible de trouver Chauveau à Paris et nous nous sentons tout à fait incapables d'aller au Tertre sans lui.

Pourtant, je crois que ce serait de la folie de rentrer à Nice dans la situation présente, et si nous nous attardons à Paris, nous y serons probablement surpris par la mobilisation, ce qui sera très déplaisant et terriblement coûteux. Nous avons donc l'intention de partir, peut-être demain, pour Gargilesse où séjournent les Walter et où ils disent que nous pouvons trouver des chambres, et peut-être gagnerons-nous ensuite le Tertre en partant de là.

Cher Gide, nous avons passé presque toute la journée avec Simon, rue Vaneau. J'avais la plus terrible envie de vous voir. Croyez-vous que je le ferai jamais?

Votre
D.

838. — ANDRÉ GIDE À DOROTHY BUSSY

Pontigny
31 Août 39

Chère amie

J'ai tâché de vous atteindre, par téléphone, aussitôt que m'était parvenue votre lettre; la bonne de Madame Théo m'a dit que vous veniez de quitter Paris tous trois... par la gare d'Orsay : elle n'a pu me donner votre adresse, mais je pense que vous aurez donné au concierge du Vaneau les indications qui lui permettent de faire suivre votre courrier...

Il me tarde bien de savoir où vous aurez fixé votre dérive. Je reste à Pontigny pour le moins jusqu'au quatre et tenterai ensuite de gagner Cabris où j'occuperais la chambre que Madame Théo viendrait de quitter.

La menace affreuse a fait sombrer la décade anglaise de

Pontigny. Seuls quelques Anglais déjà en France ont pu s'y rendre et quelques très rares Français; on devait être quatre-vingts. On n'est que douze; et chaque jour quelques départs.

Cuverville s'apprête à héberger neveux et nièces; nièces surtout, car mes deux neveux Drouin sont déjà mobilisés. Si je rejoins, ce ne sera que vers la fin Septembre. Mais, en cas de catastrophe, je pense que Catherine n'entrerait pas au collège Sévigné et que je resterais près d'elle à Cabris, tâchant d'aider à la faire travailler un peu.

Hier, ô surprise! sont arrivés brusquement ici Hardekopf et Madame Staub; celle-ci précipitamment rentrée de Lugano où elle s'est un peu reposée — tous deux craignant le camp de concentration. Ils souhaitent se fixer à Pontigny, en cas de guerre; et ce matin nous avons été leur assurer deux chambres (très bien) dans le village, avec une petite cuisine — ce qui sera plus économique que n'importe quelle pension.

Ne sachant si cette lettre vous atteindra, je ne me sens guère l'envie de vous en dire plus long. J'attends, un peu anxieusement, des nouvelles de vous.

Bien fidèlement votre

André Gide.

839. – DOROTHY BUSSY À ANDRÉ GIDE

chez Mme Brigand
Gargilesse (Indre)
1er septembre 1939

Cher Gide,

ainsi, en dépit de tout, le coup s'est abattu. Je suppose que, de toute notre génération, vous êtes celui qui le ressentira le plus. Tous les jeunes hommes pour qui vous avez de l'affection — tous les espoirs que vous aviez pour l'avenir.

Dites-moi (quand vous pourrez) où vous êtes, ce que vous

allez faire. Marc? Catherine? Si l'Italie trahit son ami — pour suivre la mode — Catherine et nous pourrons retourner à Nice. Sinon, *nous* ferons l'impossible pour aller au Tertre. Nous sommes terriblement isolés, dans ce village inaccessible, très inconfortable et très insalubre. Je suppose que ça n'a pas d'importance. Rien n'en a.

Les Anglais, quand je les ai quittés, m'ont paru être déjà féroces.

Je connais très peu de jeunes gens. La plupart de mes amis ont des maisons de campagne, où je pense qu'ils vont aller. Mais Pippa et Ray vont certainement s'exposer aux bombes, à Londres, retenues par leur travail d'organisation des forces auxiliaires féminines.

Non. Je ne peux pas croire en Dieu. Je suis heureuse de ne pas y croire.

Simon est sorti cet après-midi pour peindre, comme d'habitude. Janie et Zoum font des travaux ménagers et ont très mauvaise mine. Je ne suis capable de rien et totalement inutile.

Écrivez-moi, mon très cher.

J. et moi avons quitté Londres le 25. Je vous ai écrit de Paris, adressant ma lettre à Pontigny, le 26.

Votre
D.

Janie aimerait beaucoup des nouvelles de Stoisy et des Hardekopf.

Amitiés à Mme Théo. Paulhan vous aura dit que Simon était parti quand il a écrit au sujet de votre manuscrit.

Est-ce que Herbart est mobilisé?

840. — DOROTHY BUSSY À ANDRÉ GIDE

>6 septembre 1939
>chez Mme Brigand
>Gargilesse (Indre)

Très cher Gide,

votre lettre du 31 août envoyée de Pontigny vient de me parvenir. Nous sommes très heureux de l'avoir, car nous nous sentions complètement coupés de vous, ce qui était très désolant. J'espère que vous êtes maintenant arrivé à Cabris, à moins que le voyage n'ait été trop difficile. En tout cas, il paraît à peu près certain que l'Italie aura la sagesse de rester en dehors de ce gâchis — du moins pour le moment. S'il en est ainsi, Catherine sera sûrement mieux à Cabris que n'importe où ailleurs, et nous allons regagner notre appartement de Nice — aussi vite que nous pourrons, c'est-à-dire dès qu'il sera possible de voyager. Nous sommes plus mal installés et plus malheureux ici qu'il n'est nécessaire. Zoum, Walter et leur enfant, une autre jeune femme dont le mari est mobilisé et son petit garçon, et nous, nous sommes tous entassés les uns sur les autres dans ce village très isolé et malodorant. La seule radio du village, qu'un voisin aimable nous permettait d'écouter, vient de se détraquer et il est impossible de trouver un journal, si bien que nous semblons être coupés de toute information, et nous sommes à quatorze kilomètres de la gare la plus proche, sans possibilité d'y parvenir. Ainsi, seul le ciel sait quand nous pourrons partir. Mais nous l'*espérons*, et si nous arrivons jamais à Nice, nous espérons vous voir.

........[Suivent quelques lignes de peu d'intérêt]........

841. – ANDRÉ GIDE À DOROTHY BUSSY

> Cabris
> près Grasse
> Alpes Maritimes
> 12 Sept. [1939]

Bien chère amie

Enfin un mot de vous! (du 1ᵉʳ Sept. reçu hier soir). Je transmets aussitôt les nouvelles à Madame Theo. Mais nous souffrons de vous savoir si mal installés, pauvres amis! Espérons que Gargilesse ne sera qu'un très bref purgatoire. Mais je n'ose vous conseiller de regagner Nice, avant qu'on ne soit mieux renseigné sur les intentions de l'Italie. Plutôt le Tertre, si les communications sont possibles. Attendons.

Quant à moi, j'ai pu gagner en auto Cabris, où je retrouve Madame Théo et Catherine chez les Herbart. La maison trop pleine n'a pu me loger; mais, après cinq jours d'une chambre infecte à l'auberge du village encombré, j'ai trouvé gîte dans la nouvelle maison que Madame Mayrisch a fait construire et qui n'est pas encore tout à fait terminée[1]. Encore une fois, je me sens scandaleusement favorisé. — Cuverville est encombré de belle-famille. Mes deux neveux sont mobilisés. Je m'inquiète beaucoup du sort de Stoisy[2], ne recevant pas de réponse à la lettre que je lui écrivis, il y a 8 jours.

Marc est mobilisé; mais ne sait encore pour quelle destination.

Les Hardekopf sont dégringolés à Pontigny un beau matin, la veille de la déclaration de guerre. On leur a trouvé deux chambres très agréables dans le village et j'ai fait de

---

1. La Messuguière.
2. Mᵐᵉ Sternheim est à Gurs, internée dans un camp de concentration. Elle en sortira en août 1940 et trouvera asile chez les Bussy.

mon mieux pour tâcher de leur éviter le camp de concentration que je les crois peu en état de supporter.

N'était Catherine, Madame Théo et moi rentrerions à Paris. Je n'ose faire des projets; vis dans l'attente — et pense à vous de toute la force de mon vieux cœur. Votre bien fidèle

André Gide.

842. – ANDRÉ GIDE À DOROTHY BUSSY

[19 Sept. 1939]

Chère amie — chers amis

Avec quelle émotion, quelle joie, nous avons reçu votre coup de téléphone! Quel effroyable voyage vous avez dû faire! Enfin vous êtes à bon port, et tout près de nous... C'est le supplice de Tantale pour l'amitié, car les communications sont terriblement difficiles. Toutes informations prises, il faut 6 heures de car pour gagner Nice; autrement dit : on ne peut aller et revenir dans la même journée. Mais on affirme que cela va se tasser, s'arranger dans quelques jours. Et, si cela ne s'arrange pas, je viendrai quand même, nevertheless and notwithstanding [1], il va sans dire. Quelle joie de vous dire : à bientôt!

Madame Théo, Élisabeth et Catherine me chargent pour vous de mille et mille affectueux souvenirs et messages de bienvenue dans le Midi.

Pierre Herbart est à Paris depuis avant-hier. Il doit voir, au Ministère de l'Intérieur, si quelque emploi pour moi (qui ne soit point le speech à la Radio; ça, je m'y refuse!).

Bien avec vous

A. G.

---

1. « En dépit de tout. »

J'écris sur carte, dans l'espoir que ça vous parvienne plus vite.

[D. B. à A. G. 26 septembre 1939

Elle lui propose de loger chez eux, rue Verdi, en attendant qu'il trouve où s'installer à Nice.]

1940

Errances de Gide en juin : Vence, Vichy, Carcassonne. — Cure à Ginoles-les-Bains. — Les Bussy à Cabris chez Mme Mayrisch. — Gide lit le Second Faust *et les* Gespräche. *— Mort de Ray Strachey. — Gide à Cap d'Antibes chez Marc. — Il lit* Lotte in Weimar. *— Efforts de Gallimard pour remonter la N.R.F. — Lettre de Dimaras.*

843. — ANDRÉ GIDE AUX BUSSY

Vence 3 Juin 1940 [1]

Chers amis

Tout en achevant ma malle, je dicte au Dr Cailleux [2], ceci : J'avertis l'hôtel que je laisse ici à votre disposition du sucre, 2 pots de confiture, plus une certaine quantité de

---

1. Datée en haut au crayon et de la main de D. Bussy. Le 5 octobre 1939 Gide s'était installé à Nice chez les Bussy où il reste jusqu'au 7 mai de l'année suivante. La Petite Dame note dans ses cahiers (7 novembre) : « Je le sens très heureux chez les Bussy, leur côté studieux préserve sa liberté et il fait de l'anglais avec ardeur et ténacité. » Et encore, le 14 février 1940, lors d'une semaine qu'elle vient passer à Nice : « Chaque jour j'ai vu Gide, le plus souvent dans l'hospitalière maison des Bussy, où il semble

livres dont un dictionnaire et une grammaire allemande qui seraient à rendre à Madame Bourdet[1]. *La Mauvaise Conscience* à rendre à Josipovici[2], un Stendhal *(Lucien Leuwen)* à rendre à vous. Les autres livres sont à laisser à moins que vous ne souhaitiez les prendre.

Les 3 livres qui sont par derrière sont à jeter tout simplement.

La vie de Marianne à rendre aux Girieux[3].

André Gide.

J'ajoute moi-même qu'il ne faut pas vous faire de souci de ma voiture, sans essence dans son réservoir et que je ne sais encore où abandonner. En tout cas pas à l'Auberge des Fleurs qui est comble (quant au garage)

Excusez mon écriture.

R. Cailleux.

vraiment bien, tout à fait lui-même, et content. Je lui trouve une mine exceptionnellement bonne, un visage lisse et comme repassé. » Mais le 29 mars : « ...je voulais avoir l'occasion de déjeuner seule avec lui, j'éprouvais le besoin d'une petite mise au point et tenais à lui faire sentir que si bien, si profondément bien que je me sente chez Pierre et Élisabeth, bien jusqu'à ne pas me sentir peser sur eux, si bien que je le sente, d'autre part, chez les Bussy, il était bien arrêté, au fond de moi, que cette forme de vie n'était que provisoire, uniquement dictée par les circonstances, mais que j'avais la ferme intention, s'il pensait comme moi, de reprendre notre vie en commun... » Le 7 mai Gide quitte les Bussy pour s'installer avec la Petite Dame dans un hôtel de Vence, le « Domaine de la Conque ». Les événements étaient devenus tels que les Bussy, eux aussi, trouvèrent plus sage de quitter Nice. Le 16 mai ils s'installent dans l'appartement que la Petite Dame leur a trouvé, Villa Nanette, à Vence. C'est là que Gide leur adresse cette lettre.

2. *(Note de la page 159.)* Roland Cailleux (1908-1980), le jeune médecin qui soignait Gide en avril lorsque celui-ci souffrait de coliques néphrétiques. Il sera l'auteur du roman, *Saint-Genès ou la Vie brève* (Gallimard, 1943).

1. La femme de Claude Bourdet, fils du dramaturge Édouard Bourdet, l'ancien administrateur de la Comédie-Française. Voir Appendice C.

2. Jean Josipovici, auteur de *Lettre à Jean Giono* (Grasset, 1939).

3. Le professeur Girieux était un ami des Bussy.

844. – ANDRÉ GIDE À DOROTHY BUSSY

Mardi 5 [1]
[Juin 40]

Chers amis

Vous avez compris que j'étais trop ému pour vous embrasser au départ. J'ai besoin de vous écrire tout de suite, quoique un peu ivre de fatigue, mais ayant somme toute fort bien supporté cette randonnée énorme. Partis de Vence à 6 h 1/2, nous avons roulé toute la nuit, sans prendre un instant de repos *, puis, aujourd'hui, jusqu'à 4 heures, avec seulement un arrêt de deux heures au Puy, pour déjeuner et écouter la radio de midi et demie. Le Docteur Cailleux et Mr Vezal, le jeune belge [2], se relayaient au volant. Le Docteur nous a déposés dans ce vieux et un peu délabré château de famille qui lui appartient et qui héberge déjà deux réfugiés valétudinaires et leur malingre rejeton – puis a gagné Châtel Guyon 40 Kms plus loin, où il a affaire et où il nous mènera demain. Son extrême obligeance ne s'est pas démontée un seul instant. Je vais accepter de m'attarder ici quelques jours, de manière à permettre à un courrier renvoyé de Vence de m'atteindre, et à mon ami Naville d'arriver à Vichy et de me remettre mes papiers « en souffrance » [3]. La femme du garde fait aux hôtes un bout de cuisine et l'on « règle » avec elle en convenant de ce qu'elle doit et peut préparer.

Évidemment l'habitation dispose d'un certain nombre de chambres sommairement meublées mais habitables qu'il

1. Mardi était le 4 juin.
2. Le jeune réfugié belge était un client du docteur Cailleux. C'est dans la voiture de Vezal que tous trois gagnent Vichy.
3. Arnold Naville, qui publiera en 1949 une *Bibliographie des écrits d'André Gide*. Voir lettre suivante.

mettrait très volontiers à votre disposition, m'a-t-il encore répété. La maison est assez grande pour que je puisse prendre mes repas à part des valétudinaires (mais avec le Belge, sans doute, qui s'est couché en arrivant). Il en serait de même pour vous si vous vous décidiez à venir, ou ne trouviez mieux. C'est plus sérieux évidemment que la proposition d'un poète, mais pas bien emballant tout de même, et, je le crains, terriblement frais et humide dès que le soleil, qui présentement me réchauffe, sera couché. Je ne m'attarderai donc ici que le moins possible.

Quels admirables pays nous avons traversés! Un temps radieux, à faire douter de la guerre... Mais de 19 heures, et dès avant Grasse, jusqu'à quatre heures du matin, c'est-à-dire jusqu'au petit jour, arrêts constants aux entrées et aux sorties des villages, ou même en pleine montagne, pour présenter nos papiers, répondre aux interrogatoires, et ne pouvoir oublier l'horreur et la menace qui pèsent sur le pays.

Je vais descendre au village dans un instant, tâcher d'entendre chez l'épicière la radio de 18 h 30, souhaitant de toute mon âme qu'elle me rassure sur votre sort. Comment, si j'apprends que Musso montre ses griffes, ou ses je ne sais quoi, ne pas penser : j'aurais dû rester près de vous! De vous imaginer en danger m'est intolérable... C'est de savoir que la menace ne pèse pas de votre côté qui me consolera de vous avoir quittés, chers amis pour qui mon affection n'a fait que croître de jour en jour tout ce long temps ineffablement doux que j'ai passé près de vous.

7 h 1/2

Je viens d'entendre la radio. Musso se dégonflerait-il? On n'ose encore le croire. Mais tout de même je craignais pire et ce n'est pas du tout ce qu'il avait annoncé.

Le Belge, qui s'est couché en arrivant, a demandé qu'on le laissât dormir, et ne s'est pas réveillé pour dîner. J'ai mangé seul le dernier des sandwichs que nous avions emportés de Grasse, et deux œufs. Je suis ivre de sommeil. La tête me tourne et je vous dis bien vite : bonne nuit.

Mercredi 5.

Décidons-nous à alourdir de quelques indications pratiques une lettre que j'aurais voulu toute d'affection; et aussi de ce petit billet que je n'ose confier à la poste avec une adresse aussi incomplète. Il faut toute la gravité de la situation pour que Madame Bourdet (je ne sais même pas le prénom de son mari) veuille bien m'excuser d'avoir plaqué son invitation avec un tel sans-gêne. (Genre Josipovici!)
Vous a-t-on remis le petit billet, de l'écriture du Docteur — que je lui dictais en faisant précipitamment ma malle, car, décidé à ne point vous quitter, je n'avais rien préparé. J'ai confié ce billet à une des femmes de chambre de l'hôtel. Je vous y disais que je laissais à l'hôtel :
 1º *mon* sucre.
 2º deux pots de confiture et quelques divers (flacon d'iode etc.)
 3º des livres — dont un dictionnaire et une grammaire française à l'usage des réfugiés allemands transmis par Mme Bourdet et que je n'avais pas pu utiliser. « La mauvaise conscience » prêté par Josipovici. « La vie de Marianne » emprunté aux Girieux. Le reste, à jeter... ou à garder, ad libitum.
Pour le pantalon qui doit, jeudi, revenir de Nice; pour quelque linge donné à blanchir, je donnerai, dès que je serai arrivé à Capvern[1], les indications pour les y expédier directement. De même pour la dactylo, que je n'avais pas achevé de régler, et à qui j'écris directement.
Lorsque vous passerez à l'hôtel pour les livres et divers... mais non : j'écris à la direction pour le renvoi d'*un* courrier à la *Poste restante* de *Vichy*.
C'est là que vous pourriez m'écrire *une* fois, si sans tarder — en attendant une nouvelle indication.

---

1. De Vichy, Gide comptait se rendre à Capvern dans les Hautes-Pyrénées pour faire une cure prescrite par le docteur Cailleux.

Mon cœur et ma pensée sont restés près de vous, avec vous et je vous embrasse bien fort tous les trois.

André Gide.

Château de la Tourette
   Saint Genès
      Puy de Dôme

* C'est aussi que nous voulions sortir ce jour même de la zone susceptible d'être militarisée, par grande crainte qu'une brusque décision gouvernementale ne vienne à couper notre élan.

845. — ANDRÉ GIDE AUX BUSSY

Vichy
11 juin 40

Chers amis

On avait beau s'y attendre... la déclaration de guerre de l'Italie serre le cœur encore un peu plus[1]. Il me tarde bien d'avoir de vos nouvelles. A chaque courrier je vais à la poste restante; en vain jusqu'à présent. Et, avec Cuverville, je crains bien que les relations possibles ne soient prochainement coupées. Avec quelle angoisse je pense, et sans cesse, à ceux que j'ai laissés là-bas! Du moins ai-je reçu avant-hier une dépêche, renvoyée de Cabris, me rassurant au sujet de Dominique[2] : échappé de Dunkerque, il est en Angleterre, « en bonne santé » — Depuis le 10 Mai, l'on ne savait plus rien de lui! Une permission de « détente », dont il doit avoir

---

1. Le 22 mai 1939 l'Italie avait signé un traité avec l'Allemagne. La déclaration de guerre contre la France et l'Angleterre est du 10 juin.
2. Dominique Drouin, le neveu de Gide. La grande évacuation de Dunkerque eut lieu du 29 mai au 3 juin.

grand besoin lui permettra-t-elle de revoir ses parents? Peut-il encore atteindre Cuverville?...

Quant à moi, je crois que je suis à Vichy pour longtemps. La certitude de ne pouvoir trouver à me loger à Capvern ni aux environs me force de renoncer à ma cure. Un excellent docteur d'ici, très chaudement recommandé par Cailleux, et que je viens de consulter, s'ingéniera à trouver ici même une approximative équivalence.

Arnold Naville (avec épouse et filles) reste bloqué à Vichy, comme moi, la bourse des valeurs, ainsi que toutes les banques, dont la sienne, ayant déménagé ici.

J'écris donc au Domaine de la Conque de faire suivre mon courrier

Hôtel Grande Bretagne
Vichy — (Allier)

Que vous seriez gentille de passer chez le teinturier (auprès de la petite fontaine) et de veiller à ce que me soit expédié à cette adresse mon pantalon dégoudronné.

En face de ma table, le petit oiseau de Simon me tient compagnie. Je n'ai pas besoin de lui pour penser à vous de tout mon cœur. Un mot de vous... par pitié. Votre

André Gide.

846. — ANDRÉ GIDE À DOROTHY BUSSY

Alet-les-Bains — près Carcassonne
20 juin.

Chers amis

Cette lettre vous parviendra-t-elle? Vers Bordeaux, les communications sont coupées. Peut-être pas en direction de Marseille et des au-delà? Essayons. Je ne songerais qu'à vous rejoindre (à tâcher de) si je n'étais retenu ici par la cure qu'on me conseille et dont je crois que « le besoin se fait sentir ». Il se trouve, par un miraculeux hasard, qu'une toute petite station thermale, non loin d'ici (Ginoles-les-Bains) semble pouvoir remplacer à peu près Capvern inabordable. Durant les 3 semaines de cure, la situation va peut-être s'éclaircir, encore que je ne voie devant nous que du très sombre; je saurai du moins s'il est encore possible de gagner Nice, et Vence — où je me plais à vous imaginer encore.

25 juin

Cet essai de lettre restait en panne. Mais, ce matin, voici l'immense réconfort, à la fois, de votre lettre du 20 et de votre dépêche[1] (je n'ai pas reçu les autres dont vous me parlez, adressées sans doute à Vichy, d'où elles me seront renvoyées — mais bien celle de Janie. Merci!) Toutes deux me sont renvoyées par l'hôtel du Commerce, de Carcassonne, à Alet, petit village des environs où nous avons trouvé gîte supportable, chez une exquise vieille femme du pays, Madame Naville, ses deux filles et moi, ainsi que quelques réfugiés. Le grand embêtement, c'est de ne pouvoir s'isoler. Mais dans cette détresse affreuse, on prend son parti de tout. Quelles cruelles nouvelles, depuis que vous m'avez écrit. On ne peut penser à rien d'autre[2]. Et sans nouvelles de personne, sauf de vous. Je songe avec angoisse à ceux de Cuverville... Mais combien heureux de vous savoir auprès de Madame Bourdet, et du Docteur Cailleux! Saluez-les de ma part de tout cœur. Bientôt je ferai l'impossible pour vous rejoindre; les trains seront, j'espère, rétablis. Soit à Cabris, soit à Vence; mais près de vous. A-t-on des nouvelles de Roger? de Jean?

Si vous avez le moyen de téléphoner, donnez de mes nouvelles à ceux de Cabris. Pas le cœur de leur écrire. Je suis :

---

1. Perdues toutes les deux. Nous n'avons pu trouver que deux des lettres que D. Bussy lui a écrites en 1940.
2. Armistice avec l'Allemagne signé le 22 juin; établissement du gouvernement de Vichy le 23; armistice de Vichy avec l'Italie le 24.

chez Madame Bourguet —
Alet-les-bains (Aude)

Avant de quitter Carcassonne, j'y ai vu débarquer tous ceux de la N.R.F.[1] Gaston Gallimard, sa femme, sa vieille mère; Paulhan, sa femme et sa mère, etc. Ils sont sans nouvelles de leurs fils mobilisés.
Avec vous de plein cœur — bien tristement —

André Gide.

Temps affreux. Il pleut presque sans cesse. On grelotte.

847. — ANDRÉ GIDE À DOROTHY BUSSY

1ᵉʳ juillet [1940]

Chère amie

Votre excellente du 28 me parvient ce matin 1ᵉʳ juillet. C'est un grand réconfort de savoir les communications rétablies — entre nous du moins. J'avais mal compris les indications de votre lettre précédente et vous imaginais aux Collinettes *avec* Madame Bourdet. Je crois bien que le plus sage, aujourd'hui, est de demeurer où l'on est. N'empêche que je voudrais bien vous rejoindre, soit à Vence, soit de préférence à Cabris, où j'aimerais vous voir accepter l'offre de Madame Mayrisch[2]. Mais, si vous retournez à Nice... A ce propos, je voudrais vous signaler ceci : parmi les papiers laissés dans l'armoire de ma chambre, un paquet, à moi

---

1. En tout, treize personnes de l'entourage de Gaston Gallimard s'installent dans la propriété de Joë Bousquet, l'Évêché, Villalier, Aude.
2. C'est précisément le 1ᵉʳ juillet que les Bussy s'installent à la Messuguière, propriété de Mᵐᵉ Mayrisch à Cabris. Ils y resteront jusqu'au 22 juillet, puis se réinstalleront à Nice.

adressé, *non ouvert*, contient la dactylographie de ma pièce [1] — unique exemplaire (les autres sont à Paris, et je ne sais quand je pourrai les revoir). Au dernier moment, j'ai pris cela pour le manuscrit d'un importun, et je l'ai mis au rancart, bien imprudemment. Si vous rentrez à Nice, il importerait de s'en ressaisir (et j'espère qu'il n'a pas été balayé dans les derniers rangements qu'ont opéré Simon ou Janie!) Mais je ne suis nullement pressé de le ravoir. Simplement je voudrais m'assurer que cette dactylo n'a pas été jetée comme papier sans valeur.

Je partage vos inquiétudes au sujet du Docteur Cailleux. La carte que donnent les journaux, ce matin, me laisse comprendre que Chitré (Mme de Lestrange) et Malagar (Mauriac) sont dans la zone occupée. Oui, tous les soirs j'écoute la radio anglaise, avec des battements de cœur. L'effroyable partie n'a pas achevé de se jouer... oh! combien je pense à vous! et de quel cœur... Je vous embrasse bien fort tous trois. Votre

André Gide.

Mon adresse est désormais : Ginoles les Bains
       par Quillan
       Aude [2]

pas besoin de préciser l'adresse. L'Hôtel des Bains est à peu près la seule maison du village

---

1. Il s'agit de *Robert ou l'Intérêt général*.
2. Gide y restera jusqu'au 19 juillet, puis, après un voyage de deux jours, il regagnera Cabris.

848. — ANDRÉ GIDE À DOROTHY BUSSY

> Ginoles les bains
> par Quillan
> Aude
> 8 juillet 40

Chère amie

Mille mercis pour les abondants renseignements. Catherine les complète en me donnant l'adresse de Jean Schl.[1]. Je lui ai aussitôt écrit. Mais de combien d'autres encore nous restons sans nouvelles, sans savoir comment les atteindre... Savez-vous ce que vous devriez faire? Téléphoner de chez les Herbart à la *Conque* de Vence pour leur demander s'ils n'ont pas du courrier pour moi. J'ai écrit à l'hôtel, mais ne reçois rien et crains que des lettres ne restent embouteillées quelque part. Aura-t-on fait suivre de la rue Verdi?? C'est la seule adresse de moi que connaisse... Yvon, par exemple, le père du petit Vladimir, qui, je l'apprends par les Herbart, a échoué à Aix-en-Provence. Et du père, je ne sais même plus s'il est encore en vie[2].

Alors Hitler aura tant fait que de nous brouiller avec l'Angleterre et de nous faire entrer dans son jeu. Ah! nous sommes gentiment manœuvrés par lui, et nous allons l'aider à triompher de « l'ennemi commun »... C'est du propre! Et l'on dira encore que les Allemands sont de piètres psychologues.

Tâchez de rester à Cabris jusqu'à ce que je puisse venir vous y rejoindre. Le temps me dure bien après vous; mais je n'ose abréger une cure dont je crois que j'ai grand besoin.

1. Schlumberger était à l'Abbaye, Clairac, Lot-et-Garonne.
2. L'auteur de *L'U.R.S.S. telle qu'elle est*. Voir ci-dessus, lettre 751, note 1.

Jusqu'à présent l'effet est nul et je crains que ces eaux ne soient beaucoup trop anodines. Mais, à Capvern, je me serais senti trop loin de vous.

J'ai écrit à Loup [1] tout le plaisir que j'avais de vous savoir chez elle. Saluez-la bien de ma part, et la petite Dame, et les Herbart. Bon travail à Simon et à Janie. Je suis votre ami for ever

A. G.

849. — ANDRÉ GIDE À DOROTHY BUSSY

Ginoles les Bains
par Quillan
Aude
13 juillet

Chers amis

Renvoyée de Vichy, hier je reçois une lettre de Hardekopf, datée du 1er. Il me donne son adresse :
Dépôt 753 — P. à Nîmes (Gard) [2] que j'ai transmise aussitôt à Madame Staub — à qui j'ai pu envoyer un gros paquet de vivres. Ai réciproquement donné l'adresse de celle-ci à Hardekopf. Les malheureux pourront-ils bientôt se rejoindre?
Guiheneuf (Yvon) est retrouvé et j'ai pu enfin lui écrire. S'il ne peut recouvrer aussitôt son fils, j'aurai sans doute charge de celui-ci après ma cure. Mais Marc Allégret propose de l'héberger au Cap d'Antibes (Mas Notre Dame) où il est installé pour 6 mois. Le malheureux Yvon, lors de sa dernière permission a retrouvé son logement de Pré-Saint-Gervais éventré et incendié de la veille par une bombe; tous ses papiers brûlés. Il est possible qu'il ne puisse reprendre

1. Mme Mayrisch.
2. Un camp de concentration.

la charge de son fils tant qu'il ne se sera pas assuré d'un gîte — et d'une situation.

Je compte les jours qui me séparent encore de vous (plus qu'une dizaine!) et déjà vous embrasse tous

André Gide.

Et la pauvre chère Stoisy... savez-vous son adresse actuelle?

850. — ANDRÉ GIDE À DOROTHY BUSSY

Ginoles les Bains
par Quillan
Aude
15 juillet

Chère amie

Poor Roquebrune!... Ma pensée et mon cœur accompagnent Simon dans la visite d'exploration qu'il se propose de faire — et mes vœux! Puisse-t-il retrouver tout intact!

C'est le 22 que je me propose de quitter Ginoles; mais divers arrêts sur la route (dont peut-être une visite à Hardekopf, si j'apprends qu'il est encore au camp de Nîmes — à Aix, pour m'occuper du petit Vladimir Guiheneuf et peut-être à Cap d'Antibes, où Marc Allégret me propose de l'héberger) ne me permettront d'arriver à Cabris que le 25 au plus tôt. A moins qu'une de vous, m'annonçant votre prochain départ, ne précipite ma venue, écourtant ma cure. Si des lettres restent embouteillées à la poste de Vence, le mieux est qu'elles attendent maintenant mon retour dans le pays. Elles risqueraient d'arriver ici trop tard.

Vous ai écrit, je crois, que j'avais pu envoyer des vivres à Madame Staub.

Hélas! moi non plus, je ne sais plus rien de Stoisy... J'ai

grand peur qu'elle n'ait pas eu la force de supporter cette épreuve [1].
Je « fais » quatre ou cinq heures d'allemand chaque jour. Vais avoir achevé de relire, assidûment, studieusement et intégralement, le *Second Faust;* mais prêt à le lire de nouveau avec vous. Je poursuis également les *Gesprächungen* [sic [2]].
   Et vous embrasse

A. G.

851. — ANDRÉ GIDE À DOROTHY BUSSY

[après le 15 juillet 1940]

Toujours rien de Roger.
Je lis dans l'*Éclaireur* de ce matin —
LE RÉGIME DÉMOCRATIQUE EST MORT EN HOLLANDE
  déclare un écrivain hollandais.

Frontière allemande 30 juin

M. Jef Last Veg, célèbre écrivain hollandais, a fait des déclarations auxquelles tous les journaux de Hollande donnent un très grand relief.
Après avoir déclaré que le collapsus des démocraties est définitif, Jef Last ajoute que, en Hollande aussi, le régime démocratique est irrévocablement du domaine du passé et devra céder la place à une forme de régime totalitaire en étroite et loyale collaboration avec les puissances de l'Axe [3].

 1. Voir ci-dessus, lettre 841, note 1.
 2. Il veut dire *Gespräche mit Goethe* de Eckermann. Voir *Journal,* 14 juillet 1940 (Pléiade, pp. 39-40).
 3. Curieuse déclaration, étant donné le rôle que Last joua dans la résistance. Il disparaît de la vie de Gide pour ne réapparaître qu'après la guerre. Voir *Cahiers de la Petite Dame,* IV, pp. 26-27.

852. — ANDRÉ GIDE À DOROTHY BUSSY

Cabris
23 juillet
reçue le 30 [1]

Bien chère amie

Une dépêche arrive, à vous adressée, renvoyée de Vence. Pour gagner du temps, nous prenons sur nous de l'ouvrir, afin de vous la téléphoner aussitôt... et je suis consterné. Comment oser vous annoncer la triste nouvelle? Votre amie Ray a succombé à la suite d'une opération [2]. Quelle sera votre tristesse, si déjà la mienne est si grande... Quoi! la guerre ne suffisait pas pour nous emplir le cœur de deuil?... (Une carte de Jean nous apprend la mort de Blaise Desjardins [3], tué à Lisieux au début de juin!). Chère amie, je connaissais Ray suffisamment, et vous m'aviez assez parlé d'elle, pour que je puisse m'associer de tout cœur à votre peine; vous le savez, n'est-ce pas?

Et je tremble que ma prochaine lettre n'ait à vous annoncer quelque autre deuil venant du côté de Cuverville...

Je vous embrasse bien tendrement, bien tristement.

André Gide.

---

1. De la main de D. Bussy.
2. Rachel Strachey, la belle-sœur de D. Bussy, est morte le 16 juillet à l'âge de 53 ans.
3. Le fils de Paul Desjardins.

853. – DOROTHY BUSSY À ANDRÉ GIDE

2 août 1940

Très cher Gide,

votre lettre au sujet de Ray, écrite à Cabris le 23 juillet, ne m'est parvenue qu'une semaine plus tard, le lendemain de votre départ d'ici [1]. Oui, je me rappelle très bien le temps où je vous parlais d'elle, et je me suis dit que cela m'aurait peut-être un peu soulagée de vous en parler de nouveau. Mais c'est probablement une illusion, et de toute façon il semble impossible de vous parler aujourd'hui. Je passe pas mal de temps à me demander pourquoi. Mais en fait la raison est assez claire. Et je dois l'accepter, à tout prendre, avec résignation et une *complète* humilité.

Ç'a été un grand soulagement de voir, parmi les lettres que je vous ai fait suivre hier – non, avant-hier – une lettre de Mme Drouin. Je vous imagine en train de l'ouvrir, et espère de tout cœur qu'elle vous aura rassuré.

A notre grand soulagement, nous avons eu des nouvelles de René Leplat [2], à qui, malgré quelques chicanes de temps à autre, nous sommes très attachés. Il est prisonnier en Allemagne depuis le 21 juin et on vient seulement d'avoir de ses nouvelles.

Simon a vu M. Bourdon [3], qui l'assure que l'autorisation du maire n'est pas nécessaire dans le cas de Stoisy. Tout ce qui est nécessaire, c'est une lettre adressée à elle et signée par Simon, disant que nous l'« hébergerons » à Nice. Rien de plus simple, dit M. Bourdon. On verra bien. Car l'invitation a été envoyée aussitôt. Nous vous dirons le résultat. Afin de

1. Gide est allé à Nice le 26 juillet pour consoler D. Bussy.
2. Voir tome II, lettre 425, note 1.
3. Chef de Police à Nice à qui on s'adressait en faveur des réfugiés.

suivre notre petit plan d'amabilité envers M.B., et comme vous nous aviez dit qu'il avait un faible pour les relations intellectuelles et artistiques, Simon lui a demandé s'il aimerait rencontrer Matisse, aimant à croire que c'était peut-être le nom le mieux connu en France — après, bien entendu, le Maréchal Pétain. Mais, malheureusement, ce nom n'a rien dit à M. B. qui a demandé d'un air déconcerté : Matisse? Quel Matisse? ... En tout cas, il a été très poli et a dit qu'il viendrait avec plaisir un peu plus tard, mais que, pour le moment, il était « accablé de besogne ».

J'espère que vous écoutez la radio à 8 heures du soir. Pour moi, c'est le seul moment satisfaisant de toute la longue journée. Ç'a été particulièrement intéressant ces temps-ci. Voilà enfin un homme qui a des convictions réelles et n'a pas peur de les exprimer — de les hurler « aus der Seele dringt und mit urkräftigen Behagen die Herzen aller Hörer zwingt [1] ». En tout cas, mon cœur à moi.

La petite Davet vient prendre le thé aujourd'hui. Je ne me sens pas du tout portée à la sympathie, mais essayerai d'être gentille avec elle. C'est vous qui lui avez dit de venir nous voir, lors de votre dernier départ pour l'Afrique. Et elle a parfaitement le droit, et nous le devoir, de poursuivre ces relations.

Le ministère, dit-on aujourd'hui, étudie les derniers « Incidents » au Cameroun et à Madagascar. Mais on cache soigneusement ce qu'ont été les incidents [2].

J'ai reçu une lettre d'un Anglais qui est en Suisse, elle n'a mis que trois jours à me parvenir. Je vais peut-être pouvoir correspondre de cette façon avec Pippa.

Fidèlement vôtre,

D. B.

1. « Cela jaillit du fond de l'âme et remplit d'une satisfaction élémentaire le cœur de tous ceux qui l'écoutent. »
2. Les incidents (qui remontent au 21 juillet) sont les débarquements de troupes anglaises au port de Douala au Cameroun et à Madagascar. Devant les protestations, les Anglais se retirèrent aussitôt. Le gouvernement anglais nia les incidents dans ces deux ports d'importance stratégique.

Amitiés à Marc. N'oubliez pas, je suis sincère. La fleur de votre plante grasse s'est ouverte ce matin. C'est la chose la plus extraordinaire et la plus merveilleuse. Plus grande et d'une couleur plus exquise que la première.

854. — ANDRÉ GIDE À DOROTHY BUSSY

Mas Notre-Dame
Cap d'Antibes
3 Août [1940]

Chers amis

Vous devez crever de chaleur! J'y pense sans cesse, espérant du moins que le Dr. ou Madame Bourdet vous a fait rentrer en possession de la mousticaire (ou moustiquaire?).
J'ai enfin reçu des nouvelles de Cuverville — du 21 Juillet. Trois pages de ma belle-sœur, qui en remplit une et demie pour m'expliquer que les lettres ont du retard. Depuis, les fils sont de nouveau rompus, mais du moins je sais que tout le monde est en vie. Même le jeune Saillet[1], que je pleurais déjà. Somme toute, il y a eu très peu de tués durant la guerre. Ce sont les civils qui nous quittent... Ce matin, Madame Théo m'apprend la mort de Léopold Chauveau, deux jours après son arrivée au Tertre. Il semble que Roger n'ait pas encore appris ce deuil, qui va beaucoup l'affecter. C'était un ami exquis, qui laisse de très vifs regrets.
Décidément, il n'y a pas lieu de faire venir ici le jeune Vladimir — atmosphère irrespirable pour un enfant, ainsi que je le craignais; d'autre part, Madame Schulhof s'offre à en assurer la garde jusqu'à ce que le père puisse venir le reprendre. Gros souci de moins.
Hugues, le notaire de Vence, ami de Pierre Herbart, m'in-

---

1. Maurice Saillet que Gide employait à classer de la correspondance en juin 1939.

[AOÛT 1940]

vite à partager sa demeure avec une insistance charmante. Je vais accepter d'autant plus volontiers que Catherine, qui a raté son bachot, va connaître, à Vence, les joies d'un « chauffoir » jusqu'en Octobre.
Connaissez-vous le Cap d'Antibes? C'est ce que j'ai vu de mieux dans le genre. Je me baigne chaque jour — honteusement à l'abri des angoisses qui déferlent sur le pays — mais le cœur bien gros tout de même.
Vous embrasse tous trois bien fort.

André Gide.

855. — ANDRÉ GIDE À JANIE BUSSY

Cabris
17 Août

Chère Janie

Sur fond noir, chaque événement heureux prend une couleur ravissante. Le retour à la vie de Stoisy, puis de Sita Staub, emplit de joie. Il me tarde de savoir que Hardekopf de même [1]... Il faut se hâter. Je crains qu'il ne soit à bout de forces, de courage. Use de moi. Je ferais le voyage de Nice au besoin, si tu crois que mon intervention personnelle auprès de Bourdon est nécessaire. Déjà de savoir que Madame Staub est libérée lui sera d'un grand réconfort. Je lui écris en même temps qu'à toi pour maintenir son espoir. Une fois à Nice, le Docteur Cailleux (9 Avenue de la Reine Astrid — Cannes) pourra lui être de bon conseil et le guérira

1. Le 9 novembre Gide écrira à Thomas Mann une lettre pour faire accepter par le comité dont Mann fait partie, l'émigration en Amérique de six personnes, dont Hardekopf et Sita Staub. Cette lettre a été publiée dans le *Cahier de l'Herne* consacré à Mann (n° 23, 1973, pp. 247-248). Le drame de ce couple et la maladie imaginaire de Mme Staub sont mentionnés dans la *Correspondance A.G.-R.M.G.*, II, pp. 214-219.

vite, j'espère de l'otite dont il souffre. Mais il importe de ne pas tarder.

Nous attendons Jean Sch. cet après-midi, et Roger M. du G. dans deux jours [1].

J'ai plaisir à transcrire pour vous ces quelques lignes d'une longue lettre, un peu diffuse, de Louis Gillet *, datée du 13 Août. Elle confirme ce que j'avais entendu dire (et vous aussi, sans doute) mais à quoi je n'osais croire. Il n'est pas homme à se contenter de bobards.

« Il paraît certain que l'affaire anglaise est plus difficile qu'on ne pensait... Les Allemands ont subi au moins un échec grave et perdu 30.000 hommes. Les Anglais ont pris le parti d'incendier la mer... Il est positif qu'on a fusillé à Cherbourg des aviateurs récalcitrants. Enfin Vichy pariait d'une seule voix, il y a un mois, pour la défaite anglaise. Elle paraît moins sûre aujourd'hui. God save the King! »

Et ceci : « J'ai repéré mon dernier fils, celui que nous cherchions et dont nous étions sans nouvelles : il est prisonnier en Lorraine. Je n'ai pas à me plaindre. Nous sommes quittes à bon marché. Notre jeune Syrien, que vous avez vu à Nice, ne pense plus qu'à rester là-bas. »

Et enfin : « J'ai l'idée qu'il n'y a encore rien de fait et que *cela* ne fait que commencer. »

Je vous embrasse tous trois.

    Fidèlement votre

                      André Gide.

En passant à Grasse, hier, t'ai envoyé la première moitié d'un billet, par mandat. Bien reçu, j'espère.

    Mille amicaux messages de tous ceux d'ici.

* 1 rue Auguste Broussonat — Montpellier.

---

[1]. Martin du Gard était rentré à Nice, de la Martinique, au début de décembre 1939, après un mois de voyage.

856. — ANDRÉ GIDE À DOROTHY BUSSY

15 Sept.

Bien chère amie

Je pense à vous chaque jour; à tous les vôtres en Angleterre, avec angoisse. En est-il qui soient demeurés à Londres? Ce doit être un enfer. Mais l'effort allemand va se briser à cette résistance admirable. Partout, en France (j'en ai des échos) l'opinion se ressaisit, tandis que Mers el Kebir se recule dans le passé[1]. Ce n'est pas de l'oubli; c'est une compréhension meilleure et que les plus récents événements achèvent d'éclairer. Chaque soir nous sommes suspendus à la radio, avec quels frémissements d'attente et d'espoir!
Je ne puis vous écrire; mais je veux du moins que vous me sentiez constamment et de plein cœur avec vous.
Fidèlement votre

André Gide.

J'ai récupéré ma malle, enfin! et le petit oiseau jaune et noir de Simon sourit de nouveau à toutes mes pensées.
J'ai répondu à August Br. par retour de courrier.

---

1. Le 3 juillet la flotte anglaise avait coulé une escadre française ancrée à la base navale du golfe d'Oran; 1.200 marins français y trouvèrent la mort.

857. — ANDRÉ GIDE À DOROTHY BUSSY

12 Novembre

Amie bien chère

J'avais trop de regrets de vous quitter si vite [1]; me suis promis un plus long séjour près de vous à ma prochaine visite.
D'ici là veuillez me garder les billets remis par M..
Le papillon de Simon fait ma joie. Oublié de vous demander si, d'après vous, la suprême rencontre de Lotte et Goethe, dans la calèche au retour de la soirée théâtrale, est réelle ou seulement imaginée par elle..? Je viens d'écrire à l'auteur, très longuement [2].
Connaissez-vous la très courte, mais bien remarquable préface de Shelley à son *Prométhée?* Oui, sans doute. Roger m'annonce la prochaine arrivée de André M. à Nice!! « évadé, blessé au pied, plein d'histoires mirifiques [3] ». C'est Martin-Chauffier qui le lui écrit. Et Roger m'annonce également la prochaine arrivée à Nice des Coppet. C'est trop! c'est trop!!
Je vous embrasse bien fort — Votre vieux racorni

A. G.

1. Gide est rentré le vendredi 8 novembre à Cabris. Il était allé à Nice en compagnie de la Petite Dame.
2. Gide apprécia beaucoup *Lotte in Weimar* (1940) de Thomas Mann. (Voir *Journal,* 14 octobre 1940, Pléiade, p. 60.) La lettre que Gide lui adressa le 9 novembre a été publiée dans l'article de Janine Buenzod, « Thomas Mann et André Gide », *Thomas Mann,* Paris, Cahiers de l'Herne, 1973, pp. 242-252.
3. Malraux « s'est évadé quand il a compris qu'on renvoyait les prisonniers en Allemagne pour les faire travailler. Très maigre, tanné, comme passé au feu », il a passé une journée (14-15 novembre) à Cabris. *Petite Dame,* III, p. 203.

858. — ANDRÉ GIDE À DOROTHY BUSSY

24 Novembre
Cabris

Bien chère amie

Je pense pouvoir venir vous remercier de vive voix pour le beau carnet qu'il s'agirait à présent de remplir [1]... Une occasion s'offrira sans doute de descendre à Grasse avec valise; ce serait mardi ou mercredi prochain; j'arriverais au Verdi vers midi et vous me diriez si vous pouvez m'héberger. (Demain je serai à même de confirmer par téléphone). Ce serait pour vous voir un peu plus, et mieux, et plus longuement qu'à mon dernier passage. Ne prenez pas cela pour un engagement; mais c'est déjà plus qu'un vague espoir, et déjà j'en suis tout réjoui. Vous m'aiderez à me déracornir.

J'allais tourner la page, lorsque Catherine s'amène et m'apporte les jolies mitaines.

Mon cœur fond — et je vous embrasse déjà

André Gide.

859. — ANDRÉ GIDE À DOROTHY BUSSY

Mardi [décembre 1940]

Chère amie

Je vous aurais écrit plus tôt, si je n'avais été requis par diverses besognes urgentes qui attendaient mon retour à

1. Il s'agit d'un cadeau d'anniversaire pour les 71 ans de Gide.

Cabris[1]. En particulier une épaisse dactylographie de C.R[2] — que je devais lire et apprécier sans retard (la lettre élaborée à ce sujet m'a pris un temps considérable), en reconnaissance de l'appui prêté dans l'affaire des domestiques de Mme M. — qui semble se terminer heureusement[3]. Puis il y a eu la visite de Gallimard[4] et la lecture précipitée du N° de la *N.R.F.* qu'il m'apportait — dont il me tarde que vous aussi, et Roger, preniez connaissance. Je pense que, entre-temps, Roger vous aura instruit de tout ce que Gallimard lui a raconté. Certainement, dans cette lutte très difficile, il a gagné tout du moins la première manche. J'en reste encore tout étonné, car je ne le croyais pas très capable de résistance. Il n'y a pas à en douter : c'est à Paris que la lutte s'engage et que le redressement va s'opérer. Tout ce que nous racontait Gallimard concorde exactement avec les récits de Nadine Allégret, qui revient de Paris également; et rien n'est plus réconfortant que de les entendre l'un et l'autre.

Votre billet a beaucoup touché Madame Mayrisch. Le sursis accordé en raison des états de service aurait dû la réjouir davantage. Mais son état de santé semble empirer. Le docteur, surpris par une tension artérielle anormalement basse, nous laissait hier dans la crainte et presque l'attente d'un accident. Mais un brusque relèvement ce matin explique toutes les sautes d'humeur. Elle vous envoie le 1er tome de *Simplicissimus*[5]; les deux autres suivront si vous y prenez goût.

En vous quittant, ma cervelle était tellement avec mon cœur... j'ai complètement oublié de m'acquitter envers vous

1. Gide était rentré de Nice le jeudi 5 décembre.
2. Non identifié.
3. Gide aidait Mme Mayrisch à obtenir pour ses domestiques luxembourgeois une prolongation du permis de travail en France.
4. Cette lecture du numéro de décembre de *La N.R.F.* eut lieu le 7 décembre. Gide avait décidé de ne plus collaborer à la revue, mais changea d'avis après lecture. « On y sent une résistance sourde, de l'élan, vraiment, c'est pour moi très inattendu, et pas du tout ce que nous redoutions » (*Cahiers de la Petite Dame*, III, p. 213).
5. *Der Abenteuerliche Simplicius Simplicissimus* de Grimmelshausen (1625-1676).

pour ces jours d'hébergement si amical... Excusez, jusqu'au prochain revoir. Et, à propos : la location de la Souco a-t-elle enfin été réglée [1] ?
 De tout cœur avec vous

A. G.

860. — ANDRÉ GIDE À DOROTHY BUSSY

Déc. 1940 [2]

 Chère amie

 Il se découvre que Jean ne connaît rien de Gray ni de Collins [3]. Mais je cherche en vain dans l'une et l'autre bibliothèque des Audides ou de la Messuguière une anthologie qui contienne l'*Élégie sur le cimetière de campagne* [4] ou l'*Ode* (dont je voudrais savoir si je cite correctement les premiers vers — au verso...?
 Mille vœux et tendresses

A. G.

If aught of oaten stop or pastoral song
May hope, chaste Eava, to soothe thy modest ear,
Like thy own solemn springs
Thy springs and dying gales [5]...

---

 1. C'est Malraux qui loua La Souco. Pour une description de la villa, voir le livre de Suzanne Chantal sur Malraux et Josette Clotis, *Le Cœur battant*, Grasset, 1976.
 2. De la main de D. Bussy.
 3. Poètes anglais du XVIIIe siècle, Thomas Gray et William Collins.
 4. L'« *Elegy Written in a Country Churchyard* » est de Gray.
 5. « Si jamais chalumeau d'avoine ou chant pastoral
   Peut espérer, Eve pudique, charmer ta modeste oreille
   Aussi bien que tes sources sacrées,
   Tes sources et les vents qui s'apaisent... »
     (Collins, « Ode to Evening », v. 1-4.)

861. – DOROTHY BUSSY À ANDRÉ GIDE

Nice
23 décembre 1940

Cher Gide,

merci pour la petite enveloppe. Vous avez une très bonne mémoire pour les choses sans importance. Je vous envoie deux petits volumes Everyman[1]. L'un d'eux est un Grey. Il y a un recueil de ses lettres. Les connaissez-vous? Elles sont parmi les plus charmantes qu'on ait jamais écrites et quand vous en aurez — ou si vous en avez — le temps, elles méritent un coup d'œil.

Vos vers de l'ode de Collins étaient parfaitement corrects, sauf un « a » superflu dans le nom de la nymphe. Mais il y a un grand nombre de versions différentes. C'est-à-dire qu'il existe deux textes également authentiques. Le premier a paru en 1746 et a été suivi d'une réédition un ou deux ans plus tard. Je me suis amusée à griffonner les variantes sur la version que donne le petit livre.

Je crois, mais ne peux expliquer pourquoi, que « brawling » était la version originale. Pas du tout aussi bien, à première vue, que « solemn ». Et pourtant?

Avez-vous écouté Winston hier soir? J'ai trouvé sa sobre passion très belle. Et la petite astuce d'Amadis pour le nouvel an[2]? Très ingénieux, non? Je vais certainement jouir de ma sieste ce jour-là et me sentir patriote sans aucun effort.

1. L'autre volume de la série « Everyman's Library » est sans doute *Minor Poets of the Eighteenth Century* dans lequel se trouve le poème de Collins.
2. De Gaulle demande à tous les Français, en manière de protestation silencieuse, de ne pas sortir dans les rues le 1er janvier entre 14 et 15 heures dans la zone libre et 15 et 16 heures dans la zone occupée.

Roger et Hélène sont à Marseille. Lui ne va pas assez bien pour voyager. Quelles nouvelles va-t-il trouver là-bas?

Mr. Fry[1] et sa compagne ont été enchantés de vous et de leur visite à Cabris. Ils étaient ici hier pour le thé.

Adieu.

Votre
D. B.

862. — ANDRÉ GIDE À DOROTHY BUSSY

Cabris
28 décembre 40

Amie bien chère

Cette année de disgrâce va donc finir. Que nous réserve la suivante? Tout ce qui nous est cher tient bon; mais quelles épreuves! L'endurance humaine passe ce que l'on pouvait supposer. Je n'écoute jamais la radio sans penser que c'est celle que vous écoutez aussi...

J'ai reçu avant-hier une lettre du poëte grec Dimaras (le meilleur qu'ils aient aujourd'hui, je crois) dont Robert Levesque m'avait fait faire la connaissance à Athènes; lettre admirable et qui m'a profondément ému. Ouverte par la censure allemande; et je ne comprends pas comment on l'a laissée passer[2]. Il est dur de ne pouvoir y répondre; mais ce serait trop imprudent, me dit-on.

« ...dites quelque chose pour nous, m'écrit-il; faites appel à toutes les bonnes volontés en notre faveur. Nous sommes dignes de votre appui. Et avec cela faites une action plus humaine, plus immédiate : organisez vos amitiés autour

---

1. Varian Fry, qui en 1942 proposera de publier des textes de Gide aux « Éditions de la Maison française », une maison de New York fondée pour éditer des livres difficilement publiables en France.
2. Voir lettre suivante.

de vous, aidez-les à exprimer par des paroles et par des notes les sentiments qui les animent... »

Sans doute Dimaras se rend-il mal compte, tout à la fois de la spontanéité de l'enthousiasme que la glorieuse résistance du vaillant peuple grec soulève dans le cœur de la grande majorité des Français, et de l'extrême difficulté de rendre ce sentiment manifeste; effectif, plus encore. Mais ce cri d'appel me laisse craindre que cette résistance héroïque ne soit surhumaine et bientôt ne les exténue. Avec un serrement de cœur, on se souvient de la Finlande... Aussi quelle reconnaissance pour l'aide que leur apporte l'Angleterre!..

L'envoi des deux Everyman volumes m'a ravi. Vous permettez, n'est-ce pas, que je les garde quelque temps, car je me réjouis de me *re*plonger dans les lettres de Gray, quand Jean S. aura épuisé son premier ravissement. (J'ai ces lettres à Cuverville, dans une très belle ancienne édition — où j'ai puisé une sympathie des plus vives pour Gray — mais je crois que j'admire les vers de Collins davantage.)

Le second vol. de *Simplicissimus* me paraît beaucoup moins intéressant que le premier — qui peut-être déjà ne vous plaît guère.. (??)

Ne grelottez-vous pas trop? J'imagine que, certains jours, les corvées de marché doivent être un peu cruelles. Vous réfugiez-vous dans la petite chambre? ou arrivez-vous à chauffer le salon suffisamment? En dépit des radiateurs de la Messuguière, j'ai les doigts gelés; d'où mon informe écriture.

Vers vous trois s'envolent mes vœux les plus chaleureux et les plus tendres. Votre vieux bien fidèle ami

André Gide.

1941

Pas de lettres de D. Bussy. — Gide sur la collaboration à la N.R.F.; lit le Simplicissimus. *— Réponse à Constantin Dimaras. — Portrait de Catherine par Simon. — Catherine renonce à partir pour Paris. — Gide lui donne des cours de diction. — Visite à Suzanne Després. — Il s'installe à Nice, Hôtel Adriatic.*

863. — ANDRÉ GIDE À DOROTHY BUSSY

4 janvier 41

Chère amie

Votre bonne lettre [1] me réchauffe et m'exalte. Je l'avale d'abord tout d'un trait; puis la reprends, la déguste à petites lampées.

Entre-temps (c'est-à-dire : depuis ma dernière) je me suis décidé à envoyer à Dimaras la lettre dont ci-joint le double — qui, si elle parvient à destination, sera sans doute publiée

---

1. Cette lettre manque, comme toutes celles que D. Bussy lui écrit en 1941. Par les notes de la Petite Dame, on sait que ces lettres du début de l'année traitent de la collaboration de Gide à *La N.R.F.*, collaboration que D. Bussy désapprouvait.

dans quelque journal d'Athènes... Advienne que pourra [1]. Le raffut que, peut-être, cela fera contrebalancera dans certains esprits (dont le vôtre), du moins je l'espère, le mauvais effet produit par ma collaboration à la N.R.F... Marcu [2] m'écrit, à ce sujet, une lettre fort émouvante; mais qui ne me persuade pas tout à fait. A mesure que le temps passe et que les événements se précipitent, je m'écarte de l'acceptation résignée, que j'étais assez prêt à accepter lorsqu'elle me paraissait inévitable (en tant qu'elle ne compromettait point ma liberté de pensée) et tâchais d'y réduire mon « amor fati ». Il n'en va plus de même depuis deux mois et ce qui retient mes regrets (d'avoir collaboré à la N.R.F.) c'est la conviction acquise (à tort? je ne crois pas) que c'est à Paris qu'est la lutte et qu'on s'y dérobe en s'abstenant. Ai-je raison, c'est ce qu'on ne pourra voir que par la suite.

A mes propres yeux je ne me paraîtrais suspect de complaisance que du jour où je retirerais quelque avantage que ce soit de ce geste, fût-il imprudent.

Quant à votre grief de ne point voir mon nom en tête... non, je ne le puis partager. Mes *Feuillets* sont, non point en suite des autres noms du sommaire, mais à une place à part : celle qu'occupait souvent mon *Journal sans dates,* ou Alain, ou Suarès, et je préfère de beaucoup que le ton du Nº soit donné par les pages de Drieu, beaucoup plus gaillardes et assurées que les miennes (écrites du reste en période de pire abattement [3]).

Parfaitement juste ce que vous dites au sujet de Collins et de Gray. A la suite de sa correspondance, je trouve des

---

1. La lettre de Gide (que nous donnons en Appendice D) circula « de main en main, sous forme de copies » mais ne fut publiée qu'en 1951 dans la *Revue d'Athènes.* Elle est reproduite dans René Richer, *André Gide en Grèce : Témoignages et lettres,* « Annales de la Faculté des Lettres de Nice », nº 22, 1974.
2. Écrivain roumain qui, par l'intermédiaire des Bussy, a pu atteindre Gide en septembre 1940 pour lui transmettre un message d'Amérique proposant une tournée de conférences.
3. Drieu la Rochelle écrivit l'*Avant-propos* du numéro.

considérations sur la métrique anglaise qui m'intéressent vivement [1].

D'après ce que vous me dites du *Simplicissimus*, je ne parviens pas à comprendre si vous êtes encore au deçà de l'enterrement de l'Ermite; chapitre qui me paraît d'une grande beauté. J'ai bientôt achevé le 2e volume, où, de nouveau, de très étonnants passages — après d'assez pénibles longueurs.

Madame Mayrisch est plongée dans le *Paradise lost*. Je lui lis le passage de votre lettre concernant l'influence de l'Arioste et du Tasse (oh! que je jalouse vos lectures!).

Je ne vois pas sans quelque angoisse se rapprocher le départ de Catherine [2] — qui n'a jamais été plus charmante que lors de ce dernier séjour.

Pensant à vous bien souvent (même sans écouter la radio!..) je me sens très fort et profondément
　　　　　Votre ami

　　　　　　　　　　　　　　　　　André Gide.

864. — ANDRÉ GIDE À DOROTHY BUSSY

10 janvier 41

　　Bien chère amie

Oh! non, je ne vous en veux pas de m'écrire ainsi. Bien au contraire...

Hélas! tout tend à me prouver que ce que vous dites est entièrement juste et que vous n'avez que trop raison. Créer à Paris même un îlot de résistance... cela me paraissait très beau; cela eût été très beau si seulement c'était possible; mais l'ennemi va planter son drapeau sur l'îlot; et, toute

---

1. Il s'agit des « *Observations on English Metre* » (1760-1761) destinées à faire partie d'une histoire de la poésie que Gray n'a jamais écrite.
2. Pour l'Amérique.

protestation étouffée, il restera ceci : que nous aurons eu l'air de travailler avec lui, pour lui. Il pourra même se donner les gants d'être plus « libéral » que Vichy, car jamais n'aurait été tolérée, en zone libre, la page de mes *Feuillets* sur le « retour à la terre ». Mais le bruit court, à présent, que le N° a été interdit, saisi. C'est le mieux qui se puisse espérer.

Ma lettre aux Grecs remettrait les choses au point. Mais parviendra-t-elle à destination? Et tout écho de cette lettre, si publiée à Athènes, ne sera-t-il pas soigneusement étouffé dans la presse française *? Une telle occasion ne se retrouvera pas facilement.

Marcu doit venir Samedi. J'ai reçu de lui une très belle lettre (donnant le même son que la vôtre) et cela me fera du bien de lui parler.

Tout cela me tourmente plus que je ne puis dire, et je ne cesse guère d'y penser. Ne me retirez pas votre amitié dont, plus que jamais, j'ai besoin.

Votre
A. G.

* Ou ne donnera-t-elle pas à dire que je joue, en sous-main, « sur les deux tableaux »?

865. — ANDRÉ GIDE À SIMON BUSSY

22 Février 1941

Cher ami — chers amis

J'ai plaisir à vous envoyer le *Figaro* où vient de paraître la notice sur Auguste Bréal, dont vous avez été l'incitateur[1]. Sans rien de bien remarquable en elle-même, elle prend de

1. « Auguste Bréal », dans *Le Figaro* du 22 février 1941, p. 3.

l'importance, par le triste temps qui court, par le seul fait qu'elle loue un Juif, de sorte qu'il y avait presque un peu de courage à la publier et j'en sais gré au *Figaro*. Aurez-vous la gentillesse de l'envoyer de ma part à Carmen [1] après en avoir pris connaissance (je ne puis m'en procurer ici un autre exemplaire).

 Pierre H. est revenu à Cabris ravi du portrait de Catherine, qui lui paraît, même indépendamment de la ressemblance, une belle, très belle chose. Tous, ici, nous jubilons — et il me tarde bien de le voir. Il me tarde de vous revoir; j'en suis à mon troisième faux départ; à chaque coup m'arrête, au dernier moment, quelque accroc ou défaillance — et puis le froid me recroqueville; dans la nuit d'hier 5 degrés sous zéro!

 Bien avec vous tout de même

André Gide.

866. — ANDRÉ GIDE À DOROTHY BUSSY

Mardi [4 mars 1941]

 Chère amie

 Oui, vous avez bien fait de m'écrire... Déjà le coup de téléph. de Simon m'avait alarmé. Depuis, je ne cesse guère d'y penser et mesure mon affection pour Roger à mon inquiétude [2]...

 Si le temps et... mes forces le permettent, j'espère bien pouvoir me rendre à Nice sous peu. Il me tarde de le revoir, de vous revoir. Rien d'autre à vous dire que ma fidèle et profonde amitié.

Votre
A. G.

1. La femme de Bréal.
2. Martin du Gard croyait devoir se faire opérer de la prostate.

867. — ANDRÉ GIDE À SIMON BUSSY

14 Mars 41

Cher ami

Décidément la partie est gagnée : Catherine ne songe plus au départ et, comme d'autre part ses oreillons se déclarent les plus bénins du monde, vous allez bientôt ravoir votre modèle pour un temps illimité. Catherine me demande « si du moins je suis content »? C'est beaucoup plus profond que cela, vous le savez et je vais, ce matin même lui marquer ma joie en lui apportant *son* oiseau, pour égayer sa chambre de convalescente. Si je vous écris, c'est que vous avez été pour quelque chose dans sa nouvelle décision, car vous l'avez persuadée, beaucoup mieux que je n'avais su faire; de sorte qu'il me semble que je vous dois un peu ma fille; et deux fois, puisque en effigie, en plus de la réalité. Un poids énorme cesse de peser sur mon cœur. Elle semble elle-même toute *rassurée* et, comme elle sait que je me suis entendu merveilleusement avec Claude Francis[1], la voici qui me témoigne plus de confiance, et m'écoute, et demande mes conseils, pour la première fois; de sorte que je vais la faire travailler deux heures chaque jour; j'ai déjà commencé hier et vais vous quitter pour la retrouver aux Audides.

Loup ne va pas bien. Elle reste couchée, se plaignant d'une grande fatigue, et c'est à peine si j'ai pu l'entrevoir.

Si vous revoyez Matisse, ne manquez pas de lui dire combien je me réjouis de le savoir guéri.

Ah! ceci encore, que j'ai oublié de vous demander : est-ce que vous manquez de *savon?* Je puis disposer d'un *gros* pain, pour le Sémiramis!!!

Je vous embrasse tous trois. Votre for ever

André Gide.

1. Jeune actrice d'origine anglaise avec qui Catherine Gide travaillait.

868. – ANDRÉ GIDE À DOROTHY BUSSY

[14 mars 1941]

Chère amie

Au reçu de votre lettre, je vous écris bien vite un mot, en post scriptum à celui que j'écrivais à Simon ce matin, car vous pourriez croire que je m'adressais à lui plutôt qu'à vous pour vous tenir rigueur de ne vous être pas montrée assez aimable avant-hier!... ce dont je ne m'étais certes pas aperçu. Ah! que le cœur est donc chose sensible! et qu'on froisse aisément celui des autres sans s'en douter!

Sitôt quitté Simon, j'ai donné deux heures de « leçon » à Catherine; c'est-à-dire que je cherche à lui apprendre à lire les vers, à les comprendre, à les sentir et les faire sentir à autrui dans sa diction. Elle se montre inespérément docile, écouteuse et soucieuse de bien faire. Ce petit cours improvisé serait beaucoup plus facile si j'avais plusieurs élèves à la fois. Inutile d'ajouter que j'y mets tout mon cœur.

Heureux de ce que vous me dites de la bibliothèque du cher Marcu. Je reçois de lui une très longue dépêche au sujet du voyage de Catherine; lui télégraphie aussitôt qu'elle renonce à partir; lui écrivais hier pour lui redire mon affection.

Avez-vous lu le Abel Bonnard de la dernière N.R.F.[1]? Abasourdissant! Ces Mea Culpa absurdes m'indignent, me révoltent...

Dites si un gros savon vous ferait plaisir?

Je vous embrasse bien fort, et Janie. Votre ami bien fidèle

A. G.

---

1. « Il était temps que le type épuisé d'avant-guerre fût remplacé... », etc. Abel Bonnard, « Changement d'époque », *La N.R.F.*, mars 1941, pp. 395-404.

Je ne sais si je donnerai votre pièce à lire à Catherine [1]... Mais du moins je la relis avec un vif plaisir; reconnaissant phrase après phrase.

869. – ANDRÉ GIDE À DOROTHY BUSSY

22 Mars

J'ai envie de vous écrire, et je n'ai rien à vous dire. Mais je songe à vous; et pas seulement à vous, mais à tous les vôtres qui sont en Angleterre, certains disparus parmi les plus chers, à qui vous devez songer si souvent...
Quelle chose extraordinaire ce doit être de se sentir d'un pays auquel nous suspendons tous nos espoirs, à la victoire duquel notre destin, notre culture, notre libre avenir sont attachés. Et que j'aime à penser que ce pays, c'est le vôtre. La page de votre sœur que vous me transcrivez me va au cœur. Je pense que l'agréable Madame Boris [2] vous aura bien remis le pain de savon qu'elle emportait pour vous de Cabris.
Me voici plongé dans la *Civilization in England* de Buckle [3]. J'y prends un intérêt très vif (aux longs chapitres qu'il consacre à la France) et voudrais bien savoir ce que vous pensez de lui... et de Margaret Kennedy, dont la *Constant*

---

1. Sans doute s'agit-il de cette *Miss Stock* à laquelle Gide pensait après avoir vu le film allemand, *Mädchen in Uniform*. Voir tome II, lettres 584, 595.
2. Non identifiée.
3. Cf. *Journal*, 13 août 1941 : « Trouve-t-on trace dans ce carnet... des deux grandes lectures qui m'ont tenu en suspens durant des mois à Cabris; le *Simplicius Simplicissimus* de Grimmelshausen et l'*Histoire de la civilisation* [en Angleterre] de Buckle? et qui, toutes deux, m'ont été de si grand profit; la dernière, objet de méditations infinies, et que j'aurais dû faire plus tôt pour affermir des convictions demeurées trop longtemps imprécises. » Cette œuvre classique de Henry Thomas Buckle est de 1857.

Nymph [1] a commencé par beaucoup me déplaire; mais tout de même sans m'ennuyer — et maintenant je parviens à des pages un peu moins vulgaires et sommaires. N'importe! il ne me paraît pas qu'il faille faire grand cas de ce livre...
A bientôt j'espère... votre

A. G.

870. – ANDRÉ GIDE À DOROTHY BUSSY

[30 mars 1941]

Chère amie

Je ne me sens libre de travailler pas avant de vous avoir écrit. Pas de rencontre du tout me semble préférable à une aussi insuffisante que celle de l'autre jour, qui me laisse le cœur plein de regrets et presque de remords.

J'avais déjeuné Vendredi tout près du Sémiramis (au Casanova) avec tout à la fois l'espoir de vous embrasser encore, et la crainte d'un revoir trop bref... Mais avant le repas j'avais dû retrouver Catherine chez Claude Francis, puis convenu avec elle que, sitôt après déjeuner, nous présenterions tous deux Catherine à Suzanne Després [2], que j'avais bien connue du vivant de Lugné-Poë. Je vous raconterai cette visite, extrêmement émouvante, et qui a pu amorcer les conseils et leçons que Catherine va recevoir d'elle en même temps que Claude Francis.

Madame M. que nous avions eu la bêtise d'emmener la veille au soir à un stupide cinéma, m'avait fait dire qu'elle se sentait trop fatiguée pour assister au concert de Cannes et comptait que je la retrouverais au car de Grasse de quatre

1. Basé sur la vie du peintre Augustus John, ce roman (1924) eut un grand succès populaire.
2. L'actrice qui épousa Lugné-Poë en 1898.

heures — lequel a eu une panne d'une heure, ce qui fait que nous ne sommes rentrés tous quatre (Loup, les Viénot et moi) qu'après 7 heures, complètement fourbus. Ajoutez que, déjà trop éreinté de la veille, j'avais eu une nuit détestable avec une espèce de crise de nerfs. Il m'a fallu deux pleins jours pour me remettre, et c'est pourquoi je ne vous ai pas écrit plus tôt. Mais ceci n'est qu'un billet en courant — provisoire

Votre
A. G.

Je viens d'envoyer à Drieu L. R., de passage à Vichy, une dépêche : « Sensible à votre cordiale lettre et désolé virgule après lecture du livre de Chardonne [1] éclairant vos positions virgule devoir vous prier enlever mon nom des couvertures et annonces prochains numéros votre revue. »

871. — ANDRÉ GIDE À DOROTHY BUSSY

8 juillet 41

Chère amie

Ma visite a été encore retardée par le sauvetage à opérer de Claude Francis, (de nationalité anglaise,) que menacent les derniers règlements. J'ai dû courir à Nice, alertant Gautier-Vignal [2], qui s'est montré parfait et a fait jouer la garde et l'arrière-garde de ses relations. Mais nous sommes loin d'avoir obtenu gain de cause et continuons de nous démener. Elisabeth, pour la seconde fois, est descendue à Nice. Nous attendons son retour et des nouvelles aujourd'hui.

1. Il s'agit de *Chronique privée de l'an 1940*. Voir l'article de Gide, « Chardonne, 1940 », dans *Attendu que...* (Charcot, 1943).
2. Le comte Louis Gautier-Vignal, que la Petite Dame en 1926 qualifia « un homme du monde dont la fonction semble être la complaisance » (*Cahiers de la Petite Dame*, I, p. 235).

[JUILLET 1941]

Étant donné ses « engagements », sa carrière, l'internement dans un autre département serait, pour C.F. un désastre, et nous faisons tout pour le lui éviter. Nous ne sommes pas au bout des difficultés.

Je sortais à peine de l'affaire Schiffrin [1], que je vous raconterai. Le malheureux reste échoué à Casablanca, annihilé de lassitude et d'inquiétude, avec femme et enfant, ne sachant plus que faire, ni de quel côté espérer.

Tout cela nous distrait peu de la formidable partie qui s'est engagée et dont nous attendons les nouvelles avec la même anxiété que vous sans doute — et faisant les mêmes réflexions [2]. Inutile de dire que le travail personnel recule à l'arrière-plan.

Bien reçu l'envoi de charcuterie. Un peu douteux d'aspect... Merci tout de même. Je vais écrire à Tunis pour le meilleur paquetage.

Il me tarde bien de vous revoir [3]; mais de combien peu de résistance je me sens. Cette dernière incursion à Nice m'a fourbu. Peu s'en est fallu pourtant (mais le temps m'a manqué) que je n'allasse rue Verdi pour, avec la protection de la concierge, voir ce qu'était devenu le faux bouton de la plante grasse.

Andrée Viénot a la rougeole et Loup est dans un état physique et moral assez inquiétant. Madame Théo rentre demain d'une visite de 8 jours à une vieille amie infirme, au Lavandou. Jean S. toujours à Marseille.

Je vous embrasse tous trois de tout cœur. Votre

A. G.

---

1. Au moment de partir pour la Martinique, le bateau que les Schiffrin devaient prendre est refoulé à Casablanca. Schiffrin télégraphie à Raymond Gallimard un appel de détresse, demandant un envoi de 30.000 francs. Gide les lui envoya.
2. Il s'agit de l'invasion de la Russie par l'Allemagne, le 22 juin.
3. A la mi-juin les Bussy s'étaient installés à Vence où ils comptaient passer deux mois.

872. – ANDRÉ GIDE À DOROTHY BUSSY

>Hôtel Adriatic
>Nice
>4 Octobre

Chère amie

Quelle joie! Le concierge du Sémiramis me dit que vous vous apprêtez à rentrer à Nice dans 8 jours[1]... Mon cœur a bondi, comme les collines de l'Écriture. J'ai quitté Grasse avant-hier, après y avoir prolongé mon attente de Nice tout un mois. Suis descendu à l'Hôtel Adriatic, (où je serai tout près de vous) acceptant son dispendieux confort dans le grand espoir d'y pouvoir travailler; j'y userai mes derniers efforts; mais ne suis pas sans espoir, car, à Grasse déjà, ça n'allait pas mal. J'y ai laissé Mme M., qui y fait antichambre en attendant que les travaux de la Messuguière soient achevés. On a coiffé la tour d'un éteignoir obtus... à pleurer. J'ai admiré cela en allant reprendre ma malle d'hivernage.
Roger s'apprête à rentrer « en ville ». Il travaille et ne quittera Evian qu'à regret, chassé par le froid. Il craint que « les amis » de Nice ne grignotent son temps; et, parbleu! je partage sa crainte, et pour moi! Je lui ai promis de l'aider à faire l'ours, et de l'encourager par mon propre exemple. C'est bien aussi pourquoi je me suis installé si loin de la Pension Scandinave (où sont ceux des Audides), mais, si près de vous que j'ai peur... oh! pas de vous, parbleu! mais de moi. Saurai-je me tenir, me retenir? Déjà dans cette lettre, j'ai du mal à vous quitter!

1. Les Bussy devaient avoir quitté Vence bien avant la date de cette lettre, dont l'enveloppe manque. Dans la suivante (873) Gide parle d'aller à Roquebrune. La Petite Dame ne nous éclaire pas sur les pérégrinations des Bussy après le 10 juin.

Nous aurons... Non. Soyons ferme.
Au revoir. A bientôt. Votre

A. G.

Je ne me relis pas.

873. — ANDRÉ GIDE À DOROTHY BUSSY

Hôtel Adriatic
Nice
10 Octobre 41

Chère amie

Les nouvelles de vous, que me téléphonait hier Mme C. Bourdet, m'inquiètent. Elle a beau me dire que vous êtes déjà « beaucoup mieux, presque remise »... Je ne suis pas complètement rassuré. Empoisonnée!... On risque de l'être aujourd'hui, pour peu qu'on veuille échapper à la ratatouille et aux tomates. Pour s'être, cédant à la faim plus qu'à la gourmandise, laissé tenter par je ne sais quels gâteaux du grand pâtissier de l'Avenue de la Victoire, la petite dame et Catherine ont été prises de vomissements violents, suivis d'une diarrhée incoercible. Mais l'une et l'autre sont robustes, et vous ne l'êtes pas. Tout à la fois je souhaite votre retour à Nice; mais les attentes au marché, devant les étalages presque vides, mais tant de privations... Combien je les redoute pour vous!

Pour ne point parler que de mangeaille : les frères Gallimard, que je revoyais à Grasse il y a dix jours, m'affirmaient qu'on allait interdire la vente de tous les livres traduits de l'anglais depuis... 1820! L'excès même de ces nouvelles « mesures » me rassure.

A bientôt pourtant. Si cela n'allait pas, un signe de vous...
et j'accourrais à Roquebrune.
Votre fidèle ami

A. G.

1942

Gide en Tunisie. — D. Bussy sur le Rousseau *de Guillemin. — Gide à Sidi Bou Said chez les Reymond. — Les Bussy à Peira-Cava; elle traduit le* Joyce *de Louis Gillet. — D. Bussy sur* Catherine*. — Gide se remet à la traduction d'*Hamlet*. — Pages sur* Phèdre*. — D. Bussy lit Hölderlin. — Longues lettres autour d'*Hamlet*. — Pages sur* Iphigénie*.*

874. — DOROTHY BUSSY À ANDRÉ GIDE

Mercredi soir [1].
[29 avril 1942]

Mon très cher, moi qui vous ai écrit tant de lettres d'amour, je croyais que je ne serais plus jamais capable de vous en écrire une, mais me voici une fois encore, après une si longue absence. Je pensais que la seule bonne chose que je puisse faire pour vous était de rester à l'écart, de feindre l'indifférence, d'*atteindre* l'indifférence, puisque, me disais-je, c'était cela que vous souhaitiez. C'est seulement ainsi que je peux lui être utile, me disais-je. Il ne doit pas ressentir de pitié ou de

1. Lettre écrite la veille du départ de Gide pour la Tunisie. Voir ci-dessous, lettre 949.

remords pour moi. Je tuerai mon amour, puisque c'est une gêne pour lui. Et quelquefois je me suis dit que j'étais bien près de réussir. Mais, ce soir, je ne peux plus penser rien de tout cela. La douceur est revenue dans votre voix et dans vos yeux — plus doux, ah, qu'ils ne l'ont jamais été. Mais ce n'est pas le bonheur que vous pouvez me donner, pas le bonheur que j'attends de vous, quelque chose de plus profond, de plus violent, plus pareil à l'angoisse. Il faut le payer — peut-être par l'angoisse. Je sais, je sais que cela ne peut se produire que très rarement.

Ce matin [1], vous étiez si proche de moi, votre joue contre la mienne, vos lèvres si près des miennes. Mais je n'ai pas osé. Cela doit être réservé aux rêves. Ils sont venus parfois.

Bonne nuit, mon très cher.

Déchirez ceci en mille morceaux et jetez-les dans la mer.

    Votre

                   D.

875. – ANDRÉ GIDE À DOROTHY BUSSY

Tunisia Palace
Tunis
13 mai 42

Chère amie retrouvée

Votre billet que j'emporte avec moi, me rattache au passé. Oh! non je ne l'ai ni déchiré, ni jeté dans la mer! Je le relis pour m'assurer que c'est bien moi qui vis encore pour continuer de jouer encore, dans un nouveau décor, un nouvel acte de cette étrange comédie qu'est la vie. Ici, je reconnais tout,

---

[1]. Gide était à Nice en compagnie de la Petite Dame et de Mme Mayrisch, celle-ci pour consulter son médecin. Pendant que Mme Théo va retrouver son amie, Gide fait ses adieux chez les Bussy.

sauf moi-même et j'ai peine à croire à ma propre réalité. Sans ce lien de fidélité je m'éparpillerais tout entier comme les pages éparses d'un livre qui se débroche et se défait dans le vent.

Allons-y de quelques nouvelles précises, que vous puissiez transmettre à l'entour, encore qu'elles n'aient pour moi que peu d'importance. La mer, fort agitée en quittant Marseille, s'est calmée dès le premier soir et la traversée, par les Baléares, puis longeant la côte africaine, a été aussi agréable qu'il se pouvait souhaiter. J'ai retrouvé l'abondance de tout, ou de presque tout, à Tunis. On abandonne ses quignons de pain sur la table; les trottoirs de la ville sont jonchés de mégots de cigarettes. Aux premiers repas, je dévorais avec emportement, lyrisme... Je crois que j'ai déjà repris du poids.

Chaque matin je me soumets au minutieux traitement d'une infirmière très bien dirigée par le plus attentionné et compétent des docteurs, avec l'assurance de triompher enfin de ces prurits qui redevenaient intolérables. (Très fréquent, paraît-il, par suite des « carences ».)

Le meilleur des hôtels d'ici n'a pu m'offrir qu'une chambre médiocre, qui me laisse beaucoup regretter celle de l'Adriatic. J'y travaille pourtant assez constamment, en dépit du vacarme incessant. Sitôt achevé le traitement, sans doute irai-je chercher le calme et le silence, soit dans la forêt de Kroumirie (à Aïn Draham) soit au bord de la mer (à Tabarka ou à Hammamet... je ne sais encore). La Tunisie, comme toute l'Afrique du Nord, regorge de réfugiés et l'on trouve difficilement à se loger dans les hôtels déjà combles.

L'état d'esprit de tous ceux que je vois ici, jeunes ou vieux, concorde avec celui du 6e de Sémiramis; non moins fervent.

L'événement le plus marquant, depuis mon départ de Nice, a été la rencontre inespérée de Valéry à Marseille; l'excellente conversation prolongée avec un Valéry merveilleux d'intelligence lucide, d'amitié, de *présence*, de solidité.

Il semble que la petite Davet ait été acceptée, ait pu trouver emploi (provisoire du moins) dans l'organisation de

François Zoum[1] (que je bénis!) d'où éperdue de reconnaissance. Est-ce que Leplat n'y a pas aidé lui aussi! Il était temps : la pauvre se noyait. Et, de plus, Marc l'a prise pour la « figuration » (bien rétribuée, mais des plus intermittentes) de son nouveau film[2].

Au revoir. Mille amicaux messages autour de vous. Je vous embrasse bien fort

André Gide.

P.S. Une bonne lettre de Roger, reçue à l'instant, me fait part du désir de votre ami L. de rentrer en possession d'une revue de Prisonniers qu'il m'avait prêtée[3]. Cette revue qui contenait de remarquables articles (et j'avais écrit à l'un des auteurs une carte des plus chaleureuses) je l'ai précieusement conservée, mais il m'est difficile de donner les indications nécessaires pour la restitution. Si L. est impatient de la revoir, il faudrait qu'avec le billet ci-joint, il s'adresse à Louis Gautier-Vignal. La revue est dans l'un des 2 ballots de livres que je lui ai confiés (sur le dessus je crois) et qu'il a bien voulu entreposer dans son nouvel appartement : Palais Grimaldi, au-dessus de la Radio. Il voudrait bien reficeler le ballot après avoir repris son bien.

---

1. Sur l'initiative d'Edmond Humeau, poète et résistant, un service de Vichy fournissait à des « chômeurs intellectuels » de petits emplois temporaires. Gide croyait François Walter en mesure d'en obtenir un pour Yvonne Davet, ce qui ne fut pas le cas.
2. *Félicie Nanteuil.*
3. Le texte de la lettre que Martin du Gard lui adresse le 7 mai n'est pas intégral dans la *Correspondance A. G.-R. M. G.* (tome II, pp. 244-245), une coupure ayant été faite par R.M.G.

876. – DOROTHY BUSSY À ANDRÉ GIDE

40 rue Verdi
21 mai 1942

Cher Gide,

nous avons été très heureux de recevoir de vos nouvelles et de savoir que vous engraissez. Parfait pour la « petite Davet », j'ai transmis à Leplat vos messages ayant trait à elle et à la Revue des Prisonniers. Je les transmettrai aussi à Zoum et à François la semaine prochaine, quand Janie et moi irons passer deux jours à Peira Cava pour voir si nous pouvons arranger un séjour en été.

Rien de particulièrement neuf ici.

Le livre de notre ami Guillemin, *Cette affaire infernale*, m'a mise dans une grande colère ces temps-ci. C'est un parfait exemple de malhonnêteté catholique. Ces gens se croient tenus ou bien de prouver, contre toute évidence, que ceux qu'ils admirent sont au fond croyants (voir le livre de G. sur Flaubert [1]), ou bien (également contre toute évidence) que tous les libres penseurs sont des démons incarnés. Ils essayent de faire cela par toutes sortes de déformation des faits, au mépris des règles psychologiques les plus simples, par des insinuations basses et lâches, par des accusations sans fondement. Tout le livre est en fait sur l'affaire Hume [2], les Encyclopédistes n'y sont fourrés qu'en supplément. Et comme les critiques français que j'ai lus jusqu'à présent savent manifestement très peu de choses sur Hume, ils évitent de se compromettre et ne sont pas ou n'osent pas être aussi indignés que je le suis. Je crois pourtant que le courtois

1. *Flaubert devant la vie et devant Dieu* (Plon, 1939).
2. L'historien et philosophe écossais David Hume (1711-1776) qui, comme secrétaire à l'ambassade de Paris (1763) fit la connaissance de Rousseau qu'il invita, plus tard, à se réfugier en Angleterre.

M. Billy a été un peu choqué par les méthodes révoltantes de Guillemin. J'ai trouvé un soutien chez la Petite Dame qui m'a dit qu'elle avait été rarement aussi fâchée que par son livre sur Flaubert. Mais, du moins, son but était de jeter sur Flaubert une lumière céleste, au lieu qu'ici son but est de noircir et de dénigrer Hume, par des moyens sans scrupules dans les deux cas. Mais nul doute que sa foi l'aide à cacher cela à sa conscience.

Rien de nouveau ici. Nous regrettons vos deux petits coups de sonnette, qui retentissaient si souvent. Mais quelquefois ça sonne dans mon cœur. C'est vous, le véritable vous, celui que je connais et dont je n'ai pas peur, revenu après une longue absence. Et il est encore mon ami et il existe encore. Eh bien, soit, et moi aussi.

Votre
D. B.

877. — ANDRÉ GIDE À DOROTHY BUSSY

12 juin

Chère amie

La poste m'avertit qu'un avion exceptionnel part ce matin. J'en veux profiter bien vite.

Me voici depuis trois jours à Sidi Bou Saïd; complètement seul dans la très agréable et vaste villa que me prêtent des amis improvisés : un architecte (this is the house that...) et sa femme, doctoresse ophtalmologiste, que leurs occupations retiennent encore à Tunis [1]. Une bonne arabe, qui ne sait pas un mot de français, m'apporte chaque matin un café au lait et deux galettes arabes. Quant aux autres repas, il me faut aller les chercher en ville; c'est le seul inconvénient de cette installation.

1. Les Théo Reymond de Gentile. Voir ci-dessous, lettre 897, note 2.

Les trois semaines à Tunis ont été une rude épreuve; tumulte, vacarme incessant, touffeur... travail et sommeil à peu près impossibles; mais du moins nourriture assez abondante, m'aidant à supporter ce purgatoire. J'espérais pouvoir me réfugier dans la montagne de Kroumirie ou au bord de la mer, mais tous les hôtels sont pleins, les chambres réquisitionnées ou retenues des mois à l'avance. Sans la gentillesse de mes hôtes je ne sais ce que j'aurais pu devenir.

Les journaux d'ici sont encore plus vides et plus menteurs que ceux de France. C'est pitié de ne rien savoir, ou presque rien, du tragique conflit où notre destin se joue. Quelques échos parlent de la chaleur à Nice; mais j'espère que vous avez pu déjà gagner Peira-Cava. J'attends des nouvelles avec impatience. Je me sens loin... J'étais fou de venir ici. Ma pensée vole vers vous. Je vous embrasse en hâte. Le courrier va partir...

Au revoir

André Gide.

[D. B. à A. G.

18 juin 1942 (sous la date : Anniversaire de la bataille de Waterloo. Ah! que n'avons-nous un Wellington!)
Considérations d'ordre pratique : ils ne mangent que des pommes de terre. Une maison d'éditions s'est fondée à New York pour des œuvres d'auteurs français, mais le Syndicat des éditeurs français juge cet effort préjudiciable à ses intérêts.
Elle continue à lire du latin (les lettres de Pline).]

878. – DOROTHY BUSSY À ANDRÉ GIDE

40 rue Verdi, Nice
23 juin 1942

Cher Gide,

Roger nous a fait une petite visite hier soir. Il est très maigre et se plaint beaucoup de ses symptômes qui sont nombreux et variés, mais il refuse de consulter un docteur, aussi je ne pense pas qu'ils soient tellement graves. Il dit aussi qu'il n'a jamais travaillé aussi bien et aussi aisément et avec autant de plaisir. Il nous a lu un bon morceau de votre dernière lettre, qui contenait bon nombre des nouvelles que vous nous avez envoyées. Mais elle m'a paru encore plus lamentable. L'idée que vous deviez prendre un train tous les jours, et deux fois par jour, pour aller prendre vos repas, et grimper ensuite pendant vingt minutes au sortir de la gare me remplit de consternation. Ceci pour vous dire que le 6ème étage de Sémiramis sera, plus que probablement, tout à fait vide en juillet et août. Pourquoi ne l'occuperiez-vous pas? Nous nous sommes arrangés pour garder une très gentille bonne, Rina, et ne l'emmènerons pas avec nous à P.C. (nous avons peur qu'on nous l'enlève), de sorte qu'elle s'occuperait de vous sans la moindre difficulté. Elle pourrait faire le marché et votre cuisine, et vous auriez le Littré sous la main. Inutile de répondre. Il vous suffira d'arriver si vous en avez envie. Nous pensons aller à Peira-Cava le 1er juillet, ou même un ou deux jours avant, et y rester deux mois. En septembre, j'irai peut-être faire une visite aux Coppet[1] – une quinzaine de jours. Évidemment, le ravitaillement est très mauvais ici, ce qui, je suppose, fait contrepoids à la

---

1. A Figeac (Lot). Christiane Martin du Gard et son mari Marcel de Coppet étaient revenus d'Afrique en octobre 1938.

fatigue d'être si loin de votre restaurant. Le temps devient un peu lourd, mais les matinées et les soirées sont encore délicieuses, et Nice est vide.

Tobrouk n'est pas seulement une amère déception. Il est difficile de croire que ce ne soit pas une chose *honteuse* [1].

La veille, nous avions reçu un télégramme de Raymond Mortimer disant : « Au revoir, j'espère, en fait, je crois, avant Noël. » Il nous a fait dire qu'il avait vu René.

J'ai entrepris de traduire le *Joyce* de Gillet [2]. Qu'est-ce que vous en dites? C'est une bonne chose d'avoir une occupation ces temps-ci. Et à Peira-Cava il n'y aura pas de marché à faire, ni la fatigue qui s'ensuit.

Au revoir, mon très cher.

Votre

D. B.

P.S. Janie vous offre sa chambre, rue Verdi; elle est agréable et fraîche.

879. — ANDRÉ GIDE À DOROTHY BUSSY

Sidi Bou Saïd
Tunisie
26 juin [1942]

Chère amie

J'avais prévenu la poste et « Sidi Bou Saïd » eût suffi comme adresse; mais votre idée d'adresser votre lettre* à Tournier [3] était excellente : il me l'a remise hier soir au

---

1. La défaite de l'armée britannique par Rommel, le 21 juin.
2. Aucune évidence que cette version anglaise de *Stèle pour James Joyce* (Marseille, Sagittaire, 1941, 187 p.) ait été terminée ou publiée.
3. Jean Tournier, le libraire de Tunis qui avait encouragé Gide à venir en Tunisie.

Consulat américain où nous étions conviés à dîner tous deux. Seuls sont là pour nous recevoir deux jeunes charmants « attachés »; sans cérémonie aucune; en compagnie de la jeune femme de Boutelleau (Chardonne fils), qui est Anglaise [1]. Lui, le fils Chardonne, a quitté Sidi Bou Saïd pour aller passer quelques jours à Paris près de son père — dont il ne partage pas les idées; mais il reste accroché à Vichy, ne parvenant pas à obtenir son Ausweis pour franchir la zone.

Détrompez-vous : Sidi Bou Saïd n'est pas morne; c'est un des plus beaux sites du monde; la jolie maison de l'architecte Reymond, où j'habite, grande à peu près comme la Messuguière, fort ingénieusement et confortablement aménagée, presque hors du village, ouvre sa terrasse et ses fenêtres sur l'immense contrée qu'elle domine : à gauche le golfe, en face la pointe de la Goulette, à droite le lac de Tunis et la plaine; tout cela bordé par les lointaines montagnes qui semblent s'évaporer dans le bleu.

Hic purior aer, late hic prospectus in urbem [2].

Depuis 10 jours je vis ici complètement seul; contre la maison Reymond, la demeure arabe du gardien de la villa. Sa femme vient tous les matins m'apporter un bol de café au lait et deux galettes arabes, puis faire un peu de ménage. Les autres repas, je suis forcé d'aller les prendre au loin, empruntant le petit train qui me mène soit à Tunis, soit à la Marsa où je puis me baigner. Pour revenir de la station à la villa Reymond, un demi-kil de montée très raide en plein soleil, un peu exténuante. L'architecte et sa femme, doctoresse ophtalmologiste, sont retenus à Nice [*sic* [3]] par leurs occupations et je ne les ai vus jusqu'à présent qu'aux weekends; mais ils vont prendre des vacances et s'installer ici après-demain; m'invitant à partager leurs repas. Travailleurs l'un et l'autre, ils s'engagent à respecter ma tranquillité. Sans leur hospitalité, je n'aurais pu trouver à me loger

---

1. Gérard et Hope Boutelleau. Voir le *Journal* pour 1942-1943.
2. « De ce côté l'air est plus pur, de l'autre la vue est plus ample sur la ville. »
3. Il veut évidemment dire : Tunis.

supportablement en Tunisie nulle part; tous les hôtels sont combles, chambres retenues partout depuis des mois.

Les restrictions alimentaires commencent à se faire sentir; mais rien de comparable à ce que vous me dites du consternant marché de Nice. Je n'ai malheureusement droit à rien envoyer d'ici (on a tant abusé!) que deux paquets par mois à un très proche parent reconnu officiellement. Encore n'ai-je pu trouver pour Catherine, chez le plus grand fournisseur d'ici, que des produits assez misérables. Mon estomac et mon cœur se serrent en songeant à vous. (Roger m'écrit qu'il a tant maigri qu'il ne reconnaît plus son ombre.) Et les nouvelles de l'extérieur ne sont guère faites pour réconforter! Que vous en dire, que vous ne pensiez comme moi, que je ne pense avec vous!

Que trouverai-je à vous dire d'un peu réjouissant! Que j'ai découvert, dans la petite bibliothèque des Reymond, les lettres de Pline le jeune (que j'avais un peu pratiquées dans mon enfance, et avec ravissement). — Les ai maintenant sur ma table pour les lire ou relire avec vous. « Amisi vitae meae testem [1]. » — Mais je ne suis pas encore remis de la fatigue de Tunis; je fais de vains efforts vers le travail et ne puis guère que somnoler le long du jour, sous une moustiquaire qui me tient à l'abri des mouches. Oh! que le temps me dure! Il me semble que les événements m'oppresseraient moins si j'en pouvais souffrir près de vous, avec vous...

Votre
A. G.

* oui j'ai bien reçu la précédente —

---

1. « J'ai perdu le témoin de ma vie. »

880. — DOROTHY BUSSY À ANDRÉ GIDE

Chez Mme Walter
Peira-Cava
8 juillet 1942

Cher Gide,

merci pour votre lettre — une longue lettre pour vous. C'est un plaisir de savoir que vous êtes dans un endroit agréable et que vos hôtes doivent être arrivés à présent, de sorte que vous n'avez plus à vous fatiguer pour aller prendre vos repas et en revenir.

Nous voici installés à Peira-Cava et nous trouvons cela très agréable; il fait chaud dans la journée et frais la nuit. Nous sommes délivrées de tous les soucis domestiques, qui retombent sur Zoum, et bien que nous n'ayons guère plus à manger qu'à Nice, c'est un grand repos pour Janie et moi de n'avoir pas à nous en soucier. Les peintres peignent, et moi je vais de mon côté avec un petit sac contenant le *Joyce* de Gillet, un cahier et un crayon. Je me promène dans les bois, qui sont ravissants, jusqu'à ce que je trouve un siège confortable et couvert de mousse, la tête à l'ombre et les pieds au soleil, avec un aperçu de pâles montagnes brumeuses entre les pins. Et j'avance à loisir dans ma traduction et le temps passe très vite. Mais ce matin, au lieu de Gillet, j'ai pris une feuille de papier pour vous.

Catherine est venue nous dire au revoir avant notre départ de Nice. Elle était très charmante et jolie, et nous a dit qu'elle espérait vous rejoindre en Tunisie. Si oui, j'espère que vous me le direz. J'écris très rarement aux « Scandinaves [1] » et

---

1. La Petite Dame, Mme Mayrisch et Élisabeth habitaient la Pension Scandinave à Nice. D. Bussy imite R.M.G. qui utilisait un langage codé pour désigner ses amis, à cause de la censure. Gide sera « l'Oncle Édouard ».

[JUILLET 1942]

je ne le saurai jamais si vous ne me le dites pas. Il est peut-être inutile de dire que je ne suis pas particulièrement ravie par cette idée. Jalouse, allez-vous penser. Je ne sais pas. Je ne crois pas que j'aie jamais été vraiment jalouse de vos amours véritables. D'Emmanuèle... oh non! Quoique parfois jalouse *pour* elle. Ni de Marc non plus. J'étais contente pour vous que vous soyez heureux avec lui. Envieuse peut-être. Mais non, pas ça non plus. Comment être jalouse de quelque chose de si totalement différent? Mais vos amours plus légères. Je les ai quelquefois haïes, et vous aussi, de vous y disperser. Je ne crois pas que vous et Catherine puissiez vous apporter quoi que ce soit. Oh, si vous aviez eu la fille que j'aurais aimé que vous ayez, je ne crois pas que j'aurais été jalouse.

J'ai été très touchée que vous vous mettiez à Pline parce que je le lisais. Je ne regrette pas que vous soyez dans le lointain Tunis. Vous m'y semblez beaucoup plus proche que durant cet hiver à l'Adriatic ou l'hiver précédent, quand vous étiez à Cabris, qu'un nuage noir était suspendu entre nous, qu'il n'y avait absolument rien que nous puissions nous dire, que nous ne prenions aucun plaisir dans la société l'un de l'autre. Le temps reviendra-t-il jamais où je sentais, où j'étais sûre que vous *aimiez* être avec moi? Où nous pouvions être gais et sérieux avec une facilité égale? A vous dire la vérité, je pense que, quand ce genre de choses disparaissent, elles reviennent très rarement. Mais je vais essayer de vous écrire de temps en temps, bien que cela aussi soit devenu difficile. Je dois me dire que ce n'est pas une complaisance de l'amitié, mais qu'il est bon pour vous aussi de savoir que vous avez toujours ma sorte particulière et singulière d'affection... qui n'est cependant pas sans ses exigences.

Votre
D. B.

Ah! les affaires publiques. Oui, je sais que nous avons les mêmes sentiments, ici comme ailleurs.

881. — ANDRÉ GIDE À DOROTHY BUSSY

Sidi bou Saïd
15 Juillet 42

Dear friend

The avion which brought me your kind letter shall not go back to France without some messages for you. Glad to know that you breath [sic] easily at Peira-Cava, far from the harrowing cares for subsistence, in the kind society of the dear Walters (many greetings for them), wandering, meditating and translating, all beautiful summerday long. So do I, in the calm Sidi bou Said. I resumed, at last, the translation of *Hamlet* — at the request of Jean-Louis Barrault, whom I met in Marseille. He wishes my text for a reprise of *Hamlet* aux « Français [1] » et je suis heureux de ce tribut d'hommage, car Barrault est un excellent acteur, un génie [2].

Après d'admirables scènes, que j'ai le plus grand plaisir à transcrire (et je suis immodérément satisfait de ma traduction!) je m'accroche à de pénibles passages, que je ne sais comment faire valoir; en particulier les derniers propos de Hamlet à Guildenstern et Rosencrantz, immédiatement avant l'entrée des « players »; ils font allusion à des us que

---

1. Traduction : « L'avion qui m'a apporté votre bonne lettre ne repartira pas vers la France sans quelque message pour vous. Heureux de savoir que vous respirez à Peira-Cava, loin des exténuants soucis matériels, dans la plaisante compagnie des chers Walter (à qui bien des choses aimables), que vous vous promenez, méditez, traduisez, tout au long des beaux jours d'été. Je fais de même dans le calme Sidi Bou Saïd. Je reprends enfin la traduction d'*Hamlet* — à la demande de Jean-Louis Barrault que j'ai rencontré à Marseille. Il désire mon texte pour une reprise d'*Hamlet* aux " Français "... »
2. Cf. *Journal*, 5 mai 1942 (Pléiade, p. 118).

nous ne pouvons plus comprendre et j'ai grande envie de les sauter : « these are now the fashion, and berattle the common stage... » etc. « These are the fashion no more. » And : « There has been much throwing about of brains [1]... » Tu parles!!

Je viens d'envoyer au *Figaro* 25 pages de réflexions au sujet de l'interprétation du rôle de Phèdre et en apprête d'autres sur celui d'Iphigénie [2]. Je m'attends à ce que les premières irritent grandement certains lecteurs. Aucune envie de parler de l'actualité; et du reste on le peut de moins en moins.

Le milieu d'ici (du moins les gens que je fréquente, à commencer par mes hôtes mêmes) est on ne peut plus sympathisant et sympathetic [3]; d'un optimisme réconfortant. Somme toute, je me trouve dans des conditions inespérément propices au travail — en dépit de l'annihilante chaleur dont nous avons souffert durant dix jours (48 degrés à Tunis, et plus de 40 ici même) avec sirocco. Tous les poissons du lac sont morts. Chaque soir on attendait, on espérait l'orage; on pâmait.

Je ne comprends que trop ce que vous me dites de Catherine; et de vous par rapport à elle; et d'elle par rapport à moi. Je n'ai pas partie liée avec elle et, parfois, je me sens détaché d'elle — ou elle de moi — complètement. Mais on ne peut pas dire encore : « Les jeux sont faits; rien ne va plus. » Parfois je la crois capable de nous réserver de grandes surprises; elle ne s'est encore jamais *engagée* et se contente jusqu'à présent de s'amuser, se plaire, et plaire en se montrant charmante; je ne crois pas qu'elle s'en tienne longtemps là. En écrire plus long me ferait rater le courrier.

Perhaps I should have been able to write this whole letter

---

1. Acte II, scène 2, v. 361. (Le numérotage des vers est conforme à celui de l'édition Wilson. Voir ci-dessous, lettre 887, note 2.) Gide gardera ces propos dans sa traduction.
2. Les « Notes sur l'interprétation du rôle de Phèdre. Conseils à une jeune actrice », comme « Autour d'Iphigénie », ont été reprises dans *Interviews imaginaires*, Gallimard, 1943.
3. « Sympathique. »

in English. If I did'nt, it is not in pride, but in shame to misuse your tongue, and fearing to make you blush for me. Notwithstanding [1], je vous embrasse bien fort.

André Gide.

882. – DOROTHY BUSSY À ANDRÉ GIDE

Mme Bussy
Peira Cava (A.M.)
18 juillet 1942

Très cher Gide,

je joins à ma lettre cette petite coupure, pour le cas où vous n'auriez pas encore appris la fin mélancolique et inutile du pauvre Laszlo[2]. De tous nos réfugiés allemands, il me semble qu'il était le plus « sympathique ». Nous ne l'avions pas revu depuis qu'il était allé s'installer à Cagnes. Comment allez-vous? Santé? Gratte? Travail? État d'esprit? Confort? Etc. etc.

J'ai été prise de terreur — comme je le suis habituellement — après avoir posté ma lettre. Trop indiscrète, trop hardie, trop imprudente. Mais il m'est impossible d'être prudente avec vous. Il faut que je sois ou imprudente, ou *rien*. C'est à vous de faire votre choix. Je croyais que vous l'aviez fait depuis un certain temps.

C'est très agréable ici à bien des points de vue, mais beaucoup trop froid. Je suis tapie en ce moment au-dessus d'un mirus avec un rhume de cerveau. Les nuits, l'ombre durant la journée, ont été glacées ces derniers jours. Vous

---

1. « Peut-être aurais-je pu écrire cette lettre entièrement en anglais. Si je ne l'ai pas fait, ce n'est pas par orgueil mais par honte d'employer abusivement votre langue, et par crainte de vous faire rougir pour moi. Néanmoins... »
2. Voir ci-dessus, lettre 823, note 3.

souhaiterez peut-être de pouvoir faire l'échange avec moi.
Je n'ai eu de nouvelles d'aucun de nos amis ces derniers
temps. Vous ne le croirez peut-être pas, mais je déteste
écrire des lettres et n'en écris presque jamais. J'en reçois
donc très peu.
    Les nouvelles ont été très déprimantes récemment. Mais
ce qui se passe en France me déprime plus que tout le reste,
et je supporte à peine de jeter un coup d'œil sur les journaux.
    Marc a été très gentil pour Zoum; il a lu son scénario et
en pense beaucoup de bien. Mais il faut aussi qu'elle apprenne
le côté technique. Il a promis de lui en parler lui-même et
elle est très excitée [1].
    Je n'ai pas apporté de poèmes ici, sauf le petit Hölderlin
que vous m'avez donné (envoyé de Berlin) en 1929. Je ne
connaissais rien de lui en ce temps-là (pas même ses dates)
et aujourd'hui je sais beaucoup de choses, du moins sur sa
vie privée. Sa poésie est affreusement difficile, n'est-ce pas?
Mais c'est la difficulté que je demande avant tout à mes
lectures, ces temps-ci. Et quant à sa métrique (les *Antike
Strophen* et les *Freie Rhythmen*), sauf pour les hexamètres —
Langzeilen — il est presque impossible de la discerner. J'ai
cependant traduit, pour mon amusement, le *Schicksalslied*
en anglais. C'est un très beau poème — je veux dire en allemand! Cette petite édition de la Insel n'est pas très bonne et
je ne m'y fie pas beaucoup; et elle n'offre aucune aide aux
ignorants *. Il y avait deux très bonnes éditions avec notes
chez les Schickelé [2]. Mon ami Maxime Alexandre, qui a écrit
une vie de H. qu'il espère faire publier à temps pour son
centenaire l'an prochain, me dit que les Allemands sont en
train de sortir une nouvelle et très belle édition pour cet
anniversaire, avec toutes sortes de nouveaux « inédits ».
Alexandre désapprouve — et je crois qu'il a raison — la manie
moderne de placer les poèmes écrits pendant la folie

---

    1. Zoum et François Walter s'étaient essayé, pour faire diversion aux
angoisses de l'heure, à écrire des scénarios, dont Zoum montra l'un à
Marc Allégret. La chose n'eut pas de suite.
    2. La Maison Schickelé à Vence où D. Bussy a passé une partie de l'été
1941.

au-dessus de ceux qu'il a écrits quand il était au faîte de sa vigueur intellectuelle. Comme tout était simple jusqu'à l'ère romaine.

Seulement vale

Votre
D. B.

* Mais je n'en aime pas moins mon petit Hölderlin.

883. — ANDRÉ GIDE À DOROTHY BUSSY

23 juillet 42.

Chère amie

Non, je n'en savais rien... Pauvre Laszlo! J'ai repensé à lui hier, toute la fin du jour; (j'avais reçu votre lettre le matin et le dernier avion ne m'en apportait point d'autres — du moins jusqu'à présent). Quelle est cette « veuve » qu'il laisse? dont il n'avait jamais été question... Il a passé sa vie à se dévouer et sa mort va rester presque inaperçue, car tous ceux qu'il avait aidés sont à présent en Amérique.
La dernière lettre que j'avais reçue de lui me le disait en plein travail, plongé dans un roman dont il m'avait envoyé le plan et écrit déjà la moitié... Sa vie était si tragique, si misérable, que sa mort m'attriste à peine; elle lui épargne sans doute quantité d'effroyables ennuis. L'entrefilet du journal laisse espérer que cette mort a été très prompte... Peut-on jurer qu'elle n'ait pas été volontaire?
Maintenant permettez-moi de me fâcher tout rouge, à propos d'un passage de votre lettre. Oh! vous ne changez pas! Chaque fois que vous laissez parler votre cœur de manière que mon cœur vous entende, vous me dites, sitôt après, que vous vous le reprochez, que vous voudriez reprendre vos paroles... et vous feignez de craindre de m'avoir déplu! Mais j'y suis fait et je passe outre et « my

choice¹ » est fait depuis longtemps, vous le savez fort bien — et que toutes vos craintes sont vaines.

Ravi de ce que vous me dites de l'attention de Marc pour le scénario de Zoum. Bravo! Et ravi de l'opinion de Max. Alex. au sujet des poèmes de Hölderlin. Les plus admirables, à mon avis également, ne sont pas les plus incompréhensibles; mais réjouissons-nous d'avoir les deux. Vous avez lu son *Hyperion*, n'est-ce pas? Capiteux autant que l'*Endymion* de Keats.

Chaque jour, je passe quatre ou cinq heures avec *Hamlet*. Il y a des difficultés infernales... Ah! que ne suis-je auprès de vous pour en parler! Et que n'ai-je pris avec moi la grande édition avec notes explicatives! Des phrases comme : « Nay, then, let the devil wear black, for I'll have a suit of sables » me laissent perplexe. Schwob traduit « suit of sables² » par : « livrée isabelle »!! sans rien qui l'autorise à cela, me semble-t-il. Hamlet ne dit-il pas, avec un détour, simplement qu'il continue à porter le deuil? La scène de la représentation offre, à chaque pas, de nouvelles difficultés. Au revoir, je vous embrasse bien fort.

A. G.

Je cours porter cette lettre, à Tunis, pour l'avion hebdomadaire de ce matin.

884. — DOROTHY BUSSY À ANDRÉ GIDE

Peira Cava
24 juillet 1942

Très cher Gide,

vous êtes très gentil d'avoir répondu si vite et de façon

---

1. « Mon choix. »
2. Acte III, scène 2, v. 128. Gide traduira : « Alors tant pis si le diable est en noir, car, quant à moi... je reste en deuil. »

si rassurante à ma lettre « irréfléchie »... et en anglais, comme au temps de vos élucubrations de Cambridge. Un charmant, curieux anglais!

Je suis heureuse d'apprendre que vous continuez la traduction d'*Hamlet* et que, dans l'ensemble, cela vous plaît. (Savez-vous que je vous ai toujours soupçonné de n'avoir jamais vraiment lu les quatre derniers actes!) Allez-vous être amusé quand vous arriverez au discours de l'Acteur sur Hécube, ou serez-vous irrité et le jugerez-vous comme vous avez fait le discours de Claudius au premier acte... non pas comme les rodomontades d'un hypocrite embarrassé, mais comme si Shakespeare essayait d'écrire de sa meilleure plume? Mais même dans le discours de l'Acteur, Shakespeare, qui s'essaye à la grandiloquence et y réussit, n'a pas pu résister à une certaine grandeur. Je crois que vous aurez tout à fait raison de sauter le petit passage incompréhensible sur la scène contemporaine; il a provoqué des kilomètres de commentaires et est d'un profond intérêt pour les étudiants du drame élisabéthain, mais simplement ennuyeux pour nous. Envoyez-le au barbier, comme la barbe de Polonius.

Nous attendons ici très impatiemment les pages sur *Phèdre* et *Iphigénie*.

Zoum a eu son entretien avec Marc, qui s'est montré extrêmement gentil, serviable et encourageant. Bien qu'il n'accepte pas son premier scénario — pour des raisons qui ne sont pas du tout déshonorantes — il lui a fortement conseillé de poursuivre ses essais et a dit qu'il serait heureux de lire tout ce qu'elle pourra lui envoyer, avec l'espoir qu'elle réussisse.

Pauvre Catherine! Bien sûr! Bien sûr! Elle est beaucoup trop jeune pour qu'on porte sur elle un jugement définitif. Dieu me garde de le faire. Mille choses peuvent et, sans nul doute, vont contribuer à son développement. Il n'y en a qu'*une* qui lui manque.

Nous sommes très heureux de vous savoir dans un milieu sympathique et aimerions pouvoir vous envoyer un peu de notre temps glacé, que nous échangerions volontiers contre un peu de votre chaleur!

J'ai peur que les nouvelles du pauvre Laszlo ne vous aient affligé. Je crois qu'il est un des réfugiés que vous avez le plus aimé et pour qui vous vous êtes donné le plus de mal.
Amitiés de nous tous. Votre

D. B.

885. – DOROTHY BUSSY À ANDRÉ GIDE

Peira-Cava
30 juillet 1942

Très cher Gide,

il ne m'importe pas beaucoup que vous soyez « fâché tout rouge ». Je me sens parfaitement innocente. Non, je ne changerai jamais, parce que *vous* ne changerez jamais. Je suppose que personne ne vous fera jamais comprendre à quel point vous êtes déconcertant, « insaisissable », comment vous glissez entre les mains de qui veut vous saisir comme un voleur hindou couvert d'huile, comment vous faites en sorte de vous trouver toujours dans quelque position inattaquable, tandis que votre adversaire – ou votre compagnon de jeu – demeure désarmé – par des moyens loyaux ou déloyaux, par votre charme ou votre manque de candeur. Oui, c'est ainsi que je vous appelle en moi-même : le « candidement rusé ». Je me rappelle que vous m'avez dit un jour que Catherine avait les pires défauts *féminins* et que vous plaigniez celui qui tomberait amoureux d'elle. Et puis vous vous êtes mis à décrire ces défauts. Je ne savais pas si je devais rire ou pleurer en les reconnaissant si exactement non pas comme féminins, mais comme *gidiens*. Le fait est que, dans mes relations avec vous, je me méfie moins de moi-même que de vous. Ces vertus de générosité, de fidélité et de patience, que vous possédez si éminemment, c'est sous leur couvert que vous vous persuadez de ne pouvoir pécher contre elles. Conviction dangereuse. Si je n'avais eu un jour une dépression nerveuse, vous seriez parti pour Tunis, parfaitement satisfait de me laisser périr (pour autant que vous pouviez savoir... nous sommes assez près de la fin) dans un froid sibérien et des ténèbres cimmériennes, en vous disant gaiement et, je suppose, le croyant à moitié : « Elle comprend. »

Et puis, vous savez, vous avez l'art de vous débarrasser de nous. Ceux qui vous l'ont vu faire de façon si gracieuse doivent, en pareille circonstance, avoir le sentiment pénible que cet art s'exerce aussi sur eux. Pourquoi pas? Tout au long de ma vie, dans mes rapports avec les autres, je crois n'avoir jamais été hyper sensible, susceptible ou soupçonneuse. Je supporte parfaitement de n'être pas aimée, c'est-à-dire que je le supporte sans le moindre ressentiment — mais il y a certains genres de tourments que je ne supporte pas. Et je les ai endurés récemment. Suffit!

Pour en revenir à *Hamlet*. Il n'y a pas le moindre doute que « a suit of sables » signifie le *deuil*. « Sable » est noir, et non pas isabelle ou quoi que ce soit d'autre. Cela me paraît assez clair : « Même si le diable se vêt de noir, cela ne va pas m'empêcher d'en faire autant. »

Nous quitterons Peira-Cava plus tôt que nous n'avions prévu et serons de retour rue Verdi le 8 août. Les Walter ont loué une maison meublée à Figeac, où il semble y avoir de la nourriture en abondance, et ils y vont presque immédiatement. Je passerai la première quinzaine de septembre avec Christiane [1] et Janie chez Zoum. Nous étudierons alors sérieusement la situation au point de vue alimentation et chauffage à Figeac et envisagerons la possibilité d'y passer trois ou quatre mois, plutôt qu'un autre hiver infernal à Nice. Mais comme c'est difficile de faire des plans! Qui sait ce qui va se passer demain ou après-demain?

Cher Gide, croyez bien que vos lettres sont pour moi une aide et un réconfort, même si vous êtes « fâché tout rouge ».

---

1. Christiane de Coppet.

De bonnes nouvelles de Roger[1]. C'est de *lui* que je suis *vraiment* jalouse.

    Fidèlement vôtre

                D. B.

886. — ANDRÉ GIDE À DOROTHY BUSSY

                  Sidi bou Saïd
                  5 Août 42

Bien chère amie

Tout heureux de votre approbation — que je n'avais pas attendue pour écrire : « Allons, que le diable se mette en noir, car, quant à moi *... je reste en deuil! » Mais j'ai contre moi (nous avons contre nous) tous les critiques, commentateurs et traducteurs. Il est certain que Shak. joue sur le mot « sable » qui voulait, dans le temps, dire à la fois : vêtements noirs et... fourrure de zibeline. Le curieux c'est que, ne pouvant trouver dans notre langue de mot ambigu qui permette double interprétation, il n'est pas un des traducteurs qui n'ait préféré le saugrenu raisonnable à l'illogique fantaisie. *Tous* ont opté pour la zibeline et quitté le deuil à qui mieux mieux. F. V. Hugo a même été jusqu'à « l'écarlate ». Et je vais me faire aboyer. Mais votre approbation me suffit.

Quant à ces quatre derniers actes, que, vous l'avez deviné, je n'avais jamais lus, ils me surprennent fort, car je croyais que Hamlet finirait par épouser Ophélie. Quel dommage!!

Soyons sérieux; je crois me souvenir que, dans toutes les représentations, en France, on escamote la pantomime des

---

1. Martin du Gard passait un été « béni » à écrire son *Journal de Maumort*.

acteurs qui précède la représentation au château [1]. Cette sorte de répétition de l'action, avant l'action, est difficilement acceptable, explicable; et surtout il est difficilement explicable que le roi ne bronche pas devant cette première image de son meurtre. La seule façon de s'en tirer, semble-t-il, c'est d'admettre que Claudius ne prête d'abord aucune attention au spectacle, tout occupé avec la reine; il faut la voix des acteurs pour éveiller sa conscience. « Le dos tourné au balcon, il prodigue ses caresses à la reine, sans se soucier du jeu muet des acteurs. Cette attitude inconvenante des époux royaux est... nécessaire pour expliquer leur présence prolongée à un spectacle accablant pour eux [2]... »

Est-ce ainsi que l'on s'y prend, lors des représentations de *Hamlet* en Angleterre? — ou bien escamote-t-on la pantomime?

Quoi qu'il en soit, je continue, donnant environ six heures par jour à ce travail; et, le plus souvent, fort satisfait du résultat. J'ai pu me procurer (à l'excellente bibliothèque municipale de Tunis) à peu près tous les livres dont j'avais besoin (en particulier une très savante « explication des passages obscurs ») et quantité de traductions précédentes qui *toutes,* même celle de Copeau, la meilleure sans doute, ont le défaut de sacrifier lyrisme, mouvement de la phrase, beauté du texte, à une pédante exactitude du sens [3]. J'espère ne rien lâcher de cette exactitude verbale en m'attachant également et surtout à une *exactitude poétique* et à maintenir, à travers toutes les difficultés, une sorte de ton, de rythme ou d'allure, qui dans le texte de Shakespeare reste si particulier — sur lequel il y aurait tant à dire!... Je

---

1. A l'acte III, scène 2.
2. Gide cite Longworth Chambrun, *Hamlet de Shakespeare*, Paris, Société Française d'Éditions Littéraires et Techniques, 1929, p. 126. Par une coïncidence curieuse, la comtesse de Chambrun (1873-1954) écrivit son étude sur *Hamlet* à Tunis.
3. Il existe environ deux douzaines de versions françaises d'*Hamlet*, de celle (partielle) de Voltaire à celle de Yves Bonnefoy, publiée en 1959. La traduction de Copeau a été publiée en 1939 dans le 2e volume des *Tragédies de Shakespeare* (5 vols.), Paris, Union latine d'éditions.

conserve, pour votre curiosité, des brouillons ou doubles de quelques passages, qui vous montreront à travers combien de retouches, de tâtonnements, de reprises, je parviens à me donner satisfaction [1]. Quel travail! de grammairien, de poète artiste... et de forçat. J'y apporte toute mon intelligence, toutes mes vertus, et mes dons. Je n'ai jamais encore rien entrepris d'aussi difficile; et pour entretenir mon courage, je pense à vous.

Je suis exaspéré par les mouches; accablé par la chaleur; et pour ne l'être pas également par votre dernière lettre, je m'efforce de ne pas comprendre ce que vous dites de la difficulté des relations avec moi. Je m'efforce aussi de ne pas trop songer à l'avenir, non plus qu'à l'enjeu de la terrible partie qui se joue. Où serai-je cet hiver? A Tunis encore?... si loin de vous!... Mais que d'événements d'ici là! Que d'appréhensions pour l'hiver! Les Coppet se montraient si satisfaits de Figeac que je comprends que vous alliez les y rejoindre. Nous nous récrirons d'ici là. Je vous embrasse bien fort.

Votre
A. G.

De retour à Nice, vous pourriez passer au 40 rue Verdi demander à Mme Fiquet qu'elle vous remette directement la copie de ma traduction qui vous était destinée — avant qu'elle ne l'expédie à Peira-Cava.

* Ou mieux : « Et tant pis si le diable est en noir, car... »

---

1. Certains de ces brouillons sont conservés à la Bibliothèque littéraire Jacques Doucet.

887. – DOROTHY BUSSY À ANDRÉ GIDE

40 rue Verdi
12 août 1942

Très cher, bien-aimé Gide,

j'ai été brusquement saisie par un accès de violente affection — rien de plus grave. La nuit dernière, ne dormant pas, j'ai éprouvé une grande envie de vous voir, de goûter l'automne mélancolique, « mon front posé sur vos genoux ». De vivre ainsi un instant, de mourir ainsi, réconciliée, pardonnée.

. . . .[Une quinzaine de lignes sur le retour à Nice et le départ pour Figeac]. . . . .

J'accorderai aux traducteurs et commentateurs qu'il y a un (léger) jeu de mots sur le mot *sable;* mais les deux *sables* sont des mots différents, qui ne se rattachent l'un à l'autre que d'une façon très douteuse (selon mon Oxford Dictionary), même étymologiquement. Dover Wilson suggère qu'une fourrure de zibeline était un vêtement de vieillard et qu'Hamlet répond au « Si longtemps? » d'Ophélie en disant : « Oh oui, assez longtemps pour que je sois devenu vieux. » Je continue à être convaincue que l'accent est sur l'idée de deuil. Janie dit que le *noir* est un des leitmotive de la pièce. Je crois qu'Hamlet emploie le mot dans le sens de noir en deux autres occasions. Le roi, une fois, sans aucun doute avec le sens de fourrure, mais le mot est au pluriel, comme c'est habituellement le cas aujourd'hui.

Je suis impatiente de voir votre version, et j'ai demandé à Mme Fiquet un exemplaire de la partie qu'elle a tapée. Comme j'aimerais vous entendre parler du *ton* de Shakespeare! Comme c'est extraordinaire, ce que vous dites de tout ce que vous avez mis dans cette traduction! Magnifique!

Vous ai-je dit que j'ai donné des leçons d'anglais à un garçon d'une dizaine d'années? Le résultat est que je souhaite écrire un livre incorporant mon expérience comme professeur. *Pas* une grammaire, *pas* une anthologie, *pas* un livre de lecture, mais un peu de tous les trois — entièrement basé sur la littérature anglaise, et pour servir aux débutants; suggéré par ce que Janie m'a dit du livre du professeur Boyer pour les étudiants de russe [1].

Cher Gide, je m'aperçois qu'il y a encore des tas de choses dont je veux vous parler, mais j'arrive au bout de mon papier (et quel papier!). Jamais au bout de mon affection.

Votre
D. B.

Je me rappelle que Mounet-Sully jouait Hamlet comme s'il croyait (comme vous!) qu'il allait épouser Ophélie au dernier acte. Terrible!

La difficulté présentée par la Pantomime est bien connue. Les notes de Dover Wilson (je crois qu'il est le plus récent des commentateurs et il se donne du mal pour être original) ne manquent pas d'intérêt. Avez-vous son édition, ou voudriez-vous que je vous l'envoie? Elle a fait pas mal de bruit à l'époque (1934) [2].

---

1. Ce sera les *Fifty Nursery Rhymes, with a commentary on English usage for French students* (Gallimard, 1950), inspiré de Paul Jean-Marie Boyer, *Manuel pour l'étude de la langue russe;* textes accentués, commentaire grammatical, remarques diverses en appendice, lexique, Paris, A. Colin, 1905.

2. Cette édition que Gide trouva fort utile dans la révision de sa traduction parut dans la collection *The Works of Shakespeare*, edited for the Syndics of the Cambridge University Press, by John Dover Wilson.

888. – ANDRÉ GIDE À DOROTHY BUSSY

Sidi bou Saïd
12 Août 42.

Chère amie

Avant d'attaquer le quatrième acte, vite une question about the IIId. Et que ne puis-je vous la poser de vive voix! — Vers la fin de la grande scène avec la reine, sitôt après le meurtre de Polonius et la réapparition du spectre, Hamlet dit à sa mère :

« I will bestow him, and will answer well
The death I gave him. So, again, good night.
I must be cruel, only to be kind.
Thus bad begins and worse remains behind [1]. »

(Il vient de la torturer en paroles). « These words like daggers enter in mine ears », dit la reine.)
Alors, dans cette broussailleuse forêt de difficultés, cette petite phrase, que je souligne, me paraît relativement assez claire; mais se peut-il que j'aie raison contre tous les traducteurs et commentateurs, anglais ou français, que je suis à même de consulter ici, en comprenant que Hamlet parle du mal qu'il vient de faire à sa mère afin de tâcher de l'amener à repentance, de lui donner conscience de l'horreur de sa faute, de l'amener à sortir de son abjection? — en traduisant :

« J'ai dû être cruel, mais par tendresse,
prévenant par un mal, un mal pire »??

1. Acte III, scène 4, v. 176-179.

François Victor Hugo traduit : « Commencement douloureux! Le pire est encore à venir. »
Pourtalès : « Ainsi le mal commence et le pire vient ensuite. »
Copeau : « C'est ainsi que le mal commence sans qu'on sache que le pire est derrière... » — ce qui rend toute relation avec la phrase précédente à peu près incompréhensible, ou, pour le moins, problématique... Mais dites : à votre avis, est-ce moi qui fais erreur, ou eux?
Mon interprétation n'est peut-être que *trop* claire; mais du moins offre-t-elle un sens précis. D'après les autres, il faudrait comprendre, et très nuageusement : « Attendez-vous à pire encore. »
Ce travail me passionne; je m'y acharne des heures durant, aussi longtemps et aussi âprement que me le permettent mes forces déclinantes. Puissiez-vous être satisfaite du résultat. Je tâche, tout en maintenant d'aussi près que possible l'exactitude, de préserver la qualité lyrique du texte que, souvent, une traduction trop littérale aplatit — de sorte que, pour préserver le sens des mots, tout l'élan de la phrase retombe. J'y passe un temps énorme... en songeant à vous.
Ceci n'est pas une lettre, mais une glose entre parenthèses. Et je vous embrasse bien fort.

André Gide.

889. – DOROTHY BUSSY À ANDRÉ GIDE

40 rue Verdi
18 août 1942

Cher Gide,

votre lettre au sujet du passage de l'acte III est arrivée hier. Cette fois, je suis tentée d'être de l'avis des commentateurs. Je reconnais pourtant avec vous que le vers *« I must be cruel only to be kind »* se rapporte à son attitude envers sa mère. Mais il ne me semble pas du tout nécessaire que le vers suivant « Thus bad begins and worse remains behind » ait aucun rapport avec cela. Dover Wilson, qui se justifie longuement d'avoir basé sa leçon sur Q2 [1], met un point après *kind* et imprime *This* (le cadavre de P.) au lieu de *Thus*. Mais, même sans ces minces changements, il me semble naturel que les pensées d'Hamlet se tournent de nouveau vers Polonius, et de Polonius vers *toute* la méchante histoire à laquelle lui, Hamlet, eux, elle et qui sait qui d'autre, sont tous mêlés. Puis il revient à sa mère. Mais il est trop excité pour montrer beaucoup de logique dans ses propos. Il a subi deux chocs suffisamment graves. La virulence terriblement accrue, déchaînée, avec laquelle il revient à son attaque contre la Reine (d'où toute gentillesse a disparu et où il ne reste que la rage), n'est-ce pas parce que la vue du corps de Polonius lui a rappelé sa part *personnelle* dans le sombre drame? Aucune des traductions que vous citez n'est évidemment très satisfaisante. Celle de Copeau doit être nettement exclue, et les autres sont très plates.

Je vous envoie l'édition de Dover Wilson qui, je crois, vous intéressera si vous ne l'avez pas. Il s'accorde une grande liberté avec les indications de mise en scène, et je ne l'approuve pas toujours. Il existe deux autres volumes très érudits au sujet du texte, des passages altérés et des variantes. A votre service si vous les voulez.

Je vais chez Christiane le 27 août (17 rue de Cahors). Il semble plus que probable que le projet de passer une partie de l'hiver avec les Walter à Figeac devra être abandonné. Nous ne le regrettons pas trop.

Excusez cette lettre négligée. Je suis pressée et j'ai très chaud. Mais cela ne me déplaît pas.

Votre fidèle

D. B.

Je reçois à l'instant la dactylographie de Mme Fiquet. Je n'ai pas encore ouvert le paquet, mais suis impatiente de le faire.

---

1. Le deuxième Quarto, publié en 1604.

890. — DOROTHY BUSSY À ANDRÉ GIDE

40 rue Verdi
22 août 1942

Cher Gide,

oui, bien sûr, votre traduction [1] est merveilleusement bonne. Le *ton* est parfait. Polonius est presque plus amusant que dans l'original. L'ensemble, comme les fleurs de Goethe, *ranimé* d'être mis dans la pure eau fraîche de la traduction (vous vous rappelez le texte). Mais vous n'aimez jamais mes compliments, j'en viens donc à quelques critiques que j'ai risquées. Elles sont, pour la plupart, une question de mots, et insignifiantes. Pourtant, il y en a une ou deux auxquelles j'attache de l'importance. Je m'attends à ce que vous me disiez qu'il est impossible de rien changer!

Les deux monologues poétiques ne pourraient être améliorés (je ne veux pas dire que le reste le puisse!) « Pierrot lunaire » est une *trouvaille*. (Pas de Fr. Victor Hugo, j'espère [2].)

Je vous ai envoyé un petit volume hier, mais pas par avion — trop coûteux. J'espère que vous le recevrez.

Nous ne sommes pas du tout abattus par les nouvelles étrangères — malgré les efforts désespérés de tout le monde pour que nous le soyons. Elles semblent, au contraire, encourageantes.

Avez-vous eu des nouvelles du jeune couple, ami de Robert

1. Du deuxième acte.
2. Dans le soliloque d'Hamlet à la fin du deuxième acte (II, 2, v. 569-572) : « Yet, I,/ A dull and muddy-mettled rascal, peak/ Like John-a-dreams, unpregnant of my cause,/ And can say nothing. » Gide traduit : « Moi, cependant,/ morne et misérable comparse, Pierrot lunaire,/ défaillant à ma cause, je reste sans voix! » François-Victor Hugo (1865) traduit « John-a-dreams » par « Jeannot rêveur »; Eugène Morand et Marcel Schwob (1920) par « Jean de la Lune ».

Levesque, récemment arrivé d'Athènes? Ils sont venus ici, espérant vous trouver. Hélas! D'agréables jeunes gens, avec des histoires vraiment affreuses sur la condition de la Grèce. Adieu pour le moment.

Votre
D. B.

891. — ANDRÉ GIDE À DOROTHY BUSSY

[26 août 1942]

Chère amie

J'ai bien reçu votre précieuse édition de *Hamlet.* Dommage qu'elle me parvienne si tard (me voici bien près de la fin) mais elle m'aidera pour la révision. Le même jour un inconnu me faisait parvenir la grande édition Methuen et une autre, très épatante, de K. Deighton (Macmillan [1]); me voici donc fort bien nanti — et joyeusement éperonné par les louanges de votre lettre d'hier (du 22 Aug.) Mille mercis pour les annotations que je vais soigneusement examiner et qui certainement m'amèneront à d'importantes retouches — dont je vous ferai part. Continuez pour les actes suivants, je vous en prie. Ah! que ne suis-je près de vous. Une exquise lettre de Keeler Faus me dit combien une lettre de vous l'a touché : « Just before my departure from Vichy I received a beautiful letter from Mrs. Bussy, a letter that made tears come to my eyes when I tried to read it aloud to my sister. It was lovely of you to share such a friend with me. We MUST all meet again [2]. »

1. L'édition publiée par Methuen est de Edward Dowden; celle de Kenneth Deighton a été publiée par Macmillan (1910).
2. Keeler Faus (né en 1910), après des études à Washington, Dijon et Paris, entre dans le Foreign Service. Depuis 1936 il était attaché à l'ambassade américaine en France. Traduction : « Juste avant mon départ de Vichy, j'ai reçu une belle lettre de Madame Bussy, une lettre qui m'a fait venir des larmes aux yeux quand j'ai essayé de la lire à haute voix à ma

Son adresse est : c/o Mrs. Harrison Taylor (his sister)
815 Crestridge Drive
Atlanta
Georgia

Je change de page — et de sujet.
Je ferai partir de Tunis, samedi (pas moyen de descendre en ville plus tôt — retenu par le travail) les deux colis mensuels pour la France à quoi j'ai droit. Je ne puis les adresser qu'à un proche parent inscrit : Catherine. Mais j'apprends que, ce mois-ci, elle n'a nul besoin d'aide; on a de tout en abondance me dit Mme Théo qui se trouve en Savoie auprès d'elle et qui me donne de ses nouvelles (car pas moyen d'obtenir une lettre de Catherine). Alors je vous prie de *garder pour vous* les paquets qui seront adressés à Mlle Catherine Gide
c/o Bussy 40 rue Verdi
N'allez pas faire la sottise de chercher à les lui renvoyer.
Je vous préviens vite à ce sujet.
En hâte, car l'avion hebdomadaire n'attend pas.
je vous embrasse

André Gide.

892. – ANDRÉ GIDE À DOROTHY BUSSY

29 Août 42

Je retrouve un embryon de lettre — que je croyais avoir envoyé. Il n'a plus de raison d'être pour la 1re page — mais pour l'interrogation du verso.
Le petit J. Dover Wilson est épatant. Merci encore. Vous pourrez demander le IIIe acte à Mme Fiquet.

sœur. C'était exquis de votre part de partager une telle amie avec moi. Il *faut* que nous nous réunissions tous. »

[25 août]

Chère amie

Mais oui, parbleu, la Dover Wilson's edition me rendrait grand service si, comme je l'espère, elle comporte des notes explicatives pour les innombrables difficultés du texte. Pour *Antoine et Cléopâtre* (pourtant pas à beaucoup près aussi retors) j'avais une grande édition à reliure de toile grenat avec des commentaires tous les cinq mots. Je n'ai ici, pour *Hamlet,* que l'édition complète d'Oxford, excellente, mais qui ne donne que le texte tout nu. Je m'aide parfois d'une très bonne publication (Picard) sur « les passages obscurs de Shakespeare, expliqués par Jean Keser (1931), revus et complétés par Choisy » — très bon, mais insuffisant. Que n'ai-je l'équivalent pour *Hamlet* de ce que George L. Craik fit pour *Julius Cæsar* — un commentaire continu du texte, que je lis avec l'intérêt le plus vif.

Permettez-moi de vous demander encore...
Acte V, scène 2. Hamlet dit à Horatio, parlant du roi :

« He that hath...
Thrown out his angle for my proper life,
And will such cozenage — is't not perfect conscience,
To quit him with this arm? » [V. 66-68.]

ce que tous traduisent par : de lui donner quittance avec ce bras (id est : mon bras, le bras de Hamlet). Est-ce faire un grossier contresens que de comprendre : avec cette arme (celle-même dont il s'est servi contre moi)? de lui rétorquer avec ses propres armes?...

Oh! j'aurais eu bien d'autres questions à vous poser; mais celle-ci est d'importance.
Répondez vite, je vous prie.
   Votre très

André Gide.

L'édition critique arrivera trop tard — ou seulement pour la révision. Mais vous aurez déjà reçu mon texte et vous pourrez aussi le revoir — et l'annoter.

893. — DOROTHY BUSSY À ANDRÉ GIDE

5 septembre 1942
Figeac

Cher Gide,

votre lettre datée « 25 août » et « 29 août » m'est arrivée à Figeac ce matin. Une lettre précédente, datée « 26 août » est arrivée avant-hier (3 septembre). Vous me demandez de répondre sans tarder au sujet de la scène 2 de l'acte V : « To quit him with this arm. » Je ne m'étais jamais rendu compte que cela était difficile, mais je vois que cela peut l'être. J'avais toujours pensé que « quit » était ici la même chose que *requite*, c'est-à-dire *repay*, et je vois que le glossaire du Temple Shakespeare (d'après le Cambridge Shakespeare) est aussi de cette opinion. Personnellement, j'avais toujours cru, et suis encore tentée de croire, que *arm* ne veut pas dire *bras*, mais *arme*, dans ce cas-ci : falsification, usage d'un sceau contrefait, etc. La phrase continue en fait les remarques précédentes d'Horatio — c'est-à-dire une sorte de justification pour toute forme de tromperie. De sorte que mon interprétation du passage coïncide presque entièrement avec la vôtre, sauf que je suis tentée de dire non pas « ses *propres* armes », mais « avec des armes de ce genre », autrement dit celles que j'ai employées contre R. et G. En tout cas, quoi que vous disiez ici, je ne crois pas que personne puisse vous accuser de contresens [1].

1. Pourtant, Gide justifiera sa traduction de ce passage dans une note longue d'une page. Voir *Hamlet*, New York, Jacques Schiffrin-Pantheon Books, 1944, p. 286.

Vous dites que vous arrivez presque au bout de la traduction et qu'il sera sans doute trop tard pour faire d'autres corrections. Je suppose qu'en réalité vous ne les souhaitez pas. Je n'ai reçu de Mme Fiquet qu'une assez petite partie de l'Acte III. Je vous ai averti voilà pas mal de temps que j'allais à Figeac, avec l'adresse de Christiane et l'indication du temps que j'y passerais, et je croyais que vous auriez gagné du temps en m'écrivant directement ici et en disant à Mme F. de m'y envoyer le texte, au lieu du long détour par Nice. Mais il est trop tard à présent. *Nous quittons Figeac le 15 Septembre.* Mais je regretterais de n'avoir pas eu le temps de revoir le reste, parce que je crois sincèrement que j'aurais pu vous éviter quelques contresens dans les autres actes.

En hâte, votre

D. B.

894. — DOROTHY BUSSY À ANDRÉ GIDE

Figeac
11 septembre 1942

Cher Gide,

J'ai été très heureuse de recevoir vos annotations sur mes annotations et de voir que vous êtes d'accord avec la plupart de mes remarques. Le discours de Polonius sur son « flair de politicien » est particulièrement réussi — comme tout votre Polonius. Mais je continue de regretter que vous n'ayez pas trouvé quelque chose d'autre pour *wild*, car tous les soupçons de Polonius envers Laerte sont du domaine que les Anglais appellent « morals », et il me semble que même *farouche* n'y répond pas. Bien que je comprenne (sans ironie) l'importance que vous attachez à deux syllabes au lieu de trois. Je regrette aussi que vous n'ayez pas trouvé quelque chose de plus caractéristique de la personnalité d'Hamlet que « mes bons camarades » pour « in the beaten way of friendship » (qui, après tout est très loin des sentiers battus). Peu importe.

Mais sur votre feuille jaune il n'y avait pas de place pour dire ce que vous souhaitez que je fasse de ces corrections. Les avez-vous envoyées vous-même à votre dactylo ? Désirez-vous que je reporte les corrections sur ses exemplaires ? Voulez-vous que je continue mes annotations ? Dans votre dernière lettre, il m'a semblé que vous ne le souhaitiez pas, étant trop pressé. Je reconnais que, dans ma réponse, j'ai été plutôt de mauvaise humeur, parce que vous n'aviez pas fait du tout attention aux instructions précises que je vous avais données à deux reprises quant à mon adresse et aux dates de mon séjour à Figeac, et que vous aviez perdu un temps considérable en adressant vos lettres rue Verdi, d'où elles devaient être renvoyées ici.

Mais cela est du passé. Nous serons certainement de retour à Nice quand vous recevrez ceci. N'envoyez donc plus de notes, etc. à Figeac — ce que vous êtes parfaitement capable de faire si vous lisez cette lettre aussi soigneusement que les autres !

Adieu, cher Gide, absorbé par votre travail, *Hamlet*, toutes sortes d'autres soucis et préoccupations, au point d'oublier d'autres choses qui sont importantes pour moi.

Fidèlement vôtre

D. B.

895. — ANDRÉ GIDE À DOROTHY BUSSY

18 Septembre 42

Chère amie

Le facteur m'apporte ce matin votre lettre du 11. Dites-vous qu'il n'y a plus qu'un avion postal par semaine, d'où le grand retard de certaines lettres, même affranchies pour voie aérienne. Vous me disiez, dans la précédente : « We leave Figeac Sept. 15. » J'ai cru plus sûr d'adresser à Nice (d'autant que je ne retrouvais plus l'adresse des Coppet). Que j'aie mal calculé il va sans dire; mais tout de suite vous m'accusez de mal lire vos lettres... Fi! que c'est vilain. Je lis et relis vos lettres; et même il en est une (datée simplement de « Wednesday evening »[1]) que je porte toujours sur moi. Mais ce qui est bien plus laid encore (« worse remains behind ») c'est de supposer que je puisse en avoir assez de vos remarques et corrections. Je ne sais quelle phrase de moi a pu vous le laisser croire. J'attends impatiemment celles au sujet des actes suivants; les réclame amicalement et impérieusement; *je ne puis m'en passer*. Vous avez vu que j'ai tenu compte déjà de toutes (But one[2], je crois) les précédentes; prêt à corriger et corriger encore avec une patience infinie. Pour le « in the beaten way of friendship, » je vais chercher encore, car je vois fort bien ce que vous voulez dire. Quant au « farouche, » je ne sais trop... avez-vous cherché le mot dans Littré; il garde des sens si divers...

Sur une petite feuille à part (car la feuille j'avoue était surremplie) je vous priais de bien vouloir *reporter mes corrections*, de votre main, *sur la dactylographie*. J'ai bien plus grande confiance en vous qu'en Mme Fiquet, pour pratiquer avec intelligence ces menus amendements.

Très impatient de savoir ce que vous penserez des autres actes; en particulier, de la scène avec le fossoyeur[3], qui m'a donné beaucoup de mal, mais que je crois une des plus réussies (et des plus différentes des traductions précédentes).

Mais ces derniers actes se feront sans doute un peu attendre, car Mme F., surmenée, épuisée, a dû aller se reposer à Vence, Domaine de la Conque, durant une quinzaine.

Et certains jours, il me semble que, moi aussi, je n'en puis

---

1. Voir ci-dessus, lettre 874.
2. « Sauf une. »
3. Acte V, scène 1.

plus. La lecture ne parvient plus à me distraire de l'horreur et de la détresse universelle (dont font partie, et qu'aggravent encore les moyens « de fortune » que l'on propose pour s'en tirer!). Je me sens affreusement loin de vous, des rares êtres avec qui je puis fraterniser; je m'enlise dans de sombres marais d'indifférence et d'apathie. Tout ce que vous m'écriviez au sujet de Catherine n'est que trop vrai; et cela ne contribue pas peu à m'assombrir. Pourtant, et malgré tout, j'ai bon espoir... mais, Dieu que c'est fatigant d'avoir raison! et que cela coûte cher!! Comprenez que j'ai plus besoin que jamais de sentir votre amitié et que ce n'est guère le moment de m'écrire de ces petites phrases « féminines » en diable, qui semblent remettre en question ce qui devrait être *assuré* et qui me font souffrir beaucoup plus que vous ne semblez croire...

Vous me direz si vous avez reçu les deux envois de vivres. Je souffre de vous imaginer tous trois si maigres, si réduits, que je ne trouve presque plus rien à embrasser de tout mon cœur.

Ah! ceci encore : dites à Simon que son beau peignoir, resté inutilisé bien longtemps, me rend, ici, d'inappréciables services!

Votre
André Gide.

896. – DOROTHY BUSSY À ANDRÉ GIDE

40 rue Verdi
20 septembre 1942

Très cher Gide,

je suis revenue de Figeac le 17 septembre et ai trouvé la dactylographie de votre *Hamlet* qui m'attendait[1]. D'abord,

---

1. Les actes III et IV.

laissez-moi vous dire que votre traduction me paraît absolument *étourdissante* et montre votre extraordinaire maîtrise du langage, particulièrement triomphante là où le texte est particulièrement difficile. J'ai pris un grand plaisir à l'examiner mot à mot, et cela m'a donné une admiration et un respect accrus pour vous... *et* Shakespeare. Beaucoup de choses m'ont frappée à neuf, ou, du moins, comme elles ne l'avaient pas fait auparavant. L'une d'elles — cela va peut-être vous faire sourire et, ici, l'admiration va à Shakespeare plutôt qu'à vous — c'est Ophélie. Je l'avais toujours un peu méprisée et négligée, non seulement comme personnage, mais comme création. Et voilà qu'elle me paraît le comble de l'art. Comment a-t-il réussi à saisir tant de simplicité, à traduire tant d'angoisse avec à peine plus qu'un « Oui, Monseigneur », « Non, Monseigneur »? Elle surpasse Desdémone. Je veux dire comme création. La tragédie de Desdémone st tellement plus évidente, tellement plus facile à exposer. Celle d'Ophélie est si subtile, si mince d'abord, si graduelle, si infiniment plus cruelle. Je ne sais pas pourquoi je me laisse entraîner ainsi.

Je vous ai envoyé mes annotations hier. La plupart sans grande importance. Mais je suis d'une conscience impitoyable et n'ai rien laissé passer. Il n'y en a que deux ou trois qui méritent vraiment qu'on s'en préoccupe. En même temps, cette traduction est si remarquable que j'ai cessé de la considérer comme une simple offrande à M. Barrault, en vue d'une production à la scène. C'est pourquoi je pense qu'il vaut la peine de la rendre aussi exacte que possible. J'ai donc changé d'avis à propos des coupures. Très évidemment, il faut en apporter dans la version pour la scène (c'est du moins ce qu'on fait toujours), mais il faut que *votre* version soit complète — même le passage si ennuyeux avec ses allusions d'actualité concernant les acteurs [1]. Vous ne m'avez pas encore donné la moindre instruction sur ce que vous voulez que je fasse — si je dois faire quoi que ce soit — pour

---

1. La version gidienne de cette scène sera abrégée. Voir la note explicative, p. 115, de l'édition citée.

les changements que vous avez décidés dans l'Acte II. Il y a de nombreuses fautes de la dactylo dans les Actes III et IV. *Artistes* au lieu d'*asticots* était bien, mais le *Manager* Mercure n'est pas mal non plus [1].

..... [Elle parle ensuite de la mort d'une de ses nièces, fille d'Elinor Rendel et sœur de Vincent, et de celle d'une amie d'enfance qu'elle aimait beaucoup]

Ne croyez pas que je sois malheureuse. Je suis stupéfaite du nombre de choses qui me donnent encore du plaisir, malgré les horreurs qui nous entourent.
Votre fidèle

Dorothy Bussy.

P.S. J'ai énormément aimé votre article sur *Iphigénie* [2]. Donnez-nous-en d'autres du même genre.

897. — ANDRÉ GIDE À DOROTHY BUSSY

25 Sept. 42

Chère amie

Comment ne pas répondre aussitôt à une lettre aussi bonne? (du 20 Sept.) Hélas! ce que j'en retiens surtout, c'est ce nouveau deuil que vous m'annoncez. Je me souviens si bien de *tout* ce que vous me disiez de votre nièce, et de ses éminentes vertus... Mais combien je vous aime, chère amie,

---

1. Les deux passages en question : (II, 2) Hamlet (lisant) « Car si le soleil, comme un dieu baiseur de charognes, engendre des asticots dans un chien mort... »; et (III, 4) « le messager Mercure ».
2. Il s'agit d'« Autour d'Iphigénie », paru dans *Le Figaro* du 29 août, 1942, p. 3.

de ne point vous laisser trop assombrir, ni perdre trop goût à
la vie! — Quant à Betty B.[1], non, je ne crois pas que jamais
vous m'ayez parlé d'elle (car je suis moins distrait, ou sourd,
ou oublieux que, parfois, vous vous amusez à me prétendre,
et vous le savez bien).

Mme Reymond de Gentile, dont j'étais l'hôte à Sidi Bou
Saïd, avait (vous l'avais-je écrit? je ne crois pas) gagné
Marseille d'urgence, où le Dr David est venu, de Paris,
l'opérer d'une tumeur cérébrale (qu'on affirme de nature
« bénigne »; id est : non cancéreuse). Il est à peu près le seul,
aujourd'hui en France, depuis la mort de Martel, à oser cette
très téméraire opération. Il la semble avoir admirablement
réussie, et, depuis, 10 jours se sont écoulés sans accrocs.
Mme R. de G. est doctoresse elle-même et s'était effroyablement surmenée jusqu'au jour où l'ont terrassée d'affreuses
douleurs; elle souffre encore, mais chaque jour un peu
moins, nous écrit-on; mais ne pourra se dire complètement
rétablie avant trois ou quatre mois. Je vci avec sa vieille
mère et ses deux enfants. Si vous voulez en savoir plus sur
Mme Reymond et sur la famille, vous demanderez à Roger de
vous communiquer la lettre (d'avant-hier) où je lui en parle
assez longuement[2]. Je ne vais pas recommencer. Et puisque
vous avez goûté ma dernière chronique sur *Iphigénie*,
demandez-lui donc (à Roger) de vous communiquer également l'étrange lettre qu'un magistrat de Pau m'écrit à ce
sujet. « Signe des temps[3] »!!

Me voici tout gonflé, presque bouffi, par vos compliments au
sujet de ma traduction. Mais je crois que le mieux est la
scène dans le cimetière, que vous n'avez pas encore lue;
en tout cas c'est celle qui, à la fois, m'a donné le plus de

---

1. Lady Elizabeth (Betty) Balfour, la femme de Gerald, second Earl de
Balfour, était la fille de Lord Lytton, Vice-roi des Indes et parrain de Lytton
Strachey. Betty Balfour était l'amie d'enfance de D. Bussy.
2. Voir lettre du 23 septembre dans la *Correspondance A. G.-R. M. G.*,
II, pp. 268-271. Sous le pseudonyme de François Derais, le « Victor » du
Journal (Pléiade, II, passim entre p. 149 et p. 223) écrira *L'Envers du
Journal de Gide*. Paris, Le Nouveau Portique, 1951.
3. Nous n'avons pu trouver aucune trace de cette lettre.

[SEPTEMBRE 1942]

mal, et dont je suis le plus satisfait. — J'avais reçu, la veille, vos annotations précieuses (dont je vous suis ineffablement reconnaissant); mais pas encore mon propre texte, que j'attends impatiemment pour y apporter les amendements. Croyez bien que je tiendrai compte sévère et très attentif de toutes vos remarques, de toutes. (Et j'ai marqué sur le 2ᵉ acte, le « wild » et le « in the beaten way of friendship » — pour lesquels je cherche encore). Permettez que je garde encore quelque temps (et tant que je n'aurai pas achevé la révision avec vous) le petit John Davis Wilson qui m'a rendu si grand service — et dont j'ai lu l'introduction savante avec un intérêt très vif. Je lui sais gré d'avoir écrit : « When he (Shakes.) used a word, all possible meanings of it were commonly present to his mind, so that it was like a musical chord which might be resolved in whatever fashion or direction he pleased [1]. » Commode pour le traducteur!

Pour « wild », j'ai trouvé : « *primesautier* [2] » me paraît excellent, allant à merveille avec la suite : « avec des propensions à ... », convenant parfaitement, à la fois au vocabulaire de Polonius et au caractère de Laerte en contraste avec celui de Hamlet. Qu'en pensez-vous? Vous voudrez bien reporter sur la dactylo les retouches que je vous transmets.

Vous ne me dites toujours pas si vous avez bien reçu (et gardé pour vous) les deux envois au nom de Catherine. Cela me retient d'en faire un nouveau ce mois-ci.

Et, pour le « beaten way », que pensez-vous de « Mais, sur le pied courant d'amitié [3] » n'est-ce pas assez bien rendre la nuance?...

Je lis la *Pucelle d'Orléans* de Schiller... pour appré-

1. Phrase que Gide a citée dans son *Journal* le 16 septembre. Traduction : « Quand il employait un mot, tous les sens possibles étaient généralement présents à son esprit, de sorte que c'était comme un accord musical qui pouvait être résolu de la façon ou dans la direction qui lui plaisait. »
2. Mais dans la version définitive, on lit : « rétif » (II, 1). Voir lettre 903, p. 257.
3. Gide gardera son original : « entre bons camarades » et ajoutera en note : « sur un pied courant d'amitié » (II, 2).

cier mieux Shakespeare. Oh! si Catherine, restant à Nice, pouvait d'elle-même décider de venir régulièrement le lire avec vous!... Mais je renonce à intervenir auprès d'elle.

Au revoir. A quand? — Il fait une chaleur accablante. — De tout cœur et d'esprit, votre

A. G.

898. — DOROTHY BUSSY À ANDRÉ GIDE

40 rue Verdi
28 septembre 1942

Très cher Gide,

j'ai reçu hier votre lettre du 18 septembre — dix longs jours. Je ne savais pas que la poste aérienne s'était détraquée — comme tout le reste. En tout cas, c'était une lettre gentille. Quoique je n'aie pas su tout à fait si je devais rire ou pleurer en la lisant. Je suppose... non. Imputez ma mauvaise humeur à ces retards de la poste dont je ne m'étais pas rendu compte, et aussi au fait que je n'avais pas du tout compris que vous souhaitiez me voir corriger la dactylographie. Je vois aujourd'hui que la phrase dans laquelle vous avez cru me le demander ne m'est pas apparue un seul instant sous cet éclairage — et autant pour le style limpide de notre plus grand prosateur!

Peut-être avez-vous reçu ma dernière lettre au sujet de la pauvre Ellie. Après l'avoir envoyée je me suis rappelé que j'avais oublié de vous remercier pour les deux colis de provisions qui sont bien arrivés à notre retour de Figeac. *Tout* ce qu'ils contenaient a été le très bien venu.

Voilà quelques jours, le jeune Keeler Faus a reparu. Il est de retour à Vichy et a reçu un congé spécial (a-t-il dit) pour venir à Nice afin de m'apporter une magnifique boîte de thé de Chine de la part de Mme Roosevelt en personne [1]! Je lui avais vaguement envoyé mes souvenirs et c'était sa réponse. Il a sorti de son sac de prestidigitateur (il est venu déjeuner et Roger était là pour le rencontrer) son assortiment habituel de cadeaux de bonne fée. Parmi des provisions plus terrestres, il y avait deux livres, un pour vous et un pour moi. Le vôtre est d'une épaisseur et d'un poids énorme et s'appelle la Bible. Destiné à être lu comme Littérature Vivante (version anglaise autorisée). C'est un très beau livre, magnifiquement imprimé, et presque aussi facile à lire qu'*Autant en emporte le vent!* Comme nous n'étions pas tout à fait sûrs de votre adresse, nous avons décidé que je vous demanderais si vous vouliez qu'on vous l'envoie ou que je le garde en attendant. Oh! comme je souhaite que vous veniez très vite le chercher vous-même! Je ne peux pas supporter l'idée que vous êtes si loin, livré au découragement, et tout seul. Et nous, et moi, livrés au découragement, sans vous. Quant à Roger, il ne cesse de répéter que « Jamais, vous entendez bien, jamais », il n'a passé un si heureux été. Non, jamais, jamais il n'a connu quelque chose de pareil. Il a certainement l'air beaucoup mieux que lorsqu'il est parti pour Antibes. Ils disent qu'ils reviennent le 15 octobre.

J'attends avec impatience les Fossoyeurs. Dois-je renvoyer la dactylo corrigée à Mme Fiquet, ou non? J'ai demandé à Janie ce qu'elle pensait de *farouche* et elle a aussitôt dit que la première chose qu'elle associait à ce mot était « Mais fidèle, mais fier, et même un peu farouche [2]... » — exactement le contraire de ce que veut dire Polonius. Tous les exemples du Littré semblent avoir le même sens, c'est-à-dire « qui redoute la société ».

Simon a été amusé par votre message au sujet du peignoir. « Je l'ai acheté, a-t-il dit, pour aller chez un Lord! »

Cher, un jour je vous expliquerai, si je ne l'ai pas déjà

---

1. Eleanor Roosevelt avait été l'élève de D. Bussy à Allenswood, l'école dirigée par Marie Souvestre en Angleterre. Voir Introduction, tome I, pp. 12-13.
2. *Phèdre*, II, 5, v. 638. Il s'agit toujours de la traduction de « wild ».

fait, pourquoi vous devez être *assuré* et je ne peux pas
l'être. Nous sommes tous assez gras pour être embrassés
et vous embrasser.

Votre
D.

899. — DOROTHY BUSSY À ANDRÉ GIDE

40 rue Verdi
9 octobre 1942

Très cher Gide,

ci-joint mes annotations de l'Acte V que Mme Fiquet a déposé ici avant-hier. Il a l'air d'y en avoir beaucoup, mais elles sont presque toutes sans grande importance. J'ai cependant fait cela consciencieusement. Excusez-moi lorsque je fais des suggestions en français. C'est généralement pour rendre ma pensée — ma *nuance* de pensée — plus claire. C'est quelquefois difficile à faire par écrit. Pourquoi n'êtes-vous pas ici, pour que nous puissions en parler? Ce serait tellement plus facile. Je me demandais ce matin pourquoi

« Good night, sweet prince,
And flights of angels sing thee to thy rest! »

est si certainement un subjonctif qu'aucun Anglais ne peut s'y tromper un instant. Le verbe est absolument identique au présent de l'indicatif. Alors, quoi? Après quelque réflexion j'ai conclu que c'est le mot *And* qui en est responsable. « Good night » devient alors un souhait, et *and* introduit une phrase qui signifie : « May flights of angels, etc. [1] »

---

1. « Bonne nuit, gentil Prince. Que le chant des cohortes d'anges te conduise vers le repos! » (traduction de Gide). D. Bussy se sert de ces deux vers d'*Hamlet* au cours d'une longue analyse du subjonctif anglais dans

J'espère que vous pourrez lire mon écriture. La plume de mon stylo est abîmée et je ne peux ni la remplacer, ni la faire réparer, de sorte que j'ai la plus grande difficulté à m'en servir et dois la cajoler par toutes sortes de manœuvres très nuisibles à mon écriture.

Il reste à présent la fin de l'Acte II qui n'est pas du tout du « gaspillage de cervelle », mais contient en fait quelques-uns des mots les plus célèbres d'H., si je me souviens bien. Et puis il y a l'Acte I, que, je suppose, vous allez réimprimer avec le reste de la nouvelle traduction. Puis-je faire la même chose pour celui-ci que pour les autres? Je me souviens qu'il y avait une ou deux objections que je désirais vous faire à son sujet, mais que je n'ai pas faites parce qu'il était trop tard.

J'ai reporté vos corrections sur la dactylographie. Quoi d'autre? Middleton Murry qui, s'il dit des sottises au sujet de la religion et de la philosophie, est quelquefois un très bon critique, fait une remarque qui m'a frappée au sujet du dernier vers d'Hamlet :

« And in this harsh world *d*raw thy breath in pain [1]. »

Il est impossible de dire cela sans un grand effort, sans une pause qui indique la lutte d'un mourant pour trouver son souffle. Il pense sans aucun doute à sa propre souffrance.

Cher Gide, votre lettre aussi était très gentille. Je ne crois pas que vous vous rendez compte, ou vous êtes-vous jamais rendu compte de la différence que cela fait pour moi quand vous prenez la peine de me laisser sentir que vous éprouvez quelque chose — presque n'importe quoi. Ce dont vous ne vous rendez pas compte non plus, c'est de mon manque d'assurance à votre égard; il est tout naturel, mais vous fait croire que j'ai trop peu confiance en moi et suis ridiculement susceptible et sensible à l'excès. J'ai eu des relations d'inti-

---

les *Fifty Nursery Rhymes* (p. 272) auxquelles elle travaille depuis quelques mois.

1. « Et, dans ce monde affreux, réserve avec douleur ton souffle afin de raconter mon histoire » (traduction de Gide).

mité avec de nombreux amis et un ou deux amants, mais aucun d'eux n'a jamais blessé mes sentiments ou ne m'a entendue me plaindre de griefs imaginaires. Avec vous, c'est différent. Il n'y a aucune *égalité* entre nous, aussi peu dans l'affection et ma prétention à l'affection que dans tout le reste. Cela n'est pas de la modestie, c'est un fait. Mais il est bien vrai que très peu des *choses que je désire* semble être *assuré*. Certaines autres, oui. Mais sans les premières, je me soucie assurément trop peu des autres. Tout cela vous paraîtra peut-être très obscur, ou ce que Charlie appelait « byzantin ». Mais croyez bien que je ne veux pas non plus vous blesser — du moins, pas aujourd'hui — quelquefois, un peu trop comme Hermione, je le voudrais. Pas aujourd'hui, mon très cher. Tout ce que je veux, c'est,... disons « vous embrasser »

Votre
D. B.

Très heureuse d'apprendre que votre doctoresse fait des progrès. Extrêmement heureuse de savoir que Catherine a abandonné le projet d'aller à Paris. Je vais demander à Roger la lettre sur *Iphigénie* quand ils reviendront à Nice bientôt, j'espère.

Votre lettre du 26 septembre m'est parvenue le 5 octobre. C'est aujourd'hui le 9.

Je suis contente que vous trouviez Dover Wilson intéressant. Je ne suis pas pressée de le ravoir. Combien j'aime ce travail avec vous et Shakespeare, combien j'admire vos deux *Hamlet,* il serait difficile de le dire.

Votre
D. B.

900. — DOROTHY BUSSY À ANDRÉ GIDE

40 rue Verdi
12 octobre 1942

Cher Gide,

Je vous envoie un autre petit papier sur les Actes III et IV qui est moins alarmant qu'il n'en a l'air [1]. Vous verrez que j'hésite encore devant quatre de vos interprétations et fais des remarques sur quelques autres. Le passage de l'« oubli bestial » est, je le comprends très bien, affreusement difficile à traduire, et vous vous en êtes sans aucun doute mieux tiré que personne d'autre.
Mes objections me semblent quelquefois peu aimables et méticuleuses à l'excès. Mais mon travail, n'est-ce pas, est de chercher la petite bête et non de faire des compliments. Par exemple, je ne crois pas vous avoir dit que la scène des Fossoyeurs me paraît un prodigieux « tour de force », parce que vous le savez mieux que moi.
Une remarque encore au sujet d'une phrase dans « Être ou ne pas être », où j'ai essayé de trouver des fautes, mais sans y réussir. Cela m'a échappé la première fois. « The spurns that patient merit from the unworthy takes » — vous traduisez l'avant-dernier mot par *incapables*. Cela semble dénoter une infériorité intellectuelle par rapport au mérite, alors que *unworthy* est une infériorité *morale* et beaucoup plus difficile à supporter que l'autre pour le mérite patient [2].

1. Voir ci-dessus, lettre 886, note 4.
2. Gide remplacera « incapables » par « indignes » (III, 1).

...... [quelques lignes sur les inquiétudes devant l'hiver qui vient; mais les Bussy vont tous très bien]......
Adieu. Oh, au diable ce stylo!

Votre
D.

901. – DOROTHY BUSSY À ANDRÉ GIDE

40 rue Verdi
25 octobre [1942]

Cher Gide,

toutes vos corrections [1] me paraissent très bonnes et je suis même réconciliée avec certains des passages que vous ne changez pas — le « gentil prince » d'Horatio est tout à fait juste, je le vois à présent.

Quant à « exquis », je ne savais pas qu'on l'employait dans ce sens en français et croyais qu'« exquisite pain » était une expression purement anglaise. Pourtant, pour les « ingenuous brains » d'Ophélie (qui, selon moi, signifie peut-être quelque chose comme inné, naturel), je préfère votre « lucide ».

Dans deux cas, cependant, je continue une protestation modeste. Feuillet 14, les deux dernières lignes : « Étant ainsi tout encerclé de vilenies — et le drame* commençait à se jouer sans me laisser le temps d'imaginer quelque prologue... » ne traduit pas pour moi la même idée que la déclaration assez remarquable d'Hamlet qui, il me semble, revient à ceci : *Qu'avant qu'il ne puisse commencer à y penser vraiment,* son cerveau s'était déjà mis au travail. C'est la seule façon dont Hamlet agisse jamais. Il en est curieusement conscient. N'est-ce pas le cœur de son mystère?

---

1. Pour le Ve acte.

Dans la scène d'Osric, c'était seulement à une des remarques d'Hamlet que j'objectais, que vous avez laissée dans le simple langage de tous les jours : F. 18 : *« Mais pourquoi parliez-vous de ce seigneur? »* Rien pourrait-il être plus direct? L'anglais dit : *« What imports the nomination of this gentleman. »* C'est ce raffinement excessif qui bouleverse complètement Osric lui-même et fait que le grave Horatio rit sous cape.

F. 19. La seconde phrase d'Osric pourrait être d'une absurdité encore plus exagérée. Ici encore, la vôtre est tout à fait directe. *« In the imputation laid on him by them, in his meed he is unfellowed »*, ce n'est pas Shakespeare, c'est *Osric*. Le reste de la conversation me paraît très bien (je ne comprends pas du tout votre obscénité, mais, s'il y en a une, tant mieux), mais je regrette *« I would it might be hangers till then. »*

Notes sur *Hamlet*

Bien sûr, je garde toutes vos notes précieusement, et jusqu'à présent j'ai gardé toutes les miennes.

Acte IV, feuille 22.

« Were she ten times our mother... » Votre juste commentaire sur l'objection que j'avais faite à votre traduction : *« A sa mère on doit obéir dix fois pour une »* était le suivant : « Ma méprise est consciente et volontaire, car je doute si ce n'est pas Shakespeare qui s'est mépris. " Il faut se contenter de cette lumière, quand même elle éclairerait dix foix plus. " Absurdité! Ou effroyable injure à l'égard des parents — et qu'on ne comprendrait pas, tant elle serait subtile — et que Hamlet ne risquerait pas devant Rosencrantz. " In spite of her being my mother " me paraît insoutenable. »

Vous ajoutez dans votre dernière lettre : « Mais comment ne voyez-vous pas l'absurdité injurieuse de cette phrase? " J'obéirai, me soumettrai à l'ordre du roi, lors même qu'il serait dix fois plus *injuste* ", mais pas : lors même qu'il serait dix fois plus *juste*. J'obéirai à ma mère, quand bien

même elle serait dix fois *moins* ma mère. Si dix fois ma
mère, il y a dix raisons pour une d'obéir — et non pas de se
révolter. »

Ma réponse :

Cette dernière phrase, venant de la plume qui a écrit
« Familles, je vous hais! » m'a fait sourire.

Hamlet, cinq minutes plus tôt, a entendu confirmer ses
pires craintes. Son cœur est tout bouillant de rage et de
haine contre sa mère, il va bientôt jusqu'à craindre de la
tuer (« Je lui parlerai de poignards, mais n'en userai pas »).
Quant à reculer devant des « injures effroyables », il n'a pas
beaucoup de scrupules à cet égard cinq minutes plus tard!
Il n'est pas en état de penser selon des syllogismes logiques.
S'il peut se libérer d'une part de sa *révolte* (votre mot est
juste) sous son apparence habituelle de courtoisie quand il
est en public, cela le soulagera. Mais, après tout, il n'est pas
si illogique que ça. Il ne part pas, comme vous faites, de la
prémisse que, puisqu'elle est sa mère, il doit lui obéir. Au
contraire, *bien qu*'elle soit sa mère, il sait qu'elle n'est *pas*
quelqu'un à qui il doit obéir, elle est quelqu'un qu'on doit
détester. *Si elle était dix fois sa mère, il n'aurait pas de
devoirs envers elle,* mais en dépit de cela, il va lui obéir en
cette occasion. Il pose cela assez clairement pour sa propre
satisfaction (et la mienne), mais le formule de façon para-
doxale, selon son habitude, afin d'embarrasser Rosencrantz
(et Gide) qui tiennent pour assuré que tous les fils doivent
obéir à leur mère et le font naturellement.

Non, non, Hamlet ne pourrait pas, à ce moment, exprimer
un lieu commun moral sur le devoir d'obéissance aux
mères. « A sa mère on doit obéir dix fois pour une. »

Mais tout cela est plus ou moins pour le plaisir de discuter. Je ne crois pas que ce soit plus qu'un détail. Il
suffira qu'Hamlet prononce son lieu commun de façon ironique, et tout sera bien... quoique Shakespeare soit plus
amusant. (Et aussi, je n'ai pas proposé : « Bien qu'elle soit
ma mère » comme traduction, mais simplement comme un
équivalent, ou plutôt une explication.)

[OCTOBRE 1942]

Feuille 8. (Bestial oblivion, etc.) Je trouve que tout ce passage est infiniment mieux et que cela valait largement vos heures de travail. Même les premiers vers, que je n'avais pas critiqués, « Shure, he that made us with such large discourse, etc. » me paraissent extraordinairement bien, « motif, volonté, force et moyen de l'accomplir » beaucoup mieux que la première version, comme d'ailleurs tout le reste.
J'ai noté tous les autres changements.
Feuille 14. Le Roi : « Who shall stay you? » La Temple Edition comporte un point d'interrogation qui me paraît indispensable. L'Oxford Dictionary donne comme premier sens pour *stay* : « Check, stop », aujourd'hui surtout littéraire. Je crois qu'il n'existe pas de difficulté ou de doute à ce sujet. Laerte répond : « Personne au monde ne peut m'arrêter — que ma propre volonté. » (Je pourrais vous trouver une douzaine de citations où *stay* signifie *arrêter*.)
Feuille 15. Je crois que je préfère votre seconde version, que j'avais déjà notée (mais ce serait difficile de changer, bien entendu). « Aurais-tu gardé ta raison, tu ne persuaderais pas plus ma vengeance. »
Laerte est ému (il le dit). Ce qu'il dit doit être aussi simple et direct que possible. *Éloquence* est un peu pompeux. (« L'éloquence de ta raison, etc. » est la troisième suggestion, qui ne me plaît pas beaucoup.)
« Épouser votre peine » semble très raisonnable, mais ce n'est pas ce que dit le Roi. Peu importe.
Feuille 29, ligne 1. Je croyais qu'une virgule après le second *vous* rendrait la chose plus facile, mais je suppose que j'ai tort.
Dans le discours de Fortimbras qui suit cela, je ne comprends toujours pas très bien « Nous sommes impatients de vous entendre, et toute la noblesse convoquée. » Cela ne peut-il pas signifier ou bien : La noblesse convoquée est également impatiente de vous entendre, ou bien : Nous sommes impatients de vous entendre et aussi la noblesse convoquée? A vrai dire, l'anglais ne dit ni l'un, ni l'autre. Mais qui peut s'intéresser à Fortimbras, à ce moment critique? Le rideau est en train de tomber.

Rien d'autre à dire aujourd'hui. Mais la vie ne manque pas d'intérêt.

Votre
D.

P.S. La difficulté qu'a Osric à se mettre d'accord avec Hamlet sur l'état contradictoire de la température me semble ressortir beaucoup plus clairement dans son « as't were — I cannot tell how » que dans votre « Effectivement, je ne sais pourquoi. »
Mais c'est là de l'hypercritique !

* Sûrement ce « *drame se jouait* » signifie l'action de l'*ennemi ?*

902. — ANDRÉ GIDE À DOROTHY BUSSY

28 Octobre 42

  Chère amie

Certains jours il me semble que tout s'endort en moi. C'est une sorte d'engourdissement où tout s'émousse. On appelle ça : sérénité. Effet de l'âge, et d'un gros rhume. Pourtant il fait encore presque aussi chaud qu'en été; et il ne se décide pas à pleuvoir. Une carte de Cuverville me parle d'abondance de fruits merveilleux.
Le livre que m'apportait Keller Faus, il n'y a qu'à me le garder en réserve. Oh ! je me languis désespérément loin de vous ! — Ces derniers temps j'ai sérieusement avancé mon *Anthologie;* elle est bien près d'être prête. La bibliothèque d'ici, municipale, est une des mieux fournies qui soit, et c'est une des raisons secondes qui me retiennent ici. Mais je n'oublie pas qu'une longue scène, assommante, du 2e Acte de

Hamlet reste à traduire[1]. Je vais tâcher de trouver un restant de courage pour m'y lancer. Ce qui me gêne c'est que je ne sais quel ton donner à la grande tirade sur Hécube. Est-ce une parodie? D'un ennui mortel. Et qui se rattache si peu, si mal, à l'action centrale... Est-il séant d'admirer même cela?...

Gardez encore le texte où vous aurez porté *nos* corrections. Je vous dirai plus tard ce qu'il y aura lieu d'en faire, et comment le faire parvenir à Gallimard (peut-être par Roger).

Le poste de radio d'ici est détraqué. Cela me manque beaucoup. Je n'ai plus que des échos d'échos très affaiblis.

Oh! que le temps me dure à Césarée! Et je ne mange même pas si bien que vous pourriez croire. Purgatoire, près de quoi tout me paraîtra paradis. Je pense à vous et me sens revivre un peu d'être votre

André Gide.

[D. B. à A. G. Nice, 29 octobre 1942

Elle l'interroge sur la fin de la traduction et sur l'*Anthologie*. Se plaint de ce qu'il n'a pas montré le moindre intérêt pour sa visite à Figeac, et déplore la difficulté de trouver du papier à lettres.]

903. — DOROTHY BUSSY À ANDRÉ GIDE

40 rue Verdi, Nice
3 novembre 1942

Cher Gide,

j'ai été très heureuse de recevoir votre lettre du 28 octobre (elle est arrivée le 30!). Elle répondait à presque toutes les

---

1. Il s'agit de la scène abrégée. Voir ci-dessus, lettre 896, note 2.

questions que je vous posais dans la lettre envoyée la veille, et contenait en outre une goutte de miel qui était très douce.
 Je comprends que vous reculiez devant la traduction du discours des comédiens sur Hécube — celui d'Hamlet aussi. J'avais toujours évité de les lire et crois que je l'ai fait sérieusement (plus ou moins) hier pour la première fois. Ils sont mortels pour la plus grande part, je vous l'accorde. Je crois qu'il n'est pas douteux qu'ils soient une parodie (Marlow?), mais ils ont surtout pour utilité de donner au comédien l'occasion de déclamations ridicules : « Tears in his eyes, distraction in 's aspect [1]... » Je crois aussi que, bien mis en scène, cela pourrait faire une très bonne scène pour les acteurs. Les commentaires de Polonius, les apartés d'Hamlet, le côté pittoresque et absurde des troupes ambulantes, etc. Mais je trouve, comme Polonius, que c'est trop long, et certainement vous pourriez rendre les discours burlesques et d'Hamlet et du comédien beaucoup plus courts sans que personne s'en plaigne ou même s'avise que vous l'avez fait. Tout de même, quand Shakespeare s'y mettait... A la fin de la rodomontade, dans l'esprit de celle-ci, brusquement, comme s'il ne pouvait pas s'en empêcher, il devient magnifique :

> « Out, out, thou strumpet fortune! All you gods,
> In general synod, take away her power;
> Break all the spokes and fellies from her wheel,
> And bowl the round nave down the hill of heaven,
> As low as to the fiends [2]! »

C'est terriblement capiteux.

1. « Des larmes dans les yeux, tout l'air de la folie. »
2.   « Va-t'en, garce fortune! et vous tous, dieux,
   Rassemblés en synode, ôtez-lui son pouvoir!
   Brisez tous les rayons, les jantes de sa roue,
   Lancez le moyeu rond sur les pentes du ciel
   Jusqu'au fond des enfers! »
Ces vers ne figurent pas dans la version simplifiée que Gide donnera de l'Acte II, scène 2. Voir sa note d'explication, p. 115, de l'édition Schiffrin de la pièce.

J'ai parcouru l'Acte I et n'ai trouvé que deux ou trois détails insignifiants que je souhaiterais voir modifier. Tout cela est très bon, mais je crois que si vous le faisiez à présent vous amélioreriez Polonius.

J'ai mis *rétif*. Beaucoup mieux que *farouche*, mais pas encore à mon goût pour *wild*. Comme aussi, un ou deux vers plus loin dans la même tirade, *brusquerie* pour « such wanton *wild* and usual slips » me semble tout à fait contraire à ce que veut dire Polonius, et vraiment très peu conforme au sens ou au personnage. P. explique ensuite le genre de « slips » auxquels il pense (*écarts* est très bien) et *brusquerie* n'y est pas du tout à sa place.

Si la belle bibliothèque de Tunis et l'Anthologie sont parmi vos « raisons secondes » pour rester au loin si longtemps, que peuvent être les « premières »? Je me dis quelquefois que vous avez fait vœu de *mourir* au désert, aussi loin que possible de ceux qui vous sont attachés. Quelles autres compensations avez-vous trouvées à votre ennui dans Césarée? Je ne crois vraiment pas que le climat de Tunis soit meilleur que celui de Nice. Vous y attrapez aussi des rhumes (j'espère que le dernier est guéri).

Nous nous préparons à mettre un Mirus dans notre petit salon et espérons trouver du bois. Notre plombier nous dit que les hôtels mettent dans leurs chambres des poêles qui brûlent de la sciure et donnent une excellente chaleur. (Ceci pour vous inciter à revenir.) Cependant, le temps est divinement beau. Un peu vif, mais glorieux.

Je ne sais pas comment nous ferions sans radio ces temps-ci.

J'espère que vous verrez le discours du frère de votre ami Mauriac. Un bijou [1]!

Rien d'autre à dire qu'adieu.

---

1. Le professeur Pierre Mauriac, alors doyen de la Faculté de Médecine de Bordeaux, abordait dans son allocution aux étudiants le thème de la fidélité à la politique du Maréchal Pétain.

Je vais envoyer ceci par avion, et essayer ainsi de ne pas me sentir trop loin de vous.

Votre
D. B.

Vous traduisez toujours « Lord Hamlet » par « Seigneur » ou « Prince » à l'Acte I.

904. – ANDRÉ GIDE À DOROTHY BUSSY

[novembre 1942 [1]]

Chère amie,

Voici les vers de *Hamlet* dont je vous parlais. Vous les trouverez dans la dernière scène du Ier acte. Le spectre du père de *Hamlet* dit à celui-ci :

> But virtue, as it never will be moved,
> Though lewdness court it in a shape of heaven,
> So lust, though to a radiant angel link'd,
> Will sate itself in a celestial bed,
> And prey on garbage.

Il me paraît qu'ici la plupart des traductions se méprennent; à moins que je ne me méprenne moi-même. Dites-moi

---

1. La dernière lettre que Gide lui écrira avant le 30 mars 1943 à cause de l'interruption des services postaux. Le 15 novembre il écrit dans son *Journal :* « Plus de lettres à écrire. Inutile : elles n'arriveraient pas. Quel repos d'esprit! Depuis mon voyage au Congo, je n'avais plus goûté pareille tranquillité. Je doute même si cette sorte de sérénité qui en résulte ne l'emporte pas sur l'angoisse de rester sans nouvelles de tous ceux qui me sont chers. »

qui, d'eux ou de moi, a raison. Voici par exemple comment traduit Jules Derocquigny :

> Mais si ne s'émeut point la vertu, quand le vice
> S'en viendrait la tenter sous de célestes traits,
> Le vice, entré au lit d'un ange radieux,
> *Prend bientôt en dégoût* cette couche céleste
> Et court à l'immondice.

et Guy de Pourtalès de même [1] :

> ... ainsi la luxure, bien qu'accouplée à un ange radieux, *se dégoûtera* d'un lit céleste pour s'aller gorger d'ordure.

Il me semble que la pensée profonde de Shakespeare, ou du moins l'image qui l'illustre est bien autrement hardie qu'ils ne la voient; ou que cette hardiesse les effraie, de sorte qu'ils ramènent le tout à une métaphore assez banale. Traduire :
« Will sate itself in a celestial bed »
par :
« se dégoûter de la couche céleste »
et s'en *détourner* pour « s'aller gorger d'ordure »...
que penserait de cela William Blake? Faut-il avoir traduit son *Mariage du Ciel et de l'Enfer* pour reconnaître à ces vers un tout autre sens; celui-ci : la luxure, encore que mariée à un ange céleste, saura se satisfaire (sate itself) sur cette couche céleste, et, même là, se repaître d'immondice; c'est-à-dire : souiller la pureté plutôt que de se laisser purifier par elle. Certains sonnets de Shakespeare me laissent croire que je ne m'aventure ici qu'avec lui. Vous me direz ce que vous en pensez, et s'il ne faut point voir là un excellent exemple de l'émoussement qu'une traduction peut faire subir, fait subir si souvent, au tranchant poétique du texte original.

---

1. La traduction de Derocquigny est de 1924; celle de Pourtalès, de 1923.

1943

Reprise du courrier. — Gide lit Gibbon, Kleist, Lessing. — D. Bussy travaille à son « livre sur la langue anglaise ». — Mort de Marcel Drouin et d'Odile. — Les Herbart, Catherine et la Petite Dame rentrent à Paris. — Nouvelles de Jef Last.

905. — ANDRÉ GIDE À DOROTHY BUSSY

c/o Librairie Tournier   30 mars[1] [1943]
    10 Avenue de France
    Tunis

    Chère amie

Profitez vite de cette reprise de courrier pour me donner de vos nouvelles. Je reste si anxieux après vous! Les restrictions, ici, sont devenues sévères; mais je crains qu'à Nice

    1. La dernière phase de la bataille de Tunisie dure depuis dix jours. Gide écrit dans son *Journal* (1er avril 43) : « Les échanges postaux avec la France reprennent aujourd'hui, nous fait-on savoir. Nombreux sont ceux qui traitent de poisson d'avril cette bonne nouvelle. Quoi qu'il en soit, j'envoie des cartes à Marcel Drouin, Roger Martin du Gard, Mlle Charras et Yvonne Davet (ces cartes, vraisemblablement, fileront d'abord à Berlin subir la censure) et deux lettres à Mme Théo et à Dorothy Bussy, qui, par voie diplomatique, arriveront, je l'espère, beaucoup plus tôt. »

elles ne soient plus dures encore et que vous n'en souffriez beaucoup. Pourtant il importe de résister jusqu'au revoir. Cette pensée constante me soutient. Je pense à vous sans cesse. Vais bien et me cramponne avec un grandissant espoir. Travaille un peu; lis beaucoup : à présent plongé dans Gibbon, avec l'intérêt le plus vif, après avoir enterré Samuel J. (deux longues lectures que je me réservais depuis longtemps, à cause de vous et de votre frère [1]). Lu aussi la *Penthesilea* de Kleist (que vous connaissez, n'est-ce pas?) et beaucoup de Lessing. Le temps ne peut vous durer plus qu'à moi, qui suis très seul ici en dépit des affectueuses prévenances qui m'entourent. Ah! si du moins je savais que vous allez bien tous les trois, et que vous « tenez le coup... »
Je vous embrasse bien fort et reste fidèlement, constamment, votre

A. G.

J'envoie une carte aux Roger et une à Mme Davet — mais qui ne parviendront sans doute qu'assez longtemps après cette lettre. Veuillez, en attendant, leur transmettre d'affectueux messages.

906. – DOROTHY BUSSY À ANDRÉ GIDE

40 rue Verdi, Nice
28 avril Vendredi Saint 1943 [2]

Cher ami [3],

Nous avons reçu ce matin, avec une grande émotion, votre lettre datée du 30 mars. Quelle joie de voir votre écriture,

---

1. Gide lisait le gros livre de Boswell sur Johnson depuis décembre 1942. Lytton Strachey avait consacré deux des *Portraits in Miniature* (Chatto & Wundus, 1931) à Boswell et à Gibbon.
2. Gide ne recevra cette lettre que le 22 mars 1945.
3. Cette lettre est écrite entièrement en français, sans doute pour éviter des complications possibles avec la censure.

de vous sentir là comme avant, de vous entendre parler de Gibbon et de Kleist! Se peut-il vraiment! Nous passons par des moments bien angoissants en pensant à vous, mais nous nous cramponnons aussi avec l'espoir de résister jusqu'au revoir. Ne vous inquiétez pas pour nous. Nous allons très bien tous les trois, nous n'avons pas eu un jour de — je ne dis pas de maladie, mais de mal en train, pendant tout l'hiver. Les amies de Figeac, Christiane et Zoum, nous aident beaucoup pour le ravitaillement. Nous n'avons à nous plaindre de rien. Simon travaille avec plus d'acharnement que jamais. Janie aussi trouve le temps, malgré tout ce qu'elle fait pour le confort de ses vieux parents, de faire de temps en temps une nature morte toute fraîcheur et gaieté. Moi aussi, je travaille très sérieusement à un livre modeste et hybride sur la langue anglaise [1], en pensant beaucoup à vous et en me promettant qu'un de ces jours j'aurai vos conseils à ce sujet.

La petite Davet est partie avec la « relève » en Allemagne [2]. Je suis en correspondance avec elle. Impossible de vous écrire des détails, mais je m'efforce d'être gentille. Le jeune Cailleux est marié, heureux et amoureux. J'ai eu de lui une lettre lyrique! Son livre a paru à la NRF [3]. Je trouve qu'il a un talent presque prodigieux. Je ne m'y attendais pas! Le jeune Faus fait une cure à Baden-Baden. Pas désagréable, paraît-il, mais je n'ai pas de ses nouvelles directement. Roger, angélique comme toujours. Stoisy nous écrit souvent. Sa santé est bonne, dit-elle, mais elle est « cafardeuse », surtout quand elle pense à l'oncle Edouard [4], c'est-à-dire tout le temps.

J'ai envie de relire Gibbon avec vous. Je l'ai lu, mais trop jeune et trop ignorante. Je continue le latin et suis maintenant plongée dans les lettres de Cicéron. Comme les modernes ont tort de les mépriser! Voilà. On se distrait

---

1. Il s'agit des *Fifty Nursery Rhymes*.
2. Voir ci-dessous, lettre 918.
3. Il s'agit de *Saint-Genès, ou la Vie brève*.
4. C'est-à-dire : Gide.

comme on peut, mais les fureurs et la folie de Penthésilée ont aussi leur écho chez moi. Oui, c'est une des plus fortes impressions littéraires que j'aie eues. Mais je l'ai lu au galop. Terrifiant.

Cher ami, si vous saviez combien nous trois pensons à vous et parlons de vous. Mais vous le savez.

Je n'ai à vrai dire que bien peu d'espoir que cette lettre vous parvienne. (Je vous ai écrit il y a deux mois vingt-cinq mots sur une carte de la Croix Rouge.)

Oui, je « tiens le coup » tant que vous êtes là, mais...
On vous embrasse

Dorothy Bussy.

907 – ANDRÉ GIDE À SIMON BUSSY

Comité International de la Croix-Rouge
Genève

André Gide   à   Simon Bussy
220 rue Michelet   40 rue Verdi
Alger, Algérie   Nice
                                 Alpes-Maritimes
                                 France

22 juillet 1943

Ai répondu message oncle Roger
Habite chez Heurgons depuis fin mai [1]
en très bonne santé tous
Espère joindre prochainement
votre belle-famille

---

1. Gide est arrivé à Alger le 27 mai (trois jours avant de Gaulle et Churchill).

908 – DOROTHY BUSSY À ANDRÉ GIDE

21 septembre 1943

Cher,

Nous avons reçu hier votre message Croix-Rouge (daté du 22 juillet) disant que vous verriez bientôt nos amis. C'est dans cet espoir que je vous envoie quelques nouvelles, que vous aurez pu avoir ou non par d'autres canaux avant que cette lettre ne vous parvienne. De toute façon, j'estime que je dois essayer.

Pour commencer par le plus triste, et qui vous fera le plus de peine : Marcel Drouin est mort. Je n'ai pas de détails. Le fait a été communiqué tel quel par Copeau à la « petite dame ». Plus triste encore, parce que plus injustifié, la pauvre petite Odile est morte aussi, en couches [1]. Je me la rappelle si bien pendant cette extraordinaire visite que je vous ai faite chez vous. Elle s'était montrée charmante avec moi et m'avait beaucoup plu. Je sais que vous l'aimiez bien. Je ne sais pas ce qui est arrivé à l'enfant. Il n'y a pas d'autres catastrophes que je sache dans votre famille immédiate. Tous ceux des « Audides » ont émigré à Paris dans le vieil appartement familier. La « petite dame » a été la dernière à partir. Elle est partie hier, toute seule, avec de nombreux bagages, conduite à la gare par Roger qui rapporte qu'elle était aussi alerte que jamais. Beth, Pierre et Catherine sont déjà installés. Catherine, que nous n'avons pas vue beaucoup depuis votre départ, est venue très sagement nous dire au revoir avant de partir pour de bon. Elle m'a paru belle et radieuse, avec les yeux sombres de son père et ses ravissants cheveux dorés — pas de son père! Elle était très excitée à l'idée de travailler au Conservatoire et d'être aidée par

1. La fille de Marcel Drouin était morte sept mois avant son père.

Barrault et Mayenne[1], qui le lui ont promis. Elle avait déjà passé trois semaines à Paris au printemps et l'avait trouvé extrêmement gai et enchanteur. Cela, toutefois, n'est pas l'impression que rapportent généralement de Paris des gens moins jeunes. Catherine était aussi très enthousiaste au sujet de l'art... est-ce un art? de l'acrobatie, qu'elle dit étudier de façon professionnelle, et elle a parlé avec le plus grand enthousiasme du « grand écart » et d'autres choses pareilles. La pauvre Elisabeth a passé un hiver et un printemps très durs, sans aucune aide, faisant tous les travaux domestiques, la cuisine, la lessive, le jardinage, l'élevage des lapins et des chèvres, avec le bois et l'herbe à couper. La dernière fois que nous l'avons vue, elle avait l'air très bien et en beauté malgré tout cela, mais incontestablement maigre. Les nouvelles de Mme M.[2] sont toujours les mêmes, « pas bien, pas mieux ». Jean S. est rentré dans sa maison, il s'y consacre à éduquer son petit-fils et à cultiver son jardin. Vous avez certainement vu son dernier volume de *Jalons*, que j'ai mieux aimé que le premier. Roger, bien que très maigre lui aussi — mais qui ne l'est pas? — nous paraît en bonne forme et charmant comme toujours. J'ai l'impression qu'il travaille par « fringales ». Hélène ne va pas bien, elle souffre de tension, ce qui a un effet très déprimant sur Roger. Quand elle est partie pour un mois se reposer à la montagne, il était un tout autre homme. Le « Comte Louis »[3] est devenu l'un de nos habitués les plus fidèles. En dépit de son « milieu », il a le cœur bien placé. Mais il est vrai que son milieu aussi a évolué.

Je disais en commençant qu'il n'y avait pas eu d'autres catastrophes dans votre famille, mais en fait il a failli y en avoir une voilà quelque temps, quand la femme de Marc est tombée gravement malade. On dit qu'elle est hors de danger, mais le pauvre Marc, qui se trouvait à Antibes pendant que Nadine était à Paris, a traversé des moments très angoissants.

1. Marie-Hélène Dasté.
2. Mme Mayrisch.
3. Louis Gautier-Vignal.

Notre jeune ami l'attaché d'ambassade [1], qui allait rentrer dans son pays voilà quelques mois, s'est trouvé de façon soudaine et inattendue envoyé dans la direction opposée. Mais nous savons qu'il ne s'y plaît pas du tout. Je suis en correspondance avec « la petite D. ». Une étrange lubie l'a prise l'hiver dernier et elle est partie, de sa propre volonté, à l'endroit qui a donné son nom au pont de Paris reliant le Champ de Mars à la rive droite de la Seine [2]. Son entourage est moins agréable que celui de l'attaché. Elle regrette sa folie et n'est pas très heureuse. Ses lettres sont très intéressantes (bien qu'il y soit beaucoup question de vous!) Je fais tout mon possible pour être gentille.

Il y a peu de temps, deux jeunes amis de Jef sont apparus brusquement avec des messages de sa part. Ils avaient fait un long voyage et souhaitaient en faire un plus long encore. Je me demande s'ils réussiront. Ils ont donné de très bonnes nouvelles de Jef, qui a été grossièrement calomnié ces derniers temps. Sa conduite est tout à fait admirable et son caractère au-dessus de tout reproche. Les jeunes gens nous ont donné grande confiance et, manifestement, connaissaient bien leur Jef. Il n'a pas eu d'ennuis sérieux jusqu'à présent. Je ne sais pas si ces petits détails vous donneront une idée de l'atmosphère dans laquelle nous vivons. Elle n'est pas du tout ennuyeuse — un mélange de l'époque des Macchabées, une touche de quatre-vingt-treize et un peu d'Agatha Christie pour animer le tout. Pour nous, nous sommes parfaitement bien et confortables, pour autant qu'on puisse l'être avec tant de malheur autour de soi. S. continue à peindre ses ravissants petits oiseaux et ses fleurs. La pauvre J. a presque tout son temps pris par la cuisine et les soins du ménage, mais trouve un moment de temps à autre pour les pinceaux et la toile. Quant à moi, je me suis plongée dans un travail qui est sans doute absurde, mais sert à me distraire et dirige souvent mes pensées vers vous. J'essaye de jeter un rai de lumière infiniment mince sur une portion minuscule de la

---

1. Keeler Faus.
2. Iéna, dans l'est de l'Allemagne.

langue anglaise pour le bénéfice d'étudiants français. Le moment venu, ce travail aura besoin d'un peu de votre sympathie et même de votre collaboration.

 Et vous? J'espère bien que vous avez pu travailler un peu malgré les événements. Le bruit court que vous continuez votre *Journal.* Puisse-t-il être vrai. J'attends toujours les dernières pages d'*Hamlet* qui, je l'espère, ont été menées à bonne fin. Essayez, d'une façon ou de l'autre, de nous écrire une vraie lettre. Roger croit fermement que vous êtes encore avec les H. et n'avez pas l'intention de les quitter, en dépit de ce que vous avez écrit dans votre message de la Croix-Rouge. S'il en est ainsi, faites-leur nos amitiés. Mais j'aime à penser que vous avez mené à bien votre projet et êtes dans le voisinage de « la belle-famille de Simon ».

 Affection de nous trois.

 Je suis (me reconnaissez-vous)

votre fidèle

D. B.

1944

Reprise du courrier en octobre. Nice libéré. D. Bussy donne des nouvelles de tous. — Gide hésite à regagner Paris. A écrit Thésée, *lit le* Justified Sinner, *l'*Enéide, Gibbon. *— Situation pénible à Nice; épuration à Alger et à Paris. — D. Bussy parle de Cicéron. — Article d'Aragon contre Gide. — Nouvelles de Paris par Raymond Mortimer. — Barrault monte* Antoine et Cléopâtre. *— Les B. voudraient regagner Londres. — D. Bussy incite Gide à se faire entendre. — Sur Jane Austen.*

909. — DOROTHY BUSSY À ANDRÉ GIDE

40 rue Verdi, Nice [1]
8 octobre 1944

Cher ami,

on nous dit qu'il est possible d'envoyer des cartes postales en Afrique, en Angleterre et en Amérique. La première sera pour vous et j'espère qu'une des vôtres sera bientôt pour nous. Pour commencer, nous sommes tous en vie et en bon

---

1. Cette lettre est écrite sur une carte postale adressée à Gide chez Mme J. Heurgon, 230 rue Michelet, Alger, Algérie.

état, quoique très maigres. Nous n'avons pas bougé de Nice, et nous et le Palais Sémiramis avons traversé sans une égratignure les jours troublés de la libération. Peut-être notre pire épreuve ces temps-ci (sans parler du ravitaillement), c'est que nous n'avons pas de nouvelles des amis de Paris depuis le 7 août, mais nous sommes en correspondance avec Figeac où se trouvent les Roger et Zoum — tous vont bien — et avec la petite dame et Loup (Splendid Hôtel, Villars de Lans, Isère). La pauvre Andrée s'y trouve aussi [1]. Beth et Catherine sont à Paris, pas de nouvelles depuis le 7. Pas de nouvelles non plus de Jean S., depuis une lettre du Val-Richer datée du 1er août. Mais, pour autant que nous sachions, il n'y a pas eu de désastres dans notre cercle immédiat. Rien d'Angleterre depuis plus d'un an. Nous avons traversé, ces quatre derniers mois, une période d'excitation et de ravissement extraordinaire. Nous sommes très tristes de ne pas pouvoir partager notre bonheur avec nos amis. Et le bonheur, bien sûr, n'est pas sans mélange. J'ai beaucoup correspondu avec votre insensée de petite amie D. Elle souhaite que vous sachiez qu'elle est en Allemagne, à Iéna. Au début d'août, elle aussi était en vie. Je n'aurai certainement plus de ses nouvelles jusqu'à la fin.

Et vous? Et vous? Que devenez-vous? Souvenirs très amicaux à Anne et à Jacques.

Louis Gautier-Vignal est notre seul ami à Nice en ce moment, mais il est très gentil et très fidèle. Je ne connais pas d'Américains, mais ils ont apporté une vie nouvelle à notre ville, si triste auparavant.

Affection de Simon et Janie.

Votre
D. B.

---

[1]. Mme Théo avait rejoint à Villard-de-Lans Mme Mayrisch et sa fille. Pierre Viénot, qui travaillait avec De Gaulle, était mort à Londres en juillet 1944.

910. — ANDRÉ GIDE À DOROTHY BUSSY

10 octobre 44
220 rue Michelet
Alger

Chère, chère, chère amie

Une occasion s'offre... on me laisse espérer que cette lettre vous parviendra bientôt; mais Nice aujourd'hui semble plus loin d'Alger que Paris (dont, enfin, j'ai pu recevoir quelques nouvelles). Qui m'a fait croire que vous aviez tous trois regagné Londres?... Quand cesserai-je de trembler pour vous? A Londres le ciel était encore bien peu sûr [1]. A Nice je vous imagine réduits au dernier degré de la maigreur. Combien je désire vous revoir, c'est ce que je n'essaierai pas de vous faire entendre — oh! pas pour une visite en passant, mais pour vivre un long temps près de vous. J'attends cela comme la récompense d'une trop longue attente et j'y pense constamment.

Je crains de ne trouver à Paris (que du reste je ne puis regagner sans un ordre d'appel que j'espère de jour en jour) qu'ennuis, difficultés, fatigues et sujets de tristesse; et voudrais ne m'y arrêter que peu de temps. Au surplus je redoute le froid, auquel je suis devenu ridiculement sensible, éteignable au premier courant de bise... Vers quel midi fuir? Même Nice, sans chauffage, m'effraie. Les hôtels seront-ils rouverts? D'abord savoir s'il est vrai que vous y êtes encore... Roger parlait d'y retourner (lettre de Figeac). Je vis dans la plus grande incertitude et, quittant Alger, y laisserai toutes mes affaires pour y retourner au besoin. Quelles nouvelles de vos sœurs — avec qui, je pense, vous

---

1. Les Allemands avaient accéléré le bombardement de Londres.

aurez pu correspondre. Mille affectueux messages pour Simon et Jeanie. Je vous embrasse bien fort et bien tendrement

Votre
André Gide.

911. — ANDRÉ GIDE À DOROTHY BUSSY

220 rue Michelet
Alger
22 octobre 44.

Chère amie

Vous aurez sans doute (du moins je l'espère) reçu ma lettre en même temps que je recevais votre carte postale. Il m'est plus aisé qu'à vous de profiter de certains retours en France, tant que les courriers postaux ne sont pas parfaitement rétablis.

Le cœur battant, j'ai lu, relu, dégusté votre cartolina bénie. Je restais sans nouvelles de vous et affreusement inquiet. L'étais aussi pour ceux de Villars de Lans que l'on disait très menacés et l'objet de « représailles ». Ils doivent être de retour à Paris. Pierre Herbart a pu, je crois, ramener en voiture Mme Théo, et Andrée Viénot ramener de même sa mère et les deux enfants adoptés. On craignait également pour Mme Desjardins, dont nous restions sans nouvelles. Enfin, avant-hier, une lettre d'elle : demeurée à Cerizy occupé par les Allemands, elle a échappé de justesse aux bombardements américains qui ont complètement anéanti le petit village, mais épargné le château bientôt délivré. Pas de nouveaux deuils à déplorer parmi les nôtres.

Tout ce que j'apprends de Paris me dissuade d'y rentrer aussitôt. Je vais plutôt tâcher d'attirer ici la Petite Dame, qui supporte le froid presque aussi mal que moi. J'ai donc

décliné la proposition de retour par avion qui m'était faite
— un peu tard — retardée par certaines malveillances locales.
Je ne me sens ni le cœur, ni la force d'affronter les difficultés,
les ennuis, les tristesses qui m'attendent à Paris. Je crois
aussi que je suis, ici, de quelque réconfort et soutien pour
Anne (Jacques est retenu à Rome, au palais Farnèse), du
moins sa gentillesse m'en persuade et me décide à passer
outre la malveillance et la goujaterie de ses deux terribles
aînés. Dure épreuve [1]! — Et sinon je vais bien. Ma lettre
vous disait, je crois, que, même, j'ai travaillé et écrit, en
mai-juin dernier, dans un état de joie indicible et que je
croyais ne plus jamais connaître, un *Thésée* qui me tenait à
cœur depuis longtemps et que j'avais à peu près désespéré
de mener à bien. Depuis, plus rien que quelques pages de
Journal, fort intempestives ; et, pour occuper le vide des journées, je me suis remis au latin avec un zèle extrême.

Vous ai-je écrit que le charmant Raymond Mortimer m'a
fait parvenir de Londres *Memoirs of a justified Sinner* [2], de
Hogg (1824) qui est bien un des plus extraordinaires livres I
ever read [3] — que vous connaissez sans doute. Mais comment
expliquer que ce chef-d'œuvre ne soit pas plus universellement connu ?

Vous allez maintenant, je l'espère, pouvoir correspondre
avec Londres. Puissiez-vous ne recevoir que de bonnes nouvelles de tous les vôtres !

La guerre n'est pourtant pas finie, il faut se le redire à
chaque heure. A la première exaltation de la délivrance

---

1. Cf. *Les Cahiers de la Petite Dame*, III, p. 325.
2. Très pris par ce livre de James Hogg, l'ami de Shelley, qu'il voudrait
« faire lire à Roger, à Mauriac, à Breton, à Green, à quantité d'autres... »
(*Journal*, Pléiade, p. 275), Gide écrira une « Préface à *Confession d'un
pécheur justifié* » qui paraîtra dans *La Table Ronde* de septembre 1948,
avant d'accompagner la publication en volume de la traduction de Dominique Aury (Charlot, 1949). La première traduction française de ce livre,
due à Jacques Papy et intitulée *Les Confessions d'un fanatique*, avait été
publiée en octobre 1948 à Lausanne (Marquerat, « Bibliothèque anglo-saxonne »).
3. « Que j'aie jamais lu. »

succède un malaise pénible et... mais à quoi bon en parler.
« Happiness... not unmixed [1] », disiez-vous. J'ai néanmoins bon espoir; mais nous aurons encore une très dure période, et difficile, à traverser.
Transmettez à Louis Gautier-Vignal mes très affectueux souvenirs. Et, avec Simon et Janie, embrassez-vous les uns les autres de ma part. Ah! qu'il me serait doux de vous revoir! de vivre un peu longtemps auprès de vous! Quand sera-t-il possible? Utinam [2]...
De tout cœur avec vous — indéfectiblement votre

André Gide.

912. — DOROTHY BUSSY À ANDRÉ GIDE

30 octobre 44

Cher Gide,

enfin une lettre de vous — en réponse à ma carte postale; celle que vous avez écrite avant n'est pas encore arrivée, mais j'espère qu'elle arrivera. Je suis contente que vous ne pensiez pas à rentrer à Paris pour le moment. La vie n'y paraît pas du tout plaisante. L'excitation, les transports de joie sont retombés et les réactions inévitables se sont produites. Et il n'y a ni charbon, ni gaz, ni bois. Mme Théo fera bien de vous rejoindre — si elle peut. Ici non plus, les choses ne sont pas plaisantes. Les gens ont faim et se querellent et disent à voix basse qu'ils préfèrent les Anglais aux Américains, mais c'est seulement parce que les Anglais ne sont pas ici, et les Américains y sont.
Je viens de recevoir ma première lettre d'Angleterre depuis plus d'une année et elle m'a apporté des nouvelles mélan-

---

1. « Bonheur... pas sans mélange. »
2. « Si seulement! »

coliques, bien qu'attendues depuis longtemps. Elinor, ma chère sœur aînée, est morte en juillet dernier. C'est une grande perte pour nous tous et quand nous étions en Angleterre sa maison était vraiment le centre de nos existences. Cela m'a fait penser pendant un certain temps que, si je ne revois jamais l'Angleterre, je ne serai pas privée de beaucoup de joies personnelles. Mais je ne crois pas qu'ellemême avait rien d'autre à attendre de la vie. Quant à moi, j'ai surmonté mon abattement et rêve toujours de rentrer. Il n'y a pas eu d'autres disparitions parmi mes parents et amis. Et même le 51 Gordon Square est encore intact et la chaleur de l'affection maternelle n'en aura pas disparu.

Cher Gide, cela ne sert à rien de vous dire que je deviens très vieille, que je perds mes dents et mes cheveux, que mes yeux, mes oreilles, ma mémoire s'affaiblissent, que j'ose à peine marcher sans une canne, que vous ne me reconnaîtriez peut-être pas. *Mais* je préfère penser à vous et à votre « joie indicible ». A en juger par mon expérience, il ne peut y avoir que deux raisons pour un pareil état — l'amour humain ou la grâce divine. En ce qui vous concerne, je choisis sans grande hésitation. Allez! Je ne vous en veux pas! Mais je reconnais que je suis plus *sincèrement* heureuse que vous ayez écrit votre *Thésée*. Un des instants où vous m'avez paru le plus radieux et, pour d'autres raisons, le plus aimable, c'est un après-midi d'octobre 1938 (Munich) où je me reposais dans votre « chambre d'ami » rue Vaneau et où vous m'avez parlé de Thésée[1]. Et je me rappelle que, comme nous montions ensemble dans l'ascenseur, car vous m'aviez invitée à loger chez vous, vous avez dit : « *Maintenant,* je vais vous avoir pour moi tout seul! » Quelle illusion! Car nous étions à peine entrés que Mme Théo s'est jetée sur moi et m'a emmenée m'installer dans *sa* « chambre d'ami », et le seul moment que nous avons eu ensemble a été cet après-midi où vous m'avez parlé de Thésée et où je vous ai admiré et aimé. C'est une pincée de cendres sauvée (pour moi) des braises du passé.

1. Voir Appendice B, page 594.

Eh bien, je n'ai pas eu de « joie indicible » pour m'aider à passer ces deux années atroces... Mais j'ai eu une aide, sous la forme de ce qui est devenu pour moi un travail très sérieux et passionnément intéressant, et je crois que cela pourra vous intéresser aussi. C'est sur la langue anglaise et ses usages, et c'est destiné à aider les Français qui étudient l'anglais comme vous le faisiez voilà trente ans — qui sont cultivés et veulent comprendre ou apprécier l'anglais *littéraire :* vous voyez donc que mon public ne sera pas très étendu. En fait, pourtant, et sans fausse modestie, et j'espère sans vanité excessive, je crois que mon livre, qui est d'un genre inhabituel, intéressera un grand nombre de gens, et même les Anglais. Mais tout cela peut être une simple illusion. Si pourtant vous montrez le moindre signe d'intérêt, je vous enverrai bientôt mon Introduction et ma table des matières, et que cela vous intéresse ou non je vous demanderai très sérieusement votre aide pour revoir et critiquer ce travail — en manière de récompense pour *Hamlet!* Au fait, il manque encore quelques pages d'*Hamlet.* Que faites-vous à ce sujet?

J'ai hâte de savoir quel latin vous avez lu. De la poésie, je suppose, mais c'est trop difficile pour moi; mais, moi aussi, j'en ai lu avec application et j'ai fait une des découvertes les plus agréables de ma vie, à savoir les lettres de Cicéron à Atticus. C'est passionnant à tous les points de vue, drame, *psychologie,* modernité, etc. etc. Comme tous ces intellectuels de Pontigny ont tort de mépriser Cicéron! Je me suis laissé tromper par eux très longtemps.

Cher Gide, je pourrais continuer à vous parler indéfiniment. Vous me semblez parfois la seule personne à qui je puisse parler de n'importe quoi.

Très amicaux messages à Anne. Je suis très heureuse d'avoir des nouvelles de Jacques et de Mme Desjardins.

Mais ces enfants? Mon sang se glace!!

J. et S. vous envoient toute leur amitié.

Votre fidèle

D.

913. — DOROTHY BUSSY À ANDRÉ GIDE

40 rue Verdi
9 novembre 1944

Mon très cher Gide,

votre lettre affectueuse du 10 octobre ne m'est parvenue que ce matin (9 nov.). Elle n'avait pas de timbre, ce qui explique peut-être ce retard. Mais elle valait bien trois francs et je ne les ai pas regrettés ! Elle m'a fait le plus grand bien, elle m'a réchauffée et remontée et m'a fait rêver d'une longue visite pendant laquelle nous n'aurions aucune querelle — pas même à propos de la « crapette », mais serions en paix l'un avec l'autre, cœur à cœur une fois encore après notre longue séparation. Mais, hélas, ce ne peut être qu'un rêve pour le moment. Je crois pourtant que vous faites beaucoup mieux de ne pas regagner Paris avant la fin de l'hiver. Tous ceux que nous voyons ou dont nous avons des nouvelles disent que le froid est atroce et les possibilités de chauffage pratiquement nulles. Avez-vous eu des nouvelles de la pauvre Stoisy ? Elle écrit très souvent à Janie et souffre terriblement du froid. Ici, il n'y a pas de charbon en ville et le gaz est réduit au minimum, de sorte qu'il est presque impossible de faire la cuisine et la lessive. Mais il n'y a pas de restrictions pour l'électricité. Nous avons une petite provision de bois pour notre Mirus et parvenons à nous chauffer. La difficulté qui m'empêche de vous presser de venir — car le climat de Nice en hiver est meilleur que celui d'Alger — c'est la nourriture. Depuis environ un mois avant la libération, nous avons vraiment vécu dans un état tout proche de la famine. La destruction des ponts, des routes, des ports et des voies ferrées l'explique sans aucun doute en grande partie, mais la cause principale, j'en suis convaincue, c'est l'incompétence d'une part et la corruption de l'autre. Quant à quitter Nice et aller à Paris ou en Angleterre, ou même à Roquebrune, les difficultés sont pratiquement insurmontables, sauf si vous êtes un Hercule ou un multimiglionaire [1], ou un F.F.I. Si la petite Dame va rue Vaneau, ce sera grâce à ces derniers, sous la forme de Pierre Herbart [2]. Aussi, à moins que M. Jacobbi ne se rende brusquement compte que la population molle et indifférente de Nice est au bord de l'insurrection et qu'il n'agisse assez vite, nous conseillons à tous les amis d'éviter la ville. Je suis surtout triste (parlant d'un point de vue personnel) pour la pauvre Janie qui assume (avec succès jusqu'à présent) le dur travail décourageant de maintenir ses vieux parents en vie, sans la consolation d'amis, de compagnons, de rapports humains, presque aussi nécessaires aux jeunes que le pain même. Ainsi, vous pouvez imaginer comme le rêve d'une visite de vous nous met l'eau à la bouche. Allons, si nous ne pouvons avoir cette joie, il faut espérer que la petite Dame pourra faire le voyage d'Alger. Je l'espère. Elle a une détermination et une force de volonté indomptables.

Roquebrune est encore bombardé, ou l'était encore voilà quelques jours, mais La Souco est intacte. Nous avons quelques nouvelles des Malraux. Il est dans la brigade Alsace-Lorraine, il a eu toutes les aventures nécessaires à son existence.

Janie joint une lettre pour Mme Marcu, qu'elle vous prie d'envoyer d'Alger, car elle croit que la correspondance avec les États-Unis est plus rapide de là-bas que d'ici. Elle est très désireuse de recevoir une réponse aussi vite que possible. Il y aura une longue histoire à vous raconter, quand nous nous reverrons, au sujet de cette affaire qui préoccupe beaucoup Janie, mais c'est trop long et trop difficile à dire ici. Il n'existe pas de divergence d'opinion entre elle et Mme Marcu. Simplement, il faut qu'elle ait l'autorisation de celle-ci pour s'occuper de la bibliothèque de Marcu, qui est en ce moment entre les mains d'une personne dont nous nous méfions [3].

1. Allusion au *Prométhée mal enchaîné*.
2. Il avait joué un rôle important dans la résistance.
3. Marcu avait émigré en Amérique. Voir ci-dessus, lettre 863, note 2.

J'ai oublié de vous dire dans ma dernière (et première) lettre que je n'ai jamais entendu parler du livre de Hogg. C'est certainement ce Hogg, ami de Shelley et Cie, qui fut amoureux d'Harriet. J'avais seulement entendu parler de ses souvenirs sur Shelley qui sont cités dans toutes les *Vies* de Shelley. Le livre que vous mentionnez, avec son titre juteux, n'est pas cité dans mon *Dictionary of National Biography*. Je ne peux que le supposer si scandaleux qu'on l'a supprimé pendant plus d'un siècle. Hogg est né en 1792. Il avait donc trente-deux ans quand il l'a écrit.

Cher Gide, j'ai hâte de savoir quelles nouvelles vous avez de Cuverville. Je n'en ai aucune.

Adieu. Je vais vous écrire très souvent. C'est un réconfort pour moi de sentir que je peux vous écrire tout ce qui me passe par la tête.

Amicaux souvenirs à Anne. S. et J. vous disent leur affection — ce n'est pas une simple formule.

Votre
D. B.

914. — ANDRÉ GIDE À DOROTHY BUSSY

14 Novembre 44.

Bien chère amie

Je m'inquiète affreusement après vous. Il nous revient qu'on manque de tout, à Nice, que l'on y meurt de faim, les sabotages des ponts et des voies ferrées ayant rendu pour longtemps les communications (et, partant, le ravitaillement) impossibles. Et je vous imagine tous trois débilités ou amaigris jusqu'à l'invisibilité. Je pense chaque jour : c'est maintenant que nous devrions être ensemble... Et hier soir votre chère lettre du 30 Octobre vient rapprocher encore de moi votre pensée. Mais que parlez-vous de vieillesse! Nous sommes tous, plus ou moins, éprouvés par l'âge. Si éprouvée que vous puissiez être, persuadez-vous que je vous reconnaîtrai toujours, toujours aimable et plus aimante et aimée que jamais. Lorsque nous sortirons ensemble, vous emporterez peut-être une canne, mais c'est sur mon bras que vous prendrez appui. Jusqu'à présent je suis assez bien conservé. L'idée fixe me soutient, de *durer* jusqu'au revoir.

Je me souviens si bien de Mrs. Rendel, à mon arrivée à Londres, lors de l'opération de Simon... de tout cœur je m'associe à votre deuil. Vous ne me dites rien de vos autres frères et sœurs; j'espère pouvoir conclure qu'ils vont bien. Les nouvelles que je reçois de Paris sont bonnes pour la plupart, n'était un gros sujet d'inquiétude et de tristesse à propos de Catherine [1]... Il est question que Mme Théo et les Herbart viennent me rejoindre ici. Car tout ce que j'apprends de l'atmosphère de Paris m'enfonce dans la résolution prise de ne regagner point la « Métropole » avant le printemps. Bonnes nouvelles aussi de Cuverville, qui, après six mois de pénible occupation allemande, héberge à présent des highlanders charmants et on ne peut plus attentionnés pour ma pauvre belle-sœur, fort vieillie par les deuils et isolée — car Le Havre n'existe plus.

Qu'allez-vous imaginer, lorsque je vous parle de l'état de joie indicible que j'ai de nouveau connu en écrivant mon *Thésée*. C'est bien de vous!! Non, non; rien dans ma vie, alors (ni à quelque autre moment de mon exil) n'est venu s'ajouter au plaisir d'écrire; et c'est ce plaisir-là, tout seul, que j'ai goûté jusqu'à l'ivresse — puis plus du tout depuis que j'ai achevé *Thésée*. Mon seul travail-plaisir est à présent l'étude du latin. Sur vos conseils, j'ai sorti les *lettres à Atticus* — beaucoup plus récompensantes, il est vrai, que les autres écrits (un peu barbants) de Cicéron. Mais la prose latine (exception faite du médiocre mais très amusant Quinte-Curce) me donne beaucoup plus de mal, et pour une récompense bien moindre, que les vers. Je ne connaissais encore que trois chants (II, IV et VI) de l'Enéide; mais découvre

---

1. Catherine attendait un enfant.

sans cesse dans les autres des passages merveilleux. Horace même est moins difficile que je ne le craignais. Je n'ai pas encore osé m'attaquer à Lucrèce. En prose, ma plus grande joie m'a été donnée par Salluste.

La lettre de moi que vous n'avez pas encore reçue vous demandait si vous connaissiez l'extraordinaire et passionnant livre de Hogg, que m'avait envoyé Raymond Mortimer : *Memoirs of a justified Sinner* (1824). Tâchez, sinon, de vous le procurer à une bibliothèque anglaise de Nice. De retour à Paris, je me propose de le « lancer ». Je pense qu'il intéressera également Simon et Janie.

Depuis trois jours (et je ne sais trop pourquoi) les enfants H. sont un peu moins terribles (ce qui n'est pas beaucoup dire). Monstres d'égoïsme, de mépris d'autrui, d'insensibilité, de sans-gêne. Anne, parfaite, mais semble ne pas croire à « l'éducation », et tous les défauts encore latents de la petite de deux ans sont comme cultivés à plaisir, de sorte qu'elle promet d'être pire encore que les deux autres.

Il me reste juste la place de vous embrasser bien fort — et Simon et Janie. Tout votre

André Gide.

915. — ANDRÉ GIDE À DOROTHY BUSSY

220 rue Michelet
Alger.
15 novembre 44

Chère amie

Ma lettre d'hier, pour vous, n'était pas plus tôt partie que me parvenait la vôtre du 9.XI — contenant celle de Janie pour Mme M. (que j'expédie ce matin même à l'adresse indiquée). J'ignorais la mort de Marcù, et ce nouveau deuil m'affecte comme bien vous devez penser. Excusez le non-affranchissement de ma lettre précédente; je ne pouvais croire que celui à qui je l'avais confiée économiserait un timbre et vous forcerait ainsi d'en payer deux; mais l'important, c'est qu'elle vous soit parvenue. Désormais, les postes rétablies, je ne recourrai plus qu'à elles. De la chère Stoisy, je n'ai pas de récentes nouvelles et sais seulement que Catherine s'était intimement attachée à elle. Oui tous ceux de Paris se plaignent du froid; et je pense qu'elle doit particulièrement en souffrir. — Chaque jour je me félicite à neuf de n'avoir pas quitté Alger, où, somme toute, l'on ne manque de pas grand'chose si l'on consent aux prix élevés; mais, chaque matin, Anne doit faire la queue durant souvent plus d'une heure, pour revenir du marché aussi chargée qu'un baudet. (Les enfants, rétifs et incomplaisants au possible, ne l'aident en rien.)

Je pense avec angoisse à la petite Davet et vous sais grand gré d'être restée en correspondance avec elle, aussi longtemps que vous le pouviez encore. Mais à présent, elle doit être complètement isolée, se sentir perdue, se croire oubliée. L'absurde décision qu'elle a prise équivaut à un lent suicide. C'est affreux — et aucun moyen de l'aider, ou du moins de lui faire savoir notre sympathie.

Retenu à Alger par l'attente de Pierre Herbart (et peut-être de tout le Vaneau), il n'est pas question que je vienne à Nice à présent. Mais, à tout hasard, dites-moi pourtant si l'hôtel Adriatic est ouvert, et dans quelles conditions (si l'électricité « without restriction », le chauffage particulier d'une chambre y scrait possible, comme du temps que j'y habitais) — et les repas?... Je vais bien, il est vrai, mais suis devenu très peu résistant au froid et à la fatigue.

Je relis encore une fois votre lettre du 9. — Oui, le Hogg en question est bien l'ami de Shelley. Je crois que les *Memoirs of a justified Sinner* est demeuré sous le boisseau durant un siècle; récemment ressorti de l'oubli. Évidemment il a pu être considéré comme scandaleux (mais pour des raisons religieuses et nullement pour ce que vous semblez croire) et attentatoire. C'est la pathétique mise en valeur et en action du *Johannès Agricola* de Browning.

Ah! dites bien à Janie ma sympathie bien vive. C'est grâce à son dévouement, à ses soins, que nous nous reverrons. Bénie soit-elle! Anne H. vous envoie à tous trois ses souvenirs les meilleurs — et je vous embrasse bien fort.

André Gide.

« I am going to write to you very often » dites-vous pour ma grande joie — and so do I [1].

916. — ANDRÉ GIDE À DOROTHY BUSSY

16 novembre 44

Chère amie

Suite à ma lettre d'hier, inachevée — comme sera celle-ci, car je n'épuiserai jamais le plaisir de causer avec vous de nouveau. Devais-je vous dire tout l'intérêt que je me promets à lire votre « Introduction and table of contents » pour l'étude de la littérature anglaise, et que je l'attends avec impatience... mais est-il possible déjà d'envoyer des lettres ou paquets de plus de dix grammes? — Si oui (je vais m'informer) vous recevrez sous peu une dactylo de mon *Thésée*. Je n'ai guère lu d'anglais, ces temps derniers (tout au latin) depuis les envois de Mortimer : le Hogg et *On Liberty* (où d'excellents passages) de St. Mill, que du Browning et le *Timon* de Shakespeare; mais toujours en pensant à vous et *avec* vous. Je pense que le livre dont vous me parlez, vous étiez admirablement qualifiée pour l'écrire (crede experto) et je m'en promets vif plaisir. Ah! que vous me manquez, parfois! et combien fort je vous souhaite auprès de moi, lisant par-dessus votre épaule. Puissé-je ne point avoir pris, vous absente, de trop mauvaises habitudes de prononcia-

---

1. « Je vais vous écrire très souvent... et moi aussi. »

tion. — J'ai dû traiter, il y a quelques jours, une très importante affaire de cinéma (l'Amérique songe à moi pour le « doublage » en français d'un film) avec un juif de New York qui ne comprenait pas un mot de français — et je m'en suis, ma foi, pas trop mal tiré. (Ladite affaire n'est pas encore bouclée. J'attends un « câble » d'Amérique qui me dira si mes conditions sont acceptées. J'ai du reste pris mes réserves et dit que je ne pouvais m'engager définitivement qu'après connaissance prise du texte anglais et si celui-ci me plaisait; car je ne voudrais pas travailler sur une ineptie [1].)

Mais vous avais-je dit qu'à Tunis je m'étais plongé avec ravissement dans l'énorme Gibbon (édition avec notes de Guizot); arrêté à mon grand regret cette lecture, une fois en Algérie, faute d'une édition aussi bonne. Relu complètement *Vanity Fair* (il y faut de la constance) et *David Copperfield*, etc., etc. Non sans irritation, relu de même *Thomas the Obscure* [2].

Ah, que vous êtes heureux, Anglais, de n'être point tourmentés par les problèmes de l'Épuration [3]! Allons, je me censure moi-même. Mais savez-vous que, à l'Assemblée consultative d'Alger, un député communiste a demandé mon arrestation : certaines pages de mon *Journal* médisaient du paysan français et méritaient la mort. Tout comme la Légion faisait, du temps de mon séjour à Nice. De la publication dans l'*Arche*, puis du volume [4], j'ai supprimé pour la livraison suivante tous les passages pouvant prêter à discussion; non par peur, sans doute, mais trouvant inopportun tout prétexte à division entre Français. On contrebalance l'oppression « nazie » par une autre à peu près équivalente, sinon plus perfide et dangereuse encore, car plus inconsciem-

---

1. Il ne sera plus question de ce film.
2. Plutôt : *Jude the Obscure* de Thomas Hardy.
3. Ici, une phrase barrée. On devine : « Et de ne connaître point, sans doute, cette soif de sang. »
4. « Pages de Journal » (*L'Arche*, n° 2, mars 1944, pp. 3-23) feront partie du volume, *Pages de Journal 1939-1942*, publié en juin 1944 à New York (chez Jacques Schiffrin) et en septembre de la même année à Alger (Charlot).

ment consentie. Mais le temps n'est pas encore venu de lutter contre ce nouveau « totalitarisme », qui risque de compromettre les plus belles vertus françaises. Pour l'instant, il faut souffler avec le vent qui balaie l'ennemi de notre sol et de notre ciel. Je m'arrête, à court de souffle — et vous embrasse.

  La suite à bientôt.

André Gide.

917. — DOROTHY BUSSY À ANDRÉ GIDE

40 rue Verdi
19 novembre [1944]

  Très cher Gide,

  votre lettre était très gentille pour moi. Et que pourrais-je espérer ou désirer de plus, de votre part en tout cas ? Même le « revoir » n'ajouterait pas grand-chose et s'il ne devait jamais avoir lieu, je crois que je partirais satisfaite. Et il y a une chose que je désire plus que ce « revoir », c'est de voir Janie échapper à cette horrible ville où je peux l'aider de moins en moins, où il n'existe pas pour elle de compagnie, de possibilités, où l'on n'a pas de temps pour les questions intellectuelles. Je ne me plains pas. Je ne me plains vraiment pas du présent — de devenir vieille moi-même, mais je déteste la voir vieillir. Je souhaite ardemment qu'elle se repose de tous ses soucis harassants, qu'elle mène une vie confortable, qu'elle ait chaud, qu'elle soit capable de peindre et de lire, d'avoir à nouveau des compagnons et des amis. Quitter ces tristes rues où nous avons souffert, elle surtout, où nous nous sentons à présent sur une île déserte, incapables de bouger dans quelque direction que ce soit, où les lettres nous atteignent rarement, même aujourd'hui. Et en fait, je ne vois que le plus vague et le plus lointain espoir

d'évasion ou de délivrance. Il y a, à mes yeux, des difficultés insurmontables entre nous et l'Angleterre. La terre promise. Roger semble assez hésitant, à la veille de revenir ici plutôt que d'aller au Tertre, gravement endommagé. Cela ferait une énorme différence pour nous, mais je n'ose l'encourager, j'ose à peine l'espérer, tant la situation est mauvaise en ce qui concerne le ravitaillement.
  Allons, je ne devrais pas vous attrister avec nos malheurs. mais je vous ai dit que je vous écrirais tout. Et je sais que presque un chacun dans le vaste monde est beaucoup plus malheureux que nous. Vous aussi, peut-être, mon très cher? J'ai été inquiète pour Catherine aussi ces derniers temps, non pas à cause de ce qu'on dit d'elle, mais à cause de ce qu'on ne dit pas. Les lettres de la petite Dame et de Beth semblent éviter étrangement de parler d'elle. Que peut-elle bien faire? Pourtant, si la petite Dame et les Herbart réussissent à gagner Alger, je serai jalouse, mais très heureuse qu'ils vous aient rejoint. Vous serez tous plus heureux.
  Revenons à la littérature latine. Quel soulagement! Mais d'abord, vous m'avez conseillé de trouver le livre de Hogg chez un libraire ou dans une bibliothèque. Mais une des charmantes petites actions de la Gestapo avant de quitter la ville a été de se rendre dans chaque librairie et d'embarquer tous les livres anglais. Notre librairie de prêt anglo-américaine, que je vous ai montrée un jour et qui avait vraiment une très respectable collection de bons livres anglais, anciens et modernes, histoire, lettres, fiction, ouvrages de référence (très bons), a été complètement pillée, ses rayons laissés vides, *sept mille* volumes emportés. Certains disent qu'ils ont tous été brûlés. Ce n'est pas certain, mais c'est très probable. J'ai eu une longue conversation avec M. Denny, le libraire américain, dont cette librairie était l'œuvre et qui s'y était dévoué avec amour pendant ces vingt dernières années. La librairie elle-même a été fondée en 1865. Dans l'ensemble, la situation du livre est très sérieuse à Nice... une famine là aussi. Rien de nouveau n'arrive — non que je veuille rien lire de nouveau, sauf *Thésée*. Quand? Et toutes les vieilles choses ont disparu.

Cependant, cet été, j'ai réussi à trouver une édition scolaire de Salluste et le lisais peut-être en même temps que vous, et avec un grand plaisir. Mais vous aviez l'avantage de le lire « sur place ». Et vous avez sans aucun doute toute l'assistance possible pour une étude sérieuse à Alger. Ici, je n'ai rien. Comme j'aimerais vous avoir comme maître d'école pour l'*Enéide*. Je la connais très mal. Horace beaucoup mieux. Je crois que nous abordons les lettres de Cicéron d'un point de vue différent. Ce que j'y ai aimé, et énormément, ce n'était pas l'amusement d'une ou deux lettres « récompensantes » ici et là, mais les caractères, la psychologie de Cicéron, toute la situation dramatique, tragique. Cicéron, déchiré entre Pompée qu'il aimait et méprisait et César qu'il craignait et admirait, la faiblesse de Cicéron et son mélange de courage et de lâcheté, son amour de la vie, sa passion pour les lettres, sa passion pour l'Urbs, son affection pour son fils ingrat et son neveu encore pire et son frère sans cœur, toute la trame compliquée de sa vie privée et de sa vie publique, et, suspendue sur tout cela, la menace de l'assassinat de César. Qu'y a-t-il de plus passionnant que Cicéron décrivant le dîner qu'il offrit à César, trois mois environ avant le dernier acte — un bon dîner, dit-il, car il fallait que je fasse de mon mieux. Et puis nous voyons les deux grands hommes — chacun également grand à sa manière — discutant brillamment de littérature et de grammaire, mais « rien de sérieux », chacun sachant ce que l'autre avait dans le cœur. Et puis, après l'événement, cette extraordinaire scène dans la maison de Brutus avec sa femme et sa mère et Cassius... Et Cicéron découvrant avec amertume que le tyran a été tué, mais pas la tyrannie. Oh, il faut que j'arrête cette tirade. Mais je terminerai par une citation d'un poème sur Virgile. Le connaissez-vous? Sinon, je vous en enverrai davantage, car je trouve que c'est un bon poème :

« All the charm of the Muses
Often flowering in a lonely word [1] »

1. « Tout le charme des Muses/Qui fleurit souvent en un mot. » Tennyson, « To Virgil », du recueil *Demeter and Other Poems*, 1889.

Pardon pour ces griffonnages illisibles.
Simon paraît aller très bien, il travaille comme d'habitude aussi longtemps que dure la lumière du jour. Un télégramme reçu hier de Londres disait que tous allaient bien.
Adieu. Au revoir, mon très aimé.

Votre
D.

918. – DOROTHY BUSSY À ANDRÉ GIDE

22 novembre 1944

Très cher Gide,

vous ne pouvez imaginer comme je suis heureuse de recevoir vos lettres — ou bien le pouvez-vous? (Mais, avant tout, heureux anniversaire!) Aujourd'hui, il y a deux réponses. Il semble qu'il y ait tant à dire, on ne sait par où commencer. Commençons par la « petite Davet ». J'ai été très gentille avec elle (du moins, c'est ce qu'elle pense) et lui ai écrit très souvent en réponse à ses lettres qui ont été fréquentes et, je dois dire, très intéressantes. Ses souffrances et ses épreuves ont été extrêmes dès le début, et elles n'ont cessé d'empirer. Nous ne pouvons plus correspondre par la voie ordinaire, mais la Croix-Rouge annonce qu'elle peut encore envoyer des messages, aussi lui ai-je écrit le lendemain du jour où j'ai reçu votre première lettre. L'unique chose qui l'intéresse au monde, la pauvre créature, c'est vous. Je crois que vous pourriez essayer de lui écrire aussi par ce moyen. Son adresse est : Mme Y. D. Alexanderhof, 29 Adolf Hitler Strasse, Iéna (Thuringe), Deutschland.

Elle travaille aux verreries Zeiss. Elle a été complètement séduite par la propagande de la Cinquième Colonne et a cru la « Force par la Joie » nazie et les merveilleuses conditions sociales des classes ouvrières, qu'ils lui ont promises pour elle-même — une chambre individuelle, la journée de huit heures et le loisir d'apprendre l'allemand et d'écrire un livre sur votre Journal. Elle a signé un contrat pour huit mois et cru fermement qu'ils tiendraient toutes leurs promesses. En fait, elle n'était pas là-bas depuis une semaine qu'elle découvrait que tout ce qu'on lui avait promis était mensonge. On l'a gardée dans ce qui équivaut à une prison, aux travaux forcés comme une criminelle, toutes ses demandes pour qu'on lui permette de rentrer à la fin de son contrat ont été ignorées, elle mourait de faim et était payée beaucoup moins qu'on ne lui avait promis, en fait moins qu'il n'en fallait pour vivre. Nous avons tous fait de notre mieux pour la dissuader de partir. Mais il a fallu qu'elle parte, et cela huit jours avant la chute de Stalingrad, quand un enfant aurait pu prédire ce qui allait arriver. Et si elle revient jamais vivante, quelles difficultés n'aura-t-elle pas pour essayer de se justifier d'avoir travaillé volontairement pour l'ennemi. Je suis désolée pour elle, mais ne peux pas signer « affectueusement vôtre ».

C'est curieux comme nos lectures ont coïncidé. Moi aussi, j'ai relu *Vanity Fair* (pas un mot de trop pour moi!) et *David Copperfield*, mais pas *Jude*. Un des premiers livres sérieux que ma mère m'ait lus (je devais avoir dans les quinze ans) c'est Mill, *On Liberty*. Je crois que cela m'a marquée pour la vie. Je regrette que vous ayez commencé à lire Gibbon en français. C'est un grand écrivain. Un critique célèbre, mais je ne peux me rappeler qui, ni trouver le passage, compare son style à la marche des légions romaines sur leur voie triomphale.

J'ai hâte de vous envoyer un morceau de mon travail, mais je crains que vous ne soyez déçu. C'est plus ou moins élémentaire, ce n'est pas une introduction à la littérature anglaise, mais à la *langue* anglaise employée comme instrument littéraire et non pas commercial ou utilitaire (comme dans la conversation). Et *Thésée*, comme cela va être excitant de le lire! Oh, je rêve souvent de vous revoir, de reprendre contact avec vous, de ne plus passer mon temps à des sottises. Mais je m'entraîne à n'y voir qu'un rêve, dont peu importe qu'il se réalise ou non. Nous nous sommes retrouvés en esprit. C'est cela qui importe. Je suis satisfaite à présent de ma part dans la vie.

Tout de même, surtout pour répondre à votre demande, je suis allée cet après-midi à l'Adriatic. « Non, Madame, l'hôtel a été réquisitionné par les officiers américains. — Mais, dis-je, vous vous souvenez de M. André Gide? N'y aurait-il pas une chambre pour lui? Il est à Alger et m'a chargée de me renseigner. » Un changement s'est produit en lui, son air sévère a disparu. Il est parti une minute ou deux pour consulter une autorité supérieure et est revenu en disant : « Il y aura toujours une chambre à la disposition de M. André Gide. — Et pour les repas? — Oh, si M. Gide est à Alger, il ne sera pas ici tout de suite. Il y aura peut-être du changement avant son arrivée. — Et les conditions? — Les mêmes que la dernière fois [1]. » Je dois dire que cela m'a surprise, car le prix de la vie a doublé, et la « vie » elle-même s'est réduite de moitié.

Non, même si vous étiez capable de venir, je ne le recommanderais pas pour le moment, mais nous espérons tous, et il y a en fait de nombreuses raisons de croire, que cela changera bientôt pour le mieux. L'électricité est beaucoup moins limitée que quand vous étiez ici.

Je suis très contente que mes compatriotes des Highlands soient aimables avec Mme Drouin. Je voudrais bien qu'il y en ait quelques-uns ici. Ce sont les êtres les plus courtois, avec le tact le plus délicat et la plus authentique distinction — très différents des hargneux indigènes des basses terres.

L'« épuration » fait rage à Nice, à un niveau encore plus bas, j'imagine, qu'à Alger; c'est surtout la jalousie des boutiquiers à l'égard du succès de leurs rivaux italiens. Mais les prisons et les camps sont honteusement pleins. Louis G. V. est arrivé hier soir avec une poignée de journaux parisiens (qui n'atteignent pas encore Nice par la poste). Il nous a lu une liste d'« intellectuels » qui ont été frappés d'*indignité*. Un grand nombre des gens que nous connaissons en font partie.

---

1. Tout le dialogue est en français.

Quand il est arrivé à la lettre « G », je me suis demandé si votre nom allait être le suivant. Mais je crois que ce sont seulement les staliniens qui vous haïssent tant. La décision des Roger est toujours en suspens.
Votre fidèle

D.

919. – DOROTHY BUSSY À ANDRÉ GIDE

4 décembre 1944

Très cher Gide,

vous me dites, dans une lettre récente, que vous avez supprimé de votre dernier volume tous les passages « pouvant prêter à la discussion... trouvant inopportun tout prétexte à division entre Français. On contrebalance l'oppression nazie par une autre à peu près équivalente, mais plus perfide et plus dangereuse encore, car plus inconsciemment consentie. Mais le temps n'est pas encore venu de lutter contre ce nouveau totalitarisme qui risque de compromettre les plus belles vertus françaises ».

J'ai réfléchi à cette décision prise par vous, et au milieu de mes réflexions est arrivé l'article d'Aragon dans les *Lettres Françaises* [1] que la gentille Stoisy a découpé et envoyé (car aucun journal de Paris ne nous parvient jusqu'à présent). Eh bien, Aragon dit qu'il n'a pas l'intention de vous faire fusiller (comme s'il était le suprême dictateur de la France), mais

---

1. Gide ayant envoyé son adhésion au Comité national des Écrivains, le comité fait publier dans les *Lettres françaises* (18 novembre 1944) quelques pages de Journal sur « La Délivrance de Tunis ». Jugeant cette adhésion tardive, Aragon écrit une lettre de protestation (« Le Retour d'André Gide », *Lettres françaises*, 25 novembre 1944) dans laquelle il reproche à Gide de ne pas avoir contribué à la résistance par ses écrits. Gide n'y répondra pas. (Voir *Correspondance A. G.-R. M. G.*, II, pp. 287-295.)

il ne dissimule aucunement qu'il veut étouffer votre voix et je ne peux m'empêcher de penser qu'il pourrait bien réussir, comme les mots de votre lettre invitent à le penser. « Le temps n'est pas encore venu. » Mais n'est-il pas possible que ce soit au contraire le moment même de vous faire entendre? Que, dans ces divisions, vous devriez montrer quelle est votre opinion? A présent, pour la première fois, vous êtes en mesure de le faire. Nous avons du moins gagné cela, du moins pour le moment. M. Aragon n'a pas encore imposé son « ukase ». Il y a maintenant des journaux et des éditeurs qui vous imprimeront. Ce n'est peut-être qu'un bref interlude. Ne devriez-vous pas en profiter? Pourquoi resteriez-vous silencieux, vous entre tous, quand votre voix peut apporter soutien et encouragement à ceux qui pensent comme vous? Ne savez-vous pas que vos disciples sont impatients de lire votre belle langue, d'écouter à nouveau vos clairs accents? Les fils de Nathanaël sont-ils moins intéressants pour vous que Nathanaël? Certaines gens prétendent que vous êtes vous-même contre la liberté. Ne devriez-vous pas faire comprendre que c'est une fausse interprétation? Que vous mettez la liberté au-dessus du « totalitarisme », autant que n'importe qui?

D'un autre côté, j'estime justifiées les objections d'Aragon à certains passages qu'il cite (s'il les cite correctement, s'ils ne sont pas « truqués » et « tronqués »). Ils me semblent inopportuns. En fait, est-ce bien le moment d'accuser neuf Français sur dix de préférer leur repos et leur confort à tous les biens immatériels, quand une si grande part de la jeune génération a si généreusement sacrifié son repos, et son confort, et sa vie pour la défense des biens les plus immatériels? Il est tout à fait vrai que votre doctrine de soumission au mal, de soumission volontaire, plutôt que de lutter contre lui, fût-ce sans espoir, me paraît une erreur (et en réalité, vous n'y croyez vous-même qu'à moitié). En tout cas, ne nous inclinons pas devant M. Aragon! Il montre la sorte d'esprit et de caractère qui est la sienne quand il vous attaque parce que vous lisez Goethe. Et ne dites pas qu'il ne vaut pas la peine qu'on l'écrase.

Cette lettre semble avoir dégénéré en un article de journal. Je m'en excuse.

Avez-vous appris l'horrible tragédie dans notre entourage immédiat ? La malheureuse Josette Malraux[1] est morte, écrasée par un train qui partait au moment où elle en descendait. Vers le 20 novembre. Épouvantable !

Une bonne nouvelle pour nous, c'est que les Martin du Gard arriveront à Nice dans quelques jours, ayant enfin réussi à trouver un moyen de transport. Cela va faire une énorme différence dans nos existences.

Depuis avant-hier, les trains circulent sans « transbordement » entre Marseille et Saint Laurent-du-Var. Cela assure de plus grandes facilités pour notre ravitaillement, qui montre déjà des signes d'amélioration. Le temps ici, ces derniers jours, même ces dernières semaines, a été froid, mais glorieusement beau.

Je lis Sénèque. Très irritant, ce Ménalque multimillionnaire qui prêche l'obligation morale de l'indigence à son disciple. Mais il n'est pas douteux que le latin est une langue magnifique, comme je commence tout juste à m'en rendre compte obscurément.

Toutes sortes de tons, toutes sortes de sujets sont permis entre vous et moi.

Aujourd'hui un peu de journalisme... Demain, peut-être, une lettre de la Portugaise ?

Votre
D.

---

1. Josette Clotis, tuée le 8 novembre lorsqu'elle aidait sa mère à s'installer dans le train.

920. — DOROTHY BUSSY À ANDRÉ GIDE

40 rue Verdi
14 décembre 1944

Mon très cher Gide,

je me fais l'impression d'avoir supporté plus patiemment ces deux ans et demi de silence forcé que ce dernier mois sans une lettre de vous. Et mon imagination se met à fonctionner in vacuo. Vous avez pris froid. Vous êtes au lit avec une bronchite. Les communistes vous ont exécuté. Vous êtes blessé par ma dernière lettre — qui était en effet très stupide. Vous avez diverses choses plus importantes à faire, des lettres plus importantes à écrire, etc., etc., ad infinitum.

Rien de neuf n'est arrivé ici. Nous avons appris de Roger, voilà une quinzaine, qu'il avait trouvé une camionnette pour les transporter et qu'ils avaient décidé de venir à Nice presque immédiatement. Depuis cela, plus rien. La situation alimentaire ici, sans être brillante, est décidément meilleure. Le pire, c'est que plus je mange, plus je m'attache à la vie et aux joies qui restent... comme de vous voir. Il n'y a pas si longtemps, je croyais avoir atteint une indifférence vraiment philosophique et pouvais même accueillir volontiers la délivrance, qui serait, on pouvait l'espérer, moins décevante que cette délivrance-ci. Mais non, c'était une question de quelques pommes de terre en plus ou en moins.

Zoum est à Londres avec son mari. Il y a un poste important et cela nous permet de correspondre avec nos amis par le moyen de la « valise ». La famille s'emploie très fort à tirer les ficelles pour nous obtenir la permission d'aller en Angleterre. Je ne crois guère que je vous reverrai avant longtemps. Je pense quelquefois que ce ne sera pas avant le printemps, car ce qu'on dit des conditions et du froid et des difficultés à Paris ont de quoi terrifier. Je n'ai pas eu de nouvelles du Vaneau depuis des siècles. Je crains de leur écrire, à cause des nombreux bruits concernant Catherine que je n'aime ni mentionner, ni éviter.

Où en est votre plan de les faire venir vous retrouver à Alger? J'espérais avoir des nouvelles de tout cela par Roger, sinon par vous.

Nous avons reçu une charmante lettre de Raymond Mortimer accompagnant une demi-livre de thé (extrêmement bienvenu) envoyé par l'ambassade britannique à Paris. Les nouvelles de Paris données par Raymond, qui y a vu beaucoup de gens — surtout des « résistants » et des littérateurs, étaient très intéressantes. Pas mal de pessimisme quant à l'état actuel des affaires, mais allégé par une admiration intense et la foi dans les individus. J'ai eu aussi une très gentille lettre de Keeler Faus[1], très heureux d'avoir retrouvé son ambassade à Paris. Il ne semblait pas savoir où vous étiez. Je lui ai donné les nouvelles que j'avais et j'espère que vous avez repris contact à présent.

Avec les choses horribles qui se passent en Grèce[2], je pense souvent à Robert Levesque. Que devient-il?

Que dois-je faire avec la dactylographie de *Hamlet?*

Il y a tant de questions que je voudrais poser, tant de réponses que je voudrais recevoir. J'ai une telle envie de vous voir, d'être avec vous, de vous sentir près de moi, de sentir que vous aimez être près de moi.

Mon ami, mon ami aimé, le meilleur des amis.

Votre
D.

---

1. De mai à octobre 1944, Keeler Faus était attaché à l'ambassade de Madrid.
2. La Grèce est en pleine guerre civile depuis le 3 décembre.

921. — ANDRÉ GIDE À DOROTHY BUSSY

Alger, le 15 Décembre 44

Chère amie

Je vous en prie ne restez pas trop longtemps sans m'écrire — à présent que faire se peut. L'inquiétude où me laissent vos dernières lettres est trop vive — et tout ce que l'on dit de la disette à Nice. Sans nouvelles de vous, je vous imagine aussitôt tous trois morts de faim. Et ne rien pouvoir faire pour vous aider — c'est atroce. Une récente lettre de Roger me laissait croire qu'il allait probablement regagner le Grand Palais; et je m'en réjouissais plus pour vous que pour lui; car les misères partagées paraissent plus aisément supportables. Je me dis aussi qu'il pourrait peut-être vous alimenter un peu... Gautier-Vignal, si bien placé, ne fait-il rien pour vous?... Mais je me méfie tellement des gens riches! Ils ne savent pas ce que c'est et manquent d'imagination pour les besoins des autres. Je pense aux vôtres sans cesse; au buffet vide, à Janie rapportant, après longue attente, un panier vide du marché. Ce que vous me dites d'elle me serre le cœur. Dès que la clémence du temps le permettra, je la voudrais installée au Vaneau (vous aussi, pourquoi pas!) entourée de soins, de prévenances et n'ayant plus à s'occuper des esclavageants soins domestiques... Mais il s'agit d'atteindre le printemps; et, d'ici là, que d'épreuves encore!

J'imagine que les Hardekopf sont partis depuis longtemps pour un monde autre, sinon meilleur. Quoi de ceux de Vence, les Bourdet...? Quant à la petite colonie de Russes blancs, à Grasse, les Bounine etc... je ne sais rien d'eux et suppose le pire...

Ici, la vie est difficile (au point que je ne sais plus trop si je souhaite que Mme Théo et Elisabeth viennent me rejoindre) et l'on ne s'en tire que grâce au dévouement constant d'Anne

Heurgon; mais, certains jours, elle est à bout de forces, et sa bonne humeur résolue ne parvient plus à cacher sa fatigue. Quant à la dépense, on n'ose plus en parler.

J'ai presque honte d'aller si bien et d'avoir, somme toute, si peu à souffrir (matériellement du moins). Je voudrais que le travail en profite; mais ne fais guère que lire, du matin au soir. Il m'amuserait de pouvoir m'occuper des répétitions d'*Antoine et Cléopâtre*, que Jean-Louis Barrault monte aux « Français »[1]; mais je me félicite de jour en jour de n'être point à Paris : cette atmosphère de haine et de mensonge me serait intolérable. La liberté de pensée est en plus grand péril encore que du temps de Vichy et de l'occupation allemande; et ceux qui la compromettent le plus sont ceux-là mêmes qui n'ont que le mot « Liberté » dans la bouche. La Terreur s'assoit sur la pensée. C'était fatal. Je vais même jusqu'à me dire : c'est nécessaire... car la guerre n'est pas finie. Loin de là! Et la pensée, pour un long temps encore, doit se faire opportune; le mensonge opportun préférable à la vérité. D'où mon silence. Avec vous de tout cœur

André Gide.

Quand vous vous servez de papier pelure, écrivez en largeur sur les versos, please; sinon les lignes se confondent et se brouillent.

Consternant, ce que vous me dites des bibliothèques anglaises de Nice!

---

1. La version définitive de la pièce, que Gide mena à bien en septembre 1938, eut sa première le 27 avril 1945, avec Marie Bell dans le rôle de Cléopâtre.

922. — ANDRÉ GIDE À DOROTHY BUSSY

Alger, le 19 décembre 44

Chère amie

Ce matin, une avalanche de lettres (23!) je ne sais pourquoi ni où retenues — dont deux de vous; l'une du 14 Déc. l'autre du 22 Novembre! toutes deux pourtant également affranchies. Les miennes vous parviennent-elles avec la même irrégularité? Vous devriez en avoir reçu deux de moi dans l'intervalle. — Je relis ces dernières afin d'y bien répondre... Et, d'abord, comment avez-vous pu supposer que j'aie pu consentir à lire l'admirable Gibbon autrement que dans le texte original!! Dans l'excellente édition de Guizot, ses notes à lui (fort intéressantes) sont également en anglais. (Ce Guizot n'est pas le grand-père de Jean, mais un cousin, professeur à la Sorbonne, je crois.)

Pauvre, pauvre, pauvre petite Davet! Elle n'a vraiment pas mérité ce sort affreux. Quelle sottise, quelle imprudence d'avoir donné dans ce panneau grossier. Je vous bénis pour les lettres de vous qui, dans sa détresse, ont dû lui être de si grand secours. Vais tâcher de l'atteindre à l'adresse que vous m'indiquez.

Un grand remous se fait autour de mon nom, à la suite d'un ignoble article d'A. contre moi. (Dont ci-joint copie, car vous ne le connaissez peut-être pas [1].) Il me revient qu'il soulève, à Paris et ailleurs, une indignation quasi générale. On se rend compte que la querelle déborde infiniment ma personne. C'est la terreur que ceux-ci voudraient faire régner sur les lettres et sur la pensée. Nouvelle forme de « totalitarisme », plus perfide encore peut-être, parce que moins avouée, que le Nazisme. O Stuart Mill! — Quand vous pour-

---

1. Gide n'a pas encore reçu la lettre qu'elle lui a envoyée le 4 décembre.

rez prendre connaissance de mes *Pages de Journal* (id est : quand il me sera possible de vous les envoyer) vous verrez à quel point ma pensée est faussée, et détournées de leur sens toutes les citations qu'il en fait. A. profite de ceci que, à Paris, l'on ne peut se procurer le livre : il a beau jeu, et sait qu'il peut « y aller ». Il va sans dire que je me garde de répondre — et le laisse crier « Vive la Liberté » tout son saoul; comme il criait : « à bas l'armée! à bas la France! » du temps que l'URSS n'était pas encore notre alliée [1].

J'ai achevé l'*Enéide* (pas sauté un seul vers) mais n'ai pas quitté Virgile pour cela. Je le comprends à présent beaucoup mieux, et me plonge dans les *Géorgiques,* après avoir relu d'un trait le chant VI de l'*Enéide.* Vous ai-je dit que cet été j'avais lu, avec ravissement, *Sense and Sensibility* (à quoi je préfère pourtant *Pride and Prejudice* et *Emma*[2]). Combien ravi de ce que vous me dites de Mill, de Dickens et de Thackeray!..

Il faut que je vous quitte; certaines des 23 lettres demandent réponse d'urgence. Mais c'est à vous d'abord que je voulais écrire et que je récrirai bientôt. Heureux de savoir que les conditions de vie à Nice s'améliorent (je m'inquiétais affreusement) — et des résultats de votre démarche à l'Adriatic. Bravo! Cette possibilité fait pour moi plus souriant l'avenir...

    A vous de tout cœur et de toute ma pensée

André Gide.

---

1. Gide attache à sa lettre un texte tapé à la machine concernant la publication de ses pages sur la libération de Tunis. Ce texte, destiné apparemment à être lu par Martin du Gard, Schlumberger et D. Bussy, est donné en Appendice E.
2. Trois romans de Jane Austen.

923. — DOROTHY BUSSY À ANDRÉ GIDE

[22 décembre 1944]

Très cher Gide,

votre lettre du 15 décembre m'est arrivée ce matin 22 décembre et m'a fait un grand plaisir. Il me paraît évident qu'une de mes lettres envoyée le 4 décembre ne vous est pas parvenue et que, selon toute vraisemblance, une de vos lettres s'est aussi égarée, car je suis restée tout un mois sans avoir de vos nouvelles et je commençais à être inquiète, comme vous semblez l'avoir été à notre sujet. J'espère en tout cas que vous avez reçu maintenant la lettre qui a dû se croiser avec la vôtre, postée le 15 décembre comme la vôtre, et que vous la lisez aujourd'hui. Celle que vous semblez n'avoir pas reçue avait été écrite après lecture d'un article d'Aragon dans les *Lettres Françaises*. Peut-être la censure, qui a (pour la première fois) ouvert votre enveloppe et l'a couverte de timbres et de chiffres, a-t-elle désapprouvé certaines remarques plutôt dénigrantes que je faisais au sujet de ce grand homme. Ce serait très injuste, puisque j'ajoutais que je n'étais pas non plus d'accord avec certaines de *vos* remarques! Hier, Stoisy nous a envoyé une autre coupure d'un hebdomadaire parisien parlant des *Interviews Imaginaires* et signé Fernand Perdriel. C'est un très agréable article qu'on a plaisir à lire, mais Perdriel aussi fait certaines des objections que je faisais dans ma dernière lettre et termine, comme je faisais, en disant qu'on ne peut pas juger « sur la lettre d'un texte ainsi découpé », et j'ajoutais, moi, « par Aragon ».

Bon, laissons la politique et revenons à la vie privée. Je crains que votre ravitaillement à Alger ne ressemble beaucoup au nôtre et ne donne à la pauvre Anne autant de peine et d'anxiété. Le nôtre est très irrégulier. Mais n'allez pas croire que nous mourons de faim. Les choses se sont décidément améliorées et jusqu'à maintenant nous sommes tous en excellente santé, si nos nerfs sont légèrement à bout. Mais ce qui nous remonte aussi beaucoup, c'est d'être en relations assez directes avec l'Angleterre par lettres et télégrammes. Ma famille a le grand projet, encouragé par François et Zoum, de nous faire venir en Angleterre. Vincent[1] est le premier moteur de ce complot. C'est évidemment une question d'influence, et j'imagine que Vincent est chargé d'un travail important et en contact avec des personnes bien placées. En tout cas, il s'occupe de nous très sérieusement et se montre d'un dévouement touchant. Si ce projet se réalise (je n'y crois pas beaucoup moi-même), cela nécessiterait un arrêt de quelques jours à Paris. Vos gentilles paroles au sujet de Janie au Vaneau nous invitent à penser que nous pourrions y loger pendant que nous rassemblerons visas, ordres de mission, etc. Cela nous rendrait grand service si cela ne dérangeait pas trop la petite Dame. Maintenant, vous me pardonnerez si je dis un ou deux mots au sujet de Catherine. Je connais son histoire en gros. Assez pour croire qu'elle est probablement très heureuse, et probablement pour la première fois de sa vie. Et que son bonheur est sérieux, pas frivole. L'homme, d'après ce que dit Stoisy, est lui-même sérieux, mais je ne sais rien d'autre à son sujet, sinon qu'il est communiste — mais cela ne devrait pas nous effrayer ? Je ne vous demande pas de dire quoi que ce soit à ce sujet. Je veux seulement dire que Catherine (personnellement, elle-même) a plus ma sympathie pour cela que je n'en ai jamais senti pour elle.

Nous venons d'avoir une terrible déception. Nous pensions qu'il était bien décidé que les Martin du Gard revenaient au Grand Palais. Le jour de leur arrivée était fixé. Cette idée nous réjouissait beaucoup, quand nous avons soudain reçu une lettre désespérée de Roger disant que la camionnette qui devait les amener ne s'était jamais montrée et qu'ils ne savaient pas comment s'échapper de Figeac, qui est l'endroit

---

1. Vincent Rendel, son neveu.

le plus affreux du monde entier. Nous avons fait de grands efforts pour leur trouver quelque moyen de transport, mais en vain. Le fait qu'ils ont une *tonne* de bagages dont ils refusent de se séparer rendait trop difficile de leur trouver un camion convenable et l'essence suffisante. Ils ont donc pris la décision d'essayer de rejoindre le Tertre. Nous ne savons pas encore s'ils vont y réussir. C'est vraiment un coup terrible pour nous. Roger est devenu, ces derniers mois, un ami plus cher que jamais. La seule personne à Nice avec qui on puisse vraiment causer. Mais ne soyez pas dur pour Louis G.-V., il s'est montré des plus fidèles, et gentil et attentif, et a fait tout ce qui était possible pour des malheureux dans l'affliction.

Les pauvres Bourdet. C'était à prévoir que Claude serait pris et déporté par la Gestapo. On n'a plus rien su de lui depuis un an [1]. Ida a loué la villa de Vence et regagné Paris. Elle passe son temps à essayer de le retrouver.

Non, non. L'épuration est une triste chose. Peut-être particulièrement triste dans cette ville de Nice où la jalousie entre commerçants français et italiens joue un rôle ignoble. Mais la pensée et la parole sont plus libres qu'elles n'étaient. Ou plutôt la parole, car la pensée est toujours libre. Dans la presse parisienne, Aragon est libre de vous insulter et de vous méconnaître, mais Perdriel est libre de vous admirer et de vous défendre. Je ne crois pas qu'aucun d'eux aurait pu publier son article au temps des Allemands et de Vichy. Vous pourriez dire et publier ce qui vous plaît aujourd'hui. Vous seriez insulté comme vous l'étiez au temps de Massis, de Mauclair, etc., comme vous l'avez toujours été, mais vous n'auriez pas grande peine à trouver un éditeur et vous ne risqueriez aucun danger. Est-ce que vous n'encouragez pas vous-même ce que vous appelez une perte de liberté en prétendant croire à cette perte, en refusant de parler librement, quand vous le pourriez, en vous soumettant sans protester à ce que vous croyez mauvais? Non que je désire vous

---

1. Claude Bourdet survivra et dirigera, avec Pierre Herbart, *Combat* en 1947.

voir entrer en lutte contre Aragon (quoique j'aimerais énormément le voir écrasé), mais je déteste vous voir rester silencieux quand vous avez à dire des choses que vous croyez devoir être dites. Je déteste vous voir parler moins hardiment que lorsque vous avez écrit *Corydon*. « Pas le moment ! » Au contraire, il me semble que c'est très exactement le moment. C'est le moment, guerre ou pas guerre, de dire la vérité, parce qu'à présent, en dépit de vos plaintes, *c'est chose possible*. On vous publierait, on vous écouterait. On ne pourrait pas étouffer votre voix. Vous avez encore une voix, qui n'est peut-être pas résonnante, mais pénétrante. Ne feignez pas de croire que vous n'êtes pas libre d'en faire usage. Mais il est bien probable que tout ce que je souhaite est dans *Thésée*, parce que je ne désire pas du tout que vous vous mêliez de politique.

Dites-moi ce que vous lisez « du matin au soir ». Et en tout cas, écrivez la critique de ce que vous lisez. Les opinions sont libres de s'exprimer, du moins sous l'apparence de critique littéraire, comme vous le savez très bien. J'aimerais beaucoup savoir quelles idées vous a suggérées ce bizarre pot-pourri de *Timon* par exemple. Je suis contente que Barrault monte *A. et C.* au Français. J'espère que ce sera bientôt *Hamlet*.

Est-ce dans la lettre qui s'est égarée que je vous donnais l'adresse de Davet et vous disais qu'on peut lui envoyer un message de 25 mots par la Croix-Rouge? Je la répète en tout cas : Mme Y. D., Alexanderhof, 29 Adolf Hitler Strasse, Iéna (Thuringen) Deutschland.

J'ai eu récemment une lettre très charmante et intéressante de Raymond Mortimer, de passage à Paris. Elle était accompagnée par une demi-livre de thé (très bien venu), mais c'était la première « aumône » anglaise à nous parvenir, bien que Vincent me dise qu'ils remuent tous ciel et terre pour nous envoyer des « produits de première nécessité ». Il ne comprend pas pourquoi il n'a pas réussi. Je ne peux me retenir de penser que cela est dû à l'occupation américaine, très loin d'être populaire (pour dire les choses poliment) à Nice. Ils ne se soucient pas le moins du monde de la liberté de penser ou de parler, mais beaucoup de vendre les produits de première nécessité au marché noir pour pouvoir acheter de l'alcool dans leurs bars.

Il est temps d'arrêter cette tartine trop longue et décousue. J'espère que vous pourrez la lire sans difficulté. Je m'excuse beaucoup pour mon papier pelure. J'aime tellement vous écrire, cher Gide! Ne craignez pas que je cesse, tant que je vous sens heureux de recevoir mes lettres. Et vous avez réussi à me le faire sentir.

Profonde affection de nous tous.

Votre

D. B.

Envoyé ce 23 décembre 1944. « Joyeux Noël. » Ô ironie!

924. – DOROTHY BUSSY À ANDRÉ GIDE

40 rue Verdi, Nice
30 décembre 1944

Cher Gide,

oui, il semble non seulement que le courrier soit irrégulier, mais que les lettres se perdent. Par exemple, vous mentionnez que vous avez reçu deux lettres de moi datées du 14 décembre et du 22 novembre, mais je vous en ai aussi écrit une le 4 décembre que vous n'aviez pas reçue quand vous avez écrit le 19. Je crois que l'une des vôtres a dû se perdre aussi, car je n'ai rien reçu de vous entre le 18 novembre et le 22 décembre, et j'ai trouvé le temps déraisonnablement long. Mais j'ai attendu un mois avant de protester! Ma lettre du 4 décembre, qui paraît s'être perdue, était surtout à propos de l'article d'Aragon sur vous que Stoisy nous a envoyé. J'avais, bien sûr, deviné que votre texte avait été mutilé, mais j'ai été très heureuse d'en tenir l'assurance de vous-même par la note dactylographiée [1] que vous m'avez très gentiment envoyée avec l'article en question. Je suppose que vous avez vu la réponse de M. Perdriel à Aragon, qui m'a paru très bonne. Je dois dire que si Aragon essaye d'établir un règne de terreur dans les lettres, il n'a pas beaucoup de succès. Nous recevons à présent les journaux de Paris et ils me paraissent singulièrement libres, exprimant avec une franchise extrême toute espèce d'opinion. Hier, il y avait dans notre boîte aux lettres le premier numéro d'*Esprit* ressuscité. La bande portait votre nom. Nous nous sommes permis de l'ouvrir et de le lire, et de le conserver. Impossible de le faire suivre, car il pèse beaucoup plus de 20 grammes. Il est extrêmement intéressant et apporte la preuve rigoureuse que la pensée et la parole sont aussi libres que jamais dans la France d'aujourd'hui. On peut critiquer De Gaulle et ne pas exalter les catholiques et se poser des questions au sujet des communistes.

C'est dans une édition niçoise de *Combat* que nous avons vu hier un compte rendu sympathique de votre réponse à une enquête du *Sunday Times* [2]. Là, il semble que vous aussi vous soyez exprimé librement. Mais, comme vous voyez, nous n'avons pas encore de livres, ce qui est très exaspérant, mais semble être causé en fait par un manque de papier et non de liberté. Pour moi, je déteste profondément l'« épuration » et ne peux approuver l'exécution d'Henri Béraud; je pense qu'il aurait beaucoup mieux valu ne pas autoriser d'abord son ignoble journal que de le fusiller ensuite [3]. Ce qui manque, c'est une bonne législation pour la presse. Qu'on soumette la calomnie et les incitations au crime à des peines financières si lourdes que les éditeurs et

---

1. Voir Appendice E.
2. La « Réponse à une enquête du *Sunday Times* » avait paru dans *L'Arche*, n° 6, octobre-novembre 1944; un extrait de l'article sous le titre : « D'une France nouvelle » a été publié dans *Combat*, 23 décembre 1944. Ce texte, que Gide avait composé en juillet de la même année en réponse à un questionnaire du *Times*, ne paraît pas avoir été réédité. Le questionnaire portait sur l'avenir de la France.
3. Béraud, comme on sait, sera gracié sur l'intervention de Mauriac.

les auteurs ne puissent pas les assumer. Là aussi, Blum a failli lamentablement. Non que je déplore vraiment beaucoup l'exécution de Béraud.

Hier, nous avons eu la grande joie de recevoir un télégramme de Roger annonçant leur arrivée *presque* certaine dans deux jours. Ce sera la fin d'un cauchemar, car ses lettres de Figeac étaient presque tragiques. Et bien que la vie ici ne soit pas du tout « folichonne », elle ne ressemble en rien à ses descriptions de Figeac.

Je suis très heureuse que vous aimiez *Sense and Sensibility* et que vous préfériez *Pride and Prejudice*. Mais je serais peut-être encore plus heureuse si vous aimiez *Persuasion*. Là, il me semble que Jane approche — après un apprentissage considérable — la perfection de son art. C'est le livre où, pour la première fois, elle est profondément émue, où elle communique son émotion par sa retenue plus que par l'expression, où les battements de son cœur nous parviennent à travers les mots les plus simples, les plus économes, où nous sommes submergés de poésie dans le plus délibérément prosaïque des décors. Comme j'en parlais l'autre jour avec Janie, elle a dit que le *Silence de la Mer* avait un peu de cette même qualité, et puis, allant plus loin, elle ajouta : Peut-être la *Princesse de Clèves*. Et supposons qu'allant encore plus loin j'ajoute, moi, la *Porte Étroite?* Je ne compare pas ces œuvres, ni n'établis leur hiérarchie, mais seulement leur *qualité*.

Je voudrais bien comprendre Virgile. J'essayerai de nouveau un jour, quand je trouverai une bonne édition avec des notes et une traduction convenables. Mais les *Géorgiques* plutôt que l'*Énéide*, dont je n'ai jamais été capable de saisir le *sujet* ni de m'y intéresser. (Didon n'est qu'un épisode.)

Mille excuses pour avoir cru que vous lisiez Gibbon en français! Je n'avais jamais entendu parler de la traduction Guizot[1]. Dans ma dernière lettre (qu'il n'y a pas lieu de regretter, si je me souviens bien), vous ai-je cité un ou deux vers au sujet de Virgile? Si vous ne connaissez pas le petit

---

1. *I.e.*, l'*édition* de Guizot.

poème auquel je pense, je vous l'enverrai. C'est du meilleur Tennyson, pas du tout à dédaigner.

. . . .[Quelques lignes sur la lettre de R. Mortimer et sur l'épuisement des Anglais]. . . . .

J'espère que tout cela n'est pas trop difficile à lire. Je l'ai écrit pour m'amuser moi-même, j'en ai peur, et non pas vous.

Je vous embrasse

D. B.

1945

Sur la liberté de pensée et d'expression. — Gide relit les Géorgiques *et* L'Énéide. — *Les R.M.G. de retour à Nice.* — *Article de Gide sur Benda.* — *D. Bussy sur R.M.G., Ch. Morgan, Maurice Baring, Forster, Sénèque et Virgile.* — *Gide projette de rejoindre la Petite Dame à Nice; refuse d'intervenir en faveur de Brasillach.* — *Les Bussy s'efforcent de gagner Londres.* — *Gide essaye de faire venir la Petite Dame à Alger; part avec elle pour Constantine; écrit sur Poussin; commentaires sur Virgile et Cicéron.* — *D. Bussy rencontre le Père Valensin.* — *Gide et la Petite Dame à Touggourt et Biskra; article sur* Justice et Charité. — *Visa de Simon refusé.* — *Visite de Camus à Gide; nouvelles de Cl. Bourdet.* — *Gide lit* Trois grands hommes devant Dieu. — *Roger Senhouse et les* Interviews imaginaires. — *Mort de Valéry.* — *Gide au Mont-Dore.* — *Barrault monte* Hamlet. — *Delannoy va tourner la* Symphonie. — *Projets de voyage en Grèce et en Égypte.*

925. — ANDRÉ GIDE À DOROTHY BUSSY

Alger
le 4 janvier 45

Chère amie

Les nouvelles mœurs du courrier, c'est à n'y rien comprendre. Je recevais hier votre lettre du 4 décembre! et ce matin me parvient celle du 23. Les miennes, je le vois à l'irrégularité de vos réponses, observent (si j'ose dire) le même désordre. Il faut toute la constance de nos pensées et de nos sentiments pour maintenir une correspondance. Mais je nous y retrouve. Et vous revenez, dans chacune de ces deux lettres, sur un même point avec une insistance amicale qui me montre que vous en comprenez l'importance : c'est le moment, ou jamais, de s'affirmer, et j'aurai, pour le faire, m'affirmez-vous, liberté pleine... Permettez-moi de n'en rien croire, et de prétendre mordicus que la liberté de pensée (et pas seulement de son expression) n'a jamais été en plus grand péril, ni plus subtilement compromise. En même temps que votre seconde lettre, j'en reçois une de Jean Schlum, dont écoutez ces phrases : « Tu ne saurais croire combien, en ce moment, *le ton qui convient* dans la presse varie d'une semaine à l'autre. » (Ceci dit pour s'excuser d'avoir amputé ma réponse à l'Enquête du *Sunday Times,* gparue dans *Combat,* que je crois vous avoir envoyée.) « Si pour quelque raison un de mes articles n'a pu paraître, je suis à peu près sûr de ne plus pouvoir le donner quinze jours plus tard. Il est trop optimiste, ou trop noir, ou bien il présente des réflexions qu'entre-temps deux ou trois collègues ont soulevées. De Normandie, mon travail serait impossible. Et je ne parle pas d'articles qui comporteraient des éléments polémiques. » C'est le règne du conformisme et de la Terreur. Il n'y a plus, il ne peut plus et ne doit plus y avoir, de « presse clandestine ». Les pensées orthodoxes ont seules droit et possibilité de se faire entendre. Honni soit celui qui ne pense pas « comme il faut ». J'ai souvent cité cette phrase de Renan : « Pour pouvoir penser librement, il faut être sûr que ce que l'on écrit ne tirera pas à conséquence. » Et jamais encore elle n'a été plus de mise qu'aujourd'hui. Tout, et le silence même, tire à conséquence et est interprété. Déjà devient antipatriotique, impie, périlleux, le seul fait de le constater. C'est seulement lorsque l'on commencera d'en souffrir, qu'il deviendra convenable de le dire. Espérons qu'il n'y aura pas à attendre longtemps — mais sans doute pas avant mon retour à Paris.

Pauvre Roger... Je viens de lui écrire pour lui souhaiter bon accueil à Nice. Et peut-être auriez-vous la gentillesse de vous ressaisir d'une enveloppe adressée « au Grand Palais — pour l'attendre » et qui risquerait de l'attendre longtemps si vous ne la réexpédiez pas à Figeac... Merci pour les nouvelles des uns et des vôtres. J'étais averti par le Vaneau des projets de transfert du Verdi en Angleterre et du zèle d'Enid pour faciliter votre transbordement [1]. What about les Hardekopf[2]?... Oui j'écrirai à la petite Davet : encore que l'on m'affirma que même la Croix-Rouge devient impuissante à l'atteindre. J'essaierai pourtant.

Un jour prochain nous parlerons de nos lectures. J'aurai achevé ce soir *les Géorgiques*. Il fait un temps affreux et je suis trop enrhumé pour vous embrasser.

André Gide.

Avez-vous reçu une lettre où je protestais véhémentement contre votre supposition que j'eusse pu lire Gibbon autrement que dans le texte original?

926. – ANDRÉ GIDE À DOROTHY BUSSY

Alger
le 5 janvier 45

Suite à ma lettre d'hier :

Il n'en est pas moins vrai que je fus bien imprudent de livrer en 44 des réflexions qui, vraies (et parfaitement justes, je le maintiens) en 1940, avaient, fort heureusement, cessé de l'être avec le prodigieux ressaisissement de la France.

---

1. Enid McLeod dirigeait la section française du Ministry of Information en Angleterre. Voir tome II, lettre 525, note 1.
2. « Et les Hardekopf? »

J'ai eu « la main forcée » par *l'Arche* à qui je n'avais rien d'autre à donner; et, de plus, pensais (et pense encore) qu'il ne pouvait y avoir qu'enseignement et réconfort à considérer le chemin parcouru; mon Avant-Propos aux *Pages de Journal* le disait, et marquait bien que, ces pages premières si sombres, je ne les aurais point publiées sans celles de retour à l'espoir qui suivent. Il y a perfidie à ne tenir compte que des premières, ainsi que se plaît à faire Aragon; vous vous en rendrez compte lorsque vous pourrez lire le petit volume. Aragon spécule sur ce fait qu'on ne peut encore le trouver en France. A en juger par les lettres indignées que je reçois, le traquenard tourne à sa confusion.

Oui certes, passant par Paris, il vous faut « descendre » au Vaneau. J'aurai le cœur gros de ne pas être là pour vous y accueillir; mais mon absence laissera libre une chambre de plus. Pourtant vous ferez bien d'avertir la Petite Dame à l'avance, car l'appartement est devenu caravansérail, hébergeant tour à tour, quand ce n'est pas à la fois, Enid MacLeod, Malraux, Andrée Mayrisch, le domestique des Mayrisch, etc. Mais n'accueillera jamais personne aussi volontiers et chaleureusement que vous trois. Et je pense que si Janie souhaitait y prolonger son séjour [...]

Nous parlerons littérature un autre jour. J'attends votre introduction à la langue anglaise...

   Yours for ever

              A. G.

927. – DOROTHY BUSSY À ANDRÉ GIDE

           40 rue Verdi, Nice
           11 janvier 1945

Très cher Gide,

vos lettres des 4 et 5 janvier me sont parvenues avec une régularité parfaite hier et aujourd'hui.

Je dois d'abord vous dire que les Roger sont arrivés, à notre grande joie. Malgré un voyage très pénible, ils semblent tout à fait bien. Hélène est au comble de la joie, du moins à ce qu'elle dit, d'être de retour dans son cher Nice. Roger, très heureux d'avoir échappé aux horreurs de Figeac et apparemment de bonne humeur, mais je crois qu'il est, *au fond*, très déprimé, comme, je suppose, nous le sommes tous en dépit de tout ce dont nous avons lieu d'être reconnaissants. Il vient souvent nous voir et hier nous avons eu une grande discussion au sujet de la liberté de la presse et de la Terreur qui règne actuellement selon vous et Jean Schlum. La Terreur règne certainement parmi les collaborateurs et, à Nice, parmi les commerçants italiens. (Nous avons vu aujourd'hui dans le journal que le malheureux Lucien Combel, que vous avez amené à dîner un jour de 1940, a reçu vingt ans de « travaux forcés » — ce qui n'est pas vraiment surprenant [1]!) Roger est un curieux mélange de bon sens, de jugement apparemment froid, calme, raisonnable, avec là-dessous un tempérament d'une émotivité, d'une sensitivité presque hystériques. Ainsi, il reconnaît qu'il n'y a pas de Terreur dans le royaume des lettres, mais croit que vous, personnellement, vous risquez d'être « abattu » à tout moment par un communiste. Pour moi, je pense que M. Staline a trop bien ses troupes en main pour faire une chose pareille. Quant à Jean, je donnerais n'importe quoi pour voir ce qu'il a amputé dans votre enquête du *Sunday Times*. Il me semble que ce qu'il nomme Terreur est une réduction du nombre de ses « abonnés » si on ne prend pas leur température tous les quinze jours. Il est évident que, guerre ou pas guerre, les journaux ont toujours exercé et exerceront toujours une censure individuelle et que le *Populaire* refuserait de publier un article convenant au *Monde*, autrefois le *Temps*, et vice versa. Mais quand je peux acheter ces deux journaux (ou leurs équivalents d'aujourd'hui) au même kiosque, c'est qu'il existe une bonne dose de liberté.

1. Lucien Combelle, que Gide employa comme secrétaire en 1937. Il avait dirigé la revue *Arts et idées.* En 1951 il fera publier un livre de Mémoires, *Je dois à André Gide* (Paris, Chambriand).

Il reste à savoir si la Petite Dame arrivera à Alger avant ou après notre départ pour Londres. Nous avons échangé des lettres au sujet de Catherine et, bien sûr, nous sommes tous d'accord au fond. Je lui ai écrit aussi pour demander si elle pouvait nous loger, si nous devons passer quelques jours à Paris. Elle croit qu'il y aura en tout cas deux chambres pour nous au Vaneau, mais je devrai évidemment l'avertir d'avance. Personnellement, je ne crois pas que notre départ soit très imminent, mais il *pourrait* l'être. Cher Gide, si je revois le Vaneau sans que vous y soyez pour m'accueillir, j'aurai le cœur gros. Vous êtes souvent charmant (est-ce que Catherine vous ressemble?), mais peut-être jamais aussi charmant que dans votre accueil.

. . . . [Plus de nouvelles des Hardekopf depuis octobre. La Petite Dame aussi a trouvé *Esprit* passionnant; et *elle* a aimé l'article de Gide sur Benda. Tout ce qu'elle lit de Mauriac lui paraît « sympathique au plus haut degré »] . . . .

928. – ANDRÉ GIDE À DOROTHY BUSSY

Alger
le 12 janvier 45

Chère chère

Hier soir, votre du 30 Déc. (J'avais reçu celles du 4 et du 23 XII). Et, depuis le début de l'an, plusieurs de moi ont dû vous atteindre. D'anciennes lettres, retenues on ne sait où ni pourquoi, finissent par arriver au but.

J'espérais, dans la vôtre reçue hier, trouver enfin des nouvelles de l'arrivée à Nice des Roger; mais vous ne faites encore que les attendre; de sorte que je crains encore qu'au dernier moment la guigne noire les ait replongés dans ce marécage infernal de Figeac (Quelles étonnantes peintures il en fait) — Rien de bien neuf à dire : causons un peu.

J'espère trouver à la bibliothèque anglaise (inaugurée hier; il faisait si mauvais, si froid et je me sentais encore si enrhumé, que je n'ai pas osé me rendre à l'invitation, si attiré que je fusse par : « cocktails and buffet », et encore que cette bibliothèque soit toute voisine) j'espère, dis-je, y trouver *Persuasion*, que vous me donnez si grand désir de lire.

Il ne s'agissait pas (je m'excuse d'y revenir encore) d'une « translation » de Guizot; mais d'une édition révisée par lui du texte de Gibbon, abondamment truffée de notes (de lui : Guizot) en anglais, fort intéressantes souvent, relevant certaines erreurs historiques et (les plus intéressantes) défendant le point de vue de l'Église.

Oui, je vois bien : ce qu'il vous faudrait, c'est une bonne édition de Virgile. Celle donnée par Plassis et Lejay est excellente et je n'aurais jamais pu me tirer de certaines broussailles sans les abondantes notes qui expliquent et élucident le texte latin. Il n'est peut-être pas impossible de trouver à Nice cette édition (Hachette 1931) car c'est un livre de classe. J'aurais grand plaisir à vous l'offrir et vais écrire à Roger de se mettre en quête (sans doute à la petite librairie de l'ex Mlle Gras). On peut acheter séparément *Bucoliques, Géorgiques* et *Énéide :* mais je vous engage vivement de prendre les Œuvres Complètes, si les trouvez en un seul volume. Ajoutons que j'ai dû souvent recourir à une traduction car certains passages sont énigmatiques à force de concision. Mais, après avoir *tout* déchiffré, je relis avec délices (les *Géorgiques* achevées, j'ai repris au début *l'Énéide,* le 1er chant, et maintenant le IV; mais ai déjà relu complètement l'admirable VI) une joie comparable à celle que donnent les vers de *l'Après-Midi d'un Faune.* C'est beaucoup à cause de vous et pour vous suivre, que je me suis remis au latin plutôt qu'au grec (plus facile dit-on) mais je ne le regrette pas du tout. J'étais près de penser de *l'Énéide* ce que vous en dites et n'avais jamais poussé ma lecture plus loin que Carthage et Didon (si : le VIe chant aussi) mais ce jugement, je ne peux plus y souscrire aujourd'hui. Peut-on reprocher à Virgile de n'avoir point la jeune spontanéité d'Homère? *L'Énéide* est une œuvre, de part en part, artificielle et il faut l'accepter ainsi : un produit de littérature, mais d'un art exquis, consommé. Et de même, pour les *Géorgiques*, je n'en connaissais que ce que l'on appelle les « épisodes »; ils sont beaux, mais non point supérieurs à tout le reste, que je lis et relis avec ravissement.

Lu du Donne, du Herrick, du Coleridge, du Wordsworth (dont traces dans mon Journal, parfois). Le *Fontaine* de Morgan m'est tombé des mains; et ce n'est que par conscience que j'ai poussé jusqu'à la fin le *C* de Baring (écrit pour Charley Du Bos!) de réputation bien surfaite. A la fois avec ennui et estime *Howards End* de Forster... Et maintenant je vous quitte pour me replonger dans l'énorme et passionnant *Journal* de William Shirer, à Berlin (1934-1941) traduct. française parue à Montréal[1] — ouvrage sans doute introuvable en France, mais que je vais tâcher de me procurer pour pouvoir le prêter à vous et à Roger lorsque j'aurai l'immense joie de vous revoir.

Votre
André Gide.

929. — DOROTHY BUSSY À ANDRÉ GIDE

40 rue Verdi
22 janvier 1945

Très cher Gide,

votre lettre du 12 janvier m'est bien parvenue hier. Je crois vous avoir écrit le même jour. J'espère seulement que

---

1. Gide lisait le roman de Charles Morgan (1894-1958) dans la traduction de Germaine Delamain (préface de René Lalou), Stock, 1934. *C* (1924) est du romancier catholique Maurice Baring (1894-1945). *Mon Journal à Berlin*, le journal d'un correspondant étranger 1934-1941, par William L. Shirer, a été traduit par Albert Pascal (Montréal, La Revue moderne, 1943). L'édition américaine du livre est de 1941.

ma lettre vous donnera — disons la moitié du plaisir que m'a donné la vôtre. Je prends toujours note à présent dans mon agenda des lettres que j'ai envoyées et reçues. Je crois que j'ai eu toutes les vôtres, de façon irrégulière mais sans accident.

Vous aurez donc appris que les Roger sont arrivés après que nous avions renoncé à les attendre. Roger vient souvent nous voir et est un ange comme toujours. Cela fait une énorme différence dans notre vie, comme vous pouvez l'imaginer. Quel ami confortable! (Oh, non! Je ne dirai jamais cela de vous! Vous avez beaucoup de qualités, mais pas celle d'être confortable!) Mais est-ce qu'on espère le confort dans cette vie? Oui, mais pas uniquement. Bien des choses qu'on désire sont incompatibles avec le confort. Peut-être que votre amitié est du nombre?

Mais Roger, le cher Roger, s'il est confortable pour les autres, je crains bien qu'il ne le soit guère pour lui-même. Je crois qu'il est très malheureux au sujet d'un grand nombre de choses. Au sujet du Tertre — pillé, « saccagé », nécessitant sans aucun doute une fortune pour redevenir habitable. Là encore, comme dans son voyage de Figeac, il souffre de son extraordinaire attachement aux *objets*. Il s'inquiète aussi pour son travail, bien qu'il ne veuille pas en parler. Il croit qu'il a perdu contact avec la jeune génération, que rien de ce qu'il peut dire ne les intéresse. Il s'imagine qu'ils échappent à sa compréhension. C'est là, selon moi, une façon tout à fait fausse d'envisager le travail de l'écrivain. A la fois trop ambitieux et trop modeste. C'est *lui* qui importe, et pas *eux*.

Je suis très contente quand je partage vos opinions sur des livres anglais. Charles Morgan est très malin, mais sans aucun doute d'une manière prétentieuse. *Fontaine* est un « faux chef-d'œuvre », une chose que Charley n'avait pas de pierre de touche pour juger. Maurice Baring n'a, me semble-t-il, pas grande réputation en Angleterre, sinon celle d'être un individu d'un charme exceptionnel, très aimé par un grand nombre d'amis, de sorte que ses œuvres ont été reçues avec une gentillesse universelle. N'est-ce pas Charley lui-même qui a établi sa réputation en France? J'ai lu un de ses livres. Je ne peux pas me rappeler si c'était *C.* et il m'a semblé qu'il n'y avait pas même une lueur de talent. **Howards End** et **A Passage to India** m'ont déçue. Nous pensions tous qu'Ian Forster[1] avait du talent et promettait davantage. Mais il a fait très peu de choses durant toutes ces dernières années, et ce peu est insignifiant. Je n'ai pas lu de nouveaux livres, français ou anglais, depuis la guerre. Une pièce de Charles Morgan — pas très bonne, mais intelligente et beaucoup plus divertissante que *Fontaine*[2].

Je continue à me battre avec les Lettres de Sénèque à Lucilius. Mais c'est un raseur et son moralisme m'exaspère. Je m'étais mise à le lire parce que Sainte-Beuve dit, en parlant de Malebranche : « Après avoir lu ce qu'il (Malebranche) a dit de Montaigne et de Sénèque, *de ces deux grands esprits encore plus que grands écrivains...* » Si Sénèque a une telle réputation, me suis-je dit, c'est dommage de ne pas le connaître, mais je suis déçue et il n'y a que sa langue qui me donne du plaisir. Et on ne cesse de se dire : que n'a-t-il écrit sur ce qu'il a *vraiment* connu et éprouvé, lui, le maître et le favori et la victime de Néron, quel livre nous aurions pu avoir! Tel qu'il est, les seules parties que j'aime sont celles où il cesse de moraliser et parle des bains romains ou de la façon de transplanter les oliviers ou des horreurs d'un spectacle de gladiateurs. Oui, je vois, je dois essayer de me remettre à Virgile. J'ai souvent essayé, mais sans succès — faute d'être dirigée comme il convient, je suppose. Mais est-ce que je l'*entendrai* jamais? Si vous pouviez me le lire à haute voix, je comprendrais non seulement le sens, mais le son, qui constitue sans aucun doute une grande part, peut-être la plus grande, de votre plaisir en tant que musicien. Je vais essayer de trouver l'édition que

---

1. Sans doute pense-t-elle à « E. M. » en écrivant « Ian ». Edward Morgan Forster était appelé « Morgan » par ses amis de Bloomsbury, comme elle sait très bien, puisque c'est ainsi qu'elle l'appelle ailleurs.
2. Critique de théâtre pour le *Times* aussi bien que romancier, Charles Morgan a écrit plus d'une pièce. D. Bussy pense à celle qui a été éditée en 1938, *The Flashing Stream* (London, Macmillan).

vous recommandez, mais j'ai peu d'espoir. On ne peut *rien* trouver à Nice. Les livres sont aussi rares que la nourriture et le linge de corps. De petites filles de ma connaissance, à qui j'ai donné quelques leçons d'anglais cet été quand les lycées étaient fermés, m'ont dit qu'elles avaient dû faire la queue pendant des heures au moment de la rentrée pour acheter les livres dont elles avaient besoin. Certaines ont dû recourir au marché noir, et leurs parents ont dû dépenser des sommes importantes, d'autres ont dû copier les textes à la main, d'autres les partager avec une demi-douzaine de camarades — c'est désastreux pour leur travail. Et les pauvres petites sont déjà surchargées de besogne et sous-alimentées, et il me semble que leurs professeurs sont sans pitié. Car les petites filles que je connais sont remplies de l'envie d'apprendre, pleines de « bonne volonté ».

Je ne connais pas, n'ai jamais entendu parler du *Journal* que vous mentionnez par William — je ne peux même pas lire son nom. Est-ce Shirer? Est-ce un Allemand? En tout cas, c'est une bonne époque, 1934-1941 à Berlin!

Très cher Gide, j'espère que votre rhume est guéri. J'espère que vous ne souffrez pas trop. Quelquefois, je vous sens près de moi, et mon cœur bat de façon douloureuse, oui, encore. J'ai des millions de choses à vous dire. Mais les plus importantes sont celles qui ne peuvent être dites. Si au moins je pouvais croire qu'elles peuvent être entendues!

Votre toujours affectionnée

D. B.

P.S. Et j'oubliais de dire combien j'ai aimé votre petite note dactylographiée (où est Tipasa?) sur Miss Austen [1]. Enfin,

---

1. Gide lui avait envoyé ce fragment de son *Journal :* « Tipasa, 12 juin 1944. J'achève à grandes lampées *Sense and Sensibility;* moins captivant sans doute que *Pride and Prejudice,* ou que *Emma* (pour autant qu'il m'en souvienne), mais d'une sûreté de dessin admirable et remplissant le cadre à ravir. Comparable à certains dessins d'Ingres, ou plutôt de Chassériau. Le ciel est un peu bas, un peu vide; mais quelle délicatesse dans la peinture des sentiments! Si nul démon majeur n'habite Jane Austen, en

enfin vous la comprenez, et ce que nous éprouvons à son sujet. Il y a eu un temps où vous la disiez *« excellente »*, ce qui, je l'ai remarqué, est votre expression de dénigrement favorite, et où vous disiez que les Anglais la mettaient au même rang que Shakespeare. (Je ne connais pas les dessins de Chassériau et je regrette que vous ayez corrigé Ingres.) Mais vos réserves, vos justes réserves sont délicieusement exprimées en quatre mots, « Le ciel un peu bas, un peu vide ». Qui le niera — et pourtant — pourtant...

930. — ANDRÉ GIDE À DOROTHY BUSSY

Alger
le 27 janvier 45

Bien chère amie

 Je languis dans l'attente de quelque lettre de vous, et doute si vous aurez reçu les miennes. Rien de Roger non plus, depuis un court billet nous annonçant son arrivée à Nice, avec un « à suivre » prometteur. Des courriers se sont égarés, d'autres perdus. Certaines lettres arrivent avec un retard considérable. On supporte moins facilement de tels silences depuis que le service postal prétend être rétabli.
 Je renonce à attendre Pierre Herbart; son départ se heurte à de tels obstacles! et les voyages sont devenus si difficiles que j'en viens à déconseiller à la Petite Dame de chercher à me rejoindre ici. C'est moi qui précipiterai mon retour en France. Avec, peut-être, arrêt à Nice, avant de regagner Paris. Je propose même à la Petite Dame un séjour à l'Adriatic, si l'on peut obtenir de la Direction deux chambres confortables, avec possibilités de chauffage et si

revanche une compréhension d'autrui jamais en défaut, jamais défaillante. La part de satire est excellente et des plus finement nuancées. Tout se joue en dialogues, et ceux-ci sont aussi bons qu'il se puisse. Certains chapitres sont d'un art parfait. »

le voyage ne doit pas être trop exténuant. (Je vais bien, mais suis sans résistance et me fatigue très vite). Vous et Roger pourriez enquêter sur le premier point (l'Adriatic).

J'ai eu la joie de trouver *Persuasion* à la bibliothèque anglaise; m'y suis plongé tout aussitôt; mais ne vous en parlerai qu'après avoir achevé ma lecture.

Reçu hier une dépêche de Madame Brasillach : « Vous supplie intervenir en faveur recours en grâce de mon fils Robert condamné à mort [1]. » La pauvre femme a sans doute appris mon efficace intervention au sujet de Lucien Combelle qui avait longtemps été mon secrétaire. Nous n'avions aucune idée commune, mais je gardais pour lui grande estime, en dépit de toutes nos divergences. Je le savais incapable d'une action vile, ou simplement « intéressée ». C'est ce que j'exposais de mon mieux dans une lettre à son avocat, qu'il a pu lire au cours du procès, et qui, m'a-t-il écrit ensuite, a sauvé la vie de ce pauvre garçon, dévoyé par *l'Action Française*. Pour Brasillach, je ne me sens le cœur de rien faire, et laisserai sans réponse la supplique de la mère. Je ne connais Brasillach que par ses articles, qui, dans le temps, m'ont indigné. Gracier de tels empoisonneurs, c'est tenir en réserve un danger public et préparer de nouveaux Salengro [2]. Je ne puis approuver Mauriac pour avoir intercédé en faveur de l'absurde et haineux Béraud [3]. Nous le verrons donc reparaître dans trois ans, avec les dents plus

1. Il s'agit de la pétition présentée au général de Gaulle, lui demandant de considérer avec faveur le recours en grâce de Robert Brasillach, condamné à mort le 19 janvier 1945. Le document porte la signature de 61 intellectuels et artistes, parmi lesquels Valéry, Mauriac, Duhamel, Claudel, Henriot, Paulhan, Copeau, Schlumberger, Anouilh, Barrault, Cocteau, Camus, Honegger, Vlaminck, Colette et Gabriel Marcel. Brasillach sera fusillé le 6 février 1945. Voir Charles Ambroise-Colin, *Un Procès de l'épuration : Robert Brasillach*, Maison Mame, 1971.
2. Roger Salengro, ministre de l'Intérieur dans le gouvernement du Front Populaire, se suicida le 17 novembre 1936 à la suite d'une série d'articles diffamatoires.
3. Il s'agit d'un article, « Autour d'un verdict », paru dans *Le Figaro* du 4 janvier 1945. Pour le rôle que joua Mauriac dans la période de l'épuration, voir le chapitre « Saint-François des Assises », dans *François Mauriac* de Jean Lacouture, Paris, Seuil, 1980.

longues et plus de fiel au cœur. J'espère du moins que de
sages lois sur la presse sauront brider la calomnie (à l'instar de la sage Angleterre).
 Roger s'est-il remis au travail? A-t-il reçu la lettre de moi
qui devait accueillir son retour à Nice (et contenait le double
de mon article sur Benda[1])? Si vous saviez avec quelle impatience j'attends le moindre mot de vous, vous ne me laisseriez pas jeûner ainsi. Avec vous de tout cœur. Mille tendresses
pour Simon et Janie.

André Gide.

931. – DOROTHY BUSSY À ANDRÉ GIDE

6 février 1945

Très cher Gide,

la lettre où vous vous plaignez d'être sans nouvelles m'est
parvenue hier — au lit avec un mauvais rhume et de la
fièvre.
 . . . . [Récapitulation des lettres échangées; elle l'imagine
 accablé par le courrier et se retient d'écrire] . . . . .
 La vie ici semble devenir plus difficile, plus à la Kafka d'une
minute à l'autre. La moindre action est une lutte épuisante
et dans neuf cas sur dix n'atteint pas son but.
 Janie est allée à l'Adriatic s'informer pour des chambres.
Ils ont été extrêmement polis et désolés, mais ont dit que

---

1. Selon Martin du Gard, « Un Nouveau livre de Julien Benda » parut
dans *Combat (Correspondance A.G.-R.M.G.*, II, p. 299); pourtant cet
article n'est pas mentionné dans la grande *Bibliographie chronologique
de l'œuvre d'André Gide (1889-1973)* de Jacques Cotnam, et ne se trouve
pas dans les numéros de *Combat* entre le 1er décembre 1944 et le 1er septembre 1945. Par la Petite Dame on sait que Gide lisait *La France byzantine* en épreuves en juin 1945 et l'*Exercice d'un enterré vif* en avril 1946.
Étant donné que trois livres de Benda ont paru en 1944, nous ne pouvons
pas préciser de quelle œuvre il s'agit.

c'était absolument impossible — voilà trois jours, tout l'hôtel a été rigoureusement réquisitionné par l'armée américaine, qui semble sur le point de nous arriver de nouveau avec quinze divisions — mais ce ne sont que des bruits — et pour faire quoi, Dieu seul le sait. En tout cas, quand Janie lui a demandé s'il pouvait recommander un autre hôtel, le directeur a dit qu'il croyait que tous les hôtels convenables de Nice sont dans le même cas que le sien. Les militaires ont aussi imaginé ces temps-ci une aimable petite réglementation, faite pour faciliter et égayer l'existence des Niçois. Personne n'a le droit de sortir ou d'entrer dans le département sans un « sauf-conduit » qu'il faut en moyenne neuf à dix jours pour obtenir. Janie a consulté Roger par téléphone à propos de votre idée de venir *ici* avec la « petite Dame ». Il juge cela de la pure folie. Les difficultés de voyage sont pratiquement insupportales, les difficultés pour se nourrir de plus en plus écrasantes. Notre ravitaillement est pire et plus mal organisé que jamais. Mais peut-être est-ce là une *légère* exagération. La seule chose qu'on puisse dire en faveur de Nice est que le soleil y brille magnifiquement presque toute la journée et tous les jours. Mais ils en profitent pour réduire la pression du gaz au point qu'il est pratiquement impossible de cuire quoi que ce soit, et pour couper impitoyablement notre électricité. Seul, notre Mirus nous maintient encore en vie.

Eh bien, en dépit de tout cela, ou à cause de tout cela, nous sommes embarqués dans une lutte frénétique pour aller à Londres. Le dévoué Vincent fait évidemment des efforts désespérés de son côté, aidé par le non moins dévoué François[1]. Nous avons reçu des lettres magnifiques de divers ministères disant qu'ils souhaitent notre présence à Londres, et armés de ces lettres nous avons passé des heures tous les trois à nous battre avec des fonctionnaires de la Préfecture, du Commissariat de Police, du consulat britannique (ô Kafka!), qui ont passé à leur tour des heures à

---

1. François Walter était alors chef de la mission financière du C.F.L.N. (Comité français de la Libération nationale) à Londres.

écrire neuf copies d'innombrables formulaires (avec huit photos), tout cela pour nous permettre de recevoir des *ordres de mission* et des *visas de sortie et d'entrée*. On nous dit que ces *préliminaires* sont terminés et que nous pouvons espérer une réponse favorable, les fonctionnaires français disent « dans deux ou trois mois », les Anglais « dans trois ou quatre ». C'était la semaine passée. Ainsi, vous pouvez juger! Mais, en fait, cela ne nous fera pas de mal de retarder ce voyage inquiétant jusqu'à ce que les conditions atmosphériques deviennent plus favorables. Toutefois, si nous réussissons à partir dans un mois environ, si cet hiver féroce relâche sa furie, si vous avez toujours envie de vous arrêter à Nice sur le chemin de Paris, rappelez-vous qu'après notre départ la rue Verdi sera à votre entière disposition. Deux chambres, la mienne et celle de Janie pour vous et Mme Théo à votre choix (Simon — méfiant de je ne sais quoi, ferme toujours sa chambre à clef quand il part); une quantité suffisante de linge de maison (de pauvre qualité, mais que voulez-vous?), vaisselle, couverts et, plus précieux que tout, très probablement les services de notre inestimable Rina. Notre petit salon que vous connaissez bien, trop bien, est très peu séduisant, mais le Mirus le chauffe et, grâce aux efforts surhumains de Simon, ne fume pas. Il y a aussi deux ou trois radiateurs électriques et un appareil pour faire bouillir de l'eau. Notre grand salon sert surtout en ce moment pour entreposer bois et pommes de terre, mais j'ai peur qu'il n'en reste pas beaucoup...

Nous n'avons nullement l'intention de louer l'appartement, n'ayez donc aucune hésitation à ce sujet. Toutes nos lettres, manuscrits, livres, etc. resteront accessibles à l'inspection et au vol, et nous ne prêterions l'appartement qu'à des personnes d'une vertu sans tache. Nous pensons que vous et la « petite Dame » répondez tout juste à nos exigences, mais Roger en doute! Quoi qu'il en soit, nous sommes prêts à courir ce risque!

. . . .[Elle ne doute pas que Gide puisse se procurer les ordres de mission nécessaires pour percer les barrages et sa venue ferait grand plaisir à R.M.G.]. . . .

Nous avons eu une très agréable visite d'un jeune officier anglais du nom de Vernon qui a dit combien il avait été heureux de vous rencontrer à Tunis, et qu'il avait beaucoup vu Jacques Heurgon à Rome[1], pour son plus grand plaisir. Il connaissait un grand nombre de nos amis personnels à Londres et nous avons eu une très sympathique conversation sur le Bloomsbury d'autrefois — cela nous a fait du bien.

Ce doit être très angoissant d'agir comme Cour d'Appel dans le cas de gens condamnés à mort. Mais il me semble qu'il y aurait beaucoup à dire au sujet de tous ces condamnés, non seulement sur les condamnations elles-mêmes, mais sur la manière dont les procès sont conduits. Aucune publicité, aucun compte-rendu. Ce que sont les accusations et ce qu'est la défense, c'est difficile à dire. Il ne semble jamais y avoir aucun semblant de justice. La vengeance s'abat simplement au petit bonheur — quelquefois, je n'en doute pas, à juste titre, mais qui peut savoir? L'opinion publique, guidée par une presse convenable qui devrait être notre sauvegarde, a été exclue des tribunaux. Il n'y a pas assez de papier pour nous donner un compte-rendu impartial de quelque procès que ce soit. Un coup de chance sauve M. Combelle et un autre M. Béraud. Rien de tout cela ne s'appuie sur des *faits* mais sur des jugements personnels, extrêmement dangereux, nous a-t-on appris à croire, dans une salle de tribunal.

La presse de Nice est infâme, et c'est pratiquement tout ce que nous voyons, sauf, à l'occasion, le *Monde,* qui paraît assez libre dans sa critique des hautes sphères.

Au revoir, très cher. Votre affectionnée

D. B.

---

1. Jacques Heurgon était attaché à l'Ambassade de France.

932. – ANDRÉ GIDE À DOROTHY BUSSY

Alger
le 19 février 45

Chère amie, ah! que je m'ennuie donc après vous!... J'ai reçu, en réponse à la mienne, votre dépêche, hier [1]. Impossibilité de se loger à Nice (le Petit Palais sans pension possible, me semble fort peu désirable pour les deux vieux que nous sommes, la Petite Dame et moi); d'autre part une longue lettre de Roger insiste sur les périlleuses difficultés du voyage... Et voici que, sitôt après votre dépêche, arrive, de Paris, un de mes nouveaux amis, Pierre Reynaud, pilote d'AIR-FRANCE, qui retournait à Paris ce matin même, qui en reviendra lundi prochain. Je lui confie une lettre pour Palewski, chef de cabinet du G[l] de G., qu'il se fait fort de lui remettre lui-même en mains propres. Cette lettre obtiendra-t-elle, pour la Petite Dame, un « ordre de mission » de Palewski (qui, à Alger, me donnait maintes marques d'obligeance) et Reynaud ramènerait-il ici la Petite Dame?... c'est ce que j'espère à présent. Ce serait un véritable enlèvement; mais nous ne retrouverons pas de longtemps une occasion aussi propice, car Reynaud est d'un extrême dévouement [2].

En plus des difficultés de et pour Nice, ajoutons qu'un gros rhume, dont depuis deux mois je ne parviens pas à me débarrasser, et qui même allait empirant ces derniers jours, me rend *intransportable* (pour le moment du moins) — ainsi que je l'écrivais à la Petite Dame. Aussi ma lettre à Palewski

---

1. Le 10 février, Gide lui avait envoyé d'Alger une dépêche la priant d'assurer chambres, repas et chauffage à l'Hôtel Adriatique pour lui et la Petite Dame. La réponse de D. Bussy manque.
2. « L'enlèvement » de Mme Théo et sa réunion avec Gide sont relatés dans les *Cahiers*, III, p. 323.

était-elle des plus pressantes (et je n'avais eu, jusqu'à présent, recours à lui pour aucun service). Si cela rate... alors je crois bien qu'il faudra attendre le printemps, et mon propre retour à Paris, où vous viendrez vous-mêmes, vous trois. Mais, à moins d'un *long séjour avec vous, où que ce soit*, je ne me tiendrai pas pour satisfait. C'est plus qu'un désir : un besoin. Nous avons été séparés trop longtemps, et n'avons plus tant de temps à vivre... J'ai, pour la réalisation de ce projet, si indécis soit-il encore, (ou imprécis, plutôt) une confiance quasi mystique. [...]

Je me suis procuré, à Paris, une bonne édition de Virgile — pour vous. Continue à « faire du latin »; c'est à peu près ma seule occupation valable, de tout le jour et de tous les jours. — Avez-vous pu lire, dans *Gavroche*, un MERVEILLEUX pseudo-interview de Paulhan [1]. Impossible de me procurer ici le N° d'*Esprit*, dont Roger me parle avec si grands éloges [2]. RIEN encore ne nous parvient de Paris, que des lettres particulières; aucun imprimé. Anne est parfaite; un ange de dévouement, de patience, de douceur... mais les enfants!!

Du train dont vont les choses, je ne vous vois pas en Angleterre de sitôt. Et peut-être sera-ce à Nice que je pourrai vous rejoindre au printemps, si les voyages sont devenus un peu plus faciles, et les possibilités de logement. J'en aurai vite assez de Paris, sans doute... Mais de tels événements se préparent. Impossible de rien prévoir, et tous les projets

---

1. Il s'agit d'une réponse à l'article paru dans le *Gavroche* du 18 janvier 1945 dans lequel Mauriac cherche à justifier l'action de l'Académie française vis-à-vis des confrères favorables à Vichy. Mauriac termine en déclarant que le vrai problème de l'Académie c'est son renouvellement; il demande pourquoi les meilleurs écrivains de la résistance (citant les noms de Paulhan, Guéhenno, Aragon et Éluard) ne se présentent pas. Dans l'article dont parle Gide ici (« Le Problème de l'Académie et quelques autres », 8 février 1945, p. 2), Paulhan, interviewé par Dominique Aury, donne sa réponse.

2. Dirigée par Emmanuel Mounier, la revue méritait, selon R.M.G., d'être lue « page à page, la plume à la main ». (*Correspondance A.G.-R.M.G.*, II, p. 310.)

restent flottants. On vit « à la petite semaine », mais prêt
à enfourcher l'occasion.
    Constamment votre

André Gide.

933. – ANDRÉ GIDE À DOROTHY BUSSY

27 Février 45.

  Bien chère amie

Contre-ordres et contre-temps divers... mais le fait est que la Petite Dame nous est tombée du ciel hier — ainsi qu'une dépêche à Roger vous l'aura sans doute annoncé déjà. La décision a dû se prendre brusquement, une occasion inespérée s'offrant d'un voyage facile, un ami très dévoué pilotant l'avion qui l'enleva de Paris et offrait de nous l'amener sans encombre. D'autre part une longue lettre de Roger insistant sur les périlleux traquenards du voyage et votre dépêche parlant de l'indisponibilité de l'Adriatic — m'avaient fait remettre à plus tard le bonheur de la rencontre à Nice. Dites-vous bien pourtant ce que je me redis sans cesse, ce n'est que partie remise, à Nice ou ailleurs, et c'est en toute confiance que je vous écris : à bientôt.
  Un flot de lettres apporté par la Petite Dame. Aujourd'hui, je n'ai le temps que de vous embrasser en hâte, entre deux quintes de toux.
  Vous écrirai sous peu une vraie lettre. En attendant, la dactylo ci-jointe qu'Anne Heurgon a faite pour vous et Roger, pourra je pense vous intéresser [1]. Constamment votre

André Gide.

---

1. Nous ne savons pas de quel texte il s'agit.

[D. B. à A. G. 13 mars 1945

Tout empire, à commencer par le ravitaillement. Elle est trop déprimée pour écrire.]

934. — ANDRÉ GIDE À DOROTHY BUSSY

> Alger
> le 21 Mars 45
> (Reçue par moi le 18 mars!)
> (Posted 14 March) D. B.

Bien chère amie

Nous quittons Alger demain matin, la Petite Dame et moi. Une amicale auto doit nous emmener à *Constantine*, où notre adresse sera c/o Mr. Schveitzer
École Normale des Instituteurs
Quinze jours à Constantine (où achever tranquillement mon *Poussin*) puis, sans doute, quinze jours de randonnée dans le Sud[1]. Retour à Alger mi-Avril, d'où prendre son élan pour la France; c'est le programme. Tout aux préparatifs de départ, je vous écris dans un grand hourvari. Je vous ai dit, je crois, que j'avais assumé une étude sur Nicolas Poussin, en préface à un bel album de reproductions que doit donner le *Divan*[2]. Un premier album, sur *le Greco*, a déjà paru, préfacé par Cocteau, dans cette ravissante collection. J'ai accepté ce travail avec joie, car Poussin est vraiment

1. Gide avait été invité par les Schveitzer à faire un séjour chez eux à Constantine, puis à accompagner M. Schveitzer (qui était inspecteur des écoles) dans ses tournées qui se faisaient en auto. Pour le récit de ce voyage, voir *Gide aux Oasis*, par Marcelle Schveitzer (Nivelles, Édition de la Francité, 1971).
2. Cette préface, intitulée « L'Enseignement de Poussin », occupe les 14 premières pages de *Poussin* (Paris, Au Divan, [septembre] 1945).

« mon homme » (et l'on ne manquera pas de dire que je le tire à moi) mais il me donne beaucoup de mal; et je ne puis plus consacrer au latin (Virgile toujours) qu'une ou deux heures par jour. J'espère que vous aurez reçu, ou recevrez bientôt, la bonne édition que j'ai demandé à Saucier (librairie Gallimard) de vous envoyer. Mais quand et où pourrions-nous lire Virgile ensemble? Je souhaite et espère être de retour à Paris au moment de votre passage et convenir alors avec vous d'un séjour ensemble, où que ce soit (je songeais à Cuverville, peut-être... ou en Angleterre..?) car à Paris même nous ne pourrons sans doute nous voir que peu et mal, de manière insatisfaisante également pour vous et pour moi. Nous méritons plus — et mieux. J'ai confiance. [...]

Que de choses à vous dire; et sur tant de sujets!... Aujourd'hui je n'ai que quelques instants — mais je ne voulais pas quitter Alger sans vous embrasser encore, et bien fort.

Mille tendres messages pour Simon et Janie. Pas le temps d'écrire à Roger; (mais sitôt à Constantine — dites-le-lui) ni à Gautier-Vignal qui m'a écrit une charmante lettre (messages pour lui également lorsque vous le reverrez).

Constamment votre

André Gide.

935. — ANDRÉ GIDE À DOROTHY BUSSY

Nous devons rentrer à Constantine après une randonnée à Biskra, El Oued. Vous avez donc tout le temps d'adresser une prochaine lettre à :

École Normale des Instituteurs
Constantine

27 mars 45

Bien chère amie

Ce matin 13 (treize) lettres! renvoyées d'Alger par Anne Heurgon — dont deux de vous : l'une du 23 Avril 43! c/o librairie Tournier — l'autre, plus récente, mais qu'une erreur d'adresse (20 rue Michelet, au lieu de 220) a dévoyée quelque temps — du 6 février. Et c'est à vous d'abord que j'écris.

Je regrette de n'avoir pas reçu votre 1ère (du vendredi saint 43) un jour plus tôt. Hier soir j'envoyais une lettre à Cailleux — où j'aurais été heureux de transcrire votre jugement « Je trouve qu'il a un talent prodigieux » (parfaitement mérité, à mon avis) qui l'eût sans doute plus touché, par ricochet, qu'un compliment direct.

Quant à votre lettre du 6 février (vous voyez que toutes finissent par arriver) les événements se sont chargés d'y répondre et tout ce que vous m'y dites au sujet du séjour à Nice et des difficultés — est devenu vain, depuis que la Petite Dame a franchi la Méditerranée. Parlons d'autre chose.

Encore une lettre de vous, (du 13 mars) ce matin, qui commence ainsi « It seems to me ages since I last wrote to you[1] »! O ironie! Habent sua fata epistolae[2]. C'est pour me sentir tout près de vous. Quant à vos pensées sombres, elles n'ont avec moi rien à craindre, trouvant en moi de quoi s'accointer. J'en suis à ne plus oser rien écrire; et depuis des mois je n'ai plus rouvert mon *journal*.

Désastre partout, et jusque dans le triomphe de nos armées... C'est pour n'y plus penser que je me réfugie dans Virgile. Il n'est guère de jours où je ne relise un quart de chant de *l'Énéide*, scandant chaque vers de mieux en mieux et de plus en plus naturellement. Pour Cicéron, j'ai fait, à Alger, de vains efforts, par grand désir de vous suivre. Beaucoup plus difficile, à mon avis, que Virgile, j'y trouve une bien moindre récompense et, osons le dire, il ne me plaît guère, toujours bien-pensant, bien-disant et bien agissant, sans ombres ni mystères... je ne parviens pas à m'intéresser vraiment à lui. Vous m'en reparlerez au revoir, tout disposé que je suis à en lire avec vous. Quand sera-ce? Je m'attends à ce que vous ne puissiez obtenir vos visas pour l'Angleterre

---

1. « Il me semble qu'il y a des siècles que je ne vous ai pas écrit. »
2. « Les lettres ont leur destin. »

avant notre retour en France et ne désespère pas d'être au Vaneau lors de votre passage à Paris, pour vous y recevoir. Et nous ferons alors ensemble quelque beau projet qui nous consolera d'une séparation si longue.

J'ai achevé mon *Nicolas Poussin;* très désireux qu'il vous plaise, mais pas autrement pressé que vous en puissiez prendre connaissance. En suis assez satisfait; mais moins pourtant que de mon *Thésée.* On attend ma lettre... embrassons-nous vite. A bientôt

André Gide.

936. — DOROTHY BUSSY À ANDRÉ GIDE

1er avril 1945
40 rue Verdi

Très cher Gide,

vous m'avez très gentiment écrit à la veille de votre randonnée à Constantine et à Biskra. J'espère qu'elle a été réussie et continue de l'être, que vous avez fini votre Poussin à votre satisfaction et que vous allez visiter les lieux de votre jeunesse avec plaisir.

Mais il ne sert à rien de vous écrire là-bas et j'envoie ceci à Alger pour attendre votre retour dans une pile de plusieurs centaines de lettres sans aucun doute. Hier, au bureau de poste de l'avenue Thiers, je m'informais auprès d'un jeune homme de ce que je devais faire de deux ou trois lettres très ennuyeuses (elles en avaient l'air — l'une des miennes s'y trouvait) qui avaient été adressées rue Verdi et y avaient été renvoyées quand nous avons été coupés de l'Afrique du Nord. « Mais ces timbres de Pétain? » demandais-je. Le jeune homme a regardé l'adresse et est devenu tout excité. « Quoi! Il est à Alger? Et vous avez son adresse? Et vous êtes de ses amis? C'est merveilleux! » Et je suppose qu'il a trouvé ma réponse identique à celle de l'individu qui « avait vu Shelley en chair et en os [1] ». Puis il me dit que quantité de lettres, de paquets et de manuscrits étaient arrivés pour vous ces trois dernières années, mais que, comme personne ne connaissait votre adresse, ils avaient tous été « mis au pilon » au bout de trois mois. « J'aurais voulu les garder, dit-il, mais comme c'était le règlement, je n'ai pas osé le faire. » Quel règlement scandaleux, à cette époque! Et puis, après m'avoir dit son admiration pour votre œuvre, il a ajouté : « Et il paraît qu'il est très gentil », et j'ai dit que je vous amènerais le voir si vous veniez à Nice.

Hier est arrivé de chez Gallimard le Virgile promis depuis longtemps et anxieusement attendu. Un sympathique livre de classe, d'occasion, un peu fatigué et portant un tampon de l'« École Normale Supérieure » — ce qui m'a remplie de fierté. Je n'ai fait encore que jeter un coup d'œil aux notes, mais elles semblent être exactement ce que je souhaite. Je suppose que Saucier a eu beaucoup de mal à le trouver — au marché noir pour livres de classe, sans aucun doute, et à prix énorme.

Et puis, le même jour, est arrivé d'Alger un paquet de cinq livres tout neufs par des auteurs dont aucun de nous n'a entendu parler et publiés par un éditeur également inconnu du nom de Charlot. Ces livres, à en juger d'après leurs titres, semblent un choix très curieux pour que ce soit vous qui nous les envoyiez, alors que Charlot a publié aussi des livres que nous mourons de voir — deux de vous, un de Bernanos, etc., etc. Mais nous ne connaissons personne d'autre que vous à Alger, il semble donc qu'ils viennent de vous, et peut-être allons-nous trouver qu'ils valent tous les Gide du monde!

Notre sort personnel est encore très incertain. Voilà quelques jours est arrivé de Londres un télégramme envoyé par Vincent, disant que l'entrée de Simon et de Janie en Angleterre avait été refusée. Mais il ajoutait qu'il poursuivait ses efforts et que nous ne devions pas désespérer. Et

---

1. De Browning, « Memorabilia » (1855), st. 1.

puis, hier, une lettre d'un consul anglais disant que Londres l'avait informé qu'un permis avait été accordé à Miss Bussy. Il y a de quoi s'y perdre.

On nous dit trois ou quatre fois par jour que l'Allemagne est virtuellement conquise — quoi que ce soit qu'on entende par là. C'est étrange que cette victoire ne provoque pas une étincelle de joie. Un certain soulagement, sans aucun doute, mais d'autres émotions semblent mortes en nous — d'épuisement. C'est peut-être le grand âge. Je me le demande. Et en attendant, la guerre continue de plus belle.

Récemment, nous avons rencontré le Père Valensin [1] à un cocktail! Très étrange. Il a dit qu'il avait beaucoup entendu parler des trois Bussy et savait que nous étions des amis de Gide et de Valéry. Il a beaucoup demandé de vos nouvelles et m'a demandé de vous envoyer des messages amicaux si je vous écrivais. Il est fascinant. (J'aimerais connaître un Père jésuite de façon vraiment intime.) Il était manifestement très curieux au sujet de Catherine, mais ce n'est pas à moi de satisfaire sa curiosité et je ne l'ai pas fait.

Cher Gide, c'est une grande erreur de vous écrire, parce qu'au bout de ma lettre, aussi stupide qu'elle puisse être, j'éprouve un insupportable désir de vous revoir.

Votre
D. B.

[Un *P.S.* du 2 avril au sujet des imbroglios du courrier, avec quelques lignes sur Cicéron pour protester contre le « sans ombres ni mystères » de Gide.]

---

1. Le Père Auguste Valensin, que Gide connaît depuis au moins trois ans, qui deviendra le directeur de conscience d'Hélène Martin du Gard, et dont le cours sur *L'Art et la pensée de Platon* sert de point de départ à un passage du *Journal* (11 juin 1948; Pléiade, pp. 328-330).

937. — ANDRÉ GIDE À DOROTHY BUSSY

Constantine
18 Avril 45

Amie bien chère

Votre lettre du 1er Avril était là pour accueillir notre retour à Constantine. Madame Théo a fort allègrement supporté la fatigue du voyage, opéré du reste dans des conditions de confort inespéré. C'est en auto que nous avons gagné Biskra, puis El Oued, puis Touggourt. Retour dans le train, de Touggourt à Biskra, puis à Constantine. Dans mes derniers voyages en Afrique du Nord, j'avais évité ces lieux trop encombrés, pour moi, de souvenirs; chacun de ceux-ci, accompagné d'un deuil. Mais c'est précisément ce théâtre d'événements si importants de ma vie que Mme Théo pouvait souhaiter connaître depuis longtemps, et que je souhaitais lui montrer : une sorte de pèlerinage — pour moi sans surprise aucune, et sans autre joie que celle que je tâchais de goûter à travers elle. Sitôt seul, je me replongeais dans *l'Énéide* ou ne songeais plus qu'au retour, à notre rencontre à Paris... à la possibilité, peut-être, de vous emmener à Cuverville, si vous ne pouvez regagner l'Angleterre de si tôt. C'est à étudier. Je n'admets pas que tous ces projets fassent faillite. Mais tout est tellement désorganisé...

Heureux que vous ayez enfin reçu le Virgile. Vous devriez « attaquer » aussitôt tel passage moins connu, comme, par exemple, la fin du livre V à partir du vers 835, puis la rencontre (qui y fait suite) de Palinure aux Enfers : VI, vers 337 à 383. Quant aux livres envoyés d'Alger, je n'y suis pour rien (à part le Bernanos, je les crois assez médiocres). Charlot, à qui j'avais donné votre adresse pour l'envoi de mon *Journal* et de *Attendu que...*, a fait du zèle.

Fort amusé par ce que vous me dites du young man[1], du P.O Avenue Thiers — et du père Valensin... beaucoup moins par l'annonce de vos lettres jetées au rebut ! Et merci d'avoir écrit indirectement à Montgomery Belgion[2] ! (celui-ci est un peu raseur, soit dit entre nous).

Sitôt de retour à Alger (dimanche prochain, j'espère) je vais reprendre (prendre serait plus exact) les *Letters to Atticus,* avec un œil chargé de sympathie préventive. Mais tout faire pour presser notre retour.

Avec votre lettre m'attendaient ici quantité d'autres (dont une *exquise* (pour la première fois !) de Catherine) auxquelles je vais devoir répondre sans entrain ; je prends mon élan avec vous. Mais je ne répondrai à aucune des 27 que me renvoie le *Figaro,* toutes de protestation indignée contre mon article sur *Justice et Charité*[3]. Comme unique contrepoids : la lettre de Brisson me remerciant de l'envoi de cette « importante chronique » : « Elle aura du retentissement, n'en doutez pas », m'écrivait-il, « et j'en suis d'autant plus heureux qu'elle répond très exactement à mes sentiments. » Si les lecteurs du *Figaro* savaient cela, que de désabonnements !! Nombre des lettres communiquées par lui marquent l'espoir qu'il va désavouer mon article, le réfuter du moins... Je ne sais ce qu'il aura fait ; rien sans doute. Et, comme il ne m'est pas loisible d'ajouter à ma chronique ceci (j'aurais dû le faire aussitôt) : que je tiens pour irrecevables les griefs et accusations *d'opinion,* me voici faisant, aux yeux de ces zélotes d'une juste charité, ou d'une charitable justice, figure d'épurateur féroce et impie.

Peut-être n'avez-vous pas lu cet article (ci-joint) de Benda

---

1. « Jeune homme. »
2. Nous ignorons le sujet de cette lettre « indirecte » à l'auteur de *Our Present Philosophy of Life according to Bernard Shaw, André Gide, Freud, and Bertrand Russell* (1929), traduit sous le titre de *Notre foi contemporaine* et publié par la N.R.F. en 1934. La traduction est augmentée d'un « Post-scriptum sur M. André Gide » lequel fut provoqué par une lettre ouverte que Gide fit paraître dans *La N.R.F.* de février 1930.
3. Paru dans *Le Figaro* du 25 février 1945. Pierre Brisson dirigeait le journal.

sur le même sujet — qui me paraît excellent; bien meilleur que le mien [1]. Il dit, somme toute, les mêmes choses que moi; mais beaucoup plus habilement. Le communiqueriez-vous à Roger?

J'avais écrit à Raymond Mortimer... je doute qu'il ait jamais reçu ma lettre.

Combien je sympathise avec ce que vous me dites de la guerre! « A certain relief but no spark of joy »... Mais n'accusez pas votre, notre, « old age »; ni vous, ni moi ne sommes des racornis. Et je vous embrasse tous trois bien fort — et reste très tendrement votre

A. G.

[D. B. à A. G. 19 avril 1945

Janie a reçu son visa d'entrée en Angleterre, mais pas Simon. Les deux dames partiront d'abord. Problèmes du logement à Paris.]

938. — DOROTHY BUSSY À ANDRÉ GIDE

40 rue Verdi, Nice
23 avril 1945

Très cher Gide,

Votre très gentille lettre de Constantine, datée du 18 avril, m'est parvenue ce matin. Depuis que je vous ai écrit, voilà un ou deux jours, nos plans ont plus ou moins pris forme, ainsi que vous l'aura dit mon télégramme [2] de ce matin. Nos

---

1. Il doit s'agir de « La Trahison des laïcs » parue dans les *Lettres Françaises* du 17 mars 1945.
2. Ce télégramme manque.

organisateurs ont décidé qu'il sera beaucoup plus facile d'obtenir tous les papiers nécessaires pour sortir de France et entrer en Angleterre si nous acceptons de venir séparément. Et c'est ce que nous avons fait. Vincent est ravi et nous a conseillé par télégramme de venir aussi vite que possible à Paris, où les formalités finales seront aisément accomplies. Tous jurent que Simon recevra son permis dans un ou deux mois tout au plus et que Lord Keynes [1] lui-même l'a garanti. Nous gagnerons donc Paris tous ensemble le 8. Janie et moi continuerons vers Londres quelques jours plus tard et Simon s'installera du mieux qu'il pourra à Paris jusqu'à son propre départ. Stoisy a promis de donner une chambre à Janie si nécessaire, et la sœur de Simon, Angèle Bianchi, le logera très vraisemblablement, et bien entendu je désire et espère loger chez vous. Et il semble à présent qu'il y ait quelque chance que vous y soyez. J'ai cru préférable de vous envoyer un télégramme avec nos dates, car ce serait trop dommage si nous nous manquions parce que vous ne les connaîtriez pas. Mais les choses ont tellement l'habitude de mal marcher que je suis toute prête à vous voir trouver qu'il vous est tout à fait impossible de faire coïncider vos dates et les nôtres.

Merci de m'avoir indiqué par quels vers commencer dans *l'Énéide*. Je vais vous écouter, mais ne peux résister à la bonne habitude de commencer au commencement, et j'ai déjà lu le Livre I, que j'ai trouvé plus facile et plus intéressant que je n'espérais. Je trouve plus difficile le début du Livre II. Je me bats en ce moment contre Laocoon, emprisonné, comme par ses serpents, dans d'infinis replis d'allusions et d'associations (mais je n'ai jamais lu ce que Lessing dit de lui). Il est certain que cela enrichit énormément le plaisir qu'on prend à un texte, de le sentir pour ainsi dire fécondé par les pensées, par les esprits et les cœurs de... au diable! Je me suis embarquée dans une phrase que je ne peux finir et vous en laisse le soin. Quant à Cicéron, j'ai grand-peur que vous ne soyez déçu. Vous ne trouverez pas

---

1. L'économiste Maynard Keynes, ami des Strachey.

chez lui le plaisir de *l'artiste*, vous ne serez pas capable de vous arrêter sur la perfection de chaque mot et, bien sûr, comme dans tout recueil de lettres, il y en a qui sont très ennuyeuses. Mais quelle « vie romancée » on en pourrait tirer, à la lumière de la psychologie moderne! Et vous aussi, vous placez les lettres de Flaubert au-dessus de ses grandes œuvres.

J'ai été heureuse de recevoir enfin le *Journal* de Charlot, mais pas encore *Attendu que...* Roger aussi a été choqué par votre article sur *Justice et Charité* — non parce que ses idées étaient fausses, mais parce qu'il était banal et périmé et ne tenait pas compte des dernières encycliques du Pape. Je n'ai pas pu supporter cela et lui ai écrit ce que j'ai cru être une lettre très amusante, mais j'ai peur qu'il ne l'ait pas aimée — quoiqu'il n'aime pas non plus quand Aragon vous attaque.

Vous avez certainement appris que Claude Bourdet était sain et sauf, et Stoisy écrit aujourd'hui au comble de la joie parce qu'elle a eu des nouvelles de Mopse [1], qui va bien, quoique pas encore libérée, et dont le mari est devenu citoyen américain, ce qui est une grande chance pour elle. J'ai eu ce matin une lettre de Miss Pell. Elle nous a envoyé, dit-elle, un colis avec toutes les choses que nous avons le plus envie de manger — elle donne une liste qui nous met l'eau à la bouche — mais, bien entendu, rien n'est arrivé. Bien entendu aussi, elle a écrit un livre sur vous [2]. Elle est certaine que vous n'avez jamais reçu une lettre qu'elle vous a écrite, parce que vous êtes trop courtois pour ne lui avoir pas répondu. C'est sûrement vrai.

Le Révérend Père V. vient prendre le thé vendredi! Janie a retrouvé son état normal, mais a encore un peu l'air d'une chiffe.

J'ai pensé à vous, mon très cher, lorsque vous visitiez les oasis hantées de fantômes.

1. Fille de Mme Sternheim.
2. L'unique livre qu'Elsie Pell consacrera à Gide est *André Gide. L'Évolution de sa pensée religieuse* (1935). En 1947 elle fera publier une édition scolaire d'*Isabelle* (New York, Crofts). C'est peut-être à celle-ci que D. Bussy fait allusion.

Dites mon amitié à la Petite Dame. N'oubliez pas. Très heureuse de savoir que Catherine vous a écrit une lettre « exquise ».

Simon et Janie vous envoient leur profonde affection.

A notre plus cher des grands amis, notre plus grand des amis chers.

Votre
D. B.

939. — ANDRÉ GIDE À DOROTHY BUSSY

Alger
le 24 Avril 45

Chère amie

Tout ému à la pensée de votre retour en Angleterre; sera-ce là qu'il me faudra vous retrouver? J'espère bien, pourtant, parvenir à rentrer à Paris avant le 15 mai. L'embêtant c'est que, la petite dame et moi réintégrant, le Vaneau sera un peu court pour vous recevoir tous les trois. Je crois qu'on pourra s'arranger tout de même, et tant bien que mal (c'est-à-dire : sans service); Élisabeth en jugera, à qui je communique aussitôt votre lettre du 19 Avril. Je me consolerais mal de vous sentir ailleurs que tout près.

Le voyage dans le Sud s'est fort bien achevé. La petite dame s'est montrée digne du désert et a fort gaillardement supporté la fatigue. Vous ai déjà écrit cela, de Constantine.

Viens de causer avec la Petite Dame, qui me prie de vous dire : Selon toute vraisemblance nous serons de retour au Vaneau avant vous. Et là, ferons le possible et l'impossible pour vous héberger tous les trois. En tout cas soyez sans inquiétude aucune au sujet du logement : assuré pour deux, et l'on aura avisé pour le 3ᵉ (Simon) de sorte que vous pourrez vous amener sans crainte. Et, de toute manière, Simon pourra prolonger son séjour à Paris, par delà votre départ, au Vaneau, tout le temps qu'il faudra, qu'il voudra.

Une visite inopinée, hier soir, d'Albert Camus, grand ami de Claude Bourdet; l'a revu à son retour à Paris, en excellent état, mais ayant beaucoup souffert durant sa détention.

Ceci n'est pas une lettre. Simple billet pour vous rassurer, quant à votre passage à Paris.

Et je vais rejoindre Cicéron.

Votre
A. G.

940. — ANDRÉ GIDE À DOROTHY BUSSY

Alger
le 25 Avril 45

Chère amie

Il fait si beau, l'air est si tiède ce matin, que je vous rejoins encore; aussi bien ma lettre d'hier ne pouvait-elle satisfaire ni vous ni moi, ne parlant que de dispositions pour votre passage à Paris, afin de vous rassurer tout de suite. J'étais requis par mon courrier et ne pouvais vous donner que quelques instants. Mais, après avoir répondu à six lettres pressantes, je me sens l'esprit un peu dégagé. J'ai même pu goûter à Cicéron.

Mais, chère amie, c'est horriblement difficile!... Je pense que vous êtes beaucoup plus calée que moi en latin. Quant à moi je n'y saurais rien comprendre (aux lettres à Atticus) sans une traduction en regard, à laquelle il me faut me reporter sans cesse. Je reconnais que le ton même de ces lettres est émouvant, tout autre que celui pris par Cicéron dans le *de Senectute* ou les harangues. Puis il me semble que, ces lettres, vous les lisez avec moi. Je me propose de les lire toutes.

N'avais-je vraiment rien à vous dire de notre voyage? Je n'y ai goûté de sincère joie qu'à travers la Petite Dame, pour qui tout était neuf. Pour moi personnellement, sans surprise aucune. Et pas la plus petite aventure! C'est en compagnie de Virgile que j'ai passé mes meilleurs instants. Grande déception, à Biskra où les dattes abondent, de ne pouvoir vous faire le moindre envoi. Autorisés seulement pour les militaires. Et mes regrets sont devenus plus vifs encore lorsque j'ai su que Janie avait si grand besoin de nourriture agréable et qu'elle en était si privée. J'espère que, nonobstant, elle est complètement remise en selle à présent.

Non, je vous l'écrivais déjà, les glorieux événements de ces temps derniers, pas plus qu'à vous, n'apportent de joie. Dresde, Nuremberg, Cologne, en ruine! tout cela nous appartenait aussi... Et je songe à Berlin, sans cesse, à cette population traquée, avec une angoisse intolérable. Je me répète : il le fallait; il le faut; mais cela ne m'apaise pas. C'est atroce, tout bonnement... et mérité (ce qui ne console guère!)

Avez-vous lu *Trois grands hommes devant Dieu* (Molière, Rousseau, Flaubert) de Mauriac (1930)? Je ne connaissais pas ce livre avant hier. Un des plus intéressants, des plus significatifs, des mieux écrits, et des plus exaspérants, de notre ami (dont je viens de lire, ou de relire, coup sur coup, quatre romans que je ne parviens pas à aimer).

La 1ère d'*Antoine et Cléopâtre* a été remise de quelques jours, ce qui fait que je n'en ai pas encore de nouvelles.

Au revoir. A bientôt, je pense. Je vous embrasse bien fort

André Gide.

941. – ANDRÉ GIDE À DOROTHY BUSSY

Alger
le 28 Avril 45

Amie chère

Nos lettres se courent après; c'est insupportable. Aucune ne répond à la dernière écrite, mais toujours à la précédente, qu'aussitôt vient corriger une nouvelle. J'en reçois une, ce matin, datée du 23 qui rend assez inutile ce que je vous écrivais avant-hier au sujet du logement à Paris. Avec ou sans l'aide de Stoisy et de la sœur de Simon, soyez sans inquiétude. Et je vais tâcher de précipiter notre retour, puisque votre voyage se trouve hâté. Ce serait trop bête de vous manquer...
En même temps que votre lettre, une exquise (oh! la vôtre l'est aussi!) de Roger[1], qui me parle de vous de la manière la plus tendre : « Je l'aime profondément, et toujours davantage : c'est une *amie* » (c'est lui qui souligne) et cela me va droit au cœur. Mais il vous peint tous trois comme à bout de résistance et « squelettiques ». J'espère qu'il exagère et que je vais trouver encore un peu de chair à embrasser. Puissiez-vous bien supporter le long et fatigant voyage, dont Roger s'inquiète pour vous — et moi de même. Puissiez-vous aussi recevoir à temps le paquet de Miss Pell! Non, je n'ai pas reçu de lettre d'elle.
Je m'inquiète beaucoup de la pauvre petite Davet; crains qu'elle ne se soit mise en bien fausse et mauvaise situation, et tremble lorsque je lis dans les journaux que les Allemands ont mis le feu à je ne sais plus quel campement de « travailleurs ». La reverrons-nous jamais? Sa détresse, sans doute, est affreuse et elle doit se croire oubliée... Quel cauchemar!

1. Voir *Correspondance A.G.-R.M.G.*, II, p. 319.

Ce que vous me dites de Virgile me ravit. Je continue de le relire encore, avec un contentement toujours plus vif. Mais j'ai quitté le IVe livre, où j'en suis arrivé (c'est la quatrième lecture) pour reprendre avec vous l'épisode de Laocoon, ce matin même. J'ai bien du mal à m'éprendre de Cicéron, en dépit de tous mes efforts. Heureux que vous trouviez *l'Énéide* « much easier and more amusing than expected[1] ». La conduite du récit me paraît d'un art accompli; la suspension de l'intérêt; l'intervention des dieux; le dosage de tous les éléments; l'enveloppement des paysages; je lis cela comme un roman d'aventures et n'en connais pas de plus beau. Et quels vers! (Oh! apprenez à les scander!) Auprès de quoi Ovide, que je lis aussi, m'apparaît comme une « couille molle » (Excusez!) et tout dégonflé.

La petite dame vous envoie ses meilleurs souvenirs et je vous embrasse tendrement. Votre

André Gide.

Votre dépêche arrive à l'instant : votre lettre, partie le même jour, l'a précédée!

942. — ANDRÉ GIDE À DOROTHY BUSSY

Alger
le 3 mai 45

Chère amie

A défaut de moi-même, que ce billet du moins vous accueille au Vaneau — où j'espère encore vous rejoindre — où je crains bien de ne rencontrer plus que Simon. La mort accidentelle du chef de cabinet de Chateigneau, gouverneur général d'Algérie, a soudain désorganisé ses services et l'entrevue

---

1. « Plus facile et plus amusante que prévu. »

qui devait assurer notre départ avant-hier n'a pu encore avoir lieu. Je doute fort d'obtenir mon transport à temps. Et même l'effondrement brusque de l'Allemagne va sans doute amener quelque encombrement dans le service des transports. Je me soucierais peu de ce retard s'il n'avait pour claire conséquence le décalage de notre rendez-vous parisien. S'il n'a lieu à Paris, où sera-ce?... car je n'y renonce pourtant pas — prêt à vous rejoindre où il sera possible et dès que possible; c'est-à-dire : où vous me direz. Persuadons-nous que ce sera d'autant mieux; et tempérons ainsi nos regrets. Je vous embrasse bien fort et suis de tout mon cœur avec vous

André Gide.

943. – DOROTHY BUSSY À ANDRÉ GIDE

51 Gordon Square, W. C. 1
18 juin 1945

Très cher Gide,

.... [Quelques lignes au sujet d'Yvonne Davet dont elle vient de recevoir une lettre et envers qui elle recommande à Gide de se montrer gentil, mais pas trop. Elle ajoute : « Je sais que c'est votre règle générale en pareil cas, mais je pense parfois que votre conception de la " gentillesse " diffère de celle de vos victimes. »
J'ai eu, voilà quelques jours, une lettre de Roger Senhouse[1], le jeune homme qui est un des associés de votre éditeur londonien Martin Secker. Vous l'avez rencontré chez nous quand vous avez passé quelques jours à Londres avant la guerre (au fait, il n'est plus un jeune homme). Je dis

1. Roger Senhouse (1900-1970), ami de Lytton Strachey et l'un des traducteurs de Colette.

« votre éditeur londonien », mais je crois qu'il a seulement publié vos deux livres sur l'URSS. Il semble qu'ils aient un engagement avec Knopf et, à ce qu'il me paraît, pour le reste de notre vie à tous. (On ne peut comparer Knopf et Cie qu'à des « tiques ». J'ai hâte que nous en soyons tous débarrassés et je trouve extrêmement dommage que Schiffrin soit tombé entre leurs griffes à New York.)

Voici ce que Roger m'écrit : « Il y a eu un grand échange de correspondance au sujet d'André Gide entre nous-mêmes (Martin Secker), Knopf et Schiffrin, son nouvel agent américain qui s'est occupé des droits pour la traduction anglaise de *Attendu que...* Ce livre, publié par lui en Amérique sous le titre d'*Interviews imaginaires*, a été traduit ensuite par Malcolm Cowley et publié par Knopf. Nous avons retardé la publication de cet ouvrage en Angleterre pour plusieurs raisons; la première est que, d'une façon générale, nous ne voulions pas sortir une traduction de Gide sous un autre nom que le vôtre. Cela a, bien entendu, fait naître de nombreuses complications, parce que, si nous refusions de publier ce livre, nous risquerions de le perdre pour toujours comme auteur. »

Roger Senhouse dit ensuite que, voilà environ deux ans, vous êtes entré en contact avec John Lehmann (le frère de Rosamund et le successeur des Woolfe à la Hogarth Press) et lui avez écrit pour l'autoriser à publier la traduction anglaise, mais en spécifiant que Raymond Mortimer serait le traducteur, « ignorant ainsi complètement le fait que Schiffrin avait déjà pouvoir pour s'occuper des droits de traduction de ce livre. Évidemment, je me suis toujours demandé ce que l'auteur lui-même pensait de la traduction de Malcolm Cowley, qui a été proprement étrillée dans la *Saturday Review* [1] ». Roger joint à sa lettre un exemplaire d'*Attendu que...* en français, que j'ai été très heureuse de recevoir (impossible jusqu'à présent), les épreuves de la

---

1. Vincent Sheean reproche à Cowley d'avoir fait une paraphrase plutôt qu'une traduction du texte de Gide. (*Saturday Review of Literature*, 21 octobre 1944.)

traduction anglaise et une coupure de la *Saturday Review* avec l'éreintement. Je n'ai pas encore eu le temps de les examiner, mais j'essayerai de vous donner bientôt une opinion impartiale. Il se peut qu'il fasse l'affaire pour le *Journal*.

Roger parle ensuite du *Journal* et après m'avoir demandé de me mettre au travail sans tarder, il ajoute : « Il est tout à fait évident que Knopf a hâte de voir ce livre en traduction anglaise et, en fait, tout ce que Gide peut avoir en train actuellement. » (Tu parles!)

Ce matin, j'avais en outre un mot de Mrs. Bradley [1] que je joins à ma lettre.

À mon avis, ce sont tous une bande de gangsters qui cherchent à faire de l'argent en nous rendant l'inestimable service de nous présenter l'un à l'autre.

Je ne répondrai pas à la lettre de Mrs. Bradley, mais vais dire à Martin Secker que je n'ai pas l'intention de traduire le *Journal*.

Comme je souhaiterais que vous puissiez avoir Cerf de Random House pour la *Vie de Thésée* et laisser tomber les odieux Knopf.

Je trouve Londres et mes compatriotes extrêmement intéressants. Mais (sur un plan modeste) je suis accablée — comme vous l'avez été pendant vos quelques jours à Paris — de lettres, de coups de téléphone, d'invitations — tout cela me dérange et me met dans un état d'esprit peu favorable pour vous écrire convenablement. Mais j'espère trouver un de ces prochains jours l'humeur qui convient.

En attendant,
    votre toujours fidèle

D. B.

---

[1]. Jenny Bradley, la veuve de William Aspenwall Bradley, l'agent littéraire qui représentait la maison Knopf en France.

944. — DOROTHY BUSSY À ANDRÉ GIDE

51 Gordon Square
16 juillet [1945]

Très cher,

je trouve la plus grande difficulté à vous écrire, je ne sais pas du tout pourquoi.

Rien à dire? Il y a des tas de choses à dire, bien sûr, comme toujours. Je crois qu'en fait je ressens encore la fatigue émotionnelle, et vous écrire, même sur le sujet le plus sec, semble toujours dangereusement proche d'un appel — fût-ce un appel distant — aux émotions (je ne veux pas dire les vôtres, mais les miennes).

Où êtes-vous? Simon m'a dit que vous étiez allé à Cuverville. Vous voyez bien! Comment penser à cela sans émotion? Que faites-vous? Êtes-vous capable de travailler? Êtes-vous libéré de votre foule d'amis — et de victimes, comme je les ai appelés dans ma dernière lettre? Mais, bien entendu, c'est *vous* qui êtes la victime. Cher Gide, vous voyez comme je m'efforce d'éviter tout ce qui est réel. La réalité m'épuise.

L'Angleterre, d'où j'ai été absente si longtemps, m'intéresse profondément. J'essaye de comprendre tout ce qu'elle a traversé, de quelle façon elle a changé. Peut-être n'est-ce qu'un changement passager. Peut-être est-ce simplement parce que je suis vieille ou française et ai dû souffrir de la faim, que tout le monde est si extraordinairement gentil et attentif et désintéressé — les conducteurs d'autobus, les voyageurs dans les autobus et les trains et le métro, les agents de police bien sûr, mais aussi les fonctionnaires des services d'alimentation et les dames de cette espèce de pension où je loge (en général — avant — si insupportables), mes sœurs bien sûr, mes jeunes neveux et nièces, mes amis, les gens à qui on se heurte dans la rue. Mais non, ce n'est pas une illusion, c'est le pur esprit de fraternité né de cette terrible époque de blitz et de sacs de sable à quoi les gens font à peine allusion, sauf avec un sourire, de cette époque aussi de l'*unité* d'une nation, d'un peuple. Je ne m'en étais pas rendu compte. C'est vraiment d'une puissance terrible. Mais aussi, seuls le danger le plus mortel et l'agonie sont capables de susciter cela. Les ruines de Londres sont à présent un jardin d'herbes et de fleurs sauvages, vertes, roses et jaunes, surgissant d'elles-mêmes dans les lieux désertiques.

Malgré la nourriture et l'amitié, Janie [1] et moi sommes déprimées par la difficulté de faire venir Simon. Lui-même parle toujours de votre gentillesse et de celle de la Petite Dame, mais... vous pouvez finir la phrase vous-même. Et pourtant nous espérons toujours que nous finirons par réussir. Et nous trouvons nous-mêmes des difficultés considérables à nous loger. Il est presque impossible de se faire servir à Londres ou de trouver un logement.

Il est impossible d'héberger tous ceux qui désirent habiter au 51 Gordon Square. Je me suis donc installée dans une sorte de pension à la campagne, mais j'espère que ce ne sera pas pour longtemps, quoique cela me donne du temps pour revenir à *l'Énéide*.

J'ai vu ces jours-ci notre éditeur anglais qui désire publier, si j'ai bien compris, la traduction de vos œuvres. J'ai dit très nettement que je n'entreprendrais pas de traduire le *Journal*, mais lui ai demandé de me tenir au courant de ses projets. Il m'a dit qu'il venait de voir Blanche Knopf, qui vous avait vu récemment à Paris. Nous voilà donc de nouveau entre ses griffes! C'est, à mon avis, une erreur de la part de Schiffrin. Ç'aurait été le bon moment pour en finir avec elle.

Il est terriblement difficile de rester en contact avec la France. Tous les journaux français datent d'une semaine. Les journaux anglais semblent cacher avec soin tout ce que nous voudrions savoir. Dans les conversations privées,

---

1. Souffrante, Janie n'avait pas pu accompagner sa mère en Angleterre. Elle a regagné Londres après s'être remise, au Vaneau.

beaucoup de sympathie et d'affection s'exprime pour tout ce qui est français — avec une seule exception. Le Général s'est aliéné l'opinion publique et les sentiments personnels en Angleterre d'une façon pénible et irréparable. Il semble que ce soit plutôt une question de *manières* que rien de plus sérieux. C'est tout à fait regrettable. Et cela remonte aux tout premiers jours. Je ne m'en étais pas du tout rendu compte.

Encore deux lettres d'Y. Davet. La première lettre que je lui ai écrite était très sévère. Mais elle a très bien pris ma sévérité et reconnu qu'elle était méritée.

Je m'étais demandé si ce ne serait pas une bonne chose de publier ses lettres d'Iéna. (*Je* les aurais expurgées!) Mais elle me dit qu'elle a suivi vos conseils et s'est mise à écrire le récit de ses expériences [1]. C'est beaucoup mieux.

Avez-vous dit adieu à Valéry? Hélas! Mais si je l'ai connu un peu, pendant une semaine, d'une façon presque intime, c'est une des innombrables choses que je vous dois. Je l'ai vu pour la première fois chez Madame Lucien Mühlfeld où vous m'avez amenée un jour pour prendre le thé.

Après tout, ce n'est pas aussi difficile de vous écrire que je l'avais craint.

Votre éternellement dévouée

D. B.

945. — DOROTHY BUSSY À ANDRÉ GIDE

Dans la campagne anglaise
21 juillet 1945

Cher Gide,

ci-joint une lettre de Miss Pell reçue ce matin. Elle n'a mis que huit jours pour arriver à Londres.

Où et comment êtes-vous? Tout de même, ne soyons pas

---

1. Ces souvenirs n'ont pas été publiés.

plus loin l'un de l'autre que nous ne l'étions avant la guerre, quand, en général, tantôt plus et tantôt moins, j'avais une lettre de vous tous les quinze jours.

Je me sens mieux. Moins hébétée et stupéfiée par l'extraordinaire sensation de redécouvrir l'Angleterre — si différente, et pourtant si éternellement la même. Au début, je n'étais frappée que par les changements, mais maintenant ce sont les souvenirs d'autrefois et les habitudes et les traditions de ma jeunesse qui remontent à la surface et que je suis stupéfaite de reconnaître.

Je vous envoie toujours, cher Gide, mes sales gribouillages.

Je viens de voir dans le journal l'annonce de la mort de Valéry[1]. L'article sur lui que publie le *Times* n'est pas trop insuffisant. Est-ce qu'il a toujours été entièrement malheureux, selon vous? Oui, il voyait la vérité d'un œil trop impitoyable.

Je rêve souvent de ce que vous m'avez écrit une ou deux fois que vous désiriez aussi. Cela peut-il être vrai? Un long temps, peut-être, que nous pourrions passer ensemble dans la paix et l'amitié. Paris était trop plein de trouble, d'agitation, pour l'un comme pour l'autre[2]. Mais je crains que ce ne soit un rêve sans espoir, les difficultés matérielles sont trop grandes. Le temps trop court.

Et je pourrais continuer ainsi à l'infini, rêvant, espérant, souhaitant, mais croyant aussi en nombre de choses auxquelles je ne croyais pas... Non, pas divines, mais mortelles — comme votre affection par exemple.

Votre
D. B.

1. Survenue le 20 juillet.
2. « Que de choses ont tenu en ces huit jours! que d'émotions! que de gens! que de Marseillaises! que de drapeaux! que de défilés! sans compter celui des amis du Vaneau et qui n'est pas fini! Tous les familiers, tous ceux qui apprenaient le retour de Gide et les trois Bussy arrivés le lendemain de la victoire; et dans ce Vaneau surpeuplé, les conversations étaient aussi cordiales que désordonnées. » (*Cahiers de la Petite Dame*, III, p. 353.) D. Bussy a quand même pu accompagner Gide à une représentation d'*Antoine et Cléopâtre*.

946. – ANDRÉ GIDE À DOROTHY BUSSY

> 8 Août 45
> Hôtel Sarciron
> Mont-Dore

Bien chère amie

Je m'étais pourtant promis de vous écrire dès mon arrivée au Mont-Dore; à Paris je n'avais pas un instant de répit où ne me poursuive le sentiment d'avoir « quelque chose à faire ». Pas pris le temps d'aller au cinéma, ni au Jardin des Plantes où retrouver Simon au travail. Et même, pour un temps, j'avais dû congédier Virgile (repris ici, avec délices!). Seuls, quelques entretiens avec Roger retrouvé m'ont apporté quelque détente; un dîner fort amusant, fort réussi, avec Mortimer et Simenon; un autre, avec Roger et Simenon, qui décidément est un être prodigieux. Je pense que Mortimer vous parlera de lui à son retour à Londres; voudrais bien entendre ce qu'il vous dira...

Et puis cette lente agonie de Valéry, cette vaine prolongation de souffrances; obsession qui me tourmentait tout le long des jours. Je n'ai pu le revoir chaque fois que j'allais rue de Villejust; il se disait parfois trop fatigué pour me recevoir; mais, à mon avant-dernière visite, il m'avait assez longuement retenu à son chevet. A la visite précédente, il m'avait demandé de l'embrasser; c'était déjà comme un adieu. Mais cette fois il voulait parler. Penché vers lui, sur lui, je fis grand effort pour le comprendre, sans parvenir à distinguer hélas! un seul mot de ce qu'il me disait, dans une présence d'esprit parfaite, mais si bas, si indistinctement... Et, par crainte de le fatiguer davantage, je n'osais lui demander de répéter ses phrases; je dus faire semblant de l'entendre. Ce fut affreux, Que voulait-il me dire? Des phrases d'affection, me semblait-il, plutôt que des recommandations, ou je ne sais quoi d'autre...

Quand je le revis, deux jours plus tard, il resta silencieux, comme accablé par la souffrance, épuisé. Je le revis encore, une heure après sa mort, et déclarai à sa femme et ses enfants que je n'assisterais pas aux obsèques, dont vous aurez lu le récit dans les journaux [1]...

Au Mont-Dore depuis le 2 Août. Je ne me souvenais pas que c'était si laid *. Je ne savais pas que j'étais si fatigué. Fatigue + âge + cure = abrutissement complet. Je crains que cette lettre ne s'en ressente; mais ne puis vous la faire attendre plus longtemps. J'ai bien reçu les vôtres — et les mouchoirs. Merci. Je me reposais sur Simon pour vous donner de mes nouvelles. Je m'entendais de mieux en mieux avec lui et pense qu'il avait fini par comprendre combien sa présence m'était agréable et réconfortante, surtout depuis qu'il s'est remis au travail; de sorte que j'espère bien le retrouver au Vaneau à mon retour, si tant est qu'il ne puisse vous rejoindre en Angleterre. Il s'inquiétait de sa santé; mais complètement à tort, lui a dit le Dr. Bourgeois qu'il a bien fait de consulter derechef — et que je retrouve ici (mais ce n'est plus lui qui me soigne, car il n'est au Mont-Dore qu'en « villégiature »).

Je donne, ici, ce dont je puis disposer de force d'attention à la rédaction de quelques souvenirs sur Valéry, pour répondre aux sollicitations qui me viennent de toutes parts. Je me replonge dans *l'Énéide*. Ai emporté *I, Claudius* [2] et *Emma* que je voudrais relire; mais aussi quelques nouveaux Simenon, à qui j'ai d'abord donné la préférence. Comme ma cure commence à 6 h 1/2 je somnole tout le long du jour.

Simon vous a-t-il parlé des envois de la « petite Davet », en dépit de toutes mes réprimandes : riz, sucre, deux colis d'amirables poires, cigarettes, etc., tout le linge neuf de son père (dont j'ai pu faire profiter Simon — car j'étais également comblé par Keeler Faus et, en surplus, venais de me commander quelques chemises).

---

1. Il a cependant assisté, en compagnie de Martin du Gard, à la cérémonie nocturne sur la terrasse du Trocadéro.
2. Roman de Robert Graves (1934).

Au revoir, chère amie; je suis à bout de souffle; mais je pense à vous — et vous embrasse bien tendrement. Mille affectueux souvenirs à vos sœurs et à Janie.

André Gide.

* La médiocrité, la vulgarité de la clientèle de l'hôtel est consternante. Plus du tout ce qu'elle était avant la guerre.

947. — ANDRÉ GIDE À SIMON BUSSY

11 Août 45.

Ami Simon

Cette lettre est pour vous, que le concierge trop zélé me renvoie ici par mégarde. Excusez le retard.

Êtes-vous, et la Petite Dame, encore à Paris tous les deux? A-t-elle enfin pu partir [1]? Sinon je pense qu'elle m'aurait encore écrit. Et vous, seul à Paris, je suppose, puissiez-vous ne point trop y languir et trouver au Jardin des Plantes des compensations d'artiste et d'homme sage. Il me serait charmant de vous retrouver à Paris.

En confirmation de la dépêche que je viens de lui envoyer, veuillez avertir M. Guiraud, le concierge, qu'il n'a pas à me réexpédier ici les livres, dont je n'ai que faire et qui alourdissent à l'excès mes cantines. Attendez-vous à recevoir bientôt 17 paquets d'*Attendu que...* recommandés, retour de Fez où ils avaient été s'égarer. Veuillez (ou le concierge) signer le récépissé à ma place et ranger tous ces volumes dans le vestibule, sur le gros coffre ou sous votre coq, en m'attendant.

---

1. Mme Théo allait en Belgique : « Bruxelles, Spa (pour faire une cure) puis Colpach » pour rendre visite à Mme Mayrisch.

Je ne me souvenais pas que le Mont-Dore était si laid. Et quel temps glacé! J'y grelotte et la cure m'abrutit; mais il me semble que je vais mieux. Je tâche de venir à bout d'un très long article de souvenirs sur Valéry[1]. Compagnons de cure et d'hôtel odieux, de vulgarité insondable — à l'exception d'un éminent violoncelliste que je vais, de temps à autre, retrouver dans sa chambre où il me fait connaître d'admirables suites de Bach. à part quoi, je vis complètement à l'écart. J'ai écrit à Dorothy le lendemain de mon arrivée.

Déjà une semaine écoulée! Dans quinze jours j'espère vous revoir en bonne forme et bien mon ami. Votre

André Gide.

Surtout, n'allez pas vous croire tenu de me répondre!!

948. – DOROTHY BUSSY À ANDRÉ GIDE

51 G.S.
12 août 1945

Cher Gide,

j'ai été contente de recevoir votre lettre. Je ne connais que trop bien le Mont d'Or *(sic)*. C'est un endroit hideux, mais j'espère que cela vous fait du bien.

Pauvre Valéry! Je trouve que les docteurs qui prolongent une vie douloureuse et inutile et sans espoir sont des *criminels*. J'ai peur qu'il n'y ait un plus grand nombre de ces criminels en France qu'en Angleterre (cf. *La Mort du Père*).

J'ai été très malade. Voilà une quinzaine, j'ai été terrassée par une très forte fièvre (40) et une faiblesse qui m'a anéan-

---

1. « Paul Valéry » paraîtra dans *L'Arche*, n° 10, octobre 1945 (pp. 4-17), et, traduit par D. Bussy, dans *New Writing and Daylight*, 1946 (pp. 98-108).

tie. Incapable pendant huit jours de soulever la tête ou de bouger un doigt. Mon seul autre symptôme était une soif de damné et l'incapacité d'avaler plus d'une goutte à la fois, et encore parce que la bonne doctoresse était assise auprès de moi et versait goutte à goutte dans ma bouche. Je crois qu'elle m'a sauvé la vie.
 J'ai cru que j'allais m'éteindre d'un moment à l'autre. Mais cela ne me faisait rien. Au contraire. Comme c'est agréable, ai-je pensé. Pas de peine. Un pathologiste est venu et m'a regardée et est parti sans rien dire. « Un microbe! »
 Je vais beaucoup mieux à présent — bien qu'encore trop faible pour m'asseoir dans mon lit. Je peux manger et prendre plaisir à la nourriture. Température normale. Je peux lire. *L'Énéide* est près de mon lit, mais encore un peu trop difficile.
 C'est la première lettre que j'essaye d'écrire. (Pur égoïsme!)
 Votre fidèle

D. B.

949. — ANDRÉ GIDE À DOROTHY BUSSY

Mont Dore
16 Août 45

Chère, chère amie

Votre bonne lettre, à la fois m'alarme et me rassure... pas encore complètement. Vous payez aujourd'hui les intérêts accumulés des fatigues et des privations de Nice; les intérêts... je devrais dire, avec un affreux calembour : l'usure! Sentez du moins ma pensée près de vous constamment; et rien, ici, ne vient me distraire. Si doux qu'aient pu être nos derniers entretiens, il me restait beaucoup de choses à vous dire; ceci en particulier : que ne m'a quitté pas un seul jour certain petit billet de vous, porté sur moi dans mon portefeuille à la manière d'un talisman et que je ne relisais plus parce que je le savais « par cœur » — dont peut-être vous ne vous souvenez pas : il est daté simplement de « Wednesday evening », d'avant mon départ pour la Tunisie [1]. « Tear this into a thousand pieces and drop them in the sea » m'y disiez-vous à la dernière ligne; et vous ne m'en voudrez peut-être pas trop de n'en avoir pas eu le courage.

Bien vite pour ne point manquer le prochain courrier, je vous embrasse
       Bien tendrement

André Gide.

950. – ANDRÉ GIDE À JANIE BUSSY

24 Août 45.

Chère Janie

Ta gentille lettre [2] (dont je te remercie de tout cœur) ne suffit pas à me rassurer. Je compte sur ton amitié pour me donner des nouvelles, en cas d'alarme.

Quittant le hideux Mont-Dore ce soir, vais-je trouver encore Simon au Vaneau demain? Si grand que soit le plaisir de son compagnonnage, je ne sais que souhaiter. Mais, dans ta lettre, tu ne parles pas du tout de ta propre santé; puis-je espérer que c'est bon signe? En quittant Paris, tu n'étais pourtant pas encore bien vaillante.

Je pense à vous constamment. Ce billet insignifiant n'est que pour que tu le saches et le sentes.
       Ton vieil ami

André Gide.

1. Voir ci-dessus, lettre 874.
2. Cette lettre manque.

Enfin, une excellente lettre de Jef Last. En compagnie de sa femme et de sa fille aînée, tous trois se reposent des dures fatigues endurées dans un site de convalescence que dirige sa femme : le château d'Eerde à Ommen, Pays-Bas.

951. — ANDRÉ GIDE À DOROTHY BUSSY

6 Septembre 45

Chère amie
Chers amis

Simple billet provisoire pour accompagner ce message que je vous envoie. Reçu hier le mot de Simon : heureux de vous savoir enfin réunis. Soignez-vous bien les uns les autres.

Ici[1] nous jouons aux Robinsons, Pierre H. et moi, préparant notre petit « frichti » et usant du restaurant le moins possible. Pierre prend l'habitude de travailler toute la nuit, de sorte que je ne le réveille que sur le coup de midi. N'ayant plus Criel[2], mes matinées sont tranquilles et j'ai pu achever mon long article sur Valéry, qui vous satisfera je l'espère. J'attends le 12 de ce mois Jean-Louis Barrault, avec qui travailler ferme à la présentation de *Hamlet*[3] ; et, le 15 un certain Delannoy, metteur en scène (éminent, me dit-on) pour la mise en film de la *Symphonie Pastorale;* c'est décidé[4]. On attend d'un jour à l'autre Robert Levesque, retour

---

1. Il est au Vaneau.
2. Gaston Criel, que Gide avait engagé en mai comme secrétaire.
3. La traduction d'*Hamlet* aura sa première au Théâtre Marigny le 17 octobre 1946.
4. Gide n'achèvera pas le scénario pour le film que fera Jean Delannoy de *La Symphonie pastorale*. Le scénario sera fait par Jean Aurenche et Pierre Bost. « Gide est très découragé par ses rapports avec les cinéastes... qui ne comprennent rien à ce qu'il souhaite, aussi est-il décidé à leur retirer sa collaboration et à s'en laver les mains — dommage! » (*Cahiers de la Petite Dame*, III, p. 372).

d'Athènes, que, sans doute, j'accompagnerai en Grèce, fin Octobre; de là, je gagnerai l'Égypte vraisemblablement. Je vais vraiment bien, en dépit des prurits persistants qui me valent souvent des nuits à demi blanches; mais je m'y fais. Virgile for ever.
Votre vieil et fidèle ami

André Gide.

Nadine Allégret est de nouveau à la clinique, pour une nouvelle opération qu'on espère décisive — mais très grave; et nous restons fort inquiets.

952. — DOROTHY BUSSY À ANDRÉ GIDE

51 Gordon Square
19 septembre 1945

Très aimé Gide,

j'ai essayé de vous écrire tous ces temps-ci, mais, pour une raison ou pour une autre, je me suis sentie incapable de le faire. Trop faible, trop paresseuse, trop inhibée.

J'ai remis de jour en jour. Mais parfois, quand je suis réveillée la nuit, je me demande si vous l'êtes aussi et si vos pensées s'égarent jamais vers moi. Je peux vous dire alors quantité de choses qu'il semble impossible d'écrire. Je suis plus ou moins remise de ma maladie qui, je crois, a sérieusement inquiété ma famille. J'ai senti moi-même la mort toute proche. Pas de douleurs, pas de lutte, pas de crainte — rien d'autre que l'acceptation. Oui, quelque chose comme Prospice [1]. Mais ce n'était pas pour moi, et me voici pratiquement rétablie. J'ai rejoint le cercle de famille et aime voir des amis, mais ne suis pas encore sortie et ne peux monter ou descendre

---

1. Poème de Browning, écrit vers 1861.

très vite les escaliers. Je me suis rendu compte que j'avais retrouvé une existence normale grâce à deux expériences — l'excitation de tomber dans le Livre III (que j'avoue, par ailleurs, trouver assez morne — était-ce à cause de mes sens émoussés?) sur l'apparition inattendue — oui, j'ignorais cette scène — d'Andromaque, et plus encore la description des Cyclopes se ruant à l'appel de Polyphème et dressés sur le rivage comme d'énormes chênes et cyprès — un passage véritablement magnifique, n'est-ce pas?

Et la seconde expérience? La vieille sensation physique familière d'un coup de couteau au cœur en lisant dans votre lettre à Simon que vous alliez en Grèce avec Robert Levesque en octobre (le mois prochain!), puis passeriez l'hiver en Égypte. Bien sûr, vous avez tout à fait raison d'échapper à l'horrible hiver qui nous attend. Et c'est seulement par l'imagination que je serai plus loin de vous quand vous serez là-bas. Dites à Robert Levesque que je vais l'envier. Je me rappelle qu'un des premiers rêves que j'ai faits à votre sujet — rêves éveillés, je veux dire — était de faire un voyage avec vous — dix jours, me disais-je, et ne plus jamais le revoir. Mais peut-être que la réalité a été meilleure que ce rêve. Pourtant, je pense encore quelquefois avec une pointe d'amertume que je suis peut-être la seule de vos amis les plus intimes à qui cette faveur n'a jamais été accordée.

Le pauvre Simon est assez déprimé. Il ne peut trouver aucune galerie ou aucun marchand de tableaux qui lui donne une date cette année ou l'année prochaine pour une exposition de ses peintures. Le Zoo a été très endommagé par le blitz; il y reste très peu d'animaux et les deux premiers jours où il a essayé d'y travailler, il faisait affreusement froid. On lui a accordé un permis de séjour de deux mois, et bien entendu nous désirons tous une prolongation. Nous ne savons pas encore si ce sera possible, et nous avons déjà commencé le travail épuisant d'essayer d'obtenir une réponse des bureaux, ce qui est comme de rouler une pierre éternelle.

Vous m'enverrez votre article sur Valéry, n'est-ce pas? Je crois qu'on peut envoyer des livres par la poste à présent et j'aimerais vous envoyer quelque chose en anglais. La difficulté, c'est qu'il semble encore presque impossible de trouver ce qu'on voudrait.

Je dois m'arrêter. Ma grammaire devient trop mauvaise! Nous avons vu un peu Claude Bourdet, très charmant et avec une mine étonnamment bonne.

Peut-être que, maintenant que j'ai rompu la glace, je vais être capable de vous écrire un peu plus aisément.

Votre
D. B.

953. — ANDRÉ GIDE À JANIE BUSSY

22 Septembre 45

Chère Janie

Hier, le gentil Leplat est venu m'apporter de ta part un merveilleux « made in Scotland » qui me permet d'envisager les frimas sans crainte — et des nouvelles de vous trois qui me réchauffent le cœur. J'avais grand besoin de pouvoir songer à vous sans inquiétude; et je songe à vous bien souvent...

Plus suroccupé que jamais, j'irais très bien sans ce catarrhe inguérissable, qui empirait ces derniers jours et me rendait sourd aux trois quarts. Aujourd'hui même je dois revoir Bourgeois et tenter un traitement à la pénicilline, puisque tous les autres remèdes ont été vains. Mais le « moral » est excellent. Tous ces derniers matins, j'ai revu avec Jean-Louis Barrault ma traduction de *Hamlet*, en vue de la représentation prochaine. Pierre et moi, seuls au Vaneau, nous faisons fort bon ménage; une perle de soubrette, engagée par nous, prépare d'agréables et économiques repas, de sorte que nous n'avons plus à courir les restaurants; énorme avantage! Tout serait parfait, sans les importuns qui affluent et me laissent bien peu de temps pour le travail; dommage, car je ne me suis jamais senti mieux « en forme. » J'ai pourtant pu mener à satisfaction une assez importante étude sur Valéry, dont j'ai cédé le texte à Lehmann pour Daylight and New Writings [1]; il doit demander à Dorothy s'il lui plairait de le traduire... Le grand hebdomadaire que dirige Pierre [2] va bientôt sortir, avec les meilleures chances de succès. Pierre donne toutes ses nuits au travail, à la Proust; je ne le réveille qu'à midi. Une troupe nouvelle de jeunes acteurs s'est mis en tête de monter mon *Roi Candaule* [3]; souples, intelligents, pleins de ferveur, il y a plaisir à les diriger... et nous doutons, Pierre et moi, si nous n'allons pas confier le rôle de la reine à Catherine — mais ne lui en avons pas encore parlé!...

Interrompu quatre fois déjà par le téléphone; d'où le décousu de cette lettre. N'importe : elle avait pour but surtout de te dire ma reconnaissance de corps et de cœur pour le sweater — qui me ravit, presque autant que faisait déjà ton écharpe.

Je vous embrasse bien fort tous les trois — Inaltérablement ton et votre

André Gide.

[D.B. à A.G. 5 octobre 1945

Elle traduit les pages sur Valéry. Doit-elle lui envoyer cette traduction? Et comment traduire « velléitaire »?]

---

1. Voir ci-dessus, lettre 947, p. 355, note .
2. Il s'agit de *Terre des hommes,* dirigée par Pierre Herbart. Gide a écrit l'« Avant-propos » pour le premier numéro, daté du 29 septembre 1945.
3. Selon toute évidence, ce projet ne se réalisera pas. C'est en février 1949 qu'une jeune troupe montera *Le Roi Candaule.*

954. — ANDRÉ GIDE À DOROTHY BUSSY

8 Octobre 45
anniversaire de mon mariage

Chère amie

Vous ai-je écrit? (Je ne sais plus. Je ne crois pas, hélas!) ou seulement voulu vous écrire? « Velléitaire »; oui, c'est cela. Il faudrait traduire par : « would-be »? Dit-on, peut-on dire : « a would-be »?

La vie de Paris (pour moi du moins) = une géhenne, un enfer. Pas une heure de loisir, de tranquillité. Je ne fais plus rien par plaisir; simplement, je m'acquitte; et reste sans cesse en dette, et le sentant. Ne sors plus du tout; sinon pour visiter mon médecin, ou gagner, dans l'auto de Keeler Faus (toujours exquis) l'hôpital américain qui me soumet à un traitement non de pénicilline, mais de vitamines A — sans aucun résultat jusqu'à présent. De semaine en semaine, il me semble que mon catarrhe empire, et je deviens de plus en plus sourd. Sinon, j'irais très bien, et notre petite vie de Robinsons, à Pierre H. et à moi, nous paraît extraordinairement agréable. Mais Élisabeth rentre ce matin; elle vient d'arriver, retour de Cabris. La Petite Dame revient mercredi. Puisse-t-elle s'entendre avec notre nouvelle soubrette, engagée par nous pendant son absence, et qui nous donne toute satisfaction. Inappréciable de ne plus devoir sortir pour les repas!! — Pas encore revu Élisabeth; vous écris tandis qu'elle se nettoie de la poussière du voyage... Je n'ai que quelques instants. J'espère que votre prochaine lettre m'annoncera une heureuse solution du problème Simon séjour à Londres; combien je compatis à son incertitude et à ses ennuis pour la question exposition!

Heureux si mon étude sur Valéry vous plaît et si ce travail

de traduction vous agrée. Oh! je vous en prie, ne renoncez pas à m'écrire — chacune de vos lettres m'apporte tant! En même temps que votre lettre, une de Beryl[1] — qui croit que je ne me souviens plus d'elle! Je la revois si bien...

955. – ANDRÉ GIDE À DOROTHY BUSSY

24 Nov. 45

Oui, je sais bien! C'est à cette préface promise à l'ami Jean pour la traduction de son *Saint-Saturnin* que je devrais donner tous mes soins (on l'attend depuis trois semaines) à présent que j'ai achevé de corriger les épreuves de mon *Journal* (celles de *Thésée* peuvent patienter encore[2]) et j'ai un gros tas de lettres en retard, de réponses « urgentes » — mais, toutes affaires cessantes, il me faut, d'abord et avant tout, venir vous dire un petit bonjour, ce dimanche matin — et d'autant plus agréablement je prends ma plume, que j'ai les mains réchauffées par la confortable paire de mitaines[3] que je viens de recevoir et enfile pour la première fois, ô délices! Et (ceci tient du miracle) qu'est-ce que je viens de retrouver au fond d'une malle, retour d'Alger? la belle et charmante feuille enluminée de « Birthday compliment », longue pièce de vers que tous trois du Verdi m'adressiez le 22 Nov. 1939! et que je relis avec larmes aux yeux et le cœur fondant.

Ah! chère amie, chers amis, ne me méjugez pas d'après mon long silence : bousculé, ces derniers temps plus que jamais, je ne pouvais suffire — et je...

1. Beryl de Zoot, femme de lettres anglaise.
2. C'est pour la traduction allemande de *Saint-Saturnin* que Gide écrivait une préface (Zurich, Oprecht, 1946). *Thésée* parut dans *Les Cahiers de la Pléiade* (avril 1946, pp. 9-42), avant d'être publié en volume la même année chez Gallimard. Une édition américaine (en français) avait paru à New York en janvier 1946, chez Jacques Schiffrin.
3. Un cadeau d'anniversaire de Janie Bussy.

Interrompu pour la seconde fois — Si je veux achever ce matin ma lettre, il me faut brusquer. Je sais que la petite Dame vous a donné, hier, assez longuement de nos nouvelles. J'ai insisté auprès de Gallimard pour obtenir de lui un engagement formel (écrit) au sujet de votre livre [1]; et reviendrai à la charge s'il le faut. Puisse Simon ne pas être embêté pour la prolongation de son séjour à Londres! Dites-lui, et à Janie, ...ah! je ne sais quoi du plus amical qu'il se puisse... On sonne de nouveau... Personne pour ouvrir...
   Je vous embrasse en hâte, bien fort et bien tendrement.
   Constamment votre

André Gide.

956. — DOROTHY BUSSY À ANDRÉ GIDE

51 Gordon Square, W.C.1.
30 novembre 1945

Très cher Gide,

grand merci pour les épreuves du Valéry qui sont, fort heureusement, arrivées ce matin. Je dis : fort heureusement, car vous aviez mis un mauvais numéro sur l'adresse; c'est *51*. Mais je ne pense pas qu'il y ait eu un grand retard. Et, je crois pour la première fois de votre vie, vous aviez oublié d'ajouter Strachey à mon nom, ce que ne fait jamais aucun autre de mes correspondants et qui, pourrait-on croire, n'est pas nécessaire. Mais hélas, hélas, la lettre que vous dites avoir croisé la mienne n'est jamais arrivée. Je suppose que vous aviez mis un faux numéro sur celle-là aussi et omis le Strachey qui aurait pu la sauver. Que pensez-vous que le professeur Freud dirait de ces omissions? Je frémis d'y penser. Mais, très sincèrement, je suis désolée de n'avoir

---

1. Il s'agit des *Fifty Nursery Rhymes*.

pas votre lettre. J'en ai rarement désiré une à ce point (ceci est peut-être une exagération!) J'aurais mieux aimé l'avoir que ma part du Poussin — si magnifique qu'il soit. On l'admire beaucoup ici. Aucun ouvrage aussi superbement présenté n'a paru en Angleterre depuis avant la guerre, et les éditeurs anglais se plaignent amèrement. Pas de papier, pas d'imprimeurs, pas de matériel pour brocher. Nous avons un acheteur très anxieux de se procurer le livre. Mais peut-on en avoir un exemplaire?

Le sort de Simon est encore incertain. Nous espérons toujours qu'il recevra une prolongation de permis. Il a eu une petite exposition de quelques pastels d'avant-guerre dans une ville de province — non sans succès.

Quelques nouvelles de vous venues de sources variées disent que vous allez bien. Rien de plus à espérer.

Votre
D. B.

957. — DOROTHY BUSSY À ANDRÉ GIDE

51 Gordon Square, W.C.1.
6 décembre 1945

Très cher Gide,

juste un mot pour dire que votre lettre longtemps attendue a fini par arriver.

Vous avez l'air terriblement harassé. Je le regrette, et je comprends très bien que vous ne puissiez m'écrire avec ces millions de choses que vous avez à faire, ces quantités d'amis que vous êtes obligé de traiter avec gentillesse — je ne souhaite pas du tout être l'une d'entre eux! Laissez-moi la fière condition d'être si bien votre amie que vous ne sentez pas la nécessité d'écrire. Je comprendrai toujours. Mais alors, *vous* devez comprendre aussi que je n'écrive pas non plus. Je n'ai pas les mêmes excuses que vous et j'ai très peu à faire. Ma seule excuse est que je ne peux pas écrire à un vide. Et ainsi, nous devons nous accoutumer à savoir de moins en moins l'un de l'autre, à dériver de plus en plus loin l'un de l'autre, à nous perdre peu à peu dans le broüillard de l'absence — vous, trop occupé pour vous en apercevoir, moi, répugnant à vous déranger, et toutes mes étincelles de vie s'éteignant progressivement. Peu importe. Je ne suis pas du tout malheureuse. Les jours passent très vite. Je trouve des tas de choses qui m'amusent. Et si les pincements au cœur que je sens encore parfois, lorsque je pense à vous, se produisent de moins en moins et de plus en plus faibles, n'est-ce pas une très bonne chose à la fois pour moi et pour vous?

Merci beaucoup pour avoir attaqué Gallimard au sujet de mes *Nursery Rhymes*. Je n'ai jamais vraiment pensé que cela pourrait l'intéresser et je n'y crois pas beaucoup. Janie est ravie que vous ayez reçu ses mitaines. Simon espère toujours qu'il va recevoir son permis de séjour. Nous avons eu de gentilles lettres intéressantes de la Petite Dame et de Beth.

Bonne nuit, mon très cher, je m'accorde un dernier petit pincement tandis que je vous embrasse.

Votre
D.

J'ai eu la stupidité d'écrire ceci en pleine nuit — une mauvaise heure. Je pensais le déchirer ce matin et suppose que je ferais mieux, mais je ne le ferai pas. Après tout, je ne vois pas pourquoi je devrais épargner vos sentiments à ce point! Au revoir, très cher et très bon.

D.

P.S. Je suppose que vous ne comprenez pas un mot de tout cela. N'essayez pas.

1946

Gide en Égypte avec R. Levesque. — La Symphonie *à l'écran. — Gallimard et les* Nursery Rhymes. *— Gide à Assouan lit* passage to India; *ne veut pas laisser D.* Bussy *traduire* Thésée. *— D.* Bussy *lit les lettres de Diderot à S.* Volland; *proteste au sujet de* Thésée; *admire Cyril Connolly. — Gide revient en avril à Paris; préparation du* Procès *et de* Hamlet; *livre sur lui de Klaus Mann. — Mort de Maynard Keynes. — La Petite Dame refait son appartement. — Gide prend Y. Davet comme secrétaire; fureur de D. Bussy. — D. Bussy propose de chercher un traducteur pour* Thésée; *sur Stuart Gilbert; suggère que Gide aurait préféré un traducteur. — Gide termine le* Procès. *— D. Bussy sur le* Justified Sinner *et l'Angleterre d'après-guerre. — Conférence de Gide à Bruxelles. — Livre de Du Bos sur Benjamin Constant. — Propos féministes de D. Bussy. — Préface au livre de Hogg. — D. Bussy chez les Mirrlees; Janie et Pippa vont voir Simon à Nice; traduit le* Poussin; *la situation alimentaire en Angleterre. — Gide à Cabris avec Jean Lambert. — Mort de Groethuysen. — Publication des* Nursery Rhymes *à la N.R.F. — Retour des B. à Nice. — La radio célèbre les soixante-quinze ans de Gide. — D. Bussy propose de traduire le* Procès; *pense à composer un recueil de textes anglais pour les étudiants français.*

958. — ANDRÉ GIDE À DOROTHY BUSSY

1ᵉʳ janvier 46 [1]

Chère amie

Longue attente, contre-temps à Paris; escale de quatre jours à Naples — vol inconfortable — une semaine exténuante au Caire — et se redire sans cesse : « L'homme... Porte toujours le châtiment D'avoir voulu changer de place. » Grande joie, à Héliopolis (où, à la descente d'avion, nous avions échoué) de trouver, d'occasion « The thinker's library ». Les 15ᵉ et 16ᵉ chap. de Gibbon's *Decline and Fall* — en compagnie de qui je passe les meilleurs instants du jour; manière de me rapprocher de vous — et d'oublier un peu ma fatigue. Je me sens terriblement loin de tout et de tous — sans autre curiosité pour le pays que celle de Robert Levesque, inappréciable compagnon. Virgile aussi m'accompagne (mais vous l'avez lâché depuis longtemps) — et *Amerika* de Kafka (traduc. anglaise prêtée par un « ami » nouveau du Caire).

Ce matin nous allons déjeuner à Karnak — invités par les aimables Chevrier [2].

Encore reçu aucunes nouvelles de France; vais sans doute être bientôt accablé par 50 lettres à la fois — dont une de vous, je souhaite...

Vœux infinis pour vous trois et vos proches. Je vous embrasse tendrement

André Gide.

1. Gide est à Louxor; il était parti de Paris le 14 décembre avec Robert Levesque qui l'a accompagné jusqu'en Égypte avant de reprendre son poste à Athènes.
2. Le couple avec lequel Gide a lié amitié en 1939, lors du séjour en Égypte. Voir *Carnets d'Égypte*.

959. – DOROTHY BUSSY À ANDRÉ GIDE

51 Gordon Square
15 janvier 1946

Cher Gide,

votre lettre de Louxor est arrivée voilà quelques jours. Elle a mis une semaine. J'ai été très heureuse de la recevoir, bien qu'elle soit plutôt triste. Je ne crois pas, de mon côté, pouvoir vous offrir grande distraction. Simon est toujours ici; il essaye d'obtenir l'autorisation de rester deux mois encore. Mais il a décidé de rentrer en France de toute façon, probablement à Nice, au début d'avril. Je crois que Janie et moi resterons ici un peu plus longtemps. Je ne suis pas encore très solide, et les nouvelles au sujet de la situation alimentaire m'inquiètent aussi à cause de Janie. Elle a pris Nice en horreur. Si c'est possible, bien que ce soit très improbable, nous essayerons de vendre la rue Verdi et peut-être de retourner à La Souco. Ce que Janie aimerait, évidemment, ce serait de vivre à Paris d'où il est facile de gagner Londres par avion. Elle a un travail très dur ici, car la vie n'est pas du tout facile, mais du moins elle y a des amis et des relations amusantes, bien qu'elle ne trouve pas un moment pour peindre, ce qui me fait beaucoup de peine.

Quant à moi, j'ai fini de traduire votre Valéry et John Lehmann est plein de compliments à son sujet — je veux dire la traduction, bien que je n'en sois pas particulièrement satisfaite moi-même. Et le *Thésée?* Est-ce que je ne l'aurai jamais? Ou est-ce que Roger a réussi à vous décourager de le terminer?

Nous avons été très heureux de voir Beth à Londres, il y a une semaine, quand elle a rendu visite à Enid et Whity[1].

1. Voir tome I, lettre 17.

Elles sont toutes venues prendre le thé et John Lehmann est venu pour rencontrer Beth. Il va publier l'*Alcyon* [1] de Pierre. Il y a quelque temps, j'ai reçu une lettre d'un de vos cousins, je suppose, Édouard Gide, me demandant de surveiller le « sous-titrage » de la *Symphonie Pastorale* si la société de production Gibé la fait sortir en anglais et en français [2]. Mais j'ai été terriblement choquée quand Beth nous a dit que vous aviez accepté de confier le rôle de Gertrude à Michèle Morgan et de ne *pas* la faire aveugle!! — mais d'en faire au contraire une vamp sophistiquée. Cela me paraît le comble de l'impiété.

Quant à Gallimard, en dépit de votre très gentille intervention combinée avec celle de la Petite Dame, il n'a pas donné le moindre signe de son intention de prendre mes *Nursery Rhymes*, à part les bruits qui me parviennent à travers mes amis. Vous savez que je ne peux pas avoir grande confiance dans les promesses de Gallimard après ce qui est arrivé au livre de la pauvre Ray [3]. Bien que j'aimerais évidemment plus que tout être publiée par Gallimard, j'aimerais beaucoup mieux qu'il me dise nettement qu'il ne peut pas le faire (en fait, je n'ai jamais espéré cela un seul instant et j'imagine que c'est seulement pour vous faire plaisir qu'il a joué avec cette idée) plutôt que d'être laissée en suspens pendant plusieurs années [4]. Il n'est pas impossible que je le fasse accepter en Angleterre. C'est le fruit de plusieurs années d'un dur travail. J'y ai mis beaucoup de mon cœur et de mon âme, quoique je ne pense pas que vous, qui tenez une si grande place dans mon cœur et dans mon âme, vous vous en rendiez du tout compte — malgré votre gentillesse — et d'ailleurs, pourquoi le devriez-vous? [...]

Connaissez-vous Eddy Gathorne Hardy? Simon, Janie vous

---

1. *Halcyon*, traduit par Agnes MacKay et illustré par John Harrisson, parut chez J. Lehmann en 1948 (Londres). Le livre avait été édité par Gallimard en 1945.
2. La Société Gibé, dont Édouard Gide est un directeur, avait produit le film.
3. Voir tome II, lettre 690, p. 560, note 1.
4. D. Bussy attendra encore quatre ans.

recommande vivement de faire sa connaissance; c'est un jeune homme excentrique, extrêmement cultivé, qui a travaillé pendant quelques années dans une librairie londonienne de premier ordre, mais dont le principal intérêt est la botanique. Il se trouvait à Chypre, étudiant la flore de l'île, quand la guerre a éclaté; quand la situation est devenue intenable, il a émigré au Caire, où il semble avoir un appartement confortable dans le quartier indigène. (Il a plusieurs vices mineurs qui ne vous seront sans doute pas antipathiques et on l'aime beaucoup dans Bloomsbury [1].)

Je suppose que vous n'avez jamais transmis à Robert Levesque le message que je lui ai adressé il y a quelque temps. Je voudrais qu'il sache que j'ai bien reçu la lettre qu'il m'écrivait d'Athènes au sujet de l'intérêt qu'il prenait à l'anglais, je crois en 1940. Je lui ai répondu par une longue lettre en anglais, mais la poste me l'a renvoyée. Athènes était occupée et Robert dans une île.

Ce n'était pas le premier message que je lui envoyais par votre entremise. Mais il est vrai que le premier s'adressait plus à vous qu'à lui. Mais là aussi, sans aucun doute, le guichet était clos.

Les deux autres vous envoient leur affection.
Compliments et souvenirs aux Chevrier.

Votre
D.

---

1. Le 5 mars, Gide rendra visite à l'Hon. Edward Gathorne-Hardy — « charmant; aimable à souhait; mais la conversation n'a pas donné grand-chose » (Lettre à Janie Bussy, 6 mars 1946). Membre peu connu d'une famille illustre, E. G.-H. est mentionné dans la biographie de son ami, *Evelyn Waugh,* par Christopher Sykes, et dans le tableau d'un milieu que Martin Green peint dans *Children of the Sun. A Narrative of* « Decadence » in England after 1918, New York, Basic Books, 1976.

960. — ANDRÉ GIDE À DOROTHY BUSSY

Adresse permanente :　　　　Cataract Hotel, Assouan
c/o Légation française　　　　22 Janvier 46
Le Caire

Chère amie

Votre lettre (du 6 Décembre) est la seule que Mme Théo, reconnaissant sur l'enveloppe votre écriture, me renvoie (avec un sens parfait des convenances!); la seule, parmi les autres, qui, me dit-elle, par poste ordinaire, me parviendront je ne sais quand. Entre-temps, vous aurez reçu, j'espère, un insignifiant billet de moi, daté de Louxor (et vous transmettant les souvenirs cordiaux des Chevrier). Age, fatigue accumulée, climat, tout ici me réduit à *l'insignifiance;* et je fais le tour de ma cervelle sans y rien découvrir de worth mentioning [1]. Cette conférence que je vais être appelé à prononcer au Caire me terrifie [2]. J'ai demandé qu'on la reporte en février, fin février. On l'attend; on l'annonce... Rien n'est écrit : je me suis promis d'improviser — et crains de rester sec, de ne trouver rien à dire. Ne sais comment je vais pouvoir « m'en tirer »... En attendant, j'y pense le moins possible. A vrai dire, je ne pense à rien. Les jours passent, inexprimablement vides; occupés à je ne sais quoi; à vieillir; à attendre le retour d'une saison clémente, le rapprochement de la vie... Votre lettre est exquise... et absurde : ma vie n'est qu'auprès de vous, qu'avec vous — et tout votre pessimisme amical ne vous retient pas de le savoir.

Je vous embrasse tendrement.

André Gide.

1. « Qui vaille d'être mentionné. »
2. Nous ne savons pas le sujet de cette conférence, donnée le 12 mars.

961. — ANDRÉ GIDE À DOROTHY BUSSY

Assouan
26 Janvier 46

Bien chère amie

Voici votre bonne longue lettre du 15 Janvier. La légation du Caire, connaissant mon adresse présente, a su me la renvoyer tout de suite; j'espère que cette réponse ne prendra pas plus de temps à vous rejoindre.
Non, je ne connais pas encore Eddy Gathorne Hardy. Pas encore. Mais, de retour au Caire, sur le conseil de Janie, me lancerai à sa recherche. M'y poussent également Pratt Barlowe (?) que son ami Freemann est venu rejoindre ici [1]. Je pense que vous connaissez l'un et l'autre. L'un et l'autre queer and sympathetic [2]. De même qu'eux, je vis ici, dans cet immense Cataract Hotel, fort à l'écart de la horde sans cesse renouvelée des touristes, nouveaux riches pour la plupart, de nationalités multiples et indécises, incultes, gras et d'une insondable vulgarité (à quelques exceptions près). Ma cervelle recommence à peine à se remettre et ranimer. Incuriosité presque totale; apathie. Je n'ai guère pris plaisir qu'à quelques lectures, en plus du Virgile quotidien : particulièrement *Passage to India* (mais d'un anglais, d'une écriture difficile à l'excès) qui me paraît excellent, pour autant que je le puis comprendre [3]. Les jours passent comme insensiblement, sans joie ni peine, ni surprise, ni rien... J'attends, sans trop d'impatience, le retour de la saison clémente, la reprise de contact avec la pensée, l'amitié, la vie. Il ne sera sans doute pas difficile alors de nous rejoindre — et, je pense, de faciliter un séjour de Janie à Paris.

1. Non identifiés.
2. « Comme ça et gentils. »
3. Voir *Journal*, Pléiade, II, p. 290.

Je m'étais permis de donner à Édouard Gide votre nom et adresse, et c'est sur mon conseil qu'il vous a proposé l'élaboration des « sous-titres » anglais du film en préparation — peut-être même traduction des dialogues. J'y voyais un travail amusant pour vous, pas fatigant et, de plus, fort... avantageux ! Y avez-vous vraiment et définitivement renoncé ? sur la foi de propos inconsidérés et démesurément exagérés d'Élisabeth ? C'est, je crois, grand dommage.

Heureux de la réussite de l'étude sur Valéry. Quant au *Thésée*, je me persuade, à tort ou à raison, que ce n'est pas du tout votre affaire. Je me fais beaucoup de mauvais sang à propos de Gallimard, *Nursery Rhymes* — et, si vous avez d'autres propositions... estime que vous n'avez qu'à sauter dessus, sans du tout tenir compte de beaucoup trop vagues engagements oraux...

Juste un peu de place encore pour vous embrasser.

André Gide.

962. — DOROTHY BUSSY À ANDRÉ GIDE

51 Gordon Square
10 février 1946

Très cher Gide,

votre lettre d'Assouan (26 janvier) m'est parvenue, je crois, le 3 février. J'étais au milieu d'une attaque d'influenza. Nous l'avons tous eue avec le reste de Londres. Pas très grave, mais c'était très déplaisant, surtout quand votre « aide » est aussi une des victimes et qu'on doit, à tour de rôle, faire les travaux ménagers, les courses, la cuisine et le garde-malade. Heureusement, nous avons été au lit l'une après l'autre. Mais si je continue à me plaindre, il n'y aura rien d'autre dans ma lettre ; du moins, ce ne serait pas pour

[FÉVRIER 1946]

parler de la nourriture, au sujet de quoi les Anglais font les plaisanteries les plus ingrates et ridicules.

Eh bien, le contrat Gallimard a fini par arriver [1] — grâce, sans aucun doute, aux efforts de nombreux amis, à commencer par vous. Et, quels que puissent être mes péchés, je ne crois pas que l'ingratitude soit l'un d'eux. C'est ainsi que je vous remercie pour votre introduction auprès de votre cousin Édouard. En fait, je n'ai pas du tout rejeté toute proposition qu'il pourra me faire; je lui ai répondu très poliment et lui ai donné tous les renseignements que j'ai pu sur les droits de traduction en anglais. Et mes exigences morales ne vont pas jusqu'à refuser un travail rémunérateur, dût-on pour cela accepter l'impiété de ne pas laisser Gertrude aveugle. Après tout, c'est votre affaire. Mais je suis bien contente que Beth ait exagéré cette histoire.

Maintenant, cher Gide, dites-moi *la vérité* au sujet de *Thésée*. Qu'y a-t-il là de si différent du style de tous vos autres livres pour que ce ne soit pas mon « affaire »? Vous pouvez, et c'est peut-être naturel, désirer un changement dans le style de votre traducteur. Peut-être pensez-vous que, considérant mon âge et mes années d'usure, mes capacités ont pu diminuer. Peut-être avez-vous reçu des plaintes sur mes travaux passés. Tout cela, je pourrais le comprendre, mais je ne peux pas comprendre que *Thésée* ne soit pas mon affaire. Peu importe. J'accepte cela. Ce que je trouve difficile d'accepter, c'est que vous le donniez à un autre traducteur sans me consulter. Je veux bien être modeste quant à mes talents de traductrice, ou peut-être devrais-je dire mes talents d'écrivain. Mais je ne crois pas qu'un écrivain de plus grand talent serait nécessairement un meilleur traducteur. Et je crois que s'il est possible que vous trouviez un meilleur *traducteur* que moi, vous ne trouverez pas un meilleur *juge* en matière de traduction. Surtout pour une traduction du français, que je crois mieux connaître que la plupart des Anglais, et d'un texte de *vous*, moi qui ai une

---

1. Il s'agit des *Fifty Nursery Rhymes*.

si longue expérience de votre œuvre. En fait, comme vous le devinez peut-être, je soupçonne que vous êtes retombé dans les rets de Mrs. Knopf... Que Mrs. Bradley est furieuse que je n'aie jamais répondu à l'aimable lettre où elle offrait de me servir d'agent pour m'assurer le droit de traduire vos œuvres, de me présenter et de me recommander à vous. Vous savez que j'ai la plus grande méfiance envers Mrs. Knopf, à tous les points de vue. Je peux être trop sévère dans certains de mes jugements les plus durs à son égard, mais je ne me trompe certainement pas en pensant que je suis meilleur juge qu'elle de la prose anglaise. Dites-moi qui vous avez choisi comme traducteur de *Thésée* et pour quelles raisons. Si vous me le demandez, je ferai tout mon possible pour vous en trouver un qui soit bon, ou vous donner une opinion sincère et impartiale sur tout ce que vous pourrez me montrer.

Morgan Forster est au centre même, au cœur de Bloomsbury. L'ami intime de nombre de mes amis intimes, bien que je le connaisse à peine personnellement. Le *Voyage to India (sic)* est sur mes rayons depuis près de vingt ans. Il ne m'a jamais frappée, ou, je crois, qui que ce soit d'autre, comme un écrivain dont l'anglais est *difficile*. Je me demande ce que vous voulez dire. Mais c'est certainement un romancier de valeur.

Après ces mois passés à me repérer dans l'Angleterre littéraire d'après-guerre, je suis arrivée à la conclusion que la lumière la plus brillante qui ait surgi est peut-être Cyril Connolly. Le connaissez-vous? C'est un brillant écrivain et un critique très agréable, et aussi cultivé qu'il est possible de l'être. Il n'a pas encore beaucoup écrit.

The Unquiet Grave, par Palinurus (il connaît Virgile).

The condemned Playground (un recueil d'essais qui m'ont beaucoup plu [1]).

---

1. Cyril Connolly, qui dirigeait la revue *Horizon*, était l'auteur d'autres livres que ces deux-là. *The Unquiet Grave; a word cycle*, by Palinurus, édité par Horizon en 1944, paraîtra en 1947 en traduction française sous le titre de *Le Tombeau de Palinure*, Paris, R. Laffont.

Le jour où je recevais votre lettre, il s'est trouvé que j'y lisais un essai sur les *Faux-Monnayeurs;* pas très bon, mais cela m'a fait plaisir qu'il le recommande aux lecteurs anglais et dise : « C'est très bien traduit. »

Cher Gide, je regrette que vous traversiez cette crise de dépression. J'y ai passé quelques mois, moi aussi, mais suis bien décidée à ne pas y laisser mes os. Plutôt l'indifférence que l'abattement. Et maintenant, je m'attends à pas mal de travail pour la mise au point des *Nursery Rhymes.* Je suis vraiment ravie que cela paraisse sous les chères lettres N.R.F. — bien qu'extrêmement surprise.

Cher Gide, espérez-vous vraiment que nous nous revoyions? Que nous nous revoyions vraiment? Il faudra que vous sortiez de votre bourbier de découragement et je ferai un effort pour m'éloigner des rives de l'Indifférence.

Votre affectionnée

D. B.

[D. B. à A. G. 12 mars 1946

Simon a dû rentrer en France. Inquiétudes des amis de Gide à cause de troubles en Égypte.]

[D. B. à A. G. 1ᵉʳ avril 1946

Quelques lignes pour accueillir Gide à son retour en France. Elle s'indigne du livre de Klaus Mann, « grandement calomnieux » et qui mériterait des poursuites.]

963. — ANDRÉ GIDE À DOROTHY BUSSY

19 Avril 46

Bien chère amie

Oui, me voici donc enfin de retour [1] — et votre billet amical du 1er Avril accueille ma rentrée au Vaneau —
 Encore mal ressuyé d'un assez fatigant voyage (Beyrouth — Le Caire — Tripoli — Tunis — Marseille — Paris —) de deux jours. Pour survoler le mauvais temps, l'avion a dû s'élever plus haut qu'il n'était agréable à mon cœur — lequel reste un peu flanchard depuis avant-hier soir.
 Ici l'appartement de la Petite Dame est envahi par les ouvriers; ce qui est fort peu confortable; mais l'important c'est qu'elle aille bien.
 Encore revu personne — que Jean Schlum. et Roger. Heureux d'avoir enfin, par lui, des nouvelles de Simon; mais nous étions plus rassurés de savoir auprès de lui le fidèle Leplat... Nous craignons que, celui-ci parti, Simon ne pique une crise d'ascétisme!
 Dans trois jours, Jean-Louis Barrault rentre à Paris. Je me donnerai tout entier (tout mon temps) avec lui, au *Procès* de Kafka [2] et à la préparation de *Hamlet*.
 Catherine se regonfle à La Croix (Var) — avec la petite Isabelle. Elle avait grand besoin, me dit-on, de reprendre des forces.
 Après quatre mois de surabondance, en Égypte et au Liban, la disette de Paris me paraît sévère. Mais, tout de même content d'être de retour.

1. Gide était arrivé le 17, par avion, de Beyrouth.
2. On sait l'admiration de Gide pour ce livre. (Voir *Journal 1939-1949*, Pléiade, pp. 50-51.) La version Gide-Barrault sera basée sur la traduction française d'Alexandre Vialatte. La première du *Procès* aura lieu le 10 octobre 1947 au Marigny.

Durant tout le voyage, Virgile ne m'a pas quitté; et maintenant il reste bien peu de passages de *l'Énéide* où je ne me sente pas à mon aise — et ravi.
    Le livre de Klaus Mann!... Oui; j'ai protesté contre les passages stupidement injurieux à l'égard de Marc[1]. Ils doivent être supprimés dans les éditions à venir... Mais quelle légèreté d'esprit! Quelle inconscience!...
    L'idée de devoir revoir bientôt la petite Davet me *terrifie*... Je retarde la rencontre tant que je peux sans trop la peiner.
    Ceci n'est qu'un billet provisoire. Je reviendrai à vous aussitôt que j'aurai quelque peu fait face à l'accumulation du courrier —
    Mille bons souvenirs à Janie; et pour vous... de l'indicible.
    Votre vieil, et fidèle et constant

André Gide.

964. — DOROTHY BUSSY À ANDRÉ GIDE

26 avril 1946
51 Gordon Square

    Mon très cher, ç'a été un grand soulagement de recevoir votre lettre et de vous sentir pas trop loin, avec juste la Manche entre nous, et dans votre vieux décor familier que je peux assez bien imaginer. Mais j'aurais mieux aimé que votre avion ne vole pas si haut.
    Il y a des millions de choses que je voudrais vous demander, mais je doute de jamais recevoir la réponse. En tout cas, je dois être patiente.
    La mort de Maynard Keynes a fait beaucoup de bruit ici, aussi bien dans les cercles privés que dans le public[2]. Je n'ai

---

1. *André Gide, die Geschichte eines Europäers*, Zurich, Steinberg (sans date de publication).
2. Lord Keynes est mort le 21 avril; il avait 63 ans.

jamais été vraiment une de ses amis intimes, mais je l'ai connu pendant près de cinquante ans, depuis le jour où Lytton l'a amené pour la première fois à la maison pour les vacances. C'est difficile de se rendre compte que vos familiers sont de grands hommes, mais tout le monde dit qu'il en était un. En tout cas, c'était un homme très bon, et il m'a offert le premier l'occasion de me reposer dans une maison de campagne anglaise avec son incroyable confort et ses agréments. Il s'est tué au travail et est mort en trois minutes d'une crise cardiaque. N'en faites pas autant. Je vous regretterais plus que Keynes.

Qu'est-ce que vous faites avec Kafka? Je me demande si le *Procès* convient pour le théâtre. Il me semble qu'on doit perdre la moitié des intentions. *Hamlet*, je comprends mieux.

Je dois maintenant vous dire que, ce matin même, j'ai reçu une lettre marquée *Urgent* d'une dame totalement inconnue qui me dit avoir eu mon nom par M. André Gide, lequel a dit que moi (D.B.), j'ai en ma possession le texte de *Thésée* (!!) et serais peut-être en mesure de lui communiquer (à Miss M.L.[1]) la déclaration finale d'Œdipe.

Très cher Gide, je peux seulement supposer qu'à ma grande rage vous avez « refusé » de me donner le droit de traduire votre *Thésée* et, par conséquent, ne m'avez pas envoyé le texte. Vous devrez assurément dire à votre jeune dame (c'est une autre Miss Pell qui vous attend!) de s'adresser à la chère Blanche[2] pour le texte de *Thésée*. La jeune dame sera perdue, parce que sa thèse doit être envoyée le 16 mai et que, si Blanche est en Amérique, le temps sera trop court.

Maintenant, mon Gide, je meurs réellement de curiosité (beaucoup plus que de rage) de savoir à qui vous avez donné les droits de traduction, pour quelles raisons, et pour quelles raisons vous avez pensé, après toutes ces années, que j'en étais incapable.

Je vous en prie, dites-moi sincèrement vos raisons.

---

1. Miss M. Lowe, une jeune Galloise qui faisait une thèse sur Gide.
2. Mrs. Knopf.

Aujourd'hui même j'ai reçu une demande, la quatrième ou cinquième durant les trois derniers mois, d'éditeurs anglais (des plus respectables) me proposant de faire pour eux des traductions du français. Le public anglais a soif apparemment de livres français et les éditeurs ne peuvent pas trouver de traducteurs convenables. Je vous félicite d'en avoir trouvé un — en Amérique, je suppose.

Je viens de corriger aujourd'hui les épreuves de votre essai sur Valéry. Je vous assure que ce n'est pas mal du tout (je veux dire la traduction). Cela m'a donné énormément de peine, et vous ne trouverez pas souvent un traducteur qui passe autant de temps à un travail aussi méprisé. Ce que les Anglais appellent « a labour of love [1] ». Mais évidemment, ce serait une très mauvaise raison pour choisir un traducteur. *Je vous en prie*, dites-moi quelles ont été les vôtres.

Entre-temps, le seul travail de traduction que j'ai accepté est le livre de Jean Schlumberger [2]. Mais je suis prise par toutes sortes de travaux. Janie et moi avons écrit quelques souvenirs décousus sur Valéry — seulement de petits fragments de sa conversation, dont Cyril Connolly s'est épris et qu'il publie dans sa revue *Horizon* [3]. Et puis on m'a demandé de faire une émission en français pour la B.B.C. française sur les *Nursery Rhymes* et leur utilité pour l'étude de l'anglais. J'ai accepté, mais ne sais pas ce qui va en sortir. Les éditeurs anglais ont l'intention d'assumer (avec le consentement de Knopf, bien sûr) l'édition de toutes vos œuvres (déjà publiées, de sorte que vous ne pourrez pas avoir de nouvelles traductions!). Elles sont introuvables en ce moment. Voilà un mois, j'ai reçu une lettre d'un inconnu disant qu'il avait lu plusieurs de vos œuvres dans des traductions signées par une personne portant mon nom. Est-ce que je pourrais

---

1. « Un travail d'amour. »
2. A part *Saint-Saturnin*, D. Bussy n'a pas traduit de livre de Schlumberger. *Stefan the Proud*, la traduction de *Stéphane le glorieux*, due à W. G. Corp, parut en 1946 (London, Seagull Press).
3. Voir « Some Recollections of Paul Valéry », dans *Horizon*, a review of literature and art, vol. XIII, n° 77, May 1946, pp. 310-321.

lui dire où trouver un livre intitulé les *Nourritures Terrestres?* Je n'ai pas pu.

Les Américains n'ont pas voulu en entendre parler. Mais Secker et Warburg les désirent à présent pour leur nouvelle édition anglaise et j'espère que vous me laisserez avoir les droits parce que j'ai une affection particulière pour ce texte — je veux dire *mon* travail, pas le vôtre! Cher Gide, voilà que je divague.

Simon écrit des lettres gaies. Mais je regrette beaucoup que Leplat soit parti. Je suis de votre avis qu'il risque de « piquer une crise d'ascétisme » et j'ai peur, si je le supplie de n'en rien faire, que cela ne serve de rien.

Janie va bien; elle va passer quelques jours à la campagne. Pour moi, je suis, comme vous voyez, dans une humeur taquine, mais pas très différente au fond de la Dorothy d'antan, et un *seul* mot suffirait à me mettre de bonne humeur.

Votre
D.

J'espère que vous n'allez pas juger mon style de traductrice en anglais par cette lettre, qui est un griffonnage honteux. Mais je ne peux pas me surveiller avec *vous*.

965. — ANDRÉ GIDE À DOROTHY BUSSY

27 Avril 46

Bien chère amie

Je remets de jour en jour; et déjà plus d'une semaine s'est écoulée depuis mon retour. Je crois pourtant vous avoir écrit déjà (un petit billet provisoire) le lendemain de mon arrivée. Vous y disais-je que le survol d'une tempête, deux jours durant, m'avait un peu fatigué le cœur. Celui-ci reste assez flanchard et je dois y « faire attention ». Cela complique beaucoup l'existence; mais cela m'est un heureux prétexte pour refuser toute invitation, toute sollicitation du dehors — et d'autant plus volontiers que je me sens en parfaite humeur de travail.

L'appartement de la Petite Dame est, pour quelques jours encore, inhabitable. Mes propos, au retour de ma visite à Cuverville, l'avaient, je crois, beaucoup alarmée : j'avais parlé du pénible délabrement de la vieille maison familiale, où ma pauvre belle-sœur achevait lugubrement sa vie. — « Je n'admets pas qu'il en soit de même ici, a-t-elle pensé » — et, du coup, elle fait tout remettre à neuf; ou récure, ou rabote, ou astique... encore deux ou trois jours, et rien, chez elle, ne paraîtra plus vieux, qu'elle-même. Toutefois elle va bien; je l'ai retrouvée, en dépit d'une passagère crise d'urticaire, plutôt mieux que je ne l'avais laissée en décembre. Élisabeth est encore à Cabris où Pierre a été la rejoindre. Catherine se regonfle (elle en avait grand besoin) à La Croix-Valmer, avec Isabelle. Après l'abondance en Égypte, la disette de Paris me paraît sévère — et semble devoir se prolonger. En est-il de même à Londres? et à Nice?? où, si j'ai bien compris, le gentil Leplat a dû abandonner Simon en proie à l'ascétisme. Donnez-moi quelques nouvelles de vous et de lui, je vous en prie.

Les Durry viennent de traverser de pénibles jours; ils sont encore alités, l'un et l'autre, et parlent d'aller se reposer et se refaire à Nice! Je leur ai dit de bien se renseigner d'abord. — Roger M. du G. va très bien. Les Coppet aussi; mais le ménage de l'un et de l'autre fort mal.

J'attends un coup de sonnette de J.-L. Barrault. Il doit venir à 9h 1/2, reprendre notre collaboration pour le *Procès de Kafka* — auquel je n'ai pu songer à travailler en Égypte; mais je m'y suis remis depuis deux jours, et avec ravissement. C'est un plaisir que de travailler avec lui. Je pense avoir tout achevé avant juin — si toutefois je ne suis pas trop dérangé...

Ma conférence de Beyrouth paraîtra dans l'Arche[1]. Je

---

1. « Souvenirs littéraires et problèmes actuels », *L'Arche*, nos 18-19, (août-septembre 1946), pp. 3-19. Gide prononcera cette même conférence

vous enverrai des épreuves, car il me tarde que vous la lisiez — et j'espère qu'elle vous agréera. Vous avez plus de temps que moi pour écrire; mais vous restez mal persuadée du plaisir (profond) que m'apporte chaque lettre de vous. Sinon j'en recevrais davantage. Je m'inquiète de vous et de Janie — de vos projets... Quant aux miens, je préfère n'y point trop penser — et, pour un long temps, n'aspire qu'à la stagnance; mais c'est le vœu d'un cœur fatigué — qui pourtant souhaite vous revoir. Fidèlement à vous

André Gide.

[D. B. à A. G. 30 avril 1946

Elle vient d'apprendre qu'Y. Davet est devenue la secrétaire de Gide. Après diverses considérations, elle conclut : « Tout cela pourrait faire croire que je suis jalouse. Qui sait? Peut-être le suis-je, mais je crois que je suis surtout irritée... »
De bonnes nouvelles de Simon, qui semble très heureux à Nice.]

966. — ANDRÉ GIDE À DOROTHY BUSSY

1er mai 46

Chère amie

Oui, j'ai tristement pensé à vous en apprenant la mort de Keynes, et sachant l'affection que vous lui portiez...
J'ai envoyé hier une dactylo de la fin de *Thésée* à Miss Lowe.
Chère amie, vous êtes Absurde et Ridicule, lorsque vous

à Bruxelles en juin 1946. Elle a été reprise dans *Feuillets d'automne*, pp. 185-206.

parlez dudit *Thésée*. Je n'ai confié la traduction de ce chef-d'œuvre à personne et votre aimable jalousie se perd dans un vide absolu. Simplement, il me semblait que pour une voix si grave, les cordes vocales d'une femme ne convenaient guère. Il est temps encore de me convaincre de mon erreur : rassurez-vous.

Je me propose de presser fort Gallimard au sujet de vos *Nursery Rhymes*. Il faut qu'il comprenne qu'il ne s'agit pas ici de lanterner et de remettre cette publication à Pâques ou à la Trinité. Il y a opportunité immédiate. Comptez sur moi pour le convaincre — ou pour rompre (des lances) avec lui.

Je vous embrasse — en hâte, car surmené

Votre
André Gide.

Et tout heureux de ce que vous me dites de votre traduction de l'Essai sur Valéry. Mes livres demeurent inachetables, introuvables, même à Paris. Tous « épuisés »!! — Pour Secker and Warburg, je ne demande qu'à vous accorder tous les droits, dans la mesure où les lois le permettent, et où Knopf n'y peut mettre d'opposition.

967. — ANDRÉ GIDE À DOROTHY BUSSY

2 Mai 46

Chère amie

Pour peu que le vent tourne au « Oui », je ne désespère pas de finir mes jours à Sainte-Pélagie [1], ou dans je ne sais

---

1. L'ancienne prison, rue du Puits-de-l'Ermite, démolie en 1899. Le projet de constitution, soutenu par socialistes et communistes, fut repoussé le 5 mai.

quel coffre moderne. Et vous aviez le front de m'écrire (du temps que vous étiez encore à Nice, et moi je ne sais plus où) que la pensée n'avait pas à souhaiter d'être plus libre et que, libre, elle ne l'avait jamais plus été! Il est vrai qu'en ce temps l'Assemblée Consultative d'Alger n'avait pas encore demandé ma peau, et qu'Aragon n'avait pas encore déchaîné ses violences. Il vient d'écrire un article sur (c'est-à-dire contre) Lalou qui fait preuve (lui Aragon [1])...

(Lettre interrompue)

4 Mai 46

Chère amie

Quel amusement je prendrais à vous écrire si seulement vous n'alliez pas chercher mystères dans ce que je vous dirais de la Petite Davet.

7 Mai

Ces bourgeons de lettres (entre autres) traînent sur ma table depuis quatre ou cinq jours. Je me suis laissé croquer par le froid. Un gros rhume, de nouveau, me paralyse et m'engourdit les méninges. Mon stylo a chu sur la pointe; il écrit trop épais pour ce que je voudrais vous dire. Et mes heures de meilleure lucidité, je les consacre à Kafka. Les deux tiers de la pièce sont achevés. Pourquoi cacherais-je, et à vous, que j'en suis très satisfait...

Voici votre nouvelle lettre bleue. Bien curieux de connaître mon fils!... Ignota matre [2].

---

1. Il s'agit de l'article paru dans les *Lettres Françaises* du 3 avril 1946, p. 5 (« M. René Lalou et notre honneur »), à propos des *Plus beaux poèmes français*, présentés par R.L. (Paris, P.U.F., 1946). Aragon s'indigne d'y voir figurer trois poèmes de Maurras. (Voir ci-dessous, lettre 969.)

2. D. Bussy s'était procuré un bloc de papier bleu pour ses lettres à Gide. Le 7 mai Gide reçoit sa lettre du 3 mai, lui signalant l'existence d'un fils. (Voir lettre suivante.) « Mère inconnue. »

[MAI 1946]

Quant au *Thésée,* il en sera comme vous voudrez; mais le jeune translator, même choisi par vous, aura fort à faire pour ne point me laisser regretter ma traductrice attitrée.

Dois-je vous envoyer le texte d'un *Descartes* (3 pages dactylo) qui peut-être plairait à quelqu'une de vos jeunes revues?

Il y aurait aussi (vous la recevrez bientôt) ma conférence de Beyrouth.

De justesse (et provisoirement) nous échappons donc à la dictature; c'est-à-dire au régime de la terreur. Dégustez cet article d'Aragon, je vous en prie.

Ici (au Vaneau) tout va bien. La petite Davet travaille à merveille — et à distance. La petite Dame rajeunit — et je vous embrasse.

André Gide.

968. — DOROTHY BUSSY À ANDRÉ GIDE

3 mai 1946
51 Gordon Square

Très cher Gide,

je suis ravie d'apprendre que vous n'avez pas cédé les droits de traduction de *Thésée* à Mrs. Knopf pour qu'elle les accorde à l'un de ses jeunes gens.

Je vais — si vous le permettez — m'occuper de vous trouver un traducteur mâle à voix de basse. (Votre conception des qualités nécessaires chez un traducteur me paraît absolument fantastique. J'aurais pensé que ce qui était nécessaire était quelque chose de tout à fait différent et qu'une connaissance des nuances des deux langues était beaucoup plus essentielle.) Peu importe. Tout ce que je vous demande, c'est de ne le donner à personne sans me consulter, et surtout pas à Stuart Gilbert [1] qui, je crois, est assez recherché ces temps-ci. Il a traduit les *Thibault*, en grande partie sur ma recommandation, et il a maintes qualités remarquables, la principale étant qu'il sait bien le français, vraiment très bien. Mais il n'a pas ce que j'appelle un sens délicat pour le ton. Il y a des passages des *Thibault* qu'il a vulgarisés, à mon avis. Mais c'est peut-être là ce que vous qualifiez de féminin et que vous craignez précisément chez moi. Pour rendre le « ton » juste, la connaissance de l'anglais est aussi nécessaire que celle du français. Mais je ne veux pas avoir l'air de plaider pour moi-même. Je vous assure qu'en cette circonstance je suis pleinement désintéressée, et je crois tout à fait possible que vous trouviez un traducteur meilleur que moi. Pourtant, j'aimerais mieux qu'il ait une oreille de poète et de musicien qu'une voix de basse — pour vous en tout cas.

J'ai en tête deux personnes sur qui je veux m'informer davantage. L'un est un jeune homme que j'ai pris en affection et pour qui j'ai une haute estime; de toute façon, j'aimerais que vous le connaissiez. L'autre a fait des traductions du français, mais je ne les ai pas vues. Il a l'avantage d'un grand — comment dire? — atavisme littéraire, il est le neveu et porte le nom de Father Gerard Hopkins. Je l'ai rencontré une fois et il m'a plu, mais je ne sais pas dans quelle mesure il connaît le français. Il connaîtra du moins toutes les plus fines nuances de l'anglais [2].

Ce sera gentil si vous harcelez un peu Gallimard. Je suis en très bons rapports ces temps-ci avec la section française de la B.B.C. qui semble très intéressée par mes *Nursery Rhymes* et m'a persuadée de faire une émission sur ce sujet. Ils disent que c'est exactement ce qui a chance d'intéresser leurs auditeurs étrangers et ils parlent déjà d'acheter les droits de diffusion.

Très cher Gide, comment va votre cœur? Est-ce que vous

---

1. Voir tome II, lettre 661, p. 522, note 1.
2. Neveu du poète Gerard Manly Hopkins, Gerard Hopkins est le principal traducteur de Mauriac.

êtes sage? Je devrai bientôt faire appel à votre secrétaire pour avoir de vos nouvelles.

Votre affectionnée

D.

Aujourd'hui, à la Maison de la Radio, j'ai rencontré un jeune Français qui m'a demandé si je connaissais votre fils. « Je connais sa fille. — Non, non, son fils. C'est un de mes amis, il fait son agrégation. Je le connais très bien. Je vous assure. Je suis tout à fait certain. Son *fils.* »

[D. B. à A. G. 8 mai 1946

Proposition d'une édition anglaise du *Poussin* dont elle ferait la traduction.]

969. – DOROTHY BUSSY À ANDRÉ GIDE

11 mai 1946

Bien-aimé Gide,

votre dernière lettre m'est parvenue cinq minutes après que j'avais posté la mienne. Je suis désolée que vous ayez repris un de ces horribles rhumes et j'espère que vous allez mieux à présent.

Et voilà que Roger Senhouse, votre — ou plutôt le coéditeur anglais de Mrs. Knopf pour vos œuvres — m'a appelée hier et a dit : « Miss Enid McLeod vient de me dire que Gide venait à Londres pour faire une conférence à l'Institut Français. Est-ce vrai? » (Je ne sais pas pourquoi je devrais le savoir.) J'ai répondu que je ne savais pas, mais que je serais bien surprise que ce soit exact. Je suppose que cela veut dire que le British Council, dont Miss McLeod est un membre influent, vous a invité. Je crois vraiment que vous me l'auriez dit si vous aviez accepté!

Merci pour la coupure (l'article sur Aragon). Mais je ne vois pas de quoi vous vous plaignez! M. Lalou a réussi, après tout, à publier son Anthologie. Si vous réussissiez à empêcher M. Aragon de publier son article stupide, alors, oui, ce serait un cas d'interférence dans la liberté de la presse. Mon idée à moi sur la liberté de la presse, c'est que M. Aragon et M. Lalou devraient être autorisés à publier leur opinion. Si l'un d'eux (ou même vous) accuse l'autre d'action criminelle, passible de la loi, qu'il soit puni et condamné à une amende, ainsi que son éditeur, après avoir été jugé.

Si Aragon a vraiment réclamé votre tête, intentez une action contre lui! En fait, croyez-vous vraiment que l'attaque idiote d'Aragon fera aucun mal à qui que ce soit, sauf Aragon lui-même? Et cette violence excessive n'a-t-elle pas été, en fait, la raison même du recul communiste, qui est évident d'après les résultats du référendum? (Et n'est-il pas vrai que le poème de Maurras à propos duquel Aragon est si excité ressemble beaucoup à certains de ses propres récents et charmants poèmes?) Non, très cher, je ne crois pas qu'il y ait la moindre chance que vous finissiez vos jours à Sainte-Pélagie. Après tout, et vous le reconnaissez vous-même, vous êtes un écrivain plus populaire que Monsieur, sinon Madame Aragon [1].

Il y a ici une « crise de traducteurs » — on ne cesse de nous demander, à Janie et à moi, de traduire des livres français, et nous refusons régulièrement. Nous estimons qu'il est grand temps de faire grève, comme tout le monde, pour obtenir de meilleures conditions. Hermine Priestman — la fille d'Auguste Bréal — est un des grands personnages de la section française de la B.B.C. Elle est bilingue et intelligente. On lui soumet toutes les traductions de textes français et elle dit que la moyenne est déplorablement médiocre. Les gens ne sont pas assez payés pour consacrer le temps nécessaire à ce travail de spécialiste. Je ne traduirai pas votre

---

1. Elsa Triolet.

Thésée, mais ce n'est pas là ma raison. J'avoue que j'aurais aimé le faire. J'en aurais été fière. Mais maintenant que je connais vos raisons — je vous crois — je ne pourrais pas. Et je vais vous dire quelque chose de très sérieux. Je comprends enfin que j'ai été une des plus grandes déceptions de votre vie. Vous auriez aimé (pour des raisons sentimentales, pas rationnelles) être traduit en anglais par un jeune homme — surtout les *Nourritures,* surtout *Si le Grain ne meurt,* surtout *Thésée.*

C'est cela que vous pensez vraiment, du moins dans votre subconscient, quand vous parlez de « voix grave ». Comment pouvez-vous, vous qui vous flattez tout particulièrement d'imiter la voix d'une femme, d'une jeune fille, croire que l'incarnation inverse est impossible, surtout chez un traducteur qui n'a rien à inventer? Dites-moi qu'une femme est incapable de traduire un bon livre, qu'il y a un choix bien plus grand de bons écrivains masculins, et donc un plus grand choix de bons traducteurs, je l'admettrai et, dans le dernier cas, serai d'accord avec vous. D'un autre côté je vous dirai que la patience infinie et la conscience et la fidélité qui sont nécessaires chez un traducteur se trouvent plus souvent chez les femmes. En outre, un homme qui est plus doué qu'une femme sera moins susceptible de se consacrer à cette tâche inférieure qu'est la traduction. En général, il désire travailler *pour lui-même.*

Mais je ne suppose pas que vous désiriez une voix particulièrement grave pour Descartes (est-ce qu'un philosophe est nécessaire?) et je ferai ce travail avec plaisir. Et en tout cas j'espère que vous allez m'envoyer la conférence de Beyrouth.

Il est presque une heure du matin et je dois aller me coucher. Je ne pense pas que vous deviez prendre ma jalousie de votre secrétaire suffisamment au sérieux pour interférer avec le plaisir de m'écrire — comme vous m'en menacez dans votre dernière lettre.

Voulez-vous dire à Gallimard que les correspondants étrangers de la B.B.C. envoient une moyenne de cent lettres par mois les suppliant de recommander une grammaire anglaise, et qu'ils ont promis de recommander la mienne et d'en donner des extraits. Mais il fera bien de prendre garde, ou bien ils vont en publier une de leur façon — et ce serait grand dommage.

Oh! vous n'arriverez jamais au bout de tout cela! Toutes mes amitiés à la Petite Dame. Voilà un an, nous étions chez elle — et chez vous.

Votre
D.

970. — ANDRÉ GIDE À DOROTHY BUSSY

15 mai 46

Chère amie

Trop fatigué (exténué vraiment) par le rhume, pour discuter avec vous. Je n'irai pas jusqu'à souhaiter d'être fusillé ou emprisonné, pour vous prouver que le danger, le péril, est plus grand que vous ne consentez à croire; et du reste les dernières élections ont écarté de nous ce péril — pour quelque temps du moins. « Minimiser » l'importance de l'ennemi n'a jamais été dans mes habitudes, vous le savez; mais il y aurait beaucoup à dire là-dessus — quand j'irai mieux.

Quant à vos réflexions au sujet des traducteurs, je laisse tomber. C'est trop absurde. Mon *Thésée* attendra. Tant pis!

J'ai vendu à « France-Presse » les droits sur mon *Descartes*, donnant votre nom et adresse pour la traduction en anglais — exigeant rétribution spéciale (en plus de mes propres royalties). Ils doivent correspondre avec vous à ce sujet.

Vous embrasse entre deux quintes de toux

André Gide.

971. — DOROTHY BUSSY À ANDRÉ GIDE

20 mai 1946

Très cher Gide,

je suis remplie de remords à l'idée de vous avoir ennuyé avec mes réflexions (mes absurdités, dites-vous, peut-être plus justement) quand vous êtes si occupé et souffrant. Le temps est infernal, tout est déprimant et lugubre. Je me réjouis de traduire votre *Poussin*, j'aurai ainsi pendant quelque temps sous les yeux et dans l'esprit de jolies choses pour me remonter.

J'ai été interrompue ici par le courrier, avec deux lettres de vous qui m'ont beaucoup remontée. D'abord, vous allez mieux. Et puis vous n'êtes pas trop furieux de ma perversité pour ne plus m'écrire.

J'ai votre seconde lettre au sujet du *Poussin* [1], indiquant votre intention de ne pas reprendre la permission de le publier dans la revue de Shawe-Taylor. Je crois, comme Mme Marsan l'accorde, que la revue ne peut faire que du bien à une édition postérieure de l'ouvrage complet en anglais. Il sera peut-être même avantageux de retarder sa publication jusqu'à ce que les éditeurs anglais soient mieux capables de sortir un ouvrage digne de l'original. Je l'ai montré à plusieurs éditeurs, artistes, etc., et ils sont tous *émerveillés* par la beauté de cette production, l'excellence du papier, le goût de la « mise en page » et la perfection des reproductions. Rien de

---

1. Il y eut un échange de lettres, très courtes, et que nous ne donnons pas puisqu'elles traitent uniquement de la publication dans une revue anglaise dirigée par un ami de Raymond Mortimer (Desmond Shawe-Taylor) d'une traduction de la préface à *Poussin*. Mme Anna Marsan, directrice de la collection « les Demi-Dieux » publiée par le Divan qui édita le *Poussin* en France, avait souhaité que la publication anglaise du livre précédât la parution de la « Préface » en revue.

semblable ne s'est vu en Angleterre depuis avant la guerre — et même alors, bien qu'il fût possible d'avoir du bon papier et une bonne impression, le goût français et l'habileté artistique étaient évidemment « hors concours ». Les livres d'aujourd'hui, c'est une pénitence de les lire, le papier est affreux, les marges réduites à rien, le texte si serré qu'il est presque illisible. Même ainsi, un nouveau livre susceptible de présenter quelque mérite est épuisé avant d'être sorti, et quant aux vieux livres, ils sont pratiquement inexistants. La guerre en a fait un holocauste.

Je regrette de m'être plainte, et justement à vous, au sujet des honoraires des traducteurs. Ils n'auraient pas du tout sujet de se plaindre si tous les auteurs étaient comme vous. Mais évidemment ce n'est pas la faute des auteurs si les traducteurs sont trop peu payés, c'est celle des éditeurs, nous le savons bien. Et la première réforme à introduire, c'est que le traducteur touche des droits comme l'auteur. *Fontaine* qui veut rivaliser avec Gallimard comme éditeur de traductions françaises d'ouvrages anglais est en train d'introduire cette réforme. Ils ont ici un jeune homme intelligent qui est bien au courant de la littérature anglaise actuelle — beaucoup plus que Gallimard ne l'a jamais été. Quand je suis arrivée en Angleterre voilà un an et que j'ai demandé quels étaient les noms les plus considérés dans la littérature d'aujourd'hui, on m'a répondu : « Oh, il n'y en a que deux, T.S. Eliot et Elizabeth Bowen. » Je me rappelle avoir recommandé celle-ci à Gallimard en 1938 (quand elle était inconnue) et j'ai su qu'elle avait été rejetée par Ramon Fernandez. *Fontaine* la publie aujourd'hui.

Cher Gide, j'ai des tas d'autres choses à vous dire, mais ce sera pour un autre jour. Bonnes nouvelles de Simon qui est très fâché que Leplat lui ait fait une réputation d'ascétisme.

Au revoir. Je vous aime beaucoup, en dépit d'Aragon !

Votre
D.

972. — ANDRÉ GIDE À DOROTHY BUSSY

24 Mai — 46

Bien chère amie

Je reste très soucieux de la publication de votre livre, et ma première sortie (je suis encore très peu vaillant) a été pour aller presser Gallimard et bousculer un peu ses arguments, le persuader qu'il importe de publier ce livre le plus tôt possible (la question *opportunité* est de première importance pour obtenir la quantité de papier suffisante). J'ai même dit : « Si vous devez publier ce livre à contre gré, rendez le texte : d'autres éditeurs (je pensais à Charlot, que j'ai pressenti à ce sujet) seraient enchantés de l'avoir. » Et je reviendrai à la charge, tant qu'il faudra...

Quant à la question des « royalties » accordées aux traducteurs, il m'affirme que la coutume est de reconnaître un « % » à ceux-ci, sur la vente, et que les seules exceptions sont de mise lorsque le traducteur préfère une somme forfaitaire, et que cela ne se fait que sur sa demande.

J'ai eu plaisir à transcrire le passage de votre lettre louangeant le *Poussin*, et à le communiquer à Anna Marsan. La N.R.F. a donné traduction de *deux* livres d'Elizabeth Bowen... je ne sais plus les titres [1].

Jef Last est au Vaneau depuis quatre jours, souffrant de continuelles rages de dents et fort occupé par ses visites au dentiste... n'empêche que sa présence empiète beaucoup sur mon peu de loisir et qu'il ne me reste que le temps de vous embrasser.

Votre
André Gide.

1. Un livre en fait : *La Maison à Paris*, traduit par Marie Tadié (1941); l'autre, *Le Cœur détruit*, ayant été publié chez Plon la même année. (Traduction de Jean Talva.)

Catherine loge au Vaneau depuis deux jours... je ne sais plus où donner de la tête et du cœur.

J'ai achevé le texte de la pièce « collaborée » avec J.-L. Barrault sur le *Procès* de Kafka. Il s'agit à présent de tout revoir et reprendre avec lui. Nous sommes très satisfaits et je crois que le résultat, interprété par lui, pourra être *extraordinaire*.

[D. B. à A. G. 26 mai 1946

Elle est occupée à traduire le *Poussin* et a dû traduire le *Descartes* beaucoup plus rapidement qu'elle ne souhaitait.

Le British Council pourrait attribuer du papier pour la publication des *Nursery Rhymes*.

Depuis un an qu'elle est revenue en Angleterre, elle a pris conscience de son âge, mais s'inquiète surtout de voir vieillir les autres, dont sa sœur Pippa, « une de ces créatures désintéressées que vous admirez et avez dépeintes. »]

973. – ANDRÉ GIDE À DOROTHY BUSSY

30 Mai 46

Chère amie

Grand besoin de vous écrire mieux et plus qu'une business letter. C'est aujourd'hui l'Ascension : à demain les affaires.

Graves événements sentimentaux dans la vie de Cath. — Un nouvel L.[1] (c'est l'initiale de son nom) chasse le premier L. de son cœur. Ce nouvel L. était épris d'elle depuis long-

---

1. Jean Lambert qui épousera Catherine Gide en août 1946.

temps; il me plaît beaucoup et Cath. sait et sent qu'en se
détachant du premier L. pour le second, elle se rapproche de
moi. J'attendais impatiemment ce jour. [...]
    Et savez-vous à quoi je pense aussi souvent qu'à Cath..?
A l'Angleterre. Oui, cette situation nouvelle, après retrait
de l'Inde et de l'Égypte occupe sans cesse ma pensée. C'est
façon indirecte de penser à vous, qui devez être si sensible
à cet événement si grave. Je me souviens si bien de toutes
nos conversations à ce sujet. — Article excellent de Harold
Nicolson dans le *Figaro*; d'une dignité admirable[1]. Et
déjà en Égypte, où la question anglaise était devenue si brû-
lante, combien souvent je vous avais souhaitée près de moi!
Le temps me manque pour étaler mes réflexions. J'attends
J.-L. Barrault, avec qui je revois, chaque matin, le texte et la
mise en scène du *Procès* de Kafka. Travail passionnant.
Espoir de voir cela sur une scène de Londres...
    Et je relis les *Memoirs of a justified sinner* pour quoi j'ai
promis une préface... Il me faut vous quitter. C'est déjà
merveille que j'aie pu m'échapper une demi-heure pour être
avec vous.

André Gide.

P.Sc. A l'instant votre excellente du 26th et votre carto-
line[2] : Référence de la citation de Wilde... prendrait des
heures à rechercher (dans *Intentions* sans doute). Quant à la
nuance entre « conscience » et « consciousness »... il me
semble que mon texte comporte : *conscientiousness*. Poussin
est conscient *et* consciencieux (vous pourriez même mettre
les *deux mots;* mais c'est surtout le premier que je veux dire,
pour l'opposer à *spontané*. Il est *réfléchi* (accurate?); oui,
presque certainement; et même qu'il va sans dire.
    Je contresigne tout ce que vous me dites de la vieillesse
(du sentiment de la vieillesse), mais certains jours (pas

---

1. « L'Abandon des Indes et de l'Égypte », *Le Figaro*, 28 mai 1946,
p. 1.
2. Cette carte manque.

aujourd'hui) je me sens affreusement fatigué... Combien me touche ce que vous me dites de votre sœur !

Yours
A.G.

974. — DOROTHY BUSSY À ANDRÉ GIDE

[Début juin 1946]

Très cher Gide,

quel plaisir de recevoir de vous une bonne longue lettre et de savoir que vous vous sentez en meilleur état et plus heureux. Plus heureux aussi pour Catherine. C'est une grande joie. Pourtant, en femelle obstinée, je ne suis pas du tout prête à admettre que je me suis trompée dans notre querelle — dans aucune de nos querelles. Pour elle, c'est une autre affaire. Je suis tout à fait d'accord avec vous sur ce point. Mais ce n'était pas la question. La question était le comportement des pères quand leurs filles tombent amoureuses, et leur absurde (comme vous dites) prétention qu'elles devraient tomber amoureuses de gens qui leur plaisent *à eux*. Mais je suis très contente de ce qui s'est passé. Cela fait paraître l'avenir beaucoup plus heureux pour tous les chers habitants du Vaneau.

. . . . [Quelques lignes sur le projet d'édition franco-anglaise du *Poussin* et sur la différence de sens entre *conscience* et *consciousness*.] . . . .

Quand vous écrirez la préface au *Justified Sinner*, rappelez-vous que ce livre est *écossais* jusqu'à la moelle, qu'aucun Anglais n'aurait pu l'écrire. Que toute son atmosphère, la forme et la substance même de son puritanisme sont essentiellement écossaises. Vous trouverez sa contrepartie et son antécédent chez Burns, et j'espère que vous relirez *Holy Willie's Prayer* [1]. Il y a aussi certains autres poèmes dont je ne peux me rappeler le titre, et d'autres écrivains contemporains de moindre envergure, qui montrent les horreurs du fanatisme écossais et rendent le livre de Hogg moins extraordinaire. Bien sûr, cela ne diminue pas les qualités imaginatives de son œuvre, mais cela les fait paraître moins délicieusement exotiques pour ses voisins et compatriotes que pour ses voisins plus civilisés, mais plus distants, de l'autre côté de la mer.

Mais, personnellement, je suis très peu écossaise. Juste une touche de Highlander et rien du tout des Basses Terres — rien de plus que le voisinage. Non, je suis vraiment de bonne souche anglaise. Mes ancêtres étaient des propriétaires du Somersetshire depuis le 16ᵉ siècle. L'un de mes ancêtres directs était l'ami intime de Locke. Rien de fanatique chez nous. Et pendant ce dernier séjour en Angleterre, j'en suis venue à admirer, ou plutôt à respecter — à aimer les Anglais plus que je ne l'ai jamais fait quand c'était la mode de regarder ses compatriotes de haut. Je crois que leurs malheurs les ont améliorés. Je les trouve lents et stupides, mais je crois aujourd'hui qu'ils devaient leur indolence à la prospérité. Les gens ne voulaient pas avoir Winston pour dictateur, mais malgré cela il est encore l'homme le plus populaire en Angleterre, et je trouve que c'est grandement en leur faveur. Le nouveau parlement est, dans son ensemble, très respectable aussi. Les nouveaux membres ignorent l'étiquette ridicule de la Chambre des Communes, mais ils ne tarderont pas à apprendre des choses plus importantes sur le gouvernement, ils montrent de l'intelligence, et plus d'indépendance qu'on n'aurait pu l'attendre à l'égard de leur parti. Mon cousin John [2] a un grand succès et est très en vue depuis qu'il a assumé la charge difficile de Ministre du Ravitaillement. Tout le monde prédit une chute rapide,

---

1. Poème de Robert Burns.
2. John Strachey sera nommé ministre de la Guerre en 1950. Voir aussi, tome II, lettre 664, p. 526, note 2.

mais jusqu'à présent même M. Churchill est poli avec lui. Il reste maintenant à voir si nos « dominions esclaves », l'Égypte et l'Inde, ont assez appris de nous l'art de gouverner pour se tirer d'affaire toutes seules sans trop de dégâts. En tout cas, je trouve que le Déclin et la Chute de l'Empire Britannique est honorable dans l'ensemble. Mais, comme vous pouvez l'imaginer, il y a beaucoup de choses dans la conduite du Congrès et de la Ligue Musulmane qui sont assez irritantes pour un membre d'une grande famille de fonctionnaires anglo-indiens.
Votre toujours fidèle

D. B.

Bonnes nouvelles de Simon qui dit avoir trouvé un restaurant excellent et bon marché. Êtes-vous soulagé par les élections en France [1] ?

975. — ANDRÉ GIDE À DOROTHY BUSSY

12 juin 46
Business!

Chère amie

Je recommence à sortir depuis quelques jours, ayant décidé d'aller mieux. Mais deux jours de fête, s'ajoutant au samedi de « semaine anglaise » — ce n'est qu'hier que j'ai pu aller relancer Gallimard. — « Madame Bussy m'a fait espérer de pouvoir obtenir du papier. C'est seulement cela qui nous arrête : grande disette de papier; on ne nous en accorde (et au compte-gouttes) que pour tels livres français désignés; si nous en recevons en surplus par l'Angleterre, je

---

1. Victoire du Mouvement Républicain Populaire; le Parti communiste en seconde position.

mets le livre de Mme B. à la composition aussitôt. Je vous le promets. » Ceci très sérieusement. Je vais tâcher d'obtenir un appui, de mon côté, au service de propagande (où j'espère disposer d'un certain crédit) pour corroborer l'appui promis par Enid. J'ai transcrit le passage d'une autre lettre de vous au sujet de la B.B.C. qui pourra m'être de certain secours...

Mais tout est difficile et affreusement lent. Ma traduction de *Hamlet*, qui devait sortir en 45 (*pas* chez Gallimard) ne verra sans doute la sortie qu'en automne... (en une énorme et affreuse édition de luxe! La petite édition bleue — Gallimard — sortira, j'espère sitôt ensuite; mais elle est encore à composer [1]).

M'étant acquitté de diverses menues obligations très astreignantes, j'espère pouvoir m'occuper à présent de la préface au livre de Hogg [2] (que je viens de relire) en tenant compte de vos très pertinentes observations.

Yours
André Gide.

Catherine est rentrée hier de Sologne (contrée ravissante : forêts de bouleaux, de chênes et de pins) où Jean Lambert la présentait à sa mère et à sa sœur. Si catholique que soit la belle-famille, tout s'est fort bien passé, et Catherine semble heureuse, toute délivrée. Elle est repartie hier soir pour Cabris, où retrouver Élisabeth, où J.L. doit la retrouver dans dix jours; mariage peu après.

La petite Davet continue à faire merveille, en dépit d'hebdomadaires crises de larmes — à quoi j'expose une totale indifférence — « Alors, je le vois bien, je ne suis pour vous, je ne serai jamais qu'une... secrétaire. » Moi : — « Une

---

1. La première édition d'*Hamlet* est celle de Jacques Schiffrin, publiée à New York en 1944 (Pantheon Books); celle de Gallimard date de 1946; une autre, des « Bibliothèques Franco-Suisses », parut l'année suivante, sans nom de lieu.
2. Voir ci-dessus, lettre 911, p. 273, note 2.

secrétaire parfaite. Eh! Eh! ce n'est déjà pas si mal. Je n'avais jamais eu ça. » Etc.

Le 24 conférence à Bruxelles. Je lirai celle de Beyrouth — dont je vous enverrai le texte bientôt.

976. — DOROTHY BUSSY À ANDRÉ GIDE

51 Gordon Square
17 juin 1946

Mon très cher Gide,

c'est un plaisir d'apprendre que vous vous sentez assez bien pour sortir et que vous avez eu la gentillesse de faire une visite à Gallimard en ma faveur, à l'une de vos premières sorties. A vous dire la vérité, je n'ai pas grande confiance dans l'attribution de papier par le British Council, mais je suis sûre qu'Enid fera tout son possible et M. Gallimard aussi. Mais la difficulté d'avancer dans quelque direction que ce soit est effrayante.

J'ai hâte de voir votre mystérieuse conférence de Beyrouth. Vous n'avez jamais soufflé mot à son sujet. Pourquoi ne venez-vous pas la faire aussi à Londres? J'estime que nous méritons tout autant que les Belges, et on nous dit de tous côtés que le voyage est très confortable dans la Flèche d'Or si vous ne voulez pas prendre l'avion. Pas long, et de bons rafraîchissements. Nous pouvons vous loger (un peu haut, j'en ai peur) et vous donner des repas tout à fait convenables, et pensez comme tout le monde serait ravi. Et puis, ne devriez-vous pas voir les ruines de Londres? Il en reste encore un grand nombre.

C'est un grand plaisir d'apprendre de si bonnes nouvelles de Catherine. Jean m'a écrit ses fiançailles et le nom de son fiancé. Autrement, en ce qui vous concerne, vous ne m'aviez jamais donné qu'une initiale. J'ai lu son livre sur Jean et on peut en déduire qu'il est quelqu'un de sympathique, quelqu'un de votre — je pourrais dire de notre — bande [1].

Quelles autres nouvelles? Janie a décidé d'aller à Nice en août pour rendre visite à Simon et préparer notre retour là-bas vers fin octobre. Il semble presque que nous aurons autant à manger là-bas qu'ici — où les gens font des histoires au sujet de notre régime d'austérité, que nous considérons, nous, comme un luxe. Simon a loué La Souco à un ami de Mme Hanotaux [2], garanti solvable. Malraux a écrit à Janie une lettre très amicale. Nous étions plutôt en froid ces derniers temps [3].

Que pensez-vous de la politique? Personnellement, si je *dois* avoir un dictateur, je crois que je préférerais un communiste à un catholique romain. Mais je crois que vous pensez différemment. Et mon hostilité n'est peut-être que de l'atavisme.

J'estime que vous vous êtes lancé dans une direction dangereuse, d'où il vous sera difficile de vous dégager, sauf à un prix que vous trouverez difficile de payer. (Ceci en réponse à la dernière page de votre lettre qui m'a amusée, mais m'a fait de la peine).

Toujours, mon très cher, votre

D. B.

P.S. Je viens de m'offrir pour une grosse somme un très bon dictionnaire français-anglais, anglais-français, qui pèse près d'une tonne. Mansion (Harrap). Le connaissez-vous?

---

1. Le livre de Jean Lambert, *Remarques sur l'œuvre de Jean Schlumberger,* avait été édité en 1942 (Alger, Fontaine).
2. Les Hanotaux étaient des voisins de Roquebrune.
3. Malraux avait loué La Souco en 1941. Voir ci-dessous, lettre 998.

977. – ANDRÉ GIDE À DOROTHY BUSSY

22 juin -46

Bien chère amie

Quelqu'un m'a appris hier, comme incidemment, une chose consternante, à laquelle je refusais de croire, mais qu'il garantit comme certaine : les jours commencent de diminuer. Rien à faire à cela, paraît-il, et l'on ne saurait s'y opposer. Nous n'aurons pas eu de printemps. Il pleut partout sans cesse, et je pense, à Londres autant et aussi fort qu'à Paris. N'empêche que, demain matin, je prends le train pour Bruxelles, où je dois, lundi, parler au *Jeune Barreau*, ou, plus exactement : lire ma conférence de Beyrouth. Je serai de retour Mercredi, n'sh'allah! Je n'aurai, d'ici là, plus le temps de vous écrire; c'est pourquoi je réponds bien vite à votre excellente du 17 juin. Non, je ne me sens guère d'humeur, ni de force, de répondre aux sollicitations de Londres; je ne puis, ne pourrais, m'y refuser, comme je fais, en bloc et systématiquement, pour celles de Bruxelles... Au surplus, comme il s'agirait de partir de Paris, avion ou train, il serait encore temps de me raviser à mon retour de Belgique. Mais j'ai...

pas moyen de continuer – Dérangements continus...
A bientôt.
        Tendrement votre

André Gide.

978. — DOROTHY BUSSY À ANDRÉ GIDE

29 juin 1946

Très cher Gide,

votre amusante petite lettre à propos de vos « consternantes » découvertes météorologiques nous a bien amusées. Le temps ici est atroce et il ne semble pas être meilleur dans le Midi. J'ai eu une gentille lettre de Beth où elle parle de Catherine. Je suis heureuse de sentir que cette tournure prise par les choses lui a fait un si grand plaisir — et, dit-elle, à vous aussi. Beth dit qu'ils vont demander à Simon d'être « témoin » au mariage. Cela va le flatter et lui plaira beaucoup, pour autant que cela n'implique pas de cérémonie religieuse. Vous m'avez dit que la famille du jeune homme était catholique et je crois que Catherine elle-même inclinait un peu de ce côté à un certain moment.

Rien de sensationnel ne m'est arrivé ces derniers temps — sauf de recevoir le livre de Charlie sur Benjamin Constant [1], envoyé par Zézette. Vous n'allez pas trouver cela très sensationnel, mais je le lis avec un intérêt extrême et ai provisoirement abandonné Didon. Il semble que ce soit sa destinée!

Je trouve que Charlie est quelquefois très bon. Il a là, bien entendu, un sujet qui lui convient admirablement. Beaucoup de choses y sont nouvelles pour moi, et il ne m'irrite que très rarement. Mais peut-être que le sujet vous intéresse moins que Charlie et moi? Je me le demande. Cher Gide, excusez cette très morne lettre. Je me console en pen-

---

1. Il s'agit de *Grandeur et misère de Benjamin Constant*, Paris, Corrêa, 1946.

sant que si j'avais été aussi brillante que Mme de Staël, vous m'auriez sans doute moins aimée...?
Votre fidèle

D. B.

Bonnes nouvelles de Simon. Irez-vous à Cabris pour le mariage de C.?

979. — ANDRÉ GIDE À DOROTHY BUSSY

4 juillet 46

Bien chère amie

C'est peut-être à cause de ma préface au livre de Hogg (à laquelle je travaille) que je pense si souvent à vous; mais non, plutôt par une pente naturelle de mon cœur et de mon esprit. Je resterais peut-être silencieux, si vous étiez près de moi; mais, vous absente, je cause avec vous sans cesse. Hier soir, Roger près de qui j'ai passé une heure exquise, vous exceptait de sa grandissante misogynie. C'est aussi que je l'y invitais. « Oui, vous avez raison, me disait-il, avec elle seule — on peut se montrer naturel. Même avec la Petite Dame, depuis quelque temps... c'est plus fort que moi... je fais semblant. » Vous allez, je le pressens, être beaucoup moins sensible au compliment particulier, qu'à l'injurieuse opinion (où tous deux nous abondions) sur votre sexe en général. Tant pis.

Pierre Herbart est parti ce matin pour Cabris. Mme Théo, avant-hier pour Mondorf (Grand Duché) où soigner ses rhumatismes. Savez-vous que Catherine vient d'être très malade — sauvée, de justesse, de la diphtérie, grâce à des piqûres faites à temps, mais qui, elles, l'ont à ce point éprouvée qu'on n'a pu ranimer le cœur déficient qu'à force d'injections de strychnine, d'huile camphrée et d'atropine. Elle semble à présent hors de danger, mais l'alerte a été sérieuse... nous ne l'avons su, à Paris, qu'après. Lambert est auprès d'elle et s'est montré parfait — nous écrit Élisabeth.

Enfin un orage et la pluie, après trois jours torrides assez bien supportés, malgré l'insomnie. Accablé de travail; dévoré par les menues obligations, etc...
Je vous embrasse bien fort

André Gide.

Succès triomphal de ma conférence à Bruxelles (la même qu'à Beyrouth — que vous pourrez lire bientôt dans *l'Arche* [1]).

Je ne me laisserai pas décourager par la lettre ci-jointe du British Council [2].

980. – DOROTHY BUSSY À ANDRÉ GIDE

[Juillet 1946]

Très cher Gide,

. . . .[Quelques lignes sur la maladie et la convalescence de Catherine]. . . . .

Cher Gide, votre dernière lettre était extrêmement flatteuse et m'a fait sourire, comme doit faire toute flatterie. Particulièrement agréable aussi parce que vous invitiez le cher Roger à y prendre part. Mais, comme vous avez raison de le deviner, je désapprouve hautement votre attitude à tous les deux envers mon sexe méjugé, dont je ne suis pas du tout un membre exceptionnel.

1. Voir ci-dessus, lettre 965, note.
2. Il s'agit d'une lettre adressée à Madame Durry, Direction Générale des Relations Culturelles, par C. D. Howell, le directeur du British Council en France, regrettant que cette organisation ne puisse pas fournir le papier nécessaire à la publication de *Fifty Nursery Rhymes*, malgré le fait que « de tels livres feraient énormément de bien ».

Plaisanterie à part, l'impression peut-être la plus profonde de mon retour, après six ans d'absence, dans mon pays natal, c'est le magnifique développement que l'amélioration de leur position a permis aux femmes anglaises. Sérieusement, je ne pense pas que ce soit une illusion. On leur a donné des responsabilités et ce qui ressemble beaucoup à l'égalité. Mon admiration est sans bornes pour la façon dont elles ont supporté l'épreuve redoutable de ces récentes années terribles, et les vertus qu'elles ont montrées sont de celles que les hommes avaient coutume de revendiquer uniquement pour eux-mêmes. Vous et Roger appartenez à la génération qui croyait les femmes, par leur nature même, impropres à conduire des automobiles. Vous qui croyez au progrès, vous devriez ouvrir les yeux et voir quels changements peuvent être apportés à la constitution des peuples esclaves par les circonstances et l'éducation — qu'on commence tout juste à accorder aux femmes. Mais, en réalité, je pense que les Anglaises, si elles ne sont pas plus capables de développement que leurs sœurs du continent, ont eu un grand avantage. Pendant ces quatre-vingts dernières années environ, elles ont appris que le nombre des femmes dans leur pays dépassait celui des hommes de deux millions. Que deux millions de femmes, surtout celles de la bonne bourgeoisie, n'avaient aucun espoir de se marier. Elles n'ont plus besoin d'attendre le bon plaisir des hommes pour assurer leur subsistance. Elles doivent chercher ailleurs pour cela. Elles n'ont plus besoin de tenir pour vertu le fait d'étouffer leur propre personnalité et leurs inclinations. Elles n'ont plus besoin d'assumer des qualités et des charmes qu'elles ne possèdent pas pour plaire à leurs maîtres. Et, chose étrange à dire et très surprenante, elles ont découvert que, très souvent, leurs maîtres le préfèrent ainsi. Allons, vous vous êtes attiré vous-même ces élucubrations féministes. Tant pis pour vous!

 Je crois que M. Shawe-Taylor va vous envoyer les épreuves de la traduction du *Poussin*. Je ne pense pas que vous ayez à vous en occuper. Encore une fois tant pis. Mais demandez à Davet de les renvoyer le plus vite possible.

[JUILLET 1946]

Quelle pensée à emporter dans mon sommeil (car j'ai honte de dire qu'en général je dors très bien), que vous pensez souvent à moi « par une pente naturelle du cœur et de l'esprit ». Avec une telle pensée, je vais dormir presque à contrecœur.

Votre
D. B.

981. — ANDRÉ GIDE À DOROTHY BUSSY

10 juillet 46

Chère amie

Bien que plus affairé qu'un ministre du ravitaillement, j'ai pu achever la préface au livre de Hogg et vous en enverrai le texte aussitôt que dactylographié. Mais il y a ceci d'un peu consternant : le très aimable John Hayward (je viens de relire la lettre du 13 Oct. 45 [1], où vous me parliez de lui assez longuement) espère, attend de moi « 5.000 à 7.500 words », et je m'aperçois ce matin que ma préface n'en a, si je calcule bien, que 2.800 environ. Et je ne vois guère le moyen d'y ajouter quelque digression que ce soit pour la rendre plus longue. La prolixité n'est pas mon fort et mon art tend à la concision; de là sa qualité. Il faut que John Hayward s'en persuade, et peut-être pourrez-vous y aider; il doit accepter telle qu'elle est cette préface — quitte à me dire que, dans ce cas, les « conditions » (Sixty Pounds) seront proportionnellement modifiées. Je le laisse juge, et accepterais sans mauvaise grâce qu'il les réduise à Fifty.

Aurez-vous la gentillesse de lui transmettre ce que je vous en dis. Vous le ferez plus commodément que moi-même. Et

---

1. Hayward était un éditeur à la Gresset Press. La lettre du 13 octobre 1945 manque.

vous me direz ce qui en est; vous m'écrirez également quelles conditions il propose au traducteur — c'est-à-dire à vous. Et cela m'importe.
Ceci n'est qu'une lettre d'affaires; ne mêlons pas les genres.
A bientôt du plus sérieux. Votre

André Gide.

982. – DOROTHY BUSSY À ANDRÉ GIDE

Shamley Wood
Shamley Green
Guilford
18 juillet 1946

Très cher Gide,

n'adressez aucune lettre ici, où je ne resterai que quelques jours auprès des Mirrlees. Ils sont extrêmement gentils et hospitaliers, ont une maison très confortable, un jardin agréable et tout le luxe possible. Hope est une très bonne compagnie, c'est une créature originale et très douée [1].
J'ai reçu de John Hayward, le jour où j'ai quitté Londres, une lettre sympathique au sujet de votre introduction à Hogg. Vous verrez que je lui avais simplement demandé : « Et la traduction? » sans dire que vous me l'aviez proposée, mais quand je recevrai votre texte je crois que je pourrai la faire. J'aimerais beaucoup cela. Il semble plus simple de vous envoyer la lettre de John Hayward. Peut-être Mme Davet pourra-t-elle me la renvoyer — non que cela ait grande importance. Tom Eliot [2] et lui partagent plus ou moins la même maison. Tom s'est montré très amical envers moi ces derniers temps. Peut-être qu'un jour je finirai par le connaître

1. Voir tome II, lettre 396.
2. T. S. Eliot.

vraiment. Mais, comme sa poésie, il faut du temps pour le
connaître. Pas facile.
    Le 8 août, Janie, en compagnie de ma sœur Pippa, rendra
une courte visite à Simon, à Nice. Elle a son billet de retour
et son permis de rentrée en Angleterre. Si vous allez au
mariage de Catherine, vous verrez peut-être Janie. Je crois
qu'elles passeront deux nuits chez les Walter à Paris. Zoum
et François n'y sont pas. En l'absence de Janie, j'irai chez un
neveu et sa femme, à la campagne — Dick, le frère aîné de
Vincent. Puis nous rentrerons tous à Londres pour le mois de
septembre. Janie et moi retournerons finalement à Nice vers
la mi-octobre. Ceci n'est qu'une esquisse de nos mouvements.
    Toujours vôtre

                                                      D. B.

983. — ANDRÉ GIDE À DOROTHY BUSSY

22 juillet 46

    Bien chère amie
    Les nouvelles que l'on reçoit de Londres ne sont guère rassurantes et je m'inquiète beaucoup après vous. Je vous imagine vous nourrissant encore plus mal que vous ne pouviez faire à Nice en temps de guerre, et avec encore plus de difficultés. Puisse l'ingéniosité de John Strachey conduire rapidement l'Angleterre vers un peu d'aisance! et puissiez-vous traverser cette période de pénible resserrement sans trop en pâtir! Je commence à croire que Simon, au Verdi, est plus favorisé que vous — et suis presque confus de manquer ici de si peu de choses... je parle de la vie matérielle, car pour le reste la solitude m'est assez dure à supporter, surtout depuis que Roger a quitté Paris. Mais je suis trop affairé, trop harcelé par maintes menues petites besognes, pour trouver le temps d'être triste; au surplus vous savez que la mélancolie

n'est pas mon fort. N'empêche que je pense à vous bien souvent, et au temps où nous pourrons nous rejoindre... et où nous ne trouverons rien à nous dire!...

. . . .   23 juil.

 Interrompu, hier. Sollicitations incessantes; de quoi devenir fou. Ce matin, je dois luncher chez les Heurgon, avec J. Schlum. et A. Maurois de retour d'Amérique. Quelques mois plus tôt, il se serait fait écharper; mais il semble que les ressentiments se tempèrent. La violence haineuse d'Aragon le rend odieux à presque tous, et même à ceux de son parti (affaibli et déconsidéré de plus en plus). On commence à se rendre compte... Le temps me manque pour développer ma pensée. Juste celui de vous embrasser bien fort.

André Gide.

984. – ANDRÉ GIDE À DOROTHY BUSSY

25 juillet 46

Chère amie

 Vous ne vous êtes pas trompée : Si c'est à vous que je me hâtai d'adresser la préface au livre de Hogg, c'est bien que je souhaitais vous voir assumer le travail de la traduction. Votre lettre me dit que vous le souhaitez vous aussi : j'en suis ravi.

 Peut-être n'est-il pas nécessaire que j'écrive à ce sujet à John Hayward : je suis harcelé, le serai sans doute jusqu'à mon départ — et si énervé que j'ai du mal à écrire lisiblement.

 Place retenue dans l'avion du 5 Août, qui me déposerait à Nice avec Jean Lambert et la petite Isabelle. Je pense que Pierre Herbart aura pu venir à notre rencontre pour nous emmener tous trois à Cabris. Tâcherai d'embrasser Simon au passage. Heureux qu'il accepte d'être témoin pour le mariage!

     Vous embrasse en hâte

            André Gide.

Mes plus affectueux souvenirs-hommages à Hope Mirrlees. Vous écrivais hier mon inquiétude au sujet de votre alimentation; mais votre lettre de ce matin me rassure.

985. – DOROTHY BUSSY À ANDRÉ GIDE

          51 Gordon Square
          26 juillet 1946

Bien-aimé Gide,

deux lettres de vous auxquelles répondre et le texte de la préface au livre de Hogg dont accuser réception. Je vais dire à Shawe-Taylor que vous aimeriez me voir faire la traduction, et vous n'avez pas besoin d'écrire. Il suggère que je vous envoie les épreuves du *Poussin*, mais je ne crois pas que je vais le faire; je ne pense pas que vous puissiez rien y changer, même si vous le désiriez. Pour l'améliorer vraiment, il faudrait une ou deux heures de travail en commun tel que nous l'avons connu autrefois — mais de cela, il n'y a manifestement pas la moindre chance.

  Janie et moi, nous avons ri de vos soucis pour notre nourriture. Nous avons des *masses* de choses à manger! Les Anglais qui se plaignent ne savent pas ce que c'est d'être vraiment à court. Nous avons — tout le monde a — au moins 1/2 litre de lait chaque jour, du jambon, une bonne ration de beurre et de graisse, quantité de sucre, de la viande trois ou quatre fois par semaine, du poisson en quantité illimitée, de la confiture et du chocolat en abondance, du très bon thé, du café pas mauvais, des gâteaux secs, des pommes de terre, etc., etc., etc. Ce sont les journaux anti-travaillistes qui ont monté cette campagne scandaleuse sur la famine en Angleterre. Nous ne sommes pas très forts en cuisine, et « ces Messieurs », après un tour sur le continent, où ils ont mangé, dans les meilleurs restaurants de Paris, des produits du marché noir, reviennent et font la comparaison avec les repas préparés par leurs pauvres femmes harassées de tâches domestiques. Tout cela parce que le pain est rationné ! Et c'est d'ailleurs très bien. Si vous aviez vu les « ordures » — les poubelles remplies de pains entiers destinés aux cochons. Un horrible spectacle !

Sans aucun doute, le rationnement n'est pas encore très bien organisé par le cousin John et les boulangers sont furieux d'avoir à découper des « coupons » et à peser le pain, ce que nous avons tous dû faire pendant quatre ou cinq longues années. Non. Le fait est que tout le monde est maussade et fatigué, exaspéré par l'insupportable bureaucratie et la rareté réelle de tout, *sauf* la nourriture.

Janie a dû faire la queue pendant des heures ces derniers temps — pas pour la nourriture, mais pour les passeports, visas, permis, tickets, etc., et elle rentre épuisée d'avoir dû se battre avec d'innombrables fonctionnaires qui sont encore trop peu nombreux et ignorent leur travail, lequel paraît totalement inutile. Suffit ! (Mais là encore, il me semble que nous n'avons pas à nous plaindre, par comparaison avec la France et le continent. Nous avons de bons trains, confortables et ponctuels. Des distractions d'accès facile. Un bon service d'autobus et de taxis. Les Anglais n'ont pas le droit de se plaindre et je crois que la plupart en sont conscients.)

J'ai bien aimé ma semaine chez les Mirrlees. Je ne vais pas aimer autant mes trois semaines à la campagne avec les Dick Rendel — bien qu'ils soient tous très gentils et que Dick soit une très bonne compagnie, mais je crains qu'il ne soit pas là.

Je suis contente de penser que vous allez voir Simon. Janie aussi, j'espère. Je suis très heureuse aussi qu'il soit le

« témoin » de Catherine. J'espère que nous ferons la connaissance du jeune couple.

Vous allez former une belle « réunion de famille » (T. S. Eliot a écrit une pièce qui porte ce titre). J'espère avoir tous les détails — mais pas par vous, j'en ai peur. Simon n'est pas un très bon reporter, mais si Janie a le droit d'y être, elle me racontera tout.

Mon affection et mes vœux pour Catherine. Mon affection aussi pour la Petite Dame et Beth et mes amitiés à Pierre. Et quoi pour vous? Vous choisirez.

Votre
D.

986. – DOROTHY BUSSY À ANDRÉ GIDE

Owley
Wittersham
Kent
22 août 1946

Très cher Gide — Mon vieil ami

Je ne vous ai pas encore remercié pour votre *Thésée* que j'ai reçu voilà peut-être plusieurs semaines, juste avant que Janie parte pour Nice et que je m'installe ici [1].

Je l'ai d'abord lu très vite, comme d'habitude et, après une première lecture — et très souvent après beaucoup plus d'une, je n'ai pas compris du tout. Mais j'ai compris pourquoi vous n'avez pas voulu me proposer de le traduire. Vous avez eu tout à fait raison. Ce n'est pas que le ton (me semble-t-il) ou le langage soit trop masculin pour que je trouve les mots convenables — c'est l'esprit que je n'aime pas, ou plus probablement ne comprends pas.

---

1. Chez son neveu, le colonel Richard Rendel.

Je n'aime pas votre Thésée. Je ne souhaite pas que les générations futures apprennent et suivent ses leçons. C'est ainsi qu'Hitler aurait pu donner des conseils et écrire, si Hitler avait su écrire, ce qui fort heureusement n'était pas le cas.

Par un curieux hasard, je me suis trouvée dans des circonstances où il n'y avait pour moi absolument rien d'autre à faire que de relire l'*Immoraliste*. Il le fallait. Que c'est étrange! Je l'avais oublié, oublié combien c'est beau, que chaque phrase est une sorte de musique divine, un peu le genre de plaisir, je me figure, que vous avez en écoutant Mozart. L'enseignement? Que me fait l'enseignement? C'est la *délectation* que je veux. En même temps, dans les moments plus calmes, une part de nous souhaite encore comprendre. Et là, votre préface à une édition postérieure m'a un peu aidée. « Nul ne me sut gré de l'indignation qu'il ressentait contre mon héros; cette indignation, il semblait qu'on la ressentît malgré moi; de Michel elle débordait sur moi-même; pour un peu l'on voulait me confondre avec lui. »

Ainsi, je n'ai pas lieu de vous confondre avec Thésée — ni de croire que vous approuvez entièrement sa leçon. En fait, cela n'apparaît-il pas dans la terrible punition qui est la sienne, la destruction d'Hippolyte (dont il est seul responsable), la jeune génération pour laquelle il avait travaillé et combattu et peiné? A qui laisse-t-il son enseignement et son exemple? A un adolescent que cet enseignement même a détruit.

Mais quant à la misogynie de Thésée (et vous prétendez qu'il n'est *pas* misogyne!), je trouve très difficile de vous la pardonner et de ne pas vous en rendre responsable. Deux femmes seulement dans son univers — l'une, une raseuse insupportable parce qu'elle aime la poésie et mérite bien entendu d'être abandonnée, l'autre, dont le seul attrait est de se balancer de façon indécente, n'a d'autres qualités que les appétits hérités d'une famille particulièrement portée à la luxure. On aurait pu croire qu'Œdipe vous donnerait, sinon à Thésée, l'occasion de mentionner une exception à cette vue générale sur la race féminine. Mais non! Le seul fruit de son inceste n'a été que deux horribles fils. Il oublie qu'il a jamais eu une fille !

Cher Gide, cela ne va pas. Vous ne bâtirez jamais un monde nouveau en effaçant simplement la plus grande part de l'humanité. Essayez au moins d'en tirer parti.

Mais, après tout, ce sont peut-être là les leçons que vous souhaitez transmettre aux générations à venir, et c'est seulement ma perversité qui vous interprète à faux. Je n'ai pas vu un seul article sur *Thésée*. J'aimerais bien. Ni parlé avec une seule personne qui l'ait lu — pas même Janie. Mes remarques ne sont influencées par personne.

Votre toujours la même

D. B.

P.S. Une autre lettre bientôt. Il fallait que je me libère de ce que j'avais sur le cœur.

987. — ANDRÉ GIDE À DOROTHY BUSSY

c/o *Ides et Calendes* 2 Sept. 46
11 S^{nt} Nicolas
Neuchâtel [1]
Suisse

Bien chère amie

J'ai tant tardé... je crains que l'adresse que vous me donniez dans le Kent ne soit plus valable. Sans doute aurez-vous eu quelques nouvelles de mon passage à Cabris et Nice par votre sœur ou par Janie. Mais depuis !.. J'ai emmené au

---

1. Une édition de *Jeunesse* avait été publiée par Ides et Calendes en 1945. A partir de 1947, nombre des livres de Gide, y compris les huit volumes du *Théâtre complet*, porteront la marque de cet éditeur de Neuchâtel.

Tyrol une rage de dents, avec phlegmon abrutissant. Heureusement Pierre Herbart m'accompagnait et jouait la nurse; l'ai quitté à Zurich, lui, rentrant à Paris, moi obliquant sur Lausanne. Ai pris froid dans le train, d'où reprise de catarrhe. Bref : suis encore assez mal en train, et le moindre billet me coûte encore un tel effort que je vous prie de voir une fameuse preuve d'amitié dans cette lettre, si morne soit-elle. J'ai échoué à Neuchâtel chez un éditeur-ami[1], qui m'enveloppe de prévenances et me maintient la tête hors de l'eau — tout juste — dans un état voisin de l'imbécillité, du non-être. Incapable de travailler, de lire, de m'intéresser à rien; mais tout de même très fort votre ami

André Gide.

Sans doute serai-je rappelé à Paris vers le 15. N'est-ce pas à peu près le moment où vous regagneriez Nice?..

988. — DOROTHY BUSSY À ANDRÉ GIDE

51 Gordon Square
8 septembre 1946

Très cher, bien-aimé Gide,

il faut accumuler les mots tendres, parce que votre dernière lettre était si sombre et la mienne si horrible. La vôtre, du 2 septembre, de Neuchâtel, m'est parvenue à Londres le 5. Nous sommes à présent plus ou moins tous réunis au Gordon Square et pour moi je suis très heureuse d'être de retour. C'est étonnant à quel point je trouve ma propre famille plus amusante que les autres gens. J'espère que vous êtes guéri de votre rhume. Le temps ici a été affreux — la

---

1. Richard Heyd.

moisson ruinée, la récolte de fruits consternante. Tout le monde broie du noir à la campagne. Tous ceux qui peuvent se précipitent à Paris, où le bruit court que tout est gai, la politique oubliée et la nourriture divine!

Cher Gide, quel ennui que vous ayez ces rhumes, et à présent ces maux de dents par-dessus le marché. Mais je suis contente d'apprendre qu'« Ides et Calendes », qui que cela puisse être, s'occupe de vous avec gentillesse.

Pippa et Janie m'ont fait un récit très amusant du mariage de Cabris, qui a évidemment eu son côté humoristique — la mariée pleine d'entrain, et le marié a beaucoup plu à Janie.

J'ai été punie de mes méchants sentiments au sujet de *Thésée*. Qu'est-ce que vous croyez? Janie l'a emporté et l'a *perdu* en cours de route. Je n'aurai jamais un autre exemplaire, ni ne pourrai revenir sur mes impressions après une autre lecture qui aurait pu être plus compréhensive.

J'ai essayé de penser à une traduction pour « passer outre » — terriblement difficile. La seule chose qui me vienne à l'esprit est : « Stop at nothing ». Qu'en pensez-vous?

Je ne rentre pas à Nice le 15 septembre, mais le *15 octobre*. Je rêve que vous passerez au moins une petite part de l'hiver prochain dans nos parages. Ce matin, une longue lettre de Roger — pleine de choses — pas très gaie.

Votre affectionnée

D. B.

(De la main de Gide, en tête de cette lettre : V. lettre précédente dossier Thésée.)

[D.B. à A.G. 9 septembre 1946

Elle lui pose des questions concernant la traduction de la préface au livre de James Hogg.]

989. — ANDRÉ GIDE À DOROTHY BUSSY

17 Sept. 46

Chère amie

Je m'apprêtais à vous écrire au sujet de votre traduction, répondant à votre questionnaire [1] — mais remets à demain. Une dépêche de Mme Mayrisch nous annonce à l'instant la mort de Groet — (cancer au poumon). On l'avait transporté au début de ce mois à une clinique de Luxembourg où la pauvre Alix doit se trouver terriblement désemparée. Nous lui envoyons lettres et dépêches — « Clinique Sainte Élisabeth — Luxembourg, Grand Duché de L. » Un mot de vous serait le bienvenu : elle a grand besoin de sentir l'affection de ses amis.

En hâte — et à bientôt une autre lettre.

Votre
André Gide.

990. — DOROTHY BUSSY À ANDRÉ GIDE

51 Gordon Square
20 septembre 1946

Très cher Gide,

la triste nouvelle que vous m'apprenez au sujet de Groet me fait beaucoup de peine. C'était un charmeur. Oui, et beau-

---

[1]. Le livre de James Hogg, *The Private Memoirs and Confessions of a Justified Sinner;* with introduction by André Gide, sera publié en 1947. (London, Gresset Press.)

coup plus que cela, je sais. Je vais écrire à Alix, bien qu'elle n'ait pas été vraiment une de mes amies intimes et que cela m'intimide toujours d'écrire aux gens dans de telles circonstances.
Inutile que vous fassiez quoi que ce soit pour la préface du Hogg. Je crois que tout a été réglé de la façon la plus compétente par John Hayward — un garçon très sympathique et très cultivé.

. . .[Elle s'étonne que ni Y. Davet ni G. Gallimard n'aient répondu à ses lettres]. . . . .

Votre *Thésée* est arrivé à Londres et j'ai entendu des commentaires élogieux. Rien dans les journaux jusqu'à présent. J'aimerais beaucoup savoir ce que les critiques parisiens en disent.
Nous préparons sérieusement notre voyage. Je me demande si vous serez à Paris. Grands dieux, quel temps! Mais Simon écrit qu'à Nice il fait glorieusement beau.
Adieu, le plus cher des amis.

Votre
D.

991. — ANDRÉ GIDE À DOROTHY BUSSY

23 Sept. 46

Bien chère amie

J'allais répondre aux diverses questions posées par vous au sujet de ma préface au livre de Hogg — mais voici votre bonne lettre du 20 Sept. qui me dit que les renseignements demandés deviennent inutiles, grâce à la gentille érudition de John Hayward (que vous remercierez chaleureusement de ma part) et je lui en sais grand gré, car je n'aurais pu vous satisfaire sans de difficiles recherches... et, depuis mon

retour, je suis (de nouveau) suroccupé. Je vous redis ceci, pour vous rassurer : j'ai fait remettre des serrures aux tiroirs et armoires dont les clefs s'étaient perdues et que j'avais dû faire crocheter comme un auto-cambrioleur. *Toutes* vos lettres sont aussitôt mises à l'abri de n'importe quel regard indiscret. N'ayez *aucune crainte* à ce sujet.
Mme D. s'assagit et travaille à merveille. *N'a pas* reçu la lettre de vous dont vous me parlez, et s'en désole. Où l'aviez-vous adressée?? Elle va vous écrire à ce sujet. Je vais aviser au sujet de Gallimard... Vous récrirai.
En hâte, mais très votre

André Gide.

Hier lettre de p.p. Gresset Press et « reçu » à renvoyer, d'une somme, qui ne m'est pas encore parvenue. (40 guineas, au lieu de 60 — réduction répondant à celle de mon texte, ainsi que je les invitais à faire). Je leur écris de vous verser, à vous, la dite somme; nous nous arrangerons ensuite — mais je voudrais d'abord savoir combien l'on vous a offert pour votre traduction...

P.S. Été à la N.R.F.. Si monté que l'on puisse être contre Gallimard, impossible de résister à sa gentillesse, sa courtoisie, le désir évidemment sincère d'être agréable à un ami d'ami (et je mets en avant, pour vous, aussi bien Schlumberger et Roger M. du G. que moi même), son zèle manifeste.

Votre manuscrit (ou du moins la copie) attendait le retour de Queneau, qui s'occupe particulièrement de votre livre et doit rentrer à Paris demain. Aucune lettre de vous n'aurait été reçue. Nous avons longuement parlé de *l'aspect* particulier à donner à votre livre : je conseille une apparence de beau *« livre de classe »* tout cartonné (à la manière des classiques) (v. Virgile). Les Gallimard ont l'idée, que je crois excellente, d'en confier l'impression à notre imprimeur de Bruges, Verbecke, pour faciliter ensuite les envois à la fois en Angleterre et en France. De plus, là-bas, en Belgique,

les protes savent l'anglais et risqueront moins de misprints [1].
J'ai approuvé.

A la dernière minute, je suis avisé de l'envoi des guineas à telle banque, où Mme Davet ira demain matin les toucher. Tout ce que j'en disais dans ma lettre n'a donc plus raison d'être; mais je ne recommence pas celle-ci. Tant pis.

Bien votre

A. G.

[D. B. à A. G. 28 septembre 1946

Elle aimerait voir G. Gallimard à son passage à Paris. Elle espère que Gide sera très gentil, « malgré les lettres odieuses » qu'elle lui a écrites.]

992. – DOROTHY BUSSY À ANDRÉ GIDE

40 rue Verdi
25 octobre 1946

Très cher Gide,

mon « Collins » (connaissez-vous assez bien votre *Pride and Prejudice* pour savoir ce que signifie ce mot, qui est devenu un nom commun?) vient bien tard [2]. Le fait est qu'après notre voyage, plus confortable et plus facile qu'aucun que j'aie jamais fait, je me suis sentie plus fatiguée que je ne m'étais jamais sentie – et je suis encore loin d'être dé-fatiguée. Je crois que ce sont les émotions qui m'ont épuisée. Ces temps-ci, toute séparation a tendance à être une torture, toute réunion me bouleverse le cœur. J'en ai eu un certain nombre ces derniers temps.

1. « Fautes d'impression. »
2. Une lettre de remerciements. Mr. Collins est le jeune pasteur obséquieux du roman de Jane Austen.

Vous avez été très bon pour moi à Paris [1] et m'avez laissé le sentiment que — non, non, je ne peux pas continuer cette phrase. Mais j'ai la terrible habitude de me parler très souvent à moi-même par le moyen de citations poétiques. Ce sont les mots d'Othello qui me sont venus tout à coup : « If it were now to die, 't' were now to be most happy [2]! » Ni lui, ni moi n'aurons eu pareille chance. Mais c'est peut-être ce que vous souhaitiez — que, lorsque viendra l'ultime moment inévitable — si vite à présent — aucun de nous n'ait beaucoup à regretter dans cette étrange amitié confuse qui a été la nôtre.

Cher Gide, ne regrettez pas votre gentillesse. Ne la désavouez pas. Personne n'en saura jamais rien. Je ne m'y méprendrai pas — et pourtant, pourtant vous ne pouvez pas m'accuser de l'avoir extorquée.

Votre
D.

993. — DOROTHY BUSSY À ANDRÉ GIDE

40 rue Verdi
29 octobre 1946

Très cher Gide,

juste un mot pour vous dire que je suis sortie de mon état d'« euphorie » sans plus de raison, je suppose, que j'y étais entrée. L'atmosphère de Nice est trop accablante, en dépit du soleil. Je me retrouve plongée dans ces affreuses années de guerre; chaque pas, chaque regard, chaque objet me rappelle ce temps hideux — solitude, crainte, horreur. Vous,

---

1. Les deux dames Bussy ont passé cinq jours au Vaneau (du 15 au 20 octobre).
2. « Mourir en ce moment, ce serait mourir au comble du bonheur. »

mon meilleur ami, absent, ou pire encore — loin de moi. Je sais que vous n'en avez pas conscience et que vous le nieriez — ce qui, bien entendu, rendrait la chose encore pire. Mais c'était évident, clair comme le jour pour n'importe qui — trop occupé de vos espoirs et de vos déceptions privés pour vous soucier des amis ordinaires. Ç'a été mieux quand vous étiez en Tunisie. Mais alors est arrivé le cauchemar de l'occupation, la crainte accrue, la famine accrue, le désespoir accru. Et nous étions, sans aucun doute, les moins dignes de pitié dans toute cette affaire. Mais je ne peux pas l'oublier, comme j'ai fait plus ou moins en Angleterre. Mes frères et sœurs me manquent beaucoup, et mes amis, et les conversations intelligentes, et la vie, malgré tout, dans les rues, et les activités respectables autour de moi. Il n'y a rien de tout cela ici. Nice est une horrible ville. Et le pire, c'est que Janie pense de même, je le sais. Sa jeunesse — le peu qu'il en reste — et ses talents complètement gâchés.

Simon, bien sûr, est, je crois, plus ou moins heureux; il peint avec plus d'ardeur que jamais, sans personne pour regarder son travail ou y prendre le plus petit intérêt — ni le moindre espoir que personne le fera jamais.

Allons, la seule chose à faire pour moi est de donner des leçons d'anglais à trois gentilles petites filles qui sont tout à fait incapables de rien comprendre à ce que je pourrais leur enseigner (un autre gaspillage!).

Cette lettre s'appelle « a grouse [1] » en argot anglais.

Je vous prie de transmettre mon meilleur souvenir à Mme Davet et de lui dire que le cake et les bonbons étaient délicieux, et de la remercier encore pour moi et Janie.

Non, cher Gide, je ne me sens pas du tout loin de vous à présent et vous devez prendre cette lettre maussade comme une preuve que je nous sens de vrais amis, maintenant et pour toujours.

Votre
D. B.

---

1. Du verbe *to grouse* : ronchonner, grogner.

994. – ANDRÉ GIDE À DOROTHY BUSSY

1er Novembre 46

Bien chère amie

Je ne sais pas quelle oasis d'amitié nous attend par delà, mais les mois d'hiver vont être durs à traverser; votre bonne et triste lettre d'hier suffisait, hélas! à m'en convaincre. Et j'avais cette naïveté de me réjouir de votre retour à Nice! J'espère du moins que l'ami Roger va bientôt vous y rejoindre; et vous pourrez condoléer de conserve... Ici, les occupations et préoccupations de toutes sortes chassent l'ennui. La fidèle Marguerite a quitté (pas définitivement j'espère) la Petite Dame la semaine dernière; et je la sens soudain bien vieille et diminuée. Elle se dit trop fatiguée pour aller prendre ses repas au restaurant, et trouve le moyen de se nourrir de je ne sais trop quoi, très insuffisamment je le crains. Chaque matin je lui allume son feu, près duquel elle se cramponne. J'ai projeté de l'emmener pour une semaine à Bruxelles; nous partirions tous deux le 4 ou le 5. J'emporterai du travail pour ne point crever d'ennui à l'hôtel [1] et reviendrai pour m'occuper avec Barrault de la mise en scène du *Procès*.

Vous n'étiez pas plus tôt partie que je voulais vous écrire pour vous redire ce que j'avais si mal su exprimer dans notre dernier entretien : je crois que vous vous êtes mal rendu compte, modeste comme vous êtes et comme je vous aime, de ce que vous avez été pour moi — toujours, et de plus en plus. Cramponnez-vous, en dépit des ennuis (de l'ennui), des dégoûts, des tristesses — pour l'amour de votre fidèle ami

André Gide.

---

1. Ce fut plutôt un séjour de « paresse délicieuse ». Pour le récit de ce voyage amusant et réussi, où ils étaient « comme deux enfants en vacances », voir les *Cahiers de la Petite Dame*, IV, pp. 49-51. A juger par la lettre suivante, Gide ne partageait pas son plaisir.

995. — ANDRÉ GIDE À DOROTHY BUSSY

Bruxelles — 9 Nov. 46

Bien chère amie

Ici nous avons trouvé le froid, le brouillard. Il fait lugubre, et je reste hanté par les plaintes de votre dernière lettre. Oui, ces mois d'hiver vont être pénibles, durs à franchir... et au moment de quitter Paris, avant-hier, de mauvaises nouvelles de vous transmises par Roger [1]... Aussitôt, nous nous sommes mis en quête de ce remède, introuvable à Nice et que vous réclamiez. Vous avez dû le recevoir deux fois, de la part de Jean Schlumberger, et d'Yvonne de Lestrange, également alertés. Est-ce bien cela que vous désiriez? Puissent ces mystérieuses dragées être d'un effet salutaire! et immédiat...
Sitôt loin de Paris et de son excitation constante (et exténuante) je sens s'abattre sur moi une effroyable accumulation de fatigue. Je pensais m'acquitter ici de beaucoup d'arriéré; mais je roule dans la torpeur, sans plus de curiosité pour rien, à peu près incapable d'effort. Je me dis que de nos deux déficiences conjuguées on ferait encore un peu de vertu — et je me désole de vous sentir si loin... Rarement je me suis senti si privé par votre absence. Ah! puissiez-vous du moins dans cet aveu, puiser un peu de réconfort! et me sentir, plus profondément que jamais, votre ami

André Gide.

Mme Théo, à Bruxelles, se sent comme un poisson dans l'eau; toute rajeunie — c'est merveille.
Nous rentrons au Vaneau le 14.

1. D. Bussy souffrait de vertiges inquiétants.

[D. B. à A. G. 12 novembre 1946

Elle a consulté un cardiologue : son cœur est en parfait état.]

[D. B. à A. G. 18 novembre 1946

Désoccupée, flottante, incapable de s'accrocher à une lecture, elle voudrait avoir un travail d'érudition, ne devoir consulter que dictionnaires et ouvrages de référence.]

996. — DOROTHY BUSSY À ANDRÉ GIDE

[26 novembre 1946]

Très cher Gide,

je dois vous dire que certains des symptômes dont je souffrais la dernière fois que je vous ai écrit ont fini par disparaître ou se sont beaucoup atténués. Je range au nombre des premiers ma somnolence, dont j'ai découvert qu'elle devait être due à un médicament recommandé par le Dr. Augier, à savoir du « papaver ».

Nor poppy, nor mandragora,
Nor all the drowsy syrups of the East
Shall ever med'cine thee to that sweet sleep
Which thou ow'dst yesterday [1].

---

1. « Ni pavot, ni mandragore, / Ni tous les sirops endormeurs de l'Orient / Ne t'apporteront jamais le doux sommeil / Que tu connus hier. » (Shakespeare, *Othello*, III, 3.)

[NOVEMBRE 1946]

Ces vers (je ne sais pas pourquoi, car je dors très bien d'habitude) ont toujours chanté à mon oreille. Pure musique, je pense. A présent, en tout cas, je ne dors plus toute la journée et toute la nuit. Mes vertiges aussi ont disparu, grâce à la gentillesse de mes amis qui m'ont inondée de flacons de carditone, que je ne pouvais trouver à Nice. Vous ai-je remerciée pour votre contribution, qui a surtout été, je suppose, celle de la petite Davet? Je ne peux me rappeler. A tel point vos bienfaits me semblent naturels, trop naturels pour qu'on y prête attention. Pourtant, je me rappelle que ce n'est pas à vous que j'ai fait appel, mais à Roger. Et ma récompense a été que votre offrande arrive la première.

Nous avons appris d'une façon assez bizarre votre petite célébration à la radio, le 22 novembre [1]. Vous auriez pu nous donner une chance d'écouter. Il se trouve qu'aucun de nos amis d'ici ne l'a entendue, sauf la fidèle bonne de Louis G.-V. qui est tombée dessus par hasard pendant que son maître était occupé avec un ami, mais elle lui a tout raconté, elle a mentionné Monsieur Gide et plusieurs de ses amis et a dit que c'était Monsieur Martin du Gard qui avait, de loin, le mieux parlé! J'ai pensé à vous ce jour-là et me suis souvenue que, voilà sept ans, vous aviez passé votre anniversaire avec nous.

J'ai eu récemment une lettre d'Enid McLeod qui me dit que c'est sur son intervention (je suppose appuyée par d'autres) que le British Council a demandé à l'Office du Livre d'accorder une attribution spéciale de papier à Gallimard pour mes *Nursery Rhymes*. Le saviez-vous? G. n'y a jamais fait allusion.

Je vous imagine à présent occupé avec les répétitions du *Procès;* vous êtes certainement tous encouragés par le succès de l'*Hamlet* de Barrault, dont j'entends dire de tous côtés qu'il a été prodigieux.

Comment supportez-vous le froid à Paris? Et les coupures d'électricité? Je frémis d'y penser. Notre chauffage central fonctionne, mais surtout les jours où le soleil est brûlant,

---

1. La radio avait diffusé un hommage à Gide pour son soixante-dix-septième anniversaire.

comme nous en avons eu plusieurs ces derniers temps. Le
Dieu qui gouverne notre chauffage est aussi capricieux que
le Tout-Puissant en personne, aussi illogique que n'importe
quelle femelle, même votre pauvre vieille négresse Chacha.
(Savait-elle même ce que signifie le mot « infusion »?) Mais
dites à la Petite Dame que si sa Marguerite n'est pas revenue,
et si elle a trop froid, il y a le chauffage central dans les hôtels
de Nice — en tout cas celui que Simon a découvert près de
chez nous et où je crois que vous avez déjeuné avec lui cet été.

J'ai été très intéressée par vos remarques sur *Penthésilée*
dans *l'Arche* de ce mois [1]. Je ne me trompais donc pas tellement quand j'étais si impressionnée. Vos réserves montrent
la réaction de l'esprit classique et de la tradition. Ces passages paraissent moins grotesques à un esprit formé à l'école
élisabéthaine. Je ne me rappelle pas leur contenu, mais un
pareil mélange du familier et du tragique ne nous choque
pas immédiatement.

Cher Gide, ce qu'il y a de pire quand on vous écrit, c'est
qu'il ne semble jamais y avoir de raison particulière pour
s'arrêter. Sauf en me disant que vous êtes trop occupé pour
écouter éternellement.

Votre
D. B.

997. — ANDRÉ GIDE À DOROTHY BUSSY

27 Nov. 46

Bien chère amie

Tout de même votre lettre d'hier me paraît d'un ton moins
lugubre; ce qui me réconforte un peu. Les Roger M. du G.

---

[1]. C'est dans le numéro d'octobre qu'ont paru les « Pages de Journal »
dont il est question. Elles ont été reprises dans le *Journal 1939-1949*,
Pléiade, pp. 137-154.

vont bientôt regagner Nice, et leur présence va meubler un peu votre ciel « désastré » (j'ai inventé ce mot merveilleux; dicté par les circonstances). Tout à fait entre nous, ceci : Roger se plaint affectueusement que, à Nice, il ne parvienne jamais à vous voir *seule;* et, si grand que soit son plaisir de causer aussi avec Simon et Janie, ce n'est pas tout à fait la même chose... « A chaque rencontre, je suis resté sur ma soif. Je sens que je pourrais causer avec Dorothy plus intimement que je ne puis faire en compagnie — mais je ne puis décemment le lui dire. » Alors, indirectement, et à son insu, je transmets.

Et vous devriez bien me dire, après informations prises, quelles seraient les conditions de pension à cet hôtel (chauffé!) dont vous me parlez et dont j'ai gardé si bon souvenir (c'est bien là où j'ai déjeuné, avec Pipa et vous trois?) ... En attendant je me cramponne à Paris, où vont me retenir encore plus d'un mois, je suppose, les répétitions du *Procès* (pas encore commencées)

29 Nov —

Cette lettre traîne sur ma table (couverte à l'abri des regards indiscrets); sans cesse dérangé. Mieux vaut vous l'envoyer sans plus attendre, si inachevée qu'elle soit. Votre

A. G.

Oui, c'est Amrouche[1] qui avait organisé cette petite « émission » radiophonique en mon honneur. Je n'ai été avisé qu'ensuite, et ai consenti à lire quelques phrases de la fin de *Thésée.* Avaient accepté de parler : Malraux, Schlumberger, Paulhan, Camus... et même, exceptionnellement, l'ami Roger.

---

1. Jean Amrouche, l'un des fondateurs de *L'Arche.*

998. – DOROTHY BUSSY À ANDRÉ GIDE

1er décembre 1946

Très cher Gide,

quel plaisir de recevoir une lettre de vous ce matin ! Cela me fait renaître, de voir que vous vous intéressez aux « prix de pension » du petit hôtel où vous avez déjeuné l'an dernier avec Pippa (voir *Pippa Passes* pour l'orthographe [1]), mais *pas* avec nous « trois ». Hélas, car j'étais alors à Londres et c'est une terrible gaffe de votre part, de croire que j'étais là ! Cela me rappelle que, moi aussi, je trouve très pénible de ne jamais voir Roger tête-à-tête. J'aurais dû faire quelque chose à ce sujet, mais n'étais pas certaine qu'il pensait de même. A présent, je vais faire pour lui ce que je ne rêverais jamais de faire avec vous, l'inviter simplement à faire une promenade avec moi ou à nous asseoir sur la Promenade des Anglais et regarder passer les Niçois !

Il m'est venu une idée qui sera très probablement impossible. Croyez-vous que vous pourriez m'autoriser à traduire votre *Procès ?* Il me semble très vraisemblable qu'un théâtre anglais désire le monter. Et si le traducteur recevait un mince pourcentage, je pourrais faire une fortune ! Qu'en pensez-vous ? Je sais, bien entendu, que j'aurais à affronter une énorme et puissante corporation d'intérêts. Mais je pourrais peut-être mettre Saint-Denis de mon côté [2] ? Il est très puissant à Londres en ce moment. Il est venu nous voir l'hiver dernier et s'est montré très agréable. En ce temps-là, il s'ap-

1. Poème dramatique de Browning (1841).
2. Michel Saint-Denis (1897-1971), le neveu et (de 1920 à 1923) le secrétaire de Jacques Copeau, s'installe à Londres en 1936 après la fermeture de la Compagnie des Quinze, met en scène *Macbeth* (1937), puis *Les Trois sœurs* de Tchekhov (1938), fonde le London Theatre Studio, dirige la Old Vic Theatre School et la Royal Shakespeare Company.

pelait Jacques Duchêne. Tout cela n'est sans doute qu'un simple rêve, mais même si ce n'était jamais monté sur une scène anglaise, cela m'amuserait beaucoup à traduire, et je crois que cela aurait du succès en anglais, car Kafka fait fureur en ce moment (sans parler de Monsieur Gide).

Vous ai-je dit que la malheureuse dame qui avait loué La Souco est morte la veille du jour où elle pensait en prendre possession ? Elle avait tout remis en état magnifiquement et réparé les dégâts des Malraux (ou plutôt de leurs gardiens). Sa location est résiliée et La Souco est de nouveau « à louer non meublée », mais très confortable, avec le courant force, des radiateurs, etc. Nous avions pratiquement compté la louer à des amis anglais, ce qui aurait été très agréable. Les Bell, Duncan et Clive[1] auraient été de la partie. Mais cela ne s'est pas fait, à notre grande déception.

 . . . .[Une vingtaine de lignes donnant des renseignements sur l'hôtel]. . . . .

Adieu, cher ami. Quel plaisir ce serait si vous descendiez à l'hôtel Côte d'Azur. Mais je ne veux pas me permettre d'y penser.

Comme j'aimerais voir la « générale » du *Procès !* *Hamlet*, la pièce (en dépit de mes critiques pointilleuses) et toute cette soirée m'ont énormément plu.

Votre
D. B.

[De la main de Gide, mais apparemment sans rapport avec cette lettre : Cessi; et sublato montes genitore petivi[2].]

---

1. Vanessa et Clive Bell, et Duncan Grant.
2. « Je m'acheminai; et, ayant chargé mon père sur mes épaules, je gagnai les montagnes. » (*Énéide*, II, 804.)

999. — DOROTHY BUSSY À ANDRÉ GIDE

40 rue Verdi
18 décembre 1946

Très cher Gide,

je n'ai rien de particulier à dire, seulement l'envie de vous écrire au lieu de repriser des bas, ce qui devrait être ma tâche la plus immédiate.

J'ai jeté un coup d'œil dans *Ulysses* (celui de Joyce) pour voir ce qu'il dit d'*Hamlet;* c'est aussi incompréhensible et torturant que d'habitude. Entre autres choses, Stephen ou quelqu'un d'autre dit que Mallarmé a écrit un livre d'essais en prose, dont un sur *Hamlet* (ne confond-il pas avec Laforgue?) où il raconte qu'il a vu un jour, dans une ville au fond de la province française, une affiche annonçant :

HAMLET
Le Distrait
(pièce par Shakespeare)

Oui, dit Stephen, le mendiant distrait (une citation de Kipling, alors à la mode). *Le Distrait* — cela me semble une admirable épithète pour Hamlet, pour cette part fondamentale de lui (et de tous les contemplatifs) que Barrault ne nous a jamais montrée — Barrault, toujours au plus haut de sa courbe.

Je suis au milieu d'une autre querelle avec Gallimard. Mais inutile de vous ennuyer avec ça. Mes épreuves ne sont pas encore arrivées (ce n'est pas l'objet de la querelle), mais j'aimerais vous demander encore votre avis sur le titre de

Fifty Nursery Rhymes qui, selon Janie, peut faire croire aux gens qu'il s'agit d'un livre pour enfants, alors que ceux que je veux attirer sont des étudiants sérieux et, si possible, des professeurs d'université comme M. Lalou. Que pensez-vous de :

English Usage
for
French Students
a commentary based on 50 (or : a few?)
Nursery Rhymes

A propos de M. Lalou, j'avais l'idée d'un livre, mais il m'a devancée. Un livre de lectures anglaises pour les lycées. J'ai trois petites élèves qui vont au Lycée de Nice et m'ont montré leurs livres. Certes, le livre de lectures qu'elles avaient pendant la guerre était déplorable. A présent, elles en ont un nouveau (1946) édité, choisi par Lalou et quelqu'un d'autre. Tout ce que je peux en dire, c'est que je pense vraiment que le mien aurait été beaucoup mieux. Son idée est d'être moderne. Très bien — tout à fait d'accord. Non qu'il exclue les générations plus anciennes (je suis entièrement d'accord là aussi), sauf Shakespeare et Milton, qui sont sévèrement bannis. Comme si les enfants ne devaient pas apprendre que Shakespeare et Milton ne sont pas « inabordables ». Etc. etc. Mais ne répétez pas cela à Lalou. Je ne me suis pas bien entendue avec lui à Pontigny. Et je suppose que son influence dans les milieux universitaires peut faire le succès ou l'échec d'un ouvrage scolaire.

Il y a un nouveau portrait de vous au mur de notre salon. Tout le monde dit qu'il est très ressemblant et on paraît l'aimer. Je ne sais pas si je l'aime. Mais je suis difficile. Cela me rappelle que, parcourant un vieux carnet l'autre jour, j'ai trouvé quelques vers griffonnés, datant de 1942, que je recopie pour votre amusement.

J'ai peur que vous et la Petite Dame ne souffriez terriblement du froid. Nous avons froid même ici. Je suis sûre que le temps est venu pour vous d'émigrer. Mais où? Je ne peux

m'empêcher d'espérer que ce ne sera pas c/o le Pandit Nehru [1].
Pas de nouvelles de Roger.
    Affection de tous.

                              Votre
                                  D.

To me, stretched on the rack of fear and hate,
Through the dark clouds of separating fate,
Like chloroform, bringing a moment's grace,
There came the sudden wonder of your face.

Ah! there! beside me, tender and severe,
As last I saw it, distant at once and near,
Unhoped, unprayed for, merciful, benign,
Did your heart send it then to comfort mine[2]*?*

                                    1942

1000. – ANDRÉ GIDE À DOROTHY BUSSY

                                22 Déc. 46

    Bien chère amie

Il est déjà tard et je suis fatigué; mais je remets de jour en jour sans trouver un instant pour vous écrire; de sorte

---

1. Il s'agit apparemment d'une invitation de Nehru, que Gide a connu, mais impossible de vérifier.
2. « Moi qui suis torturée par la crainte et la haine,
   A travers les sombres nuées du destin qui nous sépare,
   Comme le chloroforme, apportant la grâce d'un moment,
   Le miracle soudain de votre visage m'est apparu.

   Ah! Là! Tout près de moi, tendre et sévère,
   Tel je le vis le dernier jour, distant et proche à la fois,
   Inespéré, non imploré, clément et doux,
   Votre cœur l'envoie-t-il pour consoler le mien? »

que je ne cesse guère de penser à vous. Chaque journée, dès 9 heures et plus tôt parfois, commence un hourvari sans nom, interrompu seulement par le déjeuner que je dois aller prendre au restaurant, puis par l'indispensable sieste. Et avant neuf heures, allumage des feux (car la Petite Dame est toujours sans bonne), préparation du breakfast et petite tentative de travail avant l'arrivée de Davet. Elle prend note des lettres envoyées; de six à 10 par jour, (et je ne réponds pas à toutes — loin de là!), la plupart des refus : trop occupé, fatigué, ne parviens pas à suffire, etc. (Je ferai partir celle-ci derrière son dos!) Et puis les visites!! Impossible de toujours se refuser; mais 4 sur 5 des admis sont des gens que je n'ai aucun plaisir à voir. Alors que reste-t-il pour les amis? pour le vrai travail productif?... Et quand le soir vient, je n'en peux plus; n'aspire plus qu'au sommeil.

Il fait un froid *cruel;* hier et aujourd'hui, moins de 10 sous zéro. J'admire mon endurance; mais tout de même aspire au soleil, ou tout au moins aux pièces chauffées.

Voici votre bonne lettre du 18. Les vers de 1942 que vous me transcrivez me vont au cœur.

Oui, le second titre que vous proposez me paraît bien plus satisfaisant que *Fifty Nursery Rhymes* — lequel prête à méprise [1].

Je ne sors presque plus du tout (que pour aller déjeuner) mais pourtant irai relancer Gallimard prochainement et tâcherai de savoir où en est la composition de votre livre.

Ah! je suis trop fatigué pour continuer — mais pas pour vous embrasser bien fort —

    Votre jamais « distrait »

André Gide.

Mortimer m'a écrit au sujet de l'interprétation de *Hamlet* une lettre si intelligente (et si louangeuse pour Barrault), que je l'ai fait dactylographier pour la communiquer à celui-ci.

---

1. Pourtant le titre de *Fifty Nursery Rhymes* resta, avec le sous-titre : « with a commentary on English usage for French students ».

1001. — ANDRÉ GIDE À DOROTHY BUSSY

Paris le 27 Décembre 46

Chère amie

Ayant pu passer à la N.R.F. ce matin, j'ai reçu confirmation par Gaston Gallimard que votre livre était « à la composition » chez Verbecke, notre excellent éditeur de Bruges, lequel est non seulement très consciencieux, mais a de plus ce grand avantage d'avoir l'habitude des textes anglais. J'ai beaucoup insisté pour que, tout d'abord, quelques specimens de composition vous soient soumis (trois ou quatre) afin que vous puissiez décider vous-même du choix des caractères, qui ne doivent pas être les mêmes pour les chansons citées et pour leur commentaire. Sur l'une des épreuves soumises vous pourrez et devrez indiquer : « c'est cela que je désire », ou : « caractères trop grands,... trop petits,... texte trop tassé »; enfin donnez toutes indications d'après lesquelles le volume sera composé.

Je crois que ce livre est sérieusement pris en considération par Gallimard, qui sait très bien combien il nous tient à cœur (je dis *nous*, car à chaque entrevue avec Gallimard, j'invoquais à la rescousse Roger Martin du Gard et Jean Schlumberger)

Mais de toutes manières armez-vous de patience car tout travail marche aujourd'hui avec une désespérante lenteur. L'important c'est qu'on s'y soit mis. Raymond Gallimard doit aller dans quelques jours en Belgique et pourra s'en assurer.

Ceci n'est qu'une business letter.
    A bientôt. Votre

A. G.

1002. — DOROTHY BUSSY À ANDRÉ GIDE

29 décembre [1946]

Très cher Gide,

. . . . .[Une quinzaine de lignes de peu d'intérêt]. . . . . .
La seule personne de cette ville à qui il soit vraiment possible de parler ou qu'on puisse même considérer comme un être humain (c'est le commentaire de Janie) est le Père Valensin. Il fait une série de quinze conférences sur Platon [1]. J'y vais de temps en temps. La dernière que j'ai entendue (attirée par le titre : « L'Atmosphère, les mœurs ») était un extraordinaire tour de force. Je ne sais quel autre nom lui donner. Je ne sais pas si vous l'auriez approuvée, mais votre plus féroce ennemi encore moins. Mais j'ai admiré cela énormément, un mélange de tact, de franchise et de charme... Jésuitique, peut-être?

Notre Souco n'est toujours pas louée, mais un locataire possible mord à l'hameçon, un beau-frère de Segonzac avec un nom anglais — West.

Cher Gide, n'est-il pas encore possible de dire *au revoir?*
Votre affectionnée

D.

P.S. Votre lettre dactylographiée vient d'arriver et je rouvre la mienne pour ajouter un P.S. et vous remercier de votre intervention auprès de Gallimard et de vos conseils au sujet des épreuves et des corrections. Je viens de recevoir une lettre de R.M.G. Je ne peux m'empêcher d'être un peu inquiète à son sujet.

1. Voir *Journal 1939-1949*, Pléiade, pp. 328-330.

1947

Gide à Genève. — Mort de Mme Mayrisch. — La Souco louée pour trois ans. — Préface pour Taha Hussein. — Répétitions du Procès. — Lettres à Gaston Bonheur. — Les Bussy invités par E. Pell en Amérique. — Édition des Nursery Rhymes. *— Ascona. — D. Bussy sur l'art de Simon (elle le compare à La Fontaine). — Gide à Ponte Tresa; écrit l'*Art Bitraire. *— Invitation à Oxford. — Complications multiples : acceptation, refus, acceptation. — D. Bussy sur* Et Nunc. *— Gide en Allemagne, chez les Delay et à Echarcon. — Répétitions du Procès. — Prix Nobel. — Renonce à se rendre à Stockholm. — D. Bussy traduit Malraux; sur son style; sur la traduction du* Journal *par Justin O'Brien.*

1003. — ANDRÉ GIDE À DOROTHY BUSSY

17 janv. 47

Chère amie

Je quitte donc Paris demain soir. Immense désir-besoin de repos — que j'espère trouver à Genève *Hôtel des Bergues*. J.-L. Barrault me donne jusqu'au 10 février. D'ici là il va s'occuper de la mise en scène compliquée; mais le texte est, à présent, bien établi et me semble satisfaisant. Dès mon retour à Paris les vraies répétitions (que je voudrais diriger) pourront commencer.

Longue conversation avec Gallimard, avant-hier. Les négligences, erreurs d'adresse etc. sont le fait de Queneau, qui, paraît-il, joue à présent un rôle important (semi-politique) et néglige d'autant les affaires de la N.R.F. Et, comme toujours, je suis sorti de cette conversation, tout retourné par G. G. — qui s'est montré confus, attentionné, désarmant de gentillesse et de bon vouloir; mais se plaignant amèrement du relâchement général de la conscience dans les services et les employés, qui vont jusqu'au sabotage et chantage pour faire valoir leurs « droits ».

Les exemplaires bleus de *Hamlet* sont restés en souffrance (ceci par ma faute); c'est seulement ce matin que je m'en aperçois et vous fais envoyer le 2e ex. sur lequel j'avais inscrit votre nom.

J'emporte à Genève beaucoup de travail (dont la préface à mon anthologie [1]) et doute fort de pouvoir bifurquer sur Nice.

Je vous embrasse tendrement — en hâte — votre

André Gide.

1004. — ANDRÉ GIDE À DOROTHY BUSSY

25 janv. 47

Chère amie

Le lendemain de mon arrivée à Genève, un télég. d'Élisabeth m'annonçait la mort de Mme M. [2] et son départ, à elle, pour Cabris. Aura-t-elle pu vous voir à son passage?

---

1. C'est en 1937, sollicité par Jacques Schiffrin, que Gide a commencé à penser à cette *Anthologie de la poésie française* qui ne paraîtrait que douze ans plus tard. Il travaille à la préface depuis 1940. (Voir *Journal 1939-1949*, p. 50.)
2. Mme Mayrisch est morte à Cabris le 19 janvier.

A combien de vains tourments cette mort lamentable apporte une fin! A quelles affreuses détresses! Vous en avez pu entrevoir quelques-unes, et même avez pu en souffrir par contrecoup. Je me souviens de deux conversations avec cette pauvre orgueilleuse possédée, où vraiment j'ai reculé terrifié devant la découverte d'un tel enfer intérieur. Tout en elle grinçait, discordait. Elle ne pouvait trouver repos et calme que dans la mort...

Je souhaite qu'Élisabeth ne s'attarde pas dans le midi, car Mme Théo doit se sentir bien seule...

Genève est lugubre. Il y souffle une bise glacée. On y mange fort mal. Mais j'y réapprends à dormir, ce qui, pour moi, est énorme et va me permettre bientôt de me remettre au travail.

RIEN d'autre à vous dire aujourd'hui « absolutely nothing [1] », comme disait Lytton — mais je vous embrasse bien fort.

A. G.

1005. — DOROTHY BUSSY À ANDRÉ GIDE

40 rue Verdi
28 janvier 1947

Cher Gide,

j'ai été contente de recevoir votre lettre de Genève. Votre oraison funèbre pour la pauvre Mme M. était assez terrible. Je ne la connaissais que de façon superficielle, et superficiellement je la trouvais très charmante, élégante, gracieuse et... harmonieuse! Elle est venue nous voir à Londres une ou deux fois. Peut-être était-elle de ces gens — il y en a beaucoup — qui sont mieux quand ils se trouvent loin de leur décor habituel. Élisabeth nous a téléphoné de la Messu-

---

1. « Absolument rien. »

guière, mais nous ne l'avons pas vue. Elle nous a dit leurs plans, la cérémonie à Colpach, et qu'elle allait prendre la Petite Dame à Paris et faire le voyage avec elle. Depuis, ce temps affreux est arrivé et je me suis sentie très inquiète pour elles. Comment s'est passé leur voyage à travers l'Europe immobilisée par la neige et le froid, dans de si tristes circonstances[1]? Le temps ici n'est pas moins terrible et il n'y a rien à manger. Janie revient de faire le marché et dit que c'est aussi mal que durant les pires jours de la guerre. Des queues de gens qui crient et se battent, des heures à rester debout pour rentrer les mains vides — pas même des pommes de terre, qui ont été détruites par le froid!

Les seules autres nouvelles sont que nous avons loué La Souco pour trois ans, de façon très avantageuse, à M. West, un beau-frère de Segonzac.

Votre toujours affectionnée

D. B.

1006. — ANDRÉ GIDE À DOROTHY BUSSY

17 février

Amie bien chère

Vais-je trouver pour vous quelques instants? J'ai d'abord dû achever une préface pour un livre de Taha Hussein[2], l'arabe aveugle qui m'a si aimablement patronné au Caire et qui, de plus, a traduit et préfacé ma *Porte Étroite*, puis *Œdipe*, puis *Thésée*... Je ne pouvais me dérober, encore qu'il ne m'ait rien demandé. Les répétitions du *Procès* ont com-

---

1. Voir *Cahiers de la Petite Dame*, tome IV, pp. 55-56.
2. Il s'agit de la préface au *Livre des jours*, traduit de l'arabe par Jean Lecerf et Gaston Wiet, Paris, Gallimard, [mai] 1947. Ce texte avait été publié sous le titre de « Rencontre avec l'écrivain arabe Taha Hussein » dans *Le Littéraire* du 12 avril 1947, pp. 1-2.

mencé. Le grand ennui c'est que les remarques ne sont tolérées qu'en fin de séance, de sorte qu'on est débordé. J'enrage de devoir laisser passer maintes choses que je désapprouve; puis me domine aussi la crainte de mécontenter Barrault; je n'ose le heurter de front. Je suis bien certain d'avoir raison.

Nouvelles inondations dans ma bibliothèque, bien plus effroyables que les premières. Tous les livres jonchent le sol; les tiroirs aux gravures, aux manuscrits précieux sont vidés. Saccage et dévastation.

Au Vaneau chacun tousse; mais rien de bien grave, j'espère. Jusqu'à présent j'ai pu « tenir le coup » — ou le cou — et la tête reste assez solide; mais combien je jalouse les tranquilles loisirs studieux de Roger. Excusez-moi près de lui : pas encore pu répondre à sa dernière excellente lettre; harcelé et ne parvenant qu'à peine à suffire aux menus dérangements quotidiens. Quand vient le soir, je n'en puis plus et n'aspire plus qu'au sommeil.

18 février

Est-il trop tôt pour vous annoncer que Catherine « attend »... J'en suis ravi; c'est sceller une union au sujet de laquelle je gardais certaines craintes; celles-ci se dissipent peu à peu, vaines nuées; et le jeune ménage semble de semaine en semaine plus assuré dans le bonheur. La petite Isabelle est charmante. Ce qui m'inquiète encore un peu, c'est la santé de Catherine. Nous voudrions qu'elle pût prendre un assez long temps de repos; sans doute en Suisse; mais il faut attendre le printemps.

Votre projet de retour en Angleterre me donne l'espoir de vous revoir à votre passage à Paris; car je ne vois guère le moyen d'aller vous rejoindre à Nice.

Est-ce à mon mauvais stylo que vous devez une lettre si morne? Y. Davet occupe la machine à écrire; et je ne vais tout de même pas lui dicter une lettre pour vous! [...]

19 février

Sans cesse arrêté... Ah! ceci, qui m'importe : Est-ce trop vous encombrer, lorsque vous remonterez vers le Nord? Je voudrais tant (et pas seulement moi) ravoir le portrait de Catherine [1]! et sans doute serait-il bien imprudent de le confier à la poste ou aux messageries... Je ne me consolerais pas qu'il s'abîmât et préférerais attendre encore...
Cette lettre est si mal venue que j'hésite à vous l'envoyer — mais vous allez penser que... Non; non. Fidèlement votre

A. G.

[D. B. à A. G. 26 février 1947

Elle a reçu de Miss Pell une invitation à venir passer l'été dans sa maison de Long Island. Miss Pell voudrait aussi qu'elle persuade Gide de venir faire des conférences aux États-Unis.]

1007. – ANDRÉ GIDE À DOROTHY BUSSY

7 Mars 47

Chère amie

J'attendais que Raymond Gallimard fût de retour pour aller le relancer. Retour de Belgique où il a été lui-même relancer Verbecke, à Bruges, lequel imprime votre livre. On m'a montré hier les deux spécimens (que vous avez dû recevoir hier, m'a-t-on dit) sur lesquels se décider. Le plus large

1. Voir ci-dessus, lettre 865.

me paraît le préférable; et c'est également l'avis des deux Gallimard. D'après les calculs, cette justification moins tassée, de lecture plus agréable, n'augmentera que de 25 pages le volume. A vous de décider, conseillée aussi, je pense, par Roger. Je souhaiterais, pour votre livre, un cartonnage analogue à celui de l'édition populaire de *Jacques Thibault* (que R. vous montrera) mais ne sais si cela sera possible (ce dernier est aussitôt tiré à 40.000, ce qui a permis une reliure faite à la machine; à moindre tirage, le travail devrait être fait à la main... donc beaucoup plus coûteux). J'y retourne (à la N.R.F.) ce matin. Enfin je crois le travail en train, et en bon train... Puisse la correction des épreuves ne pas vous apporter trop de soucis et d'ennui. Comptez, au besoin sur mon aide et appui. Votre

A. G.

[D. B. à A. G. 11 mars 1947

Les Bussy passeront par Paris fin avril, en route pour Londres. Elle espère qu'il n'aura pas fui vers quelque île.]

1008. — ANDRÉ GIDE À DOROTHY BUSSY

24 Mars 47

Chère amie

Ma première lettre, d'Ascona, soit pour vous. Mais je suis encore trop fatigué pour *bien* vous écrire; mal ressuyé du voyage, plus long que je ne prévoyais, car les formalités de la douane, à Bâle, vous font manquer le train qui m'aurait amené à Lugano vers midi. Parti vendredi soir, arrivé vingt heures après; temps affreux. Dès que cesse l'averse, c'est pour découvrir des montagnes poudrées de neige fraîche.

Les premiers plans seuls sont d'une amabilité italienne; le fond du décor me rappelle la phrase de Montesquieu : « ce pays que Dieu a fait pour être horrible ». Bon accueil de Jean Lambert et de Catherine, qui m'ont précédé de trois jours. Il était temps de quitter Paris; je n'en pouvais plus; assiégé de toutes parts. [...]
Logeant dans une annexe de l'hôtel (avec les Lambert) c'est un quart d'heure de traversée d'averse pour aller prendre ses repas. Il n'arrête pas de pleuvoir. Encore trop fatigué pour songer à quelque travail que ce soit, je lis de l'italien et de l'allemand. Je vous ai dit, n'est-ce pas, que le Kafka avait été remis à Septembre [1]. Et voilà tout ce que je trouve à vous dire aujourd'hui.

J'ai inscrit, sur mon agenda, votre nom, en date du 28 Avril, suivi d'un grand point d'interrogation...
Un billet de vous, adressé à la (voir enveloppe) Casa Tamaro — Ascona — Tessin Suisse — me ferait bien plaisir.
Pensando spesso a lei [2].
je vous embrasse tendrement

A. G.

1009. — DOROTHY BUSSY À ANDRÉ GIDE

40 rue Verdi
3 avril 1947

Cher Gide,
J'espère que le changement d'air et de décor vous fait du bien et que vous avez un meilleur temps que nous sur les bords de votre lac suisse-italien... [...]
Nous avons reçu un sérieux coup ces derniers temps.

---

1. Voir ci-dessus, lettre 963, note 2.
2. « Pensant souvent à vous. »

Simon était invité par son marchand de tableaux londonien, probablement le meilleur qui soit, à faire une exposition ce printemps-ci, en juin. Il a passé l'hiver à préparer, vernir, tendre, encadrer (difficile et très coûteux) toutes ses œuvres, les peintures à l'huile, de ces dix dernières années. Il y en a environ cent cinquante. Au dernier moment, nous avons appris qu'il était impossible de faire entrer ces œuvres en Angleterre sans prendre l'engagement très solennel de n'en pas vendre une seule là-bas — en fait, de les ramener toutes en France.

Désormais, seuls les peintres assez célèbres pour ne pas se soucier de vendre seront capables d'exposer pour le public anglais. Les autres artistes peuvent vendre leurs livres, leurs films, jouer leur musique, d'autres peuvent envoyer leurs boxeurs et leurs chevaux de course pour soutirer son précieux or au public anglais — seuls, les peintres et les sculpteurs font l'objet d'une discrimination. Et cela est le fait d'un gouvernement qui dépense des sommes considérables et se flatte d'« *encourager et de répandre la culture* »!

J'espère que Simon réussira à avoir une exposition à Paris. J'estime que son œuvre mérite et pourrait très bien avoir un grand succès. Elle ne suit pas la mode, c'est évident. Elle n'a pas des dimensions gigantesques, monstrueuses. Mais les Français ont-ils perdu leur goût (si bien défendu par vous) pour la *perfection*? Il a passé les dix dernières années à perfectionner son art, matériellement et spirituellement. Je me suis amusée récemment à le comparer dans mon esprit à La Fontaine. Les contemporains de celui-ci travaillaient dans le gigantesque, mais cela n'a pas empêché qu'on reconnaisse la beauté, le fini, l'élégance, l'esprit, etc., etc., de ses petits morceaux. Et sur des animaux aussi! Des oiseaux, des fleurs, des poissons! Mon idée est sans aucun doute absurde. [...]

1010. — ANDRÉ GIDE À DOROTHY BUSSY

> 9 Avril 47
> Hôtel Belle-Vue
> Ponte Tresa
> Tessin — Suisse

Chère amie

J'ai laissé les Lambert faire sans moi le petit trip à Venise, où je devais les accompagner; la fatigue, le mauvais temps, la crainte qu'un léger mal de gorge n'empirât et ne devînt gêne à leur joie, m'ont fait flancher au dernier moment — et j'ai échoué tout seul à Ponte Tresa, où je déguste un ennui sans nom en attendant leur retour (demain soir). Je devrais profiter de cet ennui même et de cette solitude; mais trop mal installé pour travailler. Pourtant, après douze jours de pluie presque incessante, voici le soleil de nouveau, depuis hier. Mais je me sens le cœur tout racorni... Seul le *Portrait of the artist as a young Man*, de Joyce, que j'ai trouvé avant-hier à Lugano, parvient à chatouiller un peu mon apathie. Sur un cahier d'écolier, je me suis amusé à écrire « au courant de la plume », au hasard, une sorte de récit absurde et saugrenu qui, peut-être, paraîtra un chef-d'œuvre de « non-sense ». Je n'ai pas encore osé le relire [1].

Ravi de ce que vous me dites des propositions faites à Simon. Les paradoxales absurdités artistiques de ces derniers temps lui ont admirablement préparé sa place et je pense que nous vivrons assez, vous, lui et moi, pour voir une réaction très attendue lui accorder enfin la place qu'il mérite d'autant plus qu'il n'a rien fait pour l'obtenir, mais a simplement persévéré dans son sens. L'amour — besoin

---

1. Il s'agit de « L'Art Bitraire » publié dans *Combat*, 4 et 5 mai 1947, p. 2, et repris dans *Rencontres*, pp. 137-144.

de la perfection... il y aurait tant à dire. En poésie non plus,
il ne s'agit plus de *durer*, mais de surprendre. Cela implique
une effroyable inconfiance en l'avenir. Ce sera la conclusion
de ma *Préface à l'Anthologie*. [...]
J'espère bien être de retour à Paris au moment de votre
passage!
    Je vous embrasse

                                            André Gide.

1011. – DOROTHY BUSSY À ANDRÉ GIDE

                                            11 avril 1947

    Cher Gide,

 je regrette que votre petite expédition à Venise n'ait pas
pu se faire, mais j'espère que le mal de gorge et le rhume
qui vous menaçaient ont pu être évités. Le *Portrait de
l'Artiste* de Joyce m'a beaucoup amusée et, je crois, jette pas
mal de lumière sur son développement à venir.
 Que peuvent bien être vos pages de « nonsense »? J'espère
bien les voir. Mais Joyce n'a pas été l'inventeur du nonsense
littéraire. Et Lear et Lewis Carroll viennent avant lui. Lear,
me semble-t-il, est presque un grand poète [1].
 Je suis contente que vous n'ayez pas oublié, comme vous
semblez avoir failli le faire, d'ajouter votre post-scriptum
disant que vous serez peut-être de retour à Paris au moment
où nous le traverserons.
 Vous avez dû mal comprendre un passage de ma dernière
lettre, car je n'avais rien dont me réjouir. Simon a bien été
invité à exposer à Londres, mais les règlements anglais
actuels interdisent l'entrée de tableaux français dans le

---

1. Edward Lear (1812-1888), l'auteur du *Book of Nonsense* (1846)
et des *Nonsense Songs, Stories, and Botany* (1870).

pays, sauf à condition qu'ils ne soient pas vendus. Ce n'est pas une condition très tentante, ni même possible, pour les marchands et les artistes. Si Simon pouvait trouver à Paris une galerie où exposer, ce serait une grande chose, mais il est resté si longtemps à l'écart que j'ai peur — et il le déclare — que ce soit impossible. Mais si vous êtes à Paris, nous pourrons parler de cela.

Beau temps ici, enfin. J'espère que vous l'avez aussi. Nous avons passé une journée délicieuse hier à Roquebrune. Assez *Tristesse d'Olympio!* Je ne suis pas allée moi-même à La Souco, mais ai rendu visite à Jean Mayen dans sa belle maison en haut du village. Mais Simon est allé à La Souco et y a rencontré Segonzac, qui lui a beaucoup plu.

Votre
D. B.

[D. B. à A. G. 13 avril 1947

Des précisions sur leur séjour à Paris.]

1012. — DOROTHY BUSSY À ANDRÉ GIDE

51 Gordon Square
11 mai 1947 [1]

Cher Gide,

j'ai écrit à Miss Starkie [2] voilà deux ou trois jours et j'ai reçu sa réponse aujourd'hui. Nous sommes quelque peu

---

1. Les Bussy ont passé du 28 avril au 3 mai au Vaneau, comme d'habitude les deux dames chez Mme Théo, Simon dans la petite chambre à côté de celle de Gide.
2. Déjà en 1946, Enid Starkie avait proposé à Gide de faire une conférence à Oxford. Voir l'article « A Oxford » dans le numéro spécial de *La N.R.F.* (novembre 1951), *Hommage à André Gide* (pp. 41-49).

déçus et je ne sais pas très bien que conseiller. J'avais cru que Miss Starkie occupait la chaire de Littérature Française à l'Université d'Oxford. Ma sœur Pernel qui, comme vous le savez, est au fait des questions universitaires [1], me dit très nettement qu'il n'en est rien. Elle est sans aucun doute docteur et professeur de français, mais seulement à Somerville College, qui est un des deux collèges de *filles* de l'Université. D'après sa lettre, il est clair que vous seriez invité par Somerville et, si féministe que je sois, je ne pense pas que ce soit assez important pour la première réception d'une personne comme vous à Oxford. Si on vous offrait le doctorat honoris causa en littérature, ce serait autre chose, mais cela paraît encore incertain, bien que Miss Starkie n'ait pas perdu tout espoir. Le pire, c'est qu'on a déjà offert cette distinction à Mauriac, qui viendra la recevoir cet été. Je ne suis pas la seule à penser (et Miss Starkie pense de même) que ce serait exaspérant, voire déshonorant pour les lettres anglaises, si le cher Mauriac vous était préféré de façon si marquée. Nous ne devons pas non plus oublier que règne encore à Oxford la tradition catholique romaine, et qu'elle exerce une forte influence. Nous ignorons ce qui se mijote à l'arrière-plan.

La « Bryce Lecture » avait été offerte à M. Herriot qui avait accepté, mais s'est décommandé récemment en raison de la « situation politique ». C'est très honorable, mais uniquement dans le cadre de Somerville.

Que dire à Miss Starkie? A la réflexion, je crois que je vais lui dire franchement ceci : je considère indigne de vous que l'Université d'Oxford permette à un homme universellement reconnu comme le plus grand écrivain français vivant de faire à Oxford une visite plus ou moins professionnelle comme l'invité d'un collège et non de l'*Université* elle-même. Je vais dire que je vous ai conseillé d'accepter la très aimable invitation de Somerville et de prononcer la « Bryce Lecture », si c'est accompagné de l'octroi du doctorat d'Oxford; autre-

---

1. Pernel (Joan) Strachey avait été professeur à Newnham College (pour femmes) à Cambridge.

ment non, et cela dans l'intérêt d'*Oxford*, pas de *vous*, M. Gide, qui pouvez vous permettre de négliger des choses aussi insignifiantes.

Pauvre Miss Starkie ! La lettre qu'elle m'a envoyée, et qui était très longue, n'était pas très raisonnable — confuse et, m'a-t-il semblé, peu consciente des justes proportions, quoique tout à fait correcte dans son principe. Mais je ne crois pas pouvoir vous conseiller d'aller à Somerville, ni penser que vous aimerez être invité à dîner par un professeur italien — fût-ce à Magdalen College.

En fait, je demandais seulement à Miss Starkie de me dire la date exacte proposée pour votre conférence et de me donner les heures de trains pour que je puisse vous aider à ce bout de votre voyage. Elle n'en a rien fait dans sa réponse. Car il me semble que la date du 2 juin qu'elle mentionnait ne se rapportait pas à la « Bryce Lecture », dont la date était restée vague.

Je n'ai pas besoin de dire que mon conseil est hautement désintéressé, car je crains que, si vous le suivez, nous ne perdions la chance de vous voir à Londres quelques instants.

Cher Gide, je vous écrirai une meilleure lettre bientôt.

Votre
D. B.

1013. – DOROTHY BUSSY À ANDRÉ GIDE

51 Gordon Square
12 mai 1947

Bien-aimé Gide,

j'ai peur que la lettre que je vous ai envoyée hier au sujet de votre venue à Oxford n'ait été très décourageante. Avant de prendre aucune décision, attendez une autre lettre de Miss Starkie. Elle aura pu apprendre que l'Université a décidé de vous offrir un doctorat, auquel cas tout sera bien. Nous sommes très inquiets de penser que cela puisse nous empêcher de vous voir à Londres, et nous espérons beaucoup que vous jugerez Londres et nous aussi dignes d'une visite que Starkie et Somerville. Nous pouvons vous loger ici — et vous nourrir — dit Janie, la ménagère. Et nous pouvons inviter tous ceux que vous voudrez à venir vous voir — ou personne. Aimeriez-vous, par exemple, voir Morgan Forster, l'auteur d'un *Voyage to India (sic)*, qui est revenu récemment dans ce pays, ou un jeune garçon d'une beauté ravissante découvert par Duncan Grant et qui se prépare à devenir moine, ou peut-être Saint-Denis et Laurence Olivier et parler avec eux à propos de *Saül* et de la scène anglaise [1]? Bien sûr, le monde tout entier s'offre à votre choix et du moins cela vous reposera des lettres à écrire.

Nous venons seulement de nous installer vraiment et n'avons encore vu personne que la famille. Mais notre téléphone marche enfin et nous commençons aujourd'hui avec Raymond [2] — qui nous dira tous les potins.

Cher Gide, je pense beaucoup à vous, avec tous les désirs et regrets habituels. Je crois que je n'ai pas du tout été « gentille » la dernière fois à Paris. Je crains d'avoir dit bien des choses que j'aimerais mieux n'avoir pas dites, et de n'en avoir pas dit d'autres que je voudrais avoir dites. Mais c'est toujours comme ça. De vous, je me rappelle, et me rappellerai toujours, un mot étrange. C'était « unique ».

Votre affectionnée

D. B.

---

1. *Saül* ne sera pas monté par Olivier; et la version anglaise publiée ne sera pas celle de D. Bussy, mais celle de Andrew Jackson Mathews, dans *My Theater*, New York, Knopf, 1951.
2. Raymond Mortimer.

1014. – DOROTHY BUSSY À ANDRÉ GIDE

51 Gordon Square
13 mai 1947

Cher Gide,

mes deux dernières lettres doivent être tenues pour « nulles et non avenues », sauf pour un ou deux détails. La pauvre Miss Starkie s'est donné beaucoup de mal pour obtenir que votre doctorat soit voté à temps pour une visite dans le proche avenir. Elle semble avoir réussi. Et, évidemment, votre prestige doit être très grand — même à Oxford ! — pour que toutes les formalités aient pu être menées à bien en un temps si court.

Miss Starkie, j'en ai peur, a été très troublée par ma suggestion qu'une conférence dans un collège était moins imposante qu'un doctorat d'Université et qu'il n'était pas pensable qu'on vous offre la première, et le second à Mauriac. Les autorités elles-mêmes ont compris cela et j'en suis très heureuse. Un doctorat d'Université est une distinction très agréable et j'espère de tout cœur que vous allez l'accepter et ne *rien* laisser vous arrêter. Si vous devez le payer en faisant une conférence, peu importe. Quelque chose dans le style, et même sur le même sujet que celle de Beyrouth, conviendrait très bien, non ? Et, j'en suis sûre, ce serait très apprécié, et peut-être pas trop difficile pour vous à préparer en si peu de temps [1]. Et votre réception à Oxford prendra une toute autre allure et sera beaucoup plus amusante avec l'attribution d'un doctorat qu'une « Bryce Lecture », quoique cela soit aussi, m'assure Miss Starkie, une chose des plus distinguées.

---

1. Peu satisfait de cette conférence, Gide ne la fera pas publier. Pour un compte rendu, voir dans Starkie, « A Oxford », p. 47.

J'ai été invitée moi aussi à assister à vos honneurs et suis assez tentée d'accepter. C'est une façon pour Miss Starkie d'acheter mes pouvoirs de persuasion en sa faveur!

Votre
D. B.

1015. — ANDRÉ GIDE À DOROTHY BUSSY

Echarcon[1] 16 Mai 47

Chère amie

Votre dernière lettre (du 12) achève de me rassurer. Donc je ne change rien à mon projet : encore que la date de la conférence (mot bien prétentieux pour la courte allocution que je me propose de faire) soit retardée d'un jour, je n'en arriverai pas moins le 1er juin à Londres, en compagnie d'Elisabeth, invitée par l'autre Enid[2]. Vous vous arrangerez de manière à me faire savoir où je dois descendre; et tant mieux si ce peut-être au 51 Gordon Square! Conelly, que j'ai vu hier avant son retour à Londres m'a promis d'entrer en rapport immédiat avec vous et de convenir de tout avec vous. Pour l'amour du ciel, ne me faites pas connaître trop de nouveaux visages : pourtant Forster, très volontiers. Et parmi les déjà connus, oui, je serai heureux de rencontrer Saint-Denis, Laurence Olivier et Raymond Mortimer. Conelly se proposait d'inviter à déjeuner avec moi Lehmann, et qui d'autre?.. et de s'arranger en sorte que je puisse faire un nap[3] après le repas. Je lui ai redit combien je me sentais vite fatigué; et de ne pas abuser de mes forces. Mais, en une semaine, on a pourtant le temps de faire et de voir beaucoup.

1. Propriété de Mme de Lestrange.
2. Enid McLeod.
3. « Une sieste. » De *to nap*, faire un petit somme. Il s'agit de Cyril Connolly.

Puissé-je ne pas me montrer trop au-dessous de ce que l'on attend et espère de moi, devant ces honneurs et ces sympathies annoncées!... Votre amitié me soutiendra et j'y puise déjà grand réconfort.

A bientôt. Je vous embrasse tous trois

André Gide.

Ceci encore : j'avais confié à Conelly (je crains de mal orthographier son nom) le texte de *l'Art bitraire* en vue d'une publication dans *Horizon*. En y repensant il me paraît que cette publication serait *des plus fâcheuses;* à éviter. Je voudrais le lui faire savoir au plus tôt, avant qu'il n'ait pris soin de le traduire — mais je ne sais pas son adresse. Puis-je espérer que vous voudrez bien lui transmettre ma décision de *ne pas* donner ce texte, non plus dans *Horizon* qu'ailleurs.

1016. — ANDRÉ GIDE À DOROTHY BUSSY

22 Mai 47

Chère amie

Ci-joint le double du télégramme que je viens d'envoyer à Miss Starkie [1]. Mes regrets ne portent que sur cette occasion manquée de vous revoir; car pour l'accueil d'Oxford et l'honneur qui me serait conféré, je crois, je sens, que ma situation, sitôt après le triomphe de Mauriac, serait des plus gauches. Ajoutez que je suis très fatigué de nouveau et crains de faire là-bas figure assez piteuse. Enfin le texte que

1. Texte du télégramme : « Apprends par Figaro que ami Mauriac doit être intronisé à Oxford trois juin stop crains aspect fâcheusement lunaire que prendrait aussitôt ensuite nouvelle cérémonie semblable et estime nettement préférable la reporter année prochaine stop prière transmettre ma décision ainsi que sentiments les meilleurs André Gide. »

j'avais préparé me paraît médiocre; le temps et les forces me manquent pour remédier à son insuffisance ou repartir à neuf sur d'autres données. Ce serait courir à la catastrophe. Accablé de travail (si l'on peut appeler travail ce harcèlement constant) je ne puis vous en dire davantage aujourd'hui. Vous récrirai mieux dans quelques jours — mais déjà veuillez transmettre mes vifs regrets à ceux que je me réjouissais de revoir — et garder pour vous les meilleurs.

Votre
André Gide.

1017. — ANDRÉ GIDE À DOROTHY BUSSY

26 Mai 47

Chère amie

J'ai envoyé hier à Miss E. S. une dépêche rassurante, que, peut-être, elle vous aura communiquée. Ses excellents arguments [1], sans triompher de ma fatigue, me font du moins passer outre; quant à ma conférence... elle sera ce qu'elle pourra. Roger M. du G. à qui je l'avais lue, la déclarait fort médiocre, indigne d'Oxford et de moi. C'est beaucoup ce jugement, joint à ma fatigue, qui m'avait découragé. Mais reprenant ce texte, il ne me paraît plus si mauvais que nous l'avait fait croire une lecture fumeuse et quasi plaintive... Quelques nuits d'insomnie avaient eu raison de mon énergie; je me croyais « hors d'usage » et ne songeais plus qu'à sortir du jeu. Depuis deux ou trois jours, je vais mieux et reprends confiance, me ressaisis du premier projet et arriverai, en même temps qu'Elisabeth, à Londres, au soir du premier

---

1. Enid Starkie lui dit qu'il ne peut, à la dernière heure, s'excuser, que les préparatifs ont été faits, le discours latin composé. Voir ce dernier en Appendice F.

juin. Maintenons donc les rendez-vous pris précédemment (R. Mortimer et Connelly). Quant à l'aimable invitation de Lord Berners [1], je vous laisse juge; mais crains que, sur un si court séjour, la country house ne prenne trop de temps... (*N.B.* : je n'ai pas de « smoking »). Vous voudrez bien transmettre mes chaleureux remerciements — et accepter ou refuser as you like. Une visite (et sans doute un repas) à l'ambassade française me paraît indispensable, inévitable — à placer dans l'emploi du temps. Joie de vous dire à bientôt.

André Gide.

Et veuillez excuser, et faire excuser, le désarroi momentané qu'a pu occasionner mon flanchage : vrai! je croyais n'en plus pouvoir.

1018. — ANDRÉ GIDE À DOROTHY BUSSY

12 juin 47

Chère amie

Vous aurez appris sans doute que notre *Flèche d'Or* ne partait qu'à 11 heures; et comme nous étions à la gare dès 8 h 1/2... Plus de deux heures à regretter de ne les avoir point passées près de vous.

Voyage sans accrocs, dans un train vide. Traversée aussi belle que celle de l'aller. Et, grâce au British Council et à son auto [2], nous avons pu être rendus à domicile vers 7 heures (heure française).

Ici, rien de worth mentioning. Tout va bien. Tout va mal. Tout suit son cours...

---

1. Gerald Hugh Tyrwhitt-Wilson, 14e baronet Berners (1883-1950), était peintre et écrivain aussi bien que compositeur de ballets et de pièces d'orchestre. Gide acceptera l'invitation.
2. C'est Enid McLeod, du British Council, qui envoya une auto à Calais pour ramener Gide, sa fille et son gendre à Paris.

[JUIN 1947]

Pour tuer les deux heures d'attente, à Londres, je m'étais lancé à la recherche d'un « Biro », dans Piccadilly. Énorme boutique. « Ici, nous remplissons et nous prenons les commandes : nous ne vendons pas. » De sorte que c'est avec l'instrument du gentil Raymond M. que je vous écris. Ceci vous pouvez le lui dire; mais c'est en secret que je vous raconte que ma première (et, jusqu'à présent, mon unique) course à Paris a été pour m'occuper de son ruban rouge. On avertit aussitôt Massigli et les autorités anglaises (car on ne peut se passer de leur acquiescement, paraît-il). Je crois que cela va aller « tout seul », et, je l'espère, assez vite; car totale approbation. Il faut compter environ deux mois, m'a-t-on dit. Je n'ai jamais fait une « démarche » avec plus de plaisir.

Rien à vous dire de plus aujourd'hui, ni que vous ne sachiez déjà : l'excellent souvenir que je garde de cette « semaine anglaise » — et ma profonde reconnaissance.

Je voudrais être sûr que votre frère ne s'est pas laissé vaincre aux échecs par gentillesse!

Ne sais encore, étant donné les grèves, s'il me sera possible de rejoindre Roger à Bagnols — mais je n'oublierai pas les commissions dont je suis chargé — Et ne quitterai pas Paris sans avoir tiré au clair l'exposition de Simon chez Charpentier [1] — J'aurais voulu parler davantage avec Janie...

Je vous embrasse tous trois, en bloc et en détail —
Votre for ever

A. G.

[D. B. à A. G. 18 juin 1947

Elle va envoyer des photos de Gide « dans sa grandeur » et divers articles parus dans la presse anglaise.]

---

1. Cette exposition aura lieu à la fin d'octobre 1948 à la Galerie Charpentier. Le catalogue sera préfacé par Gide, avec, en postface, une lettre de Valéry à Simon Bussy pour le remercier de la Vipère de Russel.

1019. – DOROTHY BUSSY À ANDRÉ GIDE

Personnel et confidentiel.

17-20 juin 1947

Mon très cher, j'ai lu, depuis votre départ, votre petit livre déchirant [1] – plus déchirant pour moi, il me semble, que pour aucun autre de vos dix-huit destinataires. La frange de votre tragédie n'est-elle pas venue effleurer le cœur de la mienne? Mais puis-je parler de tragédie? Je suppose que non. Elle m'a apporté, je suppose, plus de richesses que de peine – « un amour né du désespoir et de l'impossibilité [2] ». Mais c'est l'impossibilité qui l'a gardé d'être une tragédie pour moi. Deux fois, dans le cours de notre « amitié », vous m'avez donné la permission de m'imaginer à la place de Madeleine. J'aurais échoué plus lamentablement qu'elle n'a fait. Il y a certaines choses que je n'aurais pas pu accepter moi-même comme elle a fini par le faire. Non, je ne crois pas que j'aurais pu. Nos deux conceptions de l'« amour » – la vôtre et la mienne – sont trop différentes, et je n'aurais pas eu la religion pour m'aider à le supporter. Et c'est une erreur, il me semble, de dire que ce furent la piété et l'éducation qui l'empêchèrent de comprendre; c'était quelque chose d'encore plus inné – quelque chose que, je suppose, *votre* nature profonde vous empêche de comprendre, quelque chose qui est inné en moi aussi. « Féminin », direz-vous, mais une féminité (si c'est cela) dont un grand nombre d'hommes ont aussi leur part. Dans ma jeunesse, j'ai connu pendant près de dix ans un amour partagé avec un homme.

1. Il s'agit de *Et nunc manet in te*, publié par Richard Heyd (Neuchâtel). L'achevé d'imprimer est du 3 avril 1947.
2. « My love is of a birth as rare / As 'tis for object strange and high; / It was begotten by despair / Upon impossibility. » De « Definition of Love », Andrew Marvell (1621-1678).

Je sais ce que c'est. La consommation du désir n'était pas nécessaire à mon bonheur (car j'étais heureuse), mais un désir égal, une compréhension égale l'étaient. Ç'aurait toujours été impossible avec vous et je n'aurais pas pu le supporter.

Cher, je crois que, de tous ceux qui vivent encore, c'est moi qui vous ai le mieux connu. Car les garçons que vous avez aimés étaient trop jeunes, trop ignorants pour comprendre ce que vous leur donniez. Mais je n'étais ni trop jeune, ni trop ignorante pour savoir ce que vous donniez et ce que vous refusiez. J'ai connu, pendant quelques brefs moments, que je suppose vous avez oubliés, votre tendresse, la part de vous qui est divine, la part de vous qui me fait croire en la beauté suprême de l'âme humaine — de certaines âmes humaines.

Oh, Gide, cela ne sert à rien de continuer. Adieu. En dépit de tout, en dépit du passé et du présent, notre amitié, notre « amour » a été quelque chose d'unique pour *moi,* quelque chose qui, si *vous* ne l'aviez pas connu, vous aurait manqué. Est-ce que je suis « trop audacieuse »?

Votre
D.

[D. B. à A. G. 8 juillet 1947

A qui a-t-il donné la traduction et la publication de *Thésée* en langue anglaise?
Que sait-il d'une traduction anglaise de son *Dostoïevsky?*]

1020. — ANDRÉ GIDE À DOROTHY BUSSY

12 juillet 47

Bien chère amie

Rentré ce matin — ma première lettre soit pour vous. (Madame Théo rentre après-demain.) J'ai trouvé ici, parmi l'amoncellement du courrier, trois lettres de vous, premières ouvertes, — dont l'une restant pour moi précieuse entre toutes et que j'ai tout aussitôt cachée au fond de mon armoire secrète, et de mon cœur. Pierre Herbart, qui devait me rejoindre à Münich a été retenu par une névrite qui ne cesse de le faire atrocement souffrir. En Allemagne (Tübingen, Munich, Frankfurt, Mayence, Coblence, Bonn (où j'ai été revoir le cher E.R. Curtius) et Cologne) tout s'est admirablement passé... mais avec une effroyable fatigue. J'espère à présent pouvoir me réparer un peu... je ne sais encore où.

Oui j'écrirai à Lord Berners[1], dont je viens de lire *A Distant Prospect* et *Far from the madding war*.

Ceci n'est qu'un petit billet provisoire, en hâte, avant de « dépouiller mon courrier ».

Vous embrasse bien vite

A. G.

Je crois bien que rien n'a été décidé pour *Thésée* (m'en assurerai demain auprès de Mascolo, N.R.F.) ni éditeur, ni traducteur; Raymond Mortimer n'avait-il pas proposé son ami X, le soir où Jany et moi avons dîné chez lui? M'informerai également pour mon Dostoïevsky. et pour la suite de vos épreuves!

---

1. Lord Berners était de nouveau à l'hôpital pour des troubles cardiaques.

[D. B. à A. G. 28 août 1947

Les Bussy passeront par Paris vers le 20 octobre. Gide y sera-t-il?]

1021. – ANDRÉ GIDE À DOROTHY BUSSY

30 Août 47

Bien chère amie

Par chance, je me trouve encore à Paris pour recevoir votre lettre du 28. Le courrier de 9 h me l'apporte : je devais partir en auto avec Pierre Herbart, dès 6 h du matin; mais nous n'avons pu nous procurer de l'essence... ce qui me permet de vous répondre aussitôt :
Je viens de lancer un nouvel appel téléphonique à la Galerie Charpentier; aussi vain que les précédents, au début et au cours de ce mois. Je pense que ladite, fermée en été, rouvrira au cours de Septembre. A la suite de la visite du représentant (très aimable) j'ai vainement attendu celui qui devait venir de sa part et qui devait emporter à la Galerie quelques toiles de Simon, en vue d'« amorcer » le public. Il semblait, le représentant, fort bien disposé et très authentiquement excité; mais, depuis, rien... Guichet fermé. J'avais alors téléphoné à Fargue, qui m'avait confirmé les bonnes dispositions dudit. Mais je ne puis douter que les conversations et négociations ne puissent être bientôt reprises et que, en tout cas, Simon ne puisse « get into touch with him [1] » au début d'octobre.
Quant à moi, je ne pense pas quitter Paris avant le 20 Octobre (ravi à la pensée de vous revoir, ce qui me consolera de ne point fuir plus tôt je ne sais encore où) et

1. « Entrer en rapport avec lui. »

j'espère bien que le Vaneau sera en état de vous accueillir et héberger, tous trois, comme lors de votre dernier passage. Lassé de vaine attente, exténué, désœuvré, je m'étais décidé à accepter l'aimable invitation des Jean Delay, et viens de passer cinq jours chez eux, dans les Landes (très beau pays), près de Bayonne, en compagnie de Jean Lambert. Rentrés avant-hier. Seules « vacances » prises depuis mon retour d'Allemagne, après les plus mornes jours de chaleur accablante et d'ennui. Si pourtant : j'oubliais la semaine à Echarcon (propriété de Yvonne de Lestrange, absente elle-même) en compagnie de Jean Lambert, de Catherine et d'Yvonne Davet, occupés à mettre la dernière main à la pièce de Kafka et à l'Anthologie. C'est fait.

Si Pierre H. parvient à se procurer de l'essence, je pars avec lui pour deux jours : petit pèlerinage à Cuverville; mais nous devons être de retour lundi, lui pour reprendre la direction de *Combat,* moi pour rencontrer J.-L. Barrault et m'occuper avec lui des dernières répétitions du *Procès* (qui doit « passer » au début d'Octobre).

La Petite Dame doit rentrer au Vaneau dans deux ou trois jours; j'espère la trouver toute rajeunie par la cure qu'elle vient de faire à Mondorf (Luxembourg), mais suis resté sans nouvelles d'elle depuis son départ, et ne lui ai pas écrit une seule fois (n'écris plus à personne!). Catherine est partie le 20 Août pour Neuchâtel, où elle doit accoucher bientôt. Très bonnes nouvelles d'Élisabeth, à Cabris avec la petite Isabelle.

Pardonnez une lettre si morne, toute de renseignements... fidèle miroir de ma tête et de mon cœur. Mais très votre ami tout de même

A. G.

[D. B. à A. G. 2 septembre 1947

Simon espère entrer en rapport avec la Galerie Charpentier à son passage; elle espère assister à la « générale » du *Procès.*]

1022. — ANDRÉ GIDE À DOROTHY BUSSY

15 Evole
Neuchâtel
19 nov. 47

Bien chère amie

Parmi l'avalanche de lettres — congratulations amicales et officielles[1] — celle-ci m'émeut particulièrement, que vous voudrez bien transmettre à Janie. J'ai récrit à Bernd Schmeier aussitôt, que je vous faisais part de sa joie[2].
Élisabeth, Catherine et Isabelle ont quitté Neuchâtel pour Ascona, où vont les rejoindre incessamment Jean Lambert, venant de Paris, puis Nicolas[3] avec une nurse. Tout va bien; de ce côté du moins.
Quant à moi, la perspective d'un voyage en Suède (encore que Roger s'efforce de me persuader qu'il est indispensable) m'épouvante. Je *ne me sens pas de force* — et d'autant moins que mon cœur flanchait, ces derniers temps. Et qu'ai-je affaire de ces honneurs? Je n'y vois que dérangement et voudrais tant donner au travail et à la méditation le peu de temps qu'il me reste!... Impossible de juger la qualité de ce que j'écris à présent, mais rarement je me suis senti en dispositions meilleures. Alors je vais de l'avant, me défendant

1. Le prix Nobel vient de lui être décerné.
2. Nous ne savons rien sur ce Bernd Schmeier. Le 15 septembre 1947, Gide avait écrit à Janie Bussy en réponse à une lettre d'elle (et qui manque) : « A vrai dire, il n'y en a qu'un seul que je puisse te recommander tout particulièrement et chaleureusement. C'est celui dont, au moment de l'invasion, j'avais reçu une lettre si émouvante — et auquel, depuis, je n'ai cessé de m'intéresser : Bernd Schmeier / Geverdes Str. 7 / 24 Lübeck... Je doute pourtant qu'il soit possible d'envoyer des livres... mais vivres et vêtements sans doute — et qui seraient les très bienvenus, je le sais... »
3. Nicolas Lambert, né le 16 octobre.

de rien relire... Nous verrons plus tard ce que ça vaut, et
s'il sied de parfaire — ou de tout déchirer... [...]
Je vous embrasse bien fort de tout mon cœur fidèle

André Gide.

1023. — DOROTHY BUSSY À ANDRÉ GIDE

40 rue Verdi
20 novembre 1947

Très cher Gide,

ceci ne va pas être une lettre de congratulations — mais plutôt de condoléances. Je vous imagine submergé, englouti par les premières, et sans secrétaire pour vous aider — ou bien l'avez-vous fait venir? — et maudissant le jour qui vous a infligé cette célébrité mondiale. Combien plus agréable, de tous les points de vue, est l'obscurité! Pourquoi n'ont-ils pas pu attendre un peu plus longtemps — que vous soyez confortablement à l'abri dans votre tombe? Telles sont, j'imagine, vos réflexions. Pour nous autres, vos amis, c'est différent. Nous avons le plaisir, la satisfaction, le reflet de la gloire, sans les ennuis — pratiquement pas de lettres auxquelles répondre, pas de remerciements à envoyer, pas de charités à faire, etc.

La petite note de l'Académie suédoise expliquant et justifiant son choix m'a paru très bien rédigée [1]. La radio

---

[1] « L'Académie suédoise a décidé, le 13 novembre 1947, d'attribuer le prix Nobel de littérature à André Gide pour son œuvre littéraire considérable et d'une haute valeur artistique dans laquelle il a exposé les grands problèmes humains avec un amour audacieux de la vérité et une grande pénétration psychologique. » *Les Prix Nobel en 1947*, publication faite par ordre des corporations chargées de décerner les prix Nobel, Stockholm, Imprimerie Royale, P. A. Norstedt & Söner, 1949. Pour le texte du discours de présentation (avec traduction française), voir dans ce même ouvrage, pp. 41-48.

anglaise l'a donnée, les Français l'ont omise dans leur annonce — une omission qui m'a rendue furieuse.

Nous nous installons ici de façon très confortable. Après les premières semaines, le temps est devenu magnifique et le demeure. Nous avons une bonne qui semble bien promettre et prépare notre déjeuner de façon très satisfaisante. C'est une grande aide pour Janie, qui a eu le temps de nettoyer et de remettre les livres en place. Il n'y a à peu près personne que nous connaissions à Nice et nous n'avons vu personne que le Père Valensin. Nous parlons de Milton. Il a l'impression que les Anglais ne se rendent pas du tout compte que Milton est un grand poète. Moi seule m'en suis aperçue et je l'en ai convaincu. Mais aussi, moi, je suis un phénomène!

Autre sujet :

Non, très cher, je n'ai jamais suivi, ni cru bon de suivre, le conseil de ce vieux fou pédant de Polonius — ou était-ce Laerte? (il était bien son fils) et ne suis pas restée « en retrait de mon affection », ni n'ai craint de passer par-dessus bord — j'ai toujours été insoucieuse du danger de me rompre le cou, ou de briser mon cœur, ou de blesser ma vanité, ou — chose plus importante encore — de perdre l'estime des autres — ou d'*un seul.*

Quand j'étais encore enfant, c'était la mode de fabriquer des calendriers avec un texte de la Bible pour chaque jour, et on le consultait avec superstition. Ma mère s'était amusée à faire un choix de *Textes Profanes* (un joli petit volume) et avait pris un soin particulier dans son choix pour les jours anniversaires de ses enfants. Je vais vous recopier le mien, que j'ai relu hier. Qu'en pensez-vous? Est-ce un bon conseil? Ou pas? Est-ce que je l'ai suivi, ou pas? Sagement, ou non?

« Les personnes légèrement teintées, non imprégnées, d'une généreuse honnêteté, n'ont qu'une bonté pâle et une sincérité factice. Mais sois ce que tu es vertueusement et ne laisse pas l'océan effacer ta couleur. » (Sir Thomas Browne.)

Cela me rappelle *votre* anniversaire. Comment le passez-vous? Êtes-vous avec les Lambert à Ascona? Quelles nouvelles de Paris et de la Petite Dame? Tout paraît inquiétant. Mais plus comme pressentiment qu'en réalité.

Votre affectionnée

D. B.

P.S. Je rouvre ma lettre pour vous dire que Simon a été très triste d'apprendre voilà quelques jours la mort de son premier et plus vieil ami, le peintre Eugène Martel [1]. Il est mort brusquement d'une crise cardiaque.

1024. — ANDRÉ GIDE À DOROTHY BUSSY

15 Evole
Neuchâtel
22 Nov. 47

Chère amie

Votre lettre de ce matin ranime un cœur qui flanche et me retient ici, incapable d'effort. Tout occupé encore par la correspondance, excuses et regrets adressés à l'Académie de Stockholm, appuyés par une autorité médicale qui me déclare (après examen prolongé) nettement incapable d'entreprendre le voyage, et me condamne pour un temps à rester parfaitement tranquille. C'est excellent pour le travail.

Je sais quelle visible et fidèle amitié liait Simon à Eugène Martel. Dites-lui quelle sensible part je prends à ce deuil.

Heureux de savoir qu'une « bonne » est enfin venue au secours de Janie! Quel Ouf! vous avez du tous pousser!

Dites au père Valensin que j'ai lu le *Paradise Lost*, d'un bout à l'autre, et qu'aujourd'hui j'ai grand plaisir de le relire et pour l'admirer encore plus. Connaît-il le *Samson Agonistes?*

1. L'ami de Simon Bussy, et, avec lui, condisciple de Gustave Moreau.

Je vous quitte. Juste assez de forces pour vous embrasser tendrement.

André Gide.

[D. B. à A. G. 25 novembre 1947

« Nous semblons enterrés vivants dans un trou où ne nous parviennent que de faibles rumeurs du monde tumultueux qui nous entoure. Quant à tenter des incursions dans la vie intérieure, j'y ai renoncé, comme vous à voler jusqu'à Oslo *(sic)* — trop dangereux et, en somme, trop ennuyeux. Au lieu de quoi je fais des mots-croisés. »]

1025. — DOROTHY BUSSY À ANDRÉ GIDE

40 rue Verdi
30 novembre 1947

Cher Gide,

il y a déjà deux lettres portant votre adresse et dans des enveloppes timbrées, qui sont fourrées dans un de mes tiroirs et que, pour quelque raison, je trouve impossible d'envoyer. J'espère que celle-ci aura plus de chance.

Je suis grandement soulagée d'apprendre que vous avez abandonné l'idée du voyage à Oslo *(sic)*, mais je le serais davantage encore si le docteur avait été moins catégorique dans son conseil. Pourtant, si ce repos forcé vous donne une occasion de travailler, vous ne le regretterez pas.

Quant à nous, ici, j'ai l'impression d'être enterrée vivante dans un trou sombre d'où nous entendons un vague tumulte, au loin, au-dessus de nos têtes. Pas d'amis, pas de lettres, pas de journaux, pas de trains ou de moyens de communication d'aucune sorte et, bien entendu, c'est à ce moment cri-

tique que notre radio s'est détraquée! Le temps a été horrible et j'ai eu plusieurs jours, ou plutôt nuits, d'insomnie et des journées de vertiges. Cela va mieux. Mais tout cela est très déprimant. Je suis un être sociable, je crois que Janie l'est aussi (pas Simon!), nous trouvons le vide total de Nice et l'impossibilité probable de voir aucun ami anglais cette année très décourageants. Mais si je continue sur ce ton j'aurai peur de poster cette lettre aussi. Pourtant, je pense qu'elle est assez terne pour pouvoir être envoyée.
Toujours affectueusement vôtre

D. B.

1026. — ANDRÉ GIDE À DOROTHY BUSSY

10 Décembre 47
15 Evole Neuchâtel

Bien chère amie

Reçu votre télég. hier soir[1]; répondu ce matin. Sont-ce des « communiqués » de la presse qui vous auront inquiétée? ou Y. Davet, qui s'affole et vous alarme? Pas de quoi. Le long examen d'un éminent cardiologue d'ici, dont il a communiqué à Stockholm le résultat, a abouti à des conclusions très nettes : je n'étais pas en état de me lancer dans l'aventure du voyage. Mon cœur nécessitait un repos prolongé; grâce auquel je me sens mieux depuis deux jours. Demain nouvelle consultation. De toute manière tout déplacement est remis à je ne sais quand. Pas question, pour le moment du moins, de retour à Paris, ou de voyage à Nice ou à Ascona où les Lambert sont installés depuis 15 jours. Mais ce repos obligatoire me permet un heureux travail; et je ne souhaite (pour le moment) pas davantage. Mes hôtes[2] m'enveloppent de

1. Ce télégramme manque.
2. Gide est chez les Heyd.

soins et de prévenances; et, *à condition de ne risquer aucun effort*, je ne me sens pas mal du tout.

Puissiez-vous, à Nice, n'avoir pas trop souffert des grèves, etc. Retards considérables dans les distributions de courrier.

Suffit pour aujourd'hui
Je vous embrasse bien fort

André Gide.

Ah! qu'une lettre de vous me ferait plaisir!!

[D. B. à A. G. 11 décembre 1947

Elle s'était inquiétée en lisant dans le « Times » que Gide était gravement malade. Nice est une ville morte, les rues sont encombrées d'ordures, la nourriture est rare et horrible.]

1027. – DOROTHY BUSSY À ANDRÉ GIDE

40 rue Verdi
14 décembre 1947

Très cher Gide,

j'ai été très heureuse de recevoir votre mot en réponse à mon télégramme et de voir que l'écriture était bonne et d'apprendre que vous ne vous sentiez pas trop mal et étiez capable de travailler et qu'on prenait bon soin de vous. Quand vous en aurez envie, j'aimerais connaître (mais est-ce que je l'aimerai vraiment?) le diagnostic du spécialiste. Je pense que vous êtes beaucoup mieux à Neuchâtel qu'à Paris ou à Nice — je serai donc patiente, sinon optimiste. C'est vrai que, parfois, je désire beaucoup vous voir et que j'ai, certaines fois, des océans de choses à dire à votre fantôme lorsqu'il vient me visiter. Hier soir, par exemple, je vous aurais dit qu'un article sur vous paru dans le *Listener* [1] m'avait fait plaisir. Connaissez-vous cette revue? Meilleure que la plupart. Pour la *première* fois un critique anglais a parlé de vous avec les mots qui conviennent. Pour la première fois en Angleterre, voilà un écrivain qui a conscience de celui en face de qui il se trouve, qui ne vous accorde pas gentiment des louanges pour telle chose en vous reprochant telle autre du haut de toute sa taille; ce n'est pas un de ces critiques qui vient d'apprendre que les Français vous reconnaissent un bon style, qu'il se flatte de pouvoir apprécier, mais sans la moindre idée de ce que vous pouvez avoir d'autre ou de ce en quoi consiste votre grandeur particulière. Mon ami du *Listener* (anonyme, je ne sais pas du tout de qui il s'agit) est différent. Ce n'est certainement pas le premier venu, mais il a retiré ses chaussures et incliné la tête. Oui, il sait comment se tenir en présence de la royauté. Mais il n'a rien d'un flagorneur ou d'un flatteur. Simplement, il sait. Je crois qu'il exagère un peu l'excellence du traducteur – du *Journal*. Mais c'est plus qu'excusable. Si vous voulez l'article, je vous l'enverrai, et vous ne serez sans doute pas d'accord avec moi. Mais c'est le *ton* que j'ai attendu pendant des années, et que n'ont ni Cyril, ni Raymond, ni John Russell [2]. Et j'ai pensé à une de mes premières conversations avec vous après Cambridge, dans le jardin de La Souco : « J'ai été étonné, avez-vous dit, que vous m'ayez reconnu. Je crois toujours que je voyage " incognito ". »

Eh bien, vous l'avez été, en Angleterre, ces trente dernières années, en dépit de mes efforts et de ceux de Blanche!

Nous sommes heureux aujourd'hui parce que Janie, malgré les travaux ménagers, a trouvé le temps et l'envie de peindre une « nature morte » particulièrement charmante que son

---

1. Il s'agit d'un article sur le premier volume du *Journal* qui venait de paraître (septembre 1947 chez Knopf) dans la traduction de Justin O'Brien. (*Listener,* 20 novembre 1947, p. 907.)
2. John Russell est le traducteur de *Thésée*, dont la version anglaise sera éditée pour la première fois par Horizon en 1948. Ce texte sera repris en 1950 dans *Œdipus and Theseus* pour la « Standard Edition of the Works of André Gide » publiée par Secker & Warburg.

père admire beaucoup. Elle vient d'être accrochée au mur.
Nous sommes très « confortables » à présent parce que notre chauffage marche depuis hier, et nous avons en outre un très bon poêle au gaz.
Un bon paquet d'épreuves est arrivé aujourd'hui de chez M. Festy[1]. Je crois que cela fait une bonne impression.
C'est seulement une petite partie de ce que j'ai à vous dire.
Et quand saurai-je ce à quoi vous travaillez?
Affection de tous et spécialement de

votre
D. B.

1028. — DOROTHY BUSSY À ANDRÉ GIDE

40 rue Verdi
29 décembre 1947

Très cher Gide,

. . . .[Des nouvelles diverses sur Nice, sur Martin du Gard qui vient d'arriver, apportant les dernières épreuves des *Nursery Rhymes*]. . . . .
Je suis en train de traduire un chapitre d'un livre de Malraux sur Lawrence dans le *Démon de l'Absolu*. C'est extrêmement intéressant, mais je suis habituée à des gens qui apportent plus de soin à la construction de leurs phrases. La traduction est une épreuve sévère et je ne sais pas quel est le plus difficile, d'avoir affaire à de bons écrivains ou à de mauvais. En tout cas, il me semble que Malraux pourrait faire son profit de l'exemple de Flaubert et faire un peu plus attention à ses « qui » et à ses « que ». Il arrive parfois qu'on s'y perde[2].

1. Des épreuves de *Fifty Nursery Rhymes*.
2. Le chapitre sur T. E. Lawrence, sous le titre de « Was that all, then? » parut dans *Transition : Forty-Eight*, n° 2, pp. 44-59. Cf. Gide

Le *Journal* du Professeur O'Brien semble avoir du succès. Je vous envoie un mot que j'ai reçu de lui ce matin. Oui, j'ai fait quelques critiques (très légères) au sujet de son style, dont le ton, plutôt que la langue, ne me semble pas tout à fait juste. Mais c'est malgré tout un travail prodigieux, et il y a toutes les raisons de lui être reconnaissant.

Mais un jour j'écrirai une critique, non pas de la traduction du *Journal*, mais du *Journal* lui-même, et les critiques, et peut-être l'auteur, pourraient être bien surpris [1].

Tout va bien ici. Les peintres peignent. Comme j'aimerais savoir que votre cœur a cessé de vous inquiéter.

        Fidèlement vôtre

                              D. B.

Une de mes gentilles sœurs m'a envoyé un exemplaire du Baron Corvo, l'auteur d'*Hadrien VII* dont je vous ai parlé à Paris. Je vous l'enverrais, si j'étais sûre que vous le lirez. Mais c'est trop précieux pour risquer d'être perdu (un Penguin en loques, sale, de quelques sous).

à Mme Théo, à propos de *La Voie Royale* : « Son style défectueux, impossible, tient pour une grande part, je crois, au mépris qu'il a pour le lecteur; c'est une grosse faute de psychologie pour un écrivain. » (*Cahiers de la Petite Dame*, II, p. 121.)

1. Elle n'écrira, ou du moins ne publiera pas cette critique.

1948

Gide invité à Baltimore. — D. Bussy sur Cicéron; va publier Olivia. *— Gide sur* l'Enéide. *— Projet d'exposition de Simon. — D. Bussy sur* Olivia. *— Livre de Béatrix Beck. — Gide s'occupe de l'exposition; préface. — D. Bussy sur la* Correspondance Jammes-Gide. *— Gide sur* Olivia; *à Torri del Benaco avec P. Herbart. — R. M. G. traduit* Olivia. *— Gide; otite; accepte qu'elle traduise* Feuillets d'Automne. *— D. Bussy sur Graham Greene; corrige la traduction des* Nourritures. *— Publication des* Notes sur Chopin. *— Lettre de Segonzac à Simon.*

1029. — ANDRÉ GIDE À DOROTHY BUSSY

2 février 48

Chère amie

Si Nice n'était pas si loin, si j'étais plus sûr de mes forces, je serais près de vous. Je le souhaite sans cesse, conscient de la fuite des jours, du peu de temps qu'il nous reste, et qu'il me semble que je pourrais mieux employer... Et voici que je me suis laissé entraîner à accepter, presque, une extraordinaire invitation des U.S.A. pour le début du printemps prochain. Il s'agit d'une conférence à Baltimore, puis d'un repos en Floride dans je ne sais quelle villa mise à ma disposition pour deux mois. Pierre Herbart m'accompagnerait (car je crains de voyager seul); l'invitation était transmise par le gentil Keeler Faus, puis par Alexis Léger (Saint-John Perse) d'une manière si pressante que... Tout ceci sous réserve, subordonné à un état de santé qui est encore peu satisfaisant. Je vais mieux, pourtant et puis de nouveau lacer mes chaussures moi-même. Même protégé par Pierre H.; même après assurance que toute « réception » me serait épargnée... cette embardée dans le Nouveau Monde me terrifie [1].

Le courrier arrive, apportant sa Tablatura quotidienne : Anne Marsan, l'éditrice du livre sur *Poussin* m'annonce que *Town and Country* publie mon texte, orné de toutes les reproductions [2]. Question : c'est bien de *votre* traduction qu'il s'agit? J'écris aussitôt à Schiffrin le priant de s'informer.

Et les Indes! et le drame de Gandhi [3]!
Je pense à vous constamment.

Votre
A. G.

[D. B. à A. G. 5 février 1948

Réglement des comptes du *Poussin* anglais. Miss Pell écrit qu'elle essaye de faire inviter Gide aux États-Unis. Qu'il se méfie des moustiques en Floride!]

---

1. Il s'agit d'une réunion internationale de grands critiques — Benedetto Croce pour l'Italie, Sir Herbert Read pour l'Angleterre, Allen Tate, John Crowe Ransom et R. P. Blackmur pour l'Amérique — invités à se prononcer sur le rôle général de l'art et de la critique. Faute de pouvoir assister à ce congrès (qui aura lieu du 13 au 15 avril à la Johns Hopkins University de Baltimore), Gide enverra son discours. Voir les lettres d'Alexis Léger à Gide dans, Saint-John Perse, *Œuvres complètes*, Pléiade, pp. 999-1005.
2. Dans le numéro d'avril 1948.
3. Gandhi venait d'être assassiné (30 janvier).

[D. B. à A. G. 20 février 1948

Gide ne passerait-il pas par Nice avant de regagner Paris? Sa chambre est prête, et confortable. Et sa visite serait une bénédiction pour Janie, qui souffre particulièrement de l'absence d'amis.]

1030. – DOROTHY BUSSY À ANDRÉ GIDE

23 février 1948
40 rue Verdi

Très cher Gide,

Merci beaucoup pour l'article d'Henriot sur le livre de Carcopino [1] – il m'a beaucoup intéressée, mais il y a beaucoup de choses qu'on pourrait répondre – en tout cas à M. Henriot.
Cicéron, me semble-t-il, a déjà été « dégonflé » depuis une, si ce n'est deux générations. Nous n'avons plus besoin qu'on nous dise que c'est « un rhéteur sentencieux, verbeux et creux ». Tout le monde a découvert ça – on en parlait couramment à Pontigny voilà vingt ans, quand M. Henriot était encore au berceau! Ce dont on a besoin, ce n'est pas d'attaquer le caractère de Cicéron, mais d'expliquer son intérêt extrême, non comme écrivain – quoique je ne puisse m'empêcher de penser qu'il a quelques bons côtés même dans ce domaine – mais comme un cas illustre de cette psychologie névrotique dont l'intérêt n'a cessé de croître depuis les grandes découvertes de Freud. Ces messieurs ne semblent pas avoir entendu parler de Freud, sinon ils ne seraient pas aussi surpris ou aussi terriblement choqués par ses « secrets »

1. *Les Secrets de la correspondance de Cicéron*, 1947.

— ils adoptent envers lui la même attitude que les gens vertueux l'ont fait si longtemps envers Rousseau. « Dans la fortune montante de César, il a opté pour le vaniteux et inefficace Pompée. » C'est là, bien entendu, le grand drame de Cicéron. Il avait parfaitement conscience de la supériorité de César et de l'incompétence de Pompée, et pourtant cet homme (selon Carcopino et Henriot) uniquement égoïste et ambitieux a choisi délibérément le côté perdant. Pourquoi? Toutes les lettres dans lesquelles il se débat devant la grande décision qu'il avait à prendre sont profondément intéressantes d'un point de vue psychologique, et très loin d'être entièrement viles. Même son attitude envers les meurtriers de César, à mon avis, n'est pas méprisable. Même son goût du luxe et son amour de l'art et des livres et des tableaux et des statues et des conversations brillantes ne me paraissent pas entièrement méprisables! Je m'étonne qu'ils ne l'accusent pas d'avoir commis un inceste avec sa fille, comme le font certains de ses ennemis. Il n'aimait pas sa femme! (c'est trop dommage). Mais ils ne peuvent nier qu'il ait été capable de profonde affection. Il avait vingt-sept esclaves! Mais comment les traitait-il? Avec quelle générosité et quels soins et quelle bonté! Combien sont amusantes, dépourvues d'affectation, humaines, ses relations avec les deux garçons — le fils et le neveu.

Oh! il faut que je m'arrête. Mais je vais essayer de lire Carcopino.

En attendant, je dois vous avouer une petite aventure qui m'est arrivée. Il doit y avoir une quinzaine d'années, je vous ai montré le manuscrit d'un récit [1]. Comment ai-je pu être aussi stupide? « Ariane, ma sœur [2]... » Je ne savais pas, ou je n'avais pas compris que c'était assez pour que le héros et fondateur de villes vous « débarque » (Nous ne voulons pas dans nos villes de femmes qui écrivent!) sur l'île de Naxos. En tout cas, j'en avais un exemplaire, je l'ai relu et ne l'ai pas trouvé si mauvais, et l'an dernier je l'ai emporté

---

1. Il s'agit d'*Olivia*. Voir tome II, lettre 656.
2. *Phèdre*, I, 3, v. 253. Voir plus loin, lettre 1032.

à Londres. Je l'ai montré à trois personnes — toutes des femmes — l'une d'elles était Rosamund Lehmann. Elles m'ont étonnée par la — presque — violence de leur approbation, surtout Rosamund, et par écrit, dans des lettres aussi, pas seulement en paroles. « C'est, a-t-elle dit, une œuvre littéraire beaucoup trop bonne pour la laisser perdre. Il *faut* publier ce récit. » Et elle m'a persuadée de le montrer à son frère John. Lui aussi montre de l'admiration. Il aimerait le publier, mais de petits livres se vendent mal ces temps-ci, etc. et il m'a offert une place dans un beau magazine qu'il publie, avec des œuvres de tous les gens à la mode, les Sitwell, Bowen, etc.[1]. Mais ce n'était pas du tout mon idée et je l'ai envoyé à Leonard Woolf qui a fait fusionner la Hogarth Press avec la grande maison d'édition Chatto & Windus. Je me suis dit : C'est un homme, il ne va pas aimer ça et cela m'évitera d'autres ennuis. Mais lui aussi m'a surprise, car il a été plus enthousiaste que tous les autres : « Amusant, terriblement émouvant, les personnages sont dessinés de façon *superbe*... » Et, d'habitude, il n'est pas du tout expansif. *Mais* il doit montrer ça à ses trois partenaires. Il vient de m'écrire qu'ils sont tous de son avis, ils sont « enthousiastes » et tous désirent beaucoup le publier; il joint un contrat qui me semble contenir des termes très favorables, et espère publier mon texte cet automne. Ainsi, cher ami, vous aurez peut-être la gloire d'avoir rejeté deux auteurs à succès — Proust et votre servante[2]! Mais vous ne m'écrirez pas une lettre aussi gentille qu'à lui[3]. *P.S.* Mon livre sera anonyme et, *je vous le demande, n'en parlez à personne* — encore que je l'aie dit à Roger.

J'apprends que vous allez rentrer en voiture à Paris — quand il fera plus chaud, j'espère. (Combien je souhaite que ce puisse être en passant par Nice.) Et vous prendrez alors

1. Il s'agit de *New Writing*, fondé en 1936 par John Lehmann, de 1931 à 1946 l'associé de Leonard Woolf à la Hogarth Press.
2. *Du côté de chez Swann* avait été refusé par la N.R.F. et parut chez Grasset (1913).
3. La lettre qu'il adressa à Proust le 11 janvier 1914 a été publiée dans les *Œuvres complètes*, tome VIII, pp. 377-378.

votre décision au sujet de l'Amérique. Une très gentille lettre de la Petite Dame et aussi de Beth avec des nouvelles de vous. J'espère que M. Heyd continue à se remettre. Pas besoin de me répondre. S'il y a des nouvelles, je les saurai sans aucun doute.

Votre
D. B.

1031. – ANDRÉ GIDE À DOROTHY BUSSY

27 Février 48.

Chère amie

Amrouche est ici depuis avant-hier — je m'échappe un instant pour vous écrire et voudrais le faire tout à loisir, car votre lettre du 23, reçue hier, est des plus exaltantes. Il faut bien que je le confesse, je n'ai gardé *aucun* souvenir de cette lecture dont vous me parlez (et ne comprends pas bien si votre allusion à « Ariane, ma sœur » touche le sujet même de votre récit ou seulement le « débarquement » de votre manuscrit...) En revanche, j'avais, l'an passé, relu *avec ravissement* votre tragédie écolière [1]; elle m'avait paru excellente; je l'avais fait lire à plusieurs, ne prenant pas mon parti de la voir enterrée vive... Vous en avais-je alors reparlé? je ne sais plus. Si maintenant vous êtes invitée à publier le récit, ne peut-on y joindre la pièce? Et pourquoi diable ne consentiriez-vous pas à ce que ce soit sous votre vrai nom? ainsi que pour les *Nursery Rhymes*... Et que les 3 paraissent en même temps, ou presque.

Oui, cela est très exaltant; et si cela pouvait coïncider avec l'exposition de Simon et son succès... Je me propose de m'en

---

1. *Miss Stock.* Voir tome II, lettre 584, note 1, et lettre 595, note 1.

occuper, sitôt de retour à Paris, et cela va hâter mon retour. Mais je ne me sens pas du tout solide. Je vous ai fait part (ou à Roger, avec prière de vous les redire) des très séduisantes propositions américaines; mais se lancer dans cette aventure serait folie; je m'en persuade de plus en plus et déjà me suis presque dégagé.

Tout ce que vous me dites de Cicéron me paraît extrêmement juste. Henriot est un médiocre et je suis loin d'approuver son article : j'aurais dû vous l'écrire en vous l'envoyant. Mais j'ai pensé que, tout de même, il vous intéresserait. Je crois que je serais entièrement de votre avis, si seulement je connaissais mieux Cicéron; mais je le trouve horriblement difficile; bien plus que Virgile dont je viens d'achever de relire, d'un bout à l'autre, une fois de plus (la 6ème je crois) *l'Énéide*. Je vais reprendre le Xe livre (puisque c'est là que vous en êtes) en songeant à vous.

L'impression est toute différente lorsqu'on parvient à le relire presque couramment; ces dénombrements de l'armée sont des allegros qui perdent énormément à être exécutés en adagio ou en andante. Ah! je voudrais me sentir moins fatigué pour pouvoir vous en parler longuement! et moins requis sans cesse par de menues obligations quotidiennes, que renouvelle chaque courrier...

Les Heyd, ici, vont de calamité en calamité. Après l'opération très grave du père [1], appendicite aiguë du fils aîné, opéré d'urgence; et de ce côté du moins tout va bien. Tout allait bien aussi pour le père; mais sitôt de retour at home (il y a trois jours) une atroce névrite du maxillaire, à la suite d'une rage de dents si violente que, au milieu de la nuit, on avait dû l'extraire de la clinique, l'empaqueter dans des couvertures et l'emmener chez le dentiste qui d'urgence arracha une grosse molaire. Il n'a pu tenir le coup que grâce à de trop fréquentes injections de morphine, pantopon, décloral, etc... Il semble aller un peu mieux ce matin; enfin! Avez-vous appris la mort lamentable de Madame

---

1. Trois semaines plus tôt, Richard Heyd avait dû subir d'urgence une opération au foie.

Henri Michaux, brûlée vive? Lamentable situation conjugale de Marc Allégret (qui est venu passer deux jours près de moi). Ce serait trop long à vous raconter. Je n'en peux plus; juste encore de quoi vous embrasser bien fort.

A. G.

1032. – DOROTHY BUSSY À ANDRÉ GIDE

Début mars 1948 [1]

Très cher Gide,

c'était gentil (ô ombre d'Henry Tilney [2]!) de recevoir une vraie lettre de vous après cette longue abstinence. Mais vous savez bien que j'aimerais mieux ne pas avoir de lettre, que de penser que vous vous êtes trop fatigué à écrire.
Les pauvres Heyd! Quelle période affreuse pour vous tous. Terrible pour eux, et pas très reposant pour vous.
Vous parlez d'une exposition de Simon. Il a écrit à Charpentier voilà quelque temps, pour demander si on pouvait lui suggérer une date, mais n'a pas encore eu de réponse. En avez-vous entendu quelque chose? Ainsi, Amrouche va vous ramener à Paris. Et nous saurons alors votre décision au sujet de l'Amérique. Vous savez ce que j'en pense. Mais je ne vous le dirai pas, de crainte que cela ne vous encourage à faire le contraire. « Ariane, ma sœur » — combien c'était à propos de ma part! Pourquoi Thésée ne l'a-t-il pas aimée et l'a-t-il fait débarquer? Simplement parce qu'elle aimait la poésie et qu'elle a essayé d'écrire elle-même. J'ai été imprudente moi-même à cet égard, quoique certainement très peu.

1. De la main de Gide.
2. Personnage de *Northanger Abbey* (1818), roman de Jane Austen, qui se plaît à affecter une certaine désinvolture.

La petite œuvre que vous avez si complètement refoulée, quand vous la relirez, comme j'espère vous le ferez un jour, ne rendra que trop claire a) la raison pour laquelle vous ne l'avez pas aimée et b) la raison pour laquelle je désire que cela reste anonyme.

C'était un effort très sérieux — pas comme la pièce, qui n'était qu'un divertissement. Vous pourriez tout aussi bien suggérer de publier le *Treizième Arbre* dans le même volume que la *Porte Étroite*.

J'ai commencé cette histoire avec une très haute ambition — comme quelque chose d'inaccessible. Comme ceux qui regardent l'Himalaya et rêvent de l'escalader. Mon rêve était d'ajouter un autre livre à cette série si particulière que composent la *Princesse de Clèves, Adolphe, Dominique, Werther, Volupté* et la *Porte Étroite*. Une expérience personnelle — presque rien d'autre qu'une expérience personnelle, transfigurée, transformée par le souvenir, par la connaissance de la vie, par la piété, par un douloureux amour de l'art. Cela devait être simple, direct, d'une absence d'affectation proche du dénuement, n'avoir qu'un centre unique vers lequel chaque mot convergerait, pas un personnage qui ne serait essentiel, évoluer vers un apogée qui devrait être tragique, puis s'éteindre et s'effacer, comme la vie elle-même, dans une paix mélancolique. Tel était mon violent désir — un échec, bien sûr, et quand, Ariane insensée, je vous l'ai montré, votre commentaire s'est borné à trois mots écrasants : « Pas très entraînant. » Pourtant, d'après les réactions des trois ou quatre personnes à qui je l'ai montré depuis, je pense que ce ne peut pas être un échec *total*. J'ai exprimé *une partie* de ce que j'ai désiré dire. Et en tout cas, tous ont dit qu'après avoir commencé ils n'ont pas pu le lâcher. Mais, bien que tous ceux qui me connaissent me reconnaîtront immédiatement pour l'auteur, c'est trop intime pour que je veuille y mettre mon nom. Et veuillez croire qu'étant donné la grande importance que j'attache à votre opinion, je préfère de beaucoup que vous l'ayez complètement oublié, que de vous en souvenir vaguement comme d'une chose sans intérêt; et qui plus est, je suis heureuse d'avoir attendu si longtemps avant de souhaiter — mais est-ce que je le souhaite vraiment? — le publier. Je vous sais gré de cela comme de tout le reste.

Je vais continuer à lire le Livre X avec un plus grand plaisir si je sens que vous m'accompagnez effectivement — pas seulement que vous me précédez. Je dois vous dire que je suis en ce moment sans traduction, et déchiffre sans aucune autre aide que les notes du petit volume que vous m'avez donné; comme toutes les notes, celles-ci m'exaspèrent en expliquant des choses parfaitement claires et en faisant de longues remarques grammaticales, quand tout ce qu'on désire savoir, c'est *le sens*. Pourtant, j'ai été capable d'apprécier, de temps en temps, vaguement je l'admets, ce que Charlie appelait le « tempo » de la bataille.

Je suis très contente que vous ne défendiez pas Henriot parlant de Cicéron et je suis sûre que vous vous trompez quand vous croyez celui-ci plus difficile que Virgile. Vous vous êtes laissé arrêter dans les premières lettres par des questions d'ordre financier posées à son banquier — semblables à des propos modernes sur les cours de la bourse, incompréhensibles pour le profane, et vous n'êtes pas arrivé à celles qui sont vraiment intéressantes. Mais nul doute que s'il est plus intéressant pour le psychiatre, il l'est moins que Virgile pour le poète.

Je ne savais rien au sujet de Mme Michaux, et ne la connaissais pas personnellement. Cela semble horrible. Et je regrette beaucoup que Marc soit malheureux.

Nous avons ici un temps merveilleux et allons tous très bien.

    Toujours votre

              D.

1033. — ANDRÉ GIDE À DOROTHY BUSSY

8 mars 48

Bien chère amie

Votre longue exquise lettre me revient ce matin de Neuchâtel. Comme elle n'est pas datée par vous, j'inscris en tête : début de mars — et la conserve, plus précieusement encore que mainte autre de vous. (Du reste, je les conserve toutes, serrées dans un coffret particulier.) Madame Théo écrivait hier à Roger pour lui (et vous) donner de mes nouvelles, et m'excuser de ne pas écrire moi-même (à peu près complètement *incapable du moindre effort;* — aucune douleur; mais je ne me sens bien qu'étendu *et ne pensant à rien;* le livre que je tâche de lire (à la seule exception de Virgile) me tombe des mains au bout de cinq minutes — les caractères dansent; je ne comprends plus — Je ne désespère pas d'aller un peu mieux dans quelques jours — mais en attendant je ne puis que vous embrasser bien fort et tendrement

A. G.

Et j'aurais tant à vous dire!...

Di Jovis in tectis
    iram miserantur inanem
Amburum, *et tantos mortalibus esse labores!*
                X 758 [1].

---

[1]. « Les dieux, dans les demeures de Jupiter, ont pitié de la colère vaine de tous deux, et des énormes labeurs des hommes. » *Énéide,* X, 758.759.

[D. B. à A. G. 15 mars 1948

Toujours pas de réponse de Charpentier. Gide sera-t-il à Paris au début de mai?]

[7 avril 1948

Elle a appris que Gide allait acheter une maison à la campagne. Conférence à Nice de Raymond Mortimer, qui est très heureux de sa légion d'honneur. Elle a trouvé le livre de Béatrix Beck « plein de talent et très étrange, avec tous les défauts de l'écrivain moderne, dont le pire est qu'ayant trouvé un bon filon elle l'exploite trop longuement ».] [1]

1034. – ANDRÉ GIDE À DOROTHY BUSSY

9 Avril 48

Chère amie

L'idée de vous revoir à Paris me fait battre le cœur. Pour ce qui est de cette question d'hôtel, je vais en référer à Mme Théo : je ne sais encore ce qu'elle en dira, mais je sais que, *pour moi*, ce sera une grosse déception de ne pas vous sentir toute présente — et d'autant plus que je bouge plus malaisément et que la marche me met presque aussitôt hors d'haleine. Ajoutez que, à peu près incapable de travail, j'ai presque tout mon temps à donner — et que j'ai obtenu de Davet qu'elle ne vienne plus que pour deux heures et qu'un jour sur deux. (Refroidissement, de ma part, à la limite de la congélation!)

Malgré ma quasi-indisponibilité, je me suis beaucoup

1. *Barny*, Gallimard, 1948.

occupé de Simon depuis mon retour et si pas écrit plus tôt c'est que je voulais avoir du précis à dire. Mais j'ai la presque assurance que Charpentier (son représentant) va écrire lui-même à Simon. Il semble que *très sérieusement* il ne puisse disposer de ses salles annexes aussitôt; mais, un peu confus de décevoir sur ce point, tient d'autant plus à cœur de s'engager de manière ferme pour *la 1ère* exposition après les vacances. Il n'y aurait (comme conditions) rien à payer; simplement il toucherait un « percentage » sur les ventes. Souhaiterait beaucoup faire, d'un coup, une exposition *double,* (si je puis dire) c'est-à-dire : présenter au public, en plus des toiles que Simon se proposait de lui confier, d'autres (pastels ou études) de périodes très diverses, susceptibles d'éclairer le public et de l'intéresser en ne lui montrant pas une seule face ou facette de la production d'un artiste qu'il ne peut *découvrir* tout entier d'un seul coup. Quand vous recevrez cette lettre, peut-être Simon en aura-t-il déjà reçu une de Charpentier. Curieux (je suis) de connaître les propositions de celui-ci et de pouvoir juger si conformes aux annonces reçues. Je voudrais tant que cela réussisse [1] ! Enfin il profiterait (Charpentier ou son représentant) du passage de Simon à Paris au début de mai, pour convenir de tout avec lui et commencer à réunir les œuvres. Il importerait que figurent quelques œuvres où l'on pût dire déjà « appartient à...Vic. de Lestrange, ou A.G. ou X ou Y... » de manière à exciter le public. Je crois cela de tactique excellente. Ne donnerait-il pas aussi quelques portraits? (Je songe en particulier à l'extraordinaire Lady Otteline, si... exciting – ou Lytton, ou moi-même) Ceci en *appendice* ou supplément du corps de l'exposition projetée telle qu'il la voyait d'abord.

Ne dites pas à Simon que, de plus, j'ai obtenu de moi-même quelques pages de présentation; car je ne voudrais pas qu'il pût croire que mon intervention ait en rien assuré la victoire.

1. Voir à ce propos l'échange entre Gide et Martin du Gard, dans la *Correspondance,* II, pp. 397-400.

Que vous dire d'autre aujourd'hui? Vais-je un peu mieux? Peut-être... Certaines nuits d'angoisses nerveuses et cardiaques assez pénibles. Hier j'ai hasardé une sortie à pied, qui a failli mal tourner; mais surtout, ce dont je souffre c'est d'une imbécillité grandissante. Je m'étais engagé à envoyer à la Johns Hopkins University une contribution... que je suis incapable de mener à bien — Nommé néanmoins (à l'unanimité) Doctor Honoris Causa à l'U. de Columbia. Tout cela vient quand cela ne me fait plus aucun plaisir. Mais je crois que Claudel ramollit encore plus vite que moi.

Cet article sur votre ami Cicéron vous intéressera peut-être [1].

Au revoir. J'aurais encore tant à vous dire; mais Amrouche attend cette lettre pour la jeter à la poste.

Mille affectueux souvenirs à Raymond Mortimer. Je m'étais tout à fait fâché pour son ruban rouge [2]; mais votre lettre me laisse croire que c'est chose faite et j'applaudis.

Votre
A. G.

Ravi du chèque Poussin!

1035. — ANDRÉ GIDE À DOROTHY BUSSY

11 Avril 48

Post-scriptum à ma lettre d'hier — car j'avais laissé sans réponse une question fort importante : celle de votre séjour à Paris.

La Petite Dame pressentie m'a prié de vous dire qu'elle ne serait que contente (et *très* contente) de vous héberger,

---

1. Cet article ne se trouve pas parmi les lettres.
2. Voir ci-dessus, lettre 1018.

vous et Janie quatre ou cinq jours. (Quant à la chambre à côté de la mienne, elle reste toujours à la disposition de Simon.) La seule restriction porterait sur les repas, à quoi la Turque ne pourrait suffire; mais si vous logez à l'hôtel vous seriez également forcés de les prendre au-dehors. Je ne voudrais donc pas qu'une excessive discrétion vous retînt de vous laisser héberger au Vaneau (mais, dans ce cas, prière de préciser le plus tôt possible la date de votre arrivée. Si, pour quelque raison que ce soit, vous préfériez l'hôtel, je sais qu'il en est un (petit mais qu'on me dit pas mauvais du tout) rue Vaneau même — id est : très près; et je vais, après-demain, m'informer des conditions et vous les écrire ainsi que l'adresse. Je redoute, je vous l'avoue, la distance du Lennox; (informations prises : sensiblement plus coûteux).

Dernière heure = chambre 2 lits au Lenox (ou Lennox) 350, à l'hôtel Vaneau (85 rue Vaneau) 300 — Je passerai voir. 340 avec salle de bains — c'est-à-dire un peu *moins* cher qu'au Lenox — Renseignements pris par téléphone —

Bien qu'affranchie déjà, je rouvre mon enveloppe pour un second P. Sc.

Profitant d'un temps splendide, j'allais jeter moi-même ladite enveloppe à la poste; mais d'abord visite aux hôtels de la rue Vaneau (il y en a 4) — Celui dont je parlais, « Hôtel Vaneau » est à l'autre extrémité de la longue rue. Pas eu assez de souffle pour pousser jusque-là; d'autant que le 1er visité, le plus près, m'a séduit *(Hôtel de Suède)* et je doute que l'on puisse trouver mieux : propreté plus que parfaite, rien que d'agréable et de plaisant — prix au-*dessous* de ceux du Lenox — voir carte ci-jointe — Donc inutile de vous parler de l'Hôtel Jeanne d'Arc — dont le vestibule m'a paru infranchissable, repoussant, ni du *Bon Hôtel* (conditions à peu près les mêmes que le *Suède* mais beaucoup moins plaisant — patronnes comprises).

Mais, encore une fois, n'hésitez pas à préférer le 1 bis, si aucune autre raison que la discrétion.

Si toutefois vous optez pour le très recommandable H. de Suède, ayez soin de prévenir assez tôt, car ils n'ont que

peu de chambres — et des « habitués », car bon pour séjours
prolongés.

A. G.

[D. B. à A. G. 13 avril 1948

Plans pour le séjour à Paris. Charpentier propose de faire
l'exposition de Simon au début d'octobre.]

[16 avril 1948

Détails au sujet de cette exposition.]

[29 avril 1948

Confirmation de leur arrivée.]

1036. — DOROTHY BUSSY À ANDRÉ GIDE

51 Gordon Square [1]
29 mai 1948

Très aimé Gide,

j'aurais dû vous écrire voilà des siècles, mais me suis
trouvée plus ou moins intimidée! Je ne peux pas vous écrire
comme si vous étiez n'importe qui, et si je ne vous écris pas
sous l'effet d'une impulsion irrésistible, il y a toujours des
arguments apparemment irréfutables qui s'opposent à ce
que je le fasse.

1. Les Bussy ont été à Paris du 6 au 11 mai, Dorothy au Vaneau,
Simon et Janie à l'Hôtel de Suède.

Il faut pourtant les surmonter d'une façon ou de l'autre, je ne dois pas penser à ce grand coffret secret qui me remplit de terreur! Je ne dois pas craindre de vous ennuyer et de vous fatiguer. Je ne dois pas me rappeler que vous avez un « cœur » (médiéval) ou vous soupçonner de n'en pas avoir (sentimental). Simplement aller de l'avant (« passer outre », quelle devise commode!) et d'abord vous remercier pour les deux livres que vous nous avez envoyés, en particulier pour la *Correspondance* de Jammes [1]. Hautement édifiante! Pauvre Jammes — un être magnifique, détruit, dévoré, déformé par la tumeur terrible de la vanité (pas même l'« orgueil ») contre quoi rien dans sa nature, dans son cerveau, ne pouvait le défendre. Les reproductions de vos deux écritures sont extraordinairement révélatrices. Toute l'histoire de votre développement se trouve dans la vôtre — peut-être un peu trop « soignée », trop exquisément élégante, tous les défauts, toute l'insouciance naturelle refoulés sans merci.

Nous nous réinstallons dans notre vie londonienne que j'aime beaucoup. Je crois, j'espère que les deux autres l'aiment aussi. J'ai rencontré Sir Kenneth Clark, qui a été pendant plusieurs années directeur de la National Gallery. Il a dit qu'il avait fait partie d'un Comité International pour les collections d'art qui se réunissait à Paris et que vous en étiez le membre le plus respecté et qu'il était toujours d'accord avec vos opinions. Je lui ai demandé s'il connaissait votre *Poussin* et il s'est répandu en louanges tout à fait éloquentes. Je vous dis cela parce que vous me semblez d'une modestie un peu excessive quant à votre réputation comme critique d'art.

Vous avez certainement vu Roger ces temps-ci et il a dû vous dire qu'il n'avait pu retrouver la lettre de remerciements de Valéry pour le « Serpent » de Simon [2]. Je croyais savoir où elle se trouvait. Je me demande s'il a parlé de mon récit. J'aimerais vous envoyer un exemplaire, mais ai beau-

---

1. Il s'agit de la *Correspondance Francis Jammes-André Gide (1893-1938)*, préface et notes par Robert Mallet, Paris, Gallimard; l'achevé d'imprimer est du 14 janvier 1948.
2. Voir ci-dessus, lettre 1018, p. 463, note 1.

coup de peine à surmonter mes hésitations. Vous serez probablement aussi sévère à son sujet qu'à propos du livre du Père Valensin. « Il n'y a rien là-dedans. Rien. *Rien!* » En tout cas, ce n'est pas catholique! Et ce ne sera pas recommandé par M. Rousseau *(sic)* [1].

Je n'ai pas vu l'article de Jean sur Mme Desjardins dans le *Figaro Littéraire*, je crois du 15 mai [2]. Croyez-vous que Mme Davet aurait la gentillesse de me le trouver?

J'espère que vous avez eu plaisir à montrer la nouvelle propriété à votre jeune couple et qu'ils l'ont aimée autant que vous l'espériez. Les travaux y ont-ils déjà commencé [3]?

J'ai eu une légère déception avec ma traduction de votre conférence de Beyrouth. Vous m'avez autorisée à la faire voilà un an et Connolly devait la publier dans son *Horizon*. Et puis je n'en ai plus entendu parler, jusqu'au jour où il m'a dit qu'une autre traduction avait paru récemment, à sa grande consternation, dans une autre revue, le *Cornhill* [4]. Est-ce que vous ou quelqu'un d'autre a pu en donner l'autorisation? Est-ce que Jean Lambert saurait quelque chose à ce sujet, ou bien s'agit-il simplement d'un pirate?

Adieu, mon très cher ami. J'espère que vous allez assez bien. Croyez bien que, quand je n'écris pas, je pense à vous d'autant plus.

Votre
D. B.

S. et J. vont bien, S. travaille comme d'habitude au Zoo, J. combine comme d'habitude la société et les soins ménagers.

1. André Roussaux était le principal critique du *Figaro Littéraire*.
2. Il s'agit de l'éloge de Mme Desjardins qui venait de mourir : « L'Abbesse de Pontigny », à la première page du *Figaro Littéraire* du 15 mai 1948.
3. La maison, dans la vallée de Chevreuse, que Gide nomme « La Mivoie », du nom de la maison de campagne de sa grand-mère Rondeau.
4. Le seul texte de Gide à paraître dans *Cornhill* est « Le Dialogue français », publié en français, dans le numéro d'hiver 1946, pp. 200-201. Voir ci-dessous, lettre 1044.

1037. – DOROTHY BUSSY À ANDRÉ GIDE

31 mai 1948

Cher Gide,

je vous ai envoyé ce matin un exemplaire de mon *Olivia* [1]. Je suis remplie de remords à ce sujet et vous supplie de ne pas vous croire obligé de perdre du temps à le lire, et encore moins à écrire. Mais un de ces jours demandez à Davet d'en faire un paquet et de me le retourner.
Justin O'Brien m'a envoyé le second volume du *Journal*. Je trouve que c'est meilleur que le premier, et même tout à fait bien. Encore qu'on ait pris beaucoup de peine pour l'Index, il arrive qu'il me fasse frémir quelquefois.
Votre fidèle

D. B.

1038. – ANDRÉ GIDE À DOROTHY BUSSY

OVERSEAS TELEGRAM

Dorothy Bussy   51 Gordon Square   Londres

AUSSI PÉNITENT ET CONFUS QUE POUR PROUST   GIDE

1. En manuscrit.

1039. – ANDRÉ GIDE À DOROTHY BUSSY

5 juin 48

Bien chère amie

J'étais si fatigué, hier, après avoir achevé ma lecture — et si accablé par elle — que j'ai remis ma lettre au lendemain et me suis contenté d'une dépêche provisoire. J'ai lu, j'ai englouti le tout en deux longues séances de plusieurs heures, « toutes affaires cessantes », avec avidité, avec délices, angoisse, enivrement... Tout à la fois je reconnaissais tout et je découvrais tout; car tout s'animait à neuf; de lettre morte devenait vie palpitante, chair souffrante, à la fois poésie et réalité. Quelles écailles avais-je sur les yeux, à ma première lecture? Freud seul pourrait le dire et l'expliquer peut-être. Car rien de comparable à mon erreur première avec Proust (malgré ce qu'en dit ma dépêche) : Je n'avais qu'« entrelu », et d'un œil hostile, quelques pages du *Temps Perdu*. Ici, je reste sans excuse autre que celle de l'amitié; oui : de la prévention amicale... Mais inutile d'y revenir : ceci seul reste, c'est que votre *Olivia* me paraît un extraordinaire récit, des plus accomplis et parfaits qui se puissent, d'émotion, de mesure et de tact, de lyrisme secret, de *retenue* dans l'indiscrétion, de sagesse acquise « à la réflexion », de tempérance dans l'ardeur (sans que celle-ci en soit aucunement diminuée) d'éloquente réserve, à la fois de pudeur et d'aveu...

Osons pourtant une petite critique : Cette phrase, ces quelques mots du dernier chap. me déplaisent : « She had been disgusted [1]. » — Vous pouviez être sincère en le pensant alors; vous ne l'êtes sans doute plus en l'écrivant. Vous savez bien que ce n'est pas le dégoût qui cause son retrait, à elle, mais la peur; peur d'elle-même et de l'entraînement

---

1. « Elle avait été dégoûtée. »

qu'elle entrevoit. Et vous me paraissez bien plus dans le vrai lorsque vous vous demandez : au nom de quoi cette résistance ? Une autre phrase de vous l'exprime presque cyniquement, excellemment; et il eût été fâcheux d'insister : j'admire *l'art* de tout le récit.

Je vous embrasse bien fort et tendrement

André Gide.

Il ne faut pas garder ce petit CHEF-D'ŒUVRE sous le boisseau.

1040. – DOROTHY BUSSY À ANDRÉ GIDE

9 juin 1948

Très cher Gide,

merci pour votre lettre. Je suis contente qu'Olivia, après tant d'années de patience, ait enfin réussi à vous toucher, comme elle l'aurait souhaité.

Est-ce que vous reconnaissez, je me le demande, que c'est votre présence dans ma vie, votre enseignement, votre exemple auxquels elle doit d'exister?

A présent, reposons-nous de penser à Olivia.

Votre
D.

9 juin
10 1948

Très cher Gide,

votre télégramme, reçu ce matin, m'a beaucoup réconfortée et m'a fait rire de tout cœur. Ainsi, j'irai à la postérité accolée à Proust dans une de vos formules immortelles! Mais, mais, mais... Devinez-vous ce qu'est ce mais? J'espère que non. Janie est partie pour le week-end. Simon travaille au Zoo, même un dimanche matin. De sorte que je reste à flâner à la maison sans rien d'autre à faire que de vous envoyer mon affection.

Votre
D. B.

1041. — ANDRÉ GIDE À DOROTHY BUSSY

Torri del Benaco [1]
Lago di Garda
11 août 48

Chère amie

Quelqu'un, retour d'Angleterre, nous disait hier qu'il a fait, à Londres, encore plus chaud que sur les bords du Lac de Garde. Dans ce cas, je vous plains; ces jours derniers (et autant dire depuis notre arrivée ici, il y a une quinzaine) la température est accablante, annihilante. Puisse-t-elle à vos yeux excuser un peu mon silence. Le peu d'activité de mon cerveau, je le réservais pour mon travail avec Pierre Herbart qui est venu ici me rejoindre. Je ne sais plus si je vous ai déjà dit que nous élaborions un scénario d'après mon *Isabelle*. Ce qui n'est pas facile, car il faut inventer et développer tout ce qui n'est qu'à peine indiqué dans le livre. Mais travail très intéressant — que Marc Allégret viendra revoir et mettre au point avec nous dans quelques jours [2].

1. Gide est en compagnie de Pierre Herbart.
2. Ce projet, entrepris par Marc Allégret pour Edouard Gide et la société Gibé (responsable du film de *La Symphonie pastorale*), ne se réalisera pas. Déjà en 1946, aidé par Pierre Herbart, Gide travaillait à un scénario d'*Isabelle*. (Voir *Journal*, Pléiade, p. 306.) Il sera repris par

[août 1948]

Sans doute serai-je rappelé à Paris avant la fin de Sept. Je veux être là pour l'ouverture de l'exposition de Simon. A-t-on précisé la date?
Et aussi veiller à ce qu'ils ne s'endorment pas, à la N.R.F. pour la publication de votre livre [1]. Pour l'instant, tout semble engourdi dans une sorte de torpeur estivale. On vit comme hors du temps.
La petite dame fait sa cure annuelle à Mondorf (Luxembourg). Les Lambert sont encore à Ascona. Catherine s'apprête à me donner un nouveau petit-fils [2].
Calme plat partout — et dans ma tête et dans mon cœur...
Le moindre billet de vous ferait battre ce cœur qui s'endort. Répandez autour de vous mes affectueux messages — et gardez pour vous les meilleurs.

Votre
André Gide.

1042. — DOROTHY BUSSY À ANDRÉ GIDE

51 Gordon Square
15 août 1948

Bien-aimé Gide,

.... [Simon et Janie, partis pour peindre dans le Pays de Galles, sont revenus à cause du mauvais temps]........................

Jean Cocteau, mais sans résultat. (Voir Arthur King Peters, *Jean Cocteau and André Gide*, New Brunswick, Rutgers University Press, 1973.) Le scénario de Gide et Herbart sera finalement porté à la télévision par Jean-Jacques Thierry le 24 février 1970. (Voir *Bulletin des amis d'André Gide*, n° 7, avril 1970, pp. 10-11.)
1. Les *Fifty Nursery Rhymes*.
2. Ce sera une fille : Dominique, née le 19 décembre 1948.

Que vous dire d'autre? Une terrible querelle avec Roger; il est si féroce que je ne peux résister à essayer de me défendre — surtout parce que je suis en désaccòrd total avec la plupart des choses qu'il dit. En dépit de toutes mes prières et protestations, il a entrepris de traduire mon *Olivia* [1]. Il n'a que des louanges pour l'ensemble, mais que violentes critiques pour le chapitre d'introduction. Comme j'aimerais vous consulter à ce sujet! Une des choses extraordinaires qu'il prétend, c'est que *je n'ai pas le droit* de dire dans une préface que l'histoire est vraie, quand je sais parfaitement bien qu'une grande part en est inventée! Venant de l'auteur de *Confidence Africaine,* cela me paraît un peu fort! Mais c'est le moindre de ses reproches. En fait, c'est moi qui lui ai dit que les derniers épisodes étaient inventés. Il ne l'avait pas découvert lui-même. Je suppose qu'il n'a jamais lu *Robinson Crusoé,* etc.

J'ai fait de mon mieux pour le calmer en apportant quelques corrections, mais je ne veux pas sacrifier toute ma préface qui contient des choses que je tiens à dire, et je me dis que si vous aviez écouté ses objurgations, nous aurions sans doute perdu les trois quarts de votre œuvre! Entretemps, le livre est sous presse et Duncan Grant a été chargé de dessiner la jaquette. C'est un grand compliment, car Duncan est un des plus connus parmi nos peintres contemporains.

.... [Gide accepterait-il de la laisser traduire *Feuillets d'Automne* pour la revue *Transition?*].............................

Bravo, Catherine! Je me rappelle que vous m'avez dit un jour (dans la charmille de Pontigny) que vous étiez une « fin de race ».

Y a-t-il un seul mot dans cette lettre qui fera battre votre

---

1. Olivia par « Olivia », traduit par Roger Martin du Gard et l'auteur, avec préface de Rosamund Lehmann, paraîtra au printemps 1949, chez Stock.

cœur? Non, pas un seul. Mais il y en a un qui fait battre le mien.
Messages affectueux de S. et de J. Tous deux vont bien.

Votre
D. B.

Alix Guillain[1] est venue quelques instants l'autre jour et nous avons passé la plupart de ces instants en récriminations contre Gallimard!
Miss Pell va se marier. Hourra!

1043. — ANDRÉ GIDE À DOROTHY BUSSY

22 Août 48
Torri del Benaco
Lago di Garda
basta!
adresse suffisante

Chère amie

Je n'ai de force que pour quelques lignes, (encore bien mal remis d'une otite, avec crevaison de tympan, et de l'inquiétante fatigue de cœur qui s'ensuivit) en réponse à votre excellente du 16 aug. reçue à l'instant. Je cherche donc le plus important, ou plutôt : le plus urgent : Ravi de votre proposition de traduire mes *Feuillets d'automne* pour *Transition*[2].
Roger n'a aucun droit de mutiler le début d'*Olivia*.
Cyril Connolly's... what about my Beyrouth lecture[3]??
.... De tout mon cœur bien fatigué, I love you,

André Gide.

1. Voir tome II, lettre 629, note 3.
2. « Autumn Leaflets », dans *Transition* : Forty-Eight, n° 4, pp. 5-13.
3. « ...et ma conférence de Beyrouth? »

C'est à travers Lassaigne[1] que Simon devrait secouer Charpentier....

Je ne sais pas du tout si je vais être en état de voyager d'ici... longtemps. Ne quitte pas la chambre, où repos quasi absolu.

1044. – DOROTHY BUSSY À ANDRÉ GIDE

51 Gordon Square
28 août 1948

Très cher,

J'ai reçu votre lettre ce matin, avec les mauvaises nouvelles au sujet de votre cœur. Le mien en a ressenti une peine dont je voudrais qu'elle soulage le vôtre. Mais les choses ne s'arrangent pas ainsi dans ce monde. J'espère et suppose que Pierre Herbart est encore avec vous.

Merci pour votre permission de traduire *Feuillets d'Automne* et de les donner à *Transition*.

Roger m'a écrit une lettre très gentille. (Un des avantages de vieillir – pour une femme – c'est que vos amis hommes n'ont plus si terriblement peur de se montrer affectueux!) Ce que j'appelle, moi, « férocité », lui l'appelle « franchise ». Mais j'ai essayé de le calmer sans céder sur ce qui me paraît des points vitaux. Vous ai-je dit que Duncan Grant avait été chargé de dessiner la jaquette? Ce sera certainement une bonne publicité.

Avez-vous le droit de lire pendant votre repos forcé? Londres parle de deux livres. L'un est le rapport (textuel) des procès d'Oscar Wilde[2]. L'autre est du plus célèbre

---

1. Jacques Lassaigne écrivait la Chronique Artistique de *La Revue hebdomadaire* et dirigeait *L'Arche* avec Jean Amrouche.
2. *The Trials of Oscar Wilde*, etc., edited, with an introduction by H. Montgomery Hyde. London, W. Hodge, 1948.

romancier qui ait émergé depuis la guerre — Graham Greene. C'est un catholique converti et son dernier livre, *The Heart of the Matter*, aurait provoqué un schisme dans l'Église. On dit que les Jésuites, les Dominicains et les Chartreux soutiennent sa thèse, qui est qu'un homme ayant commis *tous* les crimes et péchés imaginables peut encore être un saint et découvrir le Ciel, et peut-être même l'obtenir sans absolution. Qu'en dit le Saint Père? Et quoi du Juge Suprême? Point d'interrogation. Nous en discutons tous.

Je crois vous avoir dit que Cyril Connolly nous avait joué un « sale tour » (qui mériterait un procès). Après avoir commandé, puis accepté ma traduction, il ne l'a jamais publiée. Soit, mais il s'est ensuite excusé en disant qu'il en avait été empêché parce qu'une autre traduction de la même conférence avait déjà paru dans un autre magazine. C'était faux; la vérité, c'est qu'une revue avait cité un court passage du texte français.

J'espère que toutes ces histoires ne vont pas vous ennuyer ou vous fatiguer. Cher Gide, en tout cas elles ne feront pas battre votre cœur comme une phrase de votre lettre a fait battre le mien ce matin. Mais ensuite, je me suis dit : « Il ne sait pas assez bien l'anglais pour se rendre compte de ce qu'il est en train de dire! »

Grands dieux, quelles folies, venant de votre amie qui a eu quatre-vingt-trois ans le 24 juillet. Née pour l'anniversaire de mon père, et par suite nommée par ma mère Dorothy, « le don de Dieu ».

D. B.

P.S. Encore un mot — un post-scriptum — le post-scriptum de ma vie. Je crois ces trois mots anglais de votre lettre. Je crois, je sais que vous les comprenez, que vous les pensez.

1045. — ANDRÉ GIDE À SIMON BUSSY

La Pax 4 Octobre 48
Mougins
Alpes-Maritimes

 Cher ami Simon

 Que je pense à vous bien souvent, cela n'eût pas dû me dispenser de vous écrire — et je me reproche beaucoup de ne point l'avoir déjà fait...
 Est-il trop tard (non, j'espère) pour vous redire que la chambre du Vaneau reste à votre entière disposition. Que je n'y sois pas moi-même (et combien je le regrette) ne doit en rien vous empêcher. Jean Lambert est averti; et, s'il est encore à Paris, vous saurez tous deux vous entendre de manière à ne point vous gêner; il occuperait *ma* chambre, vous, celle qui eut déjà souvent l'heur de vous abriter. Disposez également des soins de la Pommier, qui reste à mon service et dont j'ai réglé les gages d'avance.
 Un mot de la Petite Dame me rassure au sujet de « ces dames » que serait heureux d'héberger l'appartement contigu. Amen.
 Je m'étais bien promis d'être à Paris pour l'ouverture de votre exposition et m'en faisais fête; mais vous savez que je n'en puis prendre à mon aise avec mon cœur encore très flanchard; que je dois compter avec lui, loin de pouvoir compter sur lui... et que « je n'en mène pas large ». J'ai donc correspondu avec Amrouche-Lassaigne afin d'ancrer Charpentier dans ses bonnes dispositions et ses promesses... Mais, tout de même, ah! comme je préférerais être là.
 Avec vous de tout cœur

             André Gide.

N'hésitez pas à exposer également quelques toiles ou cartons plus anciens — « appartenant à »... que X. Y. ou Z. seraient disposés à vous prêter — (V^{tesse}. de Lestrange 3 rue Monsieur) entre autres — et Serpent de Valéry —

[D. B. à A. G. 18 octobre 1948

Elle essaye de dissuader Gide de venir à Paris, par crainte qu'il ne se fatigue, et suggère de l'héberger à Nice dès leur retour là-bas.]

1046. — ANDRÉ GIDE À SIMON BUSSY

Les Cigognes   16 Oct. 48
16 rue Maccarani
Nice

Cher Simon

Votre excellente lettre[1] ; une (par même courrier) de Nacenta[2] ; une, hier, de J. Lambert; une d'Amrouche... tout cela m'emplit de joie et de bon espoir. Heureux de vous savoir au Vaneau. Pourrai-je vous y rejoindre à temps pour le « vernissage »?? je ne sais encore; mais il se peut et je le souhaite de tout cœur. Pourtant cela n'a plus tant d'importance (sinon sentimentalement). La lettre d'Amrouche est au sujet de ma préface, que je l'avais prié de proposer au *Figaro*[3]. C'est contraire aux « usages », mais il m'a paru que je pouvais risquer cela, qui pourrait être assez... profitable.

1. Cette lettre manque.
2. L'un des directeurs de la Galerie Charpentier.
3. Le texte de cette préface au catalogue de l'exposition a été publié dans la *Correspondance André Gide-Roger Martin du Gard*, II, pp. 556-557. Elle a paru dans *Le Figaro* du 23-24 octobre 1948.

A bientôt peut-être et, quoi qu'il en soit, de tout cœur avec vous

André Gide.

« Les toiles arrivées d'Angleterre sont très remarquables et je suis persuadé qu'elles auront un grand intérêt pour le public parisien » — (R. Nacenta)

1047. – DOROTHY BUSSY À ANDRÉ GIDE

14 novembre 1948

Cher Gide,

depuis notre arrivée à Nice[1], nous avons eu le temps le plus merveilleux, glorieux, splendide; du matin au soir le soleil brille dans un ciel sans nuages, pas un souffle de vent ne vous fait frissonner, pas un ne ride la mer. Quelle absurdité de parler du temps dans une lettre! Mais la chose extraordinaire, c'est que (et ceci n'est pas une allégorie, mais la vérité) le même temps règne dans mon cœur. Calme, paix, clarté. Ai-je vécu si longtemps pour parvenir enfin à cet état? Non, ce n'est pas une allégorie, mais probablement une illusion. Mais j'ai appris à comprendre votre pensée quand vous disiez souhaiter mourir « complètement désespéré ». Sans espoir. Plus rien à attendre. Tous les espoirs, tous les désirs paisiblement éteints. Parce que satisfaits? Je ne sais pas. Plutôt parce que je me sens miraculeusement apaisée. Est-ce la vieillesse? Je ne le crois guère. Mon cœur peut encore battre, je peux sentir encore. Oh, non! Je ne suis pas encore insensible à la beauté, à l'exaltation, à la tendresse.

Mais peut-être que, quand le temps va changer comme il fera bientôt, mon paysage intérieur va aussi s'obscurcir. Et

---

1. Les Bussy étaient arrivés au Vaneau le 27 octobre; le vernissage a eu lieu le 29.

en tout cas, dès maintenant, il y a d'autres domaines où j'éprouve des émotions plus terre à terre.

J'ai été récemment amusée et heureuse d'apprendre que Leonard Woolf avait vendu les droits anglais de mon *Olivia* à une maison américaine dont les éditeurs l'ont acceptée avec un réel enthousiasme et veulent la faire paraître en mars prochain[1]. Il m'a transmis leurs lettres, écrites dans un bizarre américain, mais très satisfaisantes. Ils n'ont aucune idée si cela se vendra bien ou ne se vendra pas du tout, ou seulement un peu; mais, à leur avis, c'est « un des plus rares morceaux de belle prose qu'ils ont rencontrée depuis longtemps, profondément émouvant et parfois même presque terrifiant »! Que peut-on espérer de plus? Bien sûr, ce n'est pas la louange seule qu'on désire, mais la louange qui vient de ceux qu'on estime. Et où sont-ils?

Entre-temps, très peu de nouvelles de l'exposition — sauf que Segonzac a acheté trois pastels, ce qui a fait grand plaisir à Simon.

Pas de nouvelles de Roger jusqu'à présent.

Et vous? Comment allez-vous? Et *votre* cœur? Votre cœur que j'ai entendu battre l'autre jour... Chut!

Votre
D. B.

1048. — DOROTHY BUSSY À ANDRÉ GIDE

40 rue Verdi
5 décembre 1948

Très cher Gide,

je me demande comment vous allez. Roger nous a fait un rapport pas trop brillant quand nous l'avons vu après leur

---

1. *Olivia* paraîtra au printemps, à la Hogarth Press en Angleterre et chez Sloane en Amérique.

retour à Nice. Mais un ou deux jours plus tard il a téléphoné pour dire que, selon une lettre de la Petite Dame, vous sembliez beaucoup mieux qu'au moment de son départ. Nous ne voyons guère Roger, en fait nous ne l'avons vu qu'une fois, puis il est venu prendre le thé avec Hélène, ce qui rend impossible de parler librement de certaines choses. Néanmoins, c'est un réconfort de le sentir ici.

Je vous écris surtout aujourd'hui pour vous dire que Segonzac a envoyé à Simon une lettre très gentille qui lui a fait un grand plaisir. Je vous en envoie une copie, étant sûre que vous en serez content [1]. C'est agréable de se dire qu'au moins un peintre a regardé la peinture de Simon d'un œil compréhensif. Nous n'avons pas vu un seul compte-rendu de l'exposition. Je suppose qu'il n'y en a pas eu. J'estime que c'était très négligent (probablement délibéré) de la part de la Galerie d'omettre le nom de Simon dans la publicité du *Monde*, où Vuillard figurait seul. Mais, pour vous dire la vérité, je pense que c'est une situation sans espoir pour le moment, malgré toute l'éloquence et la générosité de vos efforts. L'énormité des événements a faussé la vision des gens. Ils ne peuvent voir de grandeur, d'importance, de signification que dans la *taille*. Ils ne peuvent porter attention à ce qui n'est pas de dimensions colossales et n'exprime pas un excès d'horreur — la réalité à laquelle la vie nous a récemment accoutumés. Et, tout en croyant remplir le rôle de l'artiste en échappant au réalisme, ils y tombent aveuglément — beaucoup plus que le délicat observateur de certaines qualités qui continuent d'exister en dépit d'eux. Tout ceci est sans aucun doute des sottises. Peu importe, ce n'est pas la première fois que je vous en écris. Et je ne crois même pas que je souhaite de réponse ces temps-ci.

. . .[Quelques lignes sur le temps, une visite de Pippa; elle relit *l'Énéide*]. . . . .

Je viens de corriger les épreuves des *Nourritures* — le prochain volume à sortir dans la série des traductions

---

1. Voir Appendice G.

anglaises[1]. J'ai dû aussi écrire la « prière d'insérer ». Très difficile. Je suis curieuse de voir ce que le public et les critiques anglais vont en dire. Je ne crois pas qu'ils aimeront beaucoup cela. Mais qui sait?

La traduction de votre *Journal* — une très noble entreprise — a, il me semble, ouvert les yeux anglais à la sorte de personne que vous êtes. Je crains qu'ils ne limitent encore leur admiration et leur compréhension à votre personnalité et n'accordent que très peu d'attention à ce que vous dites. Il me semble que c'est une erreur, qu'en pensez-vous?

Ce sera tout pour aujourd'hui.

Votre
D.

1049. — ANDRÉ GIDE À DOROTHY BUSSY

21 Déc. 48

Chère amie

Penser à vous... oui, souvent et de tout cœur et de tout esprit! Mais que la moindre lettre à écrire me devient chose pénible! Je vais certainement mieux (depuis quelques jours seulement) sensiblement mieux; mais je recule devant le moindre effort à fournir et me dérobe aux « obligations », la tête vide. C'est tout juste si je comprends le peu que je lis. Un état que je n'avais encore jamais connu : celui de perpétuelle *nausée,* du matin au soir, et durant la nuit lorsque je ne parviens pas à dormir; nausée aussi bien morale et intellectuelle que physique...

Tournons la page et changeons de sujet. J'ai inscrit votre

---

1. Il s'agit de la « Standard Edition » de ses œuvres qui prit essor à la suite du prix Nobel. La traduction des *Nourritures* date de 1934, mais sera éditée pour la première fois en 1949.

nom sur un exemplaire de mes *Notes sur Chopin*[1], qui viennent enfin de paraître. Mais c'est plutôt à votre frère que j'aurais voulu l'envoyer (mais lequel? guidez-moi) celui qui, au Gordon Square, me prenait en grand-pitié de consentir à considérer Chopin, qu'il tenait pour un auteur insignifiant et misérable. Je vous avais déjà parlé de cela...
Et voici une petite Dominique née ce dernier dimanche, au matin. Aucun détail encore. Simplement nous savons que « tout va bien ».
Que ne suis-je près de vous, fût-ce pour me taire! — et vous embrasser.

André Gide.

[D. B. à A. G. 24 décembre 1948

Le musicien de la famille est Oliver Strachey. Elle lit avec admiration les lettres de Thackeray qui la font penser à Martin du Gard.]

---

1. Publiées par *l'Arche*, quelques pages avaient paru en 1938, à Bruxelles, dans la Revue Internationale de Musique.

1949

D. Bussy sur Chopin et la musique. — D. Bussy et R.M.G. traduisent Olivia. *— Gide : projets d'aller à Nice; à la clinique de Nice. — Publication et succès d'*Olivia. *— Publication de l'*Anthologie. *— Film tiré d'*Olivia. *— Gide à Saint-Paul-de-Vence, puis Juan. — Projet de film tiré des* Caves. *— Gide a une chienne (Xénie). — Les B. veulent récupérer La Souco. — Querelle autour d'une lettre de Gaston Gallimard. — Les* Nursery Rhymes *publiés par Gallimard et la Hogarth Press. — Entretiens à la radio. — Difficultés autour de la publication de* Feuillets d'Automne *aux U.S.A. — D. Bussy traduit* Saül. *— Mort de Mme R.M.G. — Projets autour de* Saül *joué par Laurence Olivier.*

1050. — DOROTHY BUSSY À ANDRÉ GIDE

40 rue Verdi
4 janvier 1949

Très cher Gide,

merci beaucoup pour votre *Chopin*. C'est un livre magnifique, par son aspect et son contenu. En fait, il y a là des pages aussi belles, aussi émouvantes, aussi exquises, aussi intéressantes que quoi que ce soit que vous ayez jamais écrit.

Parfois, je suis jalouse que tant de votre cœur et de votre esprit et de votre âme, tant de votre moi le plus profond, soit occupé par ce qui est au-delà de mon appréciation et presque — sinon totalement, au-delà de ma compréhension. Mais, après tout, pourquoi m'en inquiéter? C'est tellement *au-delà*. Et n'est-ce pas la raison — *une* des raisons pour lesquelles — je suis devenue amoureuse de vous?

Pippa qui est avec nous a appris — non d'Oliver lui-même, mais dans une lettre à son sujet — qu'il a été ravi de recevoir votre *Chopin*, et avec une dédicace! Il y est plongé en ce moment. J'espère qu'il va vous écrire.

Roger — anxieux au sujet d'Hélène — m'a dit que vous étiez préoccupé pour mes *Nursery Rhymes*, Gallimard, la Belgique, etc. etc. J'ai envie de vous dire d'abandonner ma faible part dans cette affaire. Je suis tellement convaincue que vos efforts seront inutiles. Mais je vous écrirai une autre lettre à ce sujet, je ne veux pas mêler les sentiments suscités en moi par Chopin et ceux, très différents, que m'inspire Gallimard!

Nous allons tous très bien et vous envoyons notre affection.

Votre
D. B.

1051. – DOROTHY BUSSY À ANDRÉ GIDE

40 rue Verdi
25 février [1949]

Cher Gide,

comme vous avez pu le deviner, j'avais fait vœu de ne pas vous récrire avant que vous n'ayez indiqué que vous le souhaitiez.

Mais qui suis-je pour me flatter de respecter un vœu? Et

pourquoi me soucier de savoir ce que vous désirez ou non?
Me revoici donc, comme toujours, avec mes vœux, mes espoirs, mon affection,

votre
D.

P.S. Tout va bien ici, et il n'y a rien de nouveau. En fait, il n'y a rien du tout à dire. Des bruits, transmis hier par Roger, selon lesquels vous n'aviez pas été très bien, mais que vous allez mieux, ce qui explique ces effusions.

Roger et moi avons beaucoup travaillé à la traduction d'*Olivia* qui est terminée. Nous nous sommes beaucoup querellés. Il appelait mon style (dont je suis plutôt fière) un « galimatias poétique » et, en fait, essayait d'anéantir toute tentative de ma part en direction des métaphores, alors que j'estime les employer avec une grande économie. J'ai plus ou moins la promesse de la Hogarth Press que le livre paraîtra à la mi-mars. Et je me risquerai à vous envoyer un exemplaire.

Quant à Roger, en dépit de sa violence contre mon style, il m'a remplie d'admiration — si scrupuleux, si consciencieux, si assidu, si décidé à faire justice à chaque syllabe et à l'expression la plus fugace! Et dans l'ensemble je trouve le résultat très satisfaisant.

Il m'arrive, éveillée au cours de la nuit, de passer une heure (à penser à vous, allez-vous croire!), non, ce n'est pas ce que j'allais dire, mais... à écrire une lettre imaginaire à M. Gallimard. Ne vous alarmez pas. Je ne vais pas l'envoyer. Mais cela me soulage l'esprit rien que d'imaginer que je lui dis ce que je pense de lui, sans la moindre considération de politesse.

Cher Gide, assez de ces sottises. Je ne vous demande même pas d'imaginer ou de vous rappeler ce qu'il y a derrière.

Votre
D. B.

1052. — ANDRÉ GIDE À DOROTHY BUSSY

5 Mars 49

Bien chère amie

Si je retrouvais un peu d'énergie, ce serait pour vous écrire. L'on me dit que je vais mieux. Il se peut. Mais je sors tout imbécillifié de cette petite crise. Je crains de ne plus savoir l'anglais! et le français tout juste assez pour hésiter devant la moindre phrase. Les jours se passent dans de vains efforts de travail. Je suis constamment fatigué comme pas croyable. Je me rêve et souhaite à Nice, auprès de vous; et ce serait pour ne rien dire. Mais que du moins ce décevant billet vous dise que je pense à vous tendrement (mot bien insuffisant)

votre
André Gide.

[D. B. à A. G. 9 mars 1949

« Puisque vous avez oublié votre anglais, je vous envoie ces quatrains que, j'espère, vous ne comprendrez pas. »

To Theseus

Killer of monsters, Theseus, freer of men!
Founder of Athens, order and arts! But when
And though, Antigone herself stood by you, yet the lot
Of women in your Athens you forgot!

Did you love women? Before you could enjoy
Phaedra, you had to dress her as a boy.

Phaedra, indecent swinger! Just a wh...re!
And Ariadne, who loved poetry — and you — a Bore [1]!

1053. — ANDRÉ GIDE À DOROTHY BUSSY

10 Avril 49

Bien chère amie

Je commence à croire (je devrais dire : à espérer) que notre prochain revoir, auquel je pense sans cesse, aura lieu non pas à Paris, mais à Nice même, où je fais tout pour arriver entre le 20 et le 30 de ce mois. Excédé, exténué, ne dormant plus, le cœur ne battant plus que d'une aile, je me débats dans des barbelés quotidiens, mais ai ferme espoir de m'en dégager avant la fin de la semaine prochaine; avant d'être kaput!

Trop fatigué pour écrire à Roger; veuillez lui faire part de mon projet — sans commentaires...

Il me reste juste assez de force pour vous embrasser.

Votre
André Gide.

---

1. Tueur de monstres, Thésée, libérateur des hommes,
Fondateur d'Athènes, de l'ordre, des arts! Mais bien
Qu'Antigone elle-même fût près de vous, vous avez oublié
Le sort des femmes dans votre Athènes!

Aimiez-vous les femmes? Pour pouvoir jouir de Phèdre,
Vous avez dû l'habiller en garçon.
Phèdre, impudique sur sa balançoire, une simple p...
Et Ariane, qui aimait la poésie — et vous — une raseuse!

[D. B. à A. G. 18 avril (1949)

Comme ils devront quitter Nice le 8 mai, que Gide se hâte! Après leur départ, il peut avoir pour lui tout seul l'appartement de la rue Verdi.]

1054. — ANDRÉ GIDE À DOROTHY BUSSY

18 Avril 49

Chère amie

Le grandissant espoir (j'allais écrire : la quasi certitude) de vous revoir bientôt m'enlève tout désir de vous écrire. Ce bref billet soit pour confirmer mon intention d'arriver à Nice pour passer près de vous tout ou partie de la dernière semaine de ce mois. Je ne puis à présent préciser le jour, car : 1° — mon départ de Paris reste soumis à deux très importantes affaires que je dois régler avant de partir le plus tôt possible, mais je dépends d'autrui; 2° — gagnant Nice en auto, la durée du trajet dépend de bien des choses — dont mon état de santé, pas fameux comme vous savez. Résumons : je ne pense pas pouvoir arriver à Nice avant le 22; mais peut-être seulement le 25. (Encore une fois : vous récrirai dès que je pourrai préciser.)

L'idée de réintégrer ma petite chambre me ravit, si tant est que cela ne vous dérange pas trop. « There is a garage in the house [1] » dites-vous : parfait! Il ne reste plus qu'à trouver une chambre pour le fidèle chauffeur [2].

Si pour une raison ou une autre vous ne pouviez m'héberger, la question *proximité* du Verdi n'a aucune importance,

1. « Il y a un garage dans l'immeuble. »
2. Gide partira de Paris le 21 avril, conduit par son valet-chauffeur Gilbert.

puisque j'ai la voiture (pour le choix d'un hôtel — pas celui d'Angleterre si le roi de Suède y est descendu!!)
Votre déjà tout proche, mais très fatigué (et qui compte sur vous pour avertir R.M.G.; la Petite Dame a dû lui écrire)
Vous embrasse tous trois

André Gide.

1055. — ANDRÉ GIDE À DOROTHY BUSSY

23 mai 49

Chère amie, chers amis

J'écris incommodément; mais je veux tout de même que vous sachiez que vous ne vous êtes éloignés ni de mon cœur ni de ma pensée. Depuis votre départ, j'ai passé par des hauts et des bas; par des bas surtout. L'infection dont je souffre (à vrai dire je n'en *souffre* pas) se révèle plus profonde et sournoise qu'on ne pensait d'abord; de sorte que l'on me sursature de pénicilline — et de « streptomycine » dont les injections ont pour premier et sûr résultat de me maintenir dans un état de nausée et de dégoût indicible, de sorte que je suis resté pratiquement sans manger depuis près de 8 jours. Ajoutons que tout ce que l'on peut obtenir à la clinique, en fait de nourriture, est fort au-dessous du médiocre. Quelques pourvoyeurs amicaux aussitôt s'empressent — dont Roger d'abord. Hier Pierre Herbart a rappliqué. Également venu de Paris, sur appel du Dr Augier, le Professeur Caroli, tout ce qu'il y a de mieux, paraît-il, en fait d'hépatologue...

Mes meilleurs moments avec Virgile, Shakespeare (Jules César) et H. James. Je n'en puis plus. Juste la force encore de vous embrasser de tout cœur.

Messages choisis pour vos sœurs et votre frère.

André Gide.

[D. B. à A. G. 25 mai 1949

Elle a refusé de parler de Gide à la B.B.C. Que les gens lisent son œuvre! Succès d'*Olivia;* de bons articles et des lettres d'inconnus.]

1056. — ANDRÉ GIDE À DOROTHY BUSSY

23 juin —49

Chère amie

Hier une lettre de « conseils » au sujet du film à tirer d'*Olivia*[1]; mais il ne sera pas dit que je ne vous écris plus que pour affaires! Le retour de Nucki[2] au Sémiramis m'a servi d'heureux prétexte pour rentrer dans votre appartement hospitalier. Avec une tremblante émotion j'ai pénétré dans votre chambre. J'en suis ressorti avec le Tome I des *Histoires* de Tacite sous mon bras. Sans la traduction en regard, je n'y comprendrais à peu près rien (auprès de celle de Tacite, combien la langue de Virgile paraît aisée!). Les multiples indications crayonnées par vous m'encouragent. Je crois lire *avec* vous, et votre pensée ne me quitte guère. C'est avec vous également que je lis et relis votre traduction des *Nourritures* (des *nouvelles* surtout), sans cesse émerveillé par votre ingéniosité poétique — et je sens que je ne vous ai pas dit assez ma reconnaissance pour avoir triomphé si bien des embûches et des traquenards de cette tâche très difficile.

1. Cette lettre n'a pas été retrouvée. C'est Zoum Walter qui mit D. Bussy en rapport avec les sœurs Audry, directrices de production du film *Olivia* (1950). (Edwige Feuillère joua Mlle Julie.)
2. La fille aînée de « Stoisy » Sternheim. Elle avait été dans le camp de concentration de Ravensbrück vers la fin de la guerre.

Je vais mieux (Dimanche, une nouvelle analyse du sang dira si je puis me considérer comme « guéri ».) et me sens, et voudrais que vous me sentiez, profondément votre

André Gide.

Je vous fais envoyer mon *Anthologie*.

1057. – DOROTHY BUSSY À ANDRÉ GIDE

51 Gordon Square
7 juillet [1949]

Très cher Gide,

vous m'avez écrit une très gentille lettre il y a quelque temps et je n'y ai pas encore répondu! Je trouve de plus en plus difficile d'écrire des lettres. Vous comprendrez cela. Plus particulièrement de *vous* écrire. J'aime ce sentiment très rare de vous *devoir* une lettre. C'est une sorte de bonne fortune. Quand j'aurai posté celle-ci, les vastes océans, les perspectives éternelles seront de nouveau entre nous, sans jamais un pont pour les franchir. Ceci, bien entendu, n'est que sottise. Le fait est que j'ai tant de lettres à écrire maintenant – lettres d'affaires, lettres à des « admirateurs » (Janie prétend que j'en reçois presque autant que vous, mais c'est une simple façon de parler) que je redoute le courrier – et pourtant suis déçue quand il n'y en a pas.

Je suis heureuse de savoir que vous êtes entré dans ma chambre rue Verdi. Combien de fantômes de vous-même vous avez dû y rencontrer! Je suis contente que vous ayez pris un volume de Tacite et jeté un coup d'œil à mes livres.

J'ai pensé particulièrement à vous dimanche dernier et me suis demandé si les docteurs vous avaient donné de bonnes nouvelles et déclaré vraiment guéri.

Les articles sur *Olivia* me divertissent. Il y en avait un

très gentil dans *Le Monde* par un M. Marcel Brion[1]. Le connaissez-vous? Il y en avait un dégoûtant dans *La Bataille*, que j'ai trouvé presque diffamatoire pour vous et pour moi[2]. Et j'ai eu une lettre des *Nouvelles Littéraires* disant qu'ils ont un article cette semaine par M. René Lalou[3] et demandant ma photographie. Je suis heureuse de dire que je n'en ai pas.

Nous avons été très occupés par la question des droits pour le film et, après avoir pris le conseil de nombreux experts — l'un d'eux était Marc! — nous avons donné une option aux dames Audry pour trois mois et pour la somme de £ 3 000, qui nous paraît énorme.

Oui, au moment où nous demandions conseil, quelqu'un qui travaille à la B.B.C. nous a dit qu'un producteur français très célèbre travaillait à Londres en ce moment. Son nom était Marc Allégret! Nous lui avons téléphoné. Il a été très gentil et obligeant et, bien que manifestement très occupé, il est venu nous voir et nous a dit beaucoup de choses très intéressantes. Ç'a été pour moi un plaisir de le voir et de le sentir si amical...

Ici, j'ai été interrompue par un battement de cœur familier — devrais-je dire : autrefois familier? Cela ressemblait à une lettre de vous — hélas, elle ne contenait qu'une coupure de *Nice-Matin*, un article sur *Olivia*. Merci quand même pour l'avoir envoyé.

. . .[Quelques lignes sur un vol dans l'appartement de la rue Verdi]. . . . .

Une autre plainte — trop familière, cette fois. Votre *Anthologie* est en vente à Londres depuis plusieurs

---

1. Il s'agit d'une critique du texte anglais, la traduction de Martin du Gard n'ayant pas encore été publiée. (*Le Monde*, 16 juin 1949, p. 3.)
2. « André Gide et Roger Martin du Gard ont tenu *Olivia* sur les fonts baptismaux » par Gilbert Guilleminault (*La Bataille*, 16 juin 1949, p. 9); avec une photo de Gide, « le père spirituel d'*Olivia* ».
3. Sous la rubrique, « Livre de la semaine » (numéro du 14 juillet 1949), un article élogieux sur la traduction française, avec, pourtant, cette phrase qui ne dut pas lui plaire : « La fréquence des cadences gidiennes. »

semaines. Nombre de mes amis en ont déjà un exemplaire. Mais Gallimard a négligé de m'envoyer celui que vous m'avez dit avoir commandé pour moi. Je suppose que c'est épuisé. Je l'attends cependant avec avidité.

Simon, las du royaume animal, a abandonné le Zoo et va maintenant, long voyage, chaque matin à Kew pour peindre des fleurs.

Merci pour vos gentilles paroles au sujet de ma traduction des *Nourritures*. On en a fait très peu état dans les journaux — qui ne savent que dire au sujet du livre et de son auteur. Ils sont toujours polis envers le traducteur, en fait envers tous les traducteurs, qui se comptent en ce moment par millions.

J'ai découvert la traduction américaine de *In Memoriam* et *De Profundis* dans la « Philosophical Library ». Je crois que c'est une édition pirate — c'est-à-dire publiée sans qu'aucune permission ait été accordée par l'éditeur ou l'auteur. Car j'ai découvert une autre édition d'une traduction anglaise du premier de ces deux textes, publiée à Oxford en 1905 et faite par un nommé Stuart Mason [1]. Elle est meilleure que la traduction américaine, qui n'est pas très bonne (préjugé anti-américain, allez-vous dire!). Mais badigeonnée, j'en ai peur, par le pinceau de Lord A.D. En tout cas, je ne pense pas qu'il soit possible de reproduire le passage de *Si le Grain ne meurt* avec ces deux essais avant que la traduction n'ait paru dans une nouvelle édition anglaise.

1. Voir tome I, lettre 5, note 2. « In memoriam », primitivement intitulé « Oscar Wilde » et publié dans *L'Ermitage* (juin 1902), avait été traduit non seulement par Stuart Mason, mais par Percival Pollard pour publication en Amérique. (*In Memoriam, Oscar Wilde*, by Ernest La Jeunesse, André Gide, and Franz Blei, translated and with introduction by P. Pollard, Greenwich, Conn., The Literary Collector's Press, 1905.) Le même texte a été édité l'année suivante par J. W. Luce & Co., Boston & London. Quant à l'édition de la Philosophical Library, D. Bussy se trompe. Comme pour les droits de *Feuillets d'automne*, ceux d'*Oscar Wilde* avaient été cédés par le Mercure de France. *Oscar Wilde : In Memoriam (reminiscences); De Profundis*, venait de paraître en Amérique (1949) dans la traduction de Bernard Frechtman dont il sera bientôt question.

Votre dernière enveloppe portait le tampon de Cannes. Cela veut-il dire que vous avez quitté Saint-Paul? Dites-moi ou faites-moi dire par Roger quand vous changerez d'adresse pour un certain temps. Une carte suffira.
Cher Gide, je crois et sens tout ce que vous voulez que je croie et sente.

Votre
D. B.

[D. B. à A. G. 11 juillet (1949)

Elle a reçu l'*Anthologie* — plaisir de voir des poèmes favoris, regret de n'en pas trouver d'autres, joie de faire des découvertes.]

1058. — ANDRÉ GIDE À DOROTHY BUSSY

Villa Joyeuse   28 juillet 49
rue Fontaine du Pin
Juan-les-Pins [1]
A.-M.

Chère amie

L'ami Roger me communique une lettre de vous (un court billet) et un article idiot sur *Olivia*, propre à me faire détester par vous, qui peut-être attachez encore quelque importance aux propos des journalistes [2]. Vous recevez directe-

---

1. Gide et Herbart ont quitté Saint-Paul-de-Vence pour Juan-les-Pins le 1er juillet.
2. À la fin d'une lettre à Gide le 19 juillet, Martin du Gard ajoute : « La presse française (excellente) a enfourché deux dadas : " L'auteur est une vieille octogénaire "; " *Olivia* est une œuvre de filiation gidienne ". Et

ment, ou l'on vous communique, je suppose, les nombreux compte-rendus de votre livre, (je parle de la traduction) tous extrêmement élogieux. C'est un succès; n'en doutons pas. Et mon cœur en est gonflé de joie. Si, en plus de cela, le projet de film aboutit, c'est, en plus du succès, le Pactole!! Je l'espère du moins et que vous prenez toutes précautions et conseils pour ne pas vous laisser rouler.

Je crains un peu de l'être (roulé) pour *les Caves du Vatican* qui, en dépit des engagements pris semble devoir se heurter à de fortes oppositions de la part du clergé, qui risquent de fermer l'accès des pays catholiques, pour l'exploitation du film. D'où désastre... En attendant les derniers renseignements, tout notre travail reste suspendu dans une attente insupportable [1].

Roger m'a fait espérer sa visite ici; ce serait sitôt après le départ des Amrouche, qui viennent demain, mais pour 3 jours seulement. Roger parle d'un séjour prolongé — dont je me réjouis immodérément. (Je n'étais pas très gai, ces temps derniers... oh! loin de là.)

Depuis hier, j'ai un chien. C'est la réalisation d'un rêve caressé durant des mois et des années. Car je n'ai jamais eu, jusqu'à présent, que les chiens des autres. Celui-ci est un gentil petit caniche noir, de trois mois; ou, plus précisément *une* caniche; à laquelle, je crois que je vais beaucoup m'attacher.

Depuis longtemps je n'ai plus écrit rien qui vaille — à l'exception, peut-être, de quelques pages (écrites à la clinique) dont je me déciderai sans doute à vous envoyer le double dactylographié [2].

Ici l'on crève de chaleur; mais moins qu'à des tas d'autres endroits du globe, disent les journaux. J'ai pris mon parti d'aller mieux. Le Dr Augier qui me soigne veut me persua-

---

cela exaspère visiblement l'auteur... (Qui en est encore à s'intéresser à la critique!) »

1. Ce film des *Caves,* comme celui d'*Isabelle,* ne se réalisera pas.
2. Il s'agit de « Adagio », qui paraîtra dans *La Table Ronde,* décembre 1949, pp. 1827-1832.

der que j'ai eu exactement la même maladie que Matisse, également soigné et guéri par lui.
Mille amicaux messages pour Simon, pour Janie.
Je vous embrasse tendrement

André Gide.

1059. — DOROTHY BUSSY À ANDRÉ GIDE

c/o Colonel Rendel
Owley
Wittersham, Kent
9 août 1949

Très cher Gide,

quel plaisir de recevoir une lettre de vous. Je suis à la campagne — pas avec Vincent, mais avec son frère aîné, qui est plongé dans l'exploitation agricole. Très instructif ! Roger et peut-être vous, il me semble que vous vous inquiétez inutilement de l'effet que peuvent avoir sur moi les articles de journaux. Ils ne me touchent guère, dans un sens ou dans l'autre, bien que je pense quelquefois qu'ils risquent de *vous* faire me détester, plutôt que le contraire. Mais que vous et Roger puissiez être accusés d'être les auteurs d'*Olivia*, c'est si stupide que je ne peux même pas prendre ça comme un compliment; vous auriez davantage de raisons de le prendre comme une insulte ! Mais si la plupart des articles ont été très favorables, je crois qu'il n'y a qu'une ou deux lettres privées qui m'aient vraiment fait plaisir. Un ou deux correspondants inconnus qui n'ont pas percé mon anonymat. Je dois dire aussi que les journaux anglais ont beaucoup mieux respecté mon désir de l'anonymat que les journaux français, qui n'ont cessé de montrer la plus grande indiscrétion à tous les points de vue.
Je ne sais pas ce que nous pouvons faire de plus pour

nous protéger contre les machinations des cinéastes. Je n'ai rien fait d'autre jusqu'à présent que de signer une option de trois mois. Je suppose qu'il faudra prendre toutes les précautions quand on en viendra à signer le contrat définitif. Je ne crois pas rencontrer d'opposition de la part du clergé (que c'est monstrueux pour les *Caves!*) mais certains disent que j'en aurai de la part de la censure anglaise.

J'aime vous savoir dans une villa toute à vous, à Juan-les-Pins, où vous pouvez inviter vos amis. Nous allons essayer de récupérer La Souco, si nous parvenons à évincer notre locataire actuel. Mais la loi est si particulière aujourd'hui que nous ne savons pas si nous y parviendrons. Simon et Janie aimeraient beaucoup cela, et moi aussi. Ils sont partis pour Édimbourg pendant que je suis à la campagne. Ils espéraient peindre un peu, mais le temps a changé et est devenu impossible. Je pense que nous serons tous de retour à Londres le 15 août.

Je suis contente que le Dr Augier soit satisfait de votre état. Si votre humeur était aussi bonne que celle de Matisse, tout irait bien.

Je vois que mon destin est maintenant d'être jalouse d'un chien! Mais comme je dis toujours en pareille circonstance : « Si cela vous rend heureux, je suis satisfaite. »

Mais je n'aime pas les chiens!

Adieu, cher Gide. Pardonnez mes sottises.

Votre fidèle

D. B.

[D. B. à A. G. 7 septembre 1949

Simon va avoir une exposition aux Leicester Galleries fin septembre. Ils espèrent réintégrer La Souco le 1er janvier. Lettre de R.M.G. à G. Gallimard (voir Appendice H).]

1060. – ANDRÉ GIDE À DOROTHY BUSSY

Juan-les-Pins
11 Sept. 49

Chère amie

Je crois que je vais un peu mieux depuis quelques jours... assez pour me réjouir beaucoup d'apprendre vos projets de réouverture de la Soucco (ça ne s'écrit pas comme ça) – quoique mon cœur redoute beaucoup les grimpettes! mais il y aurait l'auto. Mais je ne peux hasarder aucun projet et vis encore « au jour le jour ». Des crises de fatigue foncent sur moi et me rendent alors incapable du moindre effort; d'où mon silence épistolaire. Je viens pourtant d'écrire à Bernd Schmeier (vous savez : ce malheureux dont Janie s'était si gentiment occupée). Vous lui communiquerez cette triste lettre de lui que j'ai reçue hier.

Que de vœux je forme pour l'exposition de Simon...!
En hâte; car tout de suite à bout de souffle, mais de tout cœur.

Votre
André Gide.

1061. – ANDRÉ GIDE À DOROTHY BUSSY

17 Septembre 49

Chère amie

« We mean to leave here on Oct. 15 » m'écrivez-vous. Mme Théo m'engage et m'encourage à accrocher mes (et nos) flottants projets autour de ce point fixe. Nous ne rentrerions l'un et l'autre au Vaneau qu'après vous avoir accueillis à votre retour à Nice, où nous nous attarderions à vous attendre (à l'Hôtel d'Angleterre sans doute??), devant rendre la Villa Joyeuse[1] le 1er Octobre. Passé quoi, c'est l'inconnu. Partir m'épouvante. Je ne suis pas précisément malade, mais sans forces aucunes et surtout sans volonté. *Être* me demande un effort que je doute constamment de pouvoir fournir. Pour tout et n'importe quoi, je me sens « hors d'usage ».

A Paris nous ne pourrions nous revoir que « entre deux portes »; à Nice du moins nous trouverons le moyen de nous asseoir. Quant à la Souco, nous en reparlerons; de toute manière ça ne serait que beaucoup plus tard. De quel cœur je souhaite le succès de l'exposition de Simon! Vais-je oser dire : autant que vous le souhaitez vous-même. Et de vous savoir tous trois délivrés des soucis quotidiens. Je me reprochais de vous avoir transmis la triste lettre de Bernd Schmeier en vous demandant de la communiquer à Janie : à quoi bon l'assombrir? Je crains que le cas ne soit désespéré... Mon désir est de voir Janie libre de travailler *insoucieusement* à sa peinture pour notre joie à tous.

Mme Théo est ma compagne depuis deux jours et me quitte ce soir. Je ne l'avais pas revue depuis des mois (seulement entrevue à son retour de Luxembourg). Plus allante et vivante et « d'attaque » que jamais. Il me paraît même qu'elle entend mieux... Le « De Senectute[2] » est à récrire... Au revoir. A bientôt. Je m'arrête, épuisé.

Votre
André Gide.

Très heureux que Robert Levesque ait pu et osé bien vous écrire. Vous ne pouvez vous douter du nombre d'amis que vous fait *Olivia*.

1. Que Florence Gould lui avait prêtée à Juan-les-Pins.
2. L'essai de Cicéron sur la vieillesse.

[D. B. à A. G. 20 septembre 1949

(Sans intérêt particulier)]

1062. – ANDRÉ GIDE À DOROTHY BUSSY

25 Oct. 49

Chère amie

Une longue conversation, hier soir, avec Claude Gallimard m'a permis, grâce à votre note, de mettre les choses au point. Encore que la N.R.F. soit prête à « sortir » le volume le plus tôt possible, la maison accepte volontiers de négocier avec la Hogarth Press et de lui céder le volume (pour le soulagement de certains et le plus grand profit de tous), quitte à devoir réimprimer la feuille de titre qui mentionne la maison Gallimard. Celle-ci (qui commence à comprendre que c'est un *honneur* de publier ce livre) examinera pourtant avec la H. Press si tel arrangement ne serait pas possible qui maintiendrait les *deux* éditeurs. (Ceci me paraît compliqué et plein de traquenards pour l'avenir. Je déconseille.) Chauffés à blanc par cette conversation et suffisamment déconfits par le grand succès d'*Olivia*, les G. vont écrire au plus tôt à la H. Press et demander confirmation d'une proposition qu'ils sont prêts à accepter. Je ne laisserai pas de revenir à la charge et de m'assurer que tout a été fait et *bien* fait.

J'ai écrit hier à Roger un petit billet pour lui dire que le voyage s'était effectué sans encombre. Je vais inespérément bien. Je devrais dire : j'allais; car ce matin, après une très mauvaise nuit, je suis aussi court de souffle que jamais.

Pierre H., rentré de Suisse hier, va m'injecter je ne sais quoi, à son réveil toujours tardif.

Je vous embrasse fortement et tendrement

André Gide.

[D. B. à A. G. 28 octobre 1949

Elle écoute les *Entretiens* Gide-Amrouche à la radio et le sent plus près d'elle qu'à leur dernière rencontre à Nice. « Mais cette fois, c'était ma faute plus que la vôtre... »]

1063. – ANDRÉ GIDE À DOROTHY BUSSY

5 Nov. 49

Chère amie

Vite, un court billet entre les assauts de la radio, des « hommes d'affaires », des importuns... Les nouvelles que j'ai à vous donner sont assez réjouissantes : la maison Gallimard est entrée en conversation avec la *Hogarth Press*, prête à acquiescer à une cession de droits sur les *Nursery Rhymes;* transaction qui me paraît fort souhaitable, et que j'ai chaudement encouragée.

Deuxième point : le *Mercure de France* s'est montré très ferme : les droits sur mes *Feuillets d'Automne* ont été cédés à la *Philosophical Library :* il n'y a pas à revenir là-dessus. Mme Knopf n'avait qu'à se décider plus tôt et à ne pas refuser successivement mes livres sur l'URSS, mes *Notes sur Chopin, Corydon,* et je ne sais plus quoi d'autre. La traduction, confiée à Miss Pell, sans l'assentiment de l'auteur ni de l'éditeur français, est *enlevée à l'ex-Miss Pell pour nous revenir.* (Mais il n'y a sans doute pas lieu de *tout* traduire.)

Enchanté de cette solution, qui complique encore agréablement et resserre nos liens.
De tout cœur votre [1]

André Gide.

P.S. A l'instant le courrier de ce matin m'apporte votre lettre et le double de celle de Leonard Woolf — à laquelle je ne comprends rien : car je croyais que ce qu'il souhaitait, c'était précisément ce que Gallimard, sur mes indications et pressé par moi, lui propose : un rachat de l'édition française. Je crains que mon intervention n'ait tout embrouillé; mais crois bien que Gallimard n'a fait que suivre les indications avec un réel désir d'accommodement et un maximum de bon vouloir (je puis me tromper), de sorte que m'étonne un peu la phrase : « Gallimard are really intolerable [2] » — ou c'est que je n'y comprends rien. J'aurais mieux fait, sans doute, de ne point m'en mêler... Tâchez de calmer L. Woolf, fût-ce en mettant sur mon dos une part du malentendu.
Pas le temps de me relire. La Radio m'attend.

[D. B. à A. G. 5 novembre 1949

A propos de l'édition anglaise des *Nursery Rhymes.*]

1064. — DOROTHY BUSSY À ANDRÉ GIDE

40 rue Verdi
18 novembre 1949

Cher Gide,
vous avez été extrêmement gentil de servir de tampon entre deux éditeurs irrités. L'autre jour, Gallimard a envoyé

1. C'est en fin de compte la traduction d'Elsie Pell *(Autumn Leaves)* qui sera publiée par la Philosophical Library en 1950.
2. « Les Gallimard sont vraiment intolérables. »

à Roger une lettre de Leonard Woolf expliquant qu'il ne pouvait pas et n'avait jamais eu l'intention de publier l'édition entière des *Nursery Rhymes* en Angleterre. Dans un coin de la lettre de Leonard il y avait une note signée de Gallimard que j'ai trouvée très loin de compte, pour ne pas dire plus. Roger m'a demandé d'écrire pour son édification quelque chose qui lui permettrait de comprendre la situation et de répondre à Gallimard. Je l'ai fait, un peu trop longuement j'en ai peur, et je vous envoie une copie de ma réponse à Roger [1].

Je dois avouer, cependant, que j'ai eu tout aussi tort de m'adresser à la Hogarth Press pour les *Nursery Rhymes* qu'à Gallimard; sauf que, dans le cas de la H.P., j'étais tenue par mon contrat de leur proposer mon livre suivant – après *Olivia*. Je crois qu'un véritable éditeur de livres scolaires, même en Angleterre, pourrait en faire quelque chose, mais il faudrait se donner beaucoup de peine et la H.P., bien que très bonne à beaucoup de points de vue, n'est pas très entreprenante. Oh, et puis tant pis! Une expression qui résout tant de situations. Et merci, mon très cher, un grand merci.

Ce matin, nous avons reçu de « Pomme » un faire-part de mariage. J'espère qu'elle en est heureuse, et vous, et tous ceux que cela concerne [2]. Je vois que cela tombe aussi le jour de votre anniversaire, pour lequel nous vous envoyons toutes nos félicitations. Mais vous allez en être submergé. Janie vous envoie un petit paquet. Ma contribution est simplement quelque chose dont je ne me sépare qu'à regret. Vous allez peut-être penser que c'est un mérite douteux. Tant pis, une fois de plus.

Rien de nouveau à vous dire. Nous n'avons pas encore commencé à attaquer sérieusement le locataire de La Souco, mais allons nous y mettre incessamment.

Reçu ce matin aussi une aimable lettre du Mercure. J'ai

---

1. Nous donnons en Appendice H la lettre de D. Bussy à R.M.G. et celle de Gaston Gallimard à R.M.G. (avec réponse de celui-ci) concernant la publication d'*Olivia* et de *Fifty Nursery Rhymes*.
2. Mariage du fils de Marc Allégret et de Mme de Lestrange.

écrit à l'ex-Miss Pell qu'il y a eu confusion au sujet des *Feuillets*, mais que je ne ferai pour ma part aucune objection si on lui a donné le droit de les traduire. Elle fera certainement cela très bien. Mais je serai curieuse d'apprendre *qui* lui a donné les droits.

Affection de tous vos B. Puis-je dire en particulier de

D.

[D. B. à A. G. (30 Nov. 1949)

Mort d'Hélène Martin du Gard. « Que va devenir Roger à présent? Je ne cesse d'y penser. Il a dit un jour que, s'il était seul, il irait vivre tout seul aux Antilles. Mais que ce serait triste pour nous! Je crois qu'il vous aime vraiment, vous et la Petite Dame, plus que personne au monde... Quel mystère que lui qui est si éminemment *bon* ait un si petit cercle d'intimes! Je sais bien qu'il l'a voulu ainsi, et que c'est sans doute le résultat de sa propre vertu. »]

1065. — ANDRÉ GIDE À DOROTHY BUSSY

Mercredi
[7 déc. 1949]

Chère amie

Je m'immiscie * le moins possible dans cet inextricable imbroglio où la pauvre ex-Miss Pell Arendall me paraît avoir été jouée par Mr Runes[1]. Il m'est fort désagréable, fort pénible de devoir contrister une aussi suave créature, de bonne volonté aussi évidente... mais je ne vois pas comment pouvoir se tirer de ce mauvais pas. Le *Mercure*

---

1. Le directeur de Philosophical Press.

m'affirme s'y être pris de manière à vous réserver tous les droits. Mais Y. Davet m'apprend à l'instant que vous ne connaissez pas le volume (dont je vous envoie un exemplaire aussitôt). Je trouve très peu gentil de votre part de n'en avoir pas reçu un « tiré à part » dès avant la diffusion.

Une triste et très belle lettre de Roger; où cette phrase : « Christiane est restée avec moi jusqu'à Samedi. Elle a été *parfaite* (c'est lui qui souligne) et j'ai eu de la peine à la voir repartir [1]... » Heureux de cela pour lui et pour l'autre.

Très fatigué ces derniers temps; au point de me demander, le matin, si je vais avoir assez d'essence pour atteindre le soir.

Je vous embrasse tous les trois et m'attarde avec vous, mon amie

André Gide.

* C'est je crois la première fois que je me sers de ce mot.

1066. – ANDRÉ GIDE À DOROTHY BUSSY

10 Déc 49

Chère amie

Ci-contre le double d'une lettre à Mrs. Arendall [2].

Auriez-vous la gentillesse de me renvoyer la lettre d'elle que je vous communiquais hier.

Confus de tout ce « trouble » — dont Runes me paraît le grand, et peu honnête, et parfaitement conscient, responsable.

---

1. Lettre écrite le 6 décembre, une semaine après la mort d'Hélène Martin du Gard. (Voir *Correspondance A.G.-R.M.G.*, II, pp. 469-470.)
2. Nous donnons en Appendice I les lettres concernant « l'affaire *Feuillets d'automne* ».

Allant un peu mieux depuis 2 jours, j'ai pris rendez-vous avec Mme Manceron (Mercure) et Frechtman pour lundi. Nous examinerons les moyens de sortir de cet imbroglio gordien. Il m'importe que *vos* traductions soient maintenues et vos droits préservés —

Votre
A. G.

1067. — DOROTHY BUSSY À ANDRÉ GIDE

11 décembre 1949

Très cher Gide,

voici la lettre d'Elsie Arendall. Votre mot de ce matin avec la copie de la lettre à Elsie me donne l'impression que vous avez pris la chose par le mauvais bout. Il n'est pas question d'un conflit entre elle et moi, et je n'ai pas l'intention d'entrer en compétition avec elle. La traduction des *Feuillets d'Automne* ne m'a pas été proposée et je ne l'aurais pas acceptée si elle l'avait été, comme je vous l'ai dit dans ma lettre de l'autre jour. Ma querelle est plutôt avec Mme D. qui a écrit à Elsie en votre nom ce que j'ai considéré comme une lettre brutale et inutile. Je pense aussi que le Mercure aurait dû savoir et dire aux éditeurs auxquels ils cédaient les droits de traduction et de publication aux États-Unis que certains des textes avaient déjà été traduits et publiés en Angleterre, et l'un au moins en Amérique.

J'ai dit à Mme Davet que j'attachais de l'importance à mes traductions du *Valéry* et du *Poussin,* mais tout ce que je voulais, c'est que si on les utilisait ma signature y apparaisse. Il n'y a pas là de quoi nourrir une querelle entre Elsie et moi. J'ai pris son parti tout au long de cette affaire, et elle le sait. Le risque serait plutôt de provoquer une querelle entre *vous* et moi ! Et peut-être que cela ne déplairait pas

trop à votre secrétaire! Mais elle n'y réussira pas non plus!
Votre lettre à Elsie est très charmante et affectueuse, mais
évidemment vous ne faites aucune allusion à la *vraie* difficulté
— qui n'a rien à voir avec un conflit entre elle et moi. C'est
le fait qu'elle a été grossièrement accusée d'être une mauvaise traductrice, pas seulement de vous, mais de Mauriac[1].
Que peut-elle faire d'autre, que refuser de continuer à vous
traduire? Je pense à vous aujourd'hui avec sympathie, vous
débattant contre Mme M. et Flechtman, et ma lettre arrivera
trop tard. C'est dommage. Mille mercis pour les fâcheux
volumes[2], arrivés ce matin; mieux vaut tard que jamais.
J'ai aussi traduit *Souvenirs Littéraires*, mais cela n'a jamais
été publié.

Votre affectionnée

D. B.

1068. — DOROTHY BUSSY À ANDRÉ GIDE

10 ou 12 décembre 1949
(v. lettre du 11 déc.)[3]

Très cher Gide,

l'épisode de l'ex-Miss Pell est en effet un terrible imbroglio
où je me trouve malheureusement « immiscée » moi aussi,
et me voici maintenant mêlée à une querelle avec Y. Davet
qui, me semble-t-il, prend beaucoup sur elle de la façon la
plus inutile. Elle m'a envoyé le double d'une lettre qu'elle a
écrite à Elsie Arendall ex-Pell avec, dit-elle, votre approbation. J'ai peine à le croire. La révocation d'Elsie comme

---

1. Elsie Pell est la traductrice de *Mes grands hommes*, édité en 1949 (London, Rockliff) sous le titre de *Great Men*, puis en 1950 (New York, Philosophical Library) comme *Men I Hold Great*.
2. Des *Feuillets*.
3. De la main de Gide.

traductrice était presque brutale et m'a rendue vraiment malheureuse, car je l'aime bien et je pense qu'elle a nombre de qualités admirables. Vous parlez d'elle sur le ton qui convient dans votre lettre d'aujourd'hui. Mais la lettre de Mme Davet n'était pas sur le ton convenable, et si vous l'aviez lue attentivement vous ne l'auriez pas laissée partir. Mme Davet m'a aussi envoyé hier une liste du contenu des *Feuillets d'Automne* — la première que je voyais, puisque j'avais été trop peu « gentille » pour recevoir un exemplaire de l'auteur! Après avoir lu le contenu, je dois vous dire que je ne désire pas me voir réserver les droits de traduction. Je n'ai ni le temps ni l'envie de traduire les petits textes. Les seuls qui m'intéressent, et pratiquement les seuls qui aient chance d'intéresser un public anglais — à savoir le *Poussin* et le *Valéry* — je les ai déjà traduits et tous deux ont paru dans d'importantes revues anglaises, et le *Poussin* a même paru dans un magazine américain de premier ordre. La législation du Copyright est si particulière en Amérique qu'on ne peut jamais savoir, mais Runes semble croire qu'il a le droit d'utiliser n'importe quelle traduction qui lui plaît sans demander la permission à personne et même d'imposer un traducteur de son propre choix sans consulter l'auteur et, en fait, malgré celui-ci. Il me semble qu'il vaudrait mieux laisser Elsie continuer sa traduction. Il m'est difficile de croire qu'elle sera pire que celle de Frechtman. Elle ne fera certainement pas de graves contresens. On pourrait peut-être lui demander de garder les traductions du *Poussin* et du *Valéry* et celle de *Ma Mère* faite par Raymond Mortimer, en indiquant en note les noms des traducteurs. Je crois que ce ne sera qu'une mince portion du livre. Il y a, en fait, trois autres textes que j'ai déjà traduits, et je trouve vraiment que le Mercure aurait pu s'en aviser, au moins pour le *Poussin* et le *Valéry*, et avertir M. Frechtman et l'éditeur américain.

Je ne veux pas me charger d'autres traductions des *Feuillets d'Automne*, étant entièrement prise par l'édition de vos œuvres que Secker et Cassells sont en train de publier. Je travaille en ce moment à *Saül* qui, si vous êtes d'accord, paraîtra en un volume avec *Philoctète* et l'*Enfant Prodigue;* après quoi (si Dieu me prête vie) et après les *Faux-Monnayeurs* et *Si le Grain ne meurt* (déjà publiés par Knopf, comme vous savez), je veux me mettre à vos écrits critiques. Il y a là un champ immense, complètement inconnu du public anglais et d'une très grande importance. J'ai déjà eu une querelle avec Cassells, essayant de les persuader que les *Faux-Monnayeurs* valent mieux la peine d'être offerts au public anglais que la série (féministe?) et devraient paraître avant. Bien entendu, les gens qui pensent que Mauriac est un plus grand écrivain que vous préfèrent aussi ce qu'on appelle les *Deux Symphonies* et l'*École des Femmes* aux *Faux-Monnayeurs*. Mais bien entendu aussi, les éditeurs doivent rechercher la faveur de leur public au lieu de chercher à l'éduquer.

Je viens de recevoir une lettre d'un écrivain espagnol qui désire traduire *Olivia*, mais la Hogarth Press me dit qu'elle a correspondu avec un éditeur espagnol à ce sujet et que c'est sans espoir sous le régime actuel, parce que la censure s'y opposerait certainement. Nous devrions maintenant essayer l'U.R.S.S., n'est-ce pas [1]?

Pauvre cher Roger. Il a eu le courage de venir nous voir. Un moment pénible à passer. Mais ce n'a pas été difficile. Il est si parfaitement naturel et parle apparemment sans réserve. C'est un grand soulagement de savoir que Christiane et lui se sont rapprochés durant son séjour.

Quant à Hélène, je suis sûre qu'elle est morte parfaitement heureuse. Elle n'aurait pas pu choisir un meilleur moment. Pendant toute sa dernière maladie, je suis certaine que Roger a été de son mieux, de son plus gentil, de son plus aimant, et je suis sûre qu'elle est morte heureuse. J'aimerais le lui dire. Qui sait quels remords le tourmentent?

Cher Gide, je regrette que vous vous sentiez las et abattu. Nous pensons que Paris n'est pas bon pour vous. Vous ne

---

1. Aucune trace d'une version espagnole d'*Olivia*. Pourtant, dans les deux premières années après publication, le livre a été traduit en allemand, italien, norvégien, danois, finlandais et japonais.

dites rien de Palerme. Je vous imagine enlevé par les bandits, passant deux semaines délicieuses en leur compagnie, et finalement racheté avec ce qui reste de votre Prix Nobel. Une fin parfaite et symbolique [1] !

Pardonnez mes sottises. Je suis encore assez vivante pour sentir mon cœur battre devant trois mots de vous.

          Votre amie

                              D. B.

1069. — ANDRÉ GIDE À DOROTHY BUSSY

                        15 Déc. 49

    Bien chère amie

Vous ai-je déjà présenté les pages que j'écrivis à la clinique, avant notre revoir à Nice? Je ne sais plus. Vous les trouverez dans ce N° de la *Table Ronde* que je vous envoie. Je n'ai rien écrit d'autre qui vaille, depuis longtemps; mais, ces pages-ci, je voudrais que vous en preniez connaissance. Dans ce même N°, une *Lettre* de Mauriac à feu Jacques Rivière vous intéressera sans doute — et le double de ce que je viens de répondre à Mauriac [2]. Par respect pour son deuil, je n'ose envoyer ces pages à Roger; et pourtant je souhaite qu'il les connaisse; vous jugerez s'il est possible et décent de lui en parler. Nous (la rue Vaneau) sommes rentrés en rapports directs avec Christiane, qui continue à se montrer parfaite, discrètement émue, et « sensible » dans le sens anglais et français du mot.

Ma pensée va vers vous sitôt que les soucis la laissent. L'affaire des *Feuillets d'Automne* avait de quoi nous rendre

---

1. C'était l'époque où le bandit Giuliano terrorisait les environs de Palerme. En fait, c'est à Taormina que Gide passa près de deux mois.
2. Voir *Correspondance André Gide-François Mauriac*, éd. Jacqueline Morton, pp. 113-114.

enragés. L'éditeur de la Philos. Lib. vient d'adresser au *Mercure* une lettre très insolente et cabrée. Il soutient qu'il a tous les droits et qu'aucune opposition de notre (ou de ma) part ne le retiendra de faire paraître au plus tôt une traduction *intégrale* de ce livre par Miss Pell (Arendall). Trop fatigué pour vous parler d'une édition *partielle* (envisagée comme possible par le *Mercure*) *anglaise* qui comprendrait uniquement *vos* traductions déjà faites... Excédé; car je ne vais pas bien, ces derniers temps et je vous écris ces quelques lignes péniblement, après une nuit très éprouvante, en dépit des soporifiques (ou : à cause de). Si le rêve devenait réalité, vous me verriez au Verdi, assis près de vous, lisant Milton avec vous ou tâchant de comprendre Horace. Je vous embrasse tous trois. Constamment votre

André Gide.

1070. – ANDRÉ GIDE À DOROTHY BUSSY

19 Déc 49

Chère amie

Je reçois ce matin une lettre de Dagobert D. Runes d'une insolence monumentale, incroyable (dont ci-joint copie[1]). J'en avise aussitôt le *Mercure* et Mr Frechtman et vais examiner avec eux ce qu'il y a lieu de faire. D'autre part, le même courrier m'apporte une aimable lettre de René Lalou et le double d'une lettre de Laurence Olivier qu'il vient de recevoir. Ne me disiez-vous pas précisément que, toutes autres affaires cessantes, vous donniez vos soins à la traduction de *Saül*[2] ? Voici donc qui va bien et je pense que cet appel pres-

---

1. Cette lettre d'insultes est assez comique, mais ne mérite pas d'être publiée ici.
2. Voir ci-dessus, lettre 1013, note 1.

sant va fort opportunément vous « donner du cœur à l'ouvrage ». Ne pensez-vous pas que, en attendant un message de vous à L. Olivier pourrait le maintenir en haleine *. Depuis des mois et des années, je souhaite éperdument ce qui pourrait être, grâce à vous, grâce à lui, une réussite extraordinaire. Laurence Olivier est le seul aujourd'hui capable d'assumer ce rôle écrasant. Et combien je me réjouirais de voir votre nom près du mien dans cette téméraire aventure!
De tout cœur avec vous

André Gide.

* Et peut-être quelques-uns de vos amis de Londres??

1071. – DOROTHY BUSSY À ANDRÉ GIDE

40 rue Verdi
22 décembre 1949

Très cher Gide,

merci pour votre lettre. La *Table Ronde* est arrivée le lendemain et j'ai pu savourer la correspondance de Mauriac avec Rivière au paradis. Comme tout ça est bizarre! Ils ont l'air de croire que les morts n'ont rien de mieux à faire que de lire le *Figaro Littéraire* et la *Table Ronde*. Votre lettre à Mauriac était très bien. J'ai téléphoné à Roger pour lui dire que vous souhaitiez qu'il la voie. Il est donc venu hier après-midi (sa seconde visite) et je la lui ai donnée. Il ne semblait pas partager vos impressions au sujet des derniers moments de Rivière. Mais il a dit qu'il vous écrirait et je ne vous répéterai donc rien des choses qu'il a dites.

Votre *Adagio* m'a rappelé avec une vivacité presque atroce un des moments les plus déchirants de ma vie, qui pourrait être daté aussi « Clinique de Nice, mai 1949 ». Et quand je dis déchirant, ce n'est pas vraiment le mot. C'était peut-être

apaisant. Un moment où j'ai senti dans un éclair ce qui m'a toujours paru impossible, que le corps et l'âme sont inimaginables séparés l'un de l'autre, non seulement parce qu'ils dépendent l'un de l'autre, mais parce qu'ils sont identiques et *ne font qu'un*. Oh, cher Gide, pourquoi essayer d'écrire de la métaphysique — ou bien s'agit-il vraiment de *physique* pour vous?
. . . . [Ligne de points de D. B.] . . . .
Vous parlez du rêve de lire Milton et d'essayer de comprendre Horace avec moi. Pour que ce rêve devienne réalité, j'ai envie de dire ce que vous répétez si souvent : « *Il ne tient qu'à vous.* »

Je regrette que vous soyez tourmenté par l'ennuyeux imbroglio des *Feuillets d'Automne*. Nous ne tarderons certainement guère à avoir une lettre d'Elsie. J'espère vraiment que la Philosophical Library publiera son livre.

Affection de nous trois. Votre

D.

[D. B. à A. G. 23 décembre 1949

Elle a lu avec stupéfaction la lettre de M. Runes et conseille de ne pas lui répondre. Dès que terminée, elle enverra à Sir Laurence Olivier sa traduction de *Saül*. En P.S. : « Roger semble s'être mis en tête que vous désirez *publier* votre lettre à Mauriac! »]

1950

D. Bussy sur Saül. — *Gide à Juan-les-Pins; traduit* Arden. — *George Painter écrit un livre sur Gide et doit traduire* Paludes. — *D. Bussy sur* King Lear. — *Gide au « garage ».* — *Encore les* Nursery Rhymes — *Gide écrit de Rapallo. On va monter les* Caves. — *Publication de* Littérature engagée. — *D. Bussy sur Max Beerbohm et Robert Graves.* — *Gide rencontre Graves à Portofino.* — *D. Bussy sur James et Rye.* — *Le « drame » écrit par D. Bussy; elle préfère Gielgud à Olivier; a fini de traduire* El Hadj. — *Répétitions des* Caves. — *Exposition de Janie à Londres.*

1072. — DOROTHY BUSSY À ANDRÉ GIDE

40 rue Verdi
3 février 1950

Très cher Gide,

il y a des siècles que nous sommes sans nouvelles de vous. Des siècles que je n'ai pas écrit moi-même. Nous n'avons aucune nouvelle et ne savons pas si vous êtes en bonne ou mauvaise santé, à Paris ou à Tombouctou. Vous travaillez probablement, mais à quoi? Films, pièces, publication de correspondances, disputes avec la Philosophical (!) Library, ou quoi? J'ai travaillé très dur de mon côté, traduisant *Saül* et le dactylographiant, et je vous écris pour demander ce que vous voulez que je fasse de ce texte. L'envoyer à vous, ou directement à Sir Laurence? C'est très mal tapé et il faudrait que je le fasse faire à Londres par une dactylo de métier.

Et maintenant, puis-je vous dire quelques-unes de mes réflexions pendant que j'y travaillais? Je comprends enfin ce qui vous y fait attacher une telle importance. C'est une œuvre terrifiante, elle produit la même impression d'agonie qui fait craindre de relire *Othello*. Mais comme, dans *Othello*, il y a des passages de divine poésie qui sont comme un baume après la torture, il y en a aussi dans *Saül* — mais plus rares — trop rares. Et dans l'un comme dans l'autre la poésie est vraiment là pour rendre l'agonie plus affreuse.

Il ne fait pas de doute qu'il faudrait le jouer — mais si ce doit être joué par un grand acteur, Olivier en est-il vraiment un? Je crois que ce serait intolérable. Aucun public pourrait-il le supporter? J'en doute. J'en doute beaucoup. Et si l'acteur ne parvenait pas à rendre toute la profondeur de l'agonie, ce serait simplement ennuyeux. Suffit!

Nous avons reçu votre aimable présent de la *Correspondance* Gide-Claudel[1]. Janie et Simon se sont jetés dessus avec passion. Je n'ai pas encore eu le temps ou la force de m'y attaquer. Mais je le ferai bientôt, maintenant que j'ai fini *Saül*.

Nous n'avons pas vu Roger depuis trois semaines. Il nous manque (surtout à moi) énormément.

.... [Quelques lignes de nouvelles locales] ....

Ida Bourdet s'est emparée de ma pièce écolière et m'a écrit une lettre délirante à son sujet, disant qu'elle va la faire traduire et représenter — je dois choisir entre le Français et Marigny[2]!!!

Nous sommes tous très peinés par la mort de George Orwell. On pensait qu'il alait se remettre. Je ne le connais-

---

1. La *Correspondance Claudel-Gide (1899-1926)*, avec préface et notes de Robert Mallet, parut vers la fin de 1949.
2. Voir tome II, lettre 595, note 1.

[FÉVRIER 1950]

sais pas personnellement, mais je connaissais la jeune femme qu'il a épousée juste avant de mourir [1].
Au revoir, le plus cher des amis. Amitiés à la Petite Dame.
Votre toute dévouée

D. B.

1073. — ANDRÉ GIDE À DOROTHY BUSSY

L'oiseau bleu
B^d du Littoral
Juan-les-Pins [2].
15 février 50

Chère amie

Je n'allais pas bien ces derniers jours (des jambes comme des piliers de cathédrale); condamné au repos presque absolu. Mais bon travail. La traduction d'*Arden* avance à grands pas [3]. J'ai relu presque en entier *votre Saül* avec une satisfaction des plus vives. — Ci-joint ce billet de Secker & Warburg [4].
Je crois qu'il n'y a qu'à surseoir et patienter.
Je relis Marlowe avec délices.
Votre constant

André Gide.

1. L'auteur de *1984* est mort tuberculeux le 21 janvier 1950, à l'âge de 46 ans. En octobre de l'année précédente il avait épousé sa seconde femme, Sonia Brownell, l'associée de Cyril Connolly à la revue *Horizon*.
2. De la main de D. Bussy.
3. Gide ne finira pas la traduction d'*Arden of Feversham*, reprise à l'instigation de Barrault. En 1932, il en avait traduit un fragment pour Artaud qui comptait l'ajouter au programme de son « théâtre de la cruauté ». En 1937 une « représentation partielle » de la pièce fut montée par le Rideau de Paris à la Comédie des Champs-Élysées, avec mise en scène de Marcel Herrand. Pour les détails de publication, voir tome II, lettre 549, note 1.
4. Le billet manque, mais voir lettre suivante.

1074. – DOROTHY BUSSY À ANDRÉ GIDE

> Je ne connais pas votre adresse
> Votre lettre n'en donne *aucune.*
> 16 février 1950

Très cher Gide,

j'ai été très heureuse de recevoir votre petit mot ce matin. Je regrette que vous n'ayez pas ajouté un post-scriptum pour dire qu'il y avait quelque espoir que votre état s'améliore. Ce dont je souffre, moi, c'est du tourment de Tantale, qui ne s'améliorera pas, je suppose, avant que le vôtre ne le fasse.

Il y a des tas de choses que je veux vous dire, mais je vais commencer par la lettre de Secker & Warburg. C'est une grande déception que la traduction de la pauvre Elsie Pell soit aussi impossible, mais un petit spécimen que m'a envoyé Roger Senhouse confirme leur opinion. Cela étant, je suis tout à fait d'accord avec eux que les *Feuillets d'Automne* ne devraient pas être publiés dans cette version en Angleterre *
— ni, en fait, dans quelque version que ce soit, avant que les œuvres principales n'aient paru. Secker & Warburg se sont montrés très bien à ce propos et j'ai fait tous les efforts possibles pour persuader Cassells (le co-éditeur de vos œuvres en Angleterre) — que c'est une chose importante, mais ils m'ont trompée d'une façon déplaisante. Ils n'ont cessé d'affirmer que les *Faux-Monnayeurs* étaient sur le point de paraître — la première de leurs contributions à la série, et qui ne pourrait manquer d'être remarquée par la presse — comme la *Porte Étroite* et les *Nourritures* l'ont été de façon très satisfaisante. Au lieu de quoi Cassells, sans me consulter, sans m'envoyer un exemplaire, m'a laissée découvrir tout à fait par hasard, l'été dernier, dans une librairie de Londres, un volume intitulé *Two Symphonies* (*Isabelle* et la *Symphonie*

Pastorale[1]). Il a paru à un moment très inopportun — à la suite des *Nourritures*, et je ne crois pas qu'on l'ait remarqué du tout. Mais ils ont fait pire avec la trilogie de l'*École des Femmes*. Vous ne vous rappelez pas — mais moi, je me rappelle — que lorsque *Geneviève* a paru en 1936 et que j'ai envoyé la traduction à A. Knopf & Co, à leur demande, ils me l'ont renvoyée en 1937 sans un mot — refusée! Quelle n'a donc pas été ma surprise quand, voilà quelques semaines, j'ai reçu de Knopf une édition récente de la trilogie, comprenant ma traduction de *Geneviève* qu'à ma connaissance ils n'avaient pas, dont je n'ai jamais reçu les épreuves et qu'on ne m'avait pas demandé l'autorisation de publier; ni offert de me payer, ce qu'on n'a d'ailleurs pas fait. Mais, je le reconnais, c'est la faute de Cassells qui, sans demander ma permission, avait donné aux Américains un photostat de mon manuscrit! Quelles façons! Eh bien, Barabbas... etc.

Quoi qu'il en soit, je crois que les *Faux-Monnayeurs* vont sortir incessamment chez Cassells, et cette fois ils ont daigné me montrer les épreuves en même temps que la version américaine, qui contenait comme d'habitude quelques erreurs regrettables (une demi-ligne omise, etc.). J'ai profité de l'occasion pour corriger une de mes propres erreurs et mettre « common chord » comme la traduction correcte d'« accord parfait ». J'ai pris la liberté de dire en note que je faisais cela à la demande de l'auteur et à mon grand regret, car la ravissante phrase de La Pérouse, avec ses sonorités et associations magnifiques, cessait, dans cette version, d'être *parfaite* pour devenir commune! Cependant, dans l'ensemble, je suis satisfaite de ma traduction. Il me semble qu'elle se lit bien et qu'on y discerne encore une grande part du sel et de la saveur de l'original. C'est une grande œuvre, palpitante et extraordinaire. Oui, je l'ai comparée avec soin, mot à mot, avec ma traduction, et j'ai trouvé très peu de choses que je désirais changer.

J'ai relu *Arden* à cause de vous, par curiosité. C'est une œuvre très étrange et qui doit être difficile à rendre, bien

---

1. Parues en 1949.

qu'il ne puisse guère y avoir d'objections à ce que vous preniez avec le texte toutes les libertés qu'il vous plaira. Et
je me demande quel rôle attire Barrault. Arden ou l'amant
— tous deux absolument invraisemblables.

Ainsi, vous lisez Marlowe? Je me dis toujours que c'est
grâce à lui — ou plutôt *à cause* de lui — que j'ai fait votre
connaissance. A notre première leçon d'anglais en 1918 vous
m'avez récité le célèbre monologue d'Hélène — et j'ai reçu
le « coup de foudre ». Et par là vous vous révéliez à moi,
qui ne savais rien du tout de vous, comme la chose la plus
extraordinaire que j'aie jamais rencontrée [1]! Les années
m'ont-elles donné raison?

Cher Gide, voilà une très longue lettre — quelques-unes
des choses que je voulais vous dire. Mais tout cela n'a pas
grande importance et ne demande pas de réponse — ou
même d'être lu.

Votre fidèle

D. B.

* Je crois que vous ferez mieux de le dire très fermement
au Mercure.

1075. — ANDRÉ GIDE À DOROTHY BUSSY

9 Mars 1950

Chère amie

Ma vie est à ce point ralentie et diminuée... c'est à peine si
je m'aperçois que les jours passent sans vous voir. A 9 h du
matin, j'ai grand'peine à sortir des sables. Vers 10 $^1/_2$ je
remonte dormir jusqu'à midi et demi ; puis de 2 h à 5... Jean

---

1. Cf. « Quelques souvenirs », dans *Hommage à André Gide, La N.R.F.*,
novembre 1951, pp. 37-40.

[MARS 1950]

Lambert, heureusement, m'aide beaucoup pour un courrier auquel, sans lui, je ne pourrais faire face. Cet état de constante torpeur doit être maladif et je vais aviser [1]. Ajoutons une sorte de sciatique qui m'immobilise — et l'excellent opticien de Nice m'a donné de nouveaux verres de lunettes grâce auxquels je n'y vois à peu près plus rien. Le plus étonnant c'est que, en dépit de tout ce que dessus, je suis assez content de mon travail : oui; chaque nuit, je me relève vers 2 heures (habitude prise et je ne puis plus m'en passer) et, durant deux tours de cadran environ, je m'attelle à *Arden* (c'est presque fini) ou aux *Caves* que je remanie miraculeusement [2].

Si vous revoyez Roger, excusez-moi près de lui : je me sens incapable de la moindre lettre, et même je ne vois que très imparfaitement les traits que je trace sur le papier. Mais vous embrasse d'autant plus fort.

André Gide.

1076. — ANDRÉ GIDE À DOROTHY BUSSY

25 Mars 50

Chère amie

Juste assez de forces hier pour téléphoner au Verdi. Aujourd'hui juste assez pour m'excuser, plein de confusion, au sujet de la citation de Shakespeare du *Journal* que me signale Jean Lambert. C'est à n'y rien comprendre et je reste exaspéré; me promettant de ne plus jamais citer d'anglais, vers ou prose [3].

Faut-il que je vous aime pour ne pas vous en vouloir!!

1. Voir les pages que, dans l'*Hommage* de la *N.R.F.*, Jean Lambert a consacrées à ce séjour de Juan-les-Pins (pp. 336-343).
2. Voir tome II, lettre 646, note 1.
3. Il s'agit du *Journal 1942-1949* qui venait de paraître. (Achevé d'imprimer le 10 février 1950.)

1077. – DOROTHY BUSSY À ANDRÉ GIDE

40 rue Verdi
29 mars 1950

Cher Gide,

j'ai été heureuse de recevoir hier votre petit message qui montrait que vous vous sentez mieux et que vos erreurs en anglais n'ont pas entièrement mis fin à votre affection. Ainsi encouragée, je continuerai peut-être un jour et vous indiquerai d'autres erreurs qu'on pourrait corriger dans une réédition, mais je ne mentionnerai pas d'autres passages qui ne me plaisent pas beaucoup, mais que toutes les corrections du monde ne pourraient rendre meilleurs!

Ce dont je veux réellement vous parler, c'est de la prière d'un de mes jeunes amis nommé George Painter. Il travaille au British Museum (Book Department), ce qui montre qu'il est un érudit d'une certaine valeur, car l'examen est un des plus durs du Civil Service. Il a tout l'enthousiasme de la jeunesse qui n'a pas encore été déçue, et entre autres choses une idolâtrie passionnée pour vous, que je fais de mon mieux pour refréner, mais comme je la partage moi-même jusqu'à un certain point – non! je ne veux pas dire du tout que je partage son idolâtrie *pour* vous, mais que je partage dans une certaine mesure *avec* vous la position d'idole dans son jeune enthousiasme, d'où la difficulté de ma situation. Il écrit un livre sur vous (inutile de le dire) et est au comble du ravissement parce que Secker & Warburg l'ont invité à traduire *Paludes*[1]. Le Troisième Programme de la B.B.C.

---

1. Il s'agit d'*André Gide, a Critical Biography*, éditée en 1951, révisée en 1968 (London, Weidenfeld and Nicolson). La traduction paraîtra en 1953 dans la « Standard Edition » sous le titre de *Marshlands, and Prometheus Misbound; two satires*. George Painter dédie sa version anglaise à « Dorothy Bussy, Gide's incomparable translator and friend and " one of the most remarkable English-women of her generation " ».

diffuse une série d'entretiens sur ce que des auteurs distingués pensent ou ont écrit au sujet de leurs propres œuvres. Vous êtes sur la liste et on a demandé à George Painter de se charger de vous. (J'ai fait sa connaissance en écoutant une émission faite par lui sur la *Porte Étroite* — pas mal du tout.) Il a préparé sa causerie qui, je crois, sera sur les *Faux-Monnayeurs* et le *Journal des Faux-Monnayeurs*. La B.B.C. a demandé de faire cette émission aux French Copyrights Ltd et on lui a répondu que M. Gide ne voulait pas qu'on diffuse quoi que ce soit de son œuvre. Un pareil refus...

A l'instant, Jean Lambert a appelé Janie pour lui dire que vous donniez à George Painter la permission de faire son émission sur les *Faux-Monnayeurs*. Mille mercis. C'est un très gentil garçon et il mérite vraiment qu'on l'encourage. Sa dernière lettre contient sur *Saül* un petit passage qu'il faut que je vous copie : « Je n'avais pas la moindre idée que vous étiez en train de traduire *Saül* et je suis très excité par cette nouvelle. Pendant que j'écrivais sur cette œuvre magnifique et essentielle (dans son livre sans aucun doute), je ne cessais d'imaginer Olivier triomphant dans le rôle de Saül, dans un théâtre londonien plein à craquer et écrasé d'admiration! Jamais au cours des trente dernières années le succès n'aurait été plus probable (je veux dire assuré) qu'en ce moment, avec Olivier au faîte de sa force et de sa popularité, et un public entraîné à apprécier le drame poétique. »

Cher Gide, je ne dois pas vous fatiguer davantage.

En dépit de tout, votre

D. B.

1078. – DOROTHY BUSSY À ANDRÉ GIDE

Mardi
[Avril 1950]

Très cher Gide,

pardonnez ce nouveau cri de protestation au sujet du *Roi Lear*. Je désire avoir votre opinion. J'aimerais tellement l'examiner à nouveau. J'ai peur qu'avec votre autorité considérable vous n'entraîniez des générations entières de jeunes Français à mal juger une œuvre qui mérite vraiment un peu plus de respect que vous ne lui en accordez. Etc. [1].

Que faites-vous en ce moment? Comment allez-vous? Vous êtes tout à fait capable de partir pour Taormina sans nous dire un mot d'adieu, sans nous donner votre adresse, sans essayer de revenir nous voir [2].

Vous recevrez ceci demain matin (mercredi). Pourquoi ne pas charger un de vos satellites de nous téléphoner et de fixer un jour pour venir déjeuner avec Amrouche, que nous aimerions beaucoup voir.

Sinon, au revoir. Nous partons pour Londres le 10 mai et ne nous arrêterons pas à Paris, car c'est beaucoup plus fatigant que de ne faire que traverser.

Votre toujours passionnée (bien que la passion, aujourd'hui, soit réservée pour des sujets tels que le *Roi Lear*).

D. B.

Je désire ajouter quelques mots à la conversation que nous avons eue l'autre jour au sujet du *Roi Lear*.

Vous rappelez-vous l'épigraphe inscrite sur la tombe

---

1. Voir *Journal 1939-1949*, Pléiade, pp. 302-303.
2. Gide passera les mois de mai et juin à Taormina.

de Swift? Elle est en latin, et je ne me rappelle qu'un ou deux mots : « Il repose à présent là où *saeva indignatio ne pourra plus lui lacérer le cœur.* »

Je me souviens d'avoir lu un jour une discussion sur la juste traduction du mot « saeva ». Il y a deux mots anglais qui pourraient convenir : « ferocious », une passion objective, ou « fierce », une passion subjective. Le cœur de Swift était lacéré par une « fierce indignation [1] ». Celui de Shakespeare aussi, il me semble. Avec Swift, était-ce la cause ou l'effet de la folie? Shakespeare, dans le *Roi Lear*, me semble errer au bord du même précipice. Dans la violence de sa colère, il n'était pas en état de se soucier de composition classique ou d'essayer de ne pas imiter Victor Hugo.

Bien sûr, Lear est « sénile, gâteux, fat, sot ». C'est là tout le sujet de l'œuvre. Il incarne la luxure, la folie, l'indifférence et l'égoïsme des riches et des puissants qui n'ont jamais eu de contact avec la réalité et se trouvent soudain forcés de connaître toutes ses horreurs. Ses souffrances sont causées en partie par sa propre folie et son intempérance, en partie par les crimes d'autrui, et en partie par la férocité des dieux du ciel et par les forces aveugles, irrésistibles de la Nature. Shakespeare, ici, n'essaye pas d'être humain; il ne désire pas (sinon incidemment) nous inciter à la pitié ou nous « prendre aux tripes ». Son objet est plus grand que cela. « Énorme », dites-vous avec mépris. « Factice et faux! » Quelle œuvre d'art ne l'est pas? Faut-il donc que les hommes ne soient jamais ambitieux? Qu'ils ne cherchent même jamais à atteindre la grandeur? Vous aboliriez d'un seul coup le *Livre de Job,* le *Prométhée Enchaîné,* le *Paradis Perdu* et les romans de Dostoïevsky. (Le temple « époustouflant » d'Abu Simbel aussi.)

Que de pareilles œuvres ne puissent jamais avoir pour qualité la perfection, c'est plus que vraisemblable. Je ne la réclame pas pour Shakespeare — ni ici, ni nulle part ailleurs — et c'est peut-être grand dommage que le seul outil dont il ait pu disposer ait été le drame qui, je suppose,

---

[1] « Farouche indignation. »

exige la perfection plus que toute autre forme d'art, ce qui vous a permis de le comparer (ultime insulte) avec Victor Hugo!

Vous vous plaignez aussi de ce que tous les personnages, bons ou mauvais, soient confondus à la fin dans une « morne hécatombe ». Quelle autre fin était-elle possible pour un pareil sujet? Auriez-vous préféré, comme le 18ᵉ siècle, qu'Edgar et Cordelia se marient et vivent heureux à jamais? Shakespeare, du moins quelquefois, était capable de résister au piège d'une fin heureuse.

Il y a d'autres choses aussi dont on aurait pu croire qu'elles vous plairaient. Cette sorte de préfiguration et de redoublement des incidents, que vous admirez dans *Hamlet* et, il me semble, dans d'autres cas aussi, ici vous la rejetez avec mépris. Malgré vos amis Tirésias et Œdipe, vous ne voyez rien de symbolique dans le fait que c'est seulement quand Gloucester a eu les yeux arrachés qu'il voit la vérité. Les questions de bâtardise, d'adultère, de comportement sensuel chez les hommes et les femmes, sur lesquelles Lear revient avec insistance, n'ont apparemment aucun intérêt pour vous, bien qu'elles semblent traitées avec une certaine originalité. Toutes les horreurs de la pièce, « fausses et factices »! Est-ce à nous, qui avons traversé les dix dernières années, est-ce à nous de parler ainsi?

Shakespeare, sans aucun doute, se remit presque de son épuisement nerveux. Dans ses trois dernières pièces *(Le Conte d'Hiver, Cymbeline* et *La Tempête)*, il est plus ou moins sorti de sa fosse. Pas entièrement, pourtant. Car là aussi nous trouvons les violences perverses de Leontes, les imprécations de Pauline, les monstruosités de Cloten et de Caliban. Mais il a consenti ici, ce qu'il n'a pas fait pour Cordelia, à accorder un ravissant bonheur final à Perdita, à Imogène et à Ariel. Et il faut vraiment que vous ayez le cœur bien dur, si vous ne trouvez pas dans la première rencontre de Cordelia avec Lear après sa dépression, et la mort de Cordelia entre ses bras, la plus exquise, la plus pure, la plus divine poésie.

1079. — ANDRÉ GIDE À DOROTHY BUSSY

Lundi de Pâques — 50
Juan-les-Pins —
[10 avril 1950]

Chère amie
Chères amies
Chers amis

Gilbert est donc parti, emmenant Catherine en Suisse d'abord, d'où elle doit ramener Nurse et enfants à la Mivoie. Sans nouvelles d'eux tous, je vis dans l'attente anxieuse de Pierre Herbart, immobilisé sur une terrasse (fort agréable du reste) d'où je n'ose pas descendre parce que sans ascenseur je ne pourrais y remonter — et l'incertitude du plus proche avenir. Comme toujours, notre dernière conversation continue à retentir en moi. Oh! vous devez avoir raison, à propos du *King Lear;* vous avez certainement raison. S'il fallait supprimer de mon *Journal* toutes les erreurs de jugement, sur les œuvres, les événements ou les personnes, il se trouverait souvent simplifié jusqu'à l'insignifiance. Ah! que je vous ai sentie jeune, l'autre jour, dans votre protestation passionnée; et combien plus jeune que moi! trop fatigué pour risquer plus qu'un acquiescement presque immédiat...
Complètement oublié de vous parler de ma très longue conversation avec Claude Gallimard, la veille de mon départ de Paris, au sujet de vos *Nursery Rhymes*. Je ne l'ai quitté que sur la presque assurance que nous allons très prochainement voir sortir le volume; et malgré tout fort assombri, car si rien n'est fait pour pousser à la vente du livre, la belle avance! de savoir qu'il est « *out* [1] ». C'est bien aussi sur ce point (faire connaître et « lancer ») qu'ont porté sur-

1. Qu'il est « sorti ».

tout mes efforts. D'où discussion prolongée près d'une heure durant... que je ne puis résumer en quelques lignes. — L'état d'attente où je me trouve maintenu sur ma terrasse est on ne peut plus éprouvant; certaines heures il me semble que *je n'en peux plus*...

Que le déjeuner de Janie nous a paru bon, l'autre jour. Les Lambert, fille et gendre, m'ont particulièrement prié de vous le redire.

Je crois bien que, ce matin, on attend L. Gautier-Vignal... qui va me donner de vos nouvelles superficielles.

Je vous embrasse bien fort

André Gide.

[D. B. à A. G. (Avril 1950)

Elle propose à Gide de venir passer quelques jours rue Verdi, où il y a un ascenseur.]

1080. — ANDRÉ GIDE À DOROTHY BUSSY

Le garage du « Provençal [1] »   12 Avril 50

Chère amie

Votre bonne lettre me serre le cœur — et d'autant plus que, si je pouvais... mais vous ne semblez pas avoir compris que, sans auto, réduit à moi-même, je ne peux plus rien, ne suis plus qu'infirme. Depuis que j'ai quitté « l'Oiseau Bleu », je reste captif sur une terrasse, belle tant qu'on voudra, et que je n'ose quitter pour me remettre au niveau de la vie vraie, parce que je ne sais si j'aurai la force de remonter ces

---

1. Gide logeait à Juan-les-Pins, sur la terrasse du garage de l'Hôtel Provençal, comme l'hôte de Florence Gould.

deux étages qui m'isolent. Par quels moyens me rendre
auprès de vous? Voici combien de jours que dure ce purgatoire? Je ne les compte plus; mais il ne me souvient pas
d'avoir vécu longueur de temps plus difficile à traverser
sans grimaces. Et je ne sais pas du tout, mais pas du tout, ce
qui m'attend par delà. Ce qui m'embête le plus, c'est que
rarement je me suis senti en meilleure disposition pour le
travail. De ce qui me retient et m'empêche, je ne puis vous
parler; mais je n'ai jamais mieux compris, pour l'approuver,
le farouche retrait de notre ami Roger. Hélas! mon état de
santé et les « relations » ne me permettent plus l'indépendance.

 Je vous embrasse tout de même bien fort

André Gide.

1081. – DOROTHY BUSSY À ANDRÉ GIDE

12 avril 1950

 Très cher Gide,

 nos lettres se sont encore croisées. Mais la vôtre, datée
du 10 avril, ne m'est parvenue que ce matin. J'espère que
vous avez reçu la mienne. Janie dit que vous avez certainement changé d'adresse et n'êtes plus dans votre *Oiseau
Bleu,* où vous ne vous êtes jamais plaint de n'avoir pas
d'ascenseur, même quand vous étiez le plus malade. C'est
triste que vous ayez échoué sur une terrasse.

 J'espère que vous n'avez pas trouvé déplaisante ma protestation au sujet du *Roi Lear.* Je ne me rendais pas compte
que vous étiez déjà à demi converti.

 Vous avez été très gentil pour les *Nursery Rhymes,* mais
je ne peux m'empêcher de penser que Claude Gallimard n'est
pas raisonnable. Comment diable pouvons-nous « lancer »
un livre qui ne sort jamais? A supposer que j'aie commencé

voilà dix-huit mois, quand il a dit qu'on avait donné le
« bon à tirer », je me sentirais plutôt sotte aujourd'hui, et
je suis déjà embarrassée quand les gens à qui j'en ai parlé
ces trois dernières années m'en demandent des nouvelles.
Et certainement la publicité d'un livre est plutôt l'affaire de
l'éditeur que de l'auteur? Et ne les laissez pas dire que c'est
un livre pour les Anglais. *Non*, c'est pour les *Français*. S'ils
estiment cela impossible, pourquoi l'ont-ils pris? Mais je ne
vais pas me tourmenter davantage au sujet de ce livre assom-
mant. Il m'a donné mauvaise conscience. Je sens qu'il a
donné à mes amis — et à vous plus que tout — plus d'ennuis
qu'il n'en vaut la peine.

    Nous espérons revoir Roger avant longtemps. Nice sans
lui est un désert. Je suis gentille de l'aimer autant, car (je
crois vous l'avoir déjà dit) il est la seule personne au monde
dont je sois jalouse. Plus que jamais depuis le *Journal 49* [1].

    Mais si vous croyez que d'écrire dans votre *Journal* des
choses que vous regrettez après coup (pas d'allusion ici à
R.M.G.) est la seule façon de ne pas être insignifiant, j'estime
que vous vous trompez. Et puis c'est trop facile. Et ici, je
termine cette lettre, comme je fais si souvent, en disant :
« Pardon! »

Votre
D. B.

P.S. Cher Gide, faites-moi savoir, quand vous le pourrez, si
vous avez des nouvelles de Catherine et des enfants, si
Amrouche est encore avec vous, si Jean Lambert est parti,
si Pierre Herbart est arrivé, et quand vous partirez pour la
Sicile, malgré les tremblements de terre et les révolutions,
et dans quelle maison vous êtes en ce moment, qui a une
terrasse et pas d'ascenseur... Et si vous m'avez pardonné
mon horrible lettre.

    Nous n'avons pas vu Louis G.V. depuis des siècles, mais
nous avons passé une agréable soirée avec les Ziegler et

---

1. Voir *Journal 1939-1949*, Pléiade, p. 340.

le Père Valensin; tout le monde a discuté du féminisme (chose étrange) et il a prétendu qu'il était féministe! Bonne nuit.

Votre
D. B.

Tant de choses à vous dire, et jamais l'occasion.

1082. – ANDRÉ GIDE À DOROTHY BUSSY

5 Juillet 50
Albergo Grande Italia
Rapallo

Chère Dorothy

Je pense que la discrétion vous retient de m'écrire; elle ne retient pas ma pensée de voler vers vous bien souvent; mais mon imagination se fatigue, à ne savoir où vous êtes, ni comment vous vivez. Le Gordon Square doit être bien chaud, bien éprouvant. Je vous souhaite dans quelque Hazelmere tranquille [1], auprès de quelques amis jeunes.

Depuis quelque temps je vais mieux, mais j'ai traversé une période de fatigue pénible, qui causait aussi mon silence. J'ai appris un mot nouveau : anorexie, qui signifie : absence d'appétit. Oui, je souffrais d'une anorexie quasi totale, aussi bien morale que physique et me traînais le long des jours sans plus de curiosité que de désir [2]. Pourtant le projet du Théâtre Français de monter l'adaptation scénique de mes

---

1. Allusion à un séjour d'été 1920 à Fernhurst, un petit village près de Haslemere, Surrey, fréquenté par les amis peintres du groupe de Bloomsbury.
2. Cf. *Cahiers de la Petite Dame*, IV, p. 136; et *Ainsi soit-il*, Pléiade, p. 1164.

Caves du Vatican a quelque peu secoué ma torpeur[1]. J'avais apprêté cela, sommairement (il y a 28 ou 30 ans) à l'usage des étudiants de Lausanne. Un des sociétaires a pris connaissance de ce vieux texte, réuni tout aussitôt le comité, donné lecture enthousiaste. Accepté à l'unanimité. Le directeur et le principal metteur en scène sont venus me relancer à Juan-les-Pins et fait part de leurs intentions : monter cela le plus tôt possible, après divers remaniements qui m'ont occupé tout aussitôt et dont j'ai pu faire part au metteur en scène (qui doit assumer le rôle de Protos) lorsqu'il est venu passer trois jours auprès de moi à Taormina. Entente parfaite. Les répétitions doivent commencer en Septembre, qui me rappelleront à Paris. Au sortir de Claudel, on se promet un beau scandale[2].

Oui, ce projet m'a un peu redonné le goût de vivre, que j'avais perdu. Les interprètes se montrent extraordinairement excités; pas plus que moi. Claudel croit à un coup monté contre lui; et pourtant je n'ai rien fait qu'accepter une initiative que les autres (le Théâtre français) ont prise. Si le succès répond à leur attente, on pourra s'amuser un peu. Ah! si seulement la « Ire » pouvait coïncider avec votre passage à Paris!!

Songeant à votre lecture de l'Arioste, je me suis plongé dans le Tasse (sans quitter Virgile pourtant), mais j'aurais besoin d'un teacher; seul, je patauge et devine bien plus que je ne comprends vraiment.

Hier, à Portofino, on m'a présenté l'auteur de *I, Claudio* (sic), qui vit en barque, athlète, à demi nu; fort sympathique[3]. Je lui ai dit que vous m'aviez fait lire son livre. Il m'a fort aimablement parlé de Lytton. Rien lu de worth mentioning depuis longtemps.

---

1. La première aura lieu à la Comédie-Française, le 13 décembre 1950, avec le metteur en scène, Jean Meyer, dans le rôle de Protos.
2. Les *Caves* suivront *Le Soulier de satin* qui sera donné au Français d'octobre jusqu'en novembre. Le 13 décembre 1950, Claudel notera dans son *Journal* : « Brillante assistance au Théâtre Français à la première de M. André Gide, auteur des *Pourritures terrestres*. »
3. Robert Graves.

Je n'écris à personne; même pas à moi-même; c'est-à-dire que je ne tiens plus de *Journal*[1]. Pierre Herbart était avec moi, que des « affaires » ont rappelé à Paris le dernier jour de Juin; de sorte que je suis seul ici, avec le fidèle chauffeur Gilbert, compagnie tristement insuffisante. Mais depuis quelque temps j'ai cessé de croire que je vais trépasser avant la fin du jour.

Répandez vers Janie et Simon mes tendresses; et vers vos sœurs présentes mes souvenirs les meilleurs.

Ceci est la lettre la plus longue que j'aie écrite depuis des semaines ou des mois. Aussi bien mes forces sont à bout. Il m'en reste juste de quoi vous embrasser.

Votre
André Gide.

1083. – DOROTHY BUSSY À ANDRÉ GIDE

51 Gordon Square
9 juillet 1950

Très cher Gide,

J'ai reçu hier votre bonne longue lettre, qui a été la très bienvenue. Je me préparais à croire que je n'en recevrais jamais plus. J'étais sans nouvelles de vous, ne savais pas où vous étiez ni comment vous alliez − et je ne voulais rien demander. Discrétion? Pas exactement. Mais peut-être résignation? Ou... amour-propre excessif? Peu importe.

Je suis ravie d'apprendre ces bonnes nouvelles à propos des *Caves*. Les répétitions vont beaucoup vous amuser, et me laisser rêver que j'assiste à la première aux Français et vois Claudel au premier rang de l'orchestre est déjà un plaisir.

1. En fait, Gide n'y écrit plus depuis le 10 juin 1949.

La traduction des *Faux-Monnayeurs* vient de sortir. Il n'a pu y avoir encore qu'un ou deux articles, dans lesquels les critiques sont très polis (car votre réputation ici, depuis le Prix Nobel, est *presque* aussi grande que celle de Mauriac), mais encore assez effrayés, comme d'habitude. *Si le Grain ne meurt* doit paraître aussi incessamment dans une édition limitée, soi-disant privée, mais les 1500 exemplaires, à un prix élevé, sont déjà souscrits, et il y a quelques personnes, même parmi les lecteurs anglais, qui savent où vous placer.

Je ne sais si c'est vous ou Mme Davet que je dois remercier pour le curieux volume de *Littérature Engagée*[1] que Gallimard a eu l'obligeance de m'envoyer. J'espère qu'il ne m'en veut pas trop (pourquoi? allez-vous demander) et m'enverra un exemplaire de la correspondance de Charlie[2] qu'on me dit avoir vue à Paris et que je suis très curieuse de lire. Pas de nouvelles encore de la réaction de Laurence Olivier à propos de *Saül*, mais Michel Saint-Denis, que j'ai vu l'autre jour, n'a guère d'espoir. On me dit pourtant qu'il a promis de « s'en occuper ». J'ai eu une lettre amicale d'Elsie Pell disant que sa traduction des *Feuillets d'Automne* a reçu de grandes louanges de tous côtés — ce dont nous devons être très reconnaissants.

Pour moi, j'ai été très paresseuse, j'ai vu des gens, j'ai très peu lu — surtout des choses sans valeur —, à peine travaillé, terminé *Philoctète* et commencé *El Hadj* (horriblement difficile[3]). Je me bats toujours avec la quatrième *Géorgique* (comme vous avec le Tasse) sans traduction. Quand je me délasse avec une page de *l'Enéide* prise au hasard, comme cela semble facile et magnifique! La quatrième *Géorgique*, je la trouve belle *quand* je la trouve facile, non *parce que*.

---

1. Ce volume de textes réunis et présentés par Yvonne Davet venait d'être publié.
2. Il s'agit des *Lettres de Charles Du Bos et réponses d'André Gide*, Paris, Corrêa, 1950.
3. Ces deux textes seront publiés en 1953 avec « Narcissus », « The Lover's Attempt », « Bathsheba », « The Return of the Prodigal » et « Saul », sous le titre de *The Return of the Prodigal*, preceded by five other treatises. (London, Secker & Warburg.)

N'est-ce pas une leçon? J'ai décidé de m'attaquer cet hiver à Ovide qui, il me semble, a été injustement méprisé par les intellectuels. Je n'ai jamais encore lu un seul vers de lui — et puis les poètes mineurs, Tibulle, Properce, Catulle.
Simon et Janie envoient leurs amitiés. Simon travaille au Zoo — chaque matin il franchit les grilles ponctuellement à 9 heures. Janie, occupée comme toujours à la cuisine et un peu dans « le monde ». Ils vont passer tous deux une quinzaine à peindre dans ma chère maison familiale en Haute-Écosse [1], pendant que j'irai dans le Kent chez mon neveu Dick Rendel. Mais nous serons tous de retour à Londres en août.
Avez-vous rencontré Max Beerbohm [2] qui a une villa, je crois, à Rapallo? C'est, dans la dernière génération, l'écrivain que j'admire le plus. Un grand parodiste, un grand homme d'esprit, un grand maître de la langue anglaise. Non, je ne saurais exagérer mon admiration. Il était aussi un ami, et un digne ami, de Lytton. Je ne connais pas personnellement Robert Graves, ni ses livres, je regrette de le dire — à part les deux sur Claudius. Lui aussi a une grande réputation — mais il n'a pas le charme extraordinaire de Max, qu'il doit très bien connaître.
Et maintenant — non, je ne poserai aucune des centaines de questions que j'aimerais poser.
Mes sœurs vont bien et vous envoient leurs bons souvenirs en vous remerciant pour les vôtres.
Simon, Janie et moi, notre affection.

Votre
D. B.

---

1. « Doune » à Rothiemurchus.
2. L'écrivain et caricaturiste anglais (1872-1956), l'auteur de *Zuleika Dobson*.

1084. — ANDRÉ GIDE À DOROTHY BUSSY

Hôtel d'Angleterre
Nice
7 août 1950

Chère amie

Nice sans vous, sans Roger, c'est le désert. Mais à proximité de Cabris, où nous nous sommes assurés hier que tout va inespérément bien. La Petite Dame est d'un « allant » extraordinaire. Quant à moi, je reprends presque quelque goût à vivre et ne désespère pas trop de vous revoir encore...
Madame Théo m'a dit que vous êtes chez votre neveu Rendel — mais ne me donne pas d'adresse. Du Gordon Square, on fera suivre, j'espère. Simon et Janie seraient en Écosse??...
    Je pense à vous tendrement et fortement votre

André Gide.

1085. — DOROTHY BUSSY À ANDRÉ GIDE

51 Gordon Square
11 août 1950

Très cher Gide,

c'était très agréable de recevoir une lettre de vous. J'aime savoir où vous êtes, même si c'est à Nice où je ne supporte pas de vous savoir quand nous n'y sommes pas, et où vous ne serez probablement plus quand nous y serons. Je vous ai écrit à Rapallo en réponse à une de vos lettres, mais je suppose que vous n'avez jamais reçu la mienne, car j'ai appris peu après par Roger que vous étiez chez Mme de Lestrange. Puis je vous ai récrit du Kent, mais vous n'avez certainement jamais reçu cette lettre-là, car je ne l'ai pas envoyée. J'étais chez mon neveu Dick Rendel, un frère aîné de Vincent, dans la vraie campagne et au milieu d'une vraie ferme. Ce n'est pas loin de la petite ville de Rye où Henry James avait une maison et où il est mort. J'ai beaucoup pensé à lui, car j'ai lu là-bas pour la première fois une de ses longues nouvelles intitulée *The other House*. J'ai trouvé cela extraordinairement bon, tout éclairé, m'a-t-il semblé, par l'étrange contrée où il avait choisi de s'installer. Rye est un des Cinque ports, pas loin de l'endroit où vos compatriotes normands ont débarqué de façon si providentielle. (Une agression, sans aucun doute! Dieu merci, il n'y avait pas de Nations Unies ou de Conseil de Sécurité en ce temps-là.) Mais la mer s'est retirée aujourd'hui, et sur des lieues et des lieues le long de la côte il n'y a rien d'autre qu'une étendue de marécages plats, monotones, tristes, sans le moindre accident de terrain. Et puis peu à peu on se rend compte que le ciel au-dessus de vous est immense et rempli de nuages fantastiques, et les marais eux-mêmes teints des nuances les plus délicates, d'une couleur surnaturelle... Henry James!

Je m'excuse. Je ne crois pas que vous aimiez ce genre de choses!

Nous allons tous bien. Simon et Janie sont rentrés de notre maison ancestrale dans la Haute-Écosse, où ils se sont beaucoup plu et ont pu travailler — Janie va avoir une exposition à Londres la première semaine d'octobre. Nous rentrerons ensuite à Nice aussi tôt que possible. Où serez-vous alors? Allez-vous pouvoir nous inviter à la première des *Caves?* Enid et Whity ont déjeuné hier avec nous et nous ont fait un charmant récit des activités de la Petite Dame. Ç'a été une grande déception de la manquer de très peu [1]. Transmettez-lui mon affection.

---

1. Mme Théo avait passé quelques semaines à Londres en juillet.

Cher Gide, je suis sincèrement heureuse de savoir que vous vous sentez mieux.
Amitiés de nous tous.
Votre fidèle

D. B.

1086. — ANDRÉ GIDE À DOROTHY BUSSY

Grasse 9 Sept. 1950

Bien chère amie

Si j'écrivais encore des lettres, ce serait à vous. Est-ce que mon cœur se racornit? Je ne crois pas, mais j'ai la tremblote et peine à former mes caractères — et surtout ne trouve pas grand'chose à vous dire. J'appartiens au passé, et même quand je pense à vous (ce qui m'arrive bien souvent) c'est bien loin déjà que je remonte en arrière. J'ai plaisir alors à réentendre quantité de phrases de vous qui restent pour moi aussi présentes qu'aux premiers jours. A Paris de nouveau avant la fin de la semaine, quantité d'occupations (dont certaines fort intéressantes : les répétitions des *Caves*) vont me reprendre et ne me laisseront plus le temps de respirer. Je vous écris donc bien vite avant de replonger dans le hourvari.

Ai-je jamais encore connu si longue suite d'aussi beaux jours? C'est à vous faire regretter de devoir bientôt quitter la terre! Dommage que tant d'abominations nous gâtent le séjour que nous y faisons. A Nice, je n'ai pu revoir personne, que la très gentille Nouki [1], qui se montre fort reconnaissante de votre renouveau d'hospitalité. Elle nous a parlé (à Mme Théo et moi) de Berlin plus d'une heure durant et raconté quantité de choses presque incroyables; le portrait de Staline

1. Voir ci-dessus, lettre 1056, note 2.

supprimé dans toute la zone russe, remplacé par celui de Lénine. Explicable par on ne sait trop quels motifs secrets. Une misère, une déchéance morale inimaginables...
Je lis peu (Jane Austen et Renan); tâche un peu d'écrire, mais sans trop savoir ce que cela vaut... Avez-vous amorcé quelque chose pour votre drame [1]? Je le souhaite de tout mon cœur. A la faveur d'*Olivia,* il me semble que l'accueil serait chaleureux. J'ai si bien rangé votre dernière lettre, que je ne peux plus remettre la main dessus. Elle contenait pourtant deux points auxquels je m'étais promis de répondre... En tout cas ceci : je ne crois pas qu'aucune des vôtres se soit jamais égarée à ma poursuite à travers la Sicile ou l'Italie. Ne parliez-vous pas d'une exposition de Janie?
Je vous embrasse bien fort et bien tendrement.

André Gide.

1087. – DOROTHY BUSSY À ANDRÉ GIDE

51 Gordon Square
[Septembre 1950]

Très cher Gide,

Merci pour votre lettre exceptionnellement « gentille ». Je me demande combien de fois les pensées que nous avons l'un pour l'autre coïncident, aussi bien dans le temps que par leur contenu. Je suppose que nous serions bien surpris si nous connaissions la réponse.

C'est très excitant, ce que vous dites des *Caves*. Faites-nous savoir aussi tôt que possible à quelle date est fixée la première. Si nous pouvions nous trouver à Paris, ce serait merveilleux. L'exposition de Janie commence ici le 3 octobre et nous devons rester quelques jours pour la voir démarrer;

---

1. Il s'agit de *Miss Stock.*

nous quitterons Londres vers le 15 octobre. Mais si vous devez être à Paris, nous aimerions de toute manière nous y arrêter et vous entrevoir, ainsi que la Petite Dame, qui pourra peut-être nous accorder une fois de plus son inépuisable hospitalité.

Je voudrais voir aussi Mmes Audry, les productrices de mon film, et essayer de les persuader de changer quelques passages dans le scénario d'*Olivia* qu'elles m'ont envoyé. Et j'aimerais vous parler de ce que vous appelez mon « drame ». L'hiver dernier, Ida Bourdet, qui est une de mes admiratrices enthousiastes, m'a suppliée de lui remettre le texte anglais qu'elle a entrepris de faire traduire et probablement accepter par un grand théâtre parisien! Elle vient de m'envoyer sa traduction, qu'elle a l'intention de faire parvenir à Madeleine Renaud. Ce n'est pas mauvais du tout dans l'ensemble, bien qu'il me semble qu'on pourrait améliorer le langage des écolières. Si vous avez quelque influence sur Madeleine Renaud, vous pourriez peut-être lui dire un mot en ma faveur. Il est vrai que quelqu'un de chez Stock m'a dit l'autre jour de la façon la plus affirmative qu'*Olivia* avait été offerte à Gallimard, lequel l'avait refusée à cause de votre avis négatif. C'est en vain que je lui ai dit que cela n'avait *jamais* été offert à Gallimard. Il a pris un air très supérieur et laissé entendre qu'il savait de source privée que l'histoire était vraie, et il a ajouté : « Bien sûr, Gide ne pouvait pas du tout s'intéresser à une histoire de *filles!* » Est-il possible que Gallimard fasse circuler cette légende? En tout cas, je n'ai pas entendu un mot au sujet des *Nursery Rhymes*.

Cette année, à la saison d'été de Stratford, l'étoile la plus brillante n'a pas été votre ami Laurence Olivier, mais Gielgud, et en particulier dans le *Roi Lear,* qu'il semble avoir monté et joué d'une façon merveilleuse, infiniment mieux qu'Olivier. Je ne peux m'empêcher de penser qu'il y a là une grande part de vérité, si j'en juge par l'impression qu'Olivier vous a laissée de cette œuvre colossale! Et aussi par la façon très peu intelligente dont il a traité Hamlet dans son film [1]. Si

---

1. Le film *Hamlet* est de 1948.

Sir Laurence ne convient pas pour *Saül*, devrions-nous essayer Gielgud, qui est en ce moment au comble de la gloire?
J'ai connu ces derniers temps un énorme plaisir intellectuel. Je viens de terminer la traduction d'*El Hadj*. Au début, cela me plaisait seulement pour la beauté de sa poésie et de son écriture, mais maintenant je crois le comprendre et me rends compte que ce texte répand une lumière intime sur l'histoire de votre propre vie spirituelle.
. . . .[Quelques lignes peu importantes]. . . . . . .
Cher Gide, qu'ai-je pu dire autrefois que vous aimiez vous rappeler aujourd'hui? Combien peu je l'imaginais alors! Combien peu je puis l'imaginer même à présent.
    Votre fidèle

D. B.

1088. – ANDRÉ GIDE À DOROTHY BUSSY

20 Sept. 50

    Bien chère amie

Des Gallimard, assurance formelle que votre livre *sort* en Novembre (mettons décembre pour plus de sécurité).
Me voici tout accaparé par les quotidiennes répétitions des *Caves*. J'en ai pour cinq semaines, au moins. La pièce doit affronter le public vers la mi-décembre (je vais tâcher d'obtenir des précisions). Je crains, hélas, que ce ne soit bien tard pour votre passage à Paris... Ces répétitions, fort intéressantes (et je ne veux pas en manquer une) sont *éreintantes*. Je rentre chaque soir fourbu et ne sais trop si je vais pouvoir *tenir* jusqu'au bout. Merveilleusement secondé par Jean Meyer, le metteur en scène (qui tient aussi le rôle de Protos) qui a fait ses preuves avec le *Don Juan* de Mozart à Aix; énorme succès; qui était venu me retrouver à Taormina pour mettre au point le texte, grandement modifié et aug-

menté par les scènes où présenter Geneviève, laquelle était presque inexistante. Je crois que ces nouvelles scènes sont parmi les meilleures. Et l'actrice qui tient le rôle me paraît excellente.

Combien me réjouit ce que vous me dites d'*El Hadj* — qui doit être rudement difficile à traduire!

Que signifie cette histoire du refus de Gallimard — pour *Olivia* qui ne lui a jamais été présenté (d'où grande scène sentimentale avec Roger, scène de reproches). Pure invention.

Ce que vous me dites de Gielgud me laisse bien perplexe. Je ne fais rien; mais je laisse faire, et combien volontiers! si vous pensez pouvoir intervenir. Le moment serait bien choisi, car cette représentation des *Caves* aux « Français » va mettre mon nom en vue *comme auteur dramatique*.

Tout ce que Nouki raconte de Berlin est passionnant. Elle est charmante. Mais quelle amertume de voir le Sémiramis sans vous!

Que de vœux je forme, et de quel cœur, pour l'exposition de Janie! Maints affectueux messages pour Simon. Je vous embrasse. Fidèlement votre

André Gide.

[D. B. à A. G. 1ᵉʳ octobre 1950

Ils arriveront à Paris le 16 octobre. Une édition de *Si le Grain ne meurt* a paru en Angleterre, limitée à 1500 exemplaires à cause de la censure. Grand désir de réintégrer La Souco.]

1089. – ANDRÉ GIDE À DOROTHY BUSSY

3 Octobre 1950

Amis bien chers

La pensée de vous revoir bientôt me gonfle le cœur. Je reçois ce matin votre lettre du 1er Oct. Vous en aurez reçu une nouvelle de Madame Théo. Elle est arrivée hier à Paris, en fort brillant état; se réjouit aussi à l'idée de vous recevoir; mais sa « chambre d'amis » se trouve engagée jusqu'au 16, de sorte qu'elle vous demande de n'arriver *pas avant* le 17. Je m'arrange de manière à pouvoir accueillir Simon dans la chambre à côté de la mienne.

J'espère que Roger pourra prolonger son séjour à Paris jusque-là. Il est, depuis quelques jours déjà, rue du Dragon, et vient nous voir quotidiennement. Un gros rhume m'a retenu at home ces derniers temps et beaucoup fatigué. Je pense être assez bien de nouveau pour pouvoir, aujourd'hui même, recommencer à assister aux répétitions des *Caves;* mais dois prendre encore toutes sortes de précautions pour me maintenir en bon état.

C'est à présent Pierre Herbart qui nous donne de l'inquiétude : il est rentré du Midi (où il a laissé sa mère en pleine convalescence) avant-hier dans un état de fatigue assez inquiétant : poussée de fièvre chaque soir; radioscopie; puis radiographie... il est « à l'étude », à l'examen, etc. Nous en aurons le cœur net en peu de jours. Les projets dépendent du résultat des examens et analyses.

Que de vœux nous formons pour l'exposition de Janie! Revu Marc A. hier, encore tout occupé par son film qui le retient et le rappelle à Londres; s'inquiète affectueusement de la réussite du vôtre (de film). De tout cela, joie de pouvoir reparler bientôt avec vous — et d'un tas d'autres choses.

Je vous embrasse bien fort et bien tendrement

André Gide.

[D. B. à A. G. 5 octobre 1950

Ils arriveront à Paris le 17.]

1090. — ANDRÉ GIDE À DOROTHY BUSSY

28 Octobre 1950 [1].

Chère amie

C'est exténuant (encore que passionnant) ces répétitions des *Caves;* chaque jour, de 2 h à 7 — A dire vrai, il n'y en a encore eu qu'une. Puis, aujourd'hui, brusque interruption. Hier, Jean Meyer, qui dirige tout et, de plus, assume le rôle de Protos, s'est amené au Foyer des Artistes, la tête enturbannée et le faciès en papier mâché : la veille il jouait dans une épaisse (et très amusante) bouffonnerie de Courteline : *les Boulingrins.* La pièce s'achève sur un hourvari général; on met le feu aux meubles d'un appartement sens dessusdessous. Le rideau va tomber sur les acclamations du public. A ce moment précis, ce n'est pas le rideau qui tombe; c'est le lustre de l'appartement, sur la tête de Jean Meyer; qui, lui, tombe « dans les pommes ». Il trouve pourtant la force de se relever pour saluer le public. Mais, hier, se sentait fort mal en point, de sorte que la répétition des *Caves* n'a pu avoir lieu. On espère que « ça ne sera rien »; mais je reste fort inquiet. Sans lui, rien ne se peut : il faudrait tout interrompre...

De toute manière je vous aurais écrit pour vous dire avec quelle profonde et intense joie, attiré par la belle apparence du volume, je me suis plongé dans votre *If it Die...* Cela m'a

1. Lettre écrite après la dernière réunion des deux amis. Les Bussy ont logé au Vaneau du 17 au 21 octobre.

paru *excellent* (j'en ai lu durant plus d'une heure) et il m'est ineffablement doux de vous écrire ma très amicale satisfaction.

Sur ce, je vous embrasse bien fort et j'arrête, car je suis fourbu.

Votre
André Gide.

[D. B. à A. G. 31 octobre 1950

Contente qu'il approuve sa traduction de *Si le Grain ne meurt*. Considérations sur les difficultés particulières de cette traduction et sur le genre de qualités qu'elle requérait.]

[D. B. à A. G. 20 novembre 1950

Petites nouvelles de peu d'intérêt.]

[D. B. à A. G. 3 décembre 1950

Zoum Walter a vu des extraits du film tiré d'*Olivia*, où Edwige Feuillère lit *Paroles sur la Dune* au lieu du *Lac* — ce changement a été suggéré par Gide.]

1091. — ANDRÉ GIDE À DOROTHY BUSSY

5 Décembre 50.

Chère amie

Trois jours de congé (c'est-à-dire que les répétitions aux Français vont se passer, durant trois jours, de ma présence).

J'en profite aussitôt pour courir rue Verdi. J'étais si fatigué que j'en venais à craindre de ne pouvoir *durer* jusqu'au treize, jour de la « première ». Flancher au dernier moment serait d'un effet désastreux et risquerait d'être interprété par « la Presse », très fâcheusement, comme un désaveu. « Gide se retire parce qu'il est par trop mécontent de ses interprètes », ne manquerait-on pas de dire. A éviter [1].

Passé cette épreuve, je ne vois rien. J'aurais grand besoin de repos; mais où? Problème (compliqué par la question de la secrétaire et du chauffeur). « Visibilité nulle », comme disent les bulletins météorologiques pour l'aviation. Nous en reparlerons.

Les Herbart rentrent ce soir; ils m'aideront à « faire le point », Les circonstances s'y prêtant, je serais en fort bonne disposition de travail... Oh! oui; naturellement je songe à Nice; mais (il y a un tas de « mais »)...

Et, après tout, en dépit des assurances (et de l'assurance) des interprètes, je considère comme parfaitement possible que *les Caves* tombent à plat.

En attendant, je vous embrasse bien fort; mais sans oser vous dire : à bientôt. Constamment votre

André Gide.

1092. — DOROTHY BUSSY À ANDRÉ GIDE

40 rue Verdi
11 décembre 1950

Très cher Gide,

Ceci vous arrivera peut-être à temps pour vous apporter nos vœux et nos compliments pour les *Caves*. Mais, mais...

---

1. Il l'évite. Pour le récit de la première des *Caves*, voir dans les *Cahiers de la Petite Dame*, IV, pp. 218-219.

J'ai toute confiance dans les *Caves*, mais infiniment moins en *vous!* Un succès au Théâtre Français ne vaut pas que vous en tombiez malade. Vous avez eu assez de succès dans votre vie, et vraiment, qu'importe celui des *Caves* au théâtre? Cela va sûrement vous mettre en colère. Pardonnez-moi, je vous en prie, et comprenez qu'il est beaucoup plus important pour *moi* en tout cas — sans parler du reste du monde — que vous restiez en bonne forme encore un certain temps.

Et, peut-être, venez à Nice pour l'hiver. Tout est très confortable à présent. Vous auriez des amis ici — mais pas trop — et très discrets!

Voilà! C'est tout ce que je peux dire pour vous allécher.

Roger semble ravi de son travail avec Pierre sur le film des *Thibault*[1]. C'est vraiment une excellente idée.

Adieu, mon très cher, et disons-nous « Au revoir » tout de même.

Votre
D. B.

1093. — ANDRÉ GIDE À DOROTHY BUSSY

28 Décembre 50

Chère amie

J'ai besoin de vous écrire, sans pourtant avoir rien à vous dire. Si j'étais rue Verdi, je resterais auprès de vous sans parler : il me suffirait de sentir que vous êtes là. Quant à moi, il me semble que je ne suis là plus que très peu. Il me semble que je m'en vais, que je m'efface : je diminue. La cervelle tient bon et ce que l'on a coutume d'appeler : les facultés intellectuelles; mais dès qu'il faut bouger, je suis à faire pitié :

---

1. Il s'agit d'un scénario basé sur *Le Pénitencier* et *Le Cahier gris* auquel Martin du Gard travaillait en collaboration avec Pierre Herbart.

ni douleurs ni angoisse, mais une gêne respiratoire à ne pouvoir plus faire un pas.

Élisabeth H. veut me persuader que cela ne nous empêchera pas de gagner le Maroc en auto. J'attends la consultation médicale qui me dira si ce n'est pas de la folie. Ajoutons une incuriosité totale pour tout ce que pourrait m'offrir un pays inconnu.

Les Gallimard m'avaient pourtant bien promis que votre livre « sortirait » avant la fin de l'année; avant décembre même. Je n'y pense pas trop par crainte de devenir enragé. (Et je sais que le livre est *prêt*.)

J'ai passé l'âge où le succès des *Caves* aux *Français* pouvait (aurait pu) me réjouir.

Je pense à vous et vous embrasse bien fort.

Votre
André Gide.

1951

Gide parle des Nursery Rhymes. — *D. Bussy explique ce qu'elle a voulu faire.* — *Les Bussy vont réintégrer La Souco.*

1094. — ANDRÉ GIDE À DOROTHY BUSSY

8 (?) janv. 1951

Chère amie

Je vais un peu mieux, depuis que j'ai décidé que j'étais trop souffrant pour partir. (Et ne m'avez-vous pas écrit la plus *attachante* des lettres[1]?) J'ai trop à vous dire et voudrais ne vous parler que de votre livre — avec lequel je vis depuis deux jours. Mais d'abord déblayons :
1º Oui : j'acquiesce à tout ce que souhaite Secker and Warburg (qui me paraît très raisonnable « provided that the omissions are notified in the book)[2]. (Merveilleuse présentation de la « limited edition »!)
2º Heureux que Béatrice [Beck][3] vous ait écrit au sujet

1. Cette lettre n'a pas été retrouvée.
2. « A condition que les omissions soient indiquées dans le livre. »
3. Béatrix Beck est depuis octobre 1950 la secrétaire de Gide.

d'*Olivia*. — Quant aux *Nursery Rhymes*... consterné par le prix d'achat : de quoi décourager les étudiants les mieux faits pour s'éprendre du livre. Évidemment d'aspect fort avenant; mais pas du tout ce que j'attendais (en parlerai aux Gallimard); je croyais convenu qu'il devait être cartonné à la manière d'un livre de classe. Votre introduction est parfaite; mais, en dépit de ce que vous en dites, on voit mal à qui le livre s'adresse.

Si seulement un critique érudit voulait s'en donner la peine (espérons que cela viendra). Quelle intéressante étude il y aurait à faire pour démontrer que votre livre ne fait que bien rarement (autant dire : jamais) double emploi avec le dictionnaire, celui-ci serait-il le monumental Harrap's. Or ce qui m'épate particulièrement, chez vous, c'est le choix, tandis que le dict. prétend être exhaustif. Mais ce dont je jouis surtout, ce sont les menus commentaires (où j'ai plaisir à reconnaître votre voix...) et moins ils sont « menus » (id est : plus ils sont étendus) plus ils me plaisent. Et ce sont eux, évidemment, qui font et assurent la valeur du livre. Ce sont eux qui *attachent* le lecteur.

Question « service » (envois). J'en ai déjà parlé au gentil Justin O'Brien, de passage à Paris et surtout avec Dominique Drouin qui vous est très dévoué (relations avec collègues de son père) — Veux en parler avec Jean Schlum. et, naturellement avec les Gallimard eux-mêmes. Et, d'abord, savoir combien d'ex. ils vous accordent. — Puis avec Enid et Whity. Je me propose de l'offrir (moi) à Keeler Faus retrouvé (il s'occupe à présent, officiellement de l'œuvre des livres pour les aveugles). Aujourd'hui je vais bien et prends plaisir à vous écrire; mais, ces jours derniers, je me sentais *inexistant*. Tout de même très votre

André Gide.

Ai complètement refait la dernière scène dialoguée (Lafcadio et Geneviève) des *Caves* [1].

---

1. Cf. *Cahiers de la Petite Dame*, IV, p. 227.

1095. — ANDRÉ GIDE À DOROTHY BUSSY

9 janv. 51

Bien chère amie

J'ai grand besoin de vous récrire, tant me satisfait peu la lettre que je vous adressais hier. Depuis, je ne vous ai guère quittée. Les quelques restrictions que je vous présentais s'effacent une à une : double emploi avec le dictionnaire, d'abord. Inévitablement il y a des « chevauchements », mais beaucoup moins importants qu'il ne me paraissait avant examen plus approfondi; et, de plus, ceux-ci font valoir votre livre : c'est quand le dictionnaire se tait que votre voix (et seulement alors) peut s'élever. Et quel plaisir je prends à vous écouter : je suis près de vous (utinam[1]!). Puis l'amusement de se dire : ah! ceci, je le savais déjà! Somme toute, je savais déjà, grâce à vous, beaucoup de choses. Puis il en est d'autres que je *sens* si bien!

Ce matin je vais mieux et, du coup, suis de nouveau « en partance »; mais pour où..? Complètement refait la dernière scène des *Caves*.

On s'embrasse.

André Gide.

---

1. « Si seulement! »

1096. — DOROTHY BUSSY À ANDRÉ GIDE

9 janvier 1951

Très cher Gide,

Votre très gentille lettre est arrivée ce matin, juste au moment où j'allais vous écrire pour dire que j'avais reçu mes *Nursery Rhymes* et que j'en étais inespérément ravie. Je trouve le volume très séduisant d'aspect, bon papier, bonne typographie, pas trop encombrant. Sans doute, il n'est pas cartonné, mais s'il l'avait été je suppose qu'il aurait coûté beaucoup plus cher. Je ne crois pas que son prix soit exagéré, étant donné l'énorme quantité de matériel qu'il contient.

A qui s'adresse-t-il, demandez-vous? Certainement pas aux écoliers, mais à tous ceux qui savent assez d'anglais (et ne fût-ce que très peu) pour souhaiter en savoir davantage, qui s'intéressent à la langue *en soi* et n'ont peut-être pas conscience de ses particularités, dues à sa double origine. Je sais qu'il y a un grand nombre d'Anglais qui se trouvent dans cette catégorie et j'espère qu'il y aura des acheteurs parmi eux. Je sais que plusieurs Anglais très cultivés auxquels j'ai montré des épreuves du livre ont été étonnés de trouver des choses sur leur langue dont ils ne s'étaient jamais avisés. Ç'a été depuis toujours l'habitude de dire : « L'anglais n'a pas de grammaire » — mais il a d'autres choses!

Je recopie une petite phrase écrite particulièrement en pensant à vous — parce qu'elle me plaît : « L'ordre est pour nous une nécessité vitale. L'anglais, qui est la langue la plus libre des contraintes de la grammaire, est celle où l'ordre est le plus rigoureux. »

. . . [Quelques lignes concernant l'envoi d'exemplaires des *Nursery Rhymes*] . . . .

1097. — DOROTHY BUSSY À ANDRÉ GIDE

40 rue Verdi
28 janvier 1951

Très cher Gide,

Juste un mot pour vous annoncer une petite nouvelle d'ordre personnel. Nous avons gagné notre procès contre le locataire de La Souco et reçu l'autorisation de rentrer dans notre maison. On lui a dit de s'en aller et les avocats assurent qu'avec un peu de chance nous pourrons l'expulser vers la mi-avril. Cela dépend maintenant du préfet. Claude Bourdet nous a donné une lettre pour un M. Hughes, où il dit que je suis l'auteur d'*Olivia* et une de vos amies. Nous l'avons vu hier, il a déclaré qu'il était très impressionné par ces deux titres et promis de faire tout ce qu'il pourrait. Les gens semblent penser que nous avons des chances de réussir.

Et où êtes-vous? Je vous imagine en route vers le Maroc, et n'osant pas le dire. Je suppose que quand nous aurons quitté Nice vous y reviendrez — selon la coutume. Reviendrez-vous jamais à La Souco?

J'ai reçu une bonne lettre de M. Hirsch au sujet du service de presse des *Nursery Rhymes*, et j'espère qu'à nous tous nous en vendrons quelques exemplaires.

Et après tout, si vous allez au Maroc, je prendrai cela comme un signe que vous vous sentez mieux et j'essayerai de vous pardonner comme d'habitude.

Votre
D. B.

APPENDICES

APPENDICE A
(Lettre 775)

Longmans, Green & Co.
Publishers
114 Fifth Avenue, New York

Editorial department

Monsieur,

Je vous remercie beaucoup de votre aimable lettre du 30 novembre.
Pourvu que M. Malraux auquel nos avons offert à travailler pour la même série et de condenser et écrire un préface à Montaigne n'ait pas encore consenté, nous serons très content de mettre dans vos mains l'œuvre de Montaigne. Nous croyons à être libre à faire celà si son réponse ne sera pas ici le 16 décembre. Ayez donc la bonté d'attendre jusqu'a cette date.
Mais le 16 decembre vous nous enverrez votre manuscript du préface d'abord en français pour que nous puissions le lire avant que vous le fassiez traduire en anglais. Il est entendu qu'il ait environ 6.000 mots et que votre condensation aura le rest, c'est-à-dire environ 36.000.

Nous pourrions accepter que vous publieriez le même texte dans une histoire de la littérature française « plus tard ». J'envisage un délai de deux ans. Les autres droits, c'est-à-dire les droits de traduction et de publication en France et en d'autres pays devraient les notres. Notre maison a des filiales à Toronto (Canada), elle est à Londres, Bombay, Calcutta et Madras, nos livres couvrent le monde.

J'espère de vous lire très tôt et croyez, cher maître, l'assurance de mes sentiments bien distingués.

[Signature illisible].

Paris, 21 décembre 1937

Cher Monsieur,

Je viens de voir André Malraux. Il m'a dit n'avoir ni le temps ni le désir de s'occuper de Montaigne. Peut-être vous l'a-t-il écrit directement. Je reviens donc, avec plus de précision sur ce que ma dernière lettre vous proposait : en guise de Préface à une Anthologie (dont je m'occuperais également) la réimpression d'un *Essai* sur Montaigne, paru dans une édition de luxe, tiré à 450 exemplaires (à 250 F, 450 F, et 700 F) épuisée depuis longtemps et, aujourd'hui, à peu près introuvable. Ne disposant moi-même que d'un seul exemplaire sur Japon, dont je ne puis me séparer, je fais dactylographier le texte, qui vous sera envoyé très prochainement. Ce texte contient environ 1 200 mots; c'est-à-dire à peu près le double de ce que vous me demandiez (pour la préface). Mais vous verrez, d'après les abondantes citations qu'il contient, qu'il amorce déjà l'Anthologie qui doit suivre, qu'il en fait déjà partie, pour ainsi dire. Évidemment je pourrais songer à le raccourcir; mais cela ne me paraît point souhaitable et je ne le ferais que sur votre insistance et avec beaucoup de regret.

Devant quitter très prochainement la France pour un lointain voyage de trois mois, c'est directement avec ma traductrice habituelle : Madame D. Simon Bussy (40, rue Verdi – *Nice,* Alpes-Mmes) que je vous prierais de correspondre. Je lui enverrai également l'exemplaire des Œuvres de Montaigne sur lequel j'ai porté au crayon de couleur toutes les indications nécessaires pour qu'elle puisse, en mon absence, former cette Anthologie (qui de 36.000 mots, se trouverait réduite à peu près à 30.000, pour laisser place à mon Introduction).

Je pense que vous serez d'accord avec moi pour préférer l'ancienne traduction anglaise (de Florio je crois) à toute autre traduction plus récente. Madame Simon Bussy pourra se procurer cette ancienne traduction, sans trop de peine je l'espère, sur laquelle elle fera les prélèvements d'après mon choix.

Je vous adresse cette lettre par avion et espère que votre réponse envoyée par avion également, pourra me parvenir avant mon départ, c'est-à-dire avant le 3 Janvier 1938.

Veuillez croire, Cher Monsieur, à l'assurance de mes sentiments les meilleurs.

André Gide.

APPENDICE B

(Lettre 803)

Vendredi 23 septembre 1938.

Je suis arrivée à Lisieux à 7 heures du soir. Jean Sch. m'attendait à la gare; il m'a amenée à Braffy, où Gide se trouvait déjà. Il n'y avait qu'eux deux dans la maison. Écouté la radio après dîner. Les négociations avec Hitler pratiquement interrompues. Le lendemain matin, Jean et

Gide m'ont conduite au Val Richer (à quelque huit cents mètres) et nous avons visité cette demeure seigneuriale. Gide et moi sommes retournés à Braffy, laissant Jean qui avait des affaires à régler. Gide m'a lu la préface à sa traduction de Shakespeare (*Antoine et Cléopâtre* dans la collection de la Pléiade), et nous en discutions, en particulier le mot *mallard*, quand Jean est revenu, apportant la nouvelle qu'on avait rappelé trois classes de réservistes français. Cela nous a paru sur le moment comme un ordre de mobilisation. Nous nous sommes préparés au pire. J. S. a décommandé Mme Théo, qu'on attendait le lendemain, et nous avons décidé que Gide et moi partirions pour Cuverville le lendemain matin. Jean a été absent tout l'après-midi, mais G. et moi nous avons gagné La Roque à travers bois. Il faisait un temps très lourd et couvert et il a plu la plupart du temps, une pluie fine; le sol très humide. La région ressemble beaucoup au Sussex (Fernhurst et Midhurst), boisée et ondulée, mais plus verte et beaucoup moins peuplée. Des vallons, des taillis, avec des pins et des châtaigniers. La Roque elle-même — mais à quoi bon en parler? C'était la première fois qu'il y revenait depuis qu'il l'a vendue. Il m'a montré les coins familiers, la poterne et la cascade, la tour où Jammes et Ghéon avaient logé. Un merveilleux endroit où passer une enfance. Il m'a dit ce qui avait changé — beaucoup de choses ont changé. L'acacia, disparu; la maison a été considérablement agrandie, une grille prétentieuse, en fer forgé, se dresse à l'entrée. Nous avons fait quelques pas sur la route et sommes arrivés à l'étang que Charles vide dans l'*Immoraliste;* et pendant tout ce temps je me demandais ce qu'il pensait. J'ai dit : « Que de pèlerinages on a faits ici — on fera. » « Oh, non, je ne crois pas. Je n'en ai jamais entendu parler. » Il était visiblement troublé par ses souvenirs, par la beauté des lieux, par une sorte de remords de s'en être défait. Ironique aussi : « Oh, oui, très *Tristesse d'Olympio!* »

APPENDICE B

25 septembre.

Le lendemain matin, par une pluie battante, lui et moi avons gagné Cuverville. Le paysage a changé, est devenu plus plat; de vastes vues, des distances opalines... Les trois jours suivants ont été remplis d'émotion — pour moi — pour lui aussi — recouverts par les cendres de la vie quotidienne. Des souvenirs de *notre* passé (nous en avons eu un malgré tout, même si nous feignons de l'avoir oublié), ses souvenirs à lui, ceux de son deuil, le tout à l'ombre d'une angoisse affreuse et sous la menace imminente de la guerre. Après le déjeuner, il m'a emmenée au jardin, m'a montré les plates-bandes, le [?]¹ la petite porte menant au potager, contre laquelle Jérôme a pleuré, puis à travers la hêtraie où se trouvait le banc où lui et Alissa avaient regardé le crépuscule. « Mais il a disparu », dit-il. « Je ne peux pas vous parler ici », ai-je dit. « Je vous entends quand même », a-t-il répondu. Il m'a conduite jusqu'au sentier que Jérôme a suivi quand il est revenu; puis jusqu'à l'autre potager et aux serres. « J'y ai dépensé une fortune, a-t-il dit, à essayer de faire pousser des choses — et tout a été perdu. Tout *en vain.* » « Pourquoi en vain? » ai-je demandé, en pensant que certaines de ces expériences lui avaient apporté peut-être quelques-unes de ses richesses et désillusions. « Parce que rien n'a jamais réussi. Tout a raté. »

[...]

Nous avons parlé de Florio, de Shakespeare en traduction, de n'importe quoi, pour éviter de penser à la guerre possible, probable.

Mardi après-midi, il a dit : « Je veux vous montrer la chambre de ma femme. Il y a longtemps que j'y pense. » Il m'y a conduite, a ouvert la porte et m'a laissée seule.

La chambre d'Alissa.

Et maintenant, toutes les fois que je repense à elle, je me

---

1. Un mot illisible.

souviens de ce qu'il a insinué à deux reprises, et qu'il a nettement dit une fois. Nous nous promenions dans le jardin de La Souco. « Je n'y peux rien, dit-il. Je sais que je ne devrais pas, mais je ne peux m'empêcher de penser à ce qu'aurait été ma vie si je *vous* avais épousée. » Puis, après un silence : « *J'aurais été heureux* — mais je n'aurais pas fait mon œuvre. Elle avait besoin de ce déchirement. » Mais moi, je ne suis pas une sainte. Je n'aurais pas supporté ce qu'elle a supporté. Je ne lui aurais pas donné, pour finir, une « parfaite félicité ». Je ne l'aurais pas ressentie. Ou voulait-il dire que s'il m'avait connue au moment voulu, il aurait connu l'union des sens et de l'amour? J'ai parfois pensé qu'il aurait pu. Non, impossible. Tout en vain. La fortune que j'ai, moi aussi, dépensée pour mon jardin, à soigner des plantes exotiques, ç'a été en vain. Tout a raté — sauf quelques planches de choux honnêtes, sains, que je crois qu'il apprécie, mais que je doute d'apprécier.

Le lendemain, il m'a montré son journal, qu'il a repris en août pour la première fois après la mort de sa femme. Des pages déchirantes. Aucun amour humain ne peut l'aider à présent. Il faut y renoncer.

Cela m'a amusée de lire dans le journal le récit de sa rencontre avec [1]...? qu'il aime et qu'il admire. Mais la conversation n'a pas été facile. Mais quand Roger était là, les deux hommes ont parlé ensemble merveilleusement, beaucoup mieux qu'aucun d'eux avec Gide. Et il avoue qu'il s'est senti jaloux. Duquel des deux? De ses rapports avec lequel? De leur amitié l'un pour l'autre? Je lui ai dit que cela m'amusait. Il a eu un sourire de désapprobation. Cela l'amusait aussi. « Oui, a-t-il dit, *un très bas sentiment.* » « Un sentiment, ai-je dit, qui me remplit sans cesse. » Il a ri, a baissé les yeux vers moi, et a compris. Il se tenait près de mon fauteuil. Avec quelle étrange expression dans les yeux et dans la voix il a dit : « Oh, *vous* n'avez aucune raison de ressentir cela. » Et alors, la cloche a sonné pour le thé.

---

1. Il s'agit de Lucien Maury. Voir *Journal 1889-1939*, p. 1317.

Nous avons gagné Paris le jeudi 29, de plus en plus soulagés par les nouvelles concernant la rencontre de Munich. Dans l'ascenseur, rue Vaneau, il a dit : « Que je suis heureux! Je vais vous avoir un peu pour moi tout seul! » Et il m'a embrassée.

Comme il a été gentil! Une fois que je me penchais sur un livre dans sa chambre, il s'est approché de moi. « Je suis heureux que vous soyez venue à Cuverville, a-t-il murmuré, mais j'aurais aimé que ce soit quand *elle* était là.

— Je suis heureuse de l'avoir vue une fois. Je suis heureuse d'avoir ce souvenir d'elle.

— Oui, mais si bref.

— Je crois que nous avons éprouvé de la sympathie l'une pour l'autre.

— Oui, oh, oui. Je le sais. Plus que cela. »

A deux reprises, il m'a fait reposer sur le lit dans la chambre qu'il a prêtée à Simon. Il m'a apporté une couverture et un oreiller, m'a enveloppé les pieds, a tiré les rideaux, m'a donné un livre. Une demi-heure plus tard, il est revenu et s'est assis près de moi. La dernière fois, comme il s'asseyait il a dit d'une voix tendre : « Ma petite amie! Ma grande amie! » Et puis nous avons parlé. Une conversation sérieuse. Une vraie conversation. Au sujet de son œuvre. Il a dit : « Je sens à présent que je suis en pleine possession de mon art. Je suis le maître de mes instruments, comme je ne l'ai jamais été encore. Et mieux encore, pas seulement en possession de mes outils, mais de mes *facultés* — aussi ouvert que jamais aux impressions, aussi capable que jamais du point de vue de la pensée, de la sensibilité, de l'émotion. Il n'y a rien qui m'empêche de faire un chef-d'œuvre. Mais rien ne m'y pousse.

« Oh, je ne veux pas dire de la critique, le journal, les lettres, tout cela n'est rien. Tout cela, je le fais aisément. Cela ne compte pas. C'est à la création que je pense. *Créer. Créer.*

« Un sujet? Voilà peu de temps, comme je me trouvais au Tertre et parlais un soir avec R.M.G., je me suis laissé aller et ai parlé du sujet que je rumine depuis des années.

J'étais véritablement brillant — extraordinaire — je m'étonnais moi-même et Roger était épaté. « Mais ce n'était que du *bluff. J'ai bluffé.* Cela n'a rien donné. Quand il m'a écrit plus tard et a demandé ce que j'en faisais, je n'ai pu que répondre : *Rien.* J'ai peur de vous en parler à présent. Peur de l'émousser. De le désenchanter. » « Oh, oui, ne dites rien! » Mais il m'en a parlé. Un peu. *Thésée*, à Athènes et en Crète — les deux civilisations, l'ancienne et la moderne — Minos et Pasiphaé. Le Minotaure et le labyrinthe. Dédale. Ariane et Phèdre. Pirithoüs et la descente aux enfers. TThésée et la rencontre avec Œdipe au dernier acte extraordinaire d'*Œdipe à Colone*. Thésée. Et il a cité merveilleusement, d'une voix qui exprimait la crainte, l'horreur, l'admiration :

Qui va du dieu des morts *déshonorer la couche...*

J'espère que Roger a noté la conversation ce soir-là et que je n'ai pas besoin de le faire. « Oh, quel sujet! a-t-il dit. Quelle richesse infinie! Et je pourrais le traiter *sans trahir les Grecs*. Mon idée est de le traiter sous forme de dialogues. Pas une pièce. Pas pour le théâtre, pas dramatique. En dialogues. Mais, pour cela, il faut que je me plonge dans le travail, que je ne fasse rien d'autre, ne pense à rien d'autre, ne parle à personne pendant des mois, que je n'aille pas vous voir. Consentir à m'ennuyer. Un affreux ennui. Lire? Oh, non. Rien de sérieux. Un film, le soir, de temps en temps — et *c'est tout.* Vous voyez comme c'est difficile. C'est toujours de cette façon que j'ai fait mon meilleur travail. »

Je ne me rappelle pas à propos de quoi, ce même après-midi, j'ai parlé des *Faux-Monnayeurs* comme d'un livre amer. Il a été vexé. « Non, pas amer. » (Mais je me rappelle qu'une fois, à Roquebrune, il a dit : « Et c'est pourquoi les *Faux-Monnayeurs* sont un livre amer. ») « Vous ne pourriez croire le nombre de jeunes gens qui m'ont écrit pour me remercier, pour dire à quel point je les avais aidés. » Un remède salutaire, peut-être, mais pas moins amer pour autant.

NOTE DE ROGER MARTIN DU GARD[1]

Nice, 25 mai 49

Papiers de Dorothée Bussy

Il y a un mieux sensible dans l'état de Gide. Je lui ai remis avant-hier l'enveloppe de Dorothée. En me la rendant, il me dit : « Cet amour de Dorothée a été une chose pathétique, et il y a des passages bouleversants dans ces notes. Bouleversants pour moi; et pour tout lecteur, cher... D'ailleurs, en déposant ces papiers dans vos archives, Dorothée a certainement l'espoir qu'ils seront exhumés un jour... Il y a une page étonnante, où elle se dit qu'elle a été, dans ma vie, *la seule* qui aurait pu être la cause de mon " infidélité ", — de mon infidélité vis-à-vis de ma femme —; et que c'est pour cela qu'elle m'a fait peur, que je me suis défendu contre son amour; et que cette place unique qu'elle avait dans ma vie a été sa malédiction; que, si elle avait compté moins, elle aurait obtenu davantage... » J'interrompis : — « Heureuse illusion... où elle a sans doute trouvé sa seule consolation! » Il fait un geste de vague hésitation, comme s'il ne savait pas que Dorothée se trompe; tout prêt, peut-être, à accepter rétrospectivement cette subtilité psychologique, à cause de sa subtilité, justement... Mais moi qui ai reçu ses confidences sur Dorothée, dès 1920 et pendant les années suivantes, je me souviens, sans erreur possible, qu'il n'a jamais éprouvé pour elle qu'une compatissante et profondément tendre *amitié;* qu'il a toujours été incapable de lui rendre rien de cette frénétique passion qu'elle avait pour lui; qu'il l'évitait, qu'il la fuyait; pour n'avoir pas à la repousser et à lui faire trop de peine; et que c'est par incapacité naturelle, et nullement par fidélité conjugale, qu'il écartait de lui cet amour trop brûlant. Il me dit : « Vous n'imaginez pas, cher, quel

---

1. Voir tome II, Avant-propos, p. 9.

attrait j'éprouve pour son visage, et de plus en plus, certainement, avec les années... Oui, je trouve exquise l'expression de ce visage... Je la regarde, maintenant, avec plus d'émotion que jamais. » Il ajoute : « Elle m'a donné, jadis, tout un paquet de notes, de notes sur moi... Si jamais ma santé me permet de rentrer à Paris, je vous les enverrai, pour que vous les joigniez à cette enveloppe, cher. Cela formera un ensemble, qui aura peut-être de l'intérêt, plus tard. »

R. M. G.

APPENDICE C
(Lettre 843)

J'ai connu André Gide à Vence, pendant la « drôle de guerre », par l'intermédiaire de Dorothy et Simon Bussy. Gide venait chercher dans la région un pensionnat pour sa fille Catherine; il est resté un certain temps. A ce moment-là, les Bussy habitaient Nice et Henri Matisse, avec lequel ils étaient très liés, était installé à Vence. C'est par lui, me semble-t-il, que j'avais fait la connaissance des Bussy. Le docteur Roland Cailleux, ami de Gide et aussi son médecin, se trouvait également dans la région.

Je voyais souvent Gide, et comme tous les êtres jeunes, j'étais très impressionnée par lui, et spécialement par sa gentillesse. Il avait une qualité, à mon avis exceptionnelle à notre époque, et qui devait être due à la curiosité qu'il éprouvait à l'égard de toute autre personne : il écoutait quand l'autre parlait; mieux, il vous faisait parler. Gide était très préoccupé par le cours de la guerre, et très inquiet pour beaucoup de ses amis, réfugiés allemands, juifs en particulier; ou encore apatrides de diverses origines, tous internés dans des camps français, à Gurs et ailleurs. Il en a aidé beaucoup pendant la guerre, dont mon cousin Arthur Adamov.

Malgré cela, il aimait parler de son avarice, lui qui était la générosité même... je suppose que c'était par coquetterie.

Un jour, il est venu me voir, au désespoir, me demandant de prendre chez moi un petit garçon dont le père était mort, et dont la mère était allemande et je crois, juive. « Cette femme est devenue folle », me disait Gide; pendant une de ses crises, elle lui avait demandé de se charger de la garde de l'enfant. « Fallait-il qu'elle soit folle! », s'est-il exclamé avec un demi-sourire. Je n'ai pas pu garder le gosse, car j'avais moi-même trois enfants en bas âge, et je ne savais pas du tout ce que j'allais devenir dans la période inquiétante qui s'annonçait. Mais nous avons réussi à le caser.

Ida Chagall, la fille de Marc Chagall, est venue à Vence passer quelques jours avec moi, au début de mai 1940. Le matin, nous allions de bonne heure en ville pour connaître les dernières nouvelles téléphonées de Nice à l'agence locale du journal *L'Éclaireur* de Nice et affichées devant ses bureaux. Le 10 Mai, nous avons lu, avec un choc d'angoisse, le communiqué : « l'armée allemande envahit la Hollande, la Belgique et le Luxembourg. » C'était le début de la formidable offensive, dont on connaît la suite. Bouleversées, nous avons activé le pas pour rentrer à la maison. Tout de suite, nous avons rencontré Gide dans la rue. Il est venu nous saluer. « Morne matinée », nous dit-il. Il ne connaissait pas encore la nouvelle. Tout ce que j'ai pu lui dire, c'est : « Traversez, et lisez ce qui est affiché ». Ce fut un choc, pour lui aussi. Malgré sa méticuleuse politesse, il s'est mis à courir sans songer à nous dire « au revoir ».

Je l'ai revu au bout de quelques jours. J'avais une voiture et une petite attribution d'essence. Gide adorait faire des promenades et cueillir des fleurs. J'étais contente de pouvoir lui offrir ce petit plaisir. Il venait me voir seul, ou bien accompagné des Bussy. Et, « malgré le Var », nous nous aventurions de temps en temps jusqu'à Nice — une vingtaine de kilomètres — pour aller rendre visite aux Bussy. Pourquoi le Var ? C'est que nous avions à l'époque une idée fixe, que l'on trouvera ridicule aujourd'hui : rester en permanence du côté provençal, occidental, du Var; l'entrée en guerre de l'Italie contre la France paraissait imminente, les défaites des armées alliées dans le Nord nous faisaient mal présager de la résistance possible des quelques bataillons alpins laissés face à l'Italie, et nous savions que conformément au vieux rêve du fascisme italien, Mussolini voulait récupérer, outre la Corse, tout le comté de Nice : donc, jusqu'au Var...

Gide avait fait un plan avec son ami Cailleux; si les Italiens entraient dans la guerre, il irait retrouver le docteur à Saint-Genès-la-Tourette, village proche d'Issoire où Roland Cailleux possédait un château ancien et un peu délabré (dont il parle dans son livre « Saint-Genès », publié plus tard chez Gallimard). J'avais promis à mon mari Claude Bourdet, engagé avec son unité d'artillerie dans la « drôle de guerre » et dont j'avais peu de nouvelles, de ne pas rester à Vence en cas d'invasion de la région par les Italiens, et d'aller me réfugier, au moins provisoirement, dans le centre de la France. Roland m'avait donc offert de venir m'installer à Saint-Genès, et il était entendu que je suivrais de peu le départ de Gide. C'était un soulagement et une espérance pour moi, cette idée de retrouver Gide en Auvergne. Dans le cadre de ces projets stratégiques, les Bussy, de leur côté, devaient abandonner Nice, toujours « à cause du Var », et s'installer chez moi à Vence.

Les jours passaient, et on parlait de plus en plus de la prochaine entrée en guerre de l'Italie. Gide ne tenait plus en place, et, vers le 4 juin, Roland Cailleux, qui habitait Nice à ce moment-là, venait le prendre en voiture, et tous deux partaient pour Saint-Genès. Il raconte ce voyage, déjà long et difficile à ce moment-là, dans son « Journal » 1939-1942. Le 11 Juin, Mussolini déclarait la guerre à la France, et les Bussy déménageaient aussitôt chez moi. Je partais peu de temps après, conformément à mes engagements; je suis partie avec mes enfants, à cinq heures du matin, par la route Napoléon, vers Saint-Genès. Le voyage fut encore plus long et difficile que celui de Gide, car les mouvements de population (inutiles, comme le mien) commençaient à s'ajouter aux mouvements d'unités militaires et autres transports liés à la guerre. Voyage inutile, en effet, car à ce moment-là, les troupes italiennes n'ont pas pu pénétrer, ou à peine, dans le Comté de Nice. Mais qui pouvait savoir de quoi l'avenir serait fait ?

Quand je suis arrivée à Saint-Genès, Gide s'était déjà envolé, car les Allemands, disait-on, s'approchaient déjà de Clermont-Ferrand. Et moi, j'étais toute désolée de ne pas le trouver. Mais tout le monde parlait de lui dans le village : il était devenu une sorte d'oracle, et l'épicière locale, une énorme personne à demi impotente qui trônait sur un tabouret dans son magasin, avec plusieurs souricières posées par terre sous ses amples jupes et jupons, commençait la plupart de ses phrases par « Monsieur Gide m'a dit... » La femme de ménage du château, elle aussi, citait constamment Gide. Il n'était plus là, hélas, pour répondre à la question angoissée qu'elle se posait : elle avait entendu Pétain déclarer « Je fais don de ma personne à la France », et demandait entre deux sanglots « Comment est-ce qu'il va se tuer ? » N'ayant pas l'autorité de Gide, je ne parvenais pas à la rassurer. J'ai revu Gide en 1941-42, puis après la guerre, et nous avons souvent ri tous les deux en évoquant tous ces souvenirs de ce qui semblait déjà être un autre monde.

J'ai vu Gide encore une fois — de façon bien différente. Il venait de mourir. Nous étions liés avec Pierre Herbart qui avait été l'un des éditorialistes de *Combat* pendant les années où mon mari avait dirigé ce journal, jusqu'à ce qu'il le quitte, à peu près un an avant la mort de Gide, au moment où le financier Smadja s'empara du quotidien. Herbart nous téléphona immédiatement pour nous demander si nous connaissions un dessinateur ou peintre dont on puisse être sûr qu'il ferait de Gide un portrait digne de celui-ci, et n'en ferait pas un objet de commerce. Je répondis aussitôt : « Oui, Géa Augsbourg, un de nos meilleurs amis, excellent dessinateur, sera parfait » Herbart me donna aussitôt son accord, je parvins à joindre Géa rapidement au téléphone, et vers dix heures du soir, nous arrivions tous deux rue Vaneau. Il y avait en bas, dans la rue, une foule considérable.

Nous montons, Géa et moi, et on nous laisse seuls avec Gide. C'était extrêmement impressionnant. Comme on dit toujours un peu sottement « Il avait l'air vivant ». Réellement, il était tellement présent que ni Géa ni moi ne voulions rester seuls en face de lui. Je me suis assise dans un fauteuil et Géa a commencé à dessiner. Il a continué jusqu'à trois heures du matin, sans que nous ayons échangé une parole. Ce furent des dessins merveilleux, bouleversants, dont je possède encore un exemplaire. Quand nous sommes partis la foule, en bas, s'était à peine éclaircie. Nous restions silencieux. Tout d'un coup Géa me dit : « Il faut en sortir, allons souper ». Nous sommes allés au « Pied de Cochon ». Mais ni l'un ni l'autre, nous n'arrivions à parler. Et puis je vois Géa sortir ses crayons et commencer à dessiner, à dessiner, sur la nappe, sur le menu du « Pied de Cochon ». A dessiner quoi? La même chose, toujours le visage de Gide. Pas plus que moi, il n'en était « sorti », et au contraire ces heures de contact si intime, si profond, avec le mort, l'avaient complètement imprégné de son image. Ce fut, si je puis dire, ma dernière entrevue avec Gide.

Ida Bourdet.

APPENDICE D
(Lettre 863)

Cabris, Alpes-Maritimes
31 décembre 1940

Mon cher Constantin Dimaras,

J'ai lu votre lettre avec une émotion profonde; aussi parce que je croyais toute correspondance devenue impossible entre nos deux pays; c'est bien pourquoi je n'essayais même plus d'écrire à Robert Levesque, encore que je n'aie jamais pensé à lui davantage et que j'eusse ardemment souhaité pouvoir, à travers lui, vous atteindre, vous transmettre ma sympathie. Ah! que ce mot est faible pour exprimer le sentiment ardent et enthousiaste qui me gonfle le cœur.

    Valeureux peuple grec! comprenez-vous ce que vous êtes pour nous, aujourd'hui? Durant des mois affreux, nous n'avions connu que faillites et que déboires, l'effondrement de nos motifs de fierté, de nos espoirs... et soudain, comme du fond d'un passé très cher, votre voix, aimée entre toutes, s'élève et domine aussitôt les confuses rumeurs de l'enfer. Avec quelle attention émue, palpitante, avec quelle dévotion nous l'écoutons! Vous représentez pour nous le triomphe de la vertu vaillante, du vrai mérite, celui du petit nombre. Et quelle reconnaissance va vers vous pour avoir redonné à l'humanité tout entière quelques raisons de confiance en l'homme, d'admiration, d'amour et d'espoir.

    Avec vous de tout mon cœur et de toute ma pensée.

André Gide.

APPENDICE E
(Lettre 922)

Pris en double pour Roger M. du Gard, Jean Schlum et Dorothy Bussy.

    Pendant qu'il m'en souvient encore, je relaterai les détails de cette petite histoire que certains prennent déjà plaisir à contourner. Voici :
    Lors de son récent passage à Alger, j'eus grand plaisir à revoir Charles Vildrac, pour qui je garde grande affection et haute estime. Il apportait de nombreux messages de Paris, et la conversation commencée à midi (nous déjeunions ensemble chez nos amis communs les Mondzain) se prolon-

gea jusqu'au soir. Il parla des *Lettres Françaises* et de ce groupement d'écrivains, autour de Paulhan, encore directeur de ce périodique ou qui venait de le quitter (je ne savais pour quelles raisons et pensais seulement pour cause de fatigue); la quantité de noms amis me fit regretter que le mien ne figurât point sur la liste. Vildrac me proposa de transmettre mon désir de l'y voir adjoindre dès son retour en France. J'acquiesçai et cessai d'y penser, supposant qu'un simple entrefilet du journal annoncerait mon adhésion. Je fus fort désagréablement surpris d'apprendre peu après le tapage fait autour de mon nom à ce sujet. J'ai pu voir le N° des *Lettres Françaises* contenant la protestation d'Aragon, mais non le précédent faisant part de mon entrée en danse et reproduisant, en tête de N°, m'a-t-on dit, ma relation au jour le jour des derniers sursauts de l'occupation allemande à Tunis. Tout cela a-t-il été truqué (ainsi que le suppose Roger M. du G.)? la reproduction de mon texte et le raffut fait autour aménageant savamment un tremplin en vue de l'attaque qui devait suivre...? Il se peut. En tout cas sachez que je ne suis pour rien dans ce battage et que la publication de ce texte médiocre, imprudemment (ou malignement) monté en épingle, s'est faite à mon insu.

Quant au texte lui-même... je pensais, j'espérais, qu'il resterait enfoui dans une vaillante petite revue française de Beyrouth, digne d'être aidée, à qui, par marque de sympathie et sur la demande instante de quelques amis, je l'avais envoyé, faute de mieux et incapable d'écrire quoi que ce soit de neuf « ad hoc ». Durant tout mon séjour en Tunisie, je m'étais astreint à tenir mon Journal chaque jour (ce qui ne m'était arrivé que durant mon voyage au Congo). J'ai pensé que pourraient former un ensemble la collection des dernières pages ayant trait à la fin de l'occupation allemande, tout en ne me dissimulant pas leur absence de saveur personnelle, et que le peu d'intérêt qu'elles pourraient présenter n'était dû qu'à l'événement. Ajoutez que j'étais fort déprimé par un mois de claustration avec nourriture tout juste suffisante (en dépit de l'extrême dévouement des amis communistes qui m'hébergeaient et m'apportaient pitance); et défense non seulement de sortir, mais même de mettre le nez à la fenêtre à cause des gens de la maison d'en face...

Or il advint que ces pages insignifiantes furent aussitôt traduites, reproduites en Amérique avec force éloges absurdes, et même, ô comble d'horreur (avec d'énormes contresens) dans une revue d'Alger (Combat 9 janv.), celle de Funck-Brentano, avec ce merveilleux « chapeau » :

« Les pages que voici ne sont pas la conquête d'importunités (façon élégante de dire qu'on s'était passé de mon consentement). Pourquoi ont-elles paru en Grande-Bretagne dans une traduction anglaise? Nous ne le savons pas encore. Mais l'intérêt qui s'attache au témoignage du Maître est trop vif. Le vaillant hebdomadaire gaulliste d'Argentine, « la France Nouvelle » les a restituées en langue française. Nous les lui empruntons. Ainsi ce texte d'un de nos plus grands écrivains, a-t-il paru dans notre langue, comme certaines pages de Stendhal, au prix d'une double transmutation... »

C'est la forêt de Bondy.

Je n'ai rien écrit de plus plat; et jamais aucun texte de moi ne rencontra pareil accueil; il ne reste plus qu'à le servir dans les « Morceaux Choisis » pour lycées!

APPENDICE F
(Lettre 1017)

ORATION delivered by the PUBLIC ORATOR in a Convocation held on 7 June 1947.

M. André Gide.

Sexaginta fere intercessere anni a quo tempore populo

tulit hospes noster primitias quasdam et quasi libamenta litterarum. iam vero eo famae atque auctoritatis processit, ut parem habeat inter aequales neminem. novit enim tanquam ungues suas cum nostrates litteras tum Russorum quoque et Germanorum; neque ingenio solum valet, verum etiam arte, solutae orationis elegantia scriptor cum quovis conferendus. quodsi quaeritur quo praesertim genere scribendi emineat, — idem enim nunc fictis fabellis nos allicit, nunc critici acumine, nunc salibus cives suos defricat, nunc diurnis commentariis suam ipsius ponit imaginem — alius forsitan aliud respondeat. illud certe tamen inter omnes constat, nihil eum aut libentius aut felicius tractare quam mentis humanae naturam, virum « dinoscere cautum quid solidum crepet » traditasque humani officii formulas in controversiam deducere. multi igitur illi libro deferunt palman cui titulus « O » Ανηθσπσιηγος inscribitur. nolite tamen credere me sublimem aliquem ethices professorem ad vos adducere, qui statua taciturnior inter nos homunculos versetur. quis enim unquam fuit in convictu litteratorum festivior? quis unquam, nisi ipse Aristophanes, ridicula, ne dicam praepostera, tam feraci ingenio est commentus? quis tam lepide cuiusvis hominis vultum, vocem, gestus imitabitur? quod superest, si rogaretur cuiatem se esse diceret, responderet, puto, sicut olim Socrates, « mundanum ». at multum certe nobiscum Britannis commune habeat necesse est qui fabulas Shakespeareanas tanta intellegentia in Gallicum convertit; neque recusat civis mundanus quominus nostra quoque civitatula donetur. praesento vobis virum iamdiu Musis amicum, Andream Gide, ut admittatur honoris causa ad gradum Doctoris in Litteris.

APPENDICE G
(Lettre 1048)

LETTRE DE DUNOYER DE SEGONZAC À SIMON BUSSY

(Novembre 1948)

.... J'étais désolé de ne pouvoir être au vernissage de votre exposition — j'avais lu le papier de Gide en Suisse où j'avais un ensemble.

Dès mon retour j'ai été chez Charpentier — et enchanté de vos œuvres si personnelles et d'une si rare qualité. Elles ont de la grandeur dans leurs dimensions restreintes — et tant de sensibilité — et d'acuité.

J'ai pris un petit paysage (une vue d'Antibes *, je pense) avec une tour et la mer à l'horizon, et une masse de toits — tout cela très lumineux et grand de conception.

Aussi un petit oiseau qui était exposé sur la cheminée, plein d'esprit — et un poisson d'aquarium, très beau de matière et de couleur.

J'en suis enchanté. J'ai commencé une collection de contemporains, et il y a longtemps que je pensais avoir quelque chose de vous. La dernière exposition que j'avais vue — c'était chez Druet avant la guerre.

Je pense aller à Saint-Tropez vers Janvier. Je ferai sans doute un saut à Nice et vous écrirai.

Bien amicalement et cordialement à vous

Dunoyer de Segonzac.

* En réalité de *Vence*. [*De la main de D. Bussy.*]

APPENDICE H
(Lettre 1064)

A propos d'Olivia

27 août 49

Gaston Gallimard m'avait écrit le 26 juillet 49 :

« ... Enfin, il faut que je t'avoue ce que j'ai sur le cœur. Je suis réellement peiné que tu ne m'aies pas confié l'édition d'*Olivia*. Pour une fois où l'on pouvait me donner un travail facile et rémunérateur, une traduction de R. M. du G., une préface de Rosamund Lehmann, un *succès assuré* — on le donne à un autre éditeur... A moi, ce livre de Madame Bussy, *en anglais,* invendable en France, qu'il m'a fallu faire imprimer à Bruges, et pour lequel mon frère et moi nous bataillons auprès de Joxe, aux affaires culturelles, auprès de Calvet, à l'Office des Changes, etc... Démarches qui durent un an! Et pour quoi? Pour faire plaisir à des amis!... »
....
Et ci-joint un extrait de ma réponse (envoyée seulement le 27 août, après le retour de Gaston de ses vacances).

R. M. G.

LETTRE DE R. M. G. À GASTON GALLIMARD

Nice, 31 Juillet 1949.

Extrait

Mon cher Gaston,

....
....
Quand j'ai proposé à Mme Bussy de récrire en français la version littérale qu'elle m'avait faite d'*Olivia*, l'éventualité de proposer cette traduction à la N.R.F. a été envisagée, mais écartée d'emblée et d'un commun accord. Vraiment non : vous avez trop fait souffrir cette pauvre femme! La plupart de ses griefs contre vous sont si justifiés à mes yeux que, pas plus qu'elle, je ne désirais prolonger vos rapports par un nouveau contrat, par une nouvelle publication, — à laquelle, cette fois, j'aurais été directement mêlé. D'autant que, par amitié pour elle comme pour toi, j'avais déjà dû, à diverses reprises, m'entremettre entre elle et la N.R.F. Je ne me souciais nullement de recevoir encore ses doléances, non plus que d'avoir à plaider pour vous les circonstances atténuantes, et à chercher de nouvelles excuses pour les fautes, les manques d'égards, les atermoiements, les retards, dont elle aurait été bien probablement à nouveau victime à propos d'une « *Olivia N.R.F.* »
(Tu sais aussi bien que moi que si son livre pédagogique anglais se trouve aujourd'hui « gelé » de l'autre côté de la frontière belge, c'est, au fond, parce que vous n'avez jamais eu foi dans l'opportunité de cette œuvre, et que vous avez mis un nombre invraisemblable de mois à le faire imprimer. Les dates sont probantes : si le livre avait été prêt dans un délai normal, il aurait passé en France longtemps avant les interdictions, et il n'y aurait pas eu toutes ces vaines démarches à faire. Le préjudice ainsi causé à Mme Bussy

est considérable, peut-être sans remède. Ce bouquin paraîtra maintenant dans les circonstances les moins favorables; et vous aurez beau jeu à clamer que c'est un four, et que vous l'aviez prévu. — Non. Ce livre, au contraire, avait toutes chances d'être accueilli avec curiosité et avec empressement, au moment où le manuscrit vous a été remis; c'est-à-dire à l'époque de l'occupation ennemie, où le public français se montrait avide de tout rapprochement avec les Alliés, où le moindre professeur d'anglais avait plus de leçons qu'il ne pouvait en donner. Mais, passons. Ceci n'est qu'une parenthèse, et nullement l'objet de ma lettre.)

Revenons à *Olivia* :

Devant la réussite actuelle de ce livre à Londres, et le beau départ de notre traduction (8.000 ex. épuisés en moins d'un mois; 2ème édition au début d'août), tu déclares aujourd'hui que c'était « un succès assuré », et tu regrettes de n'en avoir pas été l'éditeur. Mais, si nous t'avions envoyé le manuscrit en mai dernier, ton Comité de lecture (où Mme Bussy ne compte pas de petits camarades) en serait encore à discuter de la valeur de ce petit récit; tu en serais encore à soupeser les risques, à hésiter à les courir; et tu me ferais sans doute sentir que si tu t'y décidais, ce serait par pure amitié pour moi.

Or, il importait de faire vite. L'original allait incessamment paraître à Londres; il était déjà sorti et vendu en Amérique. Il fallait que la traduction française fût éditée presque simultanément, pour bénéficier d'un lancement international.

Nous avons donc expédié le manuscrit à Stock. *Quarante-huit heures après, Delamain l'avait lu, lui-même*, et, par télégramme, s'engageait ferme à le prendre. Quatre jours après, il nous envoyait son projet de contrat, et proposait 50.000 fcs pour la traduction, sans que rien lui eût été demandé à ce sujet. Vingt jours plus tard, nous recevions les premières épreuves, puis une maquette de la couverture (on a perdu ensuite quelque temps, bien involontairement, à attendre la préface de Rosamund Lehmann). Mais quatre ou cinq semaines ne s'étaient pas écoulées, que l'édition était prête, brochée, et mise en vente, après un lancement de très bon aloi, à la fois judicieux et discret.

Penses-en ce que tu voudras, mon vieux; mais je doute fort qu'une œuvre de Mme Bussy, même dotée de mon auguste parrainage, eût jamais reçu chez vous un si prompt et chaleureux accueil! Je doute que l'affaire eût été enlevée avec cette décision, traitée avec cette courtoisie, cette exactitude dans les échanges de lettres, et cette rapidité, si elle avait dû passer au crible de votre Comité de Lecture, puis traverser successivement tous les rouages de votre administration, et les bureaux de vos divers services (qui se rejettent toujours l'un sur l'autre la responsabilité de vos auteurs).

Pour peu que tu sois de mauvais poil en me lisant, tu es bien capable de voir dans ce dernier paragraphe une critique déguisée et désobligeante de votre organisation. Ce n'est pas ce que j'ai voulu faire. Je n'ai aucun goût pour les insinuations. Au reste, voici, en clair, toute ma pensée là-dessus : J'aime notre N.R.F. telle qu'elle est, avec ses avantages et ses imperfections. Celles-ci sont la rançon de ceux-là. Je vais même t'avouer — imprudemment — que je l'aime *pour ses défauts* autant que pour ses qualités... Il ne me déplaît pas tellement que les choses n'y marchent pas à la baguette.... Parbleu, je m'irrite bien, de temps en temps, des mille inconvénients qui en résultent; des « manques à gagner », des malentendus, des oublis, des retards, des réponses précises qu'on attend en vain... Mais, somme toute, le moment d'humeur passé, j'en prends mon parti. Claude, avec sa claire et calme vision des réalités et son solide bon sens, m'a dit, l'année dernière : « Franchement, aimeriez-vous mieux trouver chez nous une caserne bien disciplinée, avec des sergents-majors à la tête de nos services, et un adjudant-chef pour faire appliquer le règlement? » Certes non! A tout prendre, ce laisser-aller traditionnel m'est plutôt sympathique. Il fait partie du caractère de la maison. J'aime bien que la N.R.F. soit restée un groupe quasi familial, où l'amitié tient autant de place que la compétence, où les patrons sont appelés par leurs prénoms; une assemblée un peu fantaisiste de gens cultivés, et dont la plupart ont une vie personnelle en marge de leur existence professionnelle de collaborateurs. J'y respire une atmosphère libre et humaine où je me sens à l'aise, et que je ne trouverais évidemment jamais dans une boîte sévèrement menée, strictement commerciale et américanisée.

Je le dis comme je le pense.

. . . .

Nice, 28 août 49

Bien chère Olivia,

Je dois vous mettre au courant d'une certaine lettre « affligée » de Gallimard, au sujet d'Olivia; et de la réponse que j'y ai faite. J'aurais sans doute dû me documenter plus précisément auprès de vous avant de lui écrire et d'aborder la question de la douane belge. Mais ce n'était, dans ma lettre, qu'une parenthèse, en passant. Si une polémique s'engageait, vous me fourniriez les armes. J'ai lu à Gide cet extrait de ma lettre, et *il frétillait* de me voir mettre dans le plat des pieds qu'il n'avait, je crois, jamais osé poser que sur les bords...

Car je viens de passer une semaine dans cet étrange phalanstère de Juan! J'en suis rentré *fourbu*... Me suis couché en arrivant et suis resté 18 heures au lit! (Comme après Pontigny.) Je me hâte de vous dire que Gide est vraiment *en très bon état* (non pas, évidemment, si l'on compare cet état actuel avec le Gide d'il y a quatre ou cinq ans encore; mais si l'on songe à son âge et à la crise de mai dernier.) Il se couche tous les soirs à 9 h 1/2, et dort après le déjeuner jusqu'à 4 heures. Et, lorsqu'il est debout, il se plaint continûment d'être fatigué. Mais on le serait à moins! L'obligation de mener une vie sédentaire (car il ne marche presque pas, ne sort qu'en auto, ne quitte guère son fauteuil, avec sa chienne sur les genoux) semble avoir accru l'activité cérébrale; *le cerveau travaille sans une seconde de repos;* c'est une succession fébrile d'idées, de projets, de souvenirs, de lectures — auxquels il associe impérieusement son entourage.

Bien regrettable qu'il n'y ait pas, à perpétuité, un appareil enregistreur! Car il ne travaille pas, ne prend pas de notes, n'écrit plus de lettres. Tout se passe en « entretiens » socratiques. Et il n'aime pas qu'on l'interrompe... C'est, du matin au soir, une interminable méditation à haute voix, sur les sujets les plus divers; et jamais il n'a été plus lucide, plus intéressant, plus curieux de tout, plus avisé et inattendu dans ses rapprochements, plus subtil et plus amusant. On voudrait n'en rien perdre!

Mais les Béotiens de mon genre, dont l'esprit est lent, paresseux, et flâneur, sortent de là exténués et la tête comme une marmite de Papin!

Les trois choses qui l'occupent le plus en ce moment sont, par ordre d'importance, l'éducation de sa chienne, la prochaine publication de la correspondance Gide-Claudel (un beau scandale en perspective), et la publication qu'il prépare d'un second tome Pléiade de son *Journal* − jusqu'en juin 49. (Autres scandales possibles...)

Concernant une note de Gallimard adressée à R.M.G.

D. B.

Je regrette peut-être autant que M. Gallimard qu'il ait consenti à publier ce malheureux livre, par amitié, dit-il, pour Gide, mais ne sachant pas très bien de quoi il s'agissait. Il a eu tort évidemment, comme moi aussi j'ai eu tort de l'accepter comme éditeur, éblouie par le prestige de sa maison, mais sachant très bien que mon livre n'était pas du genre qui lui convenait. Il ne fallait pas en attendre un succès immédiat et éclatant; ce n'était pas un roman « détective » ni un récit sentimental, ni l'œuvre d'un auteur célèbre. Ce n'était pas, non plus, malgré son titre, un livre d'enfants.

Je ne prétends pas que ce livre égale celui qui a valu à Boyer son immense et universelle réputation, mais je dis qu'il s'adresse au même genre de public − à ceux qui en apprenant une langue étrangère se placent au point de vue littéraire plutôt que grammatical et pratique; qui désirent l'approfondir non seulement pour la parler et pour s'en servir, mais pour en *jouir*, savourer ses tournures, comprendre ses allusions, en entendre la musique et les rythmes. Ce public, j'en suis persuadée, existe et, qui plus est, il existera toujours, plus nombreux peut-être en France qu'ailleurs. Mais pour le trouver il faut s'aboucher d'abord aux milieux scolaires. On le trouvera parmi les étudiants français qui ont choisi l'anglais comme un de leurs sujets, dans les écoles, les lycées, les universités, parmi les candidats à l'agrégation, parmi les professeurs qui enseignent cette langue; parmi ceux aussi — peut-être parmi ceux surtout, qui ont fini leurs études, mais qui n'ont pas cessé d'aimer la *linguistique*. Bref, dans tous les pays du monde où l'on parle français et où on apprend l'anglais.

Évidemment ce livre s'adresse aux Français, quoiqu'il n'ait pu être écrit que par une personne qui connaissait et aimait également les deux langues, ce qui fait qu'il trouvera en Angleterre aussi un certain nombre de lecteurs, non seulement parmi les Français qui y séjournent et qui y font leurs études, mais parmi les Anglais eux-mêmes. C'est ce public, nécessairement restreint, que la Hogarth Press espérait attirer. Elle croyait que cela pourrait être également avantageux pour les deux maisons si la Librairie Gallimard lui cédait un certain nombre de ses feuilles déjà imprimées (entre 500 et 1000) et que M. Leonard Woolf s'engagerait à éditer en Angleterre, une fois qu'il saurait le prix demandé par la Librairie Gallimard pour ledit nombre de feuilles. C'est cette question que la Hogarth Press a posée à la Librairie Gallimard fin Juin 1949, qu'elle a répétée au mois d'août dernier et à laquelle M. Woolf n'a pas encore reçu de réponse. L'intervention récente de M. Gide a provoqué en effet une lettre de la Librairie Gallimard à la Hogarth Press proposant de lui céder l'édition entière du livre. Mais cette offre était inacceptable. La Hogarth Press n'a aucun moyen, aucune possibilité d'entrer en rapports avec l'enseignement français en France. Elle ne peut toucher qu'un petit nombre de Français en Angleterre et je le répète, ce livre est adressé presque uniquement aux Français.

La note de M. Gallimard contient cette phrase qui me semble entièrement erronée : « Tu peux te rendre compte que ce livre est invendable puisque lorsque Gide nous avait demandé de le faire imprimer à Bruges, c'était surtout pour la vente en Angleterre. Ce qui était logique puisqu'en France il n'y a guère de public pour un tel ouvrage. »

Ainsi, si Gide depuis tant d'années a fait imprimer tant de ses ouvrages (y compris *Les Caves du Vatican* et *Souvenirs de la Cour d'Assises*) à Bruges, c'était *pour la vente en Angleterre* et parce que ces ouvrages *n'avaient pas de public en France!!* Non, il m'est impossible de concevoir que des livres imprimés à Bruges se vendent plus facilement en Angleterre que ceux imprimés en France. Il est de toute évidence que si Gide a conseillé de faire imprimer ce livre à Bruges, c'est qu'il connaissait ces imprimeurs et savait qu'ils étaient exceptionnellement compétents.

Permettez aussi que je dise que dans ce livre j'ai mis tout mon cœur, toute mon intelligence, toute ma diligence, toutes mes capacités et le travail assidu et ininterrompu de presque quatre années. Et je crois que, malgré l'aide inestimable de R.M.G., il a peut-être plus de chance de rester durable que l'œuvre plus immédiatement frappante d'OLIVIA. Que Monsieur Gallimard se console donc!

Je puis aussi lui dire que j'ai à la B.B.C. dans la section française aussi bien qu'anglaise des amis dévoués et puissants qui s'intéressent tout particulièrement à cette question de l'étude de l'anglais en France et parmi les Français. Je suis convaincue qu'ils feront de leur mieux — et ce n'est pas peu dire — pour assurer le succès de mes FIFTY NURSERY RHYMES. (Si jamais ce livre paraît.)

D. B.

APPENDICE I
(Lettres 1066, 1070)

Mme Yvonne DAVET
(Secrétaire de M. André GIDE)
Hôtel Lhomond
2, rue Lhomond
Paris - 5°

Paris le 25 novembre 49.

Chère Elsie Pell Arendall,

Revenu à Paris tout récemment, après cinq mois d'absence, André Gide a dû, ces derniers jours, s'en aller déjà à la campagne, tant son état de santé se ressentait de la vie harcelante qu'on lui fait ici. Il a le plus grand besoin de repos et de calme; et c'est pourquoi je réponds à sa place à votre dernière lettre, du 17 novembre, pour lui épargner la tristesse d'avoir à vous causer peine et déception en vous redisant ce qu'il vous a déjà écrit (que cette traduction ne peut vous être confiée, qu'elle appartient à Mme Bussy, et qu'il est donc inutile que vous lui en envoyiez des fragments comme vous le proposez dans votre dernière lettre); car je sais combien il s'affecte de votre déception et du temps que vous avez consacré en vain à ce travail, et cela d'autant plus que votre bonne foi est parfaite, votre dévouement à son égard entier, que tout dans votre attitude, comme il ressort de vos lettres, ne peut qu'inspirer la plus vive sympathie et le respect.

Aussi j'ai voulu éclaircir la question à fond et j'ai passé, hier, presque tout l'après-midi à en parler avec Mme Manceron du *Mercure de France* et avec M. B. Frechtman; l'un et l'autre m'ont donné à lire toute la correspondance qu'ils ont échangée tant avec André Gide qu'avec M. Runes de la *Philosophical Library*, et entre eux. Lisant d'autre part toutes vos lettres à ce sujet à André Gide, il m'est apparu clairement que vous n'avez pas été mise au courant de façon exacte et complète par la *Philosophical Library* de la manière dont les choses se sont passées, et que lorsque vous le saurez, vous serez la première, en admiratrice dévouée et désintéressée de l'œuvre de Gide, à reconnaître le bien-fondé et la parfaite bonne foi d'André Gide et de M. Frechtman dans toute cette affaire.

B. F. ne vient pas, exceptionnellement, d'intervenir pour vous enlever, à son profit, cette traduction, comme il semble que vous ayez été amenée à le penser par une information incomplète. Avant même d'être agent littéraire, il jouait auprès de M. Runes, amicalement, le rôle d'une sorte de conseiller littéraire. Vous savez sans doute qu'il a cette dernière année traduit deux œuvres d'André Gide : *Oscar Wilde* et les *Notes sur Chopin*, pour la *Philosophical Library*. Sa traduction d'*Oscar Wilde* venait de sortir, et dans une lettre, André Gide venait de lui redire son *extrême* satisfaction de sa traduction, lorsque est sorti, au *Mercure*, au début de juin, *Feuillets d'Automne;* or, le *Mercure*, d'accord avec André Gide, lui avait déjà quelque temps auparavant, promis ce livre : il devait à la fois en être l'agent littéraire pour la traduction anglaise et le *traducteur;* en tant qu'agent littéraire, il a voulu faire profiter son ami Runes de ce livre, qui sans cela serait allé à Knopf; et c'est parce que B. F. devait le traduire, qu'André Gide, d'accord toujours avec le *Mercure de France* naturellement, a accepté de le donner à la *Philo. Libr.* Par lettre du 4 juillet le *Mercure* transmettait à A. G., alors dans le Midi, les propositions de la *P. L.;* par lettre du 6 juillet, A. G. répondait au *Mercure* en acceptant ces propositions, « étant donné l'excellence des traductions de Frechtman », écrivait-il. Le *Mercure* transmettait le 7 juillet cet accord à Frechtman, en ajoutant : « il ne reste plus maintenant au *traducteur* (F.) qu'à mériter, *une fois de plus*, les compliments de l'auteur. »

Le 18 juillet, dans une lettre le Directeur de *Philosophical Library* envoyait à F. qui transmettait à A. G. le contrat et l'avance convenue sur les droits.

Et tout en est resté là pour André Gide et pour le *Mercure* jusqu'en octobre (pour le Mercure c'était la période des vacances; A. G., lui, n'est rentré à Paris que le 20 octobre) : à savoir que le contrat pour *Feuillets d'Automne* était passé avec Runes, *Frechtman étant le traducteur*.

Mais Frechtman qui s'apercevait qu'il ne disposerait pas du temps nécessaire pour faire ce travail, dès le 29 juin avait averti M. Runes qu'il ne ferait pas la traduction, *mais qu'il en demeurait responsable* (et vous comprenez de reste, chère Elsie Pell, combien Frechtman qui avait engagé A. G. avec la *Philosophical Library* à la condition qu'il ferait la traduction pouvait désormais avoir à cœur que, du moins, cette traduction soit confiée à quelqu'un souhaité par A. G., de sorte que celui-ci ne puisse pas avoir de regret de la défection de F. et d'être lié pour ce livre à la *Philoso. Library*). Dès cette lettre du 29 juin, F. écrivait à Runes : « Five pages of the new book appeared in TRANSITION 4, some months ago, in translation by Dorothy Bussy. Mrs B. is the translator of most of Gide's books and is one of Gide's oldest friends. » Et il conseillait à Runes d'entrer en contact, ou offrait de le faire lui-même, avec Mme Bussy, avant toute chose.

(Ce que Frechtman oubliait ou ignorait, c'est que Mme Bussy avait, de ce livre, déjà traduit et publié, en outre du texte dont il parle, le très important *Essai sur Poussin*, paru dans THE ARTS, n° 2 de 1946, et l'important *Paul Valéry* (texte de *l'Arche*) paru dans le N° de printemps 1946 de KENYON REVIEW ; et je n'ai pas sous les yeux toutes les revues anglaises pour faire un dénombrement exact; je sais aussi qu'elle a traduit d'autres textes importants du livre, comme le *Goethe,* mais qui n'ont pas paru encore en revues.)

Le 8 juillet de nouveau F. écrivait à Runes en lui proposant à nouveau de prendre lui-même contact avec Mme Bussy et il demandait même à Runes de façon précise quelle offre il fallait faire à Mme Bussy; il ajoutait : « I want to caution you that translating Gide presents the highest problems. It requires an especial sensitivity to the nuances of French and the ability to write in English as Gide in French. »

Or, M. Runes, sans jamais répondre à F. au sujet de Mme Bussy (il devait pourtant bien ne pas ignorer lui non plus que c'était elle que André Gide pouvait souhaiter comme traductrice, si F. renonçait à cette traduction) se contentait de répondre le 12 juillet : « ...As to the translation, no matter who will do it, I will send you the manuscript for revision — just to show you how much I think of you. »

Immédiatement, le 15 juillet, F. lui fait cette réponse, que, comme moi, je crois, vous trouverez profondément juste, et vous verrez que Frechtman (qui ne savait du reste pas encore que vous étiez en cause) avait, avant tout, souci que l'œuvre de Gide soit bien traduite :

« ... Regarding the Gide translation : I won't be able to revise the manuscript of someone else's translation, as you suggest. This is a painful and time-consuming job, much more difficult than doing the translation itself. Frankly, I have neither the time nor the inclination.

But what is important is that : *whoever translates Gide should not require someone to revise his work.* I caution you to choose someone of the highest competence. For Gide two things are necessary above all : 1) an intimate knowledge of French — which means an awareness of the nuances and finesses of the language. Gide is all nuance and finesse. A translator who understands the meaning of the text but who isn't aware of the delicate recherche in Gide is like a performer of Debussy, for example, who plays each note in the score but who isn't playing Debussy. 2) The translator must be an exceptionally fine stylist, capable of not only understanding what the nature of Gide's prose is, but also of *rendering* it in English.

I beg you to exercise the utmost care. Some of your translations, as you know, have been lemons. Gide is full of traps for the unwary.

If you communicate with my friend Nathan Edelman, who

is professor of French at Columbia University, he may be able to get you someone or may be ready to do it himself. Edelman is completely bi-lingual. He writes in both French and English. »

Malgré cela, Runes écrit à F., et *c'est seulement dans cette lettre d'octobre qu'il prononce pour la première fois votre nom* : « ... Incidentally, Miss Pell is translating the Gide book which I expect you to revise. »

Par retour du courrier, le 10 octobre, B. F. lui répond : « ... All of Gide's options have to be approved by him. The reason I (as agent) got FEUILLETS D'AUTOMNE was that he liked my translation of OSCAR WILDE... Gide will have to approve the translation. You will also recall that it is understood that in all your dealings with Gide, the translation must be approved by Gide himself. He actually reads the translation himself.

Therefore, please don't go rushing into print with your new translation until it's approved. And let me warn you that Gide has been known to reject translations. He knows English perfectly and has translated Shakespeare into French.

Therefore, please send me immediately, for transmission to Gide, a few of the articles of the translation. In view of the fact the book is a collection of essays, it is not necessary that the whole translation be finished. A couple of essays will be enough to indicate whether the job is good or not.

Please attend to this matter at once. »

Et il insiste de nouveau le 13 octobre :

« As I told you, I shall not review the translation of the new Gide's book; so please don't send me the manuscript. Moreover, be sure that you don't have it set up in print before it is approved by Gide. »

André Gide est rentré à Paris le 20 octobre; F. a eu une entrevue avec lui le 25.

Mais, dans l'intervalle, d'une part, Frechtman avait eu connaissance de votre traduction de Mauriac qu'il avait trouvée très défectueuse (tandis qu'il trouve en revanche votre étude sur Mauriac excellente); un de ses amis, critique et poète, très compétent, a jugé de même votre traduction.

D'autre part, il me faut bien vous avouer que A. G. lui-même ayant, avant toute visite de F., appris fortuitement par une tierce personne que c'était vous qui traduiriez son livre, s'était enquis de vos traductions, et qu'il pensait de même que Frechtman avant de lui avoir parlé, que si vous faisiez d'excellentes études, il n'était pas souhaitable pour son œuvre que vous deveniez sa traductrice.

Du reste, votre traduction de Mauriac et votre actuelle traduction de Gide eussent-elles été excellentes, cela n'aurait rien changé à l'affaire; car, avant de savoir que Frechtman renonçait à la traduction, André Gide venait de demander au *Mercure* (à Mme Manceron) s'il ne serait pas possible que Frechtman fasse participer Mme Bussy à sa traduction, parce qu'il se trouvait bien ennuyé à l'égard de Mme Bussy, qu'en raison des importants passages de ce livre qu'elle avait déjà traduits (sans parler de leur vieille amitié) c'était à elle que cette traduction eût dû être donnée. Alors, vous comprenez bien, que du moment que F. renonçait, il n'y avait qu'une traduction à laquelle A. G. pouvait donner son acquiescement, celle de Mme Bussy.

A aucun moment, aucune autre traduction n'a été autorisée ni par A. G. ni par F. La faute de votre déconvenue actuelle incombe entièrement à Runes qui vous a fait imprudemment entreprendre ce travail sans vouloir consulter A. G., ni tenir compte des avis et avertissements réitérés dès le début par F. qu'il fallait avant tout entrer en contact avec Mme Bussy et que A. G. se réservait le droit de refuser toute traduction même très avancée ou terminée, entreprise sans son acquiescement.

Runes a passé outre au désir de A. G. et de F., responsable de la traduction et grâce à qui il avait eu le livre.

Et alors que dans votre lettre du 27 octobre à André Gide vous dites que vous n'êtes pas prête à montrer les deux chapitres qu'on vous demande d'urgence, Runes, lui, écrit à F. le 1er nov. « .. In order to avoid any misunderstanding, Gide's AUTUMN LEAVES has already been translated by Miss

Pell. If you want to look at the translation with a view to revision, I will be glad to send it to you...

Henceforth, I want no further advice from any of the French publishers or authors as to the translations. I will choose our own translator. Whenever possible, *I would like you to do the translation!* Where you can not, and we choose our own, *we want no interference from anybody.* »

et de nouveau, le 2 Novembre :

« As to Gide's FEUILLETS D'AUTOMNE, that book has been translated by Miss Pell and I have accepted her translation. I notice from your letter of october 26th that you took it upon yourself to tell Gide that Miss Pell is not competent to translate his work... »

Vous voyez, Runes se sent si bien en faute qu'il trouve plus facile de rompre avec Frechtman, malgré le droit reconnu de responsabilité de celui-ci, et qu'il prétend se passer du consentement d'André Gide.

Runes écrit le 9 nov. à F. :

« ... As to further matters pertaining to Mauriac and Gide books, we shall have no further correspondence with you in these matters, nor with Miss Hector (Frechtman's New York representative). If the French publisher has any particular wishes, he may express them to us directly...

Besides, there is nothing further we have to discuss in connection with these books. Miss Pell, however, on her own, expressed the wish to send galley of proofs of her work to the French authors. I have told her that I thoroughly approve of such practice as the author of a translated work may wish to make changes or revisions. »

Inutile de vous dire que le *Mercure de France* est entièrement d'accord avec André Gide et Frechtman.

Ce qui est regrettable, c'est que ce soit précisément vous, amie fervente, loyale et désintéressée de l'œuvre d'André Gide, qui soyez finalement victime d'une pareille manière d'agir de la part d'un éditeur : je veux dire : de M. Runes.

Croyez bien que vous, précisément, André Gide aurait souhaité n'avoir pas à vous chagriner. Comme, étant donné son état cardiaque, toute émotion et contrariété lui est mauvaise, mieux vaut que ce soit moi qui aie le regret de vous écrire cette lettre affligeante; mais je pense qu'il vaut mieux pour vous vous écrire nettement quelle est la situation, que de laisser se prolonger encore un espoir vain et de vous laisser perdre davantage de temps à ce travail.

Veuillez croire, chère Elsie Pell Arendall, à ma vive sympathie.

P.S. Je vous serais bien reconnaissante de bien vouloir m'envoyer le plus vite possible un mot de réponse, que je puisse tranquilliser André Gide.

40 Rue Verdi
Nice
3 Déc. 49

Chère Madame Davet [1]

Je vous remercie beaucoup de m'avoir écrit si gentiment à propos de mon petit livre. Ce que vous m'en dites me touche beaucoup, et ne croyez pas qu'il m'en faut plus.

Quant à la copie de la lettre à Elsie Pell Arendall que vous m'envoyez j'ai au contraire beaucoup à dire et d'abord que je regrette que vous ne me l'ayez pas montrée *avant* de l'envoyer plutôt qu'*après*.

Je trouve cette histoire bien malheureuse et que je n'en ai rien su que trop tard me semble très regrettable. A vrai dire je ne comprends pas que toutes les personnes qui se sont crus le droit de disposer de la traduction des *Feuillets d'Automne* ne se soient pas données un peu plus de peine pour s'informer si ces droits de traduction n'avaient pas déjà été accordés.

En premier lieu l'auteur. Mais au mois de juin dernier Gide lui-même était très malade. Il se rappelait à peine en quoi consistait *Feuillets d'Automne* et s'en souciait encore

---

1. Cette lettre, écrite en français, est donnée ici telle quelle.

moins. Mais le *Mercure* qui les éditait et M. Frechtman qui
s'en occupait déjà, à ce que je comprends, depuis des mois,
mais M. Runes de la Philosophical Library qui se chargeait de
l'Édition Américaine auraient vraiment pu prendre quelques
précautions rudimentaires.

Je n'ai jamais vu le volume, mais on m'a dit qu'il contenait
six morceaux. De ces six morceaux j'en ai traduits quatre
moi-même avec l'autorité et la permission de l'auteur et je
pense même à sa demande.

Ces quatre sont :

    1. *Printemps* (paru avant la guerre, je crois, dans *Verve*).

    2. *L'enseignement de Poussin*. Publié dans un numéro
spécial of [sic] *The Arts* par Lund Humphries, l'éditeur
anglais le plus en vue, le plus coté pour les publications
artistiques. Cette traduction a été achetée à Lund Humphries
avec l'exprès assentiment de Gide par une maison d'édition
Américaine (Hearst Press), a été payée chère à l'auteur et
à la traductrice et a paru en Avril 1948 dans une publication qui s'appelait je crois, *Town and Country*. M. Frechtman
dans son rôle d'agent littéraire aurait vraiment pu découvrir
cette transaction qui s'est passée de la façon la plus correcte
et la plus publique.

    3. *Paul Valéry*. La traduction de cet essai important m'a
été commandée par John Lehmann qui avait l'autorisation de
l'auteur. Elle a paru dans *New Writing* Sept. 1946. Quant
à la *Kenyon Revue* je suppose qu'elle est Américaine. Je ne
la connais pas et si elle a publié une traduction du *Valéry*
de Gide en Avril 1946 (c'est vous qui le dites) — ce n'est
certainement pas la mienne que j'ai confiée à John Lehmann
seulement.

A propos de ceci, j'aimerais bien savoir si un éditeur Américain a le droit de publier une traduction de n'importe quelle
œuvre sans avoir l'autorisation ni de l'auteur ni de l'éditeur
et en plus s'il a le droit d'*imposer* une traduction à son gré
et *contre* la volonté de l'auteur. C'est ce droit que M. Runes
de la Philosophical Library a l'air de s'arroger dans sa
correspondance avec M. Frechtman.

    4. *Feuillets d'Automne :* une traduction de cet essai est de

moi, telle qu'elle a paru dans *Transition 4* avec la permission de l'auteur.

Je ne pense pas avoir traduit la *Préface sur Goethe*. Je n'en ai aucun souvenir.

J'ai l'intention d'écrire à John Lehmann pour le prévenir que la Kenyon Review a publié une traduction de l'article sur Valéry, plus que probablement sans autorisation aucune. Malheureusement quand Miss Pell m'a annoncé avec joie qu'un éditeur américain lui avait confié la traduction d'une œuvre récente de Gide, elle ne m'a dit ni le nom de l'éditeur ni de l'œuvre en question. Je ne savais pas qu'il s'agissait de *Feuillets d'Automne* ni de la Philosophical Library, ni que ce volume (que je n'ai jamais vu) contenait quatre essais que j'avais déjà traduits et publiés. Au mois d'Octobre dernier quand j'ai vu Gide à Nice, il m'a dit qu'il avait cédé les droits de publication de *Feuillets d'Automne* à la Philosophical Library et les droits de traduction à M. Frechtman. J'ignorais encore que le volume contenait quatre essais que j'avais traduits et sans aucun doute Gide l'avait oublié. Il m'a confié en même temps que Mrs. Knopf n'était pas contente. Là-dessus j'ai écrit à Miss Pell que je n'étais pour rien dans cette affaire et que je céderais mes propres droits plutôt que lui faire du tort. Ce que je suis encore prête à faire sauf pour le *Valéry* et le *Poussin*.

Je dois vous dire aussi que je regrette profondément que vous ayez répété à Miss Pell avec si peu d'égards les opinions adverses qu'on a recueillies sur ses qualités de traductrice.

A vrai dire ma sincère opinion est que ni M. Frechtman ni Gide ne sont qualifiés, ni l'un ni l'autre, de juger du style d'une traduction anglaise. Et pour une traduction de Gide c'est l'*anglais* qu'il faut et non l'*américain*. Ils comprendront sans doute le sens du texte mais il me semble que M. Frechtman (d'après les spécimens que vous me citez de ses lettres) est un Américain francisé qui a perdu l'habitude du style anglais et n'est pas, comme il dit lui-même si bien, an « exceptionally fine stylist » not only « aware of Gide's nuances and finesses (?) but capable of rendering them ». Il me semble que même dans la traduction de l'Essai sur Oscar Wilde, que Gide a tant admirée dans l'édition de la Philosophical Library, il y a des fautes et même des contre-sens que je crois que Miss Pell aurait su éviter.

En tout cas, la meilleure solution que je puisse envisager de ce malheureux imbroglio c'est que le volume *Feuillets d'Automne* soit publié ou par la Philosophical Library ou par Knopf et que les deux morceaux que j'ai signalés *(Valéry* et *Poussin)* soient donnés dans ma traduction et avec ma signature et que le reste du volume soit laissé à Miss Pell qui mettrait son nom à ses traductions.

Je n'ai rien dit de tout cela à Gide. Je sens parfaitement que cela l'assomme et qu'en réalité il s'en désintéresse totalement.

....

Mais comme les entretiens avec Amrouche, comme Amrouche lui-même m'exaspère!

Je suis heureuse de savoir que vous travaillez. Mais de qui ce volume de Souvenirs sur Laurence?

Mon mari et ma fille se joignent à moi pour vous envoyer nos souvenirs amicaux.

Dorothy Bussy.

Y. Davet
2, rue Lhomond (5e)
Le 6 décembre 49.
Mardi.

Chère Madame Bussy,

Souffrante et surchargée de travail, veuillez excuser le décousu peut-être de cette lettre et de vous l'écrire à la machine parce que ça va plus vite, mais je veux vous envoyer sans tarder un mot de réponse pour ne pas vous laisser dans l'erreur.

Depuis deux ou trois jours, enrhumé et déprimé, André

Gide semble si épuisé et impatient de tout que, hier, je n'ai pu me résoudre à lui montrer votre lettre, craignant qu'il ne s'en fasse inutilement du souci; mais je suis retournée ce matin parler au *Mercure de France.*

D'abord que je vous dise que je n'ai envoyé la lettre à Elsie Pell qu'après qu'elle ait été lue et pleinement approuvée par André Gide, qui a approuvé d'autre part la lettre que Frechtman lui a écrite de son côté. Et si le *Mercure de France* (Mme Manceron), Frechtman et moi nous sommes donné toute cette peine pour débrouiller cette affaire, veuillez croire que nous n'avons eu en vue que de bien servir les intérêts d'André Gide et les désirs qu'il nous avait exprimés; par surcroît nous avions plaisir à servir vos intérêts en tant qu'amie de Gide et traductrice excellente de la plupart de ses œuvres. C'est pourquoi, croyant vous faire plaisir en vous montrant qu'on songeait à vous, je vous ai envoyé une copie de cette lettre.

Mais non, ni André Gide, ni le *Mercure,* ni Frechtman n'ont agi à la légère, comme vous le dites; seul Runes a outrepassé ses droits, est dans son tort et a entraîné Elsie Pell à entreprendre témérairement un travail sans se préoccuper du consentement de l'auteur, à qui il veut à présent forcer la main.

Je crois que vous posez très mal la question dans votre lettre, parce que vous ignorez ce qu'est au juste le volume FEUILLETS D'AUTOMNE. Évidemment j'étais persuadée que vous le possédiez. André Gide a dû croire vous l'avoir remis dans le Midi; je vais l'avertir pour qu'il répare bien vite cet oubli. En attendant, je vous recopie la Table des Matières. Vous verrez que cet ouvrage comporte, non pas 6 textes, comme vous le croyez, mais 32! et qui s'échelonnent de 1930 à 1949. Forcément certains de ces textes ont paru en traduction dans des revues dans l'intervalle; vous en avez traduit quelques-uns, mais d'autres ont été traduits par d'autres traducteurs; par exemple *Ma Mère,* par Mortimer.

Le *Mercure* est catégorique : dans le cas d'un recueil semblable (comme dans celui d'*Œuvres Complètes*), quand il s'agit de publier, ou de faire traduire en vue de la publication *intégrale* du volume, l'auteur et l'éditeur reprennent tous les droits : ont le droit de donner le volume à traduire *intégralement* à un traducteur, même si certains des textes réunis ont paru en revues dans d'autres traductions. Donc, la *Philosophical Library* étant disposée à publier intégralement FEUILLETS D'AUTOMNE, ni André Gide ni le *Mercure* n'ont outrepassé leurs droits ni agi à la légère en confiant la traduction à Frechtman, pour les raisons qu'exposait ma précédente lettre. C'est l'amitié qui les a tous poussés à faire en sorte que ce soit vous qui profitiez du renoncement de Frechtman. Bien entendu, si vous-même désirez traduire FEUILLETS D'AUTOMNE intégralement. Du reste, si vous manquiez de temps pour cela, votre refus ne changerait rien à l'affaire telle qu'elle se présente aujourd'hui : les droits sont acquis par contrat approuvé par Gide et signé en juin dernier, à la *Philosophical Library* qui a déjà versé cet été à Gide l'à-valoir stipulé. Mais le choix du traducteur dépend d'André Gide et de Frechtman qui n'acceptent pas Elsie Pell; il resterait donc à trouver un autre traducteur.

Mais comme il ne peut y en avoir de meilleur que vous, nous souhaitons tous, pour le bien de l'œuvre de Gide, que vous ayez temps et envie de traduire FEUILLETS D'AUTOMNE.

Voilà, chère Madame Bussy; j'espère que vous voyez à présent que n'était guère mérité le ton fâché de la lettre que vous m'avez adressée.

Bien respectueusement et affectueusement.

            40 Rue Verdi Nice
            7 Déc. 1949

 Chère Madame Davet

Je vous remercie de votre lettre du 6 Déc. que j'ai reçue ce matin.

Je m'étonne cependant que vous ayez l'air de vous excuser de ne pas avoir montré à M. Gide ma première lettre, puisque je vous ai dit expressément que je ne lui avais rien écrit à ce sujet, craignant de l'ennuyer et de le fatiguer. Je vous assure que je connais assez bien Gide pour lui écrire tout ce qu'il me semble utile de lui dire sans avoir recours à sa secrétaire. Si donc ce n'est pas trop tard je vous conseille de ne pas lui montrer une lettre qui était adressée à vous *personnellement*.

Je vous remercie de m'avoir envoyé la Table des Matières des *Feuillets d'Automne* que je n'ai pas réussi à trouver à Nice. A ajouter aux quatre morceaux que je vous ai déjà signalés, comme ayant été traduits par moi, il y a, sous le numéro III, *Souvenirs littéraires et Problèmes actuels*. Je savais que *Ma Mère* avait été traduit par M. Raymond Mortimer mais je ne sais pas si d'autres morceaux ont été traduits ou par qui.

J'écrirai moi-même au Mercure de France que, si la Philosophical Library désire se servir de mes traductions des 5 morceaux précités, j'y consens volontiers et même je serais navrée de le voir confier à d'autres traducteurs. Mais quant aux autres morceaux du volume, je n'ai ni le temps, ni le désir de les entreprendre.

Je ne sais qui a « fait de sorte que je profite du renoncement de Frechtman ». Personne que je sache ne m'a parlé ni de la traduction de Frechtman ni de son renoncement et je ne sais à qui je dois être reconnaissante pour cette offre des rebuts de Frechtman — que du reste je n'ai pas encore reçue.

Je suis très intéressée de savoir que l'auteur et l'éditeur ont tous les droits de publier ou de faire traduire les morceaux d'un recueil. Même si ces textes ont passé en revues dans d'autres traductions. (Ce que je voudrais savoir aussi c'est si l'éditeur a le droit *d'imposer à l'auteur* et *contre son gré* une traduction choisie par lui, l'éditeur. C'est cela, il me semble, que M. Runes menace de faire dans sa correspondance aimable avec M. Frechtman.)

« Donc », me dites-vous, « ni André Gide ni le Mercure n'ont outrepassé leurs droits ni agi à la légère en confiant la traduction à Frechtman ». Si je n'avais pas su qu'à ce moment-là Gide était extrêmement et sérieusement malade de façon à ne plus se souvenir de quoi que ce soit, je dirais qu'il avait certainement outrepassé les limites de la courtoisie en ne pas me prévenant qu'il avait disposé de mes traductions.

A vrai dire je n'avais pas l'intention de prendre un « ton fâché » et il n'y avait qu'une chose dans votre lettre à laquelle je faisais objection et que je crois que j'aurais pu faire adoucir ou changer par Gide.

C'est la façon presque brutale qu'on a prise pour expédier Miss Pell.

Voilà! cet incident pénible est clos et je ne correspondrai plus avec vous personnellement à ce sujet.

Pour autre chose je serai toujours très contente d'avoir de vos nouvelles.

Croyez je vous prie à ma sympathie amicale

Dorothy Bussy.

Le 10 Décembre 49.

Chère Madame amie[1],

Je vais un peu mieux depuis trois jours; assez bien pour vous dire combien me désolent les dissensions qui mettent en conflit deux amies aussi respectées et chères à mon cœur que Dorothy Bussy et que vous-même. Vous connaissez assez, et depuis longtemps, Madame Bussy pour ne point comprendre combien il lui est pénible d'entrer en compétition avec vous au cours de cette affaire. Frechtman, lui aussi, me paraît avoir agi, en la circonstance, avec une parfaite honnêteté. Je ne puis faire de réserves que dans mon jugement sur le comportement de Runes, l'éditeur de la *Philosophical Library*, que je ne connais pas, mais qui ne me paraît pas avoir fait preuve, ici, d'une parfaite droiture. Il savait, il devait savoir, qu'il vous engageait imprudemment (pour ne pas dire plus) sans garanties suffisantes et

---

1. A Elsie Pell.

sans s'être auparavant assuré de la légitimité des droits. Je me désole que ce soit vous qui soyez victime, en la circonstance, de son absence de scrupules; mais me désolerais bien davantage si cela vous amenait à douter de mes propres sentiments à votre égard, à douter de ma profonde estime, de ma vieille et très fidèle affection reconnaissante.

André Gide.

Le 13 Décembre 1949.

Cher Bernard Frechtman,

Vous avez bien voulu me dire l'autorité dont jouit aux U.S.A. votre Société des Auteurs.

Ne croyez-vous pas qu'elle pourrait intervenir utilement dans le différend qui m'oppose à la *Philosophical Library?* Je pense qu'elle jugera comme moi difficilement admissible la publication d'une traduction de FEUILLETS D'AUTOMNE entreprise sans mon assentiment et que je n'ai pu approuver puisqu'elle ne m'a pas été soumise, et cela alors que j'avais traité avec cette Maison parce que j'étais assuré que le traducteur serait vous-même, cher Bernard Frechtman, dont les traductions antérieures m'ont donné toute satisfaction.

Croyez à mes sentiments bien cordiaux.

André Gide.

INDEX

des noms de personnes et des titres d'œuvres
des Tomes I, II et III

A

ACKERLEY, J. R. : II : 599, 618; III : 16.
Hindoo Holiday (Intermède hindou) : II : 395, 430, 431, 518.
ADAMOV, Arthur : III : 596.
ALAIN : II : 414, 527; III : 188.
ALEXANDRE, Maxime : III : 217, 219.
ALFASSA, Paul : I : 174.
ALIBERT, François-Paul : I : 296, 504; II : 396; III : 32.
En marge d'André Gide : I : 296.
ALLARD, Roger : II : 39, 154, 212, 247, 634, 635.
ALLÉGRET (les) : I : 98, 115, 367.
ALLÉGRET, André : I : 98, 436, 502.
ALLÉGRET, Élie : II : 342.
ALLÉGRET, Jean-Paul : I : 146; II : 109, 132, 291, 294, 297.
ALLÉGRET, Marc : I : 9, 11, 36, 49, 58, 66, 69, 75, 92, 93, 98, 100-103, 106, 108, 114, 115, 120-122, 146, 149, 159, 162, 167, 169, 176, 178, 182, 184, 191, 196, 201, 207-209, 228, 230, 232, 237, 240, 254, 257, 261, 262, 267-269, 273, 289, 296, 298, 306, 311-313, 315, 339, 342, 344, 348, 353, 367, 373, 375, 377, 378, 397, 420, 425, 432, 437, 452, 454, 467, 468, 472, 475, 476, 488, 491, 495, 501, 502, 510, 515, 517, 522, 523, 529; II : 36, 46, 49, 52, 63, 67, 68, 83, 89, 90, 92, 97, 104, 109, 111, 132, 133, 148, 150, 168, 169, 173, 176, 186, 187, 233, 243, 245, 254, 272, 275, 287, 288, 291, 322, 346, 347, 370, 376, 378, 395, 420, 421, 426, 434, 447, 456-458, 460, 479, 533, 534, 628; III : 39, 59, 79, 84, 87, 90, 114, 148, 154, 156, 170, 171, 176, 204, 213, 217, 219, 220, 266, 381, 486, 488, 500, 522, 533, 573.
Fanny (film) : II : 426, 434.
Félicie Nanteuil (film) : III : 204.
Mam'zelle Nitouche (film) : II : 370, 412.
Petite chocolatière (La) (film) : II : 370.
Voyage au Congo (Le) (film) : II : 84, 85, 93, 133.

ALLÉGRET, Mme Marc (née Nadine Vogel) : III : 182, 266, 359.
ALLÉGRET, Michel : II : 456.
ALLÉGRET, Yves : II : 424, 470, 534.
ALLÉGRET, Mme Yves : *voir* NAVILLE, Renée.
ALTERMAN, abbé : II : 158, 424.
AMALASONTE, reine des Ostrogoths : II : 236.
AMBROISE-COLIN, Charles : III : 321.
Un procès de l'épuration : Robert Brasillach : III : 321.
AMROUCHE (les) : III : 525, 554.
AMROUCHE, Jean : III : 433, 484, 486, 492, 504, 506, 507, 531, 560, 624.
Entretiens avec André Gide à la radio : III : 531.
ANDERSEN, Hans Christian : II : 482, 485.
André Gide (éd. du Capitole, série « Les Contemporains ») : II : 119, 134, 137, 237, 326, 547, III : 19.
ANOUILH, Jean : III : 321.
ANSERMET, Ernest : I : 132.
ANTOINE le Grand, saint : II : 211, 505.
ANTONETTI, Raphaël Valentin Marius (gouverneur gén. de l'A.O.F.) : II : 87, 92.
APOLLINAIRE, Guillaume : I : 426.
ARAGON, Louis : I : 48; II : 474, 494, 611; III : 269, 291, 292, 298, 300, 302-305, 312, 327, 339, 388, 389, 392, 396, 414, 602.
Arden of Feversham (The Tragedy of Mr.) (auteur inconnu) : II : 395, 433-435, 437, 438; III : 545, 547, 549, 551.
ARENDALL, Mrs : *voir* PELL, Elsie.
ARIOSTE, L' : III : 189, 562.

ARISTOPHANE : III : 604.
ARMAND-DEBOIS, Anthime : I : 76.
ARNIM, Bettina von : *voir* BRENTANO, Bettina.
ARON, Raymond : III : 20, 21, 23.
ARTAUD, Antonin : II : 234, 434; III : 547.
Théâtre de la cruauté (Le) : II : 434.
ATHALARIC, roi des Ostrogoths : II : 236.
ATHMAN : I : 501, 503.
ATTHIS (Louis-Alfred Natanson) : II : 38, 42, 273.
ATTICUS : III : 276, 280.
AUDRY (les sœurs) : III : 520, 522, 570.
AUGIER, D^r : III : 430, 519, 525, 527.
AUGSBOURG, Géa : III : 599, 600.
AUGUSTIN, saint : II : 505.
AURENCHE, Jean : III : 358.
AURY, Dominique : III : 273, 327.
AUSTEN, Jane : III : 269, 299, 306, 319, 425, 486, 569.
Emma : III : 299, 319, 353.
Northanger Abbey : III : 486.
Persuasion : III : 306, 315, 321.
Pride and Prejudice : III : 299, 306, 319, 425.
Sense and Sensibility : III : 299, 306, 319.
AVELINE, Claude : II : 24, 29, 343.

B

BACH, J.-S. : III : 355.
BACON, Francis : I : 414, 416; II : 326.
BALFOUR, lady Elisabeth (Betty) : III : 242.
BALFOUR, Gérald : III : 242.

BALKIS : I : 389, 390.
Ballets russes : II : 198.
BALZAC, Honoré de : I : 524; II : 495; III : 67.
BARBELLION, W. N. P. (pseudonyme de Bruce Frederick Cummings) : I : 248, 249.
Journal of a Disappointed Man : I : 248.
BARBEY D'AUREVILLY, Jules-Amédée : II : 374.
BARING, Maurice : II : 243; III : 309, 316, 317.
C : III : 316, 318.
Daphne Adeane : II : 240.
BARRAULT, Jean-Louis : I : 40, 359; III : 214, 240, 266, 269, 297, 303, 309, 321, 358, 361, 380, 385, 398, 399, 428, 431, 436, 439, 443, 447, 468, 547, 550.
BARRÈS, Maurice : I : 151; II : 265.
Un homme libre : I : 151.
Amori et dolori sacrum : I : 151.
BARTH, Karl : II : 603.
BASSIANO, princesse de : II : 272-274.
BAUDELAIRE, Charles : III : 86.
BAUM, Vicki : II : 418.
Grand Hôtel : II : 417.
BEACH, Sylvia : I : 339; II : 561; III : 33.
BEAUMONT, comte de : I : 468.
BEAUMONT, les E. de : II : 466.
BEAUMONT, Francis et FLETCHER, John : I : 314.
Philaster : I : 314.
BECK, Béatrix : III : 479, 490, 579.
Barny : III : 490.
BECKFORD, William : I : 274.
Vathek : I : 241, 274.
BEDDOES, Thomas Lowell : I : 368.
BEDFORD, Sibylle : I : 15.

Aldous Huxley. A Biography : I : 15.
BEERBOHM, sir Max : I : 41, 412; III : 545, 565.
Around Theatres : I : 41.
Zuleika Dobson : III : 565.
BEETHOVEN, Ludwig van : II : 193.
BELGION, Montgomery : III : 336.
Our Present Philosophy of Life According to Bernard Shaw, André Gide, Freud and Bertrand Russell (Notre foi contemporaine) : III : 336.
BELL (les) : III : 435.
BELL, Angelica : II : 501.
BELL, Clive : I : 31, 132, III : 435.
Old Friends : I : 132.
BELL, Marie : III : 297.
BELL, Quentin : I : 31; II : 10.
BELL, Vanessa (Mme Clive Bell) (sœur de Virginia Woolf) : I : 31-33, 532; II : 308, 501; III : 435.
BENDA, Julien : II : 264, 615; III : 309, 314, 322, 336.
France byzantine (La) : III : 322.
Exercice d'un enterré vif (L') : III : 322.
BENNETT, Enoch Arnold : I : 40, 463; II : 27, 48, 290, 307, 325; III : 129.
Correspondance André Gide-Arnold Bennett : I : 463; II : 26, 27, 320.
Old Wives' Tale (Conte de bonnes femmes) : I : 40, 226, 231; II : 317, 319, 320.
BÉRAUD, Henri : I : 455, 478, 493; III : 305, 306, 321, 325.
Croisade des longues figures (La) : I : 455, 463.
BERENSON, Bernard : I : 111, 151,

155, 156, 202, 208, 209, 258, 424; II : 206.
BERENSON, Mary (née Whitall Smith) : I : 151, 155, 156, 202, 208; II : 206.
BERGSON, Henri : II : 67.
BERL, Emmanuel : II : 233, 235, 582.
Mort de la pensée bourgeoise : II : 233.
BERNANOS, Georges : III : 333, 335.
BERNARDIN DE SAINT-PIERRE, Jacques-Henri :
Paul et Virginie : II : 344.
BERNERS, Gerald Hugh Tyrwhitt-Wilson, lord : III : 462, 466.
A Distant Prospect : III : 466.
Far From the Madding War : III : 466.
BERNHARDT, Sarah : I : 359.
BERNSTEIN, H. :
André Gide : II : 119.
BERTHELOT, Mme : III : 125.
BERTHELOT, Philippe : I : 494; II : 609.
BESSBOROUGH, lady : II : 541, 545.
BEYLE, Henri : *voir* STENDHAL.
BIANCHI, Angèle : I : 119, 216, 513; III : 338.
Bible (La) : III : 245, 471.
BILLET (concierge d'André Gide) : III : 37.
BILLY, André : III : 206.
BIRRELL, Augustine : II : 519.
BIRRELL, Francis : II : 240, 405, 431, 433, 435, 519.
BLACKMUR, Richard : II : 579; III : 480.
BLAKE, William : I : 36, 339, 342, 368, 515, 516; II : 343; III : 75, 259.
Marriage of Heaven and Hell (The) (Le Mariage du Ciel et de l'Enfer) : I : 323, 339, 342, 344, 515; II : 343; III : 259.
BLANCHE, Jacques-Émile : I : 265.
BLANCHENEZ, Jeanne : II : 125, 347.
Voir aussi MÜHLFELD, Mme Lucien.
BLEI, Franz : III : 523.
In Memoriam, Oscar Wilde : III : 523.
BLOCK, Harry C. : II : 207, 209, 251.
BLUM, Léon : III : 306.
BLUM, René : II : 466, 468.
BOCHOT, Pierre : II : 549.
BOILEAU, Nicolas : I : 410.
BONHEUR, Gaston : III : 443.
BONNARD, Abel : III : 193.
BONNARD, Pierre : I : 168.
BONNEFOY, Yves : III : 224.
BORIS : *voir* WILDE, Boris.
BOST, Pierre : III : 358.
BOSWELL : III : 262.
BOUCHAGE, D^r : II : 261.
BOUNINE, Ivan (les) : III : 296.
BOURDET (les) : III : 296, 302.
BOURDET, Claude : III : 160, 302, 309, 339, 361, 583, 598.
BOURDET, Édouard : III : 160.
BOURDET, Ida : II : 435, III : 160, 163, 166, 167, 176, 199, 302, 341, 546, 570, 600.
BOURDON : III : 174, 175, 177.
BOURGEOIS, D^r : III : 353, 361.
BOURGUET, Mme : III : 167.
BOURILLON, Henri : *voir* HAMP, Pierre.
BOUSQUET, Joë : III : 167.
BOUTELLEAU, Gérard : III : 210.
BOUTELLEAU, Hope : III : 210.
BOWEN, Elizabeth : II : 590, 599, 604; III : 396, 397, 483.
Cœur détruit (Le) : III : 397.

INDEX

House in Paris (The) (La Maison à Paris) : II : 590, 602; III : 397.
BOYD, Ernest : I : 474; II : 71.
BOYER, Pr Paul Jean-Marie : III : 227, 611.
Manuel pour l'étude de la langue russe : III : 227.
BOYSON, V. F. : I : 495.
BRADLEY, Jenny : III : 347, 378.
BRADLEY, William Aspenwall : I : 215; II : 121, 157, 158, 218, 232, 262, 283, 638, 640, 641; III : 21, 347.
BRANTÔME : II : 64.
BRAQUE, Georges : I : 59.
BRASILLACH, Mme : III : 321.
BRASILLACH, Robert : III : 309, 321.
BRÉAL (les) : II : 475, 554; III : 41.
BRÉAL, Auguste : I : 10, 20, 21, 23, 24, 90, 338, 483, 484, 494; II : 41, 63, 115, 181, 199, 219, 396, 459, 609; III : 37, 41, 179, 190, 191.
Vélasquez : II : 546.
BRÉAL, Carmen : III : 42, 191.
BRÉAL, Michel : I : 24.
BREITBACH, Joseph : II : 368; III : 141.
BRENTANO, Bettina : I : 55; II : 447, 487.
BRETON, André : I : 473; III : 273.
BRETT, Dorothy : I : 32.
BRIGAND, Mme : III : 153, 155.
BRION, Marcel : III : 522.
BRISSON, Pierre : II : 393, 394; III : 336.
BRONTË, Charlotte :
Jane Eyre : II : 263, 265.
Villette : II : 265.
BRONTË, Emily :
Wuthering Heights (Les Hauts de Hurlevent) : II : 263, 265.

BROOKE, Rupert : I : 90.
BROWN, Alec : II : 573.
BROWNE, sir Thomas : III : 471.
BROWNELL, Sonia : III : 547.
BROWNING, Elizabeth BARRETT : I : 95; II : 557, 564.
BROWNING, Robert : I : 36, 89, 93-95, 321, 465, 515; II : 557, 564; III : 282, 283, 333, 359, 434.
Dramatis personae : II : 588, 589, 592.
Mr. Sludge : I : 93, 95, 96, 174.
Johannes Agricola : III : 282.
Memorabilia : III : 333.
Men and Women : II : 588, 589, 592.
Bishop Blougram : I : 96.
Pippa Passes : III : 434.
Prospice : I : 93, 94.
Ring and the Book (The) (L'Anneau et le livre) : I : 321, 360, 361, 465.
BRUGMANS, Linette F. : I : 265, 463, 495.
BRUNSCHVICG, Léon : II : 113, 220; III : 67.
BRUTUS : III : 287.
BRYHER (Winnifred McPherson-Ellerman) : II : 90, 582.
Heart to Artemis (The). A Writer's Memoirs : II : 90.
BUCKLE, Henry Thomas : III : 194.
Civilization in England: III : 194.
BUENZOD, Janine : III : 180.
BUNYAN : III : 73.
BURKE, Edmund : II : 286.
BURNS, Robert : III : 401.
Holy Willie's Prayer : III : 401.
BUSSY (les) : II : 131, 257, 395, 475, 528, 577, 595, 599, 608; III : 15, 31, 78, 81, 103, 113,

140, 156, 159, 160, 167, 188, 197, 198, 199, 201, 202, 250, 309, 334, 351, 369, 371, 426, 443, 449, 454, 467, 494, 508, 513, 534, 574, 579, 596-598.
BUSSY, Dorothy : *passim*.
« *Cahier noir* » : I : 228, 241, 254, 305, 310-312, 316-318, 345, 395, 397, 401, 449.
Fifty Nursery Rhymes : II : 459; III : 8, 121, 227, 247, 263, 365, 367, 369, 372, 376, 377, 379, 383, 387, 390, 398, 409, 431, 437, 439, 443, 477, 484, 501, 513, 514, 531-533, 545, 557, 559, 570, 579, 580, 582, 583, 612.
Journal : I : 348, 363, 371, 402, 464, 485, 487, 491.
Miss Stock : II : 420, 435, 438; III : 194, 484, 569.
Olivia : I : 13, 34, 40, 49-51, 83, 106, 345; II : 8, 390, 447, 511, 515, 517, 521; III : 8, 479, 482, 497-499, 503, 509, 513, 514, 520-522, 524, 526, 529, 530, 533, 539, 569, 570, 572, 580, 583, 606-608, 610, 613.
Olivia (film) : III : 520, 570.
« *Quelques souvenirs* » dans *Hommage* à André Gide : III : 550.
Some Recollections of Paul Valery : III : 383.
TRADUCTIONS DE :
Auguste Bréal :
  Velasquez : II : 546.
André Gide :
  Bethsabée (Bathsheba) : III : 564.
  Caves du Vatican (Les) (The Vatican Cellars ou *The Vatican Swindle* ou *Lafcadio's Adventures)* : I : 323, 380, 382, 384, 385, 387, 397, 398, 403, 425, 432, 435, 438, 440-443, 450, 452, 453; II : 13, 16, 26, 27, 29, 48, 61, 66, 157, 166, 195, 253, 447, 474, 504, 509, 511, 512, 514, 543, 632.
  Conférence de Beyrouth (Souvenirs littéraires et problèmes actuels) : III : 496, 503, 537, 627.
  Descartes : III : 394, 398.
  École des femmes (L') (School for Wives) : II : 166-168, 172-175, 180, 181, 185-190, 192, 195, 196, 198, 203, 205, 226, 232, 238, 240, 246, 250, 253, 260, 261, 280, 283, 408, 638-641; III : 539, 549.
  El Hadj : III : 545, 564, 571, 572.
  Faux-Monnayeurs (Les) (The Coiners et *The Counterfeiters)* : II : 55, 60, 61, 69, 71, 72, 83, 90, 92, 116, 118, 131, 134, 136-137, 139, 158, 164, 166, 179, 251, 253, 289, 290, 469, 506, 543, 616, 630, 633; III : 539, 548, 549, 564.
  Feuillets d'Automne (Autumn Leaflets) : III : 479, 502-504, 513, 622.
    Spring : III : 141, 622.
  Geneviève (Genevieve or the Unfinished Confidence) : II : 240, 599, 614; III : 549.
  Immoraliste (L') : II : 83, 117, 118, 121, 214, 217, 232, 233, 235-237, 253, 270, 280, 297, 432, 639, 640.

Isabelle : II : 116, 118, 257, 259, 277, 281, 287, 294, 297, 362, 373, 374, 389 ; III : 548.
Living Thoughts of Montaigne (The) : III : 109, 132.
Montaigne : A Selection from his Writings : III : 85, 87, 89, 91, 94, 98, 588.
Narcissus : III : 564.
Nourritures terrestres (Les) (The Fruits of the Earth) : II : 517, 522, 523, 536, 599, 610, 612, 614, 616, 650; III : 71, 393, 479, 510, 511, 520, 523, 548, 549.
Nouvelles Nourritures (Les) (The Fruits of the Earth) : II : 522; III : 13, 20-22, 59, 70, 520.
Paul Valéry : III : 371, 376, 383, 387, 536, 538, 616, 622, 624.
Philoctète : III : 539, 564.
Porte étroite (La) (Straight is the Gate) : I : 111, 119, 125, 126, 150, 216, 235, 275, 307, 323, 370, 382, 384, 397; II : 230, 234, 261 ; III : 548.
Préface à *Nicolas Poussin* : III : 369, 391, 395, 398, 400, 410, 415, 480, 536, 538, 616, 622, 624.
Préface à « *The Private Memoirs and Confessions of a Justified Sinner* » de James Hogg : III : 415, 422, 423.
« *Preface to Some Recent Wriings by Thomas Mann* » : III : 53.
« *Quelques réflexions sur l'abandon du sujet dans les arts plastiques* » *(A Few Reflexions on the Disappearance of the Subject in Sculpture and Painting*) : III : 141.
Retouches à mon Retour de l'U.R.S.S. (Afterthoughts : A Sequel to the Back from the U.S.S.R.) : II : 620; III : 13, 27, 531, 539.
Retour de l'enfant prodigue (Le) (The Return of the Prodigal) : II : 250, 252, 379, 415 : III : 539, 564.
Retour de l'U.R.S.S. (Return ou Back from the U.S.S.R.) : II : 599, 620, 621; III : 13, 16, 20, 21, 25, 29, 86, 88, 531, 539.
Retour du Tchad et *Voyage au Congo (Travels in the Congo)* : II : 77, 83, 87, 101, 131, 135, 155-157, 163, 164, 166, 167, 169, 174, 175, 204, 207, 230, 233, 272, 629.
Robert : II : 238, 240, 245, 246, 250, 253, 261, 638-642.
Saül : III : 513, 538, 541, 543, 545-547, 553.
Si le grain ne meurt (If it Die...) : II : 257, 284, 285, 292, 293, 299, 311, 312, 320, 335, 348, 351, 353, 361, 362, 366, 367, 370, 371, 373, 374, 379, 380, 382, 385, 402, 414, 415, 419, 447, 467, 472, 505, 507, 511, 523, 528, 532, 543, 557, 573-575, 594; III : 393, 523, 539, 564, 572, 574.
Symphonie pastorale (La) : I : 159, 216, 235; II : 118, 257, 259, 262, 264, 297, 362, 373, 389; III : 548.
Tentative amoureuse (La) (The

Lover's Attempt) : III : 564.
Louis Gillet :
Stèle pour James Joyce : III :
201, 209, 212.
Louis Guilloux :
A Spanish Refugee Camp :
III : 81.
Paradise (The) : III : 28.
Refugee in Limbo : III : 81.
Marcel Jouhandeau :
Véronicana : II : 480, 546.
André Malraux :
Démon de l'Absolu (Le) (Was that all, then?) : III : 477.
Jean Schlumberger :
Saint-Saturnin : II : 319, 389, 390, 393, 397, 415, 419, 546, 575; III : 383.
Paul Valéry :
Ame et la danse (L') : II : 546.
Bussy, Janie (fille de Simon et Dorothy Bussy) : I : 13, 23, 24, 26-29, 33, 56-58, 63, 72, 90, 91, 93, 94, 96, 98-101, 103, 108, 109, 112, 114, 115, 118, 121, 143, 150, 155, 159-161, 175, 182, 188, 189, 192, 203, 213, 215, 219, 221, 226, 232, 235, 242, 243, 254, 256, 257, 259, 261, 266, 274, 280, 281, 283, 286, 289, 298, 299, 313, 333, 343, 345, 346, 353, 359, 365, 368, 371, 373, 393, 398, 399, 402, 405, 407, 412, 414, 415, 419, 420, 432, 439-441, 443, 444, 448-450, 452, 453, 455-457, 459, 461, 462, 467, 470, 475-477, 492, 495, 497, 518; II : 25, 34, 45, 50, 52, 54, 57, 59, 64, 75, 88-90, 93, 99, 102, 105, 106, 114, 119, 120, 124, 133, 134, 137-139, 165, 173, 176, 182, 184, 187, 199, 200, 203, 205, 209, 212, 214, 221, 222, 232, 244, 245, 248, 261, 271, 272, 278, 280, 281, 287, 289, 291, 293, 295, 296, 299, 306-308, 321, 326, 328, 329, 342, 353, 356, 360-363, 368, 374, 376, 377, 385, 411, 412, 415, 417, 419, 427, 429, 437, 439, 440, 445, 476, 480, 498, 538, 541, 542, 545, 548, 563, 569, 577, 578, 581, 589, 592, 620-622, 635; III : 17, 24, 27, 29, 31, 41, 42, 54, 61, 63, 65, 76, 81, 84, 98, 102-104, 108, 124-126, 137, 142, 149, 151, 154, 166, 168, 170, 177, 193, 205, 209, 212, 222, 226, 245, 263, 267, 270, 272, 274, 276-279, 281, 283, 285, 296, 301, 306, 312, 322, 323, 330, 333, 334, 337-340, 342, 349, 354, 357, 361, 364, 365, 367, 369, 370, 373, 375, 381, 383, 384, 386, 392, 405, 413, 415-417, 419, 421, 427, 433, 437, 441, 446, 457, 463, 466, 469, 471, 472, 474, 476, 481, 493, 494, 496, 500, 501; 503, 521, 525, 527-529, 533, 545, 546, 553, 558, 559, 563, 565-567, 569, 572, 573.
Some Recollections of Paul Valery : III : 383.
Bussy, Simon : I : 10, 11, 14, 19-28, 30, 32-34, 56-61, 63, 71, 72, 74, 83, 89, 91, 93, 95, 96, 98, 100, 102, 108, 109, 111-115, 118, 119, 121, 132, 134, 141-143, 150, 160, 161, 172-174, 181, 182, 190, 193, 201, 205,

208, 209, 215, 219, 226, 237, 241-243, 246-248, 254, 256, 257, 259, 261, 265 266, 269, 274, 276, 280-283, 285, 286, 289, 297-299, 302, 304, 305, 313, 323-326, 328, 332-334, 338, 345, 346, 355, 359, 365, 368, 369, 371, 386, 391, 393, 398, 403, 405, 407, 412, 414-416, 419, 420, 423, 424, 426-428, 432, 434, 436, 439, 444, 448, 450, 455, 467, 470, 474, 475, 483, 492, 495, 496, 507, 531, 532; II : 13, 17, 18, 20, 24, 26, 27, 29, 31, 34-36, 38-42, 45, 49, 50, 52, 56, 57, 59, 67, 71, 75, 88, 91-93, 97, 99, 100, 102, 106, 109, 113, 117, 121, 124, 132, 134, 137-139, 154, 155, 158, 165, 173, 176, 181, 183-185, 187, 199-202, 205, 208, 209, 211-214, 217, 229-231, 233, 234, 244, 245, 248, 257, 261, 263, 271-274, 276-278, 280, 281, 283, 286, 287, 289, 291, 293, 295, 296, 299, 306-308, 312, 321, 326, 328, 339, 344, 346, 351, 352, 356-358, 360-363, 367, 368, 370, 374, 376, 377, 385, 417, 419, 423-425, 429, 439, 440, 447, 459, 466, 468, 478-480, 492, 496, 500, 501, 517, 526, 528-535, 538-542, 545, 546, 548, 549, 569, 577, 584, 590-592, 596, 610, 613, 623, 634, 635, 643; III : 13, 17, 22, 24, 25, 37-39, 41, 42, 46, 59, 61, 65, 67, 69-71, 75, 76, 78, 79, 81, 84, 102, 103, 108, 125, 126, 137, 144, 145, 148, 151, 152, 154, 165, 168, 170, 171, 174, 175, 179, 180, 187, 190-193, 239, 245, 263, 264, 267, 268, 270, 272, 274, 276, 279-281, 288, 309, 322, 324, 330, 333, 337, 338, 340, 343, 344, 348, 349, 352-354, 357, 358, 360, 363, 365-367, 369, 379, 380, 384-386, 396, 402, 405, 407, 408, 413, 414, 416, 417, 423, 427, 432, 433, 443, 451-453, 454, 463, 467, 468, 472, 474, 479, 484, 486, 491, 493-496, 500, 501, 503, 504, 506, 507, 509, 510, 523, 525, 527-529, 546, 563, 565-567, 572, 573, 593, 596, 605.
Bestiaires. Images de Simon Bussy, Proses de Francis de Miomandre : II : 92, 117, 119, 121.
Illustrations pour *L'Égypte arabe de Gaston Wiet* : II : 205.

C

CAILLEUX, Dr Roland : III : 159-161, 163, 165, 166, 168, 177, 263, 331, 596, 598.
Saint-Genès ou la Vie brève : III : 160, 263, 598.
CAIN, Julien (les) : III : 46.
CALVET : III : 606.
CAMUS, Albert : II : 522; III : 309, 321, 341, 433.
CANAVAGGIA, Marie : II : 585.
CANQUE, Yvonne : I : 495.
CARCOPINO, Jérôme : III : 481, 482.
Secrets de la correspondance de Cicéron (Les) : III : 481.
CARLOIX : II : 65.
CAROLI, P^r : III : 519.
CARPACCIO, Vittore : I : 20, 27.
CARRINGTON, Dora : I : 16, 29, 31, 32, 93, 96; II : 392, 414, 542.

Selected Letters and Extracts from her Diaries : I : 16.
CARROLL, Lewis : III : 453.
Alice in Wonderland (Alice au pays des merveilles) : II : 492, 494.
Hunting the Snark (La chasse au Snark) : II : 494.
Through a Looking Glass (La Traversée du miroir) : II : 494.
CASSIUS : III : 287.
CASSOU : II : 611.
CASTIER, Jules : II : 290.
CATHERINE DE MÉDICIS : II : 64.
CATULLE : III : 565.
CÉLINE, L.-F. : III : 75.
CERF, Bennett : II : 283, 511, 535, 539, 574, 575, 604, 614.
CÉSAR, Jules : III; 234, 287, 482, 519.
Commentaires (Les) : II : 64.
CÉZANNE, Paul : I : 91; II : 560.
CHAGALL, Ida : III : 597.
CHAGALL, Marc : III : 597.
CHAMBERLAIN, Beatrice : I : 106, 107.
CHAMBERLAIN, Joseph : I : 106.
CHAMBERLAIN, Neville : III : 70, 75.
CHAMBRUN, Longworth (comtesse) : III : 224.
Hamlet de Shakespeare : III : 224.
CHAMBRUN DE TABIBE : II : 163, 164, 167, 172, 174, 175, 185, 188, 190, 191, 193-195, 203, 205, 208, 230, 231, 233, 246, 348, 351, 353, 354, 362, 366, 370, 378, 379.
CHAMPION : II : 18.
CHANEL, Gabrielle (Coco) : II : 92, 378.
CHANTAL, Suzanne : III : 183.
Cœur battant (Le) : III : 183.

CHARDONNE, Jacques : I : 384; III : 196, 210.
Chronique privée de l'an 1940 : III : 196.
Epithalame (L') : I : 384.
CHARRAS, Mlle : III : 261.
CHASSÉRIAU, Théodore : III : 319, 320.
CHATEAUBRIAND, François-René de : II : 390; III : 124.
CHATEIGNEAU (gouverneur général de l'Algérie) : III : 344.
CHAUVEAU, Léopold : III : 151, 152, 176.
CHÉNIER, André : III : 49, 79.
CHEVALIER, Auguste : II : 159-162, 178.
CHEVASSON : III : 32, 106.
CHEVRIER, M. et Mme : III : 123, 128, 370, 373, 374.
CHOISY : III : 234.
CHONEZ, Claudine : II : 395, 427, 443, 450, 480.
CHOPIN, Frédéric : II : 495; III : 479, 512-514, 531.
CHRISTIANE : *voir* COPPET, Mme Marcel de.
CHRISTIE, Agatha : III : 267.
CHRISTINE DE PISAN : II : 347.
CHURCHILL, Winston : III : 184, 264, 401, 402,
CICÉRON : I : 45, 50; III : 263, 269, 276, 280, 287, 309, 331, 334, 338, 341, 344, 479, 481, 485, 488, 492, 529.
De Senectute : III : 341, 529.
Harangues (Les) : III : 341.
Lettres à Atticus : III : 280, 336, 341.
CITRINE, sir Walter : III : 14, 17.
I search for truth in Russia : III : 14.

CLARK, sir Kenneth : III : 495.
CLAUDEL, Paul : I : 304, 305; II : 393, 394, 424, 427, 464; III : 321, 492, 562, 563.
Annonce faite à Marie (L') : II : 393, 394.
Claudel homme de théâtre; correspondance avec Jouvet : II : 393, 394.
Correspondance André Gide-Paul Claudel : I : 44, 53; III : 546, 611.
Journal : III : 562.
Soulier de satin (Le) : III : 562.
CLEMENCEAU, Georges : II : 281.
CLOTIS, Josette : III : 183, 293. Voir aussi MALRAUX (les), III.
COCTEAU, Jean : I : 39; II : 378; III : 321, 329, 501.
Enfants terribles (Les) : II : 261.
Journal d'un inconnu : I : 39.
COLEFAX, lady Sibyl : I : 262, 342, 344, 412.
COLERIDGE, Samuel Taylor : III : 316.
COLETTE : II : 347, 427; III : 141, 321, 345.
Ces plaisirs : II : 419.
COLIN, Saül : II : 500, 501.
COLLINS (éd.) : I : 241, 275, 307.
COLLINS, Wilkie :
Moonstone : II : 599, 602, 604.
COLLINS, William : III : 183, 184, 186, 188.
COMBELLE, Lucien : III : 313, 321, 325.
Je dois à André Gide : III : 313.
COMPTON-BURNETT, Ivy : III : 47.
Daughters and Sons : III : 47, 57, 60, 62.
CONNOLLY, Cyril : III : 369, 378, 383, 459, 460, 462, 476, 496, 503, 505, 547.

Condemned Playground (The) : III : 378.
Unquiet Grave (The); A Word Cycle by Palinarus *(Le tombeau de Palinarus)* : III : 378.
CONRAD, Joseph : I : 36, 126, 127, 130, 304, 383; II : 87, 458, 488, 581.
Rescue (The) : I : 241, 304, 305.
Typhon : I : 36; II : 455, 483, 489.
CONSTANT, Benjamin : III : 369, 407.
Adolphe : III : 487.
COPEAU, Agnès : II : 29, 324, 327.
COPEAU, Jacques : I : 147, 175, 241, 242, 286, 289, 290, 296, 300, 315, 316, 320, 329, 345, 350, 411, 428, 452, 519; II : 29, 220, 233, 324, 327, 436, 438, 464, 478, 649; III : 224, 229, 230, 265, 321, 434.
André Gide (en collaboration) : II : 119.
Correspondance Jacques Copeau-Roger Martin du Gard : I : 147.
COPPET, Daniel de : II : 10; III : 7.
COPPET, (les) Marcel de : II : 512, 514, 599, 602, 607; III : 63, 93, 96, 180, 208, 225, 238, 385.
COPPET, Marcel de : I : 40, 226, 473, 474, 480, 483; II : 50, 223-226, 229, 233, 246, 255, 317, 320, 341, 342, 354, 597; III : 208.
COPPET, Mme Marcel de (née Christiane Martin du Gard) : II : 339, 342, 468; III : 151, 208, 222, 230, 236, 263, 535, 539, 540.
CORNEILLE, Pierre : III : 79.
CORP, W. G. : III : 383.
CORVO, baron : III : 478.
Hadrien VII : III : 478.
COTNAM, Jacques : III : 322.

Bibliographie chronologique de l'œuvre d'André Gide (1889-1973) : III : 322.
COULONDRE : III : 146.
COURTELINE, Georges : III : 574.
  Boulingrins (Les) : III : 574.
COURVILLE, Xavier de : I : 452.
COUTURE, Thomas : II : 540.
COWLEY, Malcolm : III : 346.
COZZENS, James Gould :
  S. S. San Pedro (Le San-Pedro) : II : 483, 488, 489, 547.
CRAIK, George L. : III : 234.
  Julius Cæsar (de Shakespeare) : III : 234.
CREVEL, René : II : 557, 580.
CRIEL, Gaston : III : 358.
CROCE, Benedetto : III : 480.
CROWE RANSOM, John : III : 480.
CUMMINGS, Bruce Frederick : *voir* BARBELLION, W. N. P.
CURTIUS, Ernst R. : II : 104, 245, 383, 419, 425, 557, 558; III : 466.

D

DABADIE, Jean-Pierre : II : 63.
DABIT, Eugène : II : 599, 611, 612, 615-617.
DANA, Richard Henry : I : 102.
  Two Years Before the Mast : I : 102.
D'ANNUNZIO, Gabriele : II : 64.
DANTE :
  Purgatorio (Le Purgatoire) : II : 410.
DARWIN, Charles : II : 30.
DARWIN, Gwen : *voir* RAVERAT, M^{le} Jacques.
DASTÉ, Marie-Hélène (Mayenne) : III : 266.
DAUDET, Léon : II : 374.
DAVET, Yvonne : II : 304; III : 7, 13, 54, 57, 60, 65, 70, 175, 203-205, 261-263, 267, 270, 282, 288, 298, 303, 311, 343, 345, 350, 353, 381, 386, 388, 389, 403, 410, 412, 423-425, 427, 431, 439, 447, 468, 474, 490, 496, 497, 535-538, 564, 614, 621, 624, 626.
  Autour des Nourritures terrestres. Histoire d'un livre : III : 54.
DAVID, D^r : III : 242.
DAVID, Villiers : I : 44.
DEBUSSY, Claude : III : 617.
DECAMPS, Alexandre Gabriel : II : 540.
DEFAUCONPRET : I : 454.
DEFFAND, Marie du : II : 535.
DEFOE, Daniel : I : 36, 368, 399.
  Colonel Jack : I : 367.
  Robinson Crusoé : III : 60, 502.
DEGAS, Edgar : III : 75.
  Degas, Danse, Dessin : III : 75.
DEIGHTON, Kenneth : III : 232.
DEKOBRA, Maurice : II : 281.
DELAMAIN : III : 608.
DELAMAIN, Germaine : III : 316.
DELANNOY, Jean : III : 309, 358.
DELAY, (les) Jean : III : 443, 468.
DELGROVE, Henri : II : 525.
DELTEIL, Joseph : I : 497.
DENIS, Maurice : I : 417; II : 273.
DENNY : III : 286.
DENT : I : 159, 170, 177-180, 215, 304, 454, 460, 463.
DERAIN, André : I : 132, 427.
DERAIS, François : III : 242.
  Envers du Journal de Gide (L') : III : 242.
DEROCQUIGNY, Jules : III : 259.

INDEX 643

DESCARTES, René : I : 43; III : 79, 389, 393, 394, 398.
DESJARDINS, Blaise : I : 413; III : 173.
DESJARDINS, Mme : III : 149, 272, 276, 496.
DESJARDINS, Paul : I : 341, 343, 413, 434, 436, 446, 477; II : 58, 65, 67, 69, 115, 238, 244, 245, 265, 377; III : 173.
DESPRÉS, Suzanne : III : 187, 195.
DESVALLIÈRES : I : 20.
DIAGHILEV, Serge de : I : 132.
DICKENS, Charles : III : 67, 129, 299.
David Copperfield : III : 284, 289.
Pickwick Papers : III : 129.
DICKINSON, Emily : I : 29.
DICKINSON, G. Lowes : I : 121, 191, 199, 200.
Autobiography of G. Lowes Dickinson (The) : I : 200.
DIDEROT, Denis : III : 42, 121, 369.
Lettres à Sophie Volland : III : 121, 369.
DIETRICH, Marlène : II : 278.
DIMARAS, Constantin : III : 159, 185-187, 600.
DIMITROV, Georgi : II : 518, 519, 597.
DISRAELI, Benjamin : I : 197.
DOMBASLE, Jacques : *voir* HEURGON, Jacques.
DOMELA, Harry : III : 113, 133, 134, 140, 141.
DOMMARTIN, M. H. : III : 110.
DONNE, John : I : 304, 305, 314, 422, 487; III : 316.
Elegie : I : 314.
Holy Sonnets : I : 304.
Songs and Sonnets : 1 : 488.

DOSTOÏEVSKI, Fédor Mikhaïlovitch : I : 430; II : 649; III : 555.
Idiot (L') : I : 321.
Rêve de l'oncle (Le) : II : 588.
DOTTIN, Paul :
Samuel Richardson, imprimeur à Londres : II : 348, 408.
DOUGLAS, Lord Alfred : III : 523.
DOUGLAS, Norman : I : 37; III : 32-33.
South Wind : III : 13, 32-34.
DOUMIC : II : 406, 415.
DOWDEN, Edward : III : 232.
DRESA, Jacques : I : 167, 170.
DRIEU LA ROCHELLE, Pierre : I : 143; III : 188, 196.
Poèmes : I : 143.
DROUIN (les) : II : 35, 227, 560; III : 76, 94.
DROUIN, Dominique (Domi) (neveu de Madeleine Gide) : I : 437, 441, 442, 444, 478; II : 426; III : 77, 78, 164, 580.
DROUIN, Jacques (neveu de Madeleine Gide) : II : 492.
DROUIN, Jeanne (sœur de Madeleine Gide) : III : 93, 97, 98, 174, 290.
DROUIN, Marcel (beau-frère de Madeleine Gide) : I : 478; II : 113, 544; III : 97, 149, 261, 265.
DROUIN, Odile (nièce de Madeleine Gide) : III : 261, 265.
DRUET (galerie) : I : 439, 440, 483; II : 18, 27, 29, 42, 97, 241, 257, 272, 356, 531, 532, 534, 542, 614, 643.
DRUET, Mme : II : 40.
DRYDEN, John :
All for Love (Tout pour l'amour) : II : 263.

Du Bos, Charlie : I : 251, 258, 259, 323, 326, 335, 336, 381, 384, 406, 410, 471, 480; II : 32, 36, 58, 59, 62, 85, 87, 137, 139, 215, 217, 236, 244, 525, 527, 557, 564, 569, 581, 583; III : 43, 248, 316, 369, 407, 488, 564.
Byron et le besoin de la fatalité : II : 236.
Dialogue avec André Gide : II : 236.
Grandeur et misère de Benjamin Constant : III : 407.
Journal : II : 230, 233.
Lettres de Charles Du Bos et réponses d'André Gide : II : 375; III : 564.
Du Bos, Mme Charlie (Zézette) : I : 259; II : 564; III : 407.
Duchêne, Jacques : *voir* Saint-Denis, Michel.
Dufet, Michel : I : 325.
Dufy, Raoul : II : 440.
Duhamel, Georges : III : 45, 321.
Dumas fils, Alexandre : I : 314.
Duncan, Isadora : III : 34.
Dunoyer de Segonzac, André : III : 441, 454, 479, 509, 510, 605.
Durry (les) : III : 385.
Durry, Marie-Jeanne : II : 79, 134; III : 409.
« *La poésie d'André Gide* » : II : 79.
Duse, Eleonora : I : 314.

E

Eckermann, Johann Peter : I : 70; III : 172.
Gespräche mit Goethe (Conversations avec Goethe) : III : 159, 172.
Edelman, Nathan : III : 617, 618.
Ehrenbourg, Ilya : II : 541, 549.
Eliot, George : I : 266; II : 244; III : 67.
Middlemarch : 1 : 241, 266, 414, 415.
Eliot, Thomas Stearns : I : 316, 317, 320, 335; II : 546, 584; III : 396, 412, 417.
Sacred Wood (The) : I : 320.
Elisabeth Ire, reine d'Angleterre : II : 158, 230; III : 73.
Ellerman (les) : II : 173.
Ellerman, sir John Reeves : II : 89, 90, 168, 176.
Ellerman, Winnifred : *voir* Bryher.
Ellis, Havelock : II : 240.
Eluard, Paul : III : 327.
Emerson, Ralph Waldo : III : 76.
Representative Men : III : 76.
Emmanuèle (Madeleine Gide) : III : 213.
Esau, Eric : III : 7, 8.
Eschyle :
Prométhée enchaîné : III : 555.
Essenine, Serge : III : 34.
Essex, Robert Devereux, comte d' : II : 230.
Estaunié, Edouard : I : 344.
Appel de la route (L') : I : 344.
Euripide :
Bacchantes (Les) : II : 293.
Évangile (L') : II : 573.
Evenepoel, Henri : I : 20.

F

Fabre-Luce, Edmond : II : 241.
Fabre-Luce, Mme : II : 241.
Fadiman, Clifton : II : 116.

FALLA, Manuel de :
Tricorne (Le) : I : 132.
FARGUE, Léon-Paul : II : 202, 231; III : 467.
FAULKNER, William :
Sanctuary (Sanctuaire) : II : 525.
FAUS, Keeler : III : 232, 244, 254, 263, 267, 295, 353, 363, 480, 580.
FELS, comte Edmond de : II : 328.
FERNANDEZ, Ramon : II : 59, 220, 367, 424, 527; III : 32, 34, 396.
André Gide : II : 353, 366.
FESTY : III : 477.
FEUILLÈRE, Edwige : III : 520, 575.
FIELDING, Henry : I : 36, 454; III : 60.
Tom Jones : I : 454.
FIQUET, Mme : III : 225, 226, 230, 233, 236, 238, 245, 246.
FISCHER, Louis : III : 33.
Soviet Journey : III : 34.
FITZGERALD, Francis Scott : I : 383.
FLANDRIN : II : 273.
FLAUBERT, Gustave : II : 344, 384; III : 144, 205, 206, 339, 342, 477.
FLETCHER, John et BEAUMONT, Francis : I : 314.
FLOCHE, M. : II : 282.
FLORIO, John : I : 41; III : 54, 56, 59, 62, 64, 73, 74, 77, 82, 83, 87, 96, 589, 591.
FONTAINE, Arthur : I : 247.
FORD, John :
Broken Heart (Le Cœur brisé) : II : 329.
FORSTER, Edward Morgan : I : 31, 121, 476; II : 526, 576; III : 14, 309, 318, 378, 457, 459.
Howards End : III : 316, 318.
Passage to India (Route des Indes) : I : 476; III : 13, 14, 19, 318, 369, 375, 378, 457.
FOSCA, François : II : 154, 202, 247, 253, 634.
Simon Bussy : II : 202, 244, 247, 295.
FOUAD Ier, roi d'Egypte : II : 205.
FOUJITA : I : 18.
FOUQUET, Jean : I : 27.
FRANCE, Anatole : I : 494.
FRANCILLON, Mme Robert : II : 519.
FRANCILLON, Robert : II : 519.
FRANCIS, Claude : III : 192, 195-197.
FRANCK, Paul : I : 175, 324.
FRANCO, général : III : 20.
FRANK, Bruno : II : 471.
FRANK, Waldo : II : 55, 61, 616.
FRECHTMAN, Bernard : III : 523, 536-538, 541, 614-620, 622, 623, 625-629.
FREUD, Anna : II : 418.
FREUD, Sigmund : I : 51, 128, 190, 241, 252-254, 259, 273, 320, 324, 328; II : 418, 429, 608; III : 127, 336, 365, 481, 498.
Complete Psychological Works (trad. James Strachey) : II : 418.
Trois essais sur la théorie de la sexualité : I : 259.
FROELICH, Carl :
Mädchen in Uniform (Jeunes filles en uniforme) (film) : II : 420.
FROMENTIN :
Dominique : III : 487.
FRY, Agnes Pamela : I : 149, 342; II : 546.
FRY, Roger : I : 31, 32, 91, 113, 128, 143, 175, 296, 300, 333, 342; II : 252, 543-546, 555, 560, 623.

Letters of Roger Fry : I : 175.
FRY, Varian : III : 185.
FUNCK-BRENTANO : III : 603.
FURBANK, P. N. :
E. M. Forster : A Life : II : 526.

G

GALLIMARD (les frères) : III : 199, 449.
GALLIMARD, Claude : III : 7, 530, 557, 559, 609.
GALLIMARD, Gaston : I : 215, 286, 381, 425, 441; II : 36, 39, 42, 60, 61, 68, 71, 75, 98, 233, 253, 279, 447, 474, 482, 485, 517, 533, 555, 609, 690, 622; III : 159, 167, 182, 423-425, 440, 444, 513, 515, 527, 533, 606, 607, 610-613.
GALLIMARD, Raymond : III : 197, 440, 448.
GALWORTHY, John : I : 516.
GANDHI, le Mahatma : III : 480.
GARNETT, David : I : 16, 31, 399, II : 240, 519; III : 120.
Lady into Fox (The) (La Femme changée en renard) : I : 399, 403, 441, 443.
GATHORNE-HARDY, Edward : III : 373, 375.
GAUGUIN, Paul : II : 540.
GAULLE, Charles de : III : 184, 264, 270, 305, 321, 326, 603.
GAUTIER-VIGNAL, comte Louis : III : 196, 204, 266, 270, 274, 296, 302, 330, 431, 558, 560.
GEFFROY, Gustave : II : 38.
GEORGE, Stefan : II : 390.
Siebente Ring (Die) (Le Septième Anneau) : II : 280.
GERMAIN, André : I : 478, 525.

GÉRÔME, Pierre : *voir* WALTER, François.
GERTLER, Mark : I : 31, 532.
GHÉON, Henri : I : 9, 35, 448; II : 273; III : 590.
Correspondance André Gide-Henri Ghéon : I : 35.
GIBB, Hugh : I : 495.
GIBBON, Edward : I : 121, 248, 498; II : 236; III : 261-263, 269, 284, 289, 298, 306, 311, 315, 370.
Decline and Fall of the Roman Empire (Histoire de la décadence et de la chute de l'Empire romain) : II : 17; III : 370.
Mémoires : I : 498; II : 15-17.
GIDE, André : *passim.*
ARTICLES :
Auguste Bréal : III : 190.
Autour d'Iphigénie : III : 215, 241, 242, 248.
Descartes : III : 389, 394, 398.
Dialogue français (Le) : III : 496.
Juifs, Céline et Maritain (Les) : III : 75.
Justice et Charité : III : 309, 336, 339.
Notes sur l'interprétation du rôle de Phèdre. Conseils à une jeune actrice : III : 215.
Paul Valéry : III : 355, 358, 360, 362, 363, 365, 371, 376, 383, 387, 536, 538, 616, 622-624.
Quelques réflexions sur l'abandon du sujet dans les arts plastiques : III : 141.
Trahison des laïcs : III : 337.
Voyage en littérature anglaise : III : 56, 59, 79, 92, 141.
CORRESPONDANCES :
Correspondance André Gide-

INDEX

Arnold Bennett : I : 463; II : 26, 27, 320.
Correspondance André Gide-Paul Claudel : I : 44; III : 546, 611.
Correspondance André Gide-Henri Ghéon : I : 35.
Correspondance André Gide-Edmund Gosse : I : 92, 265, 495.
Correspondance André Gide-Roger Martin du Gard : I : 45, 82; II : 255, 271, 328, 346, 370, 458, 462, 464, 492, 527, 548; III : 30, 125, 150, 177, 204, 242, 291, 322, 327, 343, 491, 507, 531.
Correspondance André Gide-François Mauriac : II : 375; III : 540.
Correspondance Francis Jammes-André Gide : III : 479, 495.
ŒUVRES :
Adagio : III : 525, 542.
Ainsi soit-il, ou Les Jeux sont faits : II : 402; III : 561.
Amyntas : I : 44, 117, 305, 502; II : 73, 75, 645.
Anthologie de la poésie française : I : 61, 392; III : 13, 49, 51, 92, 254, 255, 257, 444, 453, 468, 513, 521, 522, 524.
Art Bitraire (L') : III : 443, 452, 460.
Attendu que... : II : 65; III : 196, 335, 339, 346, 354.
Bethsabée : I : 132; III : 564.
Cahiers d'André Walter (Les) : I : 117, 305, 522; II : 307.
Carnets d'Égypte : III : 119, 123, 370.
Caves du Vatican (Les) : I : 42, 44, 215, 240, 380, 382, 384, 385, 387, 397, 398, 403, 425, 426, 428, 432, 435, 436, 438, 440-443, 450, 452, 453, 495; II : 13, 16, 26, 27, 29, 48, 61, 66, 157, 166, 195, 253, 447, 474, 504, 509, 511, 512, 514, 543, 632; III : 134, 513, 613.
pièce : III : 545, 551, 562, 563, 567-569, 571-574, 576-578, 580, 581.
scénario : III : 513, 525, 527.
Conférence de Beyrouth (Souvenirs littéraires et problèmes actuels) : III : 385, 389, 393, 404, 406, 409, 458, 496, 503, 537, 627.
Corydon : I : 35, 38, 48, 159, 168, 171, 196, 199, 202, 253, 273, 397, 441, 442, 448, 449, 453, 469-471, 473, 474, 476, 478, 494, 495, 507, 514; II : 28, 319, 383, 385-387, 455, 467, 472, 523; III : 303, 531.
De Profundis : III : 523, 624.
Deux Interviews imaginaires : II : 65.
Divers : II : 374.
Dostoïevski : I : 316, 323, 324, 327, 328, 331, 335, 339, 341, 345, 373, 391, 397, 406, 410, 429, 450, 451, 453, 454, 460, 463; III : 465, 466.
École des femmes (L') : I : 38, 68, 432; II : 7, 104, 113, 117, 131, 143, 163, 166-168, 172-175, 180, 181, 185-190, 192, 195, 196, 198, 203, 205, 226, 232, 238, 240, 246, 250, 253, 260, 261, 280, 283, 408, 638-641; III : 539, 549.
El Hadj : I : 132; III : 545, 564, 571, 572.
Essai sur Montaigne : II : 187,

191, 212, 215, 230, 284; III :
56, 79, 80, 83, 87, 88, 110,
588.
Et nunc manet in te : I : 10; III :
443, 464.
Faux-Monnayeurs (Les) : I :
35, 44, 140, 374, 397, 414,
452-454, 478, 480, 483, 491,
492, 494, 496; II : 13, 27, 29-
31, 35, 41, 48, 49, 55, 60, 61,
69, 71, 72, 83, 90, 92, 116, 118,
131, 134, 136, 137, 139, 158,
164, 166, 179, 251, 253, 289,
290, 469, 506, 543, 616, 630,
633; III : 102, 134, 379, 539,
548, 549, 553, 564, 594.
Feuillets d'automne : I : 336;
II : 65; III : 8, 188, 190, 386,
479, 502, 503, 513, 523, 531,
534-538, 540, 543, 548, 564,
615, 616, 618, 620-627, 629.
Spring : III : 141.
Geneviève, la Nouvelle École des
femmes : I : 47, 50; II : 240, 264,
274, 369, 504, 512, 516, 525,
527, 562, 599, 601, 602, 614,
622; III : 549.
Immoraliste (L') : I : 42, 514; II :
83, 117, 118, 121, 214, 217,
232, 233, 235-237, 253, 270,
280, 297, 432, 639, 640; III :
418, 590.
In memoriam : Oscar Wilde : I :
97; III : 523, 624.
Interviews imaginaires : III :
215, 300, 309.
Isabelle : I : 42; II : 116, 118,
257, 259, 277, 281, 287, 294,
297, 362, 373, 374, 389; III :
339, 500, 548.
scénario : III : 500, 521.

Jacques Rivière : II : 406,
410.
Jeunesse : III : 419.
Journal : I : 10, 44, 62, 66, 70,
72, 73, 76, 90, 94, 115, 120,
130, 321, 359, 361, 368, 405,
448, 452, 468, 478, 493; II : 8,
63, 147, 203, 228, 235, 257,
260, 290, 331, 332, 365, 427,
447, 462, 502, 595, 617, 618;
III : 9, 17, 59, 86, 90, 92, 104,
107, 113, 136, 137, 172, 180,
194, 210, 214, 242, 243, 258,
261, 268, 273, 284, 289, 291,
316, 319, 331, 334, 335, 339,
347, 349, 364, 375, 476, 478,
497, 500, 511, 602.
Journal 1889-1939 : III : 90,
592.
Journal 1939-1949 : III : 380,
432, 441, 444, 500, 554, 557,
560, 598, 611.
Journal 1942-1949 : III : 551.
Journal sans dates : III : 188.
Nouvelles Pages de Journal :
III : 88.
Pages de Journal : III : 17, 86,
88, 299, 312.
Avant-propos aux *Pages de
Journal* : III : 312.
Pages de Journal 1939-1942 :
III : 284.
Pages retrouvées : III : 88.
Journal des Faux-Monnayeurs :
II : 66, 71, 82, 579; III : 553.
Journal du voyage au Maroc :
I : 413.
Lettre à M. H. Dommartin : III :
110.
*Lettres de Charles Du Bos et ré-
ponses d'André Gide* : II : 375;
III : 564.

Lettre sur les faits divers : II : 69.
Lettre sur les traductions : II : 259.
Littérature engagée : II : 576, 597; III : 24, 53, 545, 564.
Ma mère : III : 538, 625, 627.
Montaigne : A Selection from his Writings : III : 8, 13, 53, 61, 62, 65, 66, 71, 72, 77, 78, 80, 82-85, 87-89, 91, 94, 98, 132, 588, 589.
Pages immortelles de Montaigne (Les) (The Living Thoughts of Montaigne) : III : 109, 132.
Morceaux choisis : I : 168, 268, 315, 318, 335, 338.
Notes sur Chopin : I : 15; III : 479, 512-514, 531.
Nourritures terrestres (Les) : I : 39, 43; II : 24, 26, 29, 67, 71, 85, 247, 248, 286, 517, 522, 523, 535, 536, 538, 539, 599, 610, 612, 614, 616, 650; III : 71, 384, 393, 479, 510, 511, 520, 523, 548, 562.
Nouveaux prétextes : I : 113.
Nouvelles Nourritures (Les) : II : 522, 557, 588, 591, 593; III : 13, 20-22, 59, 65, 70, 520.
Numquid et tu : I : 449, 470-472.
Œdipe : I : 273; II : 236, 291, 295, 297, 298, 307, 308, 311, 314, 315, 319, 324, 325, 338, 380, 382, 383, 386, 388, 389, 395, 408, 409, 411, 412, 421, 422, 443; III : 102, 446.
Paludes : I : 210; II : 132.
Perséphone : II : 7, 447, 452, 455, 457, 460, 478, 489, 517, 531, 588.

Philoctète : I : 117, 132, 139, 168; III : 539, 564.
Porte étroite (La) : I : 39, 42, 54, 111, 119, 125, 126, 130, 141, 145, 148, 150, 159, 166, 170, 179, 182, 212, 216, 235, 241, 262, 265, 267, 269, 274, 275, 294, 307, 323, 354, 368, 370, 382, 384, 397, 402, 424, 438, 447, 460, 474, 476, 495, 519; II : 230, 234, 261; III : 306, 446, 487, 548, 553.
Prétextes : I : 113, 115, 454.
Prométhée mal enchaîné : I : 37, 89, 93, 94, 96, 99-102, 107, 130, 168, 177; II : 73; III : 278.
Proserpine, fragments : II : 452.
Rapport pour la Commission d'enquête coloniale : III : 72, 79.
Renoncement au voyage (Le) : II : 502.
Retouches à mon Retour de l'U.R.S.S. : II : 620; III : 13, 23, 24, 27, 31, 33-36, 38, 86, 88, 133, 531, 539.
Retour de l'enfant prodigue : I : 132, 139, 216; II : 250, 252, 379, 415; III : 539.
Retour de l'U.R.S.S. : I : 42, 44; II : 599, 619-622; III : 13, 14, 16, 20, 21, 25, 29, 79, 86, 88, 531, 539.
Retour du Tchad (Le) : II : 56, 77, 87, 104, 131, 135, 136, 154-156, 162-164, 166, 169, 174, 175, 207.
Robert ou l'Intérêt général : I : 42; II : 7, 517, 544, 552, 556-558, 577; III : 19, 168.
Robert (supplément à « L'École des femmes ») : II : 217, 238,

240, 245, 246, 250, 253, 260, 261, 638-642.
Roi Candaule (Le) : I : 168; II : 115; III : 362.
Roi Saül (Le) : I : 58, 67, 241, 242, 286, 287, 289, 292, 295, 300, 302, 323, 324, 333-335, 337, 339, 341, 343, 345, 347, 354, 521, 522; II : 248, 250, 369, 645; III : 457, 513, 538, 541, 543, 546, 547, 553, 564, 570.
Si le grain ne meurt : I : 35, 40-43, 159, 168, 196, 202, 203, 207, 208, 233, 237, 253, 268, 398, 483, 494, 495, 501, 504, 507, 512; II : 13, 55, 66, 68, 71-73, 75, 82, 190, 228, 257, 284, 285, 292, 293, 298, 299, 311, 312, 320, 335, 348, 351, 353, 361, 362, 366, 367, 370, 371, 373, 374, 379, 380, 382, 385, 402, 414, 415, 419, 447, 467, 472, 505, 507, 511, 523, 528, 532, 543, 557, 573-575, 596; III : 134, 393, 523, 539, 564, 572, 574, 575.
Souvenirs de la Cour d'assises : III : 613.
Symphonie pastorale (La) : I : 42, 101, 106, 111, 146, 155, 157, 159, 168, 175, 216, 226, 235; II : 116, 118, 257, 259, 262, 264, 297, 362, 373, 389; III : 548.
 film : III : 309, 358, 369, 372, 500.
Tentative amoureuse (La) : I : 132, 168; II : 524; III : 564.
Théâtre complet : III : 419.
Thésée : 1 : 42-44, 50; III : 8, 269, 273, 275, 280, 283, 286, 289, 303, 332, 347, 364, 369, 371, 376-378, 382, 386, 387, 389, 393, 394, 417, 419, 421, 423, 433, 446, 465, 466.
Traité du Narcisse (Le) : I : 132; III : 564.
Treizième arbre (Le) : II : 319, 389, 391; III : 487.
Two Symphonies (éd. américaine d'*Isabelle* et de *La Symphonie pastorale*) : II : 118, 362, 373, 389; III : 548.
Un esprit non prévenu : II : 217, 239.
Voyage au Congo : I : 40, 42; II : 67, 69, 77, 83, 87, 101, 104, 105, 109, 116, 118, 121, 131, 133, 135, 148, 155, 157, 167, 175, 181, 204, 207, 226, 230, 233, 247, 272, 629.
Voyage d'Urien (Le) : I : 117, 210, 317; II : 86, 89.

PRÉFACES OU AVANT-PROPOS A :
Armance de Stendhal : I : 73, 76, 241, 262, 264, 266, 268, 270, 273, 275, 276; III : 103, 104.
Avertissement à l'Europe de Thomas Mann « *Quelques écrits récents de Thomas Mann* » : III : 30, 53.
Catalogue de l'exposition de Simon Bussy : III : 479, 507.
Goethe : III : 616, 623.
Livre des jours de Taha Hussein (« *Rencontre avec l'écrivain arabe Taha Hussein* ») : III : 446.
Nicolas Poussin (« *L'Enseignement de Poussin* ») : III : 309, 329, 332, 366, 369, 391, 395, 397, 398, 400, 410, 415, 480,

INDEX

492, 495, 536, 538, 616, 622-624.

Private Memoirs and Confessions of a Justified Sinner (The) de James Hogg : III : 273, 369, 399, 400, 408, 411, 412, 414, 415, 421-423.

Saint-Saturnin de Jean Schlumberger : III : 364.

Tableau de la littérature française : III : 59, 79.

Terre des hommes : III : 362.

Théâtre complet de Shakespeare (Coll. de la Pléiade) : III : 59, 84, 88, 92, 145.

Tom Jones de Henry Fielding : I : 454.

Zuyderzee de Jef Last : III : 72.

TRADUCTIONS :

Amal et la lettre du roi de Rabindranath Tagore : I : 452.

Antoine et Cléopâtre de Shakespeare : I : 36, 159, 167, 170, 175, 178, 196, 207, 208, 223, 231, 236, 314, 359; II : 435; III : 59, 97, 111, 113-115, 234, 269, 297, 303, 342, 351.

Préface à la traduction : III : 590.

Arden of Feversham (The Tragedy of Mr.) : II : 395, 434, 435, 438; III : 545, 547.

Hamlet de Shakespeare : I : 13, 40, 41, 131, 342, 343, 358-361, 393, 398, 401, 444; II : 257, 258, 431, 437, 441, 442, 447, 484; III : 201, 214, 219, 220, 222, 235, 237, 239, 248, 251, 255, 268, 276, 295, 303, 309, 358, 361, 369, 380, 382, 403, 431, 435, 439, 444.

Mariage du Ciel et de l'Enfer

(Le) : I : 342, 515; II : 343.

Procès (Le) de Kafka : III : 369, 380, 385, 398, 399, 428, 431, 433-435, 443, 446, 468.

Récits d'Alexandre Pouchkine (en collaboration avec Jacques Schiffrin) : II : 561.

Typhon de Joseph Conrad : II : 455.

GIDE, Mme André (née Madeleine Rondeaux) : I : 9, 65, 66, 104, 106, 123, 169, 181, 184, 191, 261, 262, 265, 274, 296, 299, 343, 365, 394, 399, 419, 420, 423, 469, 483, 497, 504, 509, 512, 514, 515, 519, 529; II : 326, 492, 494, 604; III : 13, 59, 89, 464.

GIDE, Catherine (fille d'André Gide et d'Élisabeth Van Rysselberghe) : I : 72, 418, 419, 431, 434, 464, 475, 477, 497; II : 35, 140, 141, 322, 372, 374, 425-427, 429, 488, 537, 586, 587, 597, 602, 603, 608, 613, 628; III : 14, 15, 31, 59, 84, 90, 107, 132, 150, 151, 153-157, 169, 177, 181, 187, 189, 191-195, 199, 201, 211-213, 215, 220, 221, 233, 239, 243, 248, 261, 265, 266, 270, 280, 282, 286, 295, 301, 314, 334, 336, 340, 362, 380, 385, 398-400, 403, 404, 407-409, 413. *Voir aussi* LAMBERT, Catherine.

GIDE, Charles (oncle d'André Gide) : I : 168, 412; II : 395, 402, 403, 414, 537.

GIDE, Édouard (cousin d'André Gide) : I : 168; III : 372, 376, 377, 500.

GIDE, Isabelle (fille de Catherine

Gide) : III : 380, 385, 414, 447, 468, 469.
GIELGUD, John : III : 545, 570-572.
GILBERT (valet-chauffeur d'André Gide) : III : 518, 557, 563.
GILBERT, Mme (née Valentine Rondeaux, sœur de Madeleine Gide) : I : 93, 94, 191, 192, 194; III : 68.
GILBERT, Nicole : I : 420.
GILBERT, Stuart : II : 522, 523; III : 46, 369, 390.
James Joyce's Ulysses : A Study : II : 523.
GILLET, Louis : II : 279, 614; III : 178, 201, 209, 212.
Stèle pour James Joyce : III : 201, 209, 212.
GIONO, Jean : I : 217, 237, 427, 557, 586, 588; III : 160.
GIOTTO : II : 41.
GIRAUDOUX, Jean : II : 39; III : 79.
Siegfried : II : 263.
GIRIEUX (les) : III : 160, 163.
GIRIEUX, P^r : III : 160.
GIULIANO (bandit sicilien) : III : 540.
GOEBBELS, Josef : II : 518.
GOERING, Hermann : II : 603.
GOETHE, Johann Wolfgang : I : 55, 70, 296, 437; II : 120, 131, 135, 136, 156, 395, 407, 413, 416, 419, 438, 487; III : 123, 129, 159, 172, 180, 231, 292, 616, 623.
Affinités électives (Les) (Die Wahlverwandtschaften) : I : 437; II : 120.
Années d'apprentissage de Wilhelm Meister (Wilhelm Meister Lehrjahre) : II : 25, 120; III : 123.
Clavigo : II : 541.
Correspondance Schiller-Goethe : III : 123.
Divan occidental-oriental (Le) (West-östlicher Divan) : II : 156.
Faust : II : 419, 588.
Goethes Briefwechsel mit Marianne von Willemer : II : 487.
Poésie et Vérité (Dichtung und Wahrheit) : II : 115, 120, 291, 295.
Prométhée : II : 648.
Second Faust : III : 159, 172.
Werther : III : 487.
GOLDONI, Carlo : I : 312, 314.
Locandiera (La) : I : 312, 314.
GOLDSMITH, Oliver : I : 414.
Vicar of Wakefield (The) (Le Vicaire de Wakefield) : I : 414; II : 610.
GOLLANZ : III : 47.
GOODMAN, Victor : II : 426.
GORDON Pacha, Charles : II : 405, 415, 421, 422.
GORKI, Maxime : I : 520; II : 474, 576, 580.
(Souvenirs sur) Tolstoï : I : 520.
GOSSE, Edmund : I : 264, 265, 268, 307, 494, 495; II : 252, 482.
Books on the Table : I : 268.
Correspondance André Gide-Edmund Gosse : I : 92, 265, 495.
GOULD, Florence : III : 529, 558.
GOULD, Gerald : II : 297.
GOURNAY, Mlle de : III : 91.
GOVONE, G. : II : 92.
GRAMMONT, duchesse de : II : 378.
GRANDVILLE, lord : II : 541.
GRANT, (famille) : II : 593.
GRANT, Duncan : I : 21, 31, 32, 91, 132, 147, 177, 262, 333, 532;

II : 252; III : 435, 457, 502, 504.
GRANT, John : I : 14.
GRAS, Mlle : III : 315.
GRAVES, Robert : III : 353, 545, 562, 565.
I, Claudius : III : 353, 562.
GRAY, Thomas : III : 183, 184, 186, 188, 189.
Elegy Written in a Country Churchyard : III : 183.
Observations on English Metre : III : 189.
GRECO, Le : I : 16, 25; III : 329.
GREEN, Julien : III : 273.
GREEN, Martin : III : 373.
Children of the Sun : A Narrative of « Decadence » in England after 1918 : III : 373.
GREENE, Graham : III : 479, 505.
Heart of the Matter (The) : III : 505.
GREENWOOD, Mrs. : I : 425, 426.
GRÈVE, Félix-Paul : II : 248, 369.
GRIMMELSHAUSEN, Hans Jacob Christoph von : III : 182, 194.
Abenteuerliche Simplicius Simplicissimus (Der) (La Vie de l'aventurier Simplicius Simplicissimus) : III : 182, 186, 187, 189, 194.
GROETHUYSEN, Bernard : II : 220, 248, 251, 252, 271, 369, 372, 383, 478, 479, 535, 549, 550, 554, 580, 607; III : 369, 422.
GUÉHENNO, Jean : II : 265, III : 53, 327.
GUÉRIN, Charles : I : 59.
GUIHENEUF : *voir* YVON.
GUIHENEUF, Vladimir : III : 169, 171, 176.

GUILLAIN, Alix : II : 478, 479, 500, 584, 607; III : 422, 423, 503.
GUILLEMIN, Henri : III : 144, 201, 206.
Cette affaire infernale : III : 201, 205.
Flaubert devant la vie et devant Dieu : III : 144, 205.
GUILLEMINAULT, Gilbert : III : 522.
GUILLOUX, Louis : II : 611, 612, 616; III : 13, 28, 81.
A Spanish Refugee Camp : III : 81.
Paradise (The) : III : 28.
Refugee in Limbo : III : 81.
GUIRAUD : III : 354.
GUISE, François de : II : 64.
GUIZOT : III : 284, 298, 306, 315.
GULLER, Youra : II : 70, 239, 302.

H

HADLEY, R. L. : II : 466, 467, 510.
HÂFIZ : I : 99.
HALLET, David : III : 82.
HAMP, Pierre : I : 413, 417, 446.
Peine des hommes (La) : I : 413.
HANOTAUX (les) : I : 256, 257, 416; II : 185, 189, 378, 529; III : 405.
HANOTAUX, Albert Auguste Gabriel : I : 216; II : 28, 34, 51, 52, 55, 97, 205, 229, 233, 273, 328, 634, 643; III : 26.
Histoire de la nation égyptienne : II : 205.
HANOTAUX, Mme : III : 405.
HARDEKOPF (les) : III : 154, 156, 296, 311, 314.
HARDEKOPF, Ferdinand : II : 137, 228, 358, 359; III : 38, 113,

134, 142, 145, 153, 170, 171, 177.
HARDY, Thomas : I : 361; III : 31, 284.
Jude the Obscure : III : 284, 289.
Laodicean : I : 361.
Mayor of Casterbridge (The) (Le Maire de Casterbridge) : II : 431.
Woodlanders (The) (Les Forestiers) : II : 295, 301; III : 13, 31.
HARRIS, Frank : II : 281.
HARRISON, Jane Ellen : I : 121, 125, 134; II : 156, 157, 162.
Prolegomena to the Study of the Greek Religion : II : 156.
HARRISSON, John : III : 372.
HART, Bernard : I : 276.
Psychology of Insanity (The) : I : 276.
HAUTECŒUR : III : 70, 71.
HAWTHORNE, Nathaniel : I : 405.
Scarlet Letter (The) (La Lettre écarlate) : I : 405, 437.
HAYWARD, John : III : 411, 412, 414, 423.
HECTOR, Miss : III : 620.
HEILBRUN, Carolyn G. : I : 212.
HÉLOÏSE : II : 347.
HENRAUX, Lucien : I : 424.
HENRAUX, Mme Lucien (Elisabetta de Piccolellis) : I : 424.
HENRIOT, Émile : III : 321, 481, 482, 485, 488.
HERBART (les) : II : 424-426; III : 169, 170, 261, 280, 286, 576.
HERBART, Pierre : II : 364, 372, 376, 379, 417, 425, 426, 586. 594, 607, 612; III : 36, 45, 50, 53, 59, 63, 69, 113, 119, 154, 156, 157, 160, 176, 191, 265,

272, 278, 282, 302, 320, 358, 361-363, 372, 385, 408, 414, 417, 420, 466, 467, 479, 480, 500, 501, 504, 519, 524, 531, 557, 560, 563, 573, 577, 599.
Alcyon : III : 372.
HERBART, Mme Pierre (née Elisabeth Van Rysselberghe) : II : 376, 401, 424-426, 488, 586, 595; III : 51, 114, 119, 124, 157, 160, 196, 212, 265, 266, 270, 286, 296, 340, 363, 367, 371, 372, 376, 377, 385, 403, 407, 409, 417, 444, 445, 459, 461, 468, 469, 484, 578. *Voir aussi* VAN RYSSELBERGHE, Elisabeth.
HERMANT, Abel : I : 435.
Cycle de Lord Chelsea (Le) : I : 435.
HERRAND, Marcel : III : 547.
HERRICK, Robert : III : 316.
HERRIOT, Édouard : II : 438; III : 455.
HEURGON (les) : III : 414.
HEURGON, Jacques (pseudonyme : Jacques DOMBASLE) : I : 94; II : 109, 315, 395, 405-407, 418, 422, 442; III : 264, 268, 270, 273, 276, 325.
HEURGON, Mme Jacques (Anne) : III : 269, 270, 273, 276, 279, 281-283, 296, 297, 300, 327, 328, 330.
HEYD (les) : III : 485, 486.
HEYD, Richard : III : 420, 464, 474, 484, 485.
HEYMAN, Harald : I : 262.
HIMMLER, Heinrich : III : 67.
HIRSCH : III : 23, 583.
HITLER, Adolf : II : 538; III : 29, 67, 69, 169, 418, 589.

INDEX

HOGARTH, William : I : 209.
HOGG, James : III : 273, 279, 281-283, 286, 369, 401, 403, 408, 411, 412, 414, 415, 421-423.
Private Memoirs and Confessions of a Justified Sinner (The) (Les Confessions d'un fanatique) : III : 269, 273, 281, 282, 369, 399, 400, 422.
HÖLDERLIN, Friedrich : II : 131, 136, 139, 154, 429, 479; III : 201, 217-219.
Hyperion : II : 136, 244; III : 219.
HOLROYD, Michael : I : 12, 22, 24, 30, 31, 434.
Lytton Strachey : I : 12, 22, 434; II : 252, 398.
HOMÈRE : III : 315.
Odyssée (L') : II : 107, 178.
Hommage à André Gide : II : 25, 79; III : 454, 550, 551.
HONEGGER, Arthur : I : 242; III : 321.
HOPKINS, Father Gerard : III : 390.
HOPKINS, Gerald Manly : III : 390.
HORACE : III : 281, 287, 541, 543.
HOWELL, C. D. : III : 409.
HUGO, François-Victor : III : 223, 229, 231.
HUGO, Victor : II : 521; III : 49, 555, 556.
« *Paroles sur la dune* » : II : 521; III : 575.
Quatre-vingt-treize : III : 267.
Tristesse d'Olympio : III : 454, 590.
HUGUES : III : 583.
HUGUES (notaire) : III : 176.
HUME, David : I : 199; III : 205, 206.

HUMEAU, Edmond : III : 204.
HURST, sir Arthur : II : 398.
HUXLEY, Aldous : I : 15, 32, 143, 406; II : 281, 290, 526.
Crome Yellow (Jaune de Crome) : I : 32.
Point Counter Point (Contrepoint) : II : 290.
HUYSMANS, Joris-Karl : III : 46.
HYDE, Montgomery H. : III : 504.
HYTIER, Jean : III : 59, 101, 102.
André Gide : III : 101.

I

IBSEN, Henrik : I : 320; II : 495.
Revenants (Les) : I : 320.
ILLIERS, d' : II : 462.
INGRES, Dominique : III : 319, 320.

J

JACOBBI : III : 278.
JALOUX, Edmond : I : 406, 407, 410; II : 244; III : 33, 34.
Profondeurs de la mer (Les) : I : 406.
JAMES, Henry : I : 210; II : 557, 579, 581, 583, 585, 587; III : 34, 519, 545, 567.
Art of the Novel (The) : II : 579, 587.
Aspern Papers : II : 587.
Lesson of the Master : I : 210.
Other House (The) : III : 567.
Pupil (The) : II : 587.
Turn of the Screw (The) (Le Tour d'écrou) : II : 587; III : 34.
What Maisie Knew (Ce que Maisie savait) : II : 587.
JAMMES, Francis : I : 53, 345; III : 479, 495, 590.

Correspondance Francis Jammes-André Gide : III : 479, 495.
JANKÉLÉVITCH, Vladimir :
Mauvaise Conscience (La) : III : 160, 163.
JANNINGS, Emil : II : 278.
JEAN, saint, II : 373.
JÉSUS-CHRIST : II : 64.
JOHN, Augustus : I : 31; III : 195.
JOHNSON, Samuel : I : 39; II : 286; III : 262.
JOSIPOVICI, Jean : III : 160, 163.
Lettre à Jean Giono : III : 160.
JOU, Louis : II : 24, 29, 67.
JOUHANDEAU, Marcel :
Veronicana : II : 400, 447, 480, 546.
JOURDAIN, Frantz : I : 415, 417.
JOUVET, Louis : II : 370, 393, 394, 544.
JOXE, Louis : III : 606.
JOYCE, James : I : 334; III : 201, 209, 212, 436, 452, 453.
Portrait of the Artist as a Young Man (The) : I : 334, 339; III : 452, 453.
Ulysses : I : 335; II : 116, 523; III : 436.
JUNG, Inès; *voir* LAFAURIE, Mme Charles.
JUVÉNAL : I : 380.
Satires : I : 380.

K

KAFKA, Franz : III : 322, 323, 370, 380, 382, 388, 398, 399, 435, 450, 468.
Amérique (L') *(Amerika)* : III : 370.
Château (Le) *(Das Schloss)* : II : 297.
Métamorphose (La) *(Die Metamorphose)* : II : 297.
Procès (Le) : III : 369, 380, 382, 385, 398, 399, 428, 431, 433-435, 443, 446, 468.
KANT, Emmanuel : II : 629.
KEATS, John : I : 36, 132, 198, 199, 361, 372, 382, 414; III : 219.
Endymion : I : 360, 361, 414; II : 136, 139; III : 219.
Ode to a Nightingale : I : 372, 382, 526.
KENNEDY, Margaret : III : 194.
Constant Nymph (The) : III : 194, 195.
KESER, Jean : III : 234.
KEYNES, John Maynard : I : 31, 111, 119, 124, 132, 175, 177, 324; III : 338, 369, 381, 386.
Conséquences économiques de la paix (Les) : I : 113, 174, 177.
Nouvelles considérations sur les conséquences de la paix : I : 324.
KEYNES, Mme Maynard (née Lydia Lopokova) : I : 90.
KHAYYAM, Omar : I : 383.
KILPPER : II : 388.
KIPLING, Rudyard : III : 436.
KLEIST, Heinrich von : III : 261, 263.
Penthésilée : III : 262, 264, 432.
KLOPFER, Donald : II : 284, 574, 616.
KNOPF, Alfred : I : 38, 208, 419, 425, 426, 446, 447, 450, 451, 454; II : 10.
KNOPF, Mme Alfred (Blanche W.) : I : 38; II : 10, 104, 195, 204, 209, 247, 249-251, 253, 266, 270, 280, 283, 286, 575, 632, 633, 638-643; III : 349, 378, 382, 391, 476, 531, 623.

INDEX

Kolb, Annette : I : 316.
Kriess : III : 67.

L

Labé, Louise : I : 392.
La Boétie, Étienne de : II : 65.
Laboureur, Jean-Émile : I : 428.
La Bruyère, Jean de : II : 634.
La Calprenède, Gautier de : II : 410
Laclos, Choderlos de : III : 65.
Lacouture, Jean : III : 321.
François Mauriac : III : 321.
Lafaurie (les) : II : 379, 383.
Lafaurie, Charles : II : 375, 644.
Lafaurie, Mme Charles (née Inès Jung) : II : 375, 377, 379, 643, 644.
La Fayette, Mme de :
Princesse de Clèves (La) : III : 306, 487.
La Fontaine, Jean de : I : 60; III : 49, 443, 451.
Laforgue, Jules : III : 436.
La Fresnaye, Roger de : I : 59.
La Jeunesse, Ernest : III : 523.
Lalou, René : I : 406; II : 220, 505; III : 316, 388, 392, 437, 522, 541.
Histoire de la littérature française contemporaine : I : 406.
Plus beaux poèmes (Les) : III : 388.
La Mare, Walter de : I : 317, 403.
Memoirs of the Midget (The) : I : 241, 317, 403.
Lamartine, Alphonse de :
Lac (Le) : III : 575.
Lamb, Charles : I : 250.
Aventures d'Ulysse (Les) : II : 106, 107.

Essays of Elia (The) : I : 250.
Lamb, Henry : I : 31.
Lambert (les) : III : 450, 452, 471, 474, 501, 558.
Lambert, Catherine (fille d'André Gide) : III : 417, 447, 448, 450, 468, 469, 501, 502, 557, 560, 596.
Lambert, Dominique (petite-fille d'André Gide) : III : 501, 512.
Lambert, Jean (gendre d'André Gide) : III : 369, 398, 399, 403, 409, 414, 450, 468, 469, 496, 506, 507, 551, 553, 560.
Remarques sur l'œuvre de Jean Schlumberger : III : 405.
Lambert, Nicolas (petit-fils d'André Gide) : III : 469.
Lamblin : II : 50.
Landor, Walter Savage : I : 140; III : 27.
Pericles and Aspasia : III : 27.
Langevin, Paul : II : 474, 527.
Lara, Mme : II : 505.
Larbaud, Valery : I : 407.
La Rochefoucauld, duc et duchesse de : II : 328.
La Rochefoucauld, François de : II : 485; III : 104, 105.
Lartigaud, Yvonne : II : 504.
Lassaigne, Jacques : III : 504, 506.
Lasserre, Pierre : I : 522.
Romantisme français (Le) : I : 522.
Last Veg, Jef : II : 549, 593-596, 599, 603, 610, 612, 616, 621, 649; III : 14, 15, 18, 19, 24, 26, 35, 70, 72, 75, 82, 83, 86, 88, 109-111, 113, 118, 120, 122, 133, 143, 144, 172, 261, 267, 358, 397.

Lettres d'Espagne : III : 14, 82, 113, 118.
Mijn vriend André Gide : III : 133.
Zuyderzee : II : 593, 595; III : 59, 72, 82, 86.
Laszlo, Raoul (pseudonyme : A. Rudolf) : III : 38, 113, 133, 134, 140, 142, 216, 218, 221.
Abschied von Sowjetrussland : III : 133.
Laurencin, Marie : I : 168, 426.
Laurens, Paul-Albert : II : 547.
Lawrence, David Herbert : I : 32; II : 320, 585; III : 113, 129, 130.
Virgin and the Gipsy (The) : II : 317, 325; III : 129.
White Peacock (Le Paon blanc) : II : 320.
Lawrence, T. E. : III : 113, 120, 127, 129, 130, 477.
Lettres : III : 113, 120.
Lear, Edward : III : 453.
Book of Nonsense : III : 453.
Nonsense Songs, Stories and Botany : III : 453.
Lecerf, Jean : III : 446.
Lee, Ann : III : 117.
Lefèvre : II : 231.
Léger, Alexis (Saint-John Perse) : III : 480.
Le Grix, François : II : 240.
Lehmann, John : I : 33, 34, 51; III : 346, 362, 371, 372, 459, 483, 622, 623.
Whispering Gallery (The) (1re partie de *In my own Time*) : I : 34.
Lehmann, Rosamund : I : 51; III : 346, 483, 502, 606, 608.
Dusty Answer (Poussière) : II : 240, 243, 244, 296.
Lelay, Yves : I : 253.

Le Nain, Antoine, Louis et Mathieu : II : 42.
Lénine : III : 569.
Leplat, René : II : 199, 200, 260, 286, 577; III : 174, 204, 205, 209, 361, 380, 384, 385, 396.
Le Roy Dupré, Mme : I : 91.
Lessing, Gotthold Ephraïm : III : 261, 262, 338.
Lestrange, Mme Yvonne de (« Pomme ») (née Trévise) : II : 272, 273, 291, 293, 346, 347, 447, 456-458; III : 76, 90, 93, 143, 168, 429, 459, 468, 491, 507, 533, 567.
Levesque, Robert : I : 67; II : 540, 558; III : 60, 127, 128, 131, 185, 231, 232, 295, 358, 360, 369, 370, 373, 529, 600.
Lévy, Claude : II : 360, 365, 402.
Lewis, Matthew Gregory :
Moine (Le) (Ambrosio or the Monk) : II : 234, 235.
Lhote, André : II : 19, 39.
Lindsey, Benjamin B. :
Revolt of Modern Youth (The) (La Révolte de la jeunesse moderne) : II : 203, 209, 212, 215.
Littlejohn, David : I : 44.
Gide Reader : I : 44.
Livre de Job : III : 555.
Llona, Victor : I : 368-371, 381, 384, 403, 419, 421, 422, 424-426, 436, 438, 441, 442, 447, 450-454; II : 27, 595, 596.
Llona, Mme Victor : I : 453, 454.
Locke, John : III : 401.
Longus (dit le Sophiste) :
Daphnis et Chloé : I : 497.
Lopokova, Lydia : *voir* Keynes, Mme Maynard.
Loup : *voir* Mayrisch, Mme.

INDEX

Lowe, Miss M. : III : 382, 386.
Lubbock, Percy : I : 317.
Lucilius : III : 318.
Lucrèce : III : 281.
Lugné-Poë, Aurélien : I : 168; II : 411; III : 195.
Lyautey, maréchal : I : 413, 417; II : 627.
Lytton, Lord (vice-roi des Indes) : III : 242.

M

MacCarthy, Desmond : I : 31; II : 482, 483, 582.
MacKay, Agnes : III : 372.
MacKenna, Stephen : I : 413.
Mädchen in Uniform (Jeunes filles en uniforme) (film) : II : 420; III : 194.
Maeterlinck, Maurice : I : 22.
Malebranche, Nicolas de : III : 318.
Malinowski, Bronislaw :
Sexual Life of Savages in North-Western Melanesia (The) : II : 240.
Mallarmé, Stéphane : I : 39, 91; II : 479.
Après-midi d'un fauve (L') : III : 315.
Poems : II : 623.
Mallet, Robert : III : 495, 546.
Malory : I : 25.
Malot, Hector :
Sans famille : II : 534.
Malraux (les) : II : 533; III : 278, 435.
Malraux, André : II : 220, 233, 247, 249, 253, 272, 296, 396, 517-519, 522, 525-527, 533, 541, 549, 569, 572, 573, 580, 597, 611, 614, 617; III : 46, 62, 109, 180, 183, 312, 405, 433, 443, 477, 587, 588.
Condition humaine (La) : II : 478, 480, 482.
Démon de l'absolu (Le) : III : 477.
Espoir (L') : III : 62.
Psychologie de l'art : III : 46.
Voie royale (La) : II : 317, 320; III : 478.
Malraux, Clara : II : 233, 527, 614. *Voir aussi* Malraux (les) : II.
Malraux, Josette (née Clotis) : III : 293.
Manceron, Mme : III : 536, 537, 614, 619, 625.
Manguin, Henri : II : 273.
Mann, Heinrich : II : 576.
Mann, Klaus : III : 369, 379, 381.
André Gide, die Geschichte eines Europäers : III : 381.
Mann, Thomas : II : 251, 289, 648; III : 30, 53, 129, 177, 180.
Avertissement à l'Europe : III : 30.
Joseph en Égypte : III : 129.
Lotte in Weimar : III : 159.
Montagne magique (La) (Der Zauberberg) : II : 116, 139, 240.
Manning, cardinal : I : 94; II : 315, 405-407.
Mansfield, Katherine : I : 128; II : 590, 592.
Maraud, Marie : II : 431.
Marcel, Gabriel : II : 424; III : 321.
Marcu : III : 188, 190, 193, 278, 281.
Marcu, Mme : III : 278, 281.
Margerie, Roland de : II : 271, 282.
Margerie, Mme Roland de (née Jenny Fabre-Luce) : II : 282, 286.
Marguerite (bonne de Mme Théo) : III : 428, 432.

MARIE (bonne d'André Gide) : III : 111, 148.
MARIE-ANTOINETTE, reine de France : II : 80.
MARITAIN, Jacques : I : 448; II : 158, 424; III : 75.
MARIVAUX :
Vie de Marianne (La) : III : 160, 163.
MARLOWE, Christopher : I : 11; III : 256, 547, 550.
Tragical History of Dr. Faustus (The) (La Tragique histoire du docteur Faust) : I : 11; II : 476.
MARQUET, Albert : I : 20; II : 273.
MARS : III : 159.
MARSAN, Mme Anna : III : 395, 397, 480.
MARSHALL, Frances : II : 542.
MARTEL, D^r de : II : 164; III : 242.
MARTEL, Eugène : I : 20, 27, 391, 393; III : 472.
MARTIN, Claude : III : 19.
« Histoire d'une pièce mal fichue » dans André Gide : III : 19.
MARTIN, Kingsley : II : 559.
MARTIN-CHAUFFIER, Louis : II : 396, 401, 459, 507-510, 515, 522, 524, 527, 528, 541, 560, 599, 600, 609; III : 105, 180.
MARTIN-CHAUFFIER, Mme : II : 600; III : 106, 117, 118, 126.
MARTIN DU GARD (les) : II : 36, 97, 99, 226, 321, 323, 328, 339, 563, 610, 623; III : 65, 69, 125, 262, 270, 291, 293, 301, 309, 313, 314, 317, 432.
MARTIN DU GARD, Christiane (fille de Roger Martin du Gard) : II : 109, 111, 229, 233, 245, 246, 255. Voir aussi COPPET, Mme Marcel de.

MARTIN DU GARD, Hélène (femme de Roger Martin du Gard) : II : 321-323; III : 16, 26, 30, 70, 76, 77, 112, 114, 124, 125, 145, 151, 185, 266, 313, 334, 510, 513, 514, 534, 539.
MARTIN DU GARD, Roger : I : 9, 18, 40, 45, 46, 49, 53, 67, 70, 75, 78, 80, 257, 329, 358, 393, 399, 402, 420, 421, 448, 469, 473, 477, 480, 483, 495, 521, 524; II : 7-10, 14, 21, 23, 28, 32, 33, 35, 41, 45, 58, 59, 83, 93, 94, 99, 103, 108, 111, 126, 154, 162, 169, 191, 206, 225, 226, 229, 233, 246, 254, 255, 265, 270, 271, 273, 291, 307, 313, 317, 319, 321-323, 325, 330, 338-340, 346, 351, 352, 370, 376, 393, 413, 426, 428, 429, 436, 455, 457, 458, 460, 461, 468, 478, 522, 523, 526, 527, 548, 555-557, 563, 564, 588, 589, 597, 604, 607, 609. 610, 649; III : 13, 16, 22, 24, 26, 30, 36, 37, 43-45, 49, 61, 68, 72, 76, 81, 83, 97, 107, 109-114, 119, 121, 122, 124, 131-133, 138, 150, 151, 166, 172, 176, 178, 180, 182, 185, 191, 198, 204, 208, 211, 212, 223, 242, 245, 248, 255, 261, 263-266, 268, 270, 273, 286, 294-296, 299, 301, 302, 306, 311, 313, 315-317, 320-324, 326-328, 330, 337, 339, 343, 346, 347, 352, 353, 371, 380, 385, 408-410, 413, 421, 424, 428, 429, 431, 433, 434, 438, 440, 441, 447, 449, 461, 463, 469, 477, 479, 483, 485, 489, 491, 495, 502-504, 509, 510, 512-515, 517,

519, 522, 524-527, 530, 533-535, 539-541, 543, 546, 551, 559, 560, 566, 567, 572, 573, 577, 592-596, 601, 602, 606, 607, 611, 613.
André Gide (collaboration à) : II : 119.
Cahier bleu : I : 9.
Confidence africaine : I : 45; II : 8, 319, 328, 329, 339; III : 502.
Correspondance Jacques Copeau-Roger Martin du Gard : I : 147.
Correspondance André Gide-Roger Martin du Gard : I : 45, 82; II : 255, 271, 328, 346, 370, 458, 462, 464, 492, 527, 548; III : 30, 125, 150, 177, 204, 242, 291, 322, 327, 343, 491, 507, 535.
Journal : I : 82; II : 370.
Journal de Maumort : III : 223.
Mort du père (La) : III : 355.
Notes sur André Gide : I : 399.
Père Leleu (Le) : III : 59, 107.
Thibault (Les) : I : 83, 420, 422; II : 94, 126, 457, 492, 522, 523, 555, 563, 607; III : 150, 390.
Jacques Thibault : III : 449.
scénario (basé sur Le Pénitencier et Le Cahier gris) : III : 577.
Un taciturne : II : 319, 370, 376-380, 382, 385, 393.
Traduction d'*Olivia* de Dorothy Bussy : III : 479, 502, 513, 514, 521, 522, 524, 526, 529, 530, 533, 606-608.
MARVELL, Andrew : I : 174; III : 464.
Definition of Love : III : 464.
MARX, Karl : III : 35.

Capital (Le) : II : 424; III : 33.
MASCOLO : III : 466.
MASON, Stuart : III : 523.
MASSIGLI : III : 463.
MASSINE, Léonide : II : 466.
MASSIS, Henri : I : 48, 335, 443, 448, 453, 493; II : 326, 563; III : 302.
MATHEWS, Andrew Jackson : III : 457.
My Theater : III : 457.
MATHILDE (cuisinière des Bussy) : II : 377, 468, 471.
MATISSE (les) : III : 125.
MATISSE, Henri : I : 20, 91, 113, 257, 336; II : 529, 540; III : 65, 113, 125, 126, 129, 144, 145, 175, 192, 526, 527, 596.
MATISSE, Mme : III : 125, 126.
MAUCLAIR, Camille : III : 302.
MAUPASSANT, Guy de : II : 71.
MAURIAC, Claude : I : 494; III : 119, 143, 144.
Conversations avec André Gide : I : 494; III : 119, 143.
MAURIAC, famille : III : 143, 146.
MAURIAC, François : I : 323, 335, 338-340, 351, 406, 473; II : 220, 257, 306, 307, 328, 375; III : 109, 113, 141, 143, 144, 168, 273, 305, 314, 321, 327, 342, 390, 455, 458, 460, 537, 539-541, 543, 564, 618-620.
André Gide (collaboration à) : II : 119.
Ce qui était perdu : II : 306, 307.
Correspondance André Gide-François Mauriac : II : 375, III : 540.
Dieu et Mammon : II : 375.
Fleuve de feu : I : 406.

« *Fragments d'un Journal* » : II : 365.
Lettre à Jacques Rivière : III : 540.
Living Thoughts of Pascal (The) : III : 109.
Mes grands hommes : III : 537.
Trois grands hommes devant Dieu : III : 309, 342.
MAURIAC, Pierre : III : 257.
MAUROIS, André : I : 381, 393, 399, 443, 453; II : 172, 240, 273, 290, 590, 617; III : 109, 414.
Cercle de famille (Le) : II : 417.
Living Thoughts of Voltaire (The) III : 109.
MAURON, Charles : II : 623.
MAURRAS, Charles : I : 436; III : 388, 392.
MAURY, Lucien : III : 592.
MAX, Édouard de : I : 167, 522.
MAYEN, Jean : II : 28, 31, 92, 219, 437; III : 454.
MAYRISCH de SAINT-HUBERT (les) : I : 120, 142, 146, 161, 214, 215, 236, 273, 285.
MAYRISCH DE SAINT-HUBERT, Mme Aline (Loup) : I : 120, 125, 134, 142, 247, 281, 283, 316, 373, 413, 477, 479, 524, 529; II : 607; III : 132, 156, 159, 167, 170, 182, 189, 192, 196-198, 202, 212, 266, 270, 272, 354, 422, 443-445.
MAYRISCH, Andrée : I : 120-125, 128, 134, 138, 142, 143, 146, 174; III : 312.
MCLAREN, James : II : 411.
Theatre of André Gide; Evolution of a Moral Philosopher (The) : II : 411.
MCLEOD, Enid : I : 30; II : 347;

III : 311, 312, 371, 391, 403, 404, 431, 459, 462, 567, 580.
MCPHERSON-ELLERMAN, Winnifred : II : 582, 583, 586. *Voir aussi* BRYHER.
MELVILLE, Herman :
Moby Dick : II : 265, 291, 293.
MENDEL : III : 66, 69, 78, 80, 83-85, 87-89, 98, 104, 108, 110, 113, 126.
MERAL, Paul (pseudonyme de Paul de Guchtenaere) : I : 112, 115.
MEREDITH, George : I : 250, 495; II : 203.
Adventures of Harry Richmond (The) : I : 250.
Carrière de Beauchamp (La) : II : 203.
Égoïste (L') : I : 495.
MÉRIMÉE, Prosper : I : 277; II : 434.
Ames du purgatoire (Les) : II : 434.
MEYER, Jean : III : 562, 571, 574.
MICHAUX, Mme Henri : III : 486, 488.
MILCENDEAU : I : 20.
MILHAUD, Darius : I : 452.
MILL, Stuart : III : 283, 289, 298, 299.
On Liberty : III : 283, 289.
MILTON, John : I : 483, 491, 492; II : 15, 343; III : 60, 73, 437, 471, 541, 543.
Paradise Lost (Le Paradis perdu) : II : 410; III : 60, 189, 472, 555.
Samson Agonistes : III : 472.
Minor Poets of the Eighteenth Century : III : 184.
MIOMANDRE, Francis de : II : 117, 121.

Bestiaire. Images de Simon Bussy, Proses de Francis de Miomandre : II : 92, 117, 119, 121.
MIRBEAU, Octave : I : 20.
MIRRLEES (les) : III : 369, 412, 416.
MIRRLEES, Hope : II : 156, 157, 162; III : 60, 412, 414.
MIRSKI, prince Dmitrii Pétrovitch : II : 579.
Intelligentsia of Great Britain (The) : II : 579.
MITCHELL, Margaret : III : 245.
Autant en emporte le vent : III : 245.
MODIGLIANI, Amedeo : I : 427.
MOLIÈRE : III : 342.
MONDZAIN (les) : III : 601.
MONNIER, Adrienne : II : 202, 209, 212, 215, 217, 227, 229, 233, 272, 582.
MONNIER, Henry : II : 591.
Morceaux choisis : II : 591.
MONTAIGNE, Michel de : I : 41, 405; II : 187, 191, 212, 215; III : 8, 13, 53, 54, 56, 59, 62-67, 73, 74, 77, 79, 80, 85, 87, 89, 91, 94-96, 100, 106, 109-111, 318, 587-589.
Essais (Les) : II : 190; III : 54, 56, 88, 588.
MONTESQUIEU : I : 522; III : 450.
Grandeur et décadence des Romains : I : 522.
MOPSE : *voir* STERNHEIM, Mopse.
MORAND, Eugène : I : 359; III : 231.
MORAND, Paul : I : 175, 453; II : 134, 234.
Bouddha vivant (Le) : II : 104.
MORAS, Joachim : II : 383.
MOREAU, Gustave : I : 19, 24, 391; III : 472.

MORGAN, Charles : III : 309, 316-318.
Flashing Stream (The) : III : 318.
Fontaine : III : 316, 317.
MORGAN, Michèle : III : 372.
MORO-GIAFFERI, Vincent de : II : 597.
MORRELL, Julian : I : 235, 512.
MORRELL, Lady Ottoline : I : 31, 32, 91, 159, 202, 203, 207-209, 219, 222, 231, 235, 241, 270, 271, 369, 432, 435, 532; II : 251, 426; III : 491.
Early Memoirs, 1873-1915 (The) : I : 32.
Lady Ottoline's Album : I : 212.
MORRIS, William : I : 17.
MORTIMER, Raymond : III : 209, 269, 273, 281, 283, 295, 303, 307, 337, 346, 352, 395, 457, 459, 462, 463, 466, 476, 490, 492, 538, 625, 627.
MOUNET-SULLY : III : 227.
MOUNIER, Emmanuel : III : 327.
MOZART, Wolfgang Amadeus : III : 418, 571.
Don Juan : III : 571.
MÜHLFELD, Lucien : II : 347.
MÜHLFELD, Mme Lucien : I : 252, 338, 339; III : 350.
MURRY, John Middleton : I : 128, 317; III : 247.
MUSSET, Alfred de : I : 279; II : 64.
MUSSOLINI, Benito : I : 405; II : 438, 590; III : 22, 29, 162, 598.

N

NACENTA : III : 507, 508.
NATANSON, Louis Alfred : *voir* ATTHIS.
NATANSON, Thadée : II : 38.

NAVILLE, Arnold : I : 168, 452; II : 67, 326; III : 161, 165.
Bibliographie des écrits d'André Gide : III : 161.
Notes bibliographiques sur l'œuvre d'André Gide : II : 67, 326.
NAVILLE, Mme Arnold : III : 166.
NAVILLE, Jacques : I : 168.
NAVILLE, Pierre : I : 168.
NAVILLE, Renée (Mme Yves Allégret) : II : 424, 470.
NAZIER, Dr François : I : 478.
Anti Corydon : essai sur l'inversion sexuelle : I : 478.
NEHRU, le Pandit : III : 438.
NÉRON : III : 318.
NESTOR : II : 211.
NEVILLE : I : 106.
NEWMAN, John Henry : I : 93, 94.
NICOLSON, Harold : III : 399.
NICOLSON, Nigel : I : 190.
NIETZSCHE, Frau : I : 504.
NIETZSCHE, Friedrich : I : 515.
NIGHTINGALE, Florence : II : 405.
NOAILLES, Anna de : II : 472.
NORTON, Harry : I : 11, 31, 32, 121; II : 243.
NORTON, J. E. (Betty) : I : 121.
NORTON, Lucy : II : 243, 433, 435, 485, 486.
NUCKI, NOUKI : *voir* STERNHEIM, Nucki.

O

O'BRIEN, Justin : I : 44, 85; III : 443, 476, 478, 497, 580.
Portrait of André Gide : I : 85.
OLIVIER, sir Laurence : III : 457, 459, 513, 541-543, 545, 546, 553, 564, 570, 571.

ONCLE ÉDOUARD (nom de code pour André Gide) : III : 212.
ORLÉANS, Charles d' : II : 347.
ORWELL, George : III : 546, 547.
1984 : III : 547.
OTTOBONI, princesse : II : 378.
OTTOLINE, Lady : *voir* MORRELL, Lady Ottoline.
OUZIO, D^r : II : 161.
OVIDE : III : 344, 565.

P

PAGNOL, Marcel : II : 426.
Fanny (film) : II : 426, 434.
PAINTER, George : III : 545, 552, 553.
André Gide, a Critical Biography : III : 552.
PALEWSKI, Gaston : III : 326.
PALGRAVE, Francis Turner : III : 52.
Golden Treasury of Songs and Lyrics : III : 51, 52.
PAPIN, Denis : III : 611.
PAPY, Jacques : III : 273.
PARTRIDGE, Ralph : II : 392, 542.
PASCAL, Albert : III : 316.
PASCAL, Blaise : I : 199; III : 104, 105.
PATER, Walter : I : 360, 361.
Greek Studies : I : 361.
PAUL, saint : II : 371.
Épître aux Corinthiens : II : 371.
Épître aux Romains : II : 265.
PAULHAN (les) : II : 274, 276.
PAULHAN, Jean : II : 19, 24, 35, 69, 372, 406, 407, 415, 424, 515, 550, 600; III : 106, 118, 154, 167, 237, 321, 433, 602.
PEACOCK, Thomas Love : I : 197, 452.

INDEX

Nightmare Abbey (L'Abbaye du cauchemar) : I : 197, 452.
PELL, Elsie : I : 397; II : 557, 564, 569, 581, 583, 599, 604, 615, 617, 619, 621; III : 103, 104, 107, 124, 131, 339, 343, 350, 382, 443, 448, 480, 503, 531, 532, 534-538, 541, 543, 548, 564, 614, 616, 618-621, 623-626, 628.
André Gide : L'Évolution de sa pensée religieuse : II : 565; III : 339.
PERDRIEL, Fernand : III : 300, 302, 305.
PERRIER, François Léon : II : 56.
PÉTAIN, maréchal Philippe : III : 175, 257, 332, 599.
PETERS, Arthur King : III : 501.
Jean Cocteau and André Gide : III : 501.
PETIT : I : 20.
PETITE DAME (La) : *voir* VAN RYSSELBERGHE, Mme Théo.
PICASSO, Pablo : I : 113, 132; II : 39, 540.
PIERRE-QUINT, Léon : II : 540.
PIERRETTE (femme de journée d'André Gide) : I : 258, 323, 515.
PIGOT, Gustave : II : 132, 134, 476.
PIOT, René : II : 198.
Parfum des nymphes (Le) (fresque) : II : 198.
PITOËFF, Georges : I : 342, 359, 452; II : 319, 380, 382, 383, 388.
PLACCI, Carlo : I : 424.
PLATON : III : 441.
PLINE le Jeune : III : 207, 211, 213.
Lettres : III : 207, 211.
PLOTIN : I : 397, 412; II : 211.
POLLARD, Percival : III : 523.

POMMIER (bonne d'André Gide) : III : 506.
POMPÉE : III : 287, 482.
POUCHKINE, Alexandre : I : 40; II : 67, 561.
Dame de pique (La) : I : 40.
Récits : II : 561.
POURTALÈS, Guy de : III : 229, 259.
POUSSIN, Nicolas : III : 13, 42, 309, 329, 332. 336, 369, 391, 395, 397-400, 410, 415, 480, 492, 495, 536, 538, 616, 622-624.
POUTERMANN, J. E. : II : 356, 371-373, 382, 402, 414, 467, 472, 506, 508-512, 514, 515, 522, 523, 525, 527, 528, 532, 535, 541, 543, 544, 555, 557, 574, 575.
POZNER, Wladimir : II : 549.
PRIESTMAN, Hermine : III : 392.
PRINZHORN, Hans : II : 248, 368, 535.
PROCTOR, Dennis : I : 200.
PROPERCE : III : 565.
PROUST, Marcel : I : 39, 51, 261, 323, 370, 382, 384, 385, 444; II : 328, 634; III : 26, 362, 483, 497, 498, 500.
A la recherche du temps perdu : I : 49, 51; II : 116; III : 498.
Du côté de chez Swann : III : 483.

Q

QUENEAU, Raymond : III : 424, 444.
QUINTE-CURCE : III : 280.

R

RACINE, Jean : I : 12, 28, 239, 368; II : 403, 521, 535, 584; III : 65, 79, 248.

Iphigénie : I : 28; III : 201, 220, 241, 242.
Phèdre : III : 201, 220, 245, 482.
Raimbault, R. N. : II : 525.
Raverat, Jacques : I : 90, 130, 132, 134, 242, 244-246, 248, 305, 464, 465; II : 28, 30.
Raverat, Mme Jacques (née Gwen Darwin) : I : 90, 305; II : 30.
Read, sir Herbert : III : 480.
Reisiger, Hans : I : 316.
Rembrandt : I : 28; III : 41.
Reconnaissance d'Ésaü : III : 41.
Renan, Ernest : III : 310, 569.
Renaud, Madeleine : II : 435; III : 570.
Rendel (les) : II : 431, 539.
Rendel, Élinor (nièce de Dorothy Bussy) : III : 241, 244.
Rendel, Élinor (sœur de Dorothy Bussy) : I : 415, 432, 457; II : 25, 286, 296, 354, 368, 371, 493, 538, 541; III : 241, 275, 280.
Rendel, Jill (petite-fille d'Élinor Rendel) : II : 306.
Rendel, Jim (beau-frère de Dorothy Bussy) : II : 371.
Rendel, (les) Richard : III : 416.
Rendel, colonel Richard (neveu de Dorothy Bussy) : III : 413, 416, 417, 526, 565-567.
Rendel, Vincent (neveu de Dorothy Bussy) : I : 182, 221, 232, 235, 312-315, 391, 393, 398, 402, 403, 415, 432, 439-441, 446, 448-450, 455-457, 461, 467, 470, 475, 477, 479, 482; II : 25, 29, 131, 133; III : 241, 301, 303, 323, 333, 338, 413, 526.
Renoir, Pierre : II : 379.

Reverchon, D^r : I : 259.
Reymond de Gentile, (les) Théo : III : 201, 206, 211.
Reymond de Gentile, Théo : III : 210.
Reymond de Gentile, Mme Théo : III : 242.
Reynaud, Pierre : III : 326.
Rhys, Ernest : I : 215, 216, 223, 231, 240, 380, 384.
Richardson, Samuel : I : 37, 314; II : 307, 319, 327, 329, 343, 345, 346, 348, 352, 395, 408-410; III : 60, 65.
Clarissa Harlowe : I : 37, 483; II : 316, 319, 324, 327, 330-332, 337, 342, 343, 345, 346, 348, 349, 411, 419; III : 60.
Pamela : I : 314.
Richer, René : III : 188.
André Gide en Grèce : témoignages et lettres : III : 188.
Rilke, Rainer Maria : II : 262.
Rimbaud, Arthur : II : 95; III : 59, 81, 85, 86, 88, 120.
Rina (bonne des Bussy) : III : 208, 324.
Ritchie, Philip : II : 115.
Rivet, Paul : II : 542, 597.
Rivière, Isabelle : II : 19.
Rivière, Jacques : I : 10, 320, 329, 385, 448, 449, 451, 462; II : 13, 18-21, 23, 37, 39, 406, 410; III : 540, 541.
Aimée : I : 385, 413, 462.
Roberts, Wilfred : III : 142.
Roger-Cornas, F. : I : 287, 383.
Rolland, Romain : I : 278.
Romains, Jules : I : 406, 411; II : 599, 601; III : 46, 141.
Rondeaux, Mme (grand-mère d'André Gide) : III : 496.

Ronsard, Pierre de : III : 49.
Roosevelt, Eleanor : I : 13; III : 245.
Rosenberg, Frédéric Alexandrovitch : II : 108, 112.
Rosenberg, Paul : I : 427.
Rossini, Gioacchino :
Boutique fantasque (La) : I : 132.
Rothenstein, sir William : I : 21; II : 479; III : 113, 145.
Men and Memories : a History of the Arts 1872-1922 : I : 21; II : 479.
Rothermere, Lady Lilian : I : 37, 93, 94, 97, 98, 101-103, 105-107, 112, 113, 115, 126, 171.
Rothmaler, Augustine de : I : 246, 248.
Rothschild, Philippe de : II : 456.
Rouart, Eugène : I : 247.
Rouault, Georges : I : 20.
Rouchard, M. : II : 166.
Roussaux, André : III : 496.
Rousseau, Jean-Jacques : I : 278; III : 201, 205, 342, 482.
Confessions (Les) : I : 276.
Rouveyre, André : II : 185.
Rubinstein, Ida : I : 167, 446; II : 452, 455, 458-460, 477, 488-490, 588.
Runes, Dagobert D. : III : 534, 535, 538, 541, 543, 615-622, 625, 627, 628.
Ruskin, John : II : 15.
Praeterita : II : 15.
Russell, Alys (née Whitall Smith) : II : 206.
Russell, Bertrand : I : 17, 31; II : 206; III : 336.
Autobiography : I : 17.
Russell, John : I : 44; III : 476.
Rutebeuf : III : 79.
Ruyters, André : I : 230.
Rylands, George : II : 252.

S

Sachs, Maurice : III : 75.
Peinture anglaise au musée du Louvre (La) : III : 75.
Sagan, Léontine : II : 420.
Mädchen in Uniform (Jeunes filles en uniforme) (film) : II : 420.
Sage, Robert : III : 46.
Saillet, Maurice : III : 176.
Saint-Denis, Michel : III : 434, 457, 459, 564.
Sainte-Beuve III : 67, 69, 318.
Lundis : III : 69.
Volupté : III : 487.
Saint-John Perse : III : 480. Voir aussi Léger, Alexis.
Œuvres complètes : III : 480.
Saintsbury : II : 107.
Short Story of English Literature : II : 106.
Saint-Simon, duc de : II : 243, 390.
Salengro, Roger : III : 321.
Salluste : III : 281, 287.
Salomon : I : 344.
Livre des Proverbes : I : 344.
Sand, George : I : 279.
Sandé, Jean : II : 92.
Sardou, Victorien : I : 314.
Sargent, John Singer : I : 21.
Sartre, Jean-Paul : II : 522.
Sassoon, Siegfried : II : 251, 252, 308.
Memoirs of a Fox-Hunting Man : II : 251, 308.
Memoirs of an Infantry Officer : II : 307, 308.

SAUCIER, Roland : II : 73; III : 330, 333.
SCÈVE, Maurice : I : 180.
  Délie : I : 180.
SCHICKELÉ (les) : III : 217.
SCHIFFRIN (les) : II : 137, 139; III : 197.
SCHIFFRIN, Jacques : I : 40; II : 67, 71, 85, 100, 137, 139, 230, 283, 316, 338, 356, 357, 561, 609, 611, 612, 616; III : 56, 61, 67, 69, 84, 90, 95, 197, 284, 346, 349, 364, 403, 444, 480.
SCHIFFRIN, Mme Jacques : *voir* GULLER, Youra.
SCHILLER, Friedrich von : III : 123.
  Correspondance Schiller-Gœthe : III : 123.
  Pucelle d'Orléans (La) : III : 243.
SCHLUMBERGER, Jean : I : 9, 83, 111, 141, 174, 191, 253, 329, 393, 477, 483; II : 14, 36, 39, 42, 98, 104, 199, 202, 227, 265, 268, 273, 307, 389, 390, 393, 406, 436, 474, 483, 619, 622, 645, 649; III : 96, 97, 99, 100, 138, 141, 151, 166, 169, 173, 178, 183, 186, 197, 266, 270, 299, 310, 313, 321, 364, 380, 383, 404, 405, 414, 424, 429, 433, 440, 496, 580, 589, 590, 601.
  Jalons : III : 266.
  Madeleine et André Gide : I : 9.
  Mort de Sparte (La) : I : 253.
  Saint-Saturnin : II : 319, 389, 390, 393, 397, 415, 419, 546, 575; III : 364, 383.
  Stéphane le glorieux : III : 383.
SCHLUMBERGER, Mme Jean (Suzanne) : I : 118, 141, 172, 174, 470, 477, 483.
SCHLUMBERGER, Monique : I : 118.
SCHLUMBERGER, Sabine : I : 483.
  Voir aussi FRANCILLON, Mme Robert.
SCHMEIER, Berndt : III : 469, 528, 529.
SCHOPENHAUER, Arthur : II : 629.
SCHULHOF, Mme : III : 176.
SCHVEITZER (les) : III : 329.
SCHVEITZER : III : 329.
SCHVEITZER, Marcelle : III : 329.
  Gide aux Oasis : III : 329.
SCHWOB, Marcel : I : 342, 359, 405, 407; III : 219, 231.
SCHWOB, René : I : 420; II : 273, 465.
  Vrai drame d'André Gide (Le) : I : 420; II : 273.
SCUDÉRY, Madeleine de :
  Grand Cyrus (Le) : II : 410.
SECKER, Martin : III : 345-347.
SEGONZAC : *voir* DUNOYER DE SEGONZAC.
SELIGMANN : III : 32.
SÉNÈQUE : III : 293, 309, 318.
  Lettres à Lucilius : III : 318.
SENHOUSE, Roger : I : 30; III : 309, 345, 346, 391, 548.
SERGE, Victor : II : 621; III : 19.
SERVICEN, Louise : III : 129.
SHAKESPEARE, William : I : 12, 13, 18, 36, 41, 93, 95, 147, 224, 235, 239, 256, 260, 279, 330, 359, 368, 376, 383, 426, 433, 507; II : 107, 148, 403, 485, 486, 586; III : 59, 65, 84, 88, 92, 115, 145, 219, 220, 223, 224, 226, 227, 234, 235, 240, 243, 248, 251, 252, 256, 259, 263, 283, 320, 342, 430, 434,

436, 437, 519, 551, 555, 556, 591, 604, 618.
Antoine et Cléopâtre : I : 36, 159, 167, 170, 175, 178, 196, 207, 208, 223, 231, 236, 314, 354, 359, 426; II : 48, 73, 346, 455; III : 59, 97, 111, 113-115, 234, 297, 303, 351.
As you like it (Comme il vous plaira) : I : 330.
Conte d'hiver (Le) : III : 556.
Coriolan : III : 128.
Cymbeline : I : 393, 426; III : 556.
Hamlet : I : 13, 40, 41, 96, 131, 342, 343, 355, 356, 358-361, 363, 393, 398, 401, 405, 444; II : 257, 258, 431, 437, 441, 442, 447, 484, 498, 627; III : 7, 8, 201, 214, 222, 224, 232, 234, 235, 237, 239, 246, 248, 251, 255, 258, 268, 276, 295, 303, 309, 358, 361, 369, 380, 382, 403, 431, 435, 436, 439, 444, 556.
Jules César : III : 234, 519.
Macbeth : I : 426; III : 434.
Merry Wives of Windsor (The) (Les Joyeuses commères de Windsor) : I : 414.
Nuits des rois (La) : I : 147.
Othello : I : 339, 359, 426; II : 495, 526; III : 430, 546.
Roi Jean (Le) (King John) : II : 413.
Roi Lear (Le) (King Lear) : I : 359-361; II : 346; III : 9, 545, 554, 555, 557, 559, 570.
Film : III : 570.
Roméo et Juliette : II : 148, 149, 495, 630.
Sonnets : I : 225, 235, 256, 260, 376, 433, 507; II : 391, 538, 540; III : 259.
Tempête (La) (The Tempest) : II : 158; III : 556.
Timon d'Athènes : III : 283, 303.
Théâtre complet : III : 59, 84, 88, 97.
Tragédies de Shakespeare : III : 224.
SHAW, George Bernard : I : 360, 361; III : 31, 336.
Disciple du diable (Le) : I : 360, 361.
SHAWE-TAYLOR, Desmond : III : 395, 410, 415.
SHEEAN, Vincent : III : 346.
SHELLEY, Harriet : III : 279.
SHELLEY, Percy Bysshe : I : 36; III : 180, 273, 279, 282, 333.
Prométhée délivré : III : 180.
SHIRER, William : III : 316, 319.
Mon Journal à Berlin : III : 316, 319.
SICKERT, Walter Richard : I : 59; II : 252.
SIMENON, Georges : III : 352, 353.
SITWELL (les) : III : 483.
SMADJA : III : 599.
SMITH, Hannah Whitall : II : 206, 279.
Christian's Secret to a Happy Life (The) : II : 206.
Fanatisme religieux : II : 206.
SMITH, Logan Pearsall : I : 151.
SOCKOLNIKA, Mme (D^r) : I : 324.
SOCRATE : I : 165; III : 604, 611.
SOLOGOUB (pseudonyme de Fédor K. Teternikov) : II : 417.
Démon mesquin : II : 417.
SOPHOCLE :
Œdipe à Colone : III : 594.
SOUDAY, Paul : II : 82, 261.

Soupault, Philippe : I : 473, 497.
Souvestre, Émile : I : 13.
Souvestre, Marie : I : 13, 36; III : 245.
Spencer, Edmund : II : 171, 226.
Spender, Stephen : II : 585, 586.
Destructive Elements (The) : II : 585, 586.
Staël, Mme de : III : 408.
Staline : III : 29, 48, 118, 291, 313, 568.
Stanislas (moine) : II : 158.
Starkie, Enid : III : 59, 81, 85, 86, 88, 454-461.
André Gide : III : 82.
Rimbaud : III : 59, 81, 85, 88.
Staub, Sita : III : 145, 153, 170, 171, 177.
Stein, Mme von : II : 120.
Stendhal : I : 262, 277, 278, 368; III : 160, 603.
Armance : I : 73, 76, 241, 262, 264, 266, 268, 270, 273, 275, 276; III : 103, 104.
Lucien Leuwen : III : 160.
Stephen, Adrian : II : 206.
Stephen, Karin : II : 206.
Stephen, Leslie : II : 308, 327.
Stephen, Vanessa : *voir* Bell, Mme Clive.
Stephen, Virginia : *voir* Woolf, Virginia.
Sternberg, Josef von : II : 278.
Blaue Engel (Der) (L'Ange bleu) (film) : II : 278.
Sterne, Laurence : I : 210.
Tristram Shandy : I : 210.
Sternheim, Carl : II : 248.
Sternheim, « Mopse » : III : 339.
Sternheim, « Nucki » (et « Nouki ») : III : 520, 568, 572.
Sternheim, Théa (Stoisy) : II : 248,
267, 280, 283, 369, 415, 513, 537, 540; III : 16, 22, 31, 154, 156, 171, 174, 177, 263, 277, 282, 291, 300, 301, 304, 338, 339, 343, 520.
Stoisy : *voir ci-dessus.*
Strachey (les) : I : 480; III : 338.
Strachey, Elinor : *voir* Rendel, Elinor.
Strachey, James (frère de Dorothy Bussy) : I : 13, 32, 33, 128, 190, 255, 266, 267, 273, 276, 476; II : 418, 421, 608.
Strachey, Mme James (née Alix Sargant-Florence) : I : 128, 190, 276; II : 418.
Strachey, John (cousin de Dorothy Bussy) : II : 526; III : 401, 413, 416.
Coming Struggle for Power (The) : II : 592.
Nature of Capitalist Crisis (The) : II : 592.
Strachey, John (neveu de Dorothy Bussy) : I : 496.
Strachey, Julia (nièce de Dorothy Bussy) : II : 351.
Cheerful Weather for the Wedding : II : 351.
Man on the Pier (The) : II : 351.
Strachey, Lady (mère de Dorothy Bussy) : I : 10, 12, 13, 15, 16, 18, 21, 22, 92, 145, 146, 183, 266, 274, 359, 367, 423, 424, 432, 435, 466-468, 470, 475; II : 46, 56, 76, 77, 79, 80, 83, 99, 101, 131, 148, 150, 214, 217; III : 471.
Lay Texts for the Young (Textes profanes) : I : 15; III : 471.
Nursery Lyrics : I : 15, 36.
Strachey, Lytton (frère de Dorothy

Bussy) : I : 10-12, 14, 16, 17, 22-24, 29-34, 53, 66, 90-94, 96, 106, 111, 121, 127, 128, 130, 131, 141, 147, 148, 150, 197, 252, 286, 316, 320, 341, 343, 349, 363, 368, 369, 383, 397, 432, 434, 452; II : 104, 115, 158, 175, 236, 240, 252, 288, 319, 326, 345, 391-393, 395, 398, 399, 401-405, 407, 414, 415, 418, 421, 429, 431, 442, 447, 482, 498, 517, 519, 533, 542, 550, 555, 643, 647; III : 13, 35, 242, 262, 345, 382, 445, 491, 562, 565.
Books and Characters : French and English : I : 349, 368, 369.
Elizabeth and Essex : II : 158, 230, 231, 235, 326.
Eminent Victorians : I : 11, 12, 89, 90, 93, 94, 102, 104, 106; II : 315, 395, 405-407, 415, 421, 422.
Landmarks in French Literature : I : 15, 33; II : 533, 535.
Portraits in Miniature : III : 262.
Queen Victoria : I : 252, 286, 287, 316, 323, 326, 336, 363, 369, 383.
STRACHEY, Marjorie (sœur de Dorothy Bussy) : I : 13, 32, 33; II : 128, 351, 352, 418, 493.
STRACHEY, Oliver (frère de Dorothy Bussy) : I : 32, 33, 151, 266; II : 351; III : 512, 514.
STRACHEY, Mme Oliver (née Rachel « Ray » Costelloe) : I : 151, 203, 214, 362, 391, 467, 475; II : 128, 206, 283, 288, 290, 293, 294, 297, 299, 340-342, 346, 368, 493, 542, 560, 599-601;

III : 103, 105, 106, 113, 117-119, 126, 154, 159, 173, 174, 372.
Religious fanaticism; extracts from the papers of Hannah Whitall Smith : II : 279.
Shaken by the Wind; a story of religious fanaticism (Le Vent de Dieu) : II : 279.
STRACHEY, Olivia (sœur de Dorothy Bussy) : I : 13.
STRACHEY, Pernel Joan (sœur de Dorothy Bussy) : I : 13, 121, 124, 341, 343, 475, 481; II : 14, 83, 128, 228, 560; III : 17, 98, 455.
STRACHEY, Philippa (Pippa) (sœur de Dorothy Bussy) : I : 72, 209, 210, 307; II : 131, 138, 191, 213, 228, 232, 392, 403, 404, 407, 409, 410, 415, 429, 479, 545, 546; III : 17, 83, 86, 98, 154, 175, 369, 398, 413, 421, 433, 434, 510, 514.
STRACHEY, Ralph (frère de Dorothy Bussy) : I : 424, 429, 496; II : 306.
STRACHEY, sir Richard (père de Dorothy Bussy) : I : 13, 14, 24.
STRACHEY, Ursula (nièce de Dorothy Bussy) : II : 306.
STRACHEY, William (ancêtre de Dorothy Bussy) : I : 13, 45; II : 158.
Voyage en Virginie : I : 13.
STRAVINSKI, Igor : I : 132; II : 452, 455, 457, 461, 477, 488, 489, 497.
STUART (femme de John Grant) : I : 14.
SUARÈS, André : III : 188.
SUPERVIELLE, Jules : II : 347.

SUTTON, Denys : I : 147.
SWIFT, Jonathan : I : 39; III : 555.
SYKES, Christopher : III : 373.
Evelyn Waugh : III : 373.

T

TACITE : III : 520, 521.
Histoires : III : 520.
TADIÉ, Marie : II : 590; III : 397.
TAGORE, Rabindranath : I : 253, 452.
Amal et la lettre du roi : I : 452.
TAHA HUSSEIN : III : 443, 446.
Livre des jours (Le) : III : 446.
TAINE, Hippolyte : II : 411.
TALVA, Jean : III : 397.
TASSE, Le : III : 189, 562, 564.
TATE, Allan : III : 480.
TATIOS, Achille :
Amours de Clitophon et de Leucippé (Les) : I : 497; II : 15.
TAYLOR, Mrs Harrison : III : 233.
TCHEKHOV, Anton : II : 102, 495; III : 434.
Trois sœurs (Les) : 434.
TENNANT, Stephen : II : 252.
TENNYSON, Lord Alfred : III : 51, 52, 287, 307.
Demeter and Other Poems : III : 287.
TÉRIADE, E. : III : 41.
TETERNIKOV, Fédor Kouzmitch : *voir* SOLOGOUB.
THACKERAY, W. M. : I : 360, 361; III : 299, 512.
Character Sketches (The) : I : 361.
Lettres : III : 512.
Vanity Fair (La Foire aux vanités) : III : 284, 289.

THÉO, Mme : *voir* VAN RYSSELBERGHE, Mme.
THÉRÈSE (bonne des Bussy) : II : 377.
THÉRIVE, André : II : 395, 408-411.
THIBAUDET, Albert : I : 228, 344.
THIERRY, Jean-Jacques : III : 501.
THOMAS, Henri : I : 30, 225, 260, 433.
TIBULLE : III : 565.
TOKSVIG, S. : II : 482.
Life of Hans Christian Andersen (The) : II : 482, 485.
TOLSTOÏ, Léon : I : 520; III : 34.
TOMLINSON, H. M. : II : 235.
Gifts of Fortune : II : 240, 241.
Sea and the Jungle (The) : II : 235, 241.
TOULOUSE-LAUTREC, Henri de : II : 540.
TOURNIER, Jean : III : 209, 331.
TRAUTMANN, Joanne : I : 190.
TRAZ, de : I : 469.
TRIOLET, Elsa (Mme Louis Aragon) : III : 392.
TROLLOPE, Anthony : III : 59, 67.
Chronicles of Barset : III : 67.
TROTSKI, Léon : II : 431, 556, 621, 622; III : 17, 19, 47, 48, 50.
Closing Speech of the Hearings of the Preliminary Commission of Inquiry into the Charges Made Against Leon Trotsky in the Moscow Trials. Held April 10 to 17, 1937 at Coyoacan, Mexico : III : 47, 50.
Révolution trahie (La) : II : 621; III : 17, 19, 48.
TURNER, J. M. W. : I : 209.
T. V. (Dorothy Bussy dans le *Journal* d'André Gide) : I : 62, 64, 76; III : 135-137.

INDEX

U

UTRILLO, Maurice : II : 540.

V

VAILLANT, Andhrée : III : 34.
VAILLANT-COUTURIER, Paul : II : 549.
VALENSIN, père Auguste : III : 309, 334, 336, 339, 441, 471, 472, 496, 561.
VALÉRY, Mme (mère de Paul Valéry) : II : 99.
VALÉRY, Paul : I : 12, 15, 24, 53, 128, 237, 238, 345, 448, 461, 462, 464, 469, 502; II : 13, 28, 34, 88, 94, 97, 99, 113, 117, 178, 209, 438, 458, 556-558, 561, 634; III : 75, 203, 309, 321, 334, 350-353, 355, 358, 360, 362, 363, 365, 371, 376, 383, 387, 463, 495, 507, 536, 538, 616, 622-624.
Ame et la danse (L') : I : 12; II : 546.
André Gide (collaboration à) : II : 119.
A propos de Degas : III : 75.
Crise de l'esprit (La) : I : 128.
Discours de l'Histoire : II : 558.
Insouciant (L') : I : 502.
Jeune Parque (La) : II : 111.
Questions de poésie : II : 559.
Rapport sur les Prix de Vertu : II : 558.
VALLETTE, Alfred : I : 150; II : 117.
VANDEN EECKHOUDT (les) : I : 241, 253, 255, 257, 265-267, 281, 284, 321, 338, 345, 346, 351, 354, 398, 405, 414, 419, 437, 438, 446, 451, 462; II : 54, 69, 72, 84, 93, 100, 115, 144, 595.
VANDEN EECKHOUDT, Jean : I : 19, 26, 236, 241, 248, 333, 335, 339, 346, 371, 386, 387, 464; II : 93.
Simon Bussy (portrait) : II : 212, 213.
VANDEN EECKHOUDT, Jean-Pierre : II : 120, 306, 390.
VANDEN EECKHOUDT, Zoum : I : 19, 22, 23, 26, 28, 36, 96, 159, 223, 224, 231, 235, 236, 323, 333, 335, 338, 346, 351, 352, 354, 356, 373-376, 388, 393, 399, 404, 405, 409-412, 414-416, 438, 446, 451, 476, 497, 507; II : 34, 52, 54, 67, 71-73, 75, 88, 120, 135, 137, 140, 212. *Voir aussi* WALTER, Mme François.
Pour Sylvie : I : 19; II : 360.
VANDERVELDE, Mme Émile (née Hélène Frédérique Speyer, dite Lalla) : I : 113.
VAN DYCK, Antoine : II : 41.
VAN RYSSELBERGHE (les) : I : 69, 108, 111, 113, 115; II : 123, 125, 159; III : 138.
VAN RYSSELBERGHE, Élisabeth : I : 69, 71, 115-118, 120, 146, 159, 174, 191, 230, 232, 236, 242, 245, 247, 269, 289, 296, 315, 358, 363, 372-378, 387, 397, 400, 403-405, 407-411, 413-415, 430, 431, 436, 437, 454, 464, 483, 487, 497, 523-525, 529, 530; II : 23, 32, 35, 36, 84, 108, 140, 141, 144, 186, 247, 312, 317, 321, 322, 347, 372, 374. *Voir aussi* HERBART, Mme Pierre.
VAN RYSSELBERGHE, Théo : I : 172-

174, 241, 244, 346, 373, 376, 393; II : 126.

VAN RYSSELBERGHE, Mme Théo (Maria) : I : 30, 38, 47, 59, 69-75, 78, 83, 115, 117, 120, 125, 146, 172, 230, 232, 236, 246-248, 358, 407, 431, 434, 438, 484, 524, 529; II : 18, 32, 35, 72, 93, 108, 215, 265, 272, 290, 321-323, 347, 365, 376, 399, 424, 425, 436, 468, 478, 480, 488, 537, 555, 573, 580, 597, 607, 608, 619 ; III : 25, 26, 31, 72, 76, 79, 82, 88, 132, 151, 152, 154, 156, 157, 159, 160, 170, 176, 180, 187, 196-199, 202, 206, 212, 233, 261, 265, 270, 272, 274, 275, 278, 280, 286, 296, 301, 309, 312, 314, 320, 322-324, 326, 328, 329, 331, 335, 340, 342, 344, 349, 354, 363, 365, 367, 369, 372, 374, 380, 385, 389, 394, 408, 417, 428, 429, 432, 437, 439, 445, 446, 454, 466, 468, 472, 478, 484, 489, 490, 492, 501, 506, 510, 519, 528, 529, 534, 546, 566-568, 570, 573, 590.
Cahiers de la Petite Dame : I : 30, 38, 40, 47, 59, 70, 71, 74, 82, 101, 120, 230, 238, 250, 273, 335, 361, 390, 436, 440, 468, 494; II : 158, 206, 229, 244, 262, 290, 302, 353, 368, 376, 440, 462, 474, 478, 525, 538, 591, 595, 608, 609; III : 38, 46, 103, 159, 172, 180, 182, 196, 273, 326, 351, 358, 428, 446, 478, 561, 576, 580.
Galerie privée : III : 151.
VAUDOYER, Jean-Louis : I : 424, 426, 427; II : 36, 154, 155, 634.

VAUTEL, Clément : II : 161.
VÉLASQUEZ : I : 28.
VERCORS :
Silence de la mer (Le) : III : 306.
VERHAEREN, Émile : I : 238.
VERNON : III : 325.
VEZAL : III : 161.
VIALATTE, Alexandre : III : 380.
VICTORIA, reine d'Angleterre : I : 16, 197, 336, 383; II : 620.
VIEILLARD, Eugénie (bonne d'André Gide) : III : 37, 111.
VIEILLEVILLE, François de : II : 64.
VIENOT (les) : III : 196.
VIENOT, Pierre : II : 154, 240; III : 270.
VIENOT, Mme Pierre : II : 240; III : 197, 270, 272. *Voir aussi* MAYRISCH, Andrée.
VILAR, Jean : II : 411.
VILDRAC, Charles : III : 601, 602.
VIOLLIS, Andrée : II : 376.
VIRGILE : I : 335, 483; III : 287, 299, 306, 309, 315, 318, 327, 330, 331, 333, 335, 342, 344, 352, 359, 370, 375, 378, 381, 424, 485, 488, 489, 519, 520, 562.
Bucoliques (Les) : I : 335; III : 315.
Énéide (L') : III : 269, 280, 287, 299, 306, 309, 315, 331, 335, 338, 344, 349, 353, 356, 381, 435, 479, 485, 489, 510, 564.
Géorgiques (Les) : III : 299, 306, 309, 311, 315, 316, 564.
VLAMINCK, Maurice de : III : 321.
VOGEL, Lucien : I : 325, 332, 333, 452, 531 : III : 90.
VOGEL, Nadine : III : 90. *Voir aussi* ALLÉGRET, Mme Marc.
VOISINS, Gilbert de : I : 174.

INDEX

VOLLAND, Sophie : III : 121, 369.
VOLTAIRE : I : 39, 363; II : 535; III : 109, 224.
VUILLARD, Édouard : III : 510.

W

WAGNER, Richard : III : 41.
WAGSTAFF, W.H. : II : 507, 508.
WAHL, Jean : II : 520, 525.
Beyond : II : 520.
WALTER (les) : III : 152, 214, 222, 230, 413.
WALTER, François : II : 137, 241, 378, 437, 527, 597; III : 155, 204, 205, 217, 301, 323, 413.
WALTER, Mme François (née Zoum Vanden Eeckhoudt) : II : 241, 244, 378, 437, 597; III : 154, 155, 204, 205, 212, 217, 219, 220, 222, 263, 270, 294, 301, 413, 520, 575.
WAUGH, Evelyn : II : 585.
Black Mischief (Diablerie) : II : 585, 586.
WEAVER, Raymond : II : 506.
WELLS, Herbert George : II : 601, 614.
WEST : III : 441, 446.
WESTMINSTER, duc de : II : 92.
WHARTON, Edith : I : 102, 131, 150, 151, 258, 421; II : 25.
WHITEHORN, Ethel (Whity) : I : 30, 111, 115, 117, 118, 120, 121, 191; II : 35, 69, 72, 159, 347; III : 371, 567, 580.
WHITMAN, Walt : I : 515.
Leaves of Grass (Feuilles d'herbe) : I : 36.
WHITY : *voir* WHITEHORN, Ethel.

WIET, Gaston : II : 205; III : 446.
Égypte arabe (L') : II : 205.
WILDE, Boris : II : 34, 402, 447-454, 456, 460; III : 36.
WILDE, Oscar : I : 38, 280, 434; II : 262; III : 399, 504, 523, 615, 618, 623.
Ballad of Reading Gaol (The) (La Ballade de la geôle de Reading) : I : 280.
De Profundis : II : 82.
Intentions : III : 399.
Trials of Oscar Wilde (The) : III : 504.
WILLEMER, Marianne von : I : 55; II : 156, 447, 487.
Goethes Briefwechsel mit Marianne von Willemer : II : 487.
WILSON, John Dover : III : 215, 226, 227, 230, 233, 234, 243, 248.
Works of Shakespeare (The) : III : 227.
WOLF, Philippe : III : 37.
WOODHOUSE, Richard : I : 198.
WOOLF (les) : III : 346.
WOOLF, Leonard : I : 31, 32, 51; II : 76, 471, 647; III : 23, 483, 509, 532, 533, 612.
Mémoires : I : 31.
WOOLF, Virginia : I : 31-33, 333; II : 10, 76, 77, 206, 308, 327, 471, 501, 519, 576, 629, 646, 647; III : 23, 83.
A Room of One's Own (Une chambre à soi) : II : 327.
Letters of Virginia Woolf : I : 190.
Three Guineas : III : 83.
WORDSWORTH, William : I : 506, III : 47, 316.
WOTTON, sir Henry : I : 29.

X

Xénie (chienne d'André Gide) :
III : 513.

Y

Yvon, M. : III : 24, 57, 169, 170.
Ce qu'est devenue la Révolution russe : III : 24.

U.R.S.S. telle qu'elle est (L') : III : 57, 169.

Z

Zézette : *voir* Du Bos, Mme Charlie.
Ziegler (les) : III : 560.
Zola, Émile : II : 456.
  Bête humaine (La) : II : 456, 458, 460.
Zoot, Béryl de : III : 364.

Avant-propos 7

Correspondance 11

Appendices 585

Index 631

ASSOCIATION
DES AMIS D'ANDRÉ GIDE

siège social : 17, rue de l'Université, F 75007 Paris
secrétariat : 3, rue Alexis-Carrel, F 69110 Ste-Foy-lès-Lyon

Conseil d'administration

Auguste Anglès, Irène de Bonstetten, Jacques Brenner, Dominique Fernandez, Alain Goulet, Robert Mallet, Pierre Masson, Daniel Moutote, Angelo Rinaldi, Marie-Françoise Vauquelin-Klincksieck, Bernard Yon

Secrétaire général : Claude Martin
Trésorier : Henri Heinemann

Fondée en 1968, l'Association des Amis d'André Gide publie et sert à tous ses Membres le volume annuel des *Cahiers André Gide* (en exemplaires numérotés du tirage spécial) et les quatre livraisons trimestrielles du *Bulletin des Amis d'André Gide* (fascicules de 150 pp. env. : articles, textes inédits, informations, bibliographie, numéros spéciaux...). Pour tous renseignements et adhésions, écrire au Secrétariat.

*

COTISATIONS 1982

(service des *Cahiers* et du *Bulletin*)

Membre fondateur ...... 150 F
Membre titulaire .... 120 F
Membre étudiant .... 90 F

CHEZ LE MÊME ÉDITEUR
PUBLICATIONS DE L'ASSOCIATION
DES AMIS D'ANDRÉ GIDE

CAHIERS ANDRÉ GIDE 1 (1969) : *Les Débuts littéraires. D'« André Walter » à « L'Immoraliste ».*
CAHIERS ANDRÉ GIDE 2 (1970) : *Correspondance André Gide-François Mauriac (1912-1950).*
CAHIERS ANDRÉ GIDE 3 (1971) : *Le Centenaire.*
CAHIERS ANDRÉ GIDE 4 (1972) : *Les Cahiers de la Petite Dame, I (1918-1929).*
CAHIERS ANDRÉ GIDE 5 (1973) : *Les Cahiers de la Petite Dame, II (1929-1937).*
CAHIERS ANDRÉ GIDE 6 (1974) : *Les Cahiers de la Petite Dame, III (1937-1945).*
CAHIERS ANDRÉ GIDE 7 (1975) : *Les Cahiers de la Petite Dame, IV (1945-1951).*
CAHIERS ANDRÉ GIDE 8 (1978) : *Correspondance André Gide-Jacques-Émile Blanche (1891-1939).*
CAHIERS ANDRÉ GIDE 9 (1979) : *Correspondance André Gide-Dorothy Bussy, I (1918-1924).*
CAHIERS ANDRÉ GIDE 10 (1981) : *Correspondance André Gide-Dorothy Bussy, II (1925-1936).*
CAHIERS ANDRÉ GIDE 11 (1982) : *Correspondance André Gide-Dorothy Bussy, III (1937-1951).*
SUSAN M. STOUT : *Index de la Correspondance André Gide-Roger Martin du Gard.* Précédé de deux lettres inédites de Roger Martin du Gard à André Gide. *Épuisé.*

AUTRES PUBLICATIONS DE L'ASSOCIATION

BULLETIN DES AMIS D'ANDRÉ GIDE. Trimestriel depuis juillet 1968.
JACQUES COTNAM : *Essai de Bibliographie chronologique des Écrits d'André Gide.* Hors commerce, 1971. *Épuisé.*
LA NOUVELLE REVUE FRANÇAISE DE 1908 à 1977. 8 vol. dont 5 parus. 1975-1977.

CLAUDE MARTIN : *La Maturité d'André Gide : de « Paludes » à « L'Immoraliste ».* Klincksieck, 1977.

ANDRÉ GIDE : *Proserpine. Perséphone.* Édition critique établie et présentée par Patrick Pollard, 1977.

Secrétariat de l'A.A.A.G. : Unité d'Études françaises Université Lyon II, Chemin de l'Hippodrome, 69500 Bron

---

*Cet ouvrage
a été composé
et achevé d'imprimer
par l'Imprimerie Floch
à Mayenne, le 27 avril 1982.
Dépôt légal : avril 1982.
N° d'imprimeur : 19642.*

29981